Vocabulário da Psicanálise

Vocabulário da Psicanálise
Laplanche e Pontalis

SOB A DIREÇÃO DE
DANIEL LAGACHE

TRADUÇÃO
PEDRO TAMEN

martins fontes

© 1982, 2022 Livraria Martins Fontes Editora Ltda., São Paulo,
para a presente edição.
© 1987, Presses Universitaires de France, Paris.
Esta obra foi originalmente publicada em francês sob o título
Vocabulaire de la psychanalyse.

Publisher *Evandro Mendonça Martins Fontes*
Coordenação editorial *Vanessa Faleck*
Produção editorial *Carolina Cordeiro Lopes*
Revisão *Maurício Balthazar Leal*
Bárbara Parente
Lucas Torrisi

**Dados Internacionais de Catalogação na Publicação (CIP)
Angélica Ilacqua CRB-8/7057**

Laplanche, Jean
  Vocabulário da psicanálise / Jean Laplanche, Jean-Bertrand Pontalis ; tradução de Pedro Tamen. – 5. ed. – São Paulo : Martins Fontes – selo Martins, 2022.
  576 p.

  Bibliografia
  ISBN 978-65-5554-014-7
  Título original: Vocabulaire de la psychanalyse

  1. Psicanálise – Vocabulário I. Título II. Pontalis, Jean-Bertrand III. Tamen, Pedro.

21-5580   CDD-150.19

Índice para catálogo sistemático:
1. Psicanálise

Todos os direitos desta edição reservados à
Martins Editora Livraria Ltda.
Alameda Jaú, 1.742
01420-006 São Paulo SP Brasil
Tel.: (11) 3116 0000
info@emartinsfontes.com.br
www.emartinsfontes.com.br

PREFÁCIO

RAZÕES E HISTÓRIA DESTA OBRA

A aversão contra a psicanálise exprime-se às vezes em sarcasmos dirigidos à sua linguagem. É claro que os psicanalistas não desejam o uso abusivo ou intempestivo de palavras técnicas para disfarçar a confusão do pensamento. Mas, como os ofícios e as ciências, também a psicanálise necessita de palavras próprias. Método de investigação e de tratamento, teoria do funcionamento normal e patológico do aparelho psíquico, como se poderia ter formulado a novidade das suas descobertas e das suas concepções sem recorrer a termos novos? Além do mais, pode-se dizer que qualquer descoberta científica não se forma moldando-se ao senso comum, mas para além dele ou contra ele; o escândalo da psicanálise não é tanto o lugar que concedeu à sexualidade como a introdução da fantasística inconsciente na teoria do funcionamento mental do homem em luta com o mundo e consigo mesmo; a linguagem comum não tem palavras para designar estruturas e movimentos psíquicos que não existem aos olhos do senso comum; foi preciso, pois, inventar palavras cujo número – entre duzentas e trezentas – varia com o rigor da leitura dos textos e com os critérios do tecnicismo dos termos. Além da consulta dos escritos psicanalíticos, poucos recursos existem para apreender o sentido dessas palavras: glossários no final das obras didáticas, definições nos vocabulários ou dicionários de psicologia e de psicopatologia publicados nos últimos vinte ou trinta anos, mas praticamente pouco ou nenhum instrumento de trabalho especializado e completo; a obra que mais se aproximou foi o *Handwörterbuch der Psychoanalyse*, do dr. Richard F. Sterba, cuja redação foi, pelas circunstâncias, interrompida na letra L, e cuja impressão parou no termo "Grössenwahn". "Não sei", escreveu-me o dr. Richard F. Sterba, "se isto se refere à minha megalomania ou à de Hitler"; o dr. Sterba teve a amabilidade de me enviar os cinco fascículos dessa obra, que é rara, senão inacessível (Internationaler Psychoanalytische Verlag, 1936-1937); cite-se ainda um livro de espírito completamente diferente, coletânea alfabética de textos freudianos traduzidos para o inglês e publicada por Fodor e Gaynor em 1950 com um prefácio de Theodor Reik (Fodor N. e Gaynor F., *Freud: Dictionary of Psychoanalysis*, prefácio de Theodor Reik, Nova Iorque, Philosophical Library, 1950, XII + 208 páginas).

PREFÁCIO

O principal da terminologia técnica da psicanálise é obra de Freud; foi-se enriquecendo ao mesmo tempo com as suas descobertas e com o seu pensamento. Ao contrário do que aconteceu na história da psicopatologia clássica, Freud pouco foi buscar no latim e no grego; recorreu, evidentemente, à psicologia, à psicopatologia, à neurofisiologia do seu tempo; mas foi sobretudo no alemão que ele foi procurar as suas palavras e fórmulas, aproveitando os recursos e comodidades que a sua própria língua lhe oferecia. E acontece que é difícil uma tradução fiel, e a terminologia analítica dá então uma impressão insólita que a língua de Freud não dá, se os recursos da língua do tradutor não forem sempre explorados; em outros casos é a simplicidade da expressão freudiana que torna imperceptível o seu tecnicismo. A verdadeira dificuldade não está nisso, pois só acessoriamente se trata de uma dificuldade de ordem linguística. Se o Freud escritor se mostrou inventivo, a verdade é que se preocupou pouco com a perfeição do seu vocabulário. Sem enumerar os tipos de dificuldades que se encontram, podemos limitar-nos a dizer que, com a terminologia analítica, acontece o mesmo que com muitas outras linguagens: são frequentes a polissemia e as sobreposições semânticas, nem sempre palavras diversas invocam ideias muito diferentes.

Lutamos então com as palavras, mas não pelas palavras. Por trás das palavras, é preciso encontrar fatos, ideias, a organização conceitual da psicanálise. Tarefa que tanto a longa e fértil evolução do pensamento de Freud como a vastidão de uma literatura cujos títulos enchem já nove volumes da bibliografia de Grinstein tornam laboriosa. Além disso, como as ideias, as palavras não se limitam a nascer, elas têm um destino; algumas caem em desuso ou são menos utilizadas, cedendo a sua frequência a outras que correspondem a novas orientações da investigação e da teoria. No entanto, o essencial da terminologia freudiana resistiu ao tempo; as inovações, aliás, pouco numerosas, implantaram-se nela sem lhe alterar a organização e a tonalidade. Logo, um vocabulário não pode limitar-se a definições que distingam os diversos sentidos de que os termos psicanalíticos se puderam revestir; é preciso um comentário apoiado em referências e citações que justifiquem as propostas apresentadas. Esse comentário implica uma extensa consulta à literatura, mas sobretudo o conhecimento dos escritos freudianos, já que é exatamente nos escritos freudianos que se encontram as bases da conceituação e da terminologia, e visto que as dimensões da literatura desafiam as possibilidades de um investigador isolado ou de uma equipe pouco numerosa. Depois, tal vocabulário não pode assentar apenas na erudição, exige especialistas familiarizados com a experiência psicanalítica. No entanto, uma orientação para além das palavras, dirigida aos fatos e às ideias, não nos deve levar a cair num dicionário de conhecimentos. Finalmente, trata-se de recensear acepções, de esclarecê-las umas através das outras, de lhes assinalar as dificuldades sem pretender decidir, inovando pouco – por exemplo, para propor traduções mais fiéis. O método conveniente é, antes de mais nada, histórico-crítico, como o do *Vocabulaire technique et critique de la philosophie*, de André Lalande. Eram essas as in-

PREFÁCIO

tenções iniciais quando, por volta de 1937-1939, se começou a executar o projeto de um vocabulário da psicanálise. Os dados recolhidos perderam-se; as circunstâncias, outras tarefas, a ausência de documentação, condenaram o projeto ao adormecimento, senão ao abandono; adormecimento incompleto, na medida em que as preocupações terminológicas não estiveram ausentes de diversos trabalhos. O despertar só se consumou em 1958, sempre no espírito histórico-crítico do *Vocabulaire de la philosophie*, de Lalande, embora com diferentes modalidades.

Depois de algumas tentativas, as necessidades da tarefa e o desejo de atingir o fim encontraram uma resposta na colaboração de J. Laplanche e de J.-B. Pontalis. A consulta à literatura psicanalítica e a reflexão sobre os textos, a redação dos projetos de artigos, a revisão desses projetos e o seu acabamento exigiram deles perto de oito anos de trabalho, trabalho fecundo, decerto, mas também avassalador e por vezes fastidioso. A maior parte dos projetos de artigos foram lidos e discutidos entre nós, e guardo vivas recordações da animação daquelas conversas durante as quais o bom entendimento não temia as divergências de pontos de vista e em nada prejudicava um rigor sem concessões. Sem o esforço de "pioneiros" como Laplanche e Pontalis, o projeto concebido há vinte anos não se teria transformado neste livro.

No decurso destes anos de labor, sobretudo dos últimos, a orientação da obra não deixou de sofrer alterações, o que é sinal não de fraqueza, mas de vitalidade. Foi assim que Laplanche e Pontalis centraram cada vez mais as suas pesquisas e a sua reflexão nos escritos freudianos, recorrendo naturalmente aos primeiros textos psicanalíticos e ao *Projeto para uma psicologia científica*, de 1895, que acabara de ser publicado. O fato de se ter conferido a maior importância ao nascimento das ideias e dos termos não diminuiu, porém, a preocupação com o seu destino e com o seu alcance. O *Vocabulário da psicanálise* apresenta assim a marca pessoal de Laplanche e de Pontalis, sem trair os princípios que inspiraram o projeto inicial da obra.

A sua finalidade foi e continua sendo a de preencher uma lacuna, satisfazer uma necessidade por nós sentida, por outros reconhecida e raramente negligenciada. Deseja-se que seja *útil*, que se torne um instrumento de trabalho para os pesquisadores e para os estudantes de psicanálise, tal como para outros especialistas ou para os curiosos. Por mais trabalho e consciência que tenhamos posto na sua elaboração, os leitores informados, atentos e exigentes por certo descobrirão nele lacunas, erros de fato ou de interpretação; se esses leitores nos comunicarem suas críticas, elas não se perderão, antes serão acolhidas calorosamente e estudadas com interesse. Por outro lado, o objeto, o conteúdo e a forma do *Vocabulário* parecem não impedir sua tradução para outras línguas. Observações, críticas, traduções irão responder a uma segunda ambição: a de que o *Vocabulário da psicanálise* seja não apenas um "instrumento de trabalho", mas também um "documento de trabalho".

D. L.

INTRODUÇÃO

O presente trabalho incide sobre os principais conceitos da psicanálise e implica um certo número de opções:

1ª Na medida em que a psicanálise renovou a compreensão da maioria dos fenômenos psicológicos e psicopatológicos, e mesmo a do homem em geral, seria possível, num manual alfabético que se propusesse a abarcar o conjunto das contribuições psicanalíticas, tratar não apenas da libido e da transferência, mas do amor e do sonho, da delinquência ou do surrealismo. A nossa intenção foi completamente diferente: preferimos deliberadamente analisar o aparelho nocional da psicanálise, isto é, o conjunto dos conceitos por ela progressivamente elaborados para traduzir as suas descobertas. O que este *Vocabulário* visa não é a tudo o que a psicanálise pretende explicar, mas àquilo de que ela se serve para explicar.

2ª A psicanálise nasceu há quase três quartos de século. O "movimento" psicanalítico conheceu uma história longa e tormentosa, criaram-se grupos de analistas em numerosos países, onde a diversidade dos fatores culturais não podia deixar de repercutir nas próprias concepções. Em vez de recensear a multiplicidade, pelo menos aparente, das acepções diversas através do tempo e do espaço, preferimos retomar na sua originalidade própria as noções às vezes já insípidas e obscurecidas e atribuir por esse fato uma importância privilegiada ao momento da sua descoberta.

3ª Este preconceito levou-nos a nos referirmos, quanto ao essencial, à obra primordial de Sigmund Freud. Uma pesquisa, mesmo parcial, levada a efeito através da massa imponente da literatura psicanalítica só contribui para verificar até que ponto a grande maioria dos conceitos por ela utilizados encontra a sua origem nos escritos freudianos. Também nesse sentido o nosso *Vocabulário* se distingue de um empreendimento de intenções enciclopédicas.

Esta mesma preocupação de reencontrar as fundamentais contribuições conceituais implica tomarmos em consideração outros autores além de Freud. Foi assim que, para citarmos apenas um exemplo, apresentamos um certo número de conceitos introduzidos por Melanie Klein.

4ª No campo da psicopatologia, a nossa escolha guiou-se por três princípios:

a) Definir os termos criados pela psicanálise, quer o seu uso se tenha conservado (ex.: *neurose de angústia*), quer não (ex.: *histeria de retenção*);

INTRODUÇÃO

b) Definir os termos utilizados pela psicanálise numa acepção que difere ou já diferiu da acepção psiquiátrica geralmente admitida (ex.: *paranoia, parafrenia*);
c) Definir os termos que têm exatamente a mesma acepção em psicanálise e na clínica psiquiátrica, mas que possuem um valor axial na nosografia analítica; por exemplo: *neurose, psicose, perversão*. De fato, fazíamos questão de fornecer, pelo menos, balizas para o leitor pouco familiarizado com a clínica.

★

Os artigos são apresentados em ordem alfabética. Para acentuar as relações existentes entre os diferentes conceitos, recorremos a duas convenções: a expressão "*ver este termo*" significa que o problema encarado é igualmente abordado ou tratado, às vezes de maneira mais completa, no artigo para que se remete; o asterisco "*" indica simplesmente que o termo a que está aposto é definido no *Vocabulário*. Gostaríamos assim de convidar o leitor a estabelecer por si mesmo relações significativas entre as noções e a orientar-se nas redes de associações da linguagem psicanalítica. Pensamos ter evitado assim uma dupla dificuldade: o arbítrio a que uma classificação puramente alfabética poderia conduzir e o obstáculo, mais frequente, do dogmatismo ligado aos enunciados de feição hipotético-dedutiva. Desejamos que possam assim surgir séries, relações internas, "pontos nodais" diferentes daqueles em que se baseiam as apresentações sistemáticas da doutrina freudiana.

Cada termo é objeto de uma definição e de um comentário. A *definição* tenta condensar a acepção do conceito, tal como ressalta do seu uso rigoroso na teoria psicanalítica. O *comentário* representa a parte crítica e essencial do nosso estudo. O método que aqui utilizamos poderia ser definido por três palavras: história, estrutura e problemática. História: sem nos restringirmos a uma ordem de apresentação rigorosamente cronológica, quisemos indicar para cada um dos conceitos as suas origens e as principais fases da sua evolução. Tal demanda das origens não tem, em nosso entender, um interesse de simples erudição: é impressionante ver os conceitos fundamentais esclarecerem-se, reencontrarem as suas arestas vivas, os seus contornos, as suas recíprocas articulações quando os confrontamos de novo com as experiências que lhes deram origem, com os problemas que demarcaram e infletiram a sua evolução.

Essa investigação histórica, embora apresentada isoladamente para cada conceito, remete evidentemente para a história do conjunto do pensamento psicanalítico. Não pode, pois, deixar de considerar a situação de determinado elemento relativamente à estrutura em que se situa. Por vezes, parece fácil descobrir essa função, pois é explicitamente reconhecida na literatura psicanalítica. Mas, frequentemente, as correspondências, as oposições, as relações, por mais indispensáveis que sejam para a apreensão de

INTRODUÇÃO

um conceito na sua originalidade, são apenas implícitas; para citar exemplos particularmente eloquentes, a oposição entre "pulsão" e "instinto", necessária para a compreensão da teoria psicanalítica, em nenhum lugar é formulada por Freud: a oposição entre "escolha por apoio" de objeto (ou anaclítica) e "escolha narcísica de objeto", embora retomada pela maior parte dos autores, nem sempre é relacionada com aquilo que em Freud a esclarece: o "apoio" ou "anáclise" das "pulsões sexuais" sobre as funções de "autoconservação"; a articulação entre "narcisismo" e "autoerotismo", sem a qual não se pode situar estas duas noções, perdeu rapidamente a sua primitiva nitidez, e isto até no próprio Freud. Por fim, certos fenômenos estruturais são muito mais desconcertantes: não é raro que, na teoria psicanalítica, a função de determinados conceitos ou grupos de conceitos se ache, numa fase posterior, transferida para outros elementos do sistema. Só uma *interpretação* nos pode permitir reencontrar, através de tais permutas, certas estruturas permanentes do pensamento e da experiência psicanalíticos.

O nosso comentário tentou, a propósito das noções principais que ia encontrando, dissipar ou, pelo menos, esclarecer as suas ambiguidades e explicitar eventualmente as suas contradições; é raro que estas não desemboquem numa problemática suscetível de ser reencontrada no nível da própria experiência.

De uma perspectiva mais modesta, essa discussão permitiu-nos pôr em evidência um certo número de dificuldades propriamente terminológicas e apresentar algumas propostas destinadas a estabelecer a terminologia de língua francesa, a qual é ainda com muita frequência pouco coerente.

★

No início de cada artigo, indicamos os *equivalentes* em língua alemã (*D*.), inglesa (*En*.), espanhola (*Es*), italiana (*I*.) e portuguesa[1].

As notas e referências vão colocadas no fim de cada artigo. As *notas* são indicadas por letras gregas, e as *referências*, por números.

As passagens citadas foram traduzidas[2] pelos autores, bem como os títulos das obras a que se faz referência no decorrer do texto. [Na edição brasileira, procuramos citar as obras de Freud com os títulos que elas receberam na *Edição Standard brasileira* quando não havia conflito com a tradução proposta pelos autores.]

J. L. e J.-B. P.

---

1. Na nossa tradução, substituímos evidentemente o equivalente português pela expressão francesa (*F.*). Aliás, manteve-se em geral a terminologia portuguesa proposta pela edição original; apenas, normalmente por virtude de discrepâncias entre a linguagem psicanalítica utilizada em Portugal e no Brasil (ver "Nota do editor para a edição brasileira"), modificaram-se ou se acrescentaram algumas variantes, por sugestões do tradutor, que tiveram o acordo do psicanalista dr. João dos Santos, cuja gentil colaboração vivamente agradecemos. (N. T.)

2. Dessa tradução francesa resultou logicamente a versão portuguesa que propomos. (N. T.)

NOTA DO EDITOR PARA A EDIÇÃO BRASILEIRA

A atual edição é a primeira versão brasileira daquele texto revisto e adaptado à linguagem do país e à terminologia psicanalítica consagrada entre nós. Na adaptação brasileira, a terminologia proposta pelo tradutor só foi alterada em função de uso consagrado e unívoco dos termos. Procuramos sempre consultar as traduções brasileiras existentes, dando especial atenção às obras de Freud. No caso da existência de vários termos de uso corrente para o mesmo conceito, lançamos mão da remissão. Usamos também esse recurso no caso de conflito entre os termos usuais e aqueles pelos quais o rigor conceitual e a fidelidade ao pensamento freudiano nos levaram a optar. Sempre, no entanto, a fundamentação teórica apresentada pelos autores para a tradução dos conceitos de Freud teve – evidentemente – peso determinante nas decisões sobre a fixação da terminologia psicanalítica proposta nesta versão do vocabulário. Os verbetes acrescidos nesta edição brasileira com a única finalidade de esclarecer ambiguidades de vocabulários apresentam-se sempre entre colchetes.

A revisão técnica foi realizada pelo dr. Luiz Carlos Menezes, que contou também com a colaboração dos seguintes especialistas (tradutores e psicanalistas), consultados a propósito de alguns verbetes: Paulo Sérgio Rouanet (a quem devemos a sugestão do uso de "*a posteriori*" como equivalente de *Nachträglichkeit*), Paulo César Souza, Cláudia Berliner, Míriam Schnaiderman, Manoel Berlinck, Renato Mezan e Ricardo Goldenberg, a quem agradecemos a valiosa participação.

AGRADECIMENTOS

Agradecemos a todos aqueles que exprimiram o seu interesse por esta obra e contribuíram para a sua elaboração.

O *Vocabulaire allemand-anglais*, reeditado em 1943 por Alix STRACHEY, foi, para nós, desde longa data, um instrumento de trabalho dos mais úteis, embora escasso. Mas como havemos de prestar homenagem à *Standard Edition of the Complete Psychological Works of Sigmund Freud*, traduzida e publicada sob a direção do Prof. James STRACHEY e com a colaboração de Anna FREUD e a assistência de Alix STRACHEY e Alan TYSON, senão afirmando o interesse com que acolhemos cada um dos seus volumes? As traduções e anotações, o aparato crítico, os índices fazem dessa grande obra uma incomparável fonte de referências para a investigação.

Quanto à escolha dos equivalentes estrangeiros, o *Vocabulário da psicanálise* beneficiou-se ainda do concurso do dr. Angel GARMA, do dr. Fidias R. CESTIO e da dra. Maria LANGER para os equivalentes espanhóis; do dr. Elvio FACHINELLI (Milão), tradutor italiano de Freud, com a assistência de Michel DAVID, leitor de francês na Universidade de Pádua, para os equivalentes italianos; da sra. Elza RIBEIRO HAWELKA e do dr. Durval MARCONDES para os equivalentes portugueses.

Do princípio ao fim, a sra. Elza RIBEIRO HAWELKA, colaboradora técnica da Cadeira de Psicologia Patológica da Faculte des Lettres et Sciences Humaines de Paris (Sorbonne), foi uma auxiliar dedicada, notável pela sua diligência, pelo seu cuidado e pela sua experiência de diversas línguas. A mesma dedicação nos foi testemunhada por Françoise LAPLANCHE, desde a primavera de 1965, e, a partir de janeiro de 1966, por Évellyne CHATELLIER, colaboradora técnica do Centre National de la Recherche Scientifique, agregada ao Laboratório de Psicologia Patológica.

A obra recebeu assim o apoio direto e sobretudo indireto da Faculte des Lettres et Sciences Humaines de Paris (Sorbonne) e do Centre National de la Recherche Scientifique.

Não podemos esquecer a estimulante acolhida que os editores da Presses Universitaires de France dispensaram desde 1959 ao projeto de um *Vocabulário da psicanálise*, boa acolhida que não se desmentiu quando as dimensões da obra atingiram quase o dobro das previsões iniciais.

REFERÊNCIAS BIBLIOGRÁFICAS E ABREVIATURAS

As referências bibliográficas figuram no fim de cada artigo. Segue-se a explicação das abreviaturas utilizadas.

I. – OBRAS DE FREUD

GW ... Gesammelte Werke, 18 vol., Londres, Imago, 1940-1952.
SE ... The Standard Edition of the Complete Psychological Works of Sigmund Freud, ed. por James STRACHEY, 24 vol., Londres, Hogarth Press, 1953-1966.

No caso particular de 1887-1902, *Aus den Anfängen der Psychoanalyse*, e de 1895, *Entwurf einer Psychologie*:

Al. ... remete para *Aus den Anfängen der Psychoanalyse, Briefe an Wilhelm Fliess, Abhandlungen und Notizen aus den Jahren 1887-1902*, Londres, Imago, 1950;
Ing. ... remete para *The Origins of Psychoanalysis*, Londres, Imago, 1954.
Fr. ... Como não existe edição francesa de obras completas, tivemos de contentar-nos com remeter para as traduções francesas existentes. Segue-se a respectiva lista, com o título dos diversos volumes ou das revistas em que figuram:
  [A versão brasileira da SE foi publicada por Imago, Rio de Janeiro, com o título *Edição Standard brasileira das obras psicológicas completas de Sigmund Freud* (ESB).]

1887-1902 *Aus den Anfängen der Psychoanalyse* (*La naissance de la psychoanalyse, lettres à Wilhelm Fliess, notes et plans*), Paris, PUF, 1956. [ESB: *Extratos dos documentos dirigidos a Fliess*, vol. I, p. 243 (N. E. Br.).]
1893 *Über den psychischen Mechanismus hysterischer Phänomene*, em col. com J. BREUER (*Les mécanismes psychiques des phénomènes hystériques*), in *Études sur l'hystérie*, Paris, PUF, 1956, pp. 1-13. [ESB: *Sobre o mecanismo psíquico dos fenômenos histéricos: comunicação preliminar*, vol. II, p. 43 (N. E. Br.).]
1895 *Studien über Hysterie* (*Études sur l'hystérie*), em col. com J. BREUER, Paris, PUF, 1956. [ESB: *Estudos sobre a histeria*, vol. II, pp. 43 ss. (N. E. Br.).]
1895 *Entwurf einer Psychologie* (*Esquisse d'une psychologie scientifique*), in *La naissance de la psychanalyse, lettres à Wilhelm Fliess, notes et plans*, Paris, PUF, 1956, pp. 307-396. [ESB: *Projeto para uma psicologia científica*, vol. I, p. 381 (N. E. Br.).]
1900 *Die Traumdeutung* (*La science des rêves*), Paris, PUF, 1950. [ESB: *A interpretação de sonhos*, vols. IV e V (N. E. Br.).]
1901 *Über den Traum* (*Le rêve et son interprétation*), Paris, Gallimard, 1925. [ESB: *Sobre os sonhos*, vol. V, p. 671 (N. E. Br.).]

REFERÊNCIAS BIBLIOGRÁFICAS E ABREVIATURAS

1901 *Zur Psychopathologie des Alltagslebens* (*Psychopathologie de la vie quotidienne*), Paris, Payot, 1948. [ESB: *A psicopatologia da vida cotidiana*, vol. VI (N. E. Br.)]

1904 *Die Freudsche psychoanalytische Methode* (*La méthode psychanalytique de Freud*), in *De la technique psychanalytique*, Paris, PUF, 1953, pp. 1-8. [ESB: *O método psicanalítico de Freud*, vol. VII, p. 257 (N. E. Br.)]

1904 *Über Psychotherapie* (*De la psychothérapie*), in *De la technique psychanalytique*, Paris, PUF, 1953, pp. 9-22. [ESB: *Sobre a psicoterapia*, vol. VII, p. 267 (N. E. Br.).]

1905 *Bruchstück einer Hysterie-Analyse* (*Fragment d'une analyse d'hystérie: Dora*), in *Cinq psychanalyses*, Paris, PUF, 1954, pp. 1-91. [ESB: *Fragmento da análise de um caso de histeria*, vol. VII, p. 5 (N. E. Br.).]

1905 *Drei Abhandlungen zur Sexualtheorie* (*Trois essais sur la théorie de la sexualité*), Paris, Gallimard, col. "Idées", 1962. [ESB: *Três ensaios sobre a teoria da sexualidade*, vol. VII, p. 129 (N. E. Br.).]

1905 *Der Witz und seine Beziehung zum Unbewussten* (*Le mot d'esprit et ses rapports avec l'inconscient*), Paris, Gallimard, 1953. [ESB: *Os chistes e sua relação com o inconsciente*, vol. VIII (N. E. Br.)]

1906 *Tatbestandsdiagnostik und Psychoanalyse* (*La psychanalyse et l'établissement des faits en matière judiciaire par une méthode diagnostique*), in *Essais de psychoanalyse appliquée*, Paris, Gallimard, 1933, pp. 43-58. [ESB: *A psicanálise e a determinação dos fatos nos processos jurídicos*, vol. IX, p. 105 (N. E. Br.).]

1907 *Der Wahn und die Träume in W. Jensens "Gradiva"* (*Delires et rêves dans la "Gradiva" de Jensen*), Paris, Gallimard, 1949. [ESB: *Delírios e sonhos na "Gradiva" de Jensen*, vol. IX, p. 17 (N. E. Br.).]

1907 *Zwangshandlungen und Religionsübungen* (*Actes obsédants et exercices religieux*), in *L'avenir d'une illusion*, Paris, Denoël & Steele, 1932, pp. 157-183. [ESB: *Atos obsessivos e práticas religiosas*, vol. IX, p. 121 (N. E. Br.).]

1908 *Der Dichter und das Phantasieren* (*La création littéraire et le rêve éveillé*), in *Essais de psychanalyse appliquée*, Paris, Gallimard, 1933, pp. 69-82. [ESB: *Escritores criativos e devaneio*, vol. IX, p. 149 (N. E. Br.).]

1909 *Analyse der Phobie eines fünfjährigen Knaben* (*Analyse d'une phobie d'un petit garçon de cinq ans: Le petit Hans*), in *Cinq psychanalyses*, Paris, PUF, 1954, pp. 93-198. [ESB: *Análise de uma fobia em um menino de cinco anos*, vol. X, p. 15 (N. E. Br.).]

1909 *Bemerkungen über einen Fall von Zwangsneurose* (*Remarques sur un cas de névrose obsessionnelle: L'homme aux rats*), in *Cinq psychanalyses*, Paris, PUF, 1954, pp. 199-261. [ESB: *Notas sobre um caso de neurose obsessiva*, vol. X, p. 159 (N. E. Br.).]

1909 *Über Psychoanalyse*, reed. com o título *Cinq leçons sur la psychanalyse*, a seguir a *Psychologie collective et analyse du moi*, Paris, Payot, 1950, pp. 117-177. [ESB: *Cinco lições de psicanálise*, vol. XI, p. 13 (N. E. Br.).]

1910 *Beiträge zur Psychologie des Liebeslebens*: I. *Über einen besonderen Typus der Objektwahl beim Manne* (*Contribution à la psychologie de la vie amoureuse: I. D'un type particulier de choix objectal chez l'homme*), in *RFP*, 1936, 9, nº 1, pp. 2-10. [ESB: *Um tipo especial de escolha de objeto feita pelos homens (Contribuições à psicologia do amor I)*, vol. XI, p. 149 (N. E. Br.).]

1910 *Die zukünftigen Chancen der psychoanalytischen Therapie* (*Perspectives d'avenir de la thérapeutique analytique*), in *De la technique psyctianalytique*, Paris, PUF, 1953, pp. 23-34. [ESB: *As perspectivas futuras da terapêutica psicanalítica*, vol. XI, p. 127 (N. E. Br.).]

1910 *Über "wilde" Psychoanalyse* (*A propos de la psychanalyse dite "sauvage"*), in *De la technique psychanalytique*, Paris, PUF, 1953, pp. 35-42. [ESB: *Psicanálise "silvestre"*, vol. XI, p. 207 (N. E. Br.).]

1910 *Eine Kindheitserinnerung des Leonardo da Vinci* (*Un souvenir d'enfance de Léonard de Vinci*), Paris, Gallimard, 1927. [ESB: *Leonardo da Vinci e uma lembrança da sua infância*, vol. XI, p. 59 (N. E. Br.).]

1910 *Über den Gegensinn der Urworte* (*Des sens opposés dans les mots primitifs*), in *Essais de psychanalyse appliquée*, Paris, Gallimard, 1933, pp. 59-68. [ESB: *A significação antitética das palavras primitivas*, vol. XI, p. 141 (N. E. Br.).]

1911 *Psychoanalytische Bemerkungen über einen autobiographisch beschriebenen Fall von Paranoia (Dementia paranoides)* (*Remarques psychanalytiques sur l'autobiographie d'un cas de paranoïa (Dementia paranoïdes): Le Président Schreber*), in *Cinq psychanalyses*, Paris, PUF, 1954, pp. 263-324. [ESB: *Notas psicanalíticas sobre um relato autobiográfico de um caso de paranoia (Dementia paranoides)*, vol. XII, p. 23 (N. E. Br.).]

1911 *Die Handhabung der Traumdeutung in der Psychoanalyse* (*Le maniement de l'interprétation des rêves en psychanalyse*), in *De la technique psychanalytique*, Paris, PUF, 1953, pp. 43-49. [ESB: *O manejo da interpretação de sonhos na psicanálise*, vol. XII, p. 121 (N. E. Br.).]

1912 *Zur Dynamik der Übertragung* (*La dynamique du transfert*), in *De la technique psychanalytique*, Paris, PUF, 1953, pp. 50-60. [ESB: *A dinâmica da transferência*, vol. XII, p. 133 (N. E. Br.).]

1912 *Beiträge zur Psychologie des Liebeslebens: II. Über die allgemeinste Erniedrigung des Liebeslebens* (*Contribution à la psychologie de la vie amoureuse: II Considérations sur le plus commun des ravalements de la vie amoureuse*), in RFP, 1936, IX, nº 1, pp. 10-21. [ESB: *Sobre a tendência universal à depreciação na esfera do amor (Contribuições à psicologia do amor II)*, vol. XI, p. 163 (N. E. Br.).]

1912 *Ratschläge für den Arzt bei der psychoanalytischen Behandlung* (*Conseils aux médicins sur le traitement psychanalytique*), in *De la technique psychanalytique*, Paris. PUF, 1953, pp. 61-71. [ESB: *Recomendações aos médicos que exercem a psicanálise*, vol. XII, p. 149 (N. E. Br.).]

1912 *Einige Bemerkungen über den Begriff des Unbewussten in der Psychoanalyse* (*Quelques observations sur le concept de l'inconscient en psychanalyse*), in *Métapsychologie*, Paris, Gallimard, 1940, pp. 9-24. [ESB: *Uma nota sobre o inconsciente na psicanálise*, vol. XII, p. 327 (N. E. Br.).]

1912 *Totem und Tabu* (*Totem et tabou*), Paris, Payot, 1947. [ESB: *Totem e tabu*, vol. XIII, p. 17 (N. E. Br.).]

1913 *Zur Einleitung der Behandlung* (*Le début du traitement*), in *De la technique psychanalytique*, Paris, PUF, 1953, pp. 80-104. [ESB: *Sobre o início do tratamento (Novas recomendações sobre a técnica da psicanálise I)*, vol. XII, p. 164 (N. E. Br.).]

1913 *Die Disposition zur Zwangsneurose* (*La prédisposition à la névrose obsessionnelle*), in RFP, 1929, 3, nº 3, pp. 437-447. [ESB: *A disposição à neurose obsessiva*, vol. XII, p. 399 (N. E. Br.).]

1914 *Zur Geschichte der psychoanalytischen Bewegung* (*Contribution à l'histoire du mouvement psychanalytique*), in *Essais de Psychanalyse*, Paris, Payot, 1936 (1ª ed.), pp. 266-320. [ESB: *A história do movimento psicanalítico*, vol. XIV, p. 16 (N. E. Br.).]

1914 *Erinnern, Wiederholen und Durcharbeiten* (*Remémoration, répétition et élaboration*), in *De la technique psychanalytique*, Paris, PUF, 1953, pp.

REFERÊNCIAS BIBLIOGRÁFICAS E ABREVIATURAS

105-115. [ESB: *Recordar, repetir e elaborar* (*Novas recomendações sobre a técnica da psicanálise II*), vol. XII, p. 193 (N. E. Br.).]

1915 *Triebe und Triebschicksale* (*Les pulsions et leurs destins*), in *Métapsychologie*, Paris, Gallimard, 1952, pp. 25-66. [ESB: *Os instintos e suas vicissitudes*, vol. XIV, p. 137 (N. E. Br.).]

1915 *Mitteilung eines der psychoanalytischen Theorie widersprechenden Falles von Paranoia* (*Un cas de paranoïa qui contredisait la théorie psychanalytique de cette affection*), in *RFP*, 1935, 8, nº 1, pp. 2-11. [ESB: *Um caso de paranoia que contraria a teoria psicanalítica da doença*, vol. XIV, p. 297 (N. E. Br.).]

1915 *Die Verdrängung* (*Le refoulement*), in *Métapsychologie*, Paris, Gallimard, 1952, pp. 67-90. [ESB: *Repressão*, vol. XIV, p. 169 (N. E. Br.).]

1915 *Das Unbewusste* (*L'inconscient*), in *Métapsychologie*, Paris, Gallimard, 1952, pp. 91-161. [ESB: *O inconsciente*, vol. XIV, p. 191 (N. E. Br.).]

1915 *Bemerkungen über die Übertragungsliebe* (*Observations sur l'amour de transfert*), in *De la technique psychanalytique*, Paris, PUF, 1953, pp. 116-130. [ESB: *Observações sobre o amor transferencial* (*Novas recomendações sobre a técnica da psicanálise III*), vol. XII, p. 208 (N. E. Br.).]

1915 *Zeitgemässes über Krieg und Tod* (*Considérations actuelles sur la guerre et la mort*), in *Essais de psychanalyse*, Paris, Payot, 1951, pp. 219-250. [ESB: *Reflexões para os tempos de guerra e morte*, vol. XIV, p. 311 (N. E. Br.).]

1916 *Einige Charaktertypen aus der psychoanalytischen Arbeit* (*Quelques types de caractères dégagés par la psychanalyse*), in *Essais de Psychanalyse*, Paris, Gallimard, pp. 105-136. [ESB: *Alguns tipos de caráter encontrados no trabalho psicanalítico*, vol. XIV, p. 351 (N. E. Br.).]

1916-1917 *Vorlesungen zur Einführung in die Psychoanalyse* (*Introduction à la psychanalyse*), Paris, Payot, 1951. [ESB: *Conferências introdutórias sobre psicanálise*, vols. XV e XVI (N. E. Br.).]

1917 *Über Triebumsetzungen insbesondere der Analerotik* (*Sur les transformations des pulsions, particulièrement dans l'érotisme anal*), in *RFP*, 1928, 2, nº 4, pp. 609-616. [ESB: *As transformações do instinto exemplificadas no erotismo anal*, vol. XVII, p. 159 (N. E. Br.).]

1917 *Trauer und Melancolie* (*Deuil et mélancolie*), in *Métapsychologie*, Paris, Gallimard, 1952, pp. 189-222. [ESB: *Luto e melancolia*, vol. XIV, p. 275 (N. E. Br.).]

1917 *Metapsychologische Ergänzung zur Traumlehre* (*Complément métapsychologique à la doctrine des rêves*), in *Métapsychologie*, Paris, Gallimard, 1952, pp. 162-188. [ESB: *Suplemento metapsicológico à teoria dos sonhos*, vol. XIV, p. 253 (N. E. Br.).]

1917 *Eine Schwierigkeit der Psychoanalyse* (*Une difficulté de la psychoanalyse*), in *Essais de psychanalyse appliquée*, Paris, Gallimard, 1933, pp. 137447. [ESB: *Uma dificuldade no caminho da psicanálise*, vol. XVII, p. 171 (N. E. Br.).]

1917 *Beiträge zur Psychologie des Liebeslebens: III Das Tabu das Virginität* (*Contribution à la psychologie de la vie amoureuse: III Le tabou de la virginité*), in *RFP*, 1933, 6, nº 1, pp. 2-17. [ESB: *O tabu da virgindade* (*Contribuições à psicologia do amor III*), vol. XI, p. 179 (N. E. Br.).]

1918 *Aus der Geschichte einer infantilen Neurose* (*Extrait de l'histoire d'une névrose infantile: L'homme aux loups*), in *Cinq psychanalyses*, Paris, PUF, 1954, pp. 325-420. [ESB: *História de uma neurose infantil*, vol. XVII, p. 19 (N. E. Br.).]

1918 *Wege der psychoanalytischen Therapie* (*Les voies nouvelles de la thérapeutique psychanalytique*), in *De la technique psychanalytique*, Paris, PUF,

REFERÊNCIAS BIBLIOGRÁFICAS E ABREVIATURAS

1953, pp. 131-141. [ESB: *Linhas de progresso na terapia psicanalítica*, vol. XVII, p. 201 (N. E. Br.).]

1919 *"Ein Kind wird geschlagen"* (*"On bat un enfant"*), in RFP, 1933, 6, nº 3-4, pp. 274-297. [ESB: *"Uma criança é espancada": uma contribuição ao estudo da origem das perversões sexuais*, vol. XVII, p. 225 (N. E. Br.).]

1919 *Das Unheimliche* (*L'inquiétante étrangeté*), in *Essais de psychanalyse appliquée*, Paris, Gallimard, 1933, pp. 163-211. [ESB: *O "estranho"*, vol. XVII, p. 275 (N. E. Br.).]

1920 *Über die psychogenese einer Falles von weiblicher Homosexualität* (*Psychogenèse d'un cas d'homosexualité féminine*), in RFP, 1933, 6, nº 2, pp. 130-154. [ESB: *A psicogênese de um caso de homossexualidade numa mulher*, vol. XVIII, p. 185 (N. E. Br.).]

1920 *Jenseits des Lustprinzips* (*Au-delà du principe de plaisir*), in *Essais de psychanalyse*, Paris, Payot, 1951, pp. 5-75. [ESB: *Além do princípio de prazer*, vol. XVIII, p. 17 (N. E. Br.).]

1921 *Massenpsychologie und Ich-Analyse* (*Psychologie collective et analyse du moi*), in *Essais de psychanalyse*, Paris, Payot, 1951, pp. 76-162. [ESB: *Psicologia de grupo e a análise do ego*, vol. XVIII, p. 91 (N. E. Br.).]

1922 *Über einige neurotische Mechanismen bei Eifersucht, Paranoia und Homosexualität* (*De quelques mécanismes névrotiques dans la jalousie, la paranoïa et l'homosexualité*), in RFP, 1932, 5, nº 3, pp. 391-401. [ESB: *Alguns mecanismos neuróticos no ciúme, na paranoia e na homossexualidade*, vol. XVIII, p. 271 (N. E. Br.).]

1923 *Das Ich und das Es* (com o título *Le moi et le soi*), in *Essais de psychanalyse*, Paris, Payot, 1951, pp. 163-218. [ESB: *O ego e o id*, vol. XIX, p. 23 (N. E. Br.).]

1923 *Eine Teufelsneurose im siebzehnten Jahrhundert* (*Une névrose demoniaque au XVIIe siècle*), in *Essais de psychanalyse appliquée*, Paris, Gallimard, 1933, pp. 213-254. [ESB: *Uma neurose demoníaca do século XVII*, vol. XIX, p. 91 (N. E. Br.).]

1924 *Das ökonomische Problem des Masochismus* (*Le problème économique du masochisme*), in RFP, 1928, 2, nº 2, pp. 211-223. [ESB: *O problema econômico do masoquismo*, vol. XIX, p. 199 (N. E. Br.).]

1924 *Der Untergang des Ödipuskomplexes* (*Le déclin du complexe d'Œdipe*), in RFP, 1934, 7, nº 3, pp. 394-399. [ESB: *A dissolução do complexo de Édipo*, vol. XIX, p. 217 (N. E. Br.).]

1925 *Die Verneinung* (*La négation*), in RFP, 1934, 7, nº 2, pp. 174-177. [ESB: *A negativa*, vol. XIX, p. 295 (N. E. Br.).]

1925 *Selbstdarstellung* (*Ma vie et la psychanalyse*), Paris, Gallimard, 1949. [ESB: *Um estudo autobiográfico*, vol. XX, p. 17 (N. E. Br.).]

1926 *Die Frage der Laienanalyse* (com o título *Psychanalyse et médicine*), in *Ma vie et la psychanalyse*, Paris, Gallimard, 1949, pp. 117-239. [ESB: *A questão da análise leiga*, vol. XX, p. 211 (N. E. Br.).]

1926 *Hemmung, Symptom und Angst* (*Inhibition, symptôme et angoisse*), Paris, PUF, 1965 (nova ed.). [ESB: *Inibições, sintomas e ansiedade*, vol. XX, p. 107 (N. E. Br.).]

1927 *Die Zukunft einer Illusion* (*L'avenir d'une illusion*), Paris, Denoël & Steele, 1932. [ESB: *O futuro de uma ilusão*, vol. XXI, p. 15 (N. E. Br.).]

1930 *Das Unbehagen in der Kultur* (*Malaise dans la civilisation*), Paris, Denoël & Steele, 1934. [ESB: *O mal-estar na civilização*, vol. XXI, p. 81 (N. E. Br.).]

1932 *Neue Folge der Vorlesungen zur Einführung in die Psychoanalyse* (*Nouvelles conférences sur la psychanalyse*), Paris, Gallimard, 1936. [ESB: *Novas conferências introdutórias sobre psicanálise*, vol. XXII, p. 15 (N. E.Br.).]

REFERÊNCIAS BIBLIOGRÁFICAS E ABREVIATURAS

1937 *Die endliche und die unendliche Analyse* (*Analyse terminée et analyse interminable*), in RFP, 1938-1939,10-11, nº 1, pp. 3-38. [ESB: *Análise terminável e interminável*, vol. XXIII, p. 247 (N. E. Br.).]

1938 *Abriss der Psychoanalyse* (*Abrégé de psychanalyse*), Paris, PUF, 1950. [ESB: *Esboço de psicanálise*, vol. XXIII, p. 168 (N. E. Br.).]

1939 *Der Mann Moses und die monotheistische Religion* (*Moïse et le monothéisme*), Paris, Gallimard, 1948. [ESB: *Moisés e o monoteísmo*, vol. XXIII, p. 16 (N. E. Br.).]

II. – OUTROS AUTORES

Karl ABRAHAM. Remetemos para a edição francesa (Fr.) das *Œuvres complètes* em 2 vol., Paris, Payot, 1965-1966.

Joseph BREUER. Nos *Studien über Hysterie* (*Estudos sobre a histeria*, 1895) publicados com S. FREUD, J. BREUER é autor de dois capítulos: "Fräulein Anna O" e "Theoretisches" (Considerações teóricas). Para esses textos, Al. remete para a edição original dos *Studien über Hysterie*, Leipzig und Wien, Deuticke, 1895; SE remete para a *Standard Edition*; Fr. remete para os *Études sur l'hystérie*, Paris, PUF, 1956.

Sándor FERENCZI. Remetemos para os três volumes de língua inglesa, Londres, Hogarth Press: *First Contr.*: *First Contributions to Psycho-analysis*, 1952; *Further Contr.*: *Further Contributions to the Theory and Technique of Psycho-analysis*, 1950; *Final Contr.*: *Final Contributions to the Problems and Methods of Psychoanalysis*, 1955.

Melaine KLEIN, *Contributions*: *Contributions to Psycho-analysis*, Londres, Hogarth Press, 1950. [*Contribuição à psicanálise*, Ed. Mestre Jou (N. E. Br.).]

KLEIN (M.), HEIMANN (P.), ISAACS (J.), RIVIERE (J.), *Developments*: *Developments in Psycho-analysis*, Londres, Hogarth Press, 1952. [*Os progressos da psicanálise*, Ed. Guanabara/Koogan (N. E. Br.).]

III. – REVISTAS E COLETÂNEAS

Bul. Psycho.: *Bulletin de Psychologie*, editado pelo grupo de estudos de Psicologia da Universidade de Paris.

IJP. *International Journal of Psycho-analysis*.

Psa. Read.: *The Psycho-analytic Reader*, edit. por Robert FLIESS, Londres, Hogarth Press, 1950.

Psycho-analytic Study of the Child, Nova York, IUP.

RFP: *Revue Française de Psychanalyse*.

A

AB-REAÇÃO

= *D*.: Abreagieren. – *F*.: abréaction. – *En*.: abreaction. – *Es*.: abreacción. – *I*.: abreazione.

● **Descarga emocional pela qual um sujeito se liberta do afeto* ligado à recordação de um acontecimento traumático, permitindo assim que ele não se torne ou não continue sendo patogênico. A ab-reação, que pode ser provocada no decorrer da psicoterapia, principalmente sob hipnose, e produzir então um efeito de catarse*, também pode surgir de modo espontâneo, separada do traumatismo inicial por um intervalo mais ou menos longo.**

■ A noção de ab-reação não pode ser compreendida sem nos referirmos à teoria de Freud sobre a gênese do sintoma histérico, tal como ele a expôs em *Sobre o mecanismo psíquico dos fenômenos histéricos* (*Über den psychischen Mechanismus hysterischer Phänomene*, 1893) (1*a*, α). A persistência do afeto que se liga a uma recordação depende de diversos fatores, e o mais importante deles está ligado ao modo como o sujeito reagiu a um determinado acontecimento. Essa *reação* pode ser constituída por reflexos voluntários ou involuntários, pode ir das lágrimas à vingança. Se tal reação for suficientemente importante, grande parte do afeto ligado ao acontecimento desaparecerá. Se essa reação for reprimida (*unterdrückt*), o afeto se conservará ligado à recordação.

A ab-reação é assim o caminho normal que permite ao sujeito reagir a um acontecimento e evitar que ele conserve um *quantum* de afeto* demasiado importante. No entanto, é preciso que essa reação seja "adequada" para que possa ter um efeito catártico.

A ab-reação pode ser espontânea, isto é, seguir-se ao acontecimento com um intervalo tão curto que impeça que a sua recordação se carregue de um afeto demasiado importante para se tornar patogênico. Ou então a ab-reação pode ser secundária, provocada pela psicoterapia catártica, que permite ao doente rememorar e objetivar pela palavra o acontecimento traumático, e libertar-se assim do *quantum* de afeto que o tornava patogênico. Freud, efetivamente, nota já em 1895: "É na linguagem que o homem acha um substituto para o ato, substituto graças ao qual o afeto pode ser *ab-reagido* quase da mesma maneira" (1*b*).

AB-REAÇÃO

Uma ab-reação total não é a única maneira pela qual o sujeito pode-se desembaraçar da recordação de um acontecimento traumático: a recordação pode ser integrada numa série associativa que permita a correção do acontecimento, que o faça voltar ao seu lugar. Já em *Estudos sobre a histeria* (*Studien über Hysterie*, 1895), Freud descreve, às vezes, como um processo de ab-reação um verdadeiro trabalho de rememoração e de elaboração psíquica, em que o mesmo afeto se acha reavivado correlativamente à recordação dos diferentes acontecimentos que o suscitaram (1*c*).

A ausência de ab-reação tem como efeito deixar subsistir no estado inconsciente e isolados do curso normal do pensamento grupos de representações que estão na origem dos sintomas neuróticos: "As representações que se tornaram patogênicas conservam a sua atividade porque não são submetidas ao desgaste normal pela ab-reação e porque a sua reprodução nos estados associativos livres é impossível" (1*d*).

Breuer e Freud procuram distinguir as diferentes espécies de condições que não permitem ao sujeito ab-reagir. Umas estariam ligadas não à natureza do acontecimento, mas ao estado psíquico que este encontra no sujeito: pavor, auto-hipnose, estado hipnoide*; outras estão ligadas a circunstâncias, geralmente de natureza social, que obrigam o sujeito a reter as suas reações. Finalmente, pode tratar-se de um acontecimento que "[…] o doente quis esquecer e que recalcou, inibiu, reprimiu intencionalmente fora do seu pensamento consciente" (1*e*). Essas três espécies de condições definem os três tipos de histeria: histeria hipnoide*, histeria de retenção* e histeria de defesa*. Sabe-se que Freud, logo após a publicação de *Estudos sobre a histeria*, manteria apenas esta última forma.

★

Enfatizar exclusivamente a ab-reação na eficácia da psicoterapia é antes de mais nada uma característica do período chamado do método catártico. No entanto, a noção continua presente na teoria do tratamento psicanalítico, por razões de fato (presença em qualquer tratamento, em diversos graus, conforme os tipos de doentes, de manifestações de descarga emocional) e por razões de direito, na medida em que qualquer teoria do tratamento leva em consideração não apenas a *rememoração*, mas a *repetição*. Noções como as de transferência*, perlaboração*, atuação* implicam uma referência à teoria da ab-reação, ao mesmo tempo que conduzem a concepções do tratamento mais complexas do que as da pura e simples liquidação do afeto traumatizante.

▲ (α) O neologismo *abreagieren* parece ter sido forjado por Breuer e Freud a partir do verbo *reagieren* empregado transitivamente e do prefixo *ab*, que compreende diversas significações, particularmente distância no tempo, separação, diminuição, supressão etc.

(1) Breuer (J.) e Freud (S.). – *a*) *Cf.* GW, I, 81-9; SE, II, 3-10; Fr., 1-7. – *b*) GW, I, 87; SE, II, 8; Fr., 5-6. – *c*) GW, I, 223-4; SE, II, 158; Fr., 125. – *d*) GW, I, 90; SE II, 11; Fr., 8. – *e*) GW, I, 89; SE II, 10; Fr., 7.

ABSTINÊNCIA (REGRA DE −)

= *D.*: Abstinenz (Grundsatz der −). − *F.*: abstinence (règle d' −). − *En.*: abstinence (rule of −). − *Es.*: abstinencia (regla de −). − *I.*: astinenza (regola di −).

- *Regra da prática analítica segundo a qual o tratamento deve ser conduzido de tal modo que o paciente encontre o menos possível satisfações substitutivas para os seus sintomas. Implica, para o analista, o preceito de se recusar a satisfazer os pedidos do paciente e a preencher efetivamente os papéis que este tende a lhe impor. A regra de abstinência, em certos casos e em certos momentos do tratamento, pode constituir-se especificamente em indicações relativas a comportamentos repetitivos do sujeito que dificultam o trabalho de rememoração e de elaboração.*

- *A* justificação dessa regra é de ordem essencialmente econômica. O analista deve evitar que as quantidades de libido liberadas pelo tratamento se reinvistam imediatamente em objetos exteriores; elas devem ser, tanto quanto possível, transferidas para a situação analítica. A energia libidinal encontra-se nele ligada pela transferência, e qualquer possibilidade de descarga que não seja a expressão verbal lhe é recusada.

Do ponto de vista dinâmico, a mola propulsora do tratamento tem origem na existência de um sofrimento por frustração; ora, ele tende a atenuar-se à medida que os sintomas dão lugar a comportamentos substitutivos mais satisfatórios. Seria, pois, importante manter ou restabelecer a frustração para evitar a estagnação do tratamento.

A noção de abstinência está implicitamente ligada ao próprio princípio do método analítico, na medida em que este faz da interpretação o seu ato fundamental, em lugar de satisfazer as exigências libidinais do paciente. Não é de admirar que seja a propósito de uma exigência particularmente premente, aquela própria ao amor de transferência, que Freud aborda explicitamente, em 1915, a questão da abstinência: "Quero propor a regra de que é preciso manter nos doentes necessidades e aspirações, como forças que impelem para o trabalho e para a mudança, e evitar calá-las com sucedâneos" (1).

Foi com Ferenczi que os problemas técnicos colocados pela observância da regra de abstinência tiveram que passar para o primeiro plano das discussões analíticas. Ferenczi preconizava em certos casos medidas tendentes a afastar as situações substitutivas encontradas pelo paciente no tratamento e fora dele. Freud, na sua comunicação final no Congresso de Budapeste (1918), aprovava em seus princípios essas medidas e justificava-as teoricamente: "Por mais cruel que possa parecer, devemos fazer o possível para que o sofrimento do doente não desapareça prematuramente de modo acentuado. Quando esse sofrimento se atenua, porque os sintomas se desagregaram e perderam o seu valor, somos obrigados a recriá-lo noutro ponto sob a forma de uma privação penosa" (2).

Para esclarecer a discussão sempre atual em torno da noção de abstinência, parece que haveria interesse em distinguir nitidamente, por um lado, a abstinência como regra que se impõe ao analista – simples consequência da sua neutralidade – e, por outro, as medidas ativas pelas quais se pede ao paciente que ele mesmo se mantenha num certo estado de abstinência. Tais medidas vão desde certas interpretações, cujo caráter insistente pode equivaler a uma injunção, até as interdições formais. Estas, embora não visem a proibir ao paciente qualquer relação sexual, incidem geralmente em certas atividades sexuais (perversões) ou em certos modos de atuação de caráter repetitivo que pareçam paralisar o trabalho analítico. É em relação a recorrer a essas medidas ativas que a maioria dos analistas se mostra muito reservada, sublinhando particularmente o risco que o analista corre de ser então assimilado a uma autoridade repressiva.

(1) Freud (S.), *Bemerkungen über die Übertragungsliebe*, 1915. GW, X, 313; SE, XII, 165; Fr., 122-3.
(2) Freud (S.), *Wege der psychoanalytischen Therapie*, 1918. GW, XII, 188; SE, XVII, 163; Fr., 136.

AÇÃO ESPECÍFICA

= *D.*: spezifische Aktion. – *F.*: action spécifique. – *En.*: specific action. – *Es.*: acción específica. – *I.*: azione specifica.

• *Termo utilizado por Freud em alguns dos seus primeiros escritos para designar o conjunto do processo necessário à resolução da tensão interna criada pela necessidade: intervenção externa adequada e conjunto das reações pré-formadas do organismo que permitem a realização do ato.*

■ É principalmente no seu *Projeto para uma psicologia científica* (*Entwurf einer Psychologie*, 1895) que Freud utiliza a noção de ação específica: o princípio de inércia*, que, por postulado de Freud, regula o funcionamento do aparelho neurônico, complica-se desde que intervenham as excitações endógenas. Com efeito, o organismo não pode escapar delas. Pode descarregá-las de duas maneiras:
a) de forma imediata, por reações não específicas (manifestações emocionais, gritos etc.), que constituem uma resposta inadequada, porque as excitações continuam a afluir;
b) de forma específica, que é a única que permite uma resolução duradoura da tensão. Freud forneceu o seu esquema, fazendo intervir particularmente a noção de limiar, em *Sobre os critérios para se destacar da neurastenia uma síndrome particular intitulada "neurose de angústia"* (*Über die Berechtigung, von der Neurasthenie einen bestimmten Symptomenkomplex als "Angstneurose" abzutrennen*, 1895) (1*a*).
Para que a ação específica ou adequada se realize, é indispensável a presença de um objeto específico e de uma série de condições externas

(fornecimento de comida, no caso da fome). Para o lactente, dado o seu desamparo original (*ver*: desamparo), o auxílio exterior torna-se a condição prévia indispensável à satisfação da necessidade. Freud pode também designar por ação específica, algumas vezes, o conjunto dos atos-reflexos pelos quais o ato é consumado; outras, a intervenção exterior; ou ainda esses dois tempos.

Essa ação específica é pressuposta pela vivência de satisfação*.

★

Poder-se-ia interpretar a concepção freudiana da ação específica como o esboço de uma teoria do instinto* (α). Como conciliá-la com a da pulsão sexual tal como emerge da obra de Freud? A posição do problema evoluiu, para Freud, nos anos de 1895-1905:

1) Em *Projeto para uma psicologia científica*, a sexualidade é classificada entre as "grandes necessidades" (2); ela exige, tal como a fome, uma ação específica (*ver*: pulsões de autoconservação).

2) Note-se que, em 1895, Freud ainda não tinha descoberto a sexualidade infantil. O que ressalta da expressão ação específica dessa época é uma analogia entre o ato sexual do adulto e a satisfação da fome.

3) No artigo acima citado, contemporâneo do *Projeto*, é exatamente a propósito do adulto que a ação específica necessária à satisfação sexual é descrita. Mas, ao lado dos elementos de comportamento que constituem uma espécie de montagem orgânica, Freud introduziu condições "psíquicas" de origem histórica enquadradas naquilo a que ele chama a elaboração da libido psíquica (1*b*).

4) Com a descoberta da sexualidade infantil, altera-se a perspectiva (*ver*: sexualidade). Freud passa a criticar a concepção que define a sexualidade humana pelo ato sexual adulto, comportamento que seria invariável no seu desenvolvimento, no seu objeto e no seu fim. "A opinião popular tem ideias bem determinadas sobre a natureza e as características da pulsão sexual. Esta estaria ausente durante a infância, apareceria na puberdade, em estreita relação com o processo de maturação, manifestar-se-ia sob a forma de uma atração irresistível exercida por um dos sexos sobre o outro, e o seu objetivo seria a união sexual, ou pelo menos os atos que conduzem a esse objetivo" (3).

Freud mostra, em *Três ensaios sobre a teoria da sexualidade* (*Drei Abhandlungen zur Sexualtheorie*, 1905), como, no funcionamento da sexualidade da criança, as condições orgânicas suscetíveis de causar um prazer sexual são pouco específicas. Se podemos dizer que elas se especificam rapidamente, isso acontece em função de fatores de ordem histórica. Afinal, no adulto, as condições da satisfação sexual podem ser bem determinadas para este ou aquele indivíduo, como se o homem atingisse através da sua história um comportamento que se pode assemelhar a uma montagem instintual. É exatamente essa aparência que está na origem da "opinião popular", tal como Freud a descreveu nas poucas linhas acima citadas.

ACTING OUT

▲ (α) Nesta perspectiva, poderia estabelecer-se uma aproximação entre a teoria freudiana da ação específica e a análise do processo instintual pela psicologia animal contemporânea (escola etologista).

(1) Freud (S.). – a) *Cf* GW, I, 334-5; SE, III, 108. – b) *Cf* GW, 333-9; SE, III, 106-12.
(2) *Cf.*, Freud (S.), *Aus den Anfängen der Psychoanalyse*, 1887-1900. Al., 381; Ing., 357; Fr., 317.
(3) Freud (S.), *Drei Abhandlungen zar Sexualtheorie*, 1905. GW, V, 33; SE, VII, 135; Fr., 17.

ACTING OUT

• *Termo usado em psicanálise para designar as ações que apresentam, quase sempre, um caráter impulsivo, relativamente em ruptura com os sistemas de motivação habituais do sujeito, relativamente isolável no decurso das suas atividades, e que toma muitas vezes uma forma auto ou heteroagressiva. Para o psicanalista, o aparecimento do* acting out *é a marca da emergência do recalcado. Quando aparece no decorrer de uma análise (durante a sessão ou fora dela), o* acting out *tem de ser compreendido na sua conexão com a transferência, e frequentemente como uma tentativa para ignorá-la radicalmente.*

■ O termo inglês *acting out* foi adotado pelos psicanalistas de língua francesa, e essa adoção coloca, de início, problemas terminológicos:
1º Na medida em que a expressão *to act out* (forma substantiva: *acting out*) é empregada em inglês para traduzir o que Freud denomina *agieren*, ela deve recobrir toda a ambiguidade daquilo que é deste modo designado por Freud (*ver*: atuação). Assim, o *acting out* do *Dicionário geral dos termos psicológicos e psicanalíticos* de English e English contém a seguinte definição: "Manifestação, em uma situação nova, de um comportamento intencional apropriado a uma situação mais antiga, a primeira representando simbolicamente a segunda. *Cf.* Transferência, que é uma forma de *acting out.*"
2º A definição anterior está em contradição com a acepção do *acting out* admitida com mais frequência, que diferencia ou até contrapõe o terreno da transferência e o recurso ao *acting out*, e vê neste uma tentativa de ruptura da relação analítica.
3º A propósito do verbo inglês *to act out*, faremos algumas observações:
a) *To act*, quando empregado transitivamente, está impregnado de sentidos que pertencem ao domínio do teatro: *to act a play* = representar uma peça; *to act a part* = desempenhar um papel etc. O mesmo acontece com o verbo transitivo *to act out*.
b) A posposição de *out* introduz duas diferenciações: exteriorizar, mostrar o que é suposto ter dentro de si, e realizar rapidamente, até a consumação da ação (diferenciação que voltamos a encontrar em expressões como *to carry out* = levar a bom termo; *to sell out* = vender; etc.).
c) O sentido original, puramente espacial, do pospositivo *out* chegou a levar alguns psicanalistas a entenderem erradamente *acting out* como o ato

realizado fora da sessão analítica e a contraporem a expressão a um *acting in* que aconteceria no decorrer da sessão. Se quisermos explicar essa oposição, conviria falarmos de *acting out outside of psychoanalysis* e de *acting out inside of psychoanalysis* ou *in the analytic situation*.

4º Parece difícil encontrar, em francês, uma expressão que traduza todas as nuances precedentes (houve quem propusesse *agissement* e *actuation*). A expressão *passage à l'acte* (passagem ao ato), que é o equivalente mais frequentemente utilizado, tem, entre outros, o inconveniente de já ter sido adotada na clínica psiquiátrica, na qual se tende a reservá-la de forma exclusiva para atos impulsivos violentos, agressivos, delituosos (assassínio, suicídio, atentado sexual etc.); o sujeito *passa* de uma representação, de uma tendência, ao ato propriamente dito. Por outro lado, esta expressão não comporta, no seu uso clínico, qualquer referência a uma situação transferencial.

★

Do ponto de vista descritivo, a gama dos atos que agrupamos geralmente sob a rubrica do *acting out* é muito extensa, incluindo aquilo a que a clínica psiquiátrica chama "passagem ao ato" (ver acima), mas também formas muito mais discretas, desde que nelas se encontre aquela característica impulsiva, mal motivada aos olhos do próprio sujeito, que rompe com o seu comportamento habitual, mesmo que a ação em causa seja secundariamente racionalizada; tal característica assinala para o psicanalista o retorno do recalcado; podem-se também considerar como *acting out* certos acidentes acontecidos ao sujeito, embora ele se sinta estranho à produção desses acontecimentos. Essa extensão coloca evidentemente o problema da delimitação do conceito de *acting out*, mais ou menos vago e variável conforme os autores, relativamente a outros conceitos emitidos por Freud, particularmente o ato falho e os chamados fenômenos de repetição (α). O ato falho também é pontual, isolado, mas, pelo menos nas suas formas mais características, a sua natureza de compromisso fica evidente; inversamente, nos fenômenos de repetição vivida ("compulsão de destino", por exemplo), os conteúdos recalcados retornam frequentemente com grande fidelidade em uma situação pela qual o sujeito não se reconhece como o responsável.

★

Uma das contribuições da psicanálise foi relacionar o aparecimento desse ato impulsivo com a dinâmica do tratamento e com a transferência. Esse é o caminho nitidamente indicado por Freud, que sublinhou a tendência de certos pacientes para fazerem "atuar" (*agieren*) fora da análise as moções pulsionais despertadas por ela. Mas, na medida em que, como se sabe, ele descreveu mesmo a transferência para a pessoa do analista como uma forma de "atuação", não diferenciou com clareza nem articulou os fenômenos de repetição na transferência e os do *acting out*. A distinção por ele introduzida parece responder a preocupações predominantemente técnicas, pois o sujeito que faz atuar conflitos fora do tratamento é menos acessível à tomada de consciência do seu caráter repetitivo e pode, independentemente de qualquer controle e de qualquer interpretação do analista, satisfazer até o fim, até o ato consumado, as suas pulsões recalcadas: "Não é de modo nenhum desejável que o paciente, independentemente da transferência, *atue* (*agiert*) em vez de se recordar; o ideal, para o nosso objetivo, será que ele se comporte tão normalmente quanto possível fora do tratamento e que só manifeste as suas reações anormais na transferência" (1).

Uma das tarefas da psicanálise seria procurar fundamentar a distinção entre transferência e *acting out* em outros critérios, diferentes dos critérios puramente técnicos, ou mesmo puramente espaciais (o que se passa no consultório do analista ou fora dele); isso suporia particularmente uma reflexão renovada sobre os conceitos de ação, de atualização e sobre aquilo que especifica os diferentes modos de comunicação.

Só depois de esclarecidas teoricamente as relações entre o *acting out* e a transferência analítica poderíamos indagar se as estruturas assim evidenciadas podem ser extrapoladas para além de qualquer referência ao tratamento, isto é, perguntar se os atos impulsivos da vida cotidiana não se poderiam esclarecer depois de referidos a relações de tipo transferencial.

▲ (α) Essa delimitação será necessária se quisermos conservar uma especificidade para a noção, e não a dissolver numa concepção de conjunto que faz surgir a relação mais ou menos estreita de qualquer empreendimento humano com as fantasias inconscientes.

(1) Freud (S.), *Abriss der Psychoanalyse*, 1938. GW, XVII, 103; SE, XXIII, 177; Fr., 46.

AFÂNISE

= *D.*: Aphanisis. – *F.*: aphanisis. – *En.*: aphanisis. – *Es.*: afánisis. – *I.*: afanisi.

• *Termo introduzido por E. Jones: desaparecimento do desejo sexual. Segundo esse autor, a afânise seria, nos dois sexos, objeto de um temor mais fundamental que o temor da castração.*

■ Jones introduz o termo grego ἀφάνισις (ato de fazer desaparecer, desaparecimento) relacionado com a questão do complexo de castração (1*a*). Segundo ele, mesmo no homem, a abolição da sexualidade e a castração não coincidem (por exemplo: "[...] muitos homens desejam ser castrados por razões eróticas, entre outras, de modo que a sua sexualidade certamente não desaparece com o abandono do pênis") (1*b*); se é verdade que parecem confundir-se, é porque o temor da castração é a forma por que se apresenta concretamente (ao lado das ideias de morte) a ideia mais geral de *afânise*.

Na mulher, é no temor da separação do objeto amado que poderíamos descobrir o temor da afânise.

Jones introduz a noção de afânise no quadro das suas pesquisas sobre a sexualidade feminina. Enquanto Freud centrava a evolução sexual da menina, como a do menino, no complexo de castração e na prevalência do falo, Jones tenta descrever a evolução da menina de um modo mais específico, que dá ênfase a uma sexualidade que tem de início os seus objetivos e a sua atividade próprios.

O denominador comum da sexualidade da menina e do menino deveria ser procurado aquém do complexo de castração, na afânise.

(1) *Cf.* JONES (E.), *Early Devebpment of Female Sexuality*, 1927. In *Papers on Psycho-Analysis*, Baillière, Londres, 5ª ed., 1950. – *a*) 438-51. – *b*) 439-40.

AFETO

= *D.*: Affekt. – *F.*: affect. – *En.*: affect. – *Es.*: afecto. – *I.*: affetto.

• *Termo que a psicanálise foi buscar na terminologia psicológica alemã e que exprime qualquer estado afetivo, penoso ou desagradável, vago ou qualificado, quer-se apresente sob a forma de uma descarga maciça, quer como tonalidade geral. Segundo Freud, toda pulsão se exprime nos dois registros, do afeto e da representação. O afeto é a expressão qualitativa da quantidade de energia pulsional e das suas variações.*

■ A noção de afeto assume grande importância logo nos primeiros trabalhos de Breuer e Freud (*Estudos sobre a histeria* [*Studien über Hysterie*, 1895]) sobre a psicoterapia da histeria e a descoberta do valor terapêutico da ab-reação. A origem do sintoma histérico é procurada num acontecimento traumático a que não correspondeu uma descarga adequada (afeto coartado).

Somente quando a evocação da recordação provoca a revivescência do afeto que estava ligado a ela na origem é que a rememoração encontra a sua eficácia terapêutica.

Da consideração da histeria resulta, portanto, para Freud, que o afeto não está necessariamente ligado à representação; a sua separação (afeto sem representação, representação sem afeto) garante a cada um diferentes destinos. Freud indica possibilidades diversas de transformação do afeto: "Conheço três mecanismos: 1º o da conversão dos afetos (histeria de conversão); 2º o do deslocamento do afeto (obsessões); e 3º o da transformação do afeto (neurose de angústia, melancolia)" (1).

A partir desse período, a noção de afeto é utilizada em duas perspectivas: pode ter apenas um valor descritivo, designando a ressonância emocional de uma experiência geralmente forte. Mas a maior parte das vezes ela postula uma teoria quantitativa dos investimentos, a única que pode traduzir a autonomia do afeto em relação às suas diversas manifestações.

A questão é tratada sistematicamente por Freud nos seus escritos metapsicológicos (*O recalque* [*Die Verdrängung*, 1915]; *O inconsciente* [*Das Unbewusste*, 1915]). O afeto é neles definido como a tradução subjetiva da quantidade de energia pulsional. Freud distingue aqui nitidamente o aspecto subjetivo do afeto e os processos energéticos que o condicionam. Note-se que, paralelamente ao termo afeto, ele emprega "*quantum* de afeto"* (*Affektbetrag*), entendendo designar assim o aspecto propriamente econômico: o *quantum* de afeto "[...] corresponde à pulsão na medida em que esta se separou da representação e encontra uma expressão adequada à sua quantidade em processos que se tornam sensíveis para nós como afetos" (2*a*, α).

Não se vê muito bem como o termo "afeto" poderia conservar qualquer sentido fora de qualquer referência à consciência de si; Freud coloca a questão: será legítimo falar de afeto inconsciente (3*a*)? Recusa-se a estabelecer um paralelismo entre o chamado afeto "inconsciente" (sentimento de culpa inconsciente, por exemplo) e as representações inconscientes. Existe uma diferença notável entre a representação inconsciente e o sentimento inconsciente: "A representação inconsciente, uma vez recalcada, permanece no sistema Ics como formação real, enquanto que ali, para o afeto inconsciente, só corresponde um rudimento que não conseguiu desenvolver-se" (3*b*) (*ver*: recalque; repressão).

Note-se por fim que Freud formulou uma hipótese genética destinada a traduzir o aspecto vivido do afeto. Os afetos seriam "reproduções de acontecimentos antigos de importância vital e eventualmente pré-individuais" comparáveis a "[...] acessos histéricos universais, típicos e inatos" (4).

▲ (α) Em outras passagens, a distinção é negligenciada, visto que Freud, a propósito da histeria de conversão, não fala de uma conversão do *quantum* de afeto que condicionaria o desaparecimento do afeto subjetivo, mas simplesmente de "desaparecimento total do *quantum* de afeto" (2*b*).

(1) FREUD (S.), *Aus den Anfängen der Psychoanalyse*, 1887-1902. Al., 95; Ing., 84; Fr., 76-7.
(2) FREUD (S.), *Die Verdrängung*, 1915. – *a*) GW, X, 255; SE, XIV, 152; Fr., 79-80. – *b*) GW, X, 258; SE, XIV, 155; Fr., 85.
(3) FREUD (S.), *Das Unbewusste*, 1915. – *a*) Cf. GW, X, 276-7; SE, XIV, 178; Fr., 113-4. – *b*) GW, X, 277; SE, XIV, 178; Fr., 114-5.
(4) FREUD (S.), *Hemmung, Symptom und Angst*, 1926. GW, XIV, 163; SE, XX, 133; Fr., 57.

AGIR

Ver: **Atuação**

[Nesta edição brasileira, optamos pelo termo atuar, que se impôs entre nós na prática psicanalítica como equivalente de *agieren*.]

AGRESSIVIDADE

= *D.*: Aggression, Aggressivität. – *F*: agressivité. – *En.*: aggressivity, aggressiveness. – *Es.*: agresividad. – *I.*: aggressività.

- *Tendência ou conjunto de tendências que se atualizam em comportamentos reais ou fantasísticos que visam a prejudicar o outro, destruí-lo, constrangê-lo, humilhá-lo etc. A agressão conhece outras modalidades além da ação motora violenta e destruidora; não existe comportamento, quer negativo (recusa de auxílio, por exemplo) quer positivo, simbólico (ironia, por exemplo) ou efetivamente concretizado, que não possa funcionar como agressão. A psicanálise atribuiu uma importância crescente à agressividade, mostrando-a em operação desde cedo no desenvolvimento do sujeito e sublinhando o mecanismo complexo da sua união com a sexualidade e da sua separação dela. Essa evolução das ideias culmina com a tentativa de procurar na agressividade um substrato pulsional único e fundamental na noção de pulsão de morte.*

▪ Segundo um modo de ver corrente, Freud só tardiamente teria reconhecido a importância da agressividade. E não foi ele mesmo quem propagou essa ideia? "Por que", pergunta ele, "precisamos de tanto tempo antes de nos decidirmos a reconhecer uma pulsão agressiva? Por que hesitamos em utilizar, para a teoria, fatos que eram evidentes e familiares a qualquer pessoa?" (1*a*). Na realidade, as duas questões que Freud formula merecem ser separadas, porque, se é verdade que a hipótese de uma "pulsão de agressão" autônoma, emitida por Adler logo em 1908, foi durante muito tempo recusada por Freud, em contrapartida não seria exato dizer que a teoria psicanalítica, antes da "virada de 1920", recusava-se a levar em consideração os comportamentos agressivos.

Seria fácil demonstrá-lo em diversos níveis. Primeiro no tratamento, em que, desde muito cedo, Freud encontra a resistência com a sua marca agressiva: "[...] o sujeito, até aquele instante tão bom, tão leal, torna-se grosseiro, falso ou revoltado, simulador, até o momento em que lhe digo isso e em que consigo assim vergar o seu caráter" (2). Mais ainda, Freud, desde o *Caso Dora* (*Fragmento da análise de um caso de histeria* [*Bruchstück einer Hysterie-Analyse*, 1905]), vê na intervenção da agressividade um traço próprio do tratamento psicanalítico: "[...] o doente no decorrer de outros tratamentos só evoca transferências ternas e amigáveis em favor da sua cura [...]. Na psicanálise, em contrapartida, todas as moções, incluindo as hostis, devem ser despertadas, utilizadas pela análise ao se tornarem conscientes" (3). À primeira vista, foi como resistência que a transferência surgiu a Freud, e essa resistência deve-se em grande medida àquilo a que ele chamará transferência negativa (*ver:* transferência).

A clínica impõe a ideia de que as tendências hostis são particularmente importantes em certas afecções (neurose obsessiva, paranoia). A noção de *ambivalência** vem exprimir a coexistência no mesmo plano do amor e do ódio, senão ao nível metapsicológico mais fundamental, pelo menos na experiência. Citemos ainda a análise feita por Freud do chiste, em que ele declara que este, "[...] quando não é o seu próprio fim, isto é, inocente, só pode pôr-se a serviço de duas tendências [...]; ou é um *chiste hostil* (que serve à agressão, à sátira, à defesa), ou então é um *chiste obsceno* [...]" (4).

AGRESSIVIDADE

A propósito disso, Freud fala por diversas vezes de "pulsão hostil", "tendência hostil". Por fim, o complexo de Édipo é descoberto logo de início como conjunção de desejos amorosos e hostis (é mesmo apresentado pela primeira vez em *A interpretação de sonhos* [*Die Traumdeutung*, 1900] sob a rubrica "Sonhos de morte das pessoas queridas"); a sua elaboração progressiva leva a atribuir, cada vez mais, um papel a esses dois tipos de desejo nas diferentes constelações possíveis.

A variedade, a extensão, a importância desses fenômenos exigiam uma explicação ao nível da primeira teoria das pulsões. Esquematicamente, pode-se dizer que a resposta de Freud se escalona em diversos planos:

1º Se ele se recusa a hipostasiar, por trás dessas tendências e comportamentos agressivos, uma pulsão específica, é porque lhe parece que tal concepção redundaria em beneficiar uma só pulsão com aquilo que para ele caracteriza essencialmente *a* pulsão, isto é, o fato de ser um impulso de que não se pode fugir, exigindo do aparelho psíquico um certo trabalho e pondo em movimento a motricidade. Nesse sentido, para realizar os seus objetivos, mesmo que "passivos" (ser amado, ser visto etc.), a pulsão exige uma atividade que pode ter que vencer obstáculos: "toda pulsão é um fragmento de atividade" (5*a*).

2º Sabe-se que, na primeira teoria das pulsões, as pulsões sexuais têm como opostas as pulsões de autoconservação. Estas, de modo geral, têm por função a manutenção e a afirmação da existência individual. Nesse quadro teórico, a explicação de comportamentos ou de sentimentos tão manifestamente agressivos como o sadismo ou o ódio, por exemplo, é procurada num mecanismo complexo dos dois grandes tipos de pulsões. A leitura de *Pulsões e destinos das pulsões* (*Triebe und Triebschicksale*, 1915) mostra que Freud tem à sua disposição uma teoria metapsicológica da agressividade. A aparente mutação do amor em ódio é apenas uma ilusão; o ódio não é um amor negativo; tem a sua gênese própria, cuja complexidade é mostrada por Freud, para quem a tese central é a de que "os verdadeiros protótipos da relação de ódio não provêm da vida sexual, mas da luta do ego pela sua conservação e afirmação" (5*b*).

3º Por último, no domínio das pulsões de autoconservação, Freud especifica, quer como função, quer mesmo como pulsão independente, a atividade de garantir o seu domínio sobre o objeto (*Bemächtigungstrieb*) (*ver*. pulsão de dominação). Com essa noção, ele parece indicar uma espécie de campo intermediário entre a simples *atividade* inerente a toda função e uma tendência para a destruição pela destruição. A pulsão de dominação é uma pulsão independente, ligada a um aparelho especial (a musculatura) e a uma fase definida da evolução (fase sádico-anal). Mas, por outro lado, "[...] causar danos ao objeto ou aniquilá-lo lhe é indiferente" (5*c*), pois a consideração pelo outro e pelo seu sofrimento só aparecem no retorno masoquista, tempo em que a pulsão de dominação se torna indiscernível da excitação sexual que provoca (*ver*. sadismo – masoquismo).

Com a última teoria das pulsões, a agressividade desempenha um papel mais importante e ocupa um lugar diferente na teoria.

A teoria explícita de Freud a respeito da agressividade pode resumir-se assim: "Uma parte [da pulsão de morte] é posta diretamente a serviço da pulsão sexual, em que o seu papel é importante. É isso o sadismo propriamente dito. Outra parte não acompanha esse desvio para o exterior, mantém-se no organismo, onde está ligada libidinalmente pelo auxílio da excitação sexual de que se faz acompanhar [...]; reconhecemos aí o masoquismo originário, erógeno" (6).

Freud reserva o nome de pulsão de agressão* (*Aggressionstrieb*), na maioria das vezes, à parte da pulsão de morte voltada para o exterior com o auxílio específico da musculatura. Note-se que essa pulsão de agressão, talvez como a tendência para a autodestruição, só pode ser apreendida, segundo Freud, na sua fusão com a sexualidade (*ver*: fusão – desfusão).

O dualismo pulsões de vida – pulsões de morte é frequentemente assimilado pelos psicanalistas ao da sexualidade e da agressividade, e o próprio Freud caminha por vezes nessa direção (1*b*). Tal assimilação exige diversas observações:

1º Os fatos que Freud invoca em *Além do princípio do prazer* (*Jenseits des Lustprinzips*, 1920) para justificar a introdução da noção de pulsão de morte são fenômenos em que se afirma a compulsão à repetição*, e esta não está seletivamente relacionada com comportamentos agressivos.

2º Quando, para Freud, no campo da agressividade, certos fenômenos assumem uma importância cada vez maior, trata-se sempre daqueles que testemunham uma autoagressão: clínica do luto e da melancolia, "sentimento de culpa inconsciente", "reação terapêutica negativa" etc., fenômenos que o levam a falar das "misteriosas tendências masoquistas do ego" (7).

3º Do ponto de vista das noções em jogo, pulsões de vida ou Eros estão muito longe de serem apenas uma nova denominação para abranger aquilo a que antes se chamava sexualidade. Sob o nome de Eros*, com efeito, Freud designa o conjunto das pulsões que criam ou mantêm unidades, de modo que nele são afinal englobadas não só as pulsões sexuais, enquanto tendem a conservar a espécie, mas ainda as pulsões de autoconservação que visam a manter e afirmar a existência individual.

4º Correlativamente, a noção de pulsão de morte não é simplesmente um conceito genérico que engloba indistintamente tudo o que anteriormente fora descoberto como manifestações agressivas, e apenas isso. Efetivamente, uma parte daquilo a que se pode chamar luta pela vida pertence a Eros; inversamente, a pulsão de morte chama a si, e indubitavelmente de maneira mais incontestável, aquilo que Freud tinha reconhecido, na sexualidade humana, como específico do desejo inconsciente: sua irredutibilidade, sua insistência, seu caráter desreal e, do ponto de vista econômico, sua tendência à redução absoluta das tensões.

★

AGRESSIVIDADE

Pode-se perguntar em que a noção de agressividade se renovou depois de 1920. Poder-se-ia responder que:

1º Alarga-se o campo em que se reconhece a agressividade em ação. Por um lado, a concepção de uma pulsão destrutiva suscetível de se voltar para o exterior, de retornar para o interior, faz dos avatares do sadomasoquismo uma realidade muito complexa, que pode traduzir numerosas modalidades da vida psíquica. Por outro lado, a agressividade já não se aplica apenas às relações com o objeto ou consigo mesmo, mas às relações entre as diferentes instâncias (conflito entre o superego e o ego).

2º Localizando a origem da pulsão de morte na própria pessoa, fazendo da autoagressão o próprio princípio da agressividade, Freud destrói a noção de agressividade, classicamente descrita, e já há muito tempo, como modo de relação com outrem, violência exercida sobre outrem. Talvez convenha contrapor aqui a originalidade da teoria de Freud a certas declarações suas sobre a maldade natural do homem (8).

3º E, finalmente, a última teoria das pulsões permite especificar melhor a agressividade em relação à noção de atividade? Como notou Daniel Lagache, "à primeira vista, a atividade surge como um conceito muito mais extenso do que a agressividade; todos os processos biológicos ou psicológicos são formas de atividade. Agressividade, portanto, não conota, em princípio, mais do que certas formas de atividade" (9). Ora, na medida em que Freud tende a localizar do lado de Eros tudo o que é da ordem dos comportamentos vitais, convida-nos a interrogarmo-nos sobre o que define o comportamento agressivo; nisso o conceito fusão – desfusão pode conferir um elemento de resposta. Com efeito, não exprime apenas o fato de existirem, em proporções variadas, amálgamas pulsionais, mas a ideia de que a desfusão é, no fundo, o triunfo da pulsão de destruição na medida em que ela visa a destruir os conjuntos que, inversamente, Eros tende a criar e manter. Nessa perspectiva, a agressividade seria exatamente uma força radicalmente desorganizadora e fragmentante. Assim, essas características foram sublinhadas pelos autores que, como Melanie Klein, insistem no papel predominante desempenhado pelas pulsões agressivas desde a primeira infância.

★

Tal concepção, como se vê, vai contra a evolução em psicologia do sentido dos termos forjados a partir do radical agressão. Em inglês, English e English, no seu *Dicionário geral dos termos psicológicos e psicanalíticos*, notaram que *aggressiveness* tinha acabado por perder, numa acepção enfraquecida, toda conotação de hostilidade, a ponto de se tornar sinônimo de "espírito empreendedor", "energia", "atividade"; o termo *aggressivity* estaria, em contrapartida, menos gasto, inscrevendo-se melhor na série "*aggression*", "*to aggress*" (α).

▲ (α) Do ponto de vista terminológico, notemos que, na linguagem de Freud, encontra-se um só termo, *Aggression*, para designar tanto as agressões como a agressividade.

(1) Freud (S.), *Neue Folge der Vorlesungen zur Einführung in die Psychoanalyse*, 1933. – *a)* GW, XV, 110; SE, XXII, 103; Fr., 141. – *b) Cf.* GW, XV, 109 ss.; SE, XXII, 103 ss.; Fr., 141 ss.

(2) Freud (S.), *Aus den Anfängen der Psychoanalyse*, 1887-1902. Carta de 27-10-1897: Al., 241; Ing., 226; Fr., 200.

(3) Freud (S.), GW, V, 281; SE, VII, 117; Fr., 88.

(4) Freud (S.), *Der Witz und seine Beziehung zum Unbewussten*, 1905. GW, VI, 105; SE, VII, 96-7; Fr., 109.

(5) Freud (S.). – *a)* GW, X, 214; SE, XIV, 122; Fr., 34. – *b)* GW, X, 230; SE, XIV, 138; Fr., 63. – *c)* GW, X, 231; SE, XIV, 139; Fr., 64.

(6) Freud (S.), *Das ökonomische Problem des Masochismus*, 1924. GW, XIII, 376; SE, XIX, 163-4; Fr., 216.

(7) Freud (S.), GW, XIII, 11; SE, XVIII, 14; Fr., 13.

(8) *Cf.* Freud (S.), *Das Unbehagen in der Kultur*, 1930.

(9) Lagache (D.), Situation de l'agressivité, in *Bull. Psychol.*, 1960, XIV, nº 1, pp. 99-112.

ALOEROTISMO

= *D.*: Alloerotismus. – *F.*: allo-érotisme. – *En.*: allo-erotism. – *Es.*: aloerotismo. – *I.*: alloerotismo.

• *Termo às vezes utilizado por oposição a autoerotismo: atividade sexual que encontra a sua satisfação graças a um objeto exterior.*

▪ Freud, quando, em 1899, usa pela primeira vez o termo '"autoerotismo" (*ver este termo*), emparelha-o com aloerotismo, que se subdivide por sua vez em homoerotismo (satisfação encontrada graças a um objeto do mesmo sexo: homossexualidade) e em heteroerotismo (satisfação encontrada graças a um objeto do outro sexo: heterossexualidade) (1). Este termo, pouco usado, foi retomado por E. Jones.

(1) *Cf* Freud (S.), *Aus den Anfängen der Psychoanalyse*, 1887-1902. Al., 324; Ing., 303; Fr., 270.

ALTERAÇÃO DO EGO ou ALTERAÇÃO DO EU

= *D.*: Ichveränderung. – *F.*: altération du moi. – *En.*: alteration of the ego. – *Es.*: alteración del yo. – *I.*: modificazione dell'io.

• *Conjunto das limitações e das atitudes anacrônicas adquiridas pelo ego durante as fases do conflito defensivo e que repercutem desfavoravelmente nas suas possibilidades de adaptação.*

▪ A expressão "alteração do ego" aparece exatamente no princípio e no fim da obra de Freud, em dois contextos bastante diferentes.

Em *Novas observações sobre as psiconeuroses de defesa* (*Weitere Bemerkungen Über die Abwehr-Neuropsychosen*, 1896), Freud, a propósito da paranoia, distingue, do delírio como retorno do recalcado, um delírio secundário, o delírio de interpretação, também chamado delírio "combinatório" ou delírio "de assimilação". Esta seria a marca de uma adaptação do ego à ideia delirante: o paranoico acabaria por ser um espírito falso na sua tentativa de atenuar as contradições entre a ideia delirante primária e o funcionamento lógico do pensamento.

Em *Análise terminável e interminável* (*Die endliche und die unendliche Analyse*, 1937), Freud trata de forma relativamente sistemática daquilo que "[...] se costuma designar de modo tão indeterminado pela expressão 'alteração do ego'" (1*a*). Prolongando a obra de Anna Freud sobre os mecanismos de defesa, que havia sido publicada recentemente (1936), ele mostra como estes, originariamente constituídos para enfrentarem perigos internos determinados, podem acabar por "fixar-se no ego" e constituir "[...] modos reacionais regulares do caráter" que o sujeito repete ao longo da sua vida, utilizando-os como instituições anacrônicas mesmo que a ameaça primitiva tenha desaparecido (1*b*). O enraizamento de tais hábitos defensivos leva a "distorções" (*Verrenkungen*) e "limitações" (*Einschränkungen*). O trabalho terapêutico torna-os particularmente manifestos, uma verdadeira resistência opondo-se à descoberta das próprias resistências.

A alteração do ego deveria ser sobretudo comparada a uma montagem de comportamento, podendo mesmo, como mostrou a escola etologista acerca dos comportamentos instintuais, funcionar "no vazio", ou até criar artificialmente para si situações motivadoras: o ego "[...] vê-se impelido a ir buscar na realidade as situações que possam substituir aproximativamente o perigo originário" (1*c*). O que Freud tem aqui em vista é algo diferente da repercussão direta do conflito defensivo no ego (o próprio sintoma pode ser considerado como uma modificação do ego, um corpo estranho dentro dele; assim, a formação reativa também modifica o ego).

Esses dois textos em que Freud fala das alterações do ego têm mais de um ponto em comum. A alteração do ego é concebida em ambos os casos como secundária, distanciada do conflito e daquilo que traz a marca do inconsciente. Nesse sentido, ela ofereceria uma dificuldade especial ao tratamento, pois a elucidação do conflito tem pouca influência sobre as modificações inscritas no ego de forma irreversível, a tal ponto que houve quem comparasse a "perturbações lesionais do organismo" (2). Por outro lado, a referência à psicose, central no primeiro texto, está igualmente presente no segundo: o ego de todo ser humano "[...] aproxima-se do [ego] do psicótico nesta ou naquela das suas partes, em maior ou menor proporção" (1*d*).

(1) FREUD (S.). – *a*) GW, XVI, 80; SE, XXIII, 235; Fr., 21. – *b*) GW, XVI, 83; SE, XXIII, 237; Fr., 24. – *c*) GW, XVI, 83; SE, XXIII, 238; Fr., 24. – *d*) GW, XVI, 80; SE, XXIII, 235; Fr., 21.
(2) *Cf.* NACHT (S.), *Causes et mécanismes des déformations névrotiques du moi*, 1958. In RFP 2, 199-200.

ALVO PULSIONAL

Ver. **Meta pulsional**

AMBIVALÊNCIA

= *D.*: Ambivalenz. – *F.*: ambivalence. – *En.*: ambivalence. – *Es.*: ambivalencia. – *I.*: ambivalenza.

• *Presença simultânea, na relação com um mesmo objeto, de tendências, de atitudes e de sentimentos opostos, fundamentalmente o amor e o ódio.*

▪ Freud emprestou o termo "ambivalência" de Bleuler, que o criou (1). Bleuler considera a ambivalência em três domínios. Voluntário (*Ambitendenz*): o sujeito quer ao mesmo tempo comer e não comer, por exemplo. Intelectual: o sujeito enuncia simultaneamente uma proposição e o seu contrário. Afetivo: ama e odeia em um mesmo movimento a mesma pessoa.
Para Bleuler, a ambivalência é um sintoma preponderante da esquizofrenia (2), mas ele reconhece a existência de uma ambivalência normal.
A originalidade da noção de ambivalência, relativamente ao que já fora descrito como complexidade de sentimentos ou flutuações de atitudes, reside, por um lado, na manutenção de uma oposição do tipo sim-não, em que a afirmação e a negação são simultâneas e indissociáveis; e, por outro lado, no fato de que essa oposição fundamental pode ser encontrada em diversos setores da vida psíquica. Bleuler acaba por privilegiar a ambivalência afetiva, e é este o sentido que orienta o seu uso por Freud.
O termo aparece em Freud pela primeira vez em *A dinâmica da transferência* (*Zur Dynamik der Übertragung*, 1912), para traduzir o fenômeno de transferência negativa: "[...] nós a encontramos ao lado da transferência terna, muitas vezes ao mesmo tempo, e tendo como objeto uma só pessoa. [...] É a ambivalência das intenções afetivas (*Gefühlsrichtungen*) que nos permite compreender melhor a aptidão dos neuróticos para porem a sua transferência a serviço da resistência" (3). Mas a ideia de uma conjunção do amor e do ódio encontra-se anteriormente, por exemplo, nas análises do *Pequeno Hans* (4) e do *Homem dos ratos*: "Trava-se uma batalha no nosso protagonista entre o amor e o ódio dirigidos à mesma pessoa" (5).
Em *Pulsões e destinos das pulsões* (*Triebe und Triebschicksale*, 1915), Freud fala de ambivalência a propósito do par de opostos atividade-passividade*: "[...] a moção pulsional ativa coexiste com a moção pulsional passiva" (6*a*). Esta utilização muito ampla do termo "ambivalência" é rara. No mesmo texto, é a oposição "material" amor-ódio, em que é visado um único e mesmo objeto, que permite ressaltar mais nitidamente a ambivalência.
A ambivalência pode sobretudo ser evidenciada em certas afecções (psicoses, neurose obsessiva) e em certos estados (ciúme, luto). Caracte-

riza certas fases da evolução libidinal em que coexistem amor e destruição do objeto (fases sádico-oral e sádico-anal).

Nesse sentido, ela torna-se, para Abraham, uma categoria genética, que permite especificar a relação de objeto própria de cada fase. A fase oral primária é qualificada de pré-ambivalente: "[A sucção] é, na verdade, uma incorporação, mas que não põe fim à existência do objeto" (7). Para esse autor, a ambivalência só aparece com a oralidade sádica, canibalesca*, que implica uma hostilidade para com o objeto; depois o indivíduo aprende a poupar o seu objeto e a salvá-lo da destruição. Por fim, a ambivalência pode ser superada na fase genital (pós-ambivalente). Nos trabalhos de Melanie Klein, na esteira dos de Abraham, a noção de ambivalência é essencial. Para ela, a pulsão já de início é ambivalente: o "amor" do objeto não se separa da sua destruição; a ambivalência torna-se então uma qualidade do próprio objeto, contra a qual o sujeito luta, clivando-o em objeto* "bom" e "mau": um objeto ambivalente, ao mesmo tempo idealmente benéfico e essencialmente destruidor, não se poderia tolerar.

★

O termo "ambivalência" é muitas vezes utilizado em psicanálise com uma acepção muito ampla. Pode efetivamente servir para designar as ações e os sentimentos resultantes de um conflito defensivo em que entram em jogo motivações incompatíveis; visto que aquilo que é agradável para um sistema é desagradável para outro, pode-se qualificar de ambivalente qualquer "formação de compromisso". Mas o termo "ambivalência" pode então conotar todas as espécies de atitudes conflituais de maneira vaga. Para que conserve o valor descritivo, e mesmo sintomático, que originalmente teve, conviria recorrer a ele na análise de conflitos específicos, em que a componente positiva e a componente negativa da atitude afetiva estão simultaneamente presentes, indissolúveis, e constituem uma oposição não dialética, insuperável para o sujeito que diz ao mesmo tempo sim e não.

Para explicar a ambivalência, em última análise, seria preciso postular, como implica a teoria freudiana das pulsões, um dualismo fundamental? É assim que a ambivalência do amor e do ódio se explicaria pelas suas evoluções específicas: o ódio encontra a sua origem em pulsões de autoconservação ("o seu protótipo está nas lutas do ego para se manter e se afirmar") (6*b*); o amor encontra a sua origem nas pulsões sexuais. A oposição das pulsões de vida e das pulsões de morte da segunda concepção de Freud iria enraizar de maneira ainda mais clara a ambivalência num dualismo pulsional (*ver*: fusão – desfusão).

Note-se que Freud, no final da sua obra, tende a dar à ambivalência maior importância na clínica e na teoria do conflito. O conflito edipiano, nas suas raízes pulsionais, é concebido como conflito de ambivalência (*Ambivalenz Konflikt*), uma vez que uma das suas principais dimensões é a oposição entre "[...] um amor fundamentado e um ódio não menos justificado, ambos dirigidos à mesma pessoa" (8). Nessa perspectiva, a formação dos sintomas neuróticos é concebida como a tentativa de conseguir uma solução para tal conflito: é assim que a fobia desloca uma das componentes, o ódio, para um objeto substitutivo; a neurose obsessiva tenta recalcar a moção hostil reforçando a moção libidinal sob a forma de formação reativa*. Essa diferença de foco na concepção freudiana do conflito é interessante pelo fato de enraizar o conflito defensivo na dinâmica pulsional e por incitar a procurar por trás do conflito defensivo, na medida em que este põe em jogo as instâncias do aparelho psíquico, as contradições inerentes à vida pulsional.

(1) *Cf.* BLEULER (E.), *Vortrag über Ambivalenz*, 1910. In *Zentralblatt für Psychoanalyse*, 1, 266.

(2) *Cf.* BLEULER (E.), *Dementia praecox oder Gruppe der Schizophrenien*, Leipzig e Viena, 1911.

(3) FREUD (S.), GW, VII, 372-3; SE, XII, 106-7; Fr., 58-9.

(4) *Cf* FREUD (S.), *Analyse der Phobie eines fünfjährigen Knaben*, 1909. GW, VII, 243-377; SE, X, 5-149; Fr., 93-198.

(5) FREUD (S.), *Bemerkungen über einen Fall von Zwangsneurose*, 1909. GW, VII, 413; SE, X, 191; Fr., 223.

(6) FREUD (S.). *Triebe und Triebschicksale*, 1915. – *a)* GW, X, 223-4; SE, XIV, 131; Fr., 51. – *b)* GW, X, 230; SE, XIV, 138; Fr., 63.

(7) ABRAHAM (K.), *Versuch einer Eniwicklungsgeschichte der Libido auf Grund der Psychoanalyse seelischer Störungen*, 1924. Fr., II, 276.

(8) FREUD (S.), *Hemmung Symptom und Angst*, 1926, GW, XIV, 130; SE, XX, 102; Fr., 20.

AMBIVALENTE, PRÉ-AMBIVALENTE, PÓS-AMBIVALENTE

= *D.*: ambivalent, prä-ambivalent, post-ambivalent. – *F.*: ambivalent, préambivalent, postambivalent. – *En.*: ambivalent, prae-ambivalent, post-ambivalent. – *Es.*: ambivalente, preambivalente, postambivalente. – *I.*: ambivalente, preambivalente, postambivalente.

● *Termos introduzidos por K. Abraham: qualificam, do ponto de vista da relação com o objeto, a evolução das fases libidinais. A fase oral no seu primeiro estágio (sucção) seria pré-ambivalente; a ambivalência apareceria no segundo estágio (mordedura) para culminar na fase anal, continuar na fase fálica e só desaparecer depois da fase de latência, com a instauração do amor de objeto genital.*

■ Remetemos o leitor para o artigo de K. Abraham, *Versuch einer Entwicklungsgeschichte der Libido auf Grund der Psychoanalyse seelischer Störungen* (*Esboço de uma história do desenvolvimento da libido na psicanálise das perturbações psíquicas*, 1924).

Podemos, além disso, referir-nos ao quadro ontogenético apresentado por R. Fliess (1).

(*Ver*: ambivalência e os artigos consagrados às diferentes fases da libido.)

(1) FLIESS (R.), *The Psycho-Analytic Reader*, 1950; 254-5.

AMNÉSIA INFANTIL

= *D.*: infantile Amnesie. – *F.*: amnésie infantile. – *En.*: infantile amnesia. – *Es.*: amnesia infantil. – *I.*: amnesia infantile.

• *Amnésia que geralmente cobre os fatos dos primeiros anos da vida. Freud vê nela algo diferente do efeito de uma incapacidade funcional que a criança teria de registrar as suas impressões; ela resulta do recalque que incide na sexualidade infantil e se estende à quase totalidade dos acontecimentos da infância. O campo abrangido pela amnésia infantil encontraria o seu limite temporal no declínio do complexo de Édipo e entrada no período de latência.*

▪ A amnésia infantil não é uma descoberta da psicanálise. Mas, diante da aparente evidência do fenômeno, Freud não se contentou com uma explicação pela imaturação funcional; apresentou uma explicação específica. Tal como a amnésia histérica, a amnésia infantil pode de direito ser dissipada: não se trata de uma abolição ou de uma ausência de fixação das recordações, mas do efeito de um recalque (1). Freud, de resto, vê na amnésia infantil a condição dos recalques ulteriores, e em particular da amnésia histérica (sobre a questão da amnésia infantil, ver especialmente a referência abaixo indicada).

(1) *Cf.* FREUD (S.), *Drei Abhandlungen zur Sexualtheorie*, 1905. GW, V, 175-7; SE, VII, 174-6; Fr., 66-9.

ANÁCLISE

Ver: **Apoio**

ANACLÍTICA (DEPRESSÃO –)

= *D.*: Anlehnungsdepression. – *F.*: dépression anaclitique. – *En.*: anaclitic depression. – *Es.*: depresión anaclítica. – *I.*: depressione anaclitica.

• *Expressão criada por René Spitz (1): perturbações que evocam clinicamente as da depressão no adulto e que aparecem progressivamente na criança que sofreu privação da mãe depois de ter tido com ela, pelo menos durante os seis primeiros meses de vida, uma relação normal.*

▪ O leitor deverá consultar o verbete seguinte, em que encontrará observações terminológicas sobre o adjetivo *anaclítico*.
Quanto ao quadro clínico da depressão anaclítica, é assim descrito por R. Spitz (2*a*):
"*Primeiro mês.* – As crianças tornam-se chorosas, exigentes, e agarram-se ao observador que entra em contato com elas.

"*Segundo mês.* – Recusa de contato. Posição patognomônica (as crianças deixam-se ficar a maior parte do tempo deitadas de bruços no berço). Insônia. Continua a perda de peso. Tendência para contraírem doenças intercorrentes. Generalização do atraso motor. Rigidez da expressão facial.

"*Depois do terceiro mês.* – A rigidez do rosto estabiliza-se. Os choros cessam e são substituídos por raros gemidos. O atraso aumenta e torna-se letargia.

"Se, antes de ter passado um período crítico situado entre o fim do terceiro e o fim do quinto mês, a mãe for devolvida à criança, ou se se consegue achar um substituto que seja aceitável para o bebê, o distúrbio desaparece com surpreendente rapidez."

Spitz considera "a estrutura dinâmica da depressão anaclítica essencialmente diferente da depressão no adulto" (2*b*).

(1) SPITZ (R.-A), Anaclitic Depression, in *The Psycho-Analytic Study of the Child*, IUP, Nova York, II, 1946, 313-42.
(2) SPITZ (R.-A), *La première année de la vie de l'enfant*, PUF, Paris, 1953. – *a*) 119-21. – *b*) 121; [Ed. bras. *O primeiro ano de vida*, Martins Fontes, S. Paulo, 4ª ed., 1987 – a tradução francesa citada pelos autores difere parcialmente da versão brasileira feita a partir do original inglês; ver ed. bras. p. 202.]

ANACLÍTICO

= *D.*: Anlehnungs. – *F.*: anaclitique. – *En.*: anaclitic, attachment. – *Es.*: anaclítico. – *I.*: anaclitico *ou* per appoggio.

Ver: **Apoio** e **Escolha de objeto por apoio**

■ 1) O adjetivo *anaclítico* (do grego ἀναχλίνω, deitar-se sobre, apoiar-se em) foi introduzido na literatura psicanalítica de língua inglesa e retomado por tradutores franceses para traduzir o genitivo *Anlehnungs-* em expressões como *Anlehnungstypus der Objektwahl* (traduzido geralmente por "tipo de escolha anaclítica de objeto"). Mas o que escapa necessariamente ao leitor que lê as obras de Freud em tradução é que o conceito de *Ahlehnung* constitui uma peça fundamental da primeira teoria freudiana das pulsões; Freud refere-se a ele em muitas outras ocasiões além daquelas em que trata da escolha de objeto "anaclítica": encontramos, por diversas vezes, ou a forma substantiva *Anlehnung*, ou formas verbais como *sich an* (*etwas*) *anlehnen*. Ora, essas formas são traduzidas para o inglês e para o francês de maneira variável (α), de modo que o conceito de *Anlehnung* não foi nitidamente apreendido pelos leitores de Freud.

Portanto, surge hoje uma questão de terminologia. O termo "anaclítico" já faz parte do vocabulário internacional da psicanálise; não seria possível suprimi-lo. Mas, em francês, o substantivo *anaclise* (anáclise), que traduziria *Anlehnung*, não é admitido (β). Os termos *anaclise, anaclitique* (anáclise, anaclítico) apresentam, aliás, o inconveniente de serem palavras eruditas forjadas artificialmente, enquanto *Anlehnung* pertence à linguagem comum. Por isso os autores deste *Vocabulário* propuseram como equivalente *étayage* (apoio), que já foi utilizado por certos tradutores (particularmente por B. Reverchon-Jouve na sua tradução francesa dos *Três ensaios sobre a teoria da sexualidade* [*Drei Abhandlungen zur Sexualtheorie*, 1905]) e que tem a vantagem de poder encontrar-se, tal como *Anlehnung*, na forma verbal: *s'étayer sur* (apoiar-se em). Até a expressão consagrada "tipo de escolha anaclítica de objeto" deveria ser substituída por "tipo de escolha de objeto por apoio".

2) O termo "anaclítico" é às vezes utilizado num sentido menos rigoroso, que não está diretamente relacionado com o uso do conceito na teoria freudiana, por exemplo, na expressão *depressão anaclítica** (*anaclitic depression*).

▲ (α) Por exemplo, no que se refere à forma verbal, pelos equivalentes de: estar ligado a, estar baseado em, apoiar-se em etc.

(β) Em contrapartida, não existe em alemão um adjetivo formado a partir de *Anlehnung* e que corresponda a anaclítico.

ANAGÓGICA (INTERPRETAÇÃO –)

= *D.*: anagogische Deutung. – *F.*: interprétation anagogique. – *En.*: anagogic interpretation. – *Es.*: interpretación anagógica. – *I.*: interpretazione anagogica.

• *Expressão usada por Silberer: modo de interpretação das formações simbólicas (mitos, sonhos etc.) que explicitaria a sua significação moral universal. Como orienta o símbolo para "ideais elevados", estaria, então, em oposição à interpretação analítica, que reduziria os símbolos ao seu conteúdo particular e sexual.*

■ A noção de interpretação anagógica (do grego ἀνάγς = levar para o alto) pertence à linguagem teológica, em que designa a interpretação "que se eleva do sentido literal para um sentido espiritual" (Littré). Surge como a fase mais evoluída do pensamento de Silberer sobre o simbolismo. Foi desenvolvida em *Problemas da mística e do seu simbolismo* (*Probleme der Mystik und ihrer Symbolik*, 1914). Silberer encontra uma dupla determinação nas parábolas, ritos, mitos etc.; por exemplo, o mesmo símbolo que representa em psicanálise a morte do pai é interpretado anagogicamente como "morte do velho Adão" em nós (1*a*). Essa oposição vem juntar-se à do "fenômeno material" e do "fenômeno funcional" (*ver este termo*) no sentido mais amplo que Silberer acabou por lhe dar.

A diferença entre "funcional" e "anagógico" está apenas em que "[...] o verdadeiro fenômeno funcional descreve o estado ou o processo psíquico atual, enquanto a imagem anagógica parece indicar um estado ou um processo que deve ser vivido (*erlebt werden soll*)" (1*b*). A interpretação anagógica tenderia, pois, para a formação de novos símbolos funcionais cada vez mais universais, representando os grandes problemas éticos da alma humana. Silberer julga, aliás, verificar essa evolução nos sonhos no decorrer do tratamento psicanalítico (1c).

Freud e Jones criticaram essa concepção. Freud vê na interpretação anagógica apenas um regresso às ideias pré-psicanalíticas que tomam por sentido último dos símbolos o que na realidade deriva deles por formação reativa*, racionalização etc. (2). Jones aproxima a interpretação anagógica da significação "prospectiva" atribuída por Jung ao simbolismo: "Admite-se que o símbolo é a expressão de um esforço que visa a um ideal moral elevado, esforço que, por não atingir esse ideal, detém-se no símbolo; supõe-se, no entanto, que o ideal final está implícito no símbolo e é simbolizado por ele" (3).

(1) *Cf.* SILBERER (H.), *Probleme der Mystik und ihrer Symbolik*, Hugo Heller, Viena e Leipzig, 1914. – *a*) 168. – *b*) 155. – *c*) 153.

(2) *Cf.* FREUD (S.), *Traum und Telepathie*, 1922. GW, XIII, 187; SE, XVIII, 216.

(3) JONES (E.), *The Theory of Symbolism*, 1948. In *Papers on Psycho-analysis*, Baillière, Londres, 5ª ed., 1950, 136 (*Cf.*, para a crítica do conjunto da teoria de Silberer, todo o cap. IV).

ANÁLISE DIDÁTICA

= *D.*: Lehranalyse, didaktische Analyse. – *F.*: analyse didactique. – *En.*: training analysis. – *Es.*: análisis didáctico. – *I.*: analisi didattica.

● ***Psicanálise a que se submete aquele que se destina ao exercício da profissão de psicanalista e que constitui a viga mestra da sua formação.***

■ A descoberta da psicanálise está intimamente ligada à exploração pessoal que Freud realizou sobre si mesmo (*ver*: autoanálise). Percebeu logo de início que somente pelo conhecimento do próprio inconsciente se podia chegar à prática da análise. No Congresso de Nurembergue, em 1910, Freud afirma que uma *Selbstanalyse* (literalmente análise de si próprio) é a condição exigível para que "[…] o médico possa reconhecer em si a contratransferência e dominá-la" (1). Freud estaria pensando aqui na autoanálise, ou em uma psicanálise exercida por um terceiro? O termo *Selbstanalyse* não permite uma resposta. A partir do contexto é lícito pensar que se trata antes de uma autoanálise, mas, se nos reportarmos ao relatório do Congresso apresentado por Otto Rank (2), Freud tinha em vista igualmente a instituição da análise didática. Seja como for, parece que, a seus olhos, naquela data, o valor insubstituível da análise didática relativamente à autoanálise não estava ainda firmemente estabelecido.

Esse valor formativo de uma análise pessoal é reconhecido com mais nitidez em *Recomendações aos médicos que exercem a psicanálise* (*Ratschläge für den Arzt bei der psychoanalytischen Behandlung*, 1912); esse valor é relacionado com a teoria segundo a qual o analista "[…] deve voltar para o inconsciente do doente, emissor, o seu próprio inconsciente como órgão receptor" (3a). Para isso, o analista tem de ser capaz de se comunicar mais livremente com o próprio inconsciente (ver: atenção flutuante), e é precisamente isso que a análise didática deve em princípio permitir; Freud presta homenagem à escola de Zurique por ter "[...] apresentado a exigência segundo a qual quem quiser praticar análises sobre outros deve primeiro submeter-se a uma análise realizada por alguém com experiência" (3b).

Foi em 1922, no Congresso da Associação Psicanalítica Internacional, dois anos após a fundação do Instituto de Psicanálise de Berlim, que se apresentou a exigência da análise didática para todo e qualquer candidato a analista.

Parece que foi Ferenczi quem mais contribuiu para salientar a função da análise didática, na qual vê a "segunda regra fundamental da psicanálise" (4). Para Ferenczi, a análise didática não é menos completa nem menos profunda do que a análise terapêutica: "Para resistir firmemente a essa investida geral do paciente, é preciso que o analista também tenha sido plena e completamente analisado. Falo isso porque muitas vezes se julga suficiente que um candidato passe, por exemplo, um ano familiarizando-se com os principais mecanismos naquilo a que se chama a sua análise didática. Quanto ao seu progresso ulterior, confia-se no que virá a aprender no decorrer da própria experiência. Já afirmei muitas vezes, em ocasiões anteriores, que em princípio não posso admitir qualquer diferença entre uma análise terapêutica e uma análise didática, e quero agora acrescentar a seguinte ideia: enquanto nem todos os empreendimentos com fins terapêuticos precisam ser levados até a profundidade que temos em vista quando falamos de uma terminação consumada da análise, o próprio analista, do qual depende a sorte de tantas outras pessoas, deve conhecer e controlar mesmo as fraquezas mais secretas do seu caráter, e isto é impossível sem uma análise plenamente acabada" (5).

As exigências formuladas por Ferenczi são hoje amplamente aprovadas (α); tendem a fazer da análise pessoal daquele que se destina à análise algo em que se dilui a aquisição de conhecimentos pela experiência, aspecto que o termo didático põe indevidamente em primeiro plano.

O problema simultaneamente teórico e prático inerente à própria noção e à institucionalização da análise didática – isto é, como pode uma análise ser de saída orientada para uma finalidade específica, para uma "representação-meta" tão pregnante como a de obter de uma instituição, em que a avaliação do analista didata desempenha um papel importante, a habilitação para exercer a sua profissão? – é objeto de discussões que prosseguem sempre no movimento psicanalítico (β).

▲ (α) Freud, por seu lado, permaneceu bastante reservado quanto às possibilidades oferecidas pela análise didática; em *Análise terminável e interminável* (*Die endliche und die unendliche Analyse*, 1937), mantém ainda que a análise didática, "[...] por razões práticas, só pode ser curta e incompleta; a sua finalidade principal é permitir ao analista que ensina avaliar se o candidato está apto a prosseguir nos seus estudos. Ela desempenhou a sua função quando permitiu ao aluno convencer-se de modo seguro da existência do inconsciente, quando lhe permitiu adquirir acerca de si mesmo, graças à emergência do recalcado, noções que, sem a análise, permaneceriam inacreditáveis para ele, e quando lhe mostrou numa primeira amostra a técnica que só foi validada pela atividade psicanalítica" (6).

(β) Sobre os problemas colocados pela formação analítica e a sua história no movimento, ver: Balint, *On the Psycho-analytic Training System* (*Sobre o sistema de formação psicanalítica*) (7).

(1) Freud (S.), *Die zukünftigen Chancen der psychoanalytischen Therapie*, 1910. GW, VIII, 108; SE, XI; 144-5; Fr., 27.
(2) Citado in: Kovacs (V.), *Training and Control-analysis*, IJR, XVII, 1936, 346-54.
(3) Freud (S.). – *a)* GW, VIII, 381; SE, XII, 115; Fr., 66. – *b)* GW, VIII, 382; SE, XII, 116; Fr., 67.
(4) Ferenczi (S.), *Die Elastizität der psychoanalytischen Technik*, 1927. – In: *Final contr.*, 88-9.
(5) Ferenczi (S.), *Das Problem der Beendigung der Analyse*, 1928. In: *Final contr*, 83-4.
(6) Freud (S.), GW, XVI, 94-5; SE, XXIII, 248; Fr., 34.
(7) *Cf.* Balint (M.), in *IJP*, 1948, 29, 163-73.

ANÁLISE DIRETA

= *D.*: direkte Analyse. – *F.*: analyse directe. – *En.*: direct analysis. – *Es.*: análisis directo. – *I.*: analisi diretta.

• *Método de psicoterapia analítica das psicoses preconizado por J. N. Rosen. Seu nome é tirado da utilização de "interpretações diretas" fornecidas aos pacientes e que se caracterizam do seguinte modo:*
a) incidem sobre conteúdos inconscientes que o sujeito exprime verbalmente ou não (mímica, posição, gestos, comportamento);
b) não exigem a análise das resistências;
c) não recorrem necessariamente à mediação de elos associativos.
Este método compreende, além disso, uma série de processos técnicos destinados a estabelecer uma estreita relação afetiva, de "inconsciente a inconsciente", na qual o terapeuta "deve tornar-se para o paciente a figura maternal que não cessa de dar e proteger" (1a).

▪ Este método foi exposto e enriquecido por J. N. Rosen a partir de 1946. O termo "direto" caracteriza sobretudo um tipo de interpretação, que fundamenta-se na teoria segundo a qual nas psicoses, e particularmente na esquizofrenia, o inconsciente do sujeito, desbordando as defesas, exprime-se a descoberto em suas palavras ou seus comportamentos. A interpretação direta não faria mais do que explicitar mais claramente o que o sujeito já sabe. Sua eficácia não está ligada, portanto, a um progresso no *insight*, mas ao estabelecimento e consolidação de uma transferência positiva: o paciente sente-se *compreendido* por um terapeuta ao qual atribui a compreensão todo-poderosa de uma mãe ideal; tranquiliza-se com palavras que visam ao conteúdo infantil das suas angústias mostrando a inanidade delas. Além das interpretações, a análise "direta", no sentido amplo do termo, compreende um certo número de processos ativos, muito afastados da neutralidade que é de regra na análise dos neuróticos, sendo finalidade de todos eles fazer o terapeuta penetrar no universo fechado do psicótico. Assim é que o terapeuta conseguiria desempenhar a função de uma mãe terna e protetora, reparando progressivamente as frustrações graves que o sujeito teria sofrido sempre na infância por causa de uma mãe de instinto maternal pervertido (1*b*).

(*Ver também*: interpretação direta; maternagem.)

(1) ROSEN (J. N.), *Direct Analysis. Selected Papers*. Grune and Stratton, Nova York, 1953, Trad. fr. *L'analyse directe*, PUF, Paris, 1960. – *a*) Ing., 139; Fr., 122. – *b*) *Cf.* cap. IV: 'The perverse mother" (A mãe perversa).

ANGÚSTIA ANTE UM PERIGO REAL

= *D.*: Realangst. – *F.*: angoisse devant un danger réel. – *En.*: realistic anxiety. – *Es.*: angustia real. – *I.*: angoscia di fronte a una situazione reale.

• ***Termo (Realangst) utilizado por Freud no quadro da sua segunda teoria da angústia: angústia perante um perigo exterior que constitui para o sujeito uma ameaça real.***

■ O termo alemão *Realangst* é introduzido em *Inibição, sintoma e angústia* (*Hemmung, Symptom und Angst*, 1926). Pode prestar-se a diversos mal-entendidos que o equivalente que propomos procura evitar.

1º Em *Realangst*, *Real* é substantivo; não qualifica a própria angústia, mas aquilo que a motiva. A angústia ante um perigo real opõe-se à angústia ante a pulsão. Para determinados autores, e em particular para Anna Freud, a pulsão só seria ansiógena na medida em que ameaçasse suscitar um perigo real; a maior parte dos psicanalistas sustentam a existência de uma ameaça pulsional geradora de angústia.

2º A tradução por "angústia ante o real" teria o inconveniente de dar a entender que é a realidade como tal o motivo de angústia, ao passo que se trata de certas situações. Eis por que propomos o equivalente de "angústia ante um perigo real".

Sem entrar na teoria freudiana da angústia, note-se que o âmbito do termo *Angst*, em alemão e no seu emprego freudiano, não é exatamente o mesmo do termo "angústia". Expressões correntes como *ich habe Angst vor...* são traduzidas por "tenho medo de...". A oposição frequentemente admitida entre o medo, que teria um objeto determinado, e a angústia, que se definiria pela ausência de objeto, não se ajusta com exatidão às distinções freudianas.

ANGÚSTIA AUTOMÁTICA

= *D.*: automatische Angst. – *F.*: angoisse automatique. – *En.*: automatic anxiety. – *Es.*: angustia automática. – *I.*: angoscia automatica.

• *Reação do sujeito sempre que se encontra numa situação traumática, isto é, submetido a um afluxo de excitações, de origem externa ou interna, que é incapaz de dominar. A angústia automática opõe-se para Freud ao sinal de angústia*.*

▪ A expressão foi introduzida na reformulação feita por Freud da sua teoria da angústia em *Inibição, sintoma e angústia* (*Hemmung, Symptom und Angst*, 1926); pode ser compreendida por comparação com a noção de sinal de angústia.

Em ambos os casos, "[...] como fenômeno automático e como sinal de alarme, a angústia deve ser considerada como um produto do estado de desamparo psíquico do lactente, que é evidentemente a contrapartida do seu estado de desamparo biológico" (1). A angústia automática é uma resposta espontânea do organismo a essa situação traumática ou à sua reprodução.

Por "situação traumática" deve-se entender um afluxo incontrolável de excitações variadas demais e intensas demais. Esta é uma ideia muito antiga em Freud; nós a encontramos nos seus primeiros escritos sobre a angústia, em que é definida como resultante de uma tensão libidinal acumulada e não descarregada.

A expressão "angústia automática" indica um tipo de reação; nada diz da origem interna ou externa das excitações traumatizantes.

(1) FREUD (S.), GW, XIV, 168; SE, XX, 138; Fr., 62.

ANULAÇÃO (– RETROATIVA)

= *D.*: Ungeschehenmachen. – *F.*: annulation rétroactive. – *En.*: undoing (what has be done). – *Es.*: anulación retroactiva. – *I.*: rendere non accaduto *ou* annullamento retroattivo.

• *Mecanismo psicológico pelo qual o sujeito se esforça por fazer com que pensamentos, palavras, gestos e atos passados não tenham acontecido; utiliza para isso um pensamento ou um comportamento com uma significação oposta.*

Trata-se aqui de uma compulsão de tipo "mágico", particularmente característica da neurose obsessiva.

▪ A anulação é rapidamente descrita por Freud em *O homem dos ratos*; analisa então "[...] atos compulsivos, em dois tempos, em que o primeiro tempo é anulado pelo segundo [...]. A sua verdadeira significação reside no fato de representarem o conflito de dois movimentos opostos e de intensidade quase igual, o que, segundo a minha experiência, é sempre a oposição entre o amor e o ódio" (1*a*).

Em *Inibição, sintoma e angústia* (*Hemmung, Symptom und Angst*, 1926), esse processo é ressaltado por Freud sob o termo *Ungeschehenmachen* (literalmente: tornar não acontecido); vê nele, com o isolamento, uma forma de defesa característica da neurose obsessiva e qualifica-a de processo mágico; mostra como ela atua especialmente nos rituais obsessivos (2*a*).

ANULAÇÃO (– RETROATIVA)

Anna Freud cita a anulação retroativa no seu inventário dos mecanismos de defesa do ego (3); e é geralmente como mecanismo de defesa do ego que ela é definida na literatura psicanalítica (4a).

Notemos que a anulação retroativa se apresenta sob modalidades bastante diversas. Às vezes um comportamento é anulado pelo comportamento diretamente oposto (é o caso do "homem dos ratos", que torna a pôr num caminho uma pedra que num primeiro tempo tinha retirado para que não houvesse perigo de o carro da amiga bater nela); outras vezes é o mesmo ato que é repetido, mas com significações, conscientes ou inconscientes, opostas; outras ainda, o ato de anulação é contaminado pelo ato que pretende apagar. Veja-se o exemplo dado por Fenichel (4b), que ilustra essas duas últimas modalidades: um sujeito censura-se por ter esbanjado dinheiro ao comprar o jornal; gostaria de anular essa despesa, fazendo que lhe reembolsassem a importância gasta; não ousando fazê-lo, pensa que comprar outro jornal o aliviará. Mas a banca de jornais está fechada; então o sujeito joga no chão uma moeda do mesmo valor do jornal. Para exprimir essas sequências, Freud fala de sintomas "difásicos": "A uma ação que põe em execução uma determinada injunção sucede-se imediatamente outra que detém ou anula a primeira, mesmo que não chegue ao ponto de pôr em execução o seu contrário" (2b).

Antes de classificar a anulação retroativa entre os mecanismos de defesa do ego, é preciso ainda observar o seguinte: deve-se considerar o "segundo tempo" como um simples produto da defesa? A variedade dos exemplos clínicos leva a uma resposta ponderada. Com efeito, vemos a maioria das vezes que as motivações pulsionais intervêm nos dois tempos, particularmente sob a forma da ambivalência* amor-ódio; às vezes é até o segundo tempo que melhor evidencia a vitória da pulsão. Em um exemplo como o de Fenichel, é exatamente o comportamento no seu conjunto que forma um todo sintomático.

Note-se, aliás, nessa perspectiva, que Freud, numa época em que ainda não se acentuam os mecanismos de defesa do ego, parece fazer intervir a ação defensiva apenas numa racionalização que dissimula secundariamente a totalidade em jogo (1b).

Por fim, poderíamos distinguir duas concepções, que aliás opõem-se apenas como dois níveis de interpretação ou dois níveis do conflito psíquico*: uma que acentua o conflito interpulsional em que se reencontra, em última análise, a ambivalência do amor e do ódio, e a outra que situa o conflito entre as pulsões e o ego, podendo este encontrar um aliado numa pulsão oposta àquela com que se protege.

★

Podemos perguntar se não conviria ligar o mecanismo de anulação retroativa a um comportamento normal muito frequente, como retratar-se de uma afirmação, reparar um dano, reabilitar um condenado, atenuar o significado de um pensamento, de uma palavra ou de um ato por uma negação que pode até ser antecipada (exemplo: "não vá julgar que...") etc.

Notemos, todavia, que em todos esses casos se trata de atenuar ou de anular a significação, o valor ou as consequências de um comportamento. A anulação retroativa – no sentido patológico – visa à própria *realidade* do ato que se procura suprimir radicalmente, fazendo como se o tempo não fosse irreversível.

Claro que tal distinção pode parecer esquemática; não é ao pôr em ação significações opostas que o sujeito tenta anular até o próprio ato? No entanto, a clínica mostra que o obsessivo não se satisfaz com um trabalho de desinvestimento* ou de contrainvestimento*. O que ele visa é à impossível anulação do acontecimento (*Geschehen*) passado como tal.

(1) Freud (S.), *Bemerkungen über einen Fall von Zwangsneurose*, 1909. – *a*) GW, VII, 414; SE, X, 192; Fr., 224. – *b*) *Cf.* GW, VII, 414; SE, X, 192; Fr., 224.

(2) Freud (S.). – *a*) *Cf.* GW, XIV, 149-50; SE, XX, 119-20; Fr., 41-2. – *b*) GW, XIV, 142; SE, XX, 113; Fr., 33.

(3) *Cf.* Freud (A.), *Das Ich und die Abwehermechanismen*, 1936, ed. Imago, Londres, 1946, 36; PUF, Paris, 1949, 38-9.

(4) *Cf.* por exemplo Fenichel (O.), *The Psychoanalytic Theory of Neurosis*, Norton, Nova York, 1945, ed. fr., PUF, 1953. – *a*) Ing., 153-5; Fr., 189-92. – *b*) Ing., 154; Fr., 190-1.

APARELHO PSÍQUICO

= *D.*: psychischer *ou* seelischer Apparat. – *F.*: appareil psychique. – *En.*: psychic *ou* mental apparatus. – *Es.*: aparato psíquico. – *I.*: apparato psichico *ou* mentale.

• *Expressão que ressalta certas características que a teoria freudiana atribui ao psiquismo: a sua capacidade de transmitir e de transformar uma energia determinada e a sua diferenciação em sistemas ou instâncias.*

■ Em *A interpretação de sonhos* (*Die Traumdeutung*, 1900), Freud define o aparelho psíquico por comparação com aparelhos ópticos; procura, assim, segundo as suas próprias palavras, "[...] tornar compreensível a complicação do funcionamento psíquico, dividindo esse funcionamento e atribuindo cada função específica a uma parte constitutiva do aparelho" (1*a*).

Um texto como esse exige algumas observações.

1) Ao falar de aparelho psíquico, Freud sugere a ideia de uma certa organização, de uma disposição interna, mas faz mais do que ligar diferentes funções a "lugares psíquicos" específicos; atribui a estes uma dada *ordem* que acarreta uma sucessão temporal determinada. A coexistência dos diferentes sistemas que compõem o aparelho psíquico não deve ser tomada no sentido anatômico que lhe seria atribuído por uma teoria das localizações cerebrais. Implica apenas que as excitações devem seguir uma ordem que fixa o lugar dos diversos sistemas (2).

2) O termo "aparelho" sugere a ideia de uma tarefa, ou mesmo de um *trabalho*. Freud extraiu o esquema que prevalece de uma determinada concepção do arco reflexo segundo a qual este transmitiria integralmente a energia recebida: "O aparelho psíquico deve ser concebido como um aparelho reflexo. O processo reflexo continua sendo o modelo (*Vorbild*) de todo o funcionamento psíquico" (1*b*).

Em última análise, a função do aparelho psíquico é manter ao nível mais baixo possível a energia interna de um organismo (*ver*: princípio de constância). A sua diferenciação em subestruturas ajuda a conceber as *transformações da energia* (do estado livre ao estado ligado) (*ver*: elaboração psíquica) e o funcionamento dos investimentos, contrainvestimentos e superinvestimentos.

3) Estas breves observações indicam que o aparelho psíquico tem para Freud um valor de *modelo*, ou, como ele próprio dizia, de "ficção" (1*c*). Esse modelo, como no primeiro texto acima citado, ou ainda no primeiro capítulo do *Esboço de psicanálise* (*Abriss der Psychoanalyse*, 1938), pode ser físico; em outros pontos pode ser biológico (a "vesícula protoplásmica" do cap. IV de *Além do princípio do prazer* [*Jenseits des Lustprinzips*, 1920]). O comentário da expressão "aparelho psíquico" remete para uma apreciação de conjunto da metapsicologia freudiana e das metáforas que põe em jogo.

(1) FREUD (S.). – *a*) GW, II-III, 541; SE, IV-V, 536; Fr., 441. – *b*) GW, II-III, 604; SE, V-V, 598; Fr., 448. – *c*) GW, II-III, 604; SE, IV-V, 598; Fr., 448.

(2) *Cf.* por exemplo FREUD (S.), *Aus den Anfängen der Psychoanalyse*, carta a W. Fliess de 6-12-1896.

APOIO

= *D.*: Anlehnung. – *F.*: étayage. – *En.*: anaclisis. – *Es.*: apoyo *ou* anáclisis. – *I.*: appoio *ou* anaclisi.

• *Termo introduzido por Freud para designar a relação primitiva das pulsões sexuais com as pulsões de autoconservação; as pulsões sexuais, que só secundariamente se tornam independentes, apoiam-se nas funções vitais que lhes fornecem uma fonte orgânica, uma direção e um objeto. Em consequência, falar-se-á também de apoio para designar o fato de o sujeito se apoiar no objeto das pulsões de autoconservação na sua escolha de um objeto de amor; é a isso que Freud chama tipo de escolha de objeto por apoio.*

▪ Quanto à tradução do termo alemão *Anlehnung* por "apoio", remetemos para o verbete *anaclítico*, em que o leitor encontrará considerações terminológicas.

A ideia de apoio é uma peça fundamental da concepção freudiana da sexualidade. Presente desde a primeira edição de *Três ensaios sobre a teo-*

ria da sexualidade (*Drei Abhandlungen zur Sexualtheorie*, 1905), foi-se afirmando progressivamente nos anos seguintes.

Em 1905, na sua primeira elaboração teórica da noção de pulsão, Freud descreve a estreita relação entre a pulsão sexual e certas grandes funções corporais. Essa relação é particularmente evidente na atividade oral do lactente: no prazer encontrado na sucção do seio, "[...] a satisfação da zona erógena estava a princípio estreitamente associada à satisfação da necessidade de alimento" (1*a*). A função corporal fornece à sexualidade a sua fonte ou zona erógena; indica-lhe imediatamente um objeto, o seio; por fim, causa-lhe um prazer que não é redutível à pura e simples satisfação da fome, uma espécie de prêmio de prazer: "[...] em breve a necessidade de repetir a satisfação sexual irá separar-se da necessidade de nutrição" (1*b*). A sexualidade, portanto, só se torna autônoma secundariamente e, uma vez abandonado o objeto exterior, funciona no modo autoerótico (*ver*: autoerotismo).

O apoio aplica-se também nos casos das outras pulsões parciais: "A zona anal, tal como a zona labial, é apropriada, pela sua situação, a permitir um apoio para a sexualidade em outras funções corporais" (1*c*).

Finalmente, já em 1905, ao longo de todo o capítulo sobre a "descoberta do objeto", a gênese da escolha de objeto descrita por Freud é justamente aquela que mais tarde ele qualificaria como "tipo de escolha de objeto por apoio"* (1*d*).

Nos anos de 1910-1912, nos textos em que Freud distingue a grande oposição entre pulsões sexuais* e pulsões de autoconservação*, a noção de apoio está sempre presente; designa a relação originária das duas grandes espécies de pulsões: "[...] as pulsões sexuais encontram os seus primeiros objetos apoiadas em valores reconhecidos pelas pulsões do ego, tal como as primeiras satisfações sexuais são experimentadas apoiando-se nas funções corporais necessárias à conservação da vida" (2).

A oposição introduzida por Freud em 1914 entre dois tipos de escolha de objeto não traz modificações à noção de apoio: limita apenas a extensão da escolha de objeto por apoio à qual se vem opor um outro tipo de escolha de objeto, narcísica*.

Em 1915, por fim, na terceira edição de *Três ensaios*, Freud põe melhor em evidência, através de alguns aditamentos, o termo *Anlehnung* e a amplitude que atribui a ele. É assim que faz do "apoio sobre uma das funções corporais importantes para a vida" (1*e*) uma das três características essenciais da sexualidade infantil.

★

Parece que, até hoje, a noção de apoio não foi plenamente apreendida na obra de Freud; quando vemos intervir essa noção, é quase sempre na concepção de escolha de objeto, que, longe de defini-la por inteiro, supõe que ela esteja no centro de uma teoria das pulsões.

O seu sentido principal é, com efeito, estabelecer uma relação e uma oposição entre as pulsões sexuais e as pulsões de autoconservação.

APOIO

1º A própria ideia de que originariamente as pulsões sexuais tomam das pulsões de autoconservação as suas fontes e os seus objetos implica que existe uma diferença de natureza entre as duas espécies de pulsões; as primeiras encontram todo o seu funcionamento predeterminado pelo seu aparelho somático, e o seu objeto é imediatamente fixado; as segundas, pelo contrário, definem-se em primeiro lugar por um certo modo de satisfação que, de início, não passa de um ganho obtido à margem (*Lustnebengewinn*) do funcionamento das primeiras. Essa diferença essencial é atestada em Freud pelo emprego repetido, para falar das pulsões de autoconservação, de termos como *função* e *necessidade*. Segundo essa linha de pensamento, podemos perguntar se, numa terminologia mais rigorosa, não conviria designar aquilo a que Freud chama "pulsões de autoconservação" pelo termo *necessidades*, diferenciando-as melhor, assim, das pulsões sexuais.

2º A noção de apoio, ajudando a compreender a gênese da sexualidade, permite definir o lugar desta na teoria de Freud. Muitas vezes se censurou o *pansexualismo* de Freud, e este defendeu-se dessa acusação invocando a constância do seu dualismo pulsional; a concepção de apoio permitiria uma resposta mais diferenciada. Em certo sentido, a sexualidade pode ser encontrada em toda parte, nascendo no próprio funcionamento das atividades corporais, e também, como Freud indica em *Três ensaios*, em todas as espécies de outras atividades – intelectuais, por exemplo –; mas, por outro lado, ela apenas se separa secundariamente, e raramente é encontrada como função absolutamente autônoma.

3º Um problema que muitas vezes se debate em psicanálise – deverá supor-se a existência de um "amor de objeto primário", ou então admitir-se que a criança começa por um estado de autoerotismo ou de narcisismo*? – encontra em Freud uma solução mais complexa do que geralmente se afirma. As pulsões sexuais satisfazem-se de forma autoerótica antes de percorrerem a evolução que as leva à escolha de objeto. Mas, em contrapartida, as pulsões de autoconservação estão de início em relação com o objeto; assim, enquanto a sexualidade funciona apoiando-se sobre elas, existe, igualmente para as pulsões sexuais, uma relação com o objeto; só quando se separam é que a sexualidade se torna autoerótica. "Quando, originariamente, a satisfação sexual estava ainda ligada à absorção de alimentos, a pulsão sexual tinha um objeto sexual fora do próprio corpo: o seio materno. Só mais tarde o perde [...]. A pulsão sexual torna-se então, via de regra, autoerótica [...]. Encontrar o objeto é, no fundo, reencontrá-lo" (1*f*).

(1) FREUD (S.). – *a*) GW, V, 82; SE, VII, 181-2; Fr., 74. – *b*) GW, V, 82; SE, VII, 182; Fr., 75. – *c*) GW, V, 86; SE, VII, 185; Fr., 79. – *d*) Cf. GW, V, 123-30 e n.1, p. 123 (acrescentada em 1915); SE, VII, 222-30 e n. 1, p. 22; Fr., 132-40 e n. 77, p. 185. – *e*) GW, V, 83; SE, VII, 182; Fr., 76. –*f*) GW, V, 183; SE, VII, 222; Fr., 132.

(2) FREUD (S.), *Beiträge zur Psychologie des Liebeslebens*, 1910. GW, VIII, 80; SE, XI, 180-1; Fr., 12.

A POSTERIORI (subst., adj. e adv.)

= *D.*: Nachträglichkeit (*subst.*), nachträglich (*adj. e adv.*). – *F.*: après-coup (*subst., adj. e adv.*). –*En.*: deffered action, deffered (*adj.*). – *Es.*: posteridad, posterior, posteriormente. – *I.*: posteriore (*adj.*), posteriormente (*adv.*).

• *Termos frequentemente utilizados por Freud com relação à sua concepção da temporalidade e da causalidade psíquicas. Há experiências, impressões, traços mnésicos* que são ulteriormente remodelados em função de experiências novas, do acesso a outro grau de desenvolvimento. Pode então ser-lhes conferida, além de um novo sentido, uma eficácia psíquica.*

▪ O termo *nachträglich* é de uso repetido e constante em Freud, que muitas vezes o emprega *sublinhado*. Encontramos também, e no início, a forma substantiva *Nachträglichkeit*, que demonstra que, para Freud, essa noção de "*a posteriori*" faz parte do seu aparelho conceitual, apesar de não ter apresentado uma definição, e menos ainda uma teoria do conjunto. J. Lacan teve o mérito de chamar a atenção para a importância desse termo. Note-se a propósito que as traduções francesas e inglesas de Freud, não optando por um equivalente único, não permitem verificar seu uso.

Não pretendemos propor aqui uma teoria do *a posteriori*, mas apenas sublinhar brevemente o seu sentido e o seu interesse quanto à concepção freudiana da temporalidade e da causalidade psíquicas.

1. A noção começa por impossibilitar uma interpretação sumária que reduza a concepção psicanalítica da história do sujeito a um determinismo linear que considere unicamente a ação do passado sobre o presente. Muitas vezes censura-se a psicanálise por reduzir ao passado infantil o conjunto das ações e dos desejos humanos; essa tendência se estaria agravando cada vez mais com a evolução da psicanálise; os analistas estariam voltando a um passado cada vez mais remoto; para eles, todo o destino do homem estaria decidido desde os primeiros meses, e mesmo desde a vida intrauterina...

Ora, Freud acentuou desde o início que o sujeito modifica *a posteriori* os acontecimentos passados e que essa modificação lhes confere um sentido e mesmo uma eficácia ou um poder patogênico. Em 6-12-1896, escreve a W. Fliess: "[...] estou trabalhando a hipótese de que o nosso mecanismo psíquico se tenha estabelecido por estratificação: os materiais presentes sob a forma de traços mnésicos sofrem de tempos em tempos, em função de novas condições, uma *reorganização*, uma *reinscrição*" (1*a*).

2. Essa ideia poderia levar a pontos de vista segundo os quais todos os fenômenos que encontramos em psicanálise se situam sob o signo da retroatividade, e mesmo da ilusão retroativa. É assim que Jung fala de fantasias retroativas (*Zurückphantasieren*). Segundo ele, o adulto reinterpreta o seu passado nas suas fantasias, que constituem outras tantas expressões simbólicas dos seus problemas atuais. Nessa concepção, a reinterpretação é para o sujeito um meio de fugir das "exigências da realidade" presente, refugiando-se num passado imaginário.

A POSTERIORI (subst., adj. e adv.)

Numa perspectiva diferente, a noção de *a posteriori* poderia igualmente evocar uma concepção da temporalidade colocada em primeiro plano pela filosofia e retomada pelas diferentes tendências da psicanálise existencial: a consciência constitui o seu passado, remodela constantemente seu sentido, em função do seu "projeto".

★

A concepção freudiana de *a posteriori* apresenta-se de forma muito mais definida. Poderíamos, ao que parece, agrupar assim o que a especifica:

1. Não é o vivido em geral que é remodelado *a posteriori*, mas antes o que, no momento em que foi vivido, não pôde integrar-se plenamente num contexto significativo. O modelo dessa vivência é o acontecimento traumatizante.

2. A remodelação *a posteriori* é acelerada pelo aparecimento de acontecimentos e de situações, ou por uma maturação orgânica, que vão permitir ao sujeito o acesso a um novo tipo de significações e a reelaboração das suas experiências anteriores.

3. A evolução da sexualidade favorece eminentemente, pelas defasagens temporais que implica no homem, o fenômeno do *a posteriori*.

Esses pontos de vista seriam ilustrados por numerosos textos em que Freud usa o termo *nachträglich*. Dois desses textos parecem-nos particularmente demonstrativos.

No *Projeto para uma psicologia científica* (*Entwurf einer Psychologie*, 1895), Freud, quando estuda o recalque histérico, pergunta: por que o recalque incide preferencialmente sobre a sexualidade? Mostra com um exemplo como o recalque supõe dois acontecimentos nitidamente separados na série temporal. O primeiro, no tempo, é constituído por uma cena sexual (sedução por um adulto), mas, que não tem então para a criança significado sexual. O segundo apresenta certas analogias com o primeiro, que podem ser superficiais; mas, desta vez, pelo fato de que nesse meio tempo surgiu a puberdade, a emoção sexual é possível, emoção que o sujeito ligará conscientemente a este segundo acontecimento, quando na realidade é provocada pela recordação do primeiro. O ego não pode utilizar então as suas defesas normais (evitação por meio da atenção, por exemplo) contra esse afeto sexual desagradável: "A atenção é dirigida para as percepções porque são elas que habitualmente são ocasião de uma liberação de desprazer. Mas aqui é um traço mnésico e não uma percepção que, de modo imprevisto, libera certo desprazer, e o ego percebe isso tarde demais" (1*b*). O ego utiliza então o recalque, modo de "defesa patológica" em que ele opera segundo o processo primário.

Vemos assim que o recalque encontra a sua condição geral no "atraso da puberdade" que caracteriza, segundo Freud, a sexualidade humana: "Qualquer adolescente tem traços mnésicos que só pode compreender com o aparecimento de sensações propriamente sexuais" (1*c*). *"O apare-*

cimento tardio da puberdade torna possíveis processos primários póstumos" (1*d*).

Nessa perspectiva, só a segunda cena confere à primeira o seu valor patogênico: "Recalca-se uma recordação que só se tornou traumatismo *a posteriori"* (1*c*). A noção de *a posteriori* está por isso intimamente ligada à primeira elaboração freudiana da noção de defesa*: a teoria da sedução*.

Poder-se-ia objetar que a descoberta da sexualidade infantil, feita um pouco mais tarde por Freud, tira todo o valor dessa concepção. A melhor resposta a tal objeção estaria em *O Homem dos Lobos*, em que é constantemente invocado o mesmo processo do *a posteriori*, mas defasado nos primeiros anos da infância. Está no centro da análise apresentada por Freud do sonho patogênico nas suas relações com a cena originária*; o homem dos lobos só compreende o coito "[...] na época do sonho, aos 4 anos, e não na época em que o observou. Com um ano e meio recolheu as impressões que pôde compreender *a posteriori*, na época do sonho, graças ao seu desenvolvimento, à sua excitação sexual e à sua procura sexual" (2*a*). O sonho, na história dessa neurose infantil, é, como Freud demonstra, o momento desencadeador da fobia: "[...] o sonho confere à observação do coito uma eficácia *a posteriori*" (2*b*).

Freud acrescentou em 1917 duas longas discussões à observação do *Homem dos Lobos*, em que se mostra abalado pela tese junguiana da fantasia retroativa. Admite que, sendo na análise o resultado de uma reconstrução, a cena originária poderia muito bem ter sido construída pelo próprio sujeito, mas nem por isso insiste menos em que a percepção forneceu pelo menos indícios, ainda que não passasse de uma cópula de cães... Mas, sobretudo, no mesmo momento em que parece atenuar as suas pretensões quanto à segurança que pode ser fornecida por uma base de realidade – que se revela tão friável à investigação –, introduz uma noção nova, a das fantasias originárias, isto é, um aquém, uma estrutura que em última análise fundamenta a fantasia, transcendendo simultaneamente o vivido individual e o imaginado (*ver*: fantasia originária).

★

Os textos que discutimos mostram que não é possível reduzir a concepção freudiana do *Nachträglich* à noção de "ação diferida", se por isso entendermos uma distância temporal variável, devida a um efeito de adição, entre as excitações e a resposta. A tradução por vezes adotada na *Standard Edition* de *deferred action* poderia autorizar tal interpretação. Os editores da SE citam (2*c*) uma passagem dos *Estudos sobre a histeria* (*Studien über Hysterie*, 1895) em que, a propósito da chamada histeria de retenção*, Freud fala da "eliminação *a posteriori* dos traumatismos acumulados" (3*a*) durante um certo período. Aqui o *a posteriori* poderia em primeira análise ser compreendido como uma descarga retardada, mas note-se que, para Freud, se trata de uma verdadeira elaboração, de um "trabalho de memória" que não é a simples descarga de uma tensão acumulada, mas um conjunto complexo de operações psicológicas: "Ela [a doente] torna a percorrer todos os dias cada expressão, chora sobre elas, consola-se delas, por assim dizer à sua vontade [...]" (*3b*). Melhor seria, na nossa opinião, elucidar o conceito de ab-reação* pelo de *a posteriori* do que reduzir o *a posteriori* a uma teoria estritamente econômica da ab-reação.

(1) FREUD (S.), *Aus den Anfängen der Psychoanalyse*, 1887-1902. – *a*) Al., 185; Ing., 173; Fr., 129. – *b*) Al., 438; Ing., 416; Fr. 369. – *c*) Al., 435; Ing., 413; Fr., 367. – *d*) Al., 438; Ing., 416; Fr., 369. – *e*) Al., 435; Ing., 413; Fr., 366.

(2) FREUD (S.), *Aus der Geschichte einer infantilen Neurose*, 1918 (1914). – *a*) GW, XII, 64, n. 4; SE, XVII, 37-8, n. 6; Fr., 350, n. 3. – *b*) *Cf.* GW, XII, 144; SE, XVII, 109; – *c*) GW, XII, 72, n.; SE, XVII, 45, n.; Fr., 356, n.

(3) FREUD (S.). – *a*) GW, I, 229; SE, II, 162; Fr., 129. – *b*) GW, I, 229; SE, II, 162; Fr., 129.

ASSOCIAÇÃO

= *D*: Assoziation. – *F.*: association. – *En.*: association. – *Es.*: asociación. – *I.*: associazione.

• *Termo emprestado do associacionismo e que designa qualquer ligação entre dois ou mais elementos psíquicos, cuja série constitui uma cadeia associativa.*

Às vezes, o termo é usado para designar os **elementos** *assim associados. A propósito do tratamento, é a esta última acepção que nos referimos quando falamos, por exemplo, das "associações de determinado sonho", para designarmos, naquilo que o sujeito fala, o que está em conexão associativa com esse sonho. No fundo, o termo "associações" designa o conjunto do material verbalizado no decorrer da sessão psicanalítica.*

▪ Um comentário exaustivo do termo "associação" exigiria uma pesquisa histórico-crítica que seguisse a difusão da doutrina associacionista na Alemanha no século XIX, a sua influência no pensamento do "jovem Freud", e mostrasse, principalmente, como ela foi integrada e transformada pela descoberta freudiana das leis do inconsciente.

Limitamo-nos às observações seguintes acerca deste último ponto:

1. Não se pode compreender o sentido e o alcance do conceito de associação em psicanálise sem uma referência à experiência clínica de que saiu o método das associações livres. Os *Estudos sobre a histeria* (*Studien über Hysterie*, 1895) mostram como Freud foi levado a seguir cada vez mais as suas pacientes no caminho das associações livres que elas lhe indicavam (*ver o nosso comentário a* "associação livre"). Do ponto de vista da teoria das associações, o que ressalta da experiência de Freud nesses anos de descoberta da psicanálise pode esquematizar-se do seguinte modo:

a) Uma "ideia que ocorre" (*Einfall*) ao sujeito, aparentemente de forma isolada, é sempre, na realidade, um elemento que remete, conscientemente ou não, para outros elementos. Descobrem-se assim séries associativas que Freud designa com diversos termos figurados: linha (*Linie*), fio (*Faden*), encadeamento (*Verkettung*), trem (*Zug*) etc. Essas linhas tecem verdadeiras redes, que compreendem "pontos nodais" (*Knotenpunkten*) em que muitas delas se cruzam.

b) As associações, do modo como se encadeiam no discurso do sujeito, correspondem, segundo Freud, a uma organização complexa da memória. Ele comparou esta a um sistema de arquivos ordenados segundo diferentes modos de classificação que se poderiam consultar seguindo diversos caminhos (ordem cronológica, ordem por assuntos etc.) (1*a*). Essa organização supõe que a representação* (*Vorstellung*) ou o traço mnésico* (*Erinnerungsspur*) de um mesmo acontecimento pode ser reencontrado em diversos conjuntos (a que Freud chama ainda "sistemas mnésicos").

c) Essa organização em sistemas é confirmada pela experiência clínica: existem verdadeiros "grupos psíquicos separados" (1*b*), isto é, complexos de representações clivados do curso associativo: "As representações isoladas contidas nesses complexos ideativos podem voltar conscientemente ao pensamento, como notou Breuer. Só a sua combinação bem determinada fica banida da consciência" (1*c*). Freud, ao contrário de Breuer, não vê no estado hipnoide* a explicação última desse fato, mas nem por isso deixa de afirmar a ideia de uma clivagem* (*Spaltung*) no seio do psiquismo. O grupo de associações separado está na origem da noção *tópica* de inconsciente.

d) Num complexo associativo, a "força" de um elemento não permanece ligada a ele de modo imutável. O mecanismo das associações depende de fatores *econômicos*: a energia de investimento desloca-se de um elemento para outro, condensa-se nos pontos nodais etc. (independência do afeto* em relação à representação).

e) Decididamente, o discurso associativo não é regido passivamente por leis gerais como as que o associacionismo definiu: o sujeito não é um "polipeiro de imagens". O agrupamento das associações, seu isolamento eventual, suas "falsas conexões", sua possibilidade de acesso à consciência inscrevem-se na *dinâmica* do conflito defensivo próprio de cada um.

2. O *Projeto para uma psicologia científica* (*Entwurf einer Psychologie*, 1895) esclarece o uso freudiano da noção de associação e mostra, do ponto de vista especulativo, como a descoberta psicanalítica do inconsciente vem dar um novo sentido aos pressupostos associacionistas em que Freud se apoia:

a) O funcionamento das associações é concebido como uma circulação de energia no interior de um "aparelho neurônico" estruturado de forma complexa num escalonamento de bifurcações sucessivas. Cada excitação toma, em cada cruzamento, um determinado caminho de preferência a outro, em função das "facilitações" deixadas pelas excitações precedentes. A noção de facilitação* não deve ser compreendida sobretudo como uma passagem mais fácil de uma imagem para outra, mas como um processo de oposição diferencial: tal caminho só é aberto ou facilitado em função da não facilitação do caminho oposto.

b) Nas hipóteses de que Freud parte, não se trata de imagens no sentido de uma marca psíquica ou neurônica semelhante ao objeto real. No começo tudo é apenas "neurônio" e "quantidade" (2).

Não se pode deixar de aproximar essa concepção, que pode parecer muito distante da experiência pelo seu caráter mecanicista e pela sua linguagem neurofisiológica, da constante oposição, na teoria psicológica de Freud, entre a representação e o *quantum* de afeto*. Como o neurônio, a representação é o elemento discreto, descontínuo, de uma cadeia. Como acontece com ele, o significado dela depende do complexo que forma com outros elementos. Nesta perspectiva, poder-se-ia comparar o funcionamento do "aparelho neurônico" ao da linguagem tal como é analisada pela linguística estrutural: é constituído por unidades descontínuas que se ordenam em oposições binárias.

(1) Breuer (J.) e Freud (S.). – *a*) GW, I, 291 ss.; SE, II, 288 ss.; Fr., 233 ss. – *b*) *Cf.* por ex. GW, I, 92 e 289; SE, II, 12 e 286; Fr., 9 e 231. – *c*) GW, I, 187 (nota); SE, II, 214-5; Fr., 171.

(2) *Cf.* Freud (S.). – Al. 379-86; Ing., 355-63; Fr., 315-21.

ASSOCIAÇÃO LIVRE (MÉTODO OU REGRA DE –)

= *D.*: freie Assoziation. – *F.*: libre association. – *En.*: free association. – *Es.*: asociación libre. – *I.*: libera associazione.

• *Método que consiste em exprimir indiscriminadamente todos os pensamentos que ocorrem ao espírito, quer a partir de um elemento dado (palavra, número, imagem de um sonho, qualquer representação), quer de forma espontânea.*

■ O processo de associação livre é constitutivo da técnica psicanalítica. Não é possível definir uma data exata de sua descoberta, que se deu de modo progressivo entre 1892 e 1898, e por diversos caminhos.

1º Como é demonstrado pelos *Estudos sobre a histeria* (*Studien über Hysterie*, 1895), a associação livre emana de métodos pré-analíticos de investigação do inconsciente que recorriam à sugestão e à concentração mental do paciente em uma determinada representação; a procura insistente do elemento patogênico desaparece em proveito de uma expressão espontânea do paciente. Os *Estudos sobre a histeria* põem em evidência o papel desempenhado pelos pacientes nessa evolução (α).

2º Paralelamente, Freud utiliza o processo de associação livre na sua autoanálise e particularmente na análise dos seus sonhos. Nisto, é um elemento do sonho que serve de ponto de partida para a descoberta das cadeias associativas que levam aos pensamentos do sonho.

3º As experiências da escola de Zurique (1) retomaram, em uma perspectiva psicanalítica, as experiências mais antigas feitas pela escola de Wundt e que consistiam no estudo das reações e dos tempos de reação (variáveis segundo o estado subjetivo) a palavras indutoras. Jung põe em evidência o fato de que as associações que assim se produzem são determinadas pela "[...] totalidade das ideias em relação a um acontecimento particular dotado de uma coloração emocional" (2), totalidade à qual dá o nome de *complexo**.

Freud, em *A história do movimento psicanalítico* (*Zur Geschichte der psychoanalytischen Bewegung*, 1914), admite o interesse dessas experiências "para se chegar a uma confirmação experimental rápida das constatações psicanalíticas e para mostrar diretamente ao estudante esta ou aquela conexão que um analista apenas pode relatar" (3).

4º Talvez convenha ainda fazer referência a uma fonte que o próprio Freud indicou em *Uma nota sobre a pré-história da técnica analítica* (*Zur Vorgeschichte der analytischen Technik*, 1920): o escritor Ludwig Börne, que Freud leu na juventude, recomendava, para alguém "se tornar um escritor original em três dias", escrever tudo o que ocorra ao espírito, e denunciava os efeitos da autocensura sobre as produções intelectuais (4).

★

O termo "livre" na expressão "associação livre" exige as seguintes observações:

1º Mesmo nos casos em que o ponto de partida é fornecido por uma palavra indutora (experiência de Zurique) ou por um elemento do sonho (método de Freud em *A interpretação de sonhos* [*Die Traumdeutung*, 1900]), pode-se considerar "livre" o desenrolar das associações, na medida em que esse desenrolar não é orientado e controlado por uma intenção seletiva;

2º Essa "liberdade" acentua-se no caso de não ser fornecido qualquer ponto de partida. É nesse sentido que se fala de regra de associação livre como sinônimo de regra fundamental*;

3º Na verdade, não se deve tomar liberdade no sentido de uma indeterminação: a regra de associação livre visa em primeiro lugar a eliminar a seleção voluntária dos pensamentos, ou seja, segundo os termos da primeira tópica freudiana, pôr fora de jogo a *segunda censura* (entre o consciente e o pré-consciente). Revela assim as defesas inconscientes, quer dizer, a ação da *primeira censura* (entre o pré-consciente e o inconsciente).

Por fim, o método das associações livres destina-se a pôr em evidência uma ordem determinada do inconsciente: "Quando as representações metas* (*Zielvorstellungen*) conscientes são abandonadas, são representações-metas ocultas que reinam sobre o curso das representações" (5).

▲ (α) *Cf.* sobretudo o que Freud nos relata da sua doente Emmy von N. Respondendo à solicitação insistente de Freud, que busca a origem de um sintoma, diz "[...] que ele não deve ficar sempre perguntando de onde vem isto ou aquilo, mas deixá-la contar o que tem para contar" (6*a*). Sobre a mesma doente, Freud nota que ela parece "[...] ter-se apropriado do seu processo": "As palavras que me dirige [...] não são tão inintencionais como parecem;

reproduzem antes com fidelidade as recordações e as novas impressões que agiram sobre ela desde a nossa última conversa e emanam muitas vezes, de modo inteiramente inesperado, de reminiscências patogênicas de que ela se liberta espontaneamente pela palavra" (6*b*).

(1) *Cf.* JUNG (C. G.), *Diagnostische Assoziationsstudien*, 1906.
(2) JUNG (C. G.) e RICKLIN (F.), *Diagnostische Assoziationsstudien, I Beitrag: Experimentelle Untersuchungen über Assoziationen Gesunder*, 1904. N. p. 57.
(3) FREUD (S.), GW, X, 67; SE, XIV, 28; Fr.; 285.
(4) FREUD (S.), GW, XII, 311; SE, XVIII, 265.
(5) FREUD (S.), GW, II-III, 536; SE, V, 531; Fr., 437.
(6) FREUD (S.), *Studien über Hysterie*, 1895. – *a)* GW, I, 116; SE, II, 63; Fr., 48. – *b)* GW, I, 108; SE, II, 56; Fr., 42.

ATENÇÃO (UNIFORMEMENTE) FLUTUANTE

= *D.*: gleichschwebende Aufmerksamkeit. – *F.*: attention (également) flottante. – *En.*: (evenly) suspended (*ou* [evenly] poised) attention. – *Es.*: atención (parejamente) flotante. – *I.*: attenzione (ugualmente) fluttuante.

• *Segundo Freud, modo como o analista deve escutar o analisando: não deve privilegiar* **a** *priori qualquer elemento do discurso dele, o que implica que deixe funcionar o mais livremente possível a sua própria atividade inconsciente e suspenda as motivações que dirigem habitualmente a atenção. Essa recomendação técnica constitui o correspondente da regra da associação livre proposta ao analisando.*

▪ Essa recomendação essencial, que define a atitude subjetiva do psicanalista quando escuta o seu paciente, foi enunciada e comentada por Freud sobretudo em *Recomendações aos médicos que exercem a psicanálise* (*Ratschläge für den Artz bei der psychoanalytischen Behandlung*, 1912). Consiste numa suspensão tão completa quanto possível de tudo aquilo que a atenção habitualmente focaliza: tendências pessoais, preconceitos, pressupostos teóricos, mesmo os mais bem fundamentados. "Tal como o paciente deve contar tudo o que lhe passa pelo espírito, eliminando todas as objeções lógicas e afetivas que pudessem levá-lo a fazer uma escolha, assim o médico deve estar apto a interpretar tudo o que ouve a fim de que possa descobrir aí tudo o que o inconsciente dissimula, e isto sem substituir pela sua própria censura a escolha a que o paciente renunciou" (1*a*).
É essa regra que, segundo Freud, permite ao analista descobrir as conexões inconscientes no discurso do paciente. Graças a ela, o analista pode conservar na memória uma multidão de elementos aparentemente insignificantes cujas correlações só aparecerão posteriormente.
A atenção flutuante levanta problemas teóricos e práticos que o termo já indica na sua aparente contradição.
1º O fundamento teórico do conceito fica evidente quando encaramos a questão pelo lado do analisando: as estruturas inconscientes, tais como Freud as descreveu, surgem através de múltiplas deformações; por exem-

plo, essa "transmutação de todos os valores psíquicos" (2*a*) que redunda em que se dissimulem muitas vezes, por detrás dos elementos aparentemente mais insignificantes, os mais importantes pensamentos inconscientes. A atenção flutuante é assim a única atitude *objetiva*, enquanto adaptada a um objeto essencialmente deformado. Note-se, aliás, que Freud, sem empregar ainda a expressão "atenção flutuante", tinha descrito já em *A interpretação de sonhos* (*Die Traumdeutung*, 1900) uma atitude mental análoga em que via a condição da autoanálise dos sonhos (2*b*).

2º Do lado do analista, em contrapartida, a teoria da atenção flutuante levanta problemas difíceis.

Pode-se conceber que o analista, pela mesma razão que o analisando, procure suprimir a influência que os seus preconceitos conscientes, ou mesmo as suas defesas inconscientes, poderiam exercer sobre a sua atenção. É para eliminar o mais possível essas defesas que Freud preconiza, aliás, a análise didática, visto que "[...] todo recalque não liquidado constitui o que Stekel qualificou, com razão, de *punctum caecum* nas suas faculdades de percepção analítica" (1*b*).

Mas Freud exige mais: a finalidade a atingir seria uma verdadeira comunicação de inconsciente a inconsciente (α): "O inconsciente do analista deve comportar-se para com o inconsciente emergente do doente como, no telefone, o receptor para com o transmissor" (1*c*). Foi a isto que Theodor Reik chamou mais tarde, metaforicamente, "ouvir com o terceiro ouvido" (3).

Ora, como o próprio Freud indicou a propósito da associação livre*, a suspensão das "representações-metas"* conscientes só pode ter como efeito a sua substituição por "representações-metas" inconscientes (2*c*). Disso resultaria uma dificuldade especial para o analista quando este se coloca na atitude de atenção flutuante: como pode a sua atenção não ser orientada pelas suas próprias motivações inconscientes? A resposta seria indubitavelmente que a equação pessoal do psicanalista não só é reduzida – pela sua análise didática –, como também deve ser apreciada e controlada pela autoanálise da contratransferência.

De um modo geral, é preciso compreender a regra da atenção flutuante como uma regra ideal, que, na prática, encontra exigências contrárias: como conceber, por exemplo, a passagem à interpretação e à construção* sem que em dado momento o analista comece a privilegiar um certo material, a compará-lo, a esquematizá-lo etc.?

★

No movimento psicanalítico contemporâneo poderiam ser identificadas diferentes orientações quanto à questão da atenção flutuante, a qual, note-se, não voltou a ser formulada por Freud no quadro da segunda tópica.

a) Alguns autores, na esteira de Th. Reik (*loc. cit.*), tendem a atribuir à escuta de inconsciente a inconsciente o sentido de uma empatia (*Einfühlung*) que se produziria essencialmente a um nível infraverbal. A contratransferência, longe de se opor à comunicação, que é então descrita como uma percepção, atestaria seu caráter profundo.

b) Para outros, a regra técnica da atenção flutuante exige um abrandamento das funções inibidoras e seletivas do ego; ela não implica qualquer valorização do que é sentido, mas simplesmente uma "abertura" do analista aos incitamentos do seu próprio aparelho psíquico, abertura destinada a evitar a interferência das suas compulsões defensivas. Mas o essencial do diálogo psicanalítico prossegue de ego para ego.

c) Finalmente, numa perspectiva teórica que acentua a analogia entre os mecanismos do inconsciente e os da linguagem (Lacan), seria essa semelhança estrutural entre todos os fenômenos inconscientes que seria preciso deixar funcionar o mais livremente possível na atitude de escuta psicanalítica.

▲ (α) Sobre esta questão, citemos duas passagens de Freud: "[...] todos possuem no seu próprio inconsciente um instrumento com que podem interpretar as expressões do inconsciente nos outros"(4). "O *Ics* de um indivíduo pode reagir diretamente sobre o de outro sem passagem pelo *Cs.* Isso exige uma investigação mais rigorosa, especialmente para decidir se a atividade pré-consciente desempenha ou não qualquer papel nisso. Mas, descritivamente falando, o fato é incontestável" (5).

(1) FREUD (S.). – *a*) GW, VIII, 381; SE, XII, 115; Fr., 66. – *b*) GW, VIII, 382; SE, XII, 116; Fr., 67. – *c*) GW, VIII, 381; SE, XII, 115-6; Fr., 66.
(2) FREUD (S.), *Die Traumdeutung*, 1900. – *a*) GW, II-III, 335; SE, IV, 330; Fr., 246. – *b*) GW, II-III, 108; SE, IV, 103; Fr., 79, – *c*) *Cf.* GW, II-III, 533; SE, V, 528-9; Fr., 435.
(3) REIK (Th.), *Listening with the Third Ear. The Inner Experience of a Psychoanalyst*, Grove Press, Nova York, 1948.
(4) FREUD (S.), *Die Disposition zur Zwangsneurose*, 1913. GW, VIII, 445; SE, XII, 320; Fr., in *RFP*, 1929, III, 3, 441.
(5) FREUD (S.), *Das Unbewusste*, 1915. GW, X, 293; SE, XIV, 194; Fr., 142-3.

ATIVIDADE-PASSIVIDADE

= *D.*: Aktivität-Passivität. – *F.*: activité-passivité. – *En.*: activity-passivity. – *Es.*: actividad-pasividad. – *I.*: attività-passività.

• *Um dos pares de opostos fundamentais na vida psíquica. Especifica tipos determinados de metas* ou objetivos pulsionais. Considerada de um ponto de vista genético, a oposição ativo-passivo seria primordial em relação às oposições posteriores nas quais ela se vem integrar: fálico-castrado e masculino-feminino.*

■ Se, para Freud, atividade e passividade qualificam principalmente modalidades da vida pulsional, isso não implica que se possam opor pulsões ativas a pulsões passivas. Muito pelo contrário, Freud marcou, principalmente na sua polêmica com Adler (*ver*: pulsão de agressão), que a própria definição de pulsão incluía ela ser ativa: "[...] cada pulsão é um fragmento de atividade; quando se fala de forma pouco rigorosa de pulsões passivas, o que afinal se quer dizer é pulsões de meta passiva" (1*a*).

Essa passividade da meta é observada pelos psicanalistas naqueles exemplos privilegiados em que o sujeito quer ser maltratado (masoquismo) ou ser visto (exibicionismo). O que deve ser entendido, nesse caso, por passividade? Seria preciso distinguir dois níveis: por um lado, o comportamento manifesto, e, por outro, as fantasias subjacentes. No comportamento, é certo que o masoquista, por exemplo, responde à reivindicação pulsional por uma atividade, a fim de se colocar na situação de satisfação. Mas a fase última do seu comportamento só será atingida se o sujeito puder encontrar-se numa posição que o coloque à mercê do outro. Ao nível das fantasias, pode-se mostrar como toda posição passiva é inseparável do seu oposto; é assim que, no masoquismo, "[...] o ego passivo retoma, fantasisticamente, o lugar [...] que está agora entregue ao outro sujeito" (1*b*). Nesse sentido, poderíamos sempre reencontrar, ao nível da fantasia, a presença simultânea ou alternante dos dois termos: atividade e passividade. Todavia, tanto na natureza da satisfação procurada como na posição fantasista, a complementaridade não deve disfarçar o que pode haver de irredutível na fixação em um papel sexual ativo ou passivo.

Quanto ao desenvolvimento do sujeito, Freud atribui importante função à oposição atividade-passividade, que precede os outros pares de opostos: fálico-castrado e masculinidade-feminilidade. Segundo Freud, é na fase anal que "[...] a oposição que se encontra em toda a vida sexual surge claramente [...]. O elemento ativo é constituído pela pulsão de dominação, por sua vez ligada à musculatura; o órgão cuja meta sexual é passiva será representado pela mucosa intestinal erógena" (2). Isso não implica que, na fase oral, não coexistam atividade e passividade, mas elas ainda não se situam como termos antagônicos.

Ruth Mack Brunswick, ao descrever *A fase pré-edipiana do desenvolvimento da libido* (*The Proedipal Phase of the Libido Development*, 1940), diz: "Três grandes pares de opostos existem ao longo do desenvolvimento da libido, misturando-se, sobrepondo-se, combinando-se sem nunca coincidirem totalmente, para finalmente se substituírem uns pelos outros; a vida do bebê e da criança é caracterizada pelos dois primeiros, e a adolescência pelo terceiro" (3*a*). A autora mostra como a criança começa por ser totalmente passiva na relação com uma mãe que satisfaz as suas necessidades, e como, progressivamente, "[...] cada fragmento de atividade repousa em certa medida numa identificação com a mãe ativa" (3*b*).

(1) FREUD (S.), *Triebe und Triebschicksale*, 1915. – *a*) GW, X, 214-5; SE, XIV, 122; Fr., 34. – *b*) GW, X, 220; SE, XIV, 128; Fr., 45.
(2) FREUD (S.), *Drei Abhandlungen zur Sexualtheorie*, 1905. GW, V, 99; SE, VII, 198; Fr., 96.
(3) MACK BRUNSWICK (R.), in: *Psa. Read.* – *a*) 234. – *b*) 234-5.

ATO FALHO

= *D.*: Fehlleistung. – *F.*: acte manqué. – *En.*: parapraxis. – *Es.*: acto fallido. – *I.*: atto mancato.

• *Ato em que o resultado explicitamente visado não é atingido, mas se vê substituído por outro. Fala-se de atos falhos não para designar o conjunto das falhas da palavra, da memória e da ação, mas para as ações que habitualmente o sujeito consegue realizar bem, e cujo fracasso ele tende a atribuir apenas à sua distração ou ao acaso.*

Freud demonstrou que os atos falhos eram, assim como os sintomas, formações de compromisso* entre a intenção consciente do sujeito e o recalcado.

▪ Sobre a teoria do ato falho, remetemos o leitor para a *Psicopatologia da vida cotidiana* de Freud (*Zur Psychopathologie des Alltagslebens*, 1901), de que se deduz que, em outro plano, o chamado ato falho é um ato bem-sucedido: o desejo inconsciente realiza-se nele, muitas vezes, de uma forma bastante clara.

A expressão "ato falho" traduz a palavra alemã *Fehlleistung*, que para Freud engloba não apenas ações *stricto sensu*, mas todo tipo de erros, de *lapsos* na palavra e no funcionamento psíquico.

A língua alemã põe em evidência o que há de comum em todas essas falhas pelo prefixo *ver*, que vamos encontrar em *das Vergessen* (esquecimento), *das Versprechen* (lapsus linguae), *das Verlesen* (erro de leitura), *das Verschreiben* (lapsus calami), *das Vergreifen* (equívoco na ação), *das Verlieren* (perda de um objeto).

Note-se que, antes de Freud, o conjunto desses fenômenos marginais da vida cotidiana não tinha sido agrupado nem conotado por um mesmo conceito; foi a sua teoria que fez surgir a noção. Os editores da *Standard Edition* observam que, para designá-la, foi preciso criar em inglês um termo, *parapraxis*. Em francês, o tradutor de *Psicopatologia da vida cotidiana* utilizou a expressão *acte manqué*, que adquiriu foro de cidadania, mas parece que, na prática psicanalítica corrente na França, ela designa principalmente uma parte do campo coberto pelo termo *Fehlleistung*, quer dizer, as falhas da ação *stricto sensu*.

ATUAÇÃO

= *D.*: Agieren. – *F.*: mise en acte. – *En.*: acting out. – *Es.*: actuar. – *I.*: agire.

• *Segundo Freud, ato por meio do qual o sujeito, sob o domínio dos seus desejos e fantasias inconscientes, vive esses desejos e fantasias no presente com um sentimento de atualidade que é muito vivo na medida em que desconhece a sua origem e o seu caráter repetitivo.*

■ Ao introduzirmos a palavra "atuar", pretendemos apenas propor uma tradução para o termo *agieren* ou *Agieren*, que se encontra muitas vezes em Freud como verbo ou substantivo. *Agieren*, termo de origem latina, não é corrente na língua alemã. Para falar de ação, de agir, o alemão utiliza antes termos como *die Tat, tun, die Wirkung* etc. *Agieren* é usado por Freud num sentido transitivo, tal como o termo da mesma raiz *Abreagieren* (ver: ab-reação): trata-se de "atuar" pulsões, fantasias, desejos etc.

Agieren é quase sempre acoplado com *erinnern* (recordar-se), pois os dois termos opõem-se como duas formas de fazer retornar o passado no presente.

Essa oposição manifestou-se a Freud essencialmente no tratamento, de modo que é a repetição na transferência que Freud designa a maioria das vezes como "atuar": o paciente "[...] por assim dizer atua *"agiert"* diante de nós em vez de nos informar [...]" (1), mas a atuação estende-se além da transferência propriamente dita: "Devemos, pois, prever, por parte do analisando, que ele se abandone à compulsão de repetição que substitui então o impulso para recordar-se, e isso não apenas nas suas relações pessoais com o médico, mas também em todas as outras atividades e relações da sua vida presente; por exemplo, escolhendo, durante o tratamento, um objeto de amor, encarregando-se de uma tarefa, engajando-se num empreendimento" (2).

O termo *Agieren*, bem como, aliás, [a expressão francesa] *"mise en acte"*, contém um equívoco que é o do próprio pensamento de Freud: ele confunde o que na transferência é *atualização* e o recurso à *ação motora*, que não está necessariamente implicado na transferência (ver: transferência, *acting out*). É assim que não se vê muito bem como Freud pôde limitar-se constantemente, para traduzir a repetição na transferência, ao modelo metapsicológico da motilidade proposto desde *A interpretação de sonhos* (*Die Traumdeutung*, 1900): "[...] o fato da transferência, assim como as psicoses, ensina-nos que [os desejos inconscientes] quereriam, ao passarem pelo sistema pré-consciente, chegar à consciência e ao controle da motilidade" (3).

(1) FREUD (S.), *Abriss der Psychoanalyse*, 1938. GW, XVII, 101; SE, XXIII, 176; Fr., 44.
(2) FREUD (S.), *Erinnern, Wiederholen und Durcharbeiten*, 1914. GW, X, 130; SE, XII, 151; Fr., 109.
(3) FREUD (S.), GW, II-III, 573; SE, V, 567; Fr., 465.

AUTOANÁLISE

= D.: Selbstanalyse. – F.: auto-analyse. – En.: self-analysis. – Es.: autoanálisis. – I.: auto-analisi.

● *Investigação de si mesmo por si mesmo, conduzida de forma mais ou menos sistemática, e que utiliza certos procedimentos próprios do método psicanalítico – associações livres, análises de sonhos, interpretação de comportamentos etc.*

AUTOANÁLISE

■ Freud nunca consagrou qualquer texto à questão da autoanálise, mas faz alusão a ela diversas vezes, particularmente quando se refere à sua própria experiência. "A minha autoanálise, cuja necessidade logo me surgiu com toda a nitidez, foi realizada com o auxílio de vários dos meus próprios sonhos, que me conduziram através de todos os acontecimentos da minha infância; e mantenho a opinião de que esta espécie de análise pode ser suficiente para quem é um bom sonhador e não muito anormal" (1). Considera este método como a base: "Quando me perguntam como pode alguém tornar-se psicanalista, respondo: pelo estudo dos seus próprios sonhos" (2).

Em muitas outras passagens, no entanto, Freud mostra-se muito reservado sobre o alcance de uma autoanálise. No decorrer da sua própria experiência, escreve a Fliess: "A minha autoanálise continua interrompida. Agora já compreendi a razão. É porque eu só posso analisar a mim mesmo utilizando conhecimentos objetivamente adquiridos (como um estranho). Uma verdadeira autoanálise é impossível; se não fosse isso, não haveria doença" (3). Mais tarde, a autoanálise parece mesmo francamente depreciada face a uma análise propriamente dita: "Começamos por aprender a psicanálise em nós mesmos, pelo estudo da nossa própria personalidade [...]. Os progressos neste caminho esbarram em limites definidos. Avançamos muito mais submetendo-nos à análise com um psicanalista competente" (4).

As reservas feitas por Freud incidem na autoanálise na medida em que ela pretenda substituir uma psicanálise. Considera-se geralmente a autoanálise uma forma particular de resistência à psicanálise que embala o narcisismo e elimina a mola mestra do tratamento, que é a transferência (5). Mesmo nos autores como Karen Horney, que recomendam o seu uso, ela aparece de fato como um complemento do tratamento, que o prepara ou o continua. Quanto à autoanálise de Freud, é eminentemente singular, visto que em parte esteve na origem da descoberta da psicanálise e não foi a aplicação de um saber.

No que diz respeito aos analistas, a elucidação contínua da sua própria dinâmica inconsciente é eminentemente desejável. Freud notava-o já em 1910, a propósito da contratransferência*: "[...] nenhum psicanalista pode ir mais longe do que aquilo que lhe permitem os seus próprios complexos e as suas resistências interiores. Por isso exigimos que ele comece a sua atividade por uma autoanálise [α] e que continue a aprofundá-la enquanto aprende pela prática com os seus pacientes. Quanto àquele que não realizar tal autoanálise, será melhor que renuncie, sem hesitar, a tratar doentes analiticamente" (6). A instituição da análise didática* não elimina a necessidade de uma autoanálise: esta prolonga "indefinidamente" o processo desencadeado por aquela (β).

▲ (α) E não, como escreve Anne Berman na sua tradução francesa: "por submeter-se [*subir*] a uma análise."

(β). Para um tratamento sistemático da questão, cf. Anzieu (D.), *L'auto-analyse*, Presses Universitaires de France, Paris, 1959.

(1) FREUD (S.), *Zur Geschichte der psychoanalytischen Bewegung*, 1914. GW, X, 59; SE, XIV, 20; Fr., 278.
(2) FREUD (S.), *Über Psychoanalyse*, 1909. GW, VIII, 32; SE, XI, 33; Fr., 147.
(3) FREUD (S.), *Aus den Anfängen der Psychoanalyse*, 1887-1902. Al., 249; Ing., 234; Fr., 207.
(4) FREUD (S.), *Vorlesungen zur Einführung in die Psychoanalyse*, 1916-17. GW, XI, 12; SE, XV, 19; Fr., 30.
(5) *Cf.* ABRAHAM (K.), *Über eine besondere Form des neurotischen Widerstandes gegen die psychoanalytische Methodik*, 1919. Fr., II, 83-9.
(6) FREUD (S.), *Die zukünftigen Chancen der psychoanalytischen Therapie*, 1910. GW, VIII, 108; SE, XI, 145; Fr., 27.

AUTOEROTISMO

= *D.*: Autoerotismus. – *F.*: auto-érotisme. – *En.*: auto-erotism. – *Es.*: autoerotismo. – *I.*: auto-erotismo.

• A) *Em sentido amplo, característica de um comportamento sexual em que o sujeito obtém a satisfação recorrendo unicamente ao seu próprio corpo, sem objeto exterior: nesse sentido, a masturbação é considerada comportamento autoerótico.*
B) *De um modo mais específico, característica de um comportamento sexual infantil precoce pelo qual uma pulsão parcial, ligada ao funcionamento de um órgão ou à excitação de uma zona erógena, encontra a sua satisfação no local, isto é:*
1. sem recorrer a um objeto exterior;
2. sem referência a uma imagem do corpo unificada, a um primeiro esboço do ego, tal como ele caracteriza o narcisismo.

▪ Foi Havelock Ellis que introduziu o termo "autoerotismo" (α), num sentido amplo, próximo do sentido A: "Entendo por autoerotismo os fenômenos de emoção espontânea produzidos na ausência de qualquer estímulo externo, quer direto, quer indireto" (1*a*).
Deve-se notar, no entanto, que Havelock Ellis distingue já no autoerotismo a sua "forma extrema", o narcisismo, "tendência que a emoção sexual apresenta por vezes [...] para se absorver mais ou menos completamente na admiração de si mesmo" (1*b*).
Em *Três ensaios sobre a teoria da sexualidade* (*Drei Abhandlungen zur Sexualtheorie*, 1905), Freud retoma o termo, essencialmente para definir a sexualidade infantil. Considera ampla demais a acepção de H. Ellis (2*a*) e define o autoerotismo pela relação da pulsão com o seu objeto: "A pulsão não é dirigida para outras pessoas; satisfaz-se no próprio corpo" (2*b*). Esta definição compreende-se pela distinção que Freud estabelece entre os diferentes elementos da pulsão: pressão*, fonte*, meta*, objeto*. No autoerotismo "[...] o objeto [da pulsão] apaga-se em benefício do órgão, que é a fonte dela, e regra geral coincide com ele" (3*a*).
1º A teoria do autoerotismo está ligada a essa tese fundamental de *Três ensaios*: a contingência do objeto da pulsão sexual. Mostrar como, no início

AUTOEROTISMO

da vida sexual, a satisfação pode ser obtida sem recorrer a um objeto é mostrar que não existe qualquer caminho pré-formado que leve o sujeito para um objeto determinado.

Essa teoria não implica a afirmação de um estado primitivo "anobjetal". O ato de sugar ou chupar, que para Freud é o modelo do autoerotismo, é efetivamente secundário numa primeira fase em que a pulsão sexual se satisfaz por apoio* na pulsão de autoconservação (a fome) e graças a um objeto: o seio materno (2c). Ao separar-se da fome, a pulsão sexual oral perde o seu objeto e torna-se assim autoerótica.

Se é verdade que se pode dizer que o autoerotismo não tem objeto, não é porque apareça antes de qualquer relação com um objeto, nem mesmo porque, com a sua chegada, qualquer objeto deixe de estar presente na busca da satisfação, mas apenas porque o modo natural de apreensão do objeto se acha clivado: a pulsão sexual separa-se das funções não sexuais (a alimentação, por exemplo) nas quais se apoiava e que lhe indicavam a sua meta e o seu objeto.

A "origem" do autoerotismo seria portanto esse momento, sempre renovado mais do que localizável em um tempo determinado da evolução, em que a sexualidade se separa do objeto natural, vê-se entregue à fantasia, e por isso mesmo se cria como sexualidade.

2º Por outro lado, a noção de autoerotismo implica desde a sua primeira utilização por Freud um outro quadro de referência diferente da relação com o objeto: a referência a um estado do organismo em que as pulsões se satisfazem cada uma por sua própria conta, sem que exista qualquer organização de conjunto. Desde *Três ensaios*, o autoerotismo é sempre definido como a atividade das diversas "componentes parciais"; deve ser concebido como uma excitação sexual que nasce e se apazigua ali mesmo ao nível de cada zona erógena tomada isoladamente (prazer de órgão*). É evidente que a atividade autoerótica necessita a maior parte das vezes do contato da zona erógena com outra parte do corpo (sucção do polegar, masturbação etc.), mas o seu modelo ideal é o dos lábios que beijam a si mesmos (2d).

A introdução da noção de narcisismo* vem esclarecer, *a posteriori*, a de autoerotismo: no narcisismo é o ego, como imagem unificada do corpo, o objeto da libido narcísica, e o autoerotismo é definido, por oposição, como a fase anárquica que precede essa convergência das pulsões parciais para um objeto comum: "Temos de admitir que não existe no indivíduo, desde o início, uma unidade comparável ao ego; o ego tem de passar por um desenvolvimento. Mas as pulsões autoeróticas existem desde a origem; alguma coisa, uma nova ação psíquica, deve pois vir juntar-se ao autoerotismo para dar o narcisismo" (4).

Em numerosos textos, Freud mantém claramente esta ideia: na passagem do autoerotismo para o narcisismo, "[...] as pulsões sexuais, até então isoladas, reuniram-se agora numa unidade, e simultaneamente acharam um objeto"; esse objeto é o ego (5a). Mais tarde, a distinção ficará menos nítida, sobretudo em certos textos em que Freud admitirá a existência de um estado de "narcisismo primário"* desde a origem, e até mesmo desde a vida intrauterina. O autoerotismo, então, define-se apenas como "[...] a atividade sexual da fase narcisista da organização libidinal" (6, 3*b*).

★

Em conclusão, vemos que a noção que o termo "autoerotismo" procura conotar pode ser definida com uma certa coerência a partir da noção de um estado originário de fragmentação da pulsão sexual. Tal fragmentação implica, na verdade, quanto à relação com o objeto, a ausência de objeto total (ego ou pessoa estranha), mas de modo nenhum a ausência de um objeto parcial fantasístico.

O autoerotismo é uma noção genética? Pode-se falar de uma fase libidinal autoerótica?

A opinião de Freud variou a esse respeito: em 1905, tende a situar o conjunto da sexualidade infantil sob a rubrica do autoerotismo para opô-la à atividade adulta, que compreende uma escolha de objeto. Depois, atenua essa afirmação, indicando: "[...] fui levado a perceber um defeito naquilo que expus acima, onde a distinção conceitual das duas fases, *autoerotismo* e *amor objetal*, é descrita também, por desejo de clareza, como separação temporal" (2*e*).

É certo que Freud não abandona a ideia de uma passagem genética do autoerotismo para o amor objetal, e, quando mais tarde introduz o narcisismo, irá intercalá-lo nessa sucessão temporal (5*b*). Mas esta não deve ser tomada de forma muito rigorosa, e ela é, sobretudo, acompanhada por uma distinção estrutural: o autoerotismo não é apanágio de uma atividade pulsional determinada (oral, anal etc.), mas encontra-se em todas essas atividades, simultaneamente como fase precoce e, numa evolução ulterior, como componente: o prazer de órgão.

A tendência a fazer do autoerotismo uma fase nitidamente delimitada no tempo foi levada ao extremo por Abraham, que faz coincidir a fase autoerótica com *uma* das fases da organização libidinal: a fase oral* precoce de sucção.

▲ (α) A palavra autoerotismo foi usada por H. Ellis pela primeira vez em artigo publicado em 1898: Auto-erotism: A Psychological Study, *Alien. Neurol.*, 19, 260. Freud usa-a pela primeira vez na carta a Fliess de 9-12-1899.

(1) ELLIS (H.), *Studies in the Psychology of Sex*, 1899. Trad. fr. *Mercure de France*, Paris, 5ª ed., 1916. – *a*) Fr., 227. – *b*) Fr., 281.

(2) FREUD (S.). – *a*) *Cf.* GW, V, 82, n. 1; SE, VII, 181, n. 2; Fr., 179, n. 49 incompleta. N.B.: As edições alemãs anteriores a 1920 contêm um comentário que não figura nas edições posteriores e cuja tradução é a seguinte: "Havelock Ellis, no entanto, comprometeu o sentido do termo que inventou ao incluir nele a histeria e todas as manifestações masturbatórias". – *b*) GW, V, 81-2; SE, VII, 181; Fr., 74. – *c*) *Cf.* GW, 82-3, 98-9,123; SE, 181-3, 198, 222; Fr., 74-6, 95-6, 132. – *d*) *Cf* GW, V, 83; SE, VII, 182; Fr., 76. – *e*) GW, V, 94, nota de 1910; SE, VII, 194; Fr., n. 58, 181.

(3) FREUD (S.), *Triebe und Triebschicksale*, 1915. – *a*) GW, X, 225; SE, XIV, 132; Fr., 53. – *b*) GW, X, 227; SE, XIV, 134; Fr., 57.

(4) FREUD (S.), *Zur Einführung des Narzissmus*, 1914. GW, X, 142; SE, XIV, 76-7.
(5) FREUD (S.), *Totem und Tabu*, 1912. – *a*) GW, IX, 109; SE, XIII, 88; Fr., 125. – *b*) GW, IX, 109; SE, XIII, 88; Fr., 125.
(6) FREUD (S.), *Vorlesungen zur Einführung in die Psychoanalyse*, 1916-17. GW, XI, 431; SE, XVI, 416; Fr., 445.

AUTOPLÁSTICO – ALOPLÁSTICO

= *D*.: autoplastisch – alloplastisch. – *F.*: autoplastique – alloplastique. – *En.*: autoplastic – alloplastic. – *Es.*: autoplástico – aloplástico. – *I.*: autoplastico – alloplastico.

• *Termos que qualificam dois tipos de reação ou de adaptação; o primeiro consiste apenas numa modificação do organismo, e o segundo, numa modificação do meio circundante.*

■ Os termos "autoplástico" e "aloplástico" são por vezes utilizados em psicanálise no quadro de uma teoria do campo psicológico definido pela interação do organismo e do meio para distinguir dois tipos de operações, uma voltada para o próprio sujeito e acarretando modificações internas, e outra voltada para o exterior. Daniel Lagache (1) refere-se a essas noções na sua elaboração do conceito de comportamento (α).
  S. Ferenczi fala de adaptação autoplástica em sentido mais especificamente genético. Para ele, trata-se de um método muito primitivo de adaptação, correspondente a uma fase ontogenética e filogenética de desenvolvimento (fase da "protopsique"), em que o organismo só tem influência sobre si mesmo e realiza apenas mudanças corporais. Ferenczi relaciona com ele a conversão* histérica e mais precisamente aquilo a que chama "fenômenos de materialização": a sua "[…] essência consiste na realização, como que por magia, de um desejo, a partir do material corporal que está à sua disposição, e, mesmo que de forma primitiva, por uma representação plástica" (2). Seria uma regressão mais profunda do que no sonho, visto que o desejo inconsciente se encarna em estados ou atos do corpo, e não em uma imagem visual.
  Por oposição, Ferenczi fala às vezes de adaptação aloplástica para qualificar o conjunto das ações voltadas para o exterior que permitem ao ego manter o seu equilíbrio (3).

▲ (α) Veja-se o seguinte quadro de duas entradas:

OPERAÇÕES

	Autoplásticas	Aloplásticas
Concretas............ Simbólicas............	Fisiológicas. Atividade mental, consciente e e inconsciente.	Ações materiais. Comunicações, linguagens.

(1) *Cf.* LAGACHE (D.), *Éléments de psychologie médicale*, 1955. In *Encyclopédie médico-chirurgicale. Psychiatrie* 37030 A[10].

(2) FERENCZI (S.), *The Phenomens of Hysterical Materialization. Thoughts on the Conception of Hysterical Conversion and Symbolism*, 1919. In *Further Contributions*, 96.

(3) *Cf.* igualmente: FREUD (S.), *Der Realitätsverlust bei Neurose und Psychose*, 1924. GW, XIII, 366; SE, XIX, 185. – ALEXANDER (F.), *Der neurotische Charakter.* In *Internat Zeit.*, 1928.

B

BENEFÍCIO PRIMÁRIO E SECUNDÁRIO DA DOENÇA

= *D*.: primärer und sekundärer Krankheitsgewinn. – *F*.: bénéfice primaire et secondaire de la maladie. – *En*.: primary and secondary gain from illness. – *Es*.: beneficio primario y secundario de la enfermedad. – *I*.: utile primario e secondario della malattia.

* *Benefício da doença designa de um modo geral qualquer satisfação direta ou indireta que um sujeito tira da sua doença.*
  O benefício primário é o que entra em consideração na própria motivação de uma neurose: satisfação encontrada no sintoma, fuga para a doença, modificação vantajosa das relações com o meio.
  O benefício secundário poderia distinguir-se do precedente do seguinte modo:
  – pela sua aparição **a posteriori** *como vantagem suplementar ou utilização pelo sujeito de uma doença já constituída;*
  – pelo seu caráter extrínseco em relação ao determinismo inicial da doença e ao sentido dos sintomas;
  – pelo fato de se tratar de satisfações narcisistas ou ligadas à autoconservação, em vez de satisfações diretamente libidinais.

■ Desde o início, a teoria freudiana da neurose é inseparável da ideia de que a doença se desencadeia e se mantém devido à satisfação que proporciona ao sujeito. O processo neurótico é conforme ao princípio de prazer e tende a obter um benefício econômico, uma diminuição de tensão. Esse benefício é posto em evidência pela resistência do sujeito ao tratamento, que mantém em xeque o desejo consciente de se curar.

No entanto, só tardiamente, e sempre de forma bastante aproximada, se define em Freud a distinção entre benefício primário e benefício secundário. É assim que, no estudo do *Caso Dora*, Freud parecia inicialmente sustentar a ideia de que os motivos da doença são sempre secundários em relação à formação dos sintomas. Estes não teriam a princípio qualquer função econômica e poderiam ser apenas efêmeros se não se fixassem num segundo momento: "Uma determinada corrente psíquica pode achar cômodo servir-se do sintoma, e este adquire assim uma *função secundária* e acha-se como que enraizado no psiquismo" (1*a*).

A questão é ulteriormente retomada por Freud nas *Conferências introdutórias sobre psicanálise* (*Vorlesungen zur Einführung in die Psychoanalyse*,

1916-1917) (2*a*) e numa nota retificativa acrescentada em 1923 ao estudo do *Caso Dora* (1*b*).

O "benefício primário" está ligado ao próprio determinismo dos sintomas. Freud distingue nele duas partes: a "parte interna do benefício primário" consiste na redução de tensão proporcionada pelo sintoma; este, por doloroso que seja, tem por objetivo evitar ao sujeito conflitos às vezes mais penosos: é o chamado mecanismo da "fuga para a doença". A "parte externa do benefício primário" estaria ligada às modificações introduzidas pelo sintoma nas relações interpessoais do sujeito. Assim, uma mulher "oprimida pelo marido" pode obter, graças à neurose, mais ternura e atenção, vingando-se ao mesmo tempo dos maus-tratos sofridos.

Mas, se Freud designa este último aspecto do benefício pelos termos "externo ou acidental", é exatamente porque a fronteira que o separa do benefício *secundário* é difícil de traçar.

Para descrever este, Freud refere-se ao caso da neurose traumática, e mesmo ao de uma invalidez física resultante de um acidente. O benefício secundário materializa-se aqui pela pensão paga ao inválido, poderoso motivo que se opõe a uma readaptação: "Se o curassem da sua enfermidade, começariam por lhe tirar os seus meios de subsistência, porque haveria então razões para perguntar se ele seria ainda capaz de retomar o seu antigo trabalho" (2*b*).

Com esse exemplo claro, podemos facilmente distinguir as três características que definem o benefício secundário. Só que ainda deveríamos, mesmo nesse caso, e a isso nos obrigam as pesquisas contemporâneas, interrogarmo-nos sobre as motivações inconscientes do acidente. Quando se trata de neurose e, *a fortiori*, de neurose não traumática, não serão as distinções ainda menos definidas? Com efeito, um benefício surgido secundariamente no tempo, e aparentemente extrínseco, pôde ter sido previsto e visado no desencadeamento do sintoma. Quanto ao aspecto objetivo do benefício secundário, ele mascara muitas vezes o seu caráter profundamente libidinal: a pensão paga ao inválido – para voltar ao mesmo caso – pode, por exemplo, remeter simbolicamente para uma dependência do tipo filho-mãe.

É provavelmente o ponto de vista tópico o que melhor permite compreender o que se pretende com a expressão benefício secundário, na medida em que é tomada em consideração a instância do ego na sua tendência, e mesmo na sua "compulsão", para a síntese (*ver.* ego). A questão é abordada por Freud no capítulo III de *Inibição, sintoma e angústia* (*Hemmung, Symptom und Angst*, 1926), em que a noção de benefício secundário se esclarece por comparação com o "combate defensivo secundário" travado pelo ego, não diretamente contra o desejo, mas contra um sintoma já constituído. Defesa secundária e benefício secundário surgem como duas modalidades de resposta do ego a esse "corpo estranho" que o sintoma antes de mais nada é: "[...] o ego comporta-se como se fosse guiado pela ideia de que o sintoma está ali de agora em diante e não poderia ser eliminado: a única coisa a fazer é pactuar com essa situação e tirar dela a maior vantagem possível" (3). Freud distingue nesse benefício secundário da doença, que constitui uma verdadeira incorporação do sintoma no ego, por um lado, as vantagens retiradas do sintoma no domínio da autoconservação e, por outro, satisfações propriamente narcisistas.

Note-se, em conclusão, que a denominação de benefício secundário não deve obstar a procura de motivações ligadas mais diretamente à dinâmica da neurose. E caberia a mesma observação nos casos daqueles tratamentos psicanalíticos em que a noção de benefício secundário é invocada para traduzir o fato de o paciente parecer encontrar mais satisfação na manutenção de uma situação transferencial do que na cura.

(1) Freud (S.), *Bruchstück einer Hysterie-Analyse*, 1905. – *a*) gw, v, 203; se, vii, 43; Fr., 30. – *b*) *Cf.* gw, v, 202-3, n. 1; se, vii, 43, n. 1; Fr., 30, n. 1.
(2) Freud (S.). – *a*) *Cf.* gw, xi, 395 ss.; se, xvi, 381 ss.; Fr., 409 ss. – *b*) gw, xi, 399; se, xvi, 384; Fr., 412.
(3) Freud (S.), gw, xiv, 126; se, xx, 99; Fr., 15.

BISSEXUALIDADE

= *D.*: Bisexualität. – *F.*: bisexualité. – *En.*: bisexuality. – *Es.*: bisexualidad. – *I.*: bisessualità.

• *Noção que Freud introduziu na psicanálise por influência de Wilhelm Fliess: todo ser humano teria constitucionalmente disposições sexuais simultaneamente masculinas e femininas que surgem nos conflitos que o sujeito enfrenta para assumir o próprio sexo.*

■ É, sem dúvida nenhuma, na influência de Fliess que devemos buscar as origens da noção de bissexualidade no movimento psicanalítico. Ela estava presente na literatura filosófica e psiquiátrica dos anos 1890 (1*a*), mas foi Fliess que se fez seu defensor junto a Freud, como atesta a sua correspondência (2).

A teoria da bissexualidade fundamenta-se, em primeiro lugar, em dados da anatomia e da embriologia (α): "Um certo grau de hermafroditismo anatômico é normal. Em todo indivíduo, macho ou fêmea, encontram-se vestígios do aparelho genital do sexo oposto [...] Desses fatos anatômicos, conhecidos já há muito tempo, decorre a noção de um organismo bissexual na sua origem, que, no decurso da evolução, orienta-se para a monossexualidade conservando alguns restos do sexo atrofiado" (1*b*).

W. Fliess atribuía um grande significado aos fatos que indicam uma bissexualidade biológica; a bissexualidade é um fenômeno humano universal, que não se limita, por exemplo, ao caso patológico da homossexualidade; acarreta consequências psicológicas essenciais. É assim que Fliess interpreta a teoria freudiana do recalque invocando o conflito entre as tendências masculinas e femininas que existe em todos os indivíduos; Freud resume nestes termos a interpretação de Fliess: "O sexo [...] que domina na pessoa teria recalcado no inconsciente a representação psíquica do sexo vencido" (3*a*).

Freud não definiu francamente a sua posição sobre o problema da bissexualidade; ele próprio reconhece em 1930 que "[...] a teoria da bissexualidade contém ainda numerosas obscuridades e que não podemos deixar de estar seriamente embaraçados em psicanálise por não termos podido encontrar ainda a sua ligação com a teoria das pulsões" (4). Freud sempre manteve a importância psicológica da bissexualidade, mas o seu pensamento contém reservas e hesitações acerca do problema, as quais podem ser agrupadas do seguinte modo:

1º O conceito de bissexualidade suporia uma apreensão clara do par masculinidade-feminilidade; ora, como Freud observou, esses conceitos apresentam uma significação diferente conforme sejam tomados nos níveis biológico, psicológico ou sociológico; essas significações estão muitas vezes misturadas e não permitem estabelecer equivalências termo a termo entre cada um desses níveis (1*c*).

2º Freud critica a concepção de Fliess por sexualizar o mecanismo psicológico do recalque, entendendo por "sexualizar" "[...] fundamentar a sua origem em bases biológicas" (5*a*). Efetivamente, essa concepção leva a determinar *a priori* a modalidade do conflito defensivo, pois a força recalcadora está do lado do sexo biológico, e o recalcado é o sexo oposto. Ao que Freud objeta "[...] que existem nos indivíduos dos dois sexos moções pulsionais tanto masculinas como femininas que, umas e outras, podem tornar-se inconscientes por recalque" (3*b*).

Embora Freud, em *Análise terminável e interminável* (*Die endliche und die unendliche Analyse*, 1937), pareça, apesar de tudo, aproximar-se da concepção de Fliess ao admitir que é "[...] aquilo que vai contra o sexo do sujeito que sofre o recalque" (5*b*) (inveja do pênis na mulher, atitude feminina no homem), isso acontece num texto em que insiste na importância do complexo de castração*, cujos dados biológicos não são suficientes para justificá-lo.

3º Pode-se imaginar que Freud tenha tido uma grande dificuldade em conciliar a ideia de bissexualidade biológica com aquela que se vai afirmando com nitidez cada vez maior na sua obra: a da preponderância do falo* para ambos os sexos.

▲ (α) Freud, na edição de 1920 de *Três ensaios sobre a teoria da sexualidade* (*Drei Abhandlungen zur Sexualtheorie*), refere-se além disso a experiências de fisiologia sobre a determinação hormonal dos caracteres sexuais.

(1) *Cf.* FREUD (S.), *Drei Abhandlungen zur Sexualtheorie*, 1905. – *a*) GW, V, 42, n.; SE, VII, 143, n.; Fr., 166, n. 12. – *b*) GW, V, 40; SE, VII, 141; Fr., 26. – *c*) GW, V, 121, n.; SE, VII, 219, n.; Fr., 184-5, n. 76.
(2) FREUD (S.), *Aus den Anfängen der Psychoanalyse*, 1887-1902. *Passim*.
(3) FREUD (S.), *"Ein Kind wird geschlagen"*. 1919. – *a*) GW, XII, 222; SE, XVII, 200-1; Fr., 294. – *b*) GW, XII, 224; SE, XVII, 202; Fr., 296.
(4) FREUD (S.), *Das Unbehagen in der Kultur*, 1930. GW, XIV, 466, n.; SE, XXI, 106, n.; Fr., 43.

(5) FREUD (S.), *Die endliche und die unendliche Analyse*, 1937. – *a*) GW, XVI, 98; SE, XXIII, 251; Fr., 36. – *b*) GW, XVI, 98; SE, XXIII, 251; Fr., 36.

"BOM" OBJETO, "MAU" OBJETO

= *D.*: "gutes" Objekt, "böses" Objekt. – *F.*: "bon" objet, "mauvais" objet. – *En.*: "good" object, "bad" object. – *Es.*: objeto "bueno", objeto "malo". – *I.*: oggetto "buono", oggetto "cativo".

● *Termos introduzidos por Melanie Klein para designar os primeiros objetos pulsionais, parciais ou totais, tal como aparecem na fantasia da criança. As qualidades de "bom" e "mau" lhes são atribuídas não apenas em função do seu caráter gratificante ou frustrante, mas sobretudo em razão da projeção, sobre eles, das pulsões libidinais ou destruidoras do sujeito. Segundo M. Klein, o objeto parcial (o seio, o pênis) é clivado em um "bom" e um "mau" objeto, e essa clivagem constitui o primeiro modo de defesa contra a angústia. O objeto total será igualmente clivado ("boa" mãe e "má" mãe etc.).*

"Bons" e "maus" objetos são submetidos aos processos de introjeção* e de projeção*.

■ A dialética dos "bons" e "maus" objetos está no centro da teoria psicanalítica de M. Klein a partir da análise das fantasias mais arcaicas.

Não pretendemos descrever aqui toda essa complexa dialética; limitamo-nos a indicar alguns traços principais das noções de "bom" e de "mau" objeto e a dissipar certas ambiguidades.

1) As aspas que encontramos frequentemente nos textos de M. Klein existem para sublinhar o caráter fantasístico das qualidades do "bom" e do "mau" objeto.

Trata-se efetivamente de "imagos" ou "[...] imagens, deformadas de forma fantasística, dos objetos reais em que se baseiam" (1). Essa deformação resulta de dois fatores: por um lado, a gratificação pelo seio faz dele um "bom" seio e, inversamente, a imagem de um "mau" seio forma-se correlativamente pela retirada ou pela recusa do seio. Por outro lado, a criança projeta o seu amor no seio gratificante e sobretudo a sua agressividade no mau seio. Embora esses dois fatores constituam um círculo vicioso ("o seio odeia-me e priva-me porque eu o odeio, e reciprocamente") (2), M. Klein insiste sobretudo no fator projetivo.

2) A dualidade das pulsões de vida* e de morte*, tal como M. Klein a vê operar no seu caráter irredutível desde a origem da existência do indivíduo, está no princípio do jogo dos bons e maus objetos. É justamente no início da vida, segundo M. Klein, que o sadismo está no seu "zênite", pois a balança entre libido e destrutividade pende mais para o lado desta última.

3) Na medida em que as duas espécies de pulsões estão presentes desde a origem e são dirigidas para um mesmo objeto real (o seio), podemos falar de ambivalência*. Mas a ambivalência, ansiógena para a criança, é de

início posta em xeque pelo mecanismo da *clivagem do objeto* * e dos afetos que lhe dizem respeito.

4) O caráter fantasístico desses objetos não deve levar a perder de vista que eles são tratados como se oferecessem uma consistência *real* (no sentido em que Freud fala de *realidade* psíquica). M. Klein descreve-os como contidos no "interior" da mãe; ela define a sua introjeção e a sua projeção como operações que incidem sobre objetos de que essas qualidades são indissociáveis e não sobre qualidades boas ou más. Mais ainda, o *objeto*, bom ou mau, é fantasisticamente dotado de poderes semelhantes aos de uma pessoa ("mau seio perseguidor", "bom seio tranquilizador", ataque ao corpo materno pelos maus objetos, luta entre os bons e os maus objetos dentro do corpo etc.).

O seio é o primeiro objeto assim clivado. Todos os objetos parciais sofrem clivagem análoga (pênis, fezes, filho etc.). Assim também os objetos totais, quando a criança é capaz de os apreender. "O bom seio – externo e interno – torna-se o protótipo de todos os objetos benéficos e gratificantes, e o mau seio o de todos os objetos perseguidores externos e internos" (3).

Note-se, por fim, que a concepção kleiniana da clivagem do objeto em "bom" e "mau" deve ser aproximada de certas indicações fornecidas por Freud, particularmente em *Pulsões e destinos das pulsões* (*Triebe und Triebschicksale*, 1915) e em *A negação* (*Die Verneinung*, 1925) (*ver*: ego-prazer–ego-realidade).

(1) KLEIN (M.), *A Contribution to the Psychogenesis of Manic-depressive States*, 1934. In *Contributions*, 282.

(2) RIVIERE (J.), *On the Genesis of Psychical Conflict in Earliest Infancy*, 1936. In *Developments*, 47.

(03) KLEIN (M.), *Some Theoretical Conclusions Regarding the Emotional Life of the Infant*, 1952. In *Developments*, 200.

C

CANIBALESCO

= *D.*: kannibalisch. – *F.*: cannibalique. – *En.*: cannibalistic. – *Es.*: canibalístico. – *I.*: cannibalico.

• *Termo empregado – por referência ao canibalismo praticado por certos povos – para qualificar relações de objeto e fantasias que estão em correlação com a atividade oral. O termo exprime de modo figurado as diferentes dimensões da incorporação oral: amor, destruição, conservação no interior de si mesmo e apropriação das qualidades do objeto. Fala-se por vezes de fase canibalesca como equivalente da fase oral ou, mais especialmente, como equivalente da segunda fase oral de Abraham (fase sádico-oral).*

■ Embora na edição de 1905 de *Três ensaios sobre a teoria da sexualidade* (*Drei Abhandlungen zur Sexualtheorie*) haja uma alusão ao canibalismo, é em *Totem e tabu* (*Totem und Tabu*, 1912-13) que a noção encontra o seu primeiro desenvolvimento. Nessa prática dos "povos primitivos" Freud destaca a crença que ela implica: "[...] ao se ingirirem partes do corpo de uma pessoa no ato de devorar, há também uma apropriação das propriedades que pertenceram àquela pessoa" (1*a*). A concepção freudiana do "assassinato do pai" e da "refeição totêmica" confere a essa ideia um considerável alcance: "Um dia os irmãos [...] reuniram-se, mataram e devoraram o pai, pondo desse modo fim à horda primitiva [...]. Na devoração realizaram a identificação com ele, pois cada um se apropriou de uma parte da sua força" (1*b*).

Qualquer que seja o valor da perspectiva antropológica de Freud, o termo canibalesco assumiu na psicologia psicanalítica uma acepção definida. Na edição de 1915 de *Três ensaios*, em que Freud introduz a ideia de organização oral, o canibalismo caracteriza essa fase do desenvolvimento psicossexual. Na esteira de Freud, fala-se às vezes de fase canibalesca para designar a fase oral. Quando K. Abraham subdivide a fase oral em dois períodos, período de sucção pré-ambivalente e período de mordedura ambivalente, é o segundo que ele qualifica de canibalesco.

O termo canibalesco acentua determinadas características da relação de objeto oral: fusão* da libido e da agressividade, incorporação e apropriação do objeto e das suas qualidades. As estreitas ligações que existem entre a relação de objeto oral e os primeiros modos de identificação (*ver.* identificação primária) estão implicadas na própria noção de canibalismo.

(1) FREUD (S.). – *a)* GW, IX, 101; SE, XIII, 82; Fr., 115. – *b)* GW, IX, 171-2; SE, XIII, 141-2; Fr., 195-6.

CASO-LIMITE

= *D.*: Grenzfall. – *F.*: cas-limite. – *En.*: borderline case. – *Es.*: caso limítrofe. – *I.*: caso limite.

• *Expressão utilizada a maioria das vezes para designar afecções psicopatológicas situadas no limite entre neurose e psicose, particularmente esquizofrenias latentes que apresentam uma sintomatologia de feição neurótica.*

▪ A expressão "caso-limite" não possui uma significação nosográfica rigorosa. As suas variações refletem as próprias incertezas do campo a que se aplica. De acordo com as suas concepções pessoais, os autores puderam englobar aqui as personalidades psicopáticas, perversas, delinquentes e os casos graves de neurose de caráter. Parece que, no uso mais corrente, a expressão tende a ser reservada para as esquizofrenias que se apresentam com uma sintomatologia neurótica.

A chamada categoria dos casos-limite tornou-se evidente em grande parte graças ao desenvolvimento da psicanálise. A investigação psicanalítica conseguiu, de fato, revelar uma estrutura psicótica nos casos de distúrbios neuróticos submetidos a tratamento. Do ponto de vista teórico, considera-se geralmente que, nesses casos, os sintomas neuróticos desempenham uma função defensiva contra a irrupção da psicose.

CATÁRTICO (MÉTODO –)

= *D.*: kathartisches Heilverfahren *ou* kathartische Methode. – *F.*: méthode cathartique. – *En.*: cathartic therapy *ou* cathartic method. – *Es.*: terapia catártica *ou* método catártico. – *I.*: metodo catartico.

• *Método de psicoterapia em que o efeito terapêutico visado é uma "purgação" (katharsis), uma descarga adequada dos afetos patogênicos. O tratamento permite ao sujeito evocar e até reviver os acontecimentos traumáticos a que esses afetos estão ligados e ab-reagi-los. Historicamente, o "método catártico" pertence ao período (1880-1895) em que a terapia psicanalítica se definia progressivamente a partir de tratamentos efetuados sob hipnose.*

▪ *Katharsis* é um termo grego que significa purificação, purgação. Foi utilizado por Aristóteles para designar o efeito produzido no espectador pela tragédia: "A tragédia é a imitação de uma ação virtuosa que aconteceu e que, por meio do temor e da piedade, suscita a purificação de certas paixões" (1).

Breuer, e depois Freud, retomaram esse termo, que exprime para eles o efeito esperado de uma ab-reação* adequada do traumatismo (2). Sabe-se efetivamente que, segundo a teoria desenvolvida em *Estudos sobre a histeria* (*Studien über Hysterie*, 1895), os afetos que não conseguiram encontrar o caminho para a descarga ficam presos (*eingeklemmt*), exercendo então efeitos patogênicos. Resumindo mais tarde a teoria da catarse, Freud escreveria: "Supunha-se que o sintoma histérico surgia quando a energia de um processo psíquico não podia chegar à elaboração consciente e era dirigida para a inervação corporal (conversão) [...]. A cura era obtida pela liberação do afeto desviado, e a sua descarga por vias normais (ab-reação)" (3).

No seu início, o método catártico estava estreitamente ligado à hipnose. Mas o hipnotismo logo deixou de ser utilizado por Freud como processo destinado a provocar diretamente a supressão do sintoma através da sugestão de que o sintoma não existe. Passou a ser utilizado para induzir a rememoração reintroduzindo no campo de consciência experiências subjacentes aos sintomas, mas esquecidas, "recalcadas"' pelo sujeito (α). Essas recordações evocadas e mesmo revividas com uma intensidade dramática fornecem ao sujeito ocasião de exprimir, de descarregar os afetos que, originariamente ligados à experiência traumatizante, tinham sido de início reprimidos.

Freud renunciou rapidamente à hipnose propriamente dita, substituindo-a pela simples sugestão (auxiliada por um artifício técnico: uma pressão com a mão na testa do paciente), destinada a convencer o doente de que iria reencontrar a recordação patogênica. Por fim, deixou de recorrer à sugestão, fiando-se simplesmente nas associações livres* do doente. Aparentemente, a finalidade do tratamento (curar o doente dos seus sintomas restabelecendo o caminho normal de descarga dos afetos) manteve-se a mesma no decorrer dessa evolução dos processos técnicos. Mas, de fato, como atesta o capítulo de Freud "Psicoterapia da histeria" (*Estudos sobre a histeria*), essa evolução técnica é paralela a uma mudança de perspectiva na teoria do tratamento: levar em consideração as resistências*, a transferência*, enfatizar cada vez mais a eficácia da elaboração psíquica e da perlaboração*. Nessa medida, o efeito catártico ligado à ab-reação deixa de ser a mola principal do tratamento.

A catarse nem por isso deixa de ser uma das dimensões de toda a psicoterapia analítica. Por um lado, de modo variável segundo as estruturas psicopatológicas, encontra-se em numerosos tratamentos uma intensa revivescência de certas lembranças acompanhada de uma descarga emocional mais ou menos tempestuosa; por outro lado, seria fácil mostrar que o efeito catártico se encontra nas diversas modalidades da repetição ao longo do tratamento, e singularmente na atualização transferencial. Do mesmo modo, a perlaboração e a simbolização pela linguagem já estavam prefiguradas no valor catártico que Breuer e Freud reconheciam à expressão verbal: "[…] é na linguagem que o homem encontra um substituto para o ato, substituto graças ao qual o afeto pode ser *ab-reagido* quase da mesma maneira. Em outros casos, é a própria palavra que constitui o reflexo adequado, sob a forma de queixa ou como expressão de um segredo pesado (confissão!)" (2*b*).

Além dos efeitos catárticos que se encontram em toda psicanálise, convém assinalar que existem certos tipos de psicoterapia que visam antes de mais nada à catarse: a narcoanálise, utilizada sobretudo nos casos de neurose traumática, provoca, por meios medicamentosos, efeitos próximos dos que Breuer e Freud obtinham por hipnose. O psicodrama, segundo Moreno, é definido como uma liberação dos conflitos interiores por meio da representação dramática.

▲ (α) Sobre esta evolução na utilização da hipnose por Freud, cf. por exemplo *Um caso de cura pelo hipnotismo* (*Ein Fall von hypnotischer Heilung*, 1892-1893).

(1) ARISTÓTELES, *Poética*, 1449b, 27.
(2) *Cf.* FREUD (S.), *Studien über Hysterie*, 1895. – *a*) GW, I, 87; SE, II, 8; Fr., 5. – *b*) GW, I, 87; SE, II, 8; Fr., 5-6.
(3) FREUD (S.), *Psycho-Analysis*, 1926. GW, XIV, 300; SE, XX, 263-4.

CATEXIA

Ver: **Investimento**

CENA ORIGINÁRIA ou CENA PRIMÁRIA

= *D.*: Urszene. – *F.*: scène originaire. – *En.*: primal scene. – *Es.*: escena primitiva *ou* originaria *ou* protoescena. – *I.*: scena originaria *ou* primaria.

• *Cena de relação sexual entre os pais, observada ou suposta segundo determinados índices e fantasiada pela criança, que é geralmente interpretada por ela como um ato de violência por parte do pai.*

■ O termo *Urszenen* (cenas originárias ou primitivas) aparece num manuscrito de Freud de 1897 (1) para exprimir certas experiências infantis traumatizantes organizadas em encenações, em cenas (*ver:* fantasia), sem que se trate mais especialmente do coito parental.

Em *A interpretação de sonhos* (*Die Traumdeutung*, 1900), embora não apareça a expressão "cena originária", Freud enfatiza o quanto a observação do coito parental é geradora de angústia: "Expliquei essa angústia indicando que se trata de uma excitação sexual que ela [a criança] não é capaz de dominar, compreendendo-a, e que, sem dúvida, é afastada porque os pais estão implicados nela" (2).

A experiência analítica levará Freud a dar uma importância crescente à cena em que a criança se vê assistindo às relações sexuais dos seus pais:

ela é "[...] um elemento que raramente falta no tesouro das fantasias inconscientes que se podem descobrir em todos os neuróticos e provavelmente em todos os filhos dos homens" (3). Faz parte daquilo a que Freud chama fantasias originárias* (*Urphantasien*). É em *O homem dos lobos* (*Aus der Geschichte einer infantilen Neurose*, 1918) que a observação do coito parental é descrita sob o nome de "cena originária". A respeito desse caso, Freud esclarece diversos elementos: o coito é compreendido pela criança como uma agressão do pai numa relação sadomasoquista; provoca uma excitação sexual na criança e ao mesmo tempo fornece um suporte à angústia de castração; é interpretado no quadro de uma teoria sexual infantil como coito anal.

Acrescente-se que, segundo Ruth Mack Brunswick, "[...] a compreensão que a criança tem do coito parental e o interesse que lhe dedica encontram um apoio nas suas próprias experiências corporais pré-edipianas com a mãe e nos desejos que daí resultam" (4).

Devemos ver na cena originária a recordação de um acontecimento efetivamente vivido pelo sujeito ou uma pura fantasia? A questão, que foi objeto de um debate de Freud com Jung e consigo mesmo, é por diversas vezes discutida em *O homem dos lobos*. As respostas de Freud, por mais variáveis que possam parecer, situam-se entre dois limites: na primeira redação de *O homem dos lobos* (1914), em que ele insiste em provar a realidade da cena originária, acentua já o fato de que ela só é compreendida e interpretada pela criança *a posteriori** (*nachträglich*) e, inversamente, quando sublinha o que nela entra de fantasias retroativas (*Zurückphantasieren*), afirma que o real forneceu, pelo menos, índices (ruídos, coito animal etc.) (5).

Além da discussão sobre as partes relativas do real e do fantasístico na cena originária, o que Freud parece ter em vista e querer sustentar, especialmente contra Jung, é a ideia de que essa cena pertence ao passado – ontogênico ou filogênico – do indivíduo e constitui um acontecimento que pode ser da ordem do mito, mas que já está presente, antes de qualquer significação introduzida *a posteriori*.

(1) Freud (S.), *Aus den Anfängen der Psychoanalyse*, 1887-1902. Al., 210; Ing., 197; Fr., 174.
(2) Freud (S.), GW, II-III, 591; SE, V, 585; Fr., 478.
(3) Freud (S.), *Mitteilung eines der psychoanalytischen Theorie widersprechenden Falles von Paranoia*, 1915. GW, X, 242; SE, XIV, 269; Fr., 8.
(4) Mack Brunswick (R.), The Preoedipal Phase of the Libido Development, 1940, in *The Psycho-analytic Reader*, 1950, 247.
(5) *Cf* Freud (S.), GW, XII, 137, n.; SE, XVII, 103, n.; Fr., 404, n.

CENA PRIMITIVA

• *Expressão equivalente a* **scène primitive**, *no francês, geralmente adotada pelos psicanalistas como equivalente daquilo a que Freud chamou* **Urszene**. *Preferimos a tradução "cena originária" (*scène originaire*).*

CENSURA

[Em traduções brasileiras, particularmente de originais franceses, a expressão cena primitiva é geralmente utilizada. Nas edições brasileiras das obras de Freud, aparecem com a mesma frequência as expressões cena primitiva e cena primária, e, às vezes, também cena primal e cena primeva. Para uma discussão mais aprofundada sobre a escolha de cena originária como tradução do termo *Urszene* remetemos o leitor para *Castração/Simbolizações*, de J. Laplanche, Martins Fontes, 1988, pp. 101 ss.]

Ver: **Cena originária**

CENSURA

= *D*.: Zensur. – *F*.: censure. – *En*.: censorship. – *Es*.: censura. – *I*.: censura.

• *Função que tende a interditar aos desejos inconscientes e às formações que deles derivam o acesso ao sistema pré-consciente-consciente.*

■ O termo "censura" encontra-se principalmente nos textos freudianos que se referem à "primeira tópica". Freud invoca-o pela primeira vez numa carta a Fliess datada de 22-12-1897 para exprimir o caráter aparentemente absurdo de certos delírios: "Você já teve ocasião de ver um jornal estrangeiro censurado pelos russos ao passar a fronteira? Palavras, frases, parágrafos inteiros são riscados, de tal modo que o resto se torna ininteligível" (1). A noção de censura é desenvolvida em *A interpretação de sonhos* (*Die Traumdeutung*, 1900), em que é postulada para traduzir diferentes mecanismos de deformação* (*Entstellung*) do sonho.

Segundo Freud, a censura é uma função permanente: constitui uma barragem seletiva entre os sistemas inconsciente*, por um lado, e pré-consciente-consciente*, por outro, e está, portanto, na origem do recalque*. Distinguem-se mais claramente os seus efeitos quando ela relaxa parcialmente, como no sonho: o estado de sono impede que os conteúdos do inconsciente abram caminho até a motilidade, mas, como eles correm o risco de opor-se ao desejo de dormir, a censura continua a funcionar de forma atenuada.

Freud não vê a censura exercer-se apenas entre os sistemas inconsciente e pré-consciente, mas também entre pré-consciente e consciente. "Admitimos que a qualquer passagem de um sistema para o sistema seguinte mais elevado, e portanto, a qualquer progresso para um estado superior de organização psíquica, corresponde uma nova censura" (2*a*). Na realidade, nota Freud, conviria considerar, em vez de duas censuras, uma única que "se lançou para a frente" (2*b*).

No quadro da sua segunda teoria do aparelho psíquico, Freud foi levado, por um lado, a englobar a função de censura no campo mais vasto da defesa* e, por outro, a se perguntar a que instância seria conveniente ligá-la.

Tem-se notado muitas vezes que a noção de censura prefigurava a de superego*; o caráter "antropomórfico" desta última já está bem marcado por algumas descrições que Freud fez da censura: entre a "antecâmara" onde se comprimem os desejos inconscientes e o "salão" onde reside a consciência, vela um guardião mais ou menos vigilante e perspicaz, o censor (3a). Quando a noção de superego se delineia, Freud relaciona-a com aquilo que tinha descrito inicialmente como censura: "[...] esta instância de auto-observação é nossa conhecida, é o censor do ego, a consciência moral; é exatamente a que à noite exerce a censura dos sonhos, é dela que partem os recalques de desejos inadmissíveis" (3b).

A seguir, na obra de Freud, as funções da censura, especialmente a deformação do sonho, estão relacionadas ao ego*, embora a questão não seja explicitamente colocada (4).

Convém notar que, todas as vezes que o termo é utilizado, a sua acepção literal está sempre presente: no meio de um discurso articulado, supressão, que se revela por "espaços em branco" ou alterações, de passagens consideradas inaceitáveis.

(1) FREUD (S.), *Aus den Anfängen der Psychoanalyse*, 1887-1902. Al., 255; Ing., 240; Fr., 213.

(2) FREUD (S.), *Das Unbewusste*, 1915. – *a)* Cf. GW, X, 290-1; SE, XIV, 192, Fr., 139. – *b)* GW, X, 292; SE, XIV, 193; Fr., 141.

(3) FREUD (S.), *Vorlesungen zur Einführung in die Psychoanalyse*, 1916-17. – *a)* GW, XI, 305-6; SE, XVI, 295-6; Fr., 319-20. – *b)* GW, XI, 444; SE, XVI, 429; Fr., 458-9.

(4) Cf. FREUD (S.), *Abriss der Psychoanalyse*, 1938. GW, XVII, cap. IV; SE, XXIII, cap. IV; Fr., cap. IV.

CLIVAGEM DO EGO (ou DO EU)

= *D.*: Ichspaltung. – *F.*: clivage du moi. – *En.*: splitting of the ego. – *Es.*: escisión del yo. – *I.*: scissione dell'io.

● *Expressão usada por Freud para designar o fenômeno muito particular – que ele vê operar sobretudo no fetichismo e nas psicoses – da coexistência, no seio do ego, de duas atitudes psíquicas para com a realidade exterior quando esta contraria uma exigência pulsional. Uma leva em conta a realidade, a outra nega a realidade em causa e coloca em seu lugar uma produção do desejo. Essas duas atitudes persistem lado a lado sem se influenciarem reciprocamente.*

■ I – O termo *Spaltung*, para o qual adotamos o equivalente "clivagem", tem acepções muito antigas e variadas em psicanálise e em psiquiatria; foi usado por numerosos autores, inclusive por Freud, para designar o fato de o homem, sob um ou outro aspecto, dividir-se de si mesmo. No fim do século XIX, os trabalhos psicopatológicos, principalmente sobre a histeria e a hipnose, são impregnados de noções como as de "desdobramento da personalidade", "dupla consciência", "dissociação dos fenômenos psicológicos" etc.

Em Breuer e Freud, as expressões "clivagem da consciência" (*Bewusstseinsspaltung*), "clivagem do conteúdo de consciência", "clivagem psíquica"

CLIVAGEM DO EGO (ou DO EU)

etc. exprimem as mesmas realidades: a partir dos estados de desdobramento alternante da personalidade ou da consciência, tais como são revelados pela clínica de certos casos de histeria ou provocados pela hipnose, Janet, Breuer e Freud passaram à ideia de uma coexistência no seio do psiquismo de dois grupos de fenômenos, e mesmo de duas personalidades que se podem ignorar mutuamente. "Depois dos belos trabalhos de P. Janet, J. Breuer e outros, já pudemos reconhecer de uma maneira geral que o complexo sintomático da histeria justifica a hipótese de uma clivagem da consciência com formação de grupos psíquicos separados. As opiniões sobre a origem dessa clivagem de consciência e o papel que esta característica desempenha no conjunto da neurose histérica não são tão claras" (1). É precisamente sobre essa divergência de apreciação que se constitui a noção freudiana do inconsciente como separado do campo da consciência por ação do recalque, concepção que se opõe aos pontos de vista de Janet sobre a "fraqueza da síntese psicológica" e se diferencia rapidamente das noções breuerianas de "estado hipnoide"* e "histeria hipnoide"*.

Para Freud, a clivagem é resultado do conflito; embora tenha para ele valor descritivo, a noção não contém em si mesma qualquer valor explicativo. Pelo contrário, ela suscita a questão de saber por que e como o sujeito consciente se separou assim de uma parte das suas representações.

Quando Freud traça a história dos anos em que se deu a descoberta do inconsciente, não deixa de utilizar o termo *Spaltung* e termos próximos que designam esse mesmo dado fundamental: a divisão intrapsíquica. Mas, na própria elaboração da sua obra, só episodicamente, e sem fazer dele um utensílio conceitual, utiliza o termo *Spaltung*, especialmente para designar o fato de o aparelho psíquico ser separado em sistemas (inconsciente e pré-consciente-consciente), em instâncias (id, ego e superego), ou ainda o desdobramento do ego em uma parte que observa e uma parte que é observada.

★

Por outro lado, sabe-se que Bleuler utilizou o termo *Spaltung* para designar o sintoma fundamental, segundo ele, do grupo de afecções a que chamou esquizofrenia* (α). Para este autor, *Spaltung* faz mais do que exprimir um dado da observação: implica uma certa hipótese sobre o funcionamento mental (*ver*: esquizofrenia).

Sob esse aspecto, a analogia apresentada pelo tipo de explicação proposta por Bleuler para traduzir a *Spaltung* esquizofrênica e o de Janet não pode deixar de impressionar. Concebe a clivagem do psiquismo em grupos associativos distintos como um agrupamento secundário no seio de um mundo psíquico desagregado em virtude de uma fraqueza associativa primária.

Freud não adota a hipótese de Bleuler, critica o termo "esquizofrenia" nela referido, e quando, no fim da sua vida, retoma a noção de clivagem, é numa perspectiva completamente diferente.

II – A noção de clivagem do ego é definida por Freud principalmente nos artigos *Fetichismo* (*Fetischismus*, 1927), *A divisão do ego no processo de* *defesa* (*Die Ichspaltung im Abwehrvorgang*, 1938) e em *Esboço de psicanálise* (*Abriss der Psychoanalyse*, 1938), no quadro de uma reflexão sobre as psicoses e o fetichismo. Segundo Freud, essas afecções põem em causa principalmente as relações entre o ego e a "realidade". É a partir delas que Freud define de maneira cada vez mais afirmativa a existência de um mecanismo específico, a recusa* (*Verleugnung*), cujo protótipo é a recusa da castração.

Ora, a recusa por si só não traduz o que a clínica observa nas psicoses e no fetichismo. Com efeito, nota Freud, "o problema da psicose seria simples e claro se o ego pudesse desligar-se totalmente da realidade, mas isso acontece raramente, talvez nunca" (*2a*). Em toda psicose, mesmo na mais profunda, pode-se constatar a existência de duas atitudes psíquicas: "[...] uma que leva em conta a realidade, a atitude normal, a outra que, sob a influência das pulsões, desliga o ego da realidade" (*2b*). É esta segunda atitude que se traduz na produção de uma nova realidade delirante. No fetichismo, a coexistência de duas atitudes contraditórias no seio do ego é constatada por Freud em relação à "realidade" da castração: "Por um lado [os fetichistas] recusam o fato da sua percepção, que lhes mostrou a falta de pênis no órgão genital feminino"; essa recusa traduz-se na criação do fetiche, substituto do pênis da mulher; mas, "[...] por outro lado, reconhecem a falta de pênis na mulher, da qual tiram as consequências corretas. Estas duas atitudes persistem lado a lado ao longo de toda a vida sem se influenciarem mutuamente. É a isso que se pode chamar uma clivagem do ego" (*2c*).

Essa clivagem, como se vê, não é propriamente uma defesa do ego, mas uma maneira de fazer coexistir dois processos de defesa, um voltado para a realidade (recusa), outro para a pulsão, este podendo redundar, aliás, na formação de sintomas neuróticos (sintoma fóbico, por exemplo).

Freud, ao introduzir a expressão "clivagem do ego", chegou a indagar se aquilo que estava assim introduzindo era "[...] há muito conhecido e evidente ou totalmente novo e surpreendente" (3). Com efeito, a existência no seio de um mesmo sujeito de "[...] duas atitudes psíquicas diferentes, opostas e independentes uma da outra" (*2d*) está na própria base da teoria psicanalítica da pessoa. Mas, ao descrever uma clivagem *do ego* (intrassistêmica), e não uma clivagem *entre instâncias* (entre o ego e o id), Freud quer pôr em evidência um processo novo em relação ao modelo do recalque e do retorno do recalcado. Com efeito, uma das particularidades desse processo é não levar à formação de um compromisso entre as duas atitudes em presença, mas mantê-las simultaneamente sem que entre elas se estabeleça relação dialética.

Não deixa de ser interessante notar que foi no campo da psicose (justamente aquele em que Bleuler, numa concepção teórica diferente, fala também de *Spaltung*) que Freud sentiu a necessidade de forjar uma determinada concepção da clivagem do ego. Pareceu-nos útil salientá-la aqui, embora tenha sido pouco aproveitada pelos psicanalistas; ela tem o mérito de enfatizar um fenômeno típico, embora não lhe traga uma solução teórica plenamente satisfatória.

▲ (α) Para designar a *Spaltung* esquizofrênica, os psiquiatras franceses adotam geralmente o termo *dissociation* (dissociação). [Também no Brasil, em psiquiatria, o termo dissociação é empregado nesse sentido.]

(1) FREUD (S.), *Die Abwehr-Neuropsychosen*, 1984. GW, I, 60; SE, 45-6.
(2) FREUD (S.), *Abriss der Psychoanalyse*, 1938. – *a)* GW, XVII, 132; SE, XXIII, 201; Fr., 77. – *b)* GW, XVII, 133; SE, XXIII, 202; Fr., 78. – *c)* GW, XVII, 134; SE, XXIII, 203; Fr., 79. – *d)* GW, XVII, 134; SE, XXIII, 204; Fr., 80.
(3) FREUD (S.), *Die Ichspaltung im Abwehrvorgang*, 1938. GW, XVII, 59; SE, XVIII, 275.

CLIVAGEM DO OBJETO

= *D.*: Objektspaltung. – *F.*: clivage de l'objet. – *En.*: splitting of the object. – *Es.*: escisión del objeto. – *I.*: scissione dell'oggetto.

● *Mecanismo descrito por Melanie Klein e por ela considerado como a defesa mais primitiva contra a angústia. O objeto, visado pelas pulsões eróticas e destrutivas, cinde-se em um "bom" e um "mau" objeto, que terão, então, destinos relativamente independentes no jogo das introjeções e das projeções. A clivagem do objeto é particularmente atuante na posição paranoide-esquizoide, incidindo sobre objetos parciais. Aparece também na posição depressiva, incidindo então sobre o objeto total. A clivagem dos objetos é acompanhada de uma clivagem correlativa do ego em "bom" e "mau" ego, pois o ego é, para a escola kleiniana, constituído essencialmente pela introjeção dos objetos.*

■ Sobre o termo "clivagem", ver o comentário do artigo *clivagem do ego*. As concepções de Melanie Klein invocam certas indicações de Freud sobre as origens da relação sujeito-objeto (*ver*: objeto; ego-prazer – ego-realidade). Sobre a contribuição kleiniana a este tema, remetemos o leitor para os artigos: "bom" objeto, "mau" objeto; posição paranoide; posição depressiva.

CLOACAL (TEORIA –)

= *D.*: Kloakentheorie. – *F.*: théorie cloacale. – *En.*: cloacal (*ou* cloaca) theory. – *Es.*: teoría cloacal. – *I.*: teoria cloacale.

● *Teoria sexual da criança que desconhece a distinção entre a vagina e o ânus. A mulher possuiria apenas uma cavidade e um orifício, confundido com o ânus, pelo qual nasceriam as crianças e se praticaria o coito.*

■ Foi no seu artigo *Sobre as teorias sexuais das crianças* (*Über infantile Sexualtheorien*, 1908) que Freud descreveu como teoria típica da criança aquilo a que chamou teoria cloacal, ligada para ele ao desconhecimento da vagina pelas crianças dos dois sexos. Esse desconhecimento acarreta a convicção de que "[...] o bebê tem de ser evacuado como um excremento, como as fezes [...]. A teoria cloacal, que, afinal de contas, se verifica em *tantos* animais, é a única que pode impor-se à criança como verossímil" (1).

A ideia de que existe só um orifício implica igualmente uma representação "cloacal" do coito (2).

Essa "teoria", segundo Freud, surge muito cedo. Note-se que corresponde a certos dados destacados pela psicanálise, particularmente na evolução da sexualidade feminina: "A franca separação que será exigida entre as funções anal e genital contradiz as estreitas relações e analogias que entre elas existem, quer anatomicamente, quer funcionalmente. O aparelho genital continua a ser próximo da cloaca; [...] na 'mulher ele não passa de uma dependência desta'" (3, α). Para Freud, é a partir dessa espécie de indiferenciação que "[...] a vagina, derivada da cloaca, deve ser erigida em zona erógena dominante" (4).

▲ (α) As últimas palavras entre aspas são tiradas do artigo de Lou Andreas-Salomé *"Anal" e "Sexual"* (*"Anal" und "Sexual"*, 1916).

(1) FREUD (S.), GW, VII, 181; SE, IX, 219.
(2) FREUD (S.), *Aus der Geschichte einer infantilen Neurose*, 1918. GW, XII, 111; SE, XVII, 79; Fr., 384-5.
(3) FREUD (S.), *Drei Abhandlungen zur Sexualtheorie*, 1905. GW, V, 88, n.; SE, VII, 187, n.; Fr., 180, n. 54.
(4) FREUD (S.), *Die Disposition zur Zwangsneurose*, 1913. GW, VIII, 452; SE, XII, 325-6; Fr., in RFP, 1929, III, 3, 447.

COMPLACÊNCIA SOMÁTICA

= *D.*: somatisches Entgegenkommen. – *F.*: complaisance somatique. – *En.*: somatic compliance. – *Es.*: complacencia somática. – *I.*: compiacenza somatica.

• *Expressão introduzida por Freud para referir a "escolha da neurose" histérica e a escolha do órgão ou do aparelho corporal sobre o qual se dá a conversão*. O corpo – especialmente nos histéricos – ou determinado órgão em particular forneceria um material privilegiado à expressão simbólica do conflito inconsciente.*

■ Freud fala pela primeira vez de complacência somática a propósito do *Caso Dora*; segundo ele, não se trata de escolher entre uma origem psíquica ou somática da histeria: "Um sintoma histérico exige uma contribuição dos dois lados; não se pode produzir sem uma certa *complacência somática* que é fornecida por um processo normal ou patológico em um órgão do corpo ou relativo a um órgão do corpo" (1*a*). É essa complacência somática que "[...] dá aos processos psíquicos inconscientes uma saída no âmbito do corpo" (1*b*); por isso é um fator determinante na "escolha da neurose"*.

Embora seja verdade que a noção de complacência somática transcende amplamente o campo da histeria e leva a colocar a questão, em sua generalidade, do poder expressivo do corpo e da sua aptidão especial para significar o recalcado, não se deve confundir de início os diferentes registros em que a questão está presente. Veja-se, por exemplo:

1. Uma doença somática pode servir de ponto de apelo para a expressão do conflito inconsciente; é assim que Freud vê numa afecção reumática

de uma das suas pacientes "[...] a doença orgânica, protótipo da sua reprodução histérica ulterior" (2).

2. O investimento libidinal de uma zona erógena pode deslocar-se, no decorrer da história sexual do sujeito, para uma região ou aparelho corporais não predispostos pela sua função a serem erógenos (*ver*: zona erógena), o que só os torna mais aptos a significarem, sob uma forma disfarçada, um desejo na medida em que é recalcado.

3. Na medida em que a expressão "complacência somática" pretende explicar não mais apenas a escolha de determinado órgão do corpo, mas a escolha do próprio corpo como meio de expressão, somos naturalmente levados a tomar em consideração as vicissitudes do investimento narcísico do próprio corpo.

(1) Freud (S.), *Bruchstück einer Hysterie-Analyse*, 1905. – *a)* GW, V, 200; SE, VII, 40; Fr., 28. – *b)* GW, V, 201; SE, VII, 41; Fr., 29.
(2) Freud (S.), *Studien über Hysterie*, 1895. GW, I, 211; SE, II, 147; Fr., 116.

COMPLEXO

= *D.*: Komplex. – *F.*: complexe. – *En.*: complex. – *Es.*: complejo. – *I.*: complesso.

• *Conjunto organizado de representações e recordações de forte valor afetivo, parcial ou totalmente inconscientes. Um complexo constitui-se a partir das relações interpessoais da história infantil; pode estruturar todos os níveis psicológicos: emoções, atitudes, comportamentos adaptados.*

■ O termo "complexo" encontrou grande aceitação na linguagem comum ("ter complexos" etc.). Inversamente, foi conhecendo o progressivo desinteresse dos psicanalistas, com exceção das expressões complexo de Édipo* e complexo de castração*.

A maior parte dos autores, inclusive Freud, escreve que a psicanálise deve o termo "complexo" à escola psicanalítica de Zurique (Bleuler, Jung). O fato é que o encontramos logo nos *Estudos sobre a histeria* (*Studien über Hysterie*, 1895), por exemplo, quando Breuer expõe as opiniões de Janet sobre a histeria (α) ou quando invoca a existência de representações "[...] atuais, atuantes e todavia inconscientes": "Quase sempre se trata de complexos de representações, de agrupamentos de ideias, de recordações referentes a acontecimentos exteriores ou aos encadeamentos de pensamentos do próprio sujeito. As representações isoladas contidas nesses complexos de representações voltam todas, por vezes conscientemente, ao pensamento. Só essa combinação bem determinada é banida da consciência" (1*a*).

As "experiências de associação" de Jung (2) iriam fornecer à hipótese do complexo, formulada a propósito dos casos de histeria, uma base simultaneamente experimental e mais ampla. No primeiro comentário a respeito, Freud escreve: "[...] a reação à palavra indutora não pode ser um produto do acaso, é antes forçosamente determinada, naquele que reage, por um conteúdo preexistente de representações. Acostumamo-nos a chamar 'complexo' a um conteúdo de representação capaz assim de influenciar a reação à palavra indutora. Essa influência manifesta-se ou porque a palavra indutora aflora diretamente o complexo, ou porque este consegue, através de intermediários, relacionar-se com a palavra indutora" (3).

Embora reconheça o interesse das experiências de associação, desde cedo Freud apresenta reservas ao uso do termo "complexo". É "[...] uma palavra cômoda e muitas vezes indispensável para agrupar de forma descritiva fatos psicológicos. Nenhum outro termo instituído pela psicanálise para as suas necessidades adquiriu tanta popularidade nem foi mais mal aplicado em detrimento da construção de conceitos mais exatos" (4). Encontra-se o mesmo julgamento numa carta a E. Jones: o complexo não é uma noção teórica satisfatória (5*a*); existe uma mitologia junguiana dos complexos (carta a S. Ferenczi) (5*b*).

Assim, segundo Freud, o termo "complexo" poderia ser útil numa demonstração ou descrição para pôr em evidência, a partir de elementos aparentemente distintos e contingentes, "[...] certos círculos de pensamento e de interesse dotados de poder afetivo" (6); mas não possuiria valor teórico. O fato é que Freud o utiliza muito pouco, ao contrário de numerosos autores que invocam a psicanálise (β).

Podemos encontrar diversos motivos para essa reserva de Freud. Repugnava-lhe uma certa tipificação psicológica (por exemplo, o complexo de fracasso), que implica o risco de dissimular a singularidade dos casos e, ao mesmo tempo, apresentar como explicação aquilo que constitui o problema. Por outro lado, a noção de complexo tende a confundir-se com a de um núcleo puramente patológico que conviria eliminar (γ); assim se perderia de vista a função estruturante dos complexos em determinados momentos do desenvolvimento humano, e particularmente do Édipo.

★

O emprego ainda confuso do termo "complexo" poderia ser simplificado distinguindo-se três sentidos:

1. O sentido original, que designa um dispositivo relativamente fixo de cadeias associativas (*ver*: associação). A esse nível, o complexo é o pressuposto que justifica a forma singular como derivam as associações.

2. Um sentido mais geral, que designa um conjunto mais ou menos organizado de traços pessoais – incluindo os mais bem integrados –, acentuando-se sobretudo as reações afetivas. A esse nível, reconhece-se a existência do complexo principalmente no fato de as situações novas serem inconscientemente reconduzidas a situações infantis; o comportamento surge então modelado por uma estrutura latente inalterada. Mas essa acepção corre o risco de acarretar uma generalização abusiva: surge, com efeito, a tentação de criar tantos complexos quantos forem os tipos psicológicos

que se imaginem, ou mais. Na nossa opinião, esse desvio "psicologizante" teria suscitado as reservas e depois o desinteresse de Freud pelo termo "complexo".

3. Um sentido mais restrito, que se encontra na expressão – sempre conservada por Freud – complexo de Édipo, e que designa uma estrutura fundamental das relações interpessoais e o modo como a pessoa nela encontra o seu lugar e se apropria dele (ver: complexo de Édipo).

Expressões que pertencem à linguagem de Freud, como "complexo de castração"*, "complexo paterno"* (*Vaterkomplex*) ou ainda outras que encontramos mais raramente, como "complexo materno", "complexo fraterno", "complexo parental", situam-se nesse registro. Note-se que a aparente diversidade dos termos "paterno", "materno" etc. remete em cada caso para dimensões da estrutura edipiana, quer essa dimensão seja particularmente dominante em determinado sujeito, quer Freud pretenda dar um relevo especial a determinado momento da sua análise. É assim que, sob o nome de complexo paterno, ele acentua a relação ambivalente com o pai. O complexo de castração, embora o seu tema possa ser relativamente isolado, inscreve-se inteiramente na dialética do complexo de Édipo.

▲ (α) A propósito do estreitamento do campo da consciência: "As impressões sensoriais não percebidas, e as representações que, embora se tenham apresentado, não penetraram no consciente extinguem-se geralmente sem produzir efeitos. Às vezes, porém, agregam-se para formar complexos [...]" (1*b*).

(β) No *Dictionnaire de psychanalyse et psychotechnique*, publicado sob a direção de Maryse Choisy na revista *Psyche*, são descritos cerca de cinquenta complexos. Escreve um dos autores: "Tentamos dar uma nomenclatura tão completa quanto possível dos complexos conhecidos até agora. Mas todos os dias se descobrem mais".

(γ) *Cf.* carta a Ferenczi já citada: "Um homem não deve lutar para eliminar os seus complexos, mas para se harmonizar com eles: são eles que legitimamente dirigem o seu comportamento no mundo" (5*c*).

(1) BREUER (J.), *Theoretisches*, in *Studien über Hysterie*, 1895. – *a*) Al., 187, n. 1; SE, II, 214-5, n. 2; Fr., 171, n. 1. – *b*) Al., 202; SE, XI, 231; Fr., 186.
(2) *Cf.* JUNG (C.G.), *Diagnostische Assoziationsstudien*, J. A. Barth, Leipzig, 1906.
(3) FREUD (S.), *Tatbestandsdiagnostik und Psychoanalyse*, 1906. GW, VII, 4; SE, IX, 104; Fr., 44-5.
(4) FREUD (S.), *Zur Geschichte der psychoanalytischen Bewegung*, 1914. GW, X, 68-9; SE, XIV, 29-30; Fr., 286.
(5) *Cf.* JONES (E.), *Sigmund Freud, Life and Work*, 1955. – *a*) Ing., II, 496; Fr., 470. – *b*) Ing., II, 188; Fr., 177. – *c*) Ing., II, 188; Fr., 177.
(6) FREUD (S.), *Vorlesungen zur Einführung in die Psychoanalyse*, 1916-17. GW, XI, 106-7; SE, XV, 109; Fr., 122-3.

COMPLEXO DE CASTRAÇÃO

= *D.*: Kastrationskomplex. – *F.*: complexe de castration. – *En.*: castration complex. – *Es.*: complejo de castración. – *I.*: complesso di castrazione.

COMPLEXO DE CASTRAÇÃO

- *Complexo centrado na fantasia de castração, que proporciona uma resposta ao enigma que a diferença anatômica dos sexos (presença ou ausência de pênis) coloca para a criança. Essa diferença é atribuída à amputação do pênis na menina.*

  A estrutura e os efeitos do complexo de castração são diferentes no menino e na menina. O menino teme a castração como realização de uma ameaça paterna em resposta às suas atividades sexuais, surgindo disso uma intensa angústia de castração. Na menina, a ausência do pênis é sentida como um dano sofrido que ela procura negar, compensar ou reparar.

  O complexo de castração está em estreita relação com o complexo de Édipo e, mais especialmente, com a função interditória e normativa.

- A análise do pequeno Hans foi determinante na descoberta do complexo de castração por Freud (α).

  O complexo de castração foi descrito pela primeira vez em 1908, com referência à "teoria sexual infantil" que, atribuindo um pênis a todos os seres humanos, só pode explicar a diferença anatômica dos sexos pela castração. A universalidade do complexo não é referida, mas parece implicitamente admitida. O complexo de castração é relacionado com o primado do pênis nos dois sexos, e a sua significação narcísica é prefigurada: "Já na infância o pênis é a zona erógena diretriz, o mais importante objeto autoerótico, e a sua valorização reflete-se logicamente na impossibilidade de se representar uma pessoa semelhante ao ego sem essa parte constituinte essencial" (1).

  A partir desse momento, a fantasia de castração é encontrada sob diversos símbolos: o objeto ameaçado pode ser deslocado (cegueira de Édipo, arrancar dos dentes etc.), o ato pode ser deformado, substituído por outros danos à integridade corporal (acidente, sífilis, operação cirúrgica), e mesmo à integridade psíquica (loucura como consequência da masturbação), o agente paterno pode encontrar os substitutos mais diversos (animais de angústia dos fóbicos). O complexo de castração é igualmente reconhecido em toda a extensão dos seus efeitos clínicos: inveja do pênis*, tabu da virgindade, sentimento de inferioridade* etc.; as suas modalidades são descobertas no conjunto das estruturas psicopatológicas, em particular nas perversões (homossexualidade, fetichismo) (β). Mas só bem mais tarde se atribuirá ao complexo de castração o seu lugar fundamental na evolução da sexualidade infantil dos dois sexos, a sua articulação com o complexo de Édipo será nitidamente formulada, e a sua universalidade, plenamente afirmada. Essa teorização é correlativa à identificação por Freud de uma fase fálica*: nessa "fase da organização genital infantil existe um *masculino*, mas não existe feminino; a alternativa é: *órgão genital macho* ou *castrado*" (2). A unidade do complexo de castração nos dois sexos só pode ser concebida com esta base comum: o objeto da castração – o falo – reveste-se nessa fase de uma importância igual para a menina e o menino;

a questão colocada é a mesma: ter ou não ter falo (*ver este termo*). O complexo de castração é encontrado invariavelmente em qualquer análise (3*a*).

Uma segunda característica teórica do complexo de castração é o seu ponto de impacto no *narcisismo*: o falo é considerado pela criança uma parte essencial da imagem do ego; a ameaça a ele põe em perigo, de forma radical, essa imagem; ela tira a sua eficácia da conjunção entre esses dois elementos: predominância do falo, ferida narcísica.

Dois dados factuais desempenham um papel na gênese empírica do complexo de castração tal como Freud a descreveu: a *verificação* pela criança da diferença anatômica dos sexos é indispensável para o aparecimento do complexo. Ela vem atualizar e autenticar uma *ameaça* de castração que pode ter sido real ou fantasística. O agente da castração é, para o menino, o pai, autoridade a que atribui em última análise todas as ameaças formuladas por outras pessoas. A situação não é tão nítida na menina, que se sente, talvez, mais privada de pênis pela mãe do que efetivamente castrada pelo pai.

Em relação ao complexo de Édipo, o complexo de castração situa-se diferentemente nos dois sexos. Abre para a menina a busca que a leva a desejar o pênis paterno; constitui, pois, o momento de entrada no Édipo. No menino, marca, pelo contrário, a crise terminal do Édipo, vindo interditar à criança o objeto materno; a angústia de castração inaugura para ele o período de latência* e precipita a formação do superego* (4).

★

O complexo de castração é constantemente encontrado na experiência analítica. Como explicar a sua presença quase invariável em todos os seres humanos, uma vez que as ameaças reais a que deveria a sua origem estão longe de ser sempre encontradas (e ainda mais raramente seguidas de execução!), uma vez que é mais do que evidente que a menina não poderia sentir-se ameaçada efetivamente de ser privada daquilo que não tem? Tal discrepância não deixou de levar os psicanalistas a procurarem basear o complexo de castração numa realidade diferente da ameaça de castração. Entre essas elaborações teóricas, poderiam ser reconhecidas diversas direções.

Pode-se procurar situar a angústia de castração numa série de experiências traumatizantes em que intervêm igualmente um elemento de perda, de separação de um objeto: perda do seio no ritmo da amamentação, o desmame, a defecação. Essa série é confirmada pelas equivalências simbólicas, identificadas pela psicanálise, entre os diversos objetos parciais* de que o sujeito é assim separado: pênis, seio, fezes e mesmo a criança durante o parto. Freud, em 1917, consagrava um texto particularmente sugestivo à equivalência pênis = fezes = criança, às metamorfoses do desejo que ela permite, às suas relações com o complexo de castração e com a reivindicação narcísica: "O pênis é reconhecido como algo de destacável do corpo e entra em analogia com as fezes, que foram o primeiro pedaço do ser corporal a que se teve de renunciar" (5).

COMPLEXO DE CASTRAÇÃO

Na mesma linha de investigação, A. Stärcke foi o primeiro a pôr toda a ênfase na experiência da amamentação e da retirada do seio como protótipo da castração: "[...] uma parte do corpo análoga a um pênis é tomada de outra pessoa, é dada à criança como sendo dela (situação a que são associadas sensações de prazer), e depois é retirada à criança causando-lhe desprazer" (6a). Essa *castração primária* reefetuada a cada mamada, culminando no desmame, seria a única experiência real capaz de traduzir a universalidade do complexo de castração: a retirada do mamilo da mãe seria a significação inconsciente última, sempre encontrada por trás dos pensamentos, dos temores, dos desejos que constituem o complexo de castração.

No caminho que procura basear o complexo de castração numa experiência originária efetivamente vivida, a tese de Rank, segundo a qual a separação da mãe no traumatismo do nascimento e as reações físicas a essa separação forneceriam o protótipo de toda a angústia ulterior, leva a considerar a angústia de castração como o eco, através de uma longa série de experiências traumatizantes, da angústia do nascimento.

A posição de Freud tem nuances em relação a essas diversas concepções. Mesmo quando reconhece a existência de "raízes" do complexo de castração nas experiências de separação oral e anal, afirma que a expressão *complexo de castração* "[...] deveria ser reservada para as excitações e para os efeitos relacionados com a perda do *pênis*" (3b). Podemos pensar que não se trata aqui de uma simples preocupação de rigor terminológico. No decorrer da longa discussão das teses de Rank em *Inibição, sintoma e angústia* (*Hemmung, Symptom und Angst*, 1926), Freud marca bem todo o seu interesse por uma tentativa que pretende procurar cada vez mais perto das origens o fundamento da angústia de castração e descobrir em ação a categoria de separação, de perda do objeto narcisicamente valorizado, bem no início da primeira infância e também em experiências vividas muito diversas (angústia moral interpretada como uma angústia de separação em relação ao superego, por exemplo). Mas, por outro lado, a preocupação de Freud de se desvincular da tese de Rank é sensível em cada página de *Inibição, sintoma e angústia*, bem como a sua insistência em recentrar, nessa obra de síntese, o conjunto da clínica psicanalítica sobre o complexo de castração tomado na sua acepção literal.

Mais profundamente, as reticências de Freud a embrenhar-se a fundo por tais caminhos têm a sua razão de ser numa exigência teórica fundamental atestada por diversas noções. É o caso, por exemplo, da noção de *a posteriori**: ela corrige a tese que leva a procurar sempre mais atrás uma experiência que possa desempenhar plenamente a função de experiência de protótipo. É sobretudo o caso da categoria das fantasias originárias*, em que Freud situa o ato de castração; as duas palavras têm aqui um valor de indicadores: "fantasia", porque, para produzir os seus efeitos, a castração não precisa ser efetuada nem sequer precisa ser objeto de uma formulação explícita por parte dos pais; "originária" – embora a angústia, aparecendo apenas na fase fálica, esteja longe de ser a primeira na série de experiências ansiógenas –, na medida em que a castração é uma das faces do complexo das relações interpessoais em que se origina, estrutura-se e especifica-se o desejo sexual do ser humano. É que o papel atribuído ao complexo de castração pela psicanálise só se compreende relacionado com a tese fundamental – constante e progressivamente afirmada por Freud – do caráter nuclear e estruturante do Édipo.

Limitando-nos ao caso do menino, poderíamos exprimir igualmente o paradoxo da teoria freudiana do complexo de castração: a criança só pode superar o Édipo e alcançar a identificação paternal se atravessar a idade da castração, isto é, se vir que lhe é recusada a utilização do seu pênis como instrumento do seu desejo pela mãe. O complexo de castração deve ser referido à ordem cultural em que o direito a um determinado uso é sempre correlativo de uma interdição. Na "ameaça de castração" que sela a proibição do incesto vem encarnar-se a função da Lei enquanto institui a ordem humana, como, de forma mítica, ilustra em *Totem e tabu* (*Totem und Tabu*, 1912) a "teoria" do pai originário, que reserva para si, sob a ameaça de castrar os filhos, o uso sexual exclusivo das mulheres da horda.

Precisamente por ser a condição *a priori* que regula a troca inter-humana enquanto troca de objetos sexuais é que o complexo de castração pode apresentar-se na experiência concreta sob diversas facetas, ser reconduzido a formulações simultaneamente diferentes e complementares, como as que Stärcke indica e em que se combinam os termos sujeito e outrem, perder e receber:

"1. Eu sou castrado (sexualmente privado de), eu serei castrado.
"2. Eu receberei (desejo receber) um pênis.
"3. Outra pessoa é castrada, deve ser (será) castrada.
"4. Outra pessoa receberá um pênis (tem um pênis)." (6*b*)

▲ (α) Em *A interpretação de sonhos* (*Die Traumdeutung*, 1900), todas as passagens relativas à castração, se excetuarmos uma alusão, aliás errada, a Zeus castrando Cronos, são acrescentadas em 1911 ou nas edições posteriores.

(β) Nesta perspectiva, poderíamos conceber uma nosografia psicanalítica que tomasse como um dos seus eixos principais de referência as modalidades e avatares do complexo de castração, como o atestam as indicações fornecidas por Freud, no fim da sua obra, sobre as neuroses (7), o fetichismo e as psicoses (*ver*: recusa).

(1) FREUD (S.), *Über infantile Sexualtheorien*, 1908. GW, VII, 178; SE, IX, 215-6.
(2) FREUD (S.), *Die infantile Genitalorganisation*, 1923. GW, XIII, 297; SE, XIX, 145.
(3) FREUD (S.), *Analyse der Phobie eines fünfjährigen Knaben*, 1909. – *a*) *Cf* GW, VII, 246, n. 1 acrescentada em 1923; SE, X, 8, n. 2; Fr., 95-6, n. – *b*) GW, VII, 246, n. 1 acrescentada em 1923; SE, X, 8, n. 2; Fr., 95-6, n.
(4) *Cf.* FREUD (S.), *Der Untergang des Ödipuskomplexes*, 1924. GW, XIII, 395; SE, XIX, 173; Fr., 394 ss.
(5) FREUD (S.), *Über Triebumsetzungen insbesondere der Analerotik*, 1917. GW, X, 409; SE, VII, 133.
(6) STÄRCKE (A.), The Castration Complex, in *IJP*, 1921, II. – *a*) 182. – *b*) 180.
(7) *Cf.* FREUD (S.), *Hemmung, Symptom und Angst*, 1926. GW, XIV, 129-39; SE, XX, 101-10; Fr., 19-29.

COMPLEXO DE ÉDIPO

= *D.*: Ödipuskomplex. – *F.*: complexe d'Œdipe. – *En.*: Œdipus complex. – *Es.*: complejo de Edipo. – *I.*: complesso di Edipo.

• *Conjunto organizado de desejos amorosos e hostis que a criança sente em relação aos pais. Sob a sua forma dita positiva, o complexo apresenta-se como na história de Édipo Rei: desejo da morte do rival que é a personagem do mesmo sexo e desejo sexual pela personagem do sexo oposto. Sob a sua forma negativa, apresenta-se de modo inverso: amor pelo progenitor do mesmo sexo e ódio ciumento ao progenitor do sexo oposto. Na realidade, essas duas formas encontram-se em graus diversos na chamada forma completa do complexo de Édipo.*

Segundo Freud, o apogeu do complexo de Édipo é vivido entre os três e os cinco anos, durante a fase fálica; o seu declínio marca a entrada no período de latência. É revivido na puberdade, e é superado com maior ou menor êxito num tipo especial de escolha de objeto.

O complexo de Édipo desempenha papel fundamental na estruturação da personalidade e na orientação do desejo humano.

Para os psicanalistas, ele é o principal eixo de referência da psicopatologia; para cada tipo patológico, eles procuram determinar as formas particulares da sua posição e da sua solução.

A antropologia psicanalítica procura encontrar a estrutura triangular do complexo de Édipo, afirmando a sua universalidade nas culturas mais diversas, e não apenas naquelas em que predomina a família conjugal.

▪ A expressão "complexo de Édipo" só aparece nos escritos de Freud em 1910 (1), mas em termos que provam que era já admitida na linguagem psicanalítica (α). A descoberta do complexo de Édipo, preparada há muito pela análise dos seus pacientes (*ver*: sedução), concretiza-se para Freud no decorrer da sua autoanálise, que o leva a reconhecer em si o amor pela mãe e, em relação ao pai, um ciúme em conflito com a afeição que lhe dedica; a 15 de outubro de 1897, escreve a Fliess: "[...] o poder de dominação de Édipo-Rei torna-se inteligível [...]. O mito grego salienta uma compulsão que todos reconhecem por terem percebido em si mesmos marcas da sua existência" (2*a*).

Notemos que, já nessa primeira formulação, Freud faz espontaneamente referência a um mito além da história e das variações da vivência habitual. Afirma imediatamente a universalidade do Édipo, tese que ainda irá reforçar-se mais tarde: "A todo ser humano é imposta a tarefa de dominar o complexo de Édipo [...]" (3).

Não pretendemos descrever na sua evolução e complexidade a elaboração progressiva dessa descoberta, cuja história é paralela à da psicanálise; note-se, aliás, que Freud nunca apresentou uma exposição sistemática do complexo de Édipo. Vamos limitar-nos a indicar certas questões referentes ao seu lugar na evolução do indivíduo, às suas funções e ao seu alcance.

COMPLEXO DE ÉDIPO

I – O complexo de Édipo foi descoberto sob a sua forma chamada simples e positiva (aliás, é assim que ele aparece no mito), mas, como Freud notou, trata-se apenas de uma "simplificação ou esquematização" relativamente à complexidade da experiência: "[...] o menino não tem apenas uma atitude ambivalente e uma escolha objetal terna dirigida à mãe; ao mesmo tempo ele também se comporta como uma menina mostrando uma atitude feminina terna em relação ao pai e a atitude correspondente de hostilidade ciumenta em relação à mãe" (4). Na realidade, entre a forma positiva e a forma negativa, verifica-se toda uma série de casos mistos em que essas duas formas coexistem numa relação dialética, e em que o analista procura determinar as diferentes posições adotadas pelo sujeito para assumir e resolver o seu Édipo.

Nessa perspectiva, como sublinhou Ruth Mack Brunswick, o complexo de Édipo exprime a situação da criança no triângulo (5). A descrição do complexo de Édipo sob a forma completa permite a Freud explicar a ambivalência para com o pai (no menino) através do funcionamento das componentes heterossexuais e homossexuais, e não como simples resultado de uma situação de rivalidade.

1) As primeiras elaborações da teoria foram constituídas a partir do modelo do menino. Durante muito tempo, Freud admitiu que, *mutatis mutandis*, o complexo poderia ser transposto tal e qual para o caso feminino. Esse postulado foi rebatido:

a) pela tese desenvolvida no artigo de 1923 sobre a "organização genital infantil da libido", segundo a qual, na fase fálica, isto é, no apogeu do Édipo, só um órgão conta para os dois sexos: o falo* (6);

b) pela importância conferida ao apego pré-edipiano à mãe. Essa fase pré-edipiana é particularmente visível na menina, na medida em que o complexo de Édipo significará para ela uma mudança de objeto de amor, da mãe para o pai (7*a*).

Seguindo nessa dupla direção, os psicanalistas trabalharam no sentido de evidenciar a especificidade do Édipo feminino.

2) No início, a idade em que se situa o complexo de Édipo permaneceu relativamente indeterminada para Freud. Em *Três ensaios sobre a teoria da sexualidade* (*Drei Abhandlungen zur Sexualtheorie*, 1905), por exemplo, só na puberdade a escolha objetal se efetua plenamente, e a sexualidade infantil conserva-se essencialmente autoerótica. Nessa perspectiva, o complexo de Édipo, embora esboçado na infância, só surgiria em plena luz no momento da puberdade para ser rapidamente ultrapassado. Essa incerteza encontra-se ainda em 1916-17 (*Conferências introdutórias sobre psicanálise* [*Vorlesungen zur Einführung in die Psychoanalyse*]), apesar de Freud reconhecer nessa época a existência de uma escolha objetal infantil muito próxima da escolha adulta (8).

Na sua perspectiva final, uma vez afirmada a existência de uma organização genital infantil, ou fase fálica, Freud relaciona o Édipo a essa fase, ou seja, esquematicamente, ao período que vai dos três aos cinco anos.

3) Vê-se que Freud sempre admitiu a existência na vida do indivíduo de um período anterior ao Édipo. Quando se diferencia, e até mesmo se con-

trapõe o *pré-edipiano* ao Édipo, pretende-se ir além do reconhecimento desse simples fato. Enfatiza-se a existência e os efeitos de uma *relação complexa*, de tipo dual, entre a mãe e o filho, e procura-se descobrir, nas estruturas psicopatológicas mais diversas, as fixações nessa relação. Nessa perspectiva, poderemos ainda considerar absolutamente válida a célebre fórmula que faz do Édipo o "complexo nuclear das neuroses"?

Numerosos autores sustentam que existe uma relação puramente dual que precede a estrutura triangular do Édipo, e que os conflitos que se referem a esse período podem ser analisados sem fazer intervir a rivalidade com um terceiro.

A escola kleiniana, que, como se sabe, atribui importância primordial aos estágios mais precoces da infância, não designa nenhuma fase como pré-edipiana propriamente dita. Faz remontar o complexo de Édipo à chamada posição depressiva*, logo que intervém a relação com pessoas totais (9).

Quanto à questão de uma *estrutura* pré-edipiana, a posição de Freud conservar-se-á moderada; declara ter demorado em reconhecer todo o alcance da ligação primitiva com a mãe e ter sido surpreendido pelo que as psicanalistas, sobretudo, descobriram da fase pré-edipiana na menina (7*b*). Mas pensa igualmente que não é necessário, para explicar esses fatos, invocar um outro eixo de referência que não seja o Édipo (*ver*: pré-edipiano).

II – A predominância do complexo de Édipo, tal como Freud sempre a sustentou – recusando-se a colocar, no mesmo plano, do ponto de vista estrutural e etiológico, as relações edipianas e pré-edipianas –, é comprovada nas funções fundamentais que ele lhe atribui:

a) escolha do objeto de amor, na medida em que este, depois da puberdade, permanece marcado pelos investimentos de objeto e identificações inerentes ao complexo de Édipo e, também, pela interdição de realizar o incesto;

b) acesso à genitalidade, na medida em que este não é garantido pela simples maturação biológica. A organização genital supõe a instauração do primado do falo, e dificilmente se pode considerar instaurado esse primado sem que a crise edipiana esteja resolvida pela via da identificação;

c) efeitos sobre a estruturação da personalidade, sobre a constituição das diferentes instâncias, especialmente as do superego e do ideal do ego.

Para Freud, esse papel estruturante na gênese da tópica intrapessoal está ligado ao declínio do complexo de Édipo e à entrada no período de latência*. Segundo Freud, o processo descrito é mais do que um recalcamento: "[...] no caso ideal, equivale a uma destruição, a uma supressão do complexo [...]. Quando o ego não conseguiu provocar mais do que um recalcamento do complexo, este permanece no id em estado inconsciente: mais tarde irá manifestar a sua ação patogênica" (10*a*). No artigo que estamos citando, Freud discute os diferentes fatores que provocam esse declínio. No menino, é a "ameaça de castração" pelo pai que é determinante nessa renúncia ao objeto incestuoso, e o complexo de Édipo termina de modo relativamente abrupto. Na menina, a relação do complexo de Édipo com o complexo de castração* é muito diferente: "[...] enquanto o complexo de Édipo do menino é minado pelo complexo de castração, na menina é o complexo de castração que o torna possível e o introduz" (11). Nela, "[...] a renúncia ao pênis só se realiza após uma tentativa para obter uma compensação. A menina desliza – ao longo de uma equivalência simbólica, poderíamos dizer – do pênis para o filho, e o seu complexo de Édipo culmina no desejo, mantido durante muito tempo, de obter como presente uma criança do pai, de dar à luz um filho seu" (10b). Resulta disso a maior dificuldade para podermos assinalar com clareza, nesse caso, o momento de declínio do complexo.

III – A descrição precedente não mostra bem o caráter *fundamental* que o complexo de Édipo tem para Freud, verificado particularmente na hipótese, aventada em *Totem e tabu* (*Totem und Tabu*, 1912-3), do assassínio do pai primitivo considerado como momento original da humanidade. Discutível do ponto de vista histórico, essa hipótese deve ser entendida principalmente como um mito que traduz a exigência imposta a todo ser humano de ser um "rebento de Édipo" (2b). O complexo de Édipo não é redutível a uma situação real, à influência efetivamente exercida sobre a criança pelo casal parental. A sua eficácia vem do fato de fazer intervir uma instância interditória (proibição do incesto) que barra o acesso à satisfação naturalmente procurada e que liga inseparavelmente o desejo à lei (ponto que J. Lacan acentuou). Isso reduz o alcance da objeção introduzida por Malinowski e retomada pela chamada escola culturalista, segundo a qual, em determinadas civilizações em que o pai é desprovido de toda função repressiva, não existiria complexo de Édipo, mas um complexo nuclear característico de tal estrutura social. Na realidade, nessas civilizações, os psicanalistas procuram descobrir em que personagens reais, e mesmo em que instituição, encarna-se a instância interditória, em que modalidades sociais se especifica a estrutura triangular constituída pela criança, o seu objeto natural e o portador da lei.

Essa concepção estrutural do Édipo vai ao encontro da tese do autor de *Estruturas elementares do parentesco*, que faz da interdição do incesto a lei universal e mínima para que uma "cultura" se diferencie da "natureza" (12).

Outra noção freudiana vem apoiar uma interpretação segundo a qual o Édipo transcende a vivência individual em que se encarna: é a de fantasias originárias*, "filogeneticamente transmitidas", esquemas que estruturam a vida imaginária do sujeito e que são outras tantas variantes da situação triangular (sedução, cena originária, castração etc.).

Indiquemos, para finalizar, que, fazendo incidir o nosso interesse sobre a própria relação triangular, somos levados a atribuir um papel essencial, na constituição de um determinado complexo de Édipo, não apenas ao sujeito e às suas pulsões, mas também aos outros núcleos da relação (desejo inconsciente do pai e da mãe, sedução*, relações entre os pais).

O que irá ser interiorizado e sobreviver na estruturação da personalidade são, pelo menos tanto como esta ou aquela imagem parental, os diferentes tipos de relações que existem entre os diferentes vértices do triângulo.

▲ (α) Encontramos também em Freud a expressão *Kernkomplex* (complexo nuclear). Geralmente usada como equivalente de complexo de Édipo, essa expressão foi introduzida pela primeira vez em *Sobre as teorias sexuais das crianças* (*Über infantile Sexualtheorien*, 1908); devemos notar, como Daniel Lagache, que, nesse texto, o que se considera é o conflito entre a investigação sexual e a exigência de informação das crianças, por um lado, e a resposta mentirosa dos adultos, por outro (13).

(1) *Cf.* FREUD (S.), *Über einen besonderen Typus der Objektwahl beim Manne*, 1910. GW, VIII, 73; SE, XI, 171; Fr., 7.
(2) FREUD (S.), *Aus den Anfängen der Psychoanalyse, 1887-1902. – a*) Al., 238; Ing., 223-4; Fr., 198. – *b*) Al., 238; Ing., 223-4; Fr., 198.
(3) FREUD (S.), *Drei Abhandlungen zur Sexualtheorie*, 1905. GW, V, 127, n. 2 acrescentada em 1920; SE, VII, 226, n. 1; Fr., 187, n. 82.
(4) FREUD (S.), *Das Ich und das Es*, 1923. GW, XIII, 261; SE, XIX, 33; Fr., 187-8.
(5) *Cf.* MACK BRUNSWICK (R.), *The Preoedipal Phase of the Libido Development*, 1940. In *Psa. Read.*, 232.
(6) *Cf.* FREUD (S.), *Die infantile Genitalorganisation*, 1923. GW, XIII, 294-5; SE, XIX, 142.
(7) *Cf.* FREUD (S.), *Über die weibliche Sexualität*, 1931. – *a*) GW, XIV, 517-37; SE, XXI, 223-43. – *b*) GW, XIV, 519; SE, XXI, 226-7.
(8) *Cf.* FREUD (S.), GW, XI, 338; SE, XVI, 326; Fr., 351.
(9) *Cf.* KLEIN (M.), *Some Theorical Conclusions Regarding the Emotional Life of the Infant*, 1952. In *Devebpments*.
(10) FREUD (S.), *Der Untergang des Ödipuskomplexes*, 1924. – *a*) GW, XIII, 399; SE, XIX, 177; Fr., 397. – *b*) GW, XIII, 401; SE, XIX, 178-9; Fr., 399.
(11) FREUD (S.), *Einige psychische Folgen des anatomischen Geschlechtsunterschieds*, 1925. GW, XIV, 28; SE, XIX, 256.
(12) *Cf.* LÉVIS-STRAUSS (C), *Les structures élémentaires de la parenté*, PUF, Paris, 1949. Introdução e cap. II, *passim*.
(13) *Cf.* FREUD (S.), GW, VII, 176; SE, IX; 213-4.

COMPLEXO DE ELECTRA

= *D.*: Elektrakomplex. – *F*: complexe d'Électre. – *En.*: Electra complex. – *Es.*: complejo de Electra. – *I.*: complesso di Elettra.

• ***Expressão utilizada por Jung como sinônimo do complexo de Édipo feminino, para marcar a existência nos dois sexos,*** *mutatis mutandis,* ***de uma simetria da atitude para com os pais.***

■ Em *Ensaio de exposição da teoria psicanalítica* (*Versuch einer Darstellung der psychoanalytischen Theorie*, 1913), Jung introduz a expressão "complexo de Electra" (1). Freud declara de início não ver o interesse de tal denominação (2); no seu artigo sobre a sexualidade feminina mostra-se mais categórico: o Édipo feminino não é simétrico ao do menino. "Só no menino é que se estabelece a relação, que marca o seu destino, entre o amor por um dos progenitores e, simultaneamente, o ódio pelo outro enquanto rival" (3).

O que Freud mostrou dos efeitos diferentes do complexo de castração para cada sexo, da importância que tem para a menina o apego pré-edipiano à mãe, da predominância do falo para os dois sexos, justifica a sua rejeição da expressão "complexo de Electra", que pressupõe uma analogia entre a posição da menina e a do menino em relação aos pais.

(1) JUNG (C. G.), *Versuch einer Darstellung der psychoanalytischen Theorie* in *Jahrbuch für psychoanalytische und psychopathologische Forschungen*, v. V, 1913, p. 370.
(2) FREUD (S.), *Über die Psychogenese eines Falles von weiblicher Homosexualität*, 1920. GW, XII, 281, n.; SE, XVIII, 155, n.; Fr., 138, n.
(3) FREUD (S.), *Über die weibliche Sexualität*, 1931. GW, XIV, 521; SE, XXI, 229.

COMPLEXO DE INFERIORIDADE

= *D*.: Minderwertigkeitskomplex. – *F*.: complexe d'infériorité. – *En*.: complex of inferiority. – *Es*.: complejo de inferioridad. – *I*.: complesso d'inferiorità.

• *Expressão que tem a sua origem na psicologia adleriana; designa, de um modo muito geral, o conjunto das atitudes, das representações e dos comportamentos que são expressões mais ou menos disfarçadas de um sentimento de inferioridade ou das reações deste.*

Ver: **Sentimento de inferioridade**

COMPLEXO PATERNO

= *D*.: Vaterkomplex. – *F*.: complexe paternel. – *En*.: father complex. – *Es*.: complejo paterno. – *I*.: complesso paterno.

• *Expressão usada por Freud para designar uma das principais dimensões do complexo de Édipo: a relação ambivalente com o pai.*

COMPONENTE INSTINTUAL ou COMPONENTE DO INSTINTO

[Expressão usada em traduções brasileiras para *Triebkomponente* (componente pulsional).]

Ver: **Pulsão parcial**

COMPONENTE PULSIONAL

= *D.*: Triebkomponente. – *F.*: composante pulsionnelle. – *En.*: instinctual component. – *Es.*: componente instinctivo. – *I.*: componente di pulsione.

Ver: **Pulsão parcial**

COMPULSÃO À REPETIÇÃO

= *D.*: Wiederholungszwang. – *F.*: compulsion de répétition. – *En.*: compulsion to repeat *ou* repetition compulsion. – *Es.*: compulsión a la repetición. – *I.*: coazione a ripetere.

• *A) Ao nível da psicopatologia concreta, processo incoercível e de origem inconsciente, pelo qual o sujeito se coloca ativamente em situações penosas, repetindo assim experiências antigas sem se recordar do protótipo e tendo, pelo contrário, a impressão muito viva de que se trata de algo plenamente motivado na atualidade.*

B) A compulsão à repetição na elaboração teórica de Freud é considerada um fator autônomo, irredutível, em última análise, a uma dinâmica conflitual em que só entrasse o jogo conjugado do princípio de prazer e do princípio de realidade. É referida fundamentalmente ao caráter mais geral das pulsões: o seu caráter conservador.

▪ A noção de compulsão à repetição está no centro de *Além do princípio do prazer* (*Jenseits des Lustprinzips*, 1920), ensaio em que Freud reconsidera os conceitos mais fundamentais da sua teoria. Ela participa de tal modo da investigação especulativa de Freud nesse momento decisivo, com suas hesitações, impasses e mesmo contradições, que é difícil delimitar a sua acepção restrita como também a sua problemática própria. É uma das razões por que, na literatura psicanalítica, a discussão do conceito é confusa e muitas vezes retomada: ela faz necessariamente entrar em jogo opções sobre as noções mais cruciais da obra freudiana, como as de princípio de prazer*, pulsão*, pulsão de morte*, ligação*.

★

É evidente que a psicanálise se viu confrontada desde a origem com *fenômenos* de repetição. Se focalizamos particularmente os sintomas, por um lado alguns deles são manifestamente repetitivos (rituais obsessivos, por exemplo), e, por outro, o que define o sintoma em psicanálise é precisamente o fato de reproduzir, de maneira mais ou menos disfarçada, certos elementos de um conflito passado (é nesse sentido que Freud qualifica, no início da sua obra, o sintoma histérico como símbolo mnésico*). De um modo geral, o recalcado procura "retornar" ao presente, sob a forma de sonhos, de sintomas, de atuação*: "[...] o que permaneceu incompreendido retorna; como uma alma penada, não tem repouso até que sejam encontrados solução e alívio" (1).

No tratamento, os fenômenos de transferência atestam essa exigência, própria do conflito recalcado, de se atualizar na relação com o analista. Aliás, foi a importância sempre crescente atribuída a esses fenômenos e aos problemas técnicos por eles levantados que levou Freud a completar o modelo teórico do tratamento, distinguindo, ao lado da rememoração, a repetição transferencial e a perlaboração* como momentos dominantes do processo terapêutico (*ver*: transferência). Ao colocar em primeiro plano, em *Além do princípio do prazer*, a noção de compulsão à repetição invocada desde *Recordar, repetir, perlaborar* (*Erinnern, Wiederholen und Durcharbeiten*, 1914), Freud reagrupa um certo número de fatos de repetição já descobertos e isola outros em que a repetição se apresenta no primeiro plano do quadro clínico (neurose de destino* e neurose traumática*, por exemplo). Para ele, esses fatos parecem exigir uma nova análise teórica. Com efeito, são experiências manifestamente desagradáveis que são repetidas, e, numa primeira análise, não se vê muito bem que instância do sujeito poderia encontrar satisfação nisso; embora se trate de comportamentos aparentemente incoercíveis, marcados por essa compulsão própria de tudo o que emana do inconsciente, ainda assim é difícil pôr em evidência aqui a realização de um desejo recalcado, ainda que sob a forma de compromisso.

★

O caminho da reflexão freudiana nos primeiros capítulos de *Além do princípio do prazer* não significa uma recusa da hipótese fundamental segundo a qual, sob o aparente sofrimento, o do sintoma, por exemplo, procure-se a realização de desejo. Mais: é nesse texto que Freud apresenta a tese bem conhecida segundo a qual o que é desprazer para um sistema do aparelho psíquico é prazer para outro. Mas tais tentativas de explicação deixam, segundo Freud, um resíduo. A questão colocada poderia ser assim resumida, recorrendo a termos introduzidos por D. Lagache: será necessário postular, ao lado da *repetição das necessidades*, a existência de uma *necessidade de repetição* radicalmente distinta e mais fundamental? Mesmo reconhecendo que a compulsão à repetição não é detectável no estado puro, mas é sempre reforçada por motivos que obedecem ao princípio de prazer*, Freud iria, até o fim da sua obra, atribuir alcance cada vez maior à noção (2, 3). Em *Inibição, sintoma e angústia* (*Hemmung, Symptom und Angst*, 1926), ele vê na compulsão à repetição a espécie típica de resistência* própria do inconsciente, "[...] a atração dos protótipos inconscientes exercida sobre o processo pulsional recalcado" (4).

★

Se a repetição compulsiva do desagradável, e mesmo do doloroso, é reconhecida como um dado irrecusável da experiência analítica, em contrapartida os autores variam quanto à explicação teórica que deve ser dada a ela. Esquematicamente, poderia dizer-se que a discussão se ordena em torno destas duas questões:

1º A tendência para a repetição trabalha a serviço de quê? Trata-se – como o ilustrariam especialmente os sonhos repetitivos consecutivos a traumatismos psíquicos – de tentativas do ego para dominar e depois ab-reagir de um modo fracionado tensões excessivas? Ou devemos admitir que a repetição deve ser, em última análise, relacionada com o que há de mais "pulsional", de "demoníaco", em todas as pulsões, a tendência para a descarga absoluta que é ilustrada na noção de pulsão de morte*?

2º A compulsão à repetição porá verdadeiramente em causa, como afirmou Freud, a predominância do princípio de prazer? A contradição entre as formulações que encontramos em Freud e a variedade das respostas que os psicanalistas tentaram dar a este problema seriam esclarecidas, na nossa opinião, por uma discussão prévia sobre as ambiguidades que se ligam aos termos princípio de prazer*, princípio de constância*, ligação* etc. Para dar só um exemplo, é evidente que, se situarmos o princípio de prazer "diretamente a serviço das pulsões de morte" (5), a compulsão à repetição, mesmo tomada no sentido mais radical em que Freud a admite, não poderia ser situada "além do princípio de prazer".

Essas duas questões, aliás, são estreitamente solidárias, pois um determinado tipo de resposta a uma delas não permite que se dê à outra uma resposta qualquer. As soluções propostas constituem uma variada gama, desde a tese que vê na compulsão à repetição um fator absolutamente original até as tentativas para reduzi-la a mecanismos e a funções já reconhecidos.

A concepção de Edward Bibring ilustraria bem uma tentativa de solução mediana. Esse autor propõe a distinção entre uma *tendência repetitiva* que define o id e uma *tendência restitutiva* que é uma função do ego. A primeira pode bem ser considerada "além do princípio de prazer" na medida em que as experiências repetidas são tão dolorosas como agradáveis, mas nem por isso constitui um princípio oposto ao princípio de prazer. A tendência restitutiva é uma função que procura por diversos meios restabelecer a situação anterior ao traumatismo; utiliza os fenômenos repetitivos em benefício do ego. Nessa perspectiva, Bibring propôs distinguir os mecanismos de defesa em que o ego permanece sob o domínio da compulsão à repetição sem que haja solução da tensão interna, os processos de ab-reação*, que, de forma imediata ou diferida, descarregam a excitação e, finalmente, mecanismos chamados de desimpedimento*, cuja "[...] função é dissolver progressivamente a tensão, mudando as condições internas que lhe dão origem"(6).

(1) FREUD (S.), *Analyse der Phobie eines fünfjährigen Knaben*, 1909. GW, VII, 355; SE, X, 122; Fr. 180.

(2) *Cf.* FREUD (S.), *Das ökonomische Problem des Masochismus*, 1924. *Passim*.
(3) *Cf.* FREUD (S.), *Die endliche und die unendliche Analyse*, 1937. *Passim*.
(4) FREUD (S.), GW, XIV, 192; SE, XX, 159; Fr., 88.
(5) FREUD (S.) *Jenseits des Lustprinzips*, 1920. GW, XIII, 69; SE, XVIII, 63; Fr., 74.
(6) BIBRING (E.), The Conception of the Repetition Compulsion, 1943, in *Psychoanalytic Quarterly*, XII, 486-519.

COMPULSÃO, COMPULSIVO

= *D*.: Zwang, Zwangs-. – *F.*: compulsion, compulsionnel. – *En*.: compulsion, compulsive. – *Es*.: compulsión, compulsivo. – *I*.: coazione, coattivo.

● *Clinicamente falando, é o tipo de conduta que o sujeito é levado a realizar por uma imposição interna. Um pensamento (obsessão), uma ação, uma operação defensiva, mesmo uma sequência complexa de comportamentos, são qualificados de compulsivos quando a sua não realização é sentida como tendo de acarretar um aumento de angústia.*

■ 1. No vocabulário freudiano, *Zwang* é utilizado para designar uma força interna imperativa. A palavra é empregada a maior parte das vezes no quadro da neurose obsessiva. Implica, então, que o sujeito se sente constrangido por essa força a agir, a pensar de determinada maneira, e luta contra ela.

Às vezes, essa implicação não existe fora da neurose obsessiva. O sujeito não se sente conscientemente em desacordo com os atos que, no entanto, ele realiza de acordo com protótipos inconscientes. É particularmente o caso daquilo a que Freud chama *Wiederholungszwang* (compulsão à repetição*) e *Schicksalszwang* (compulsão de destino) (*ver*: neurose de destino).

Para Freud, de um modo geral, o *Zwang*, tomado num sentido mais lato e mais fundamental do que aquele que tem na clínica da neurose obsessiva, trai o que há de mais radical na pulsão: "No inconsciente psíquico, pode-se reconhecer a supremacia de uma *compulsão à repetição* proveniente das moções pulsionais e dependente verossimilmente da natureza mais íntima das pulsões, suficientemente poderosa para situar-se acima do princípio de prazer, atribuindo a certos aspectos de vida psíquica o seu caráter demoníaco [...]" (1).

Esse significado fundamental do *Zwang*, que o aparenta com uma espécie de *fatum*, encontra-se quando Freud fala do mito de Édipo, chegando a designar assim a palavra do oráculo, como o atesta esta passagem do *Esboço de psicanálise* (*Abriss der Psychoanalyse*, 1938): "[...] o *Zwang* do oráculo, que deve ou deveria tornar o herói inocente, é um reconhecimento da implacabilidade do destino que condena todos os filhos a passarem pelo complexo de Édipo" (2, α).

2. Em francês, as palavras *compulsion, compulsionnel* [assim como, em português, *compulsão, compulsivo*] têm a mesma origem latina (*compelle-*

re), de *compelir*: que impele, que constrange. Foram escolhidas para fornecer equivalentes do alemão *Zwang*. Mas, por outro lado, a clínica francesa utilizava o termo *obsession* (obsessão) para designar pensamentos que o sujeito se sente obrigado a ter, pelos quais se sente literalmente assediado. Por isso, em certos casos, o termo *Zwang* é traduzido por obsessão; assim, *Zwangsneurose* é traduzido por neurose obsessiva; *Zwangsvorstellung*, por representação obsedante ou obsessão de... Em contrapartida, quando se trata de comportamentos, fala-se de compulsão, de ação compulsiva (*Zwangshandlung*), de compulsão à repetição etc.

Notemos por fim que, pela sua raiz, compulsão se inscreve, em francês [como em português], numa série, ao lado de pulsão* e de impulso. Entre compulsão e pulsão, esse parentesco etimológico corresponde bem à noção freudiana de *Zwang*. Entre compulsão e impulso, o uso estabelece diferenças sensíveis. Impulso designa o aparecimento súbito, sentido como urgente, de uma tendência para realizar este ou aquele ato, este se efetuando fora de qualquer controle e geralmente sob o domínio da emoção; não se encontra nesse conceito nem a luta nem a complexidade da compulsão obsessiva, nem o caráter organizado segundo uma certa encenação fantasística da compulsão à repetição.

▲ (α) *Cf.* a passagem, já em uma carta a W. Fliess de 15-10-1897: "A lenda grega apreende um *Zwang* que cada um reconhece porque detectou a sua existência em si mesmo" (3).

(1) FREUD (S.), *Das Unheimliche*, 1919. GW, XII, 251; SE, XVII, 238; Fr., 191.
(2) FREUD (S.), GW, XVII, 119; SE, XXIII, 192; Fr., 63.
(3) FREUD (S.), *Aus den Anfängen der Psychoanalyse*, 1887-1902. Al., 238; Ing., 223; Fr., 198.

CONDENSAÇÃO

= *D.*: Verdichtung. – *F.*: condensation. – *En.*: condensation. – *Es.*: condensación. – *I.*: condensazione.

• *Um dos modos essenciais do funcionamento dos processos inconscientes. Uma representação única representa por si só várias cadeias associativas, em cuja interseção ela se encontra. Do ponto de vista econômico, é então investida das energias que, ligadas a essas diferentes cadeias, se adicionam nela.*

Vemos operar a condensação no sintoma e, de um modo geral, nas diversas formações do inconsciente. Foi no sonho que melhor se evidenciou.

Traduz-se no sonho pelo fato de o relato manifesto, comparado com o conteúdo latente, ser lacônico: constitui uma tradução resumida. A condensação nem por isso deve ser assimilada a um resumo: se cada elemento manifesto é determinado por várias significações latentes, inversamente, cada uma destas pode encontrar-se em vários elementos; por outro lado, o elemento manifesto não represen-

CONDENSAÇÃO

ta num mesmo relato cada uma das significações de que deriva, de modo que não as subsume como o faria um conceito.

■ A condensação foi inicialmente descrita por Freud, em *A interpretação de sonhos* (*Die Traumdeutung*, 1900), como um dos mecanismos fundamentais por que se realiza o "trabalho do sonho"*. Ela pode realizar-se por diferentes meios: um elemento (tema, pessoa etc.) é conservado apenas porque está presente por diversas vezes em diferentes pensamentos do sonho ("ponto nodal"); diversos elementos podem ser reunidos numa unidade desarmônica (personagem compósita, por exemplo); ou, ainda, a condensação de diversas imagens pode chegar a atenuar os traços que não coincidem, para manter e reforçar apenas o ou os traços comuns (1).

O mecanismo de condensação, analisado no sonho, não é específico dele. Em *A psicopatologia da vida cotidiana* (*Zur Psychopathologie des Alltagslebens*, 1901) e *O chiste e as suas relações com o inconsciente* (*Der Witz und seine Beziehung zum Unbewussten*, 1905), Freud estabelece que a condensação é um dos elementos essenciais da técnica do chiste, do lapso, do esquecimento de palavras etc.; em *A interpretação de sonhos*, nota que o processo de condensação é particularmente sensível quando atinge as palavras (neologismos).

Como explicar a condensação? Podemos ver nisso um efeito da censura e um meio de escapar dela. Se não temos a impressão de que ela seja efeito da censura, como diz Freud, "a censura tira também daí a sua vantagem" (2); com efeito, a condensação complica a leitura do relato manifesto.

Mas, se o sonho procede por condensação, não é apenas para eludir a censura: a condensação é uma característica do pensamento inconsciente. No processo primário, são realizadas as condições – energia livre*, não ligada; tendência para a identidade de percepção* – que permitem e favorecem a condensação. O desejo inconsciente será então imediatamente submetido a ela, enquanto os pensamentos pré-conscientes, "atraídos para o inconsciente", o serão secundariamente à ação da censura. É possível situar a fase em que se realiza a condensação? "Devemos provavelmente considerá-la como um processo que se estende sobre o conjunto do percurso até a chegada à região das percepções, mas em geral contentar-nos-emos em supor que resulta de uma ação simultânea de todas as forças que intervém na formação do sonho." (3)

Como o deslocamento*, a condensação é, para Freud, um processo que encontra o seu fundamento na hipótese econômica; à representação-encruzilhada vêm acrescentar-se as energias que foram deslocadas ao longo das diferentes cadeias associativas. Determinadas imagens, particularmente no sonho, só adquirem uma vivacidade muito especial na medida em que, produtos da condensação, estão fortemente investidas.

(1) *Cf.* FREUD (S.), GW, V, 299-300; SE, IV, 293-5; Fr., 220-2.
(2) FREUD (S.), *Vorlesungen zur Einführung in die Psychoanalyse*, 1916-17. GW, XI, 176; SE, XV, 173; Fr., 191.

(3) FREUD (S.), *Der Witz und seine Beziehung zum Unbewussten*, 1905. GW, V, 187-8; SE, VIII, 164; Fr., 191.

CONFLITO PSÍQUICO

= *D.*: psychischer Konflikt. – *F.*: conflit psychique. – *En.*: psychical conflict. – *Es.*: conflicto psíquico. – *I.*: conflitto psichico.

• *Em psicanálise fala-se de conflito quando, no sujeito, opõem-se exigências internas contrárias. O conflito pode ser manifesto (entre um desejo e uma exigência moral, por exemplo, ou entre dois sentimentos contraditórios) ou latente, podendo este exprimir-se de forma deformada no conflito manifesto e traduzir-se particularmente pela formação de sintomas, desordens do comportamento, perturbações do caráter etc. A psicanálise considera o conflito como constitutivo do ser humano, e isso em diversas perspectivas: conflito entre o desejo e a defesa, conflito entre os diferentes sistemas ou instâncias, conflitos entre as pulsões, e, por fim, o conflito edipiano, em que não apenas se defrontam desejos contrários, mas em que estes enfrentam a interdição.*

■ Desde as suas origens, a psicanálise encontrou o conflito psíquico, e logo foi levada a fazer dele a noção central da teoria das neuroses. *Estudos sobre a histeria* (*Studien über Hysterie*, 1895) mostra como Freud encontra no tratamento, à medida que se vai aproximando das recordações patogênicas, uma crescente resistência (*ver esta palavra*); essa resistência não é em si mesma mais do que a expressão atual de uma defesa intrassubjetiva contra representações que Freud designa como inconciliáveis (*unverträglich*). A partir de 1895-1896, essa atividade defensiva é reconhecida como o mecanismo principal na etiologia da histeria (*ver*: histeria de defesa), e generalizado às outras "psiconeuroses", então designadas "psiconeuroses de defesa". O sintoma neurótico é definido como o produto de um compromisso entre dois grupos de representações que agem como duas forças de sentido contrário, de maneira tão atual e imperiosa uma como a outra: "[...] o processo aqui descrito – conflito, recalque, substituição sob a modalidade de uma formação de compromisso – renova-se em todos os sintomas psiconeuróticos" (1). De modo mais geral ainda, esse processo reaparece atuando em fenômenos como o sonho, o ato falho, a lembrança encobridora etc.

Embora o conflito seja indiscutivelmente um dado primordial da experiência psicanalítica e seja relativamente fácil descrevê-lo nas suas modalidades clínicas, é mais difícil apresentar a seu respeito uma teoria metapsicológica. Ao longo de toda a obra freudiana, o problema do fundamento último do conflito recebeu soluções diferentes. Conviria começar notando que é possível explicar o conflito em dois níveis relativamente distintos: ao nível tópico*, como conflito entre sistemas ou instâncias, e ao nível econômico-dinâmico, como conflito entre pulsões. Para Freud, este segundo tipo de explicação é o mais radical, mas a articulação dos dois níveis é muitas vezes difícil de estabelecer, pois uma determinada instância, parte envolvida no conflito, não corresponde necessariamente a um tipo específico de pulsões.

Do ponto de vista tópico, no quadro da primeira teoria metapsicológica, o conflito pode ser reconduzido esquematicamente à oposição dos sistemas Ics, por um lado, e Pcs/Cs, por outro, separados pela censura*; essa oposição corresponde igualmente à dualidade do princípio de prazer e do princípio de realidade, em que o segundo procura garantir a sua superioridade sobre o primeiro. Pode-se dizer que as duas forças em conflito são então para Freud a sexualidade* e uma instância recalcadora que compreende designadamente as aspirações éticas e estéticas da personalidade, pois o motivo do recalque reside em características específicas das representações sexuais que as tornariam inconciliáveis com o "ego"* e geradoras de desprazer para este.

Só bastante tarde Freud procurou um suporte pulsional para a instância recalcadora. Supõe-se então que o dualismo das pulsões sexuais* e das pulsões de autoconservação* (definidas como "pulsões do ego") seja o substrato do conflito psíquico. "[...] [o] pensamento psicanalítico deve admitir que [certas] representações entraram em oposição com outras, mais fortes do que elas, representações para as quais utilizamos o conceito englobante de 'ego', que, conforme os casos, é composto de modo diferente; as primeiras representações são por isso recalcadas. Mas de onde provirá esta oposição, que provoca o recalcamento, entre o ego e certos grupos de representações? [...] A nossa atenção foi atraída pela importância das pulsões para a vida representativa; aprendemos que cada pulsão procura impor-se animando as representações que estão em conformidade com as suas metas. Estas pulsões nem sempre se conciliam; muitas vezes redundam em conflito de interesses; as oposições das representações não são mais do que a expressão das lutas entre as diferentes pulsões [...]" (2) No entanto, é evidente que, mesmo na fase do pensamento freudiano em que existe uma coincidência entre a instância defensiva do ego e um tipo determinado de pulsões, a oposição última "fome-amor" só se exprime nas modalidades concretas do conflito através de uma série de mediações muito difíceis de precisar.

Numa fase ulterior, a segunda tópica vem fornecer um modelo da personalidade mais diversificado e mais próximo dessas modalidades concretas: conflitos entre instâncias, conflitos interiores a determinada instância, por exemplo entre os polos de identificação paterno e materno, que podem ser encontrados no superego.

O novo dualismo pulsional invocado por Freud, o das pulsões de vida* e das pulsões de morte*, parecia dever fornecer, pela oposição radical que põe em jogo, um fundamento para a teoria do conflito. Na realidade, estamos muito longe de encontrar tal sobreposição entre o plano dos princípios últimos, Eros e pulsão de morte, e a dinâmica concreta do conflito (*sobre este ponto ver*: pulsões de morte). Nem por isso a noção de conflito deixa de ser renovada:

1) Vemos cada vez melhor as forças pulsionais animarem as diferentes instâncias (por exemplo, Freud descreve o superego como sádico); mesmo que nenhuma delas se veja afetada por um único tipo de pulsão.

2) As pulsões de vida parecem abranger a maior parte das oposições conflituais precedentemente ressaltadas por Freud a partir da clínica: "[...] a oposição entre pulsões de autoconservação e pulsões de conservação da espécie, tal como a outra oposição entre amor do ego e amor objetal, situa-se também no quadro do Eros" (3a).

3) Mais do que como um polo de conflito, a pulsão de morte é, às vezes, interpretada por Freud como o próprio princípio de combate, como o νεῖχος (discórdia) que já Empédocles opunha ao amor (φιλία).

É assim que ele chega a especificar uma "tendência para o conflito", fator variável cuja intervenção faria com que a bissexualidade própria do ser humano se transformasse em certos casos num conflito entre exigências rigorosamente inconciliáveis, ao passo que, na ausência desse fator, nada deveria impedir as tendências homossexuais e heterossexuais de se realizarem numa solução equilibrada.

Na mesma linha de pensamento podemos interpretar o papel que Freud atribui ao conceito de fusão das pulsões. Ela não designa apenas uma dosagem de proporção variável de sexualidade e agressividade: a pulsão de morte introduz por si mesma a desfusão (ver: fusão – desfusão).

★

Se tivermos uma visão de conjunto da evolução das representações elaboradas por Freud do conflito, ficaremos impressionados, por um lado, pelo fato de ele procurar sempre reconduzi-lo um dualismo irredutível que, em última análise, só uma oposição quase mítica entre duas grandes forças contrárias pode fundamentar; por outro lado, pelo fato de um dos polos do conflito continuar sendo a sexualidade*, embora o outro seja procurado em realidades mutáveis ("ego", "pulsões do ego", "pulsões de morte"). Desde o início da sua obra (ver: sedução), mas ainda no *Esboço de psicanálise* (*Abriss der Psychoanalyse*, 1938), Freud insiste na ligação intrínseca que deve existir entre a sexualidade e o conflito. É claro que se pode apresentar deste um modelo teórico abstrato, suscetível de se aplicar a "qualquer reivindicação pulsional", mas "[...] a observação mostra-nos regularmente, até onde pode alcançar o nosso julgamento, que as excitações a que é atribuído o papel patogênico provêm das pulsões parciais da vida sexual" (3b). Qual é a justificação teórica última desse privilégio reconhecido à sexualidade no conflito? A questão é deixada pendente por Freud, que indicou em diversos momentos da sua obra as características temporais próprias da sexualidade humana que fazem com que o "ponto fraco da organização do ego se ache na sua relação com a função sexual" (3c).

Qualquer aprofundamento da questão do conflito psíquico não poderia deixar de desembocar, para o psicanalista, naquilo que, para o sujeito humano, constitui o conflito nuclear: o complexo de Édipo*. Neste, o conflito, antes de ser conflito defensivo, já está inscrito de forma pré-subjetiva como conjunção dialética e originária do desejo e da interdição.

O complexo de Édipo, na medida em que constitui o dado inelutável e primordial que orienta o campo interpsicológico da criança, poderia ser encontrado por trás das modalidades mais diversas do conflito defensivo (por exemplo, na relação do ego com o superego). De modo mais radical, se fizermos dele uma estrutura em que o sujeito deve encontrar seu lugar, o conflito aparecerá como já presente anteriormente ao jogo das pulsões e das defesas, jogo que constituirá o conflito psíquico próprio a cada indivíduo.

(1) FREUD (S.), *Über Deckerinnerungen*, 1899. GW, I, 537; SE, III, 308.
(2) FREUD (S.), *Die psychogene Sehstörung in psychoanalytischer Auffassung*, 1910. GW, VIII, 97; SE, XI, 213.
(3) FREUD (S.), *Abriss der Psychoanalyse*, 1938. – *a*) GW, XVII, 71; SE, XXIII, 148; Fr., 8. – *b*) GW, XVII, 112; SE, XXIII, 186; Fr., 55-6. – *c*) GW, XVII, 113; SE, XXIII, 186; Fr., 57.

CONFORME AO EGO

= *D*.: Ichgerecht. – *F*.: conforme au moi. – *En*.: egosyntonic. – *Es*.: concorde con el yo. – *I*.: corrispondente all'io *ou* egosintonico.

• *Termo que qualifica pulsões, representações aceitáveis pelo ego, isto é, compatíveis com a sua integridade e as suas exigências.*

■ Encontra-se por vezes o termo nos escritos de Freud (*cf.*, por exemplo, 1, 2). Explicita a ideia de que o conflito psíquico não opõe o ego *in abstracto* a todas as pulsões. Há duas categorias de pulsões, umas compatíveis com o ego (pulsões do ego*), e outras opostas ao ego (*ichwidrig*) ou não conformes (*nicht ichgerecht*), e consequentemente recalcadas. No quadro da primeira teoria das pulsões, embora, por definição, as pulsões do ego sejam conformes ao ego, as pulsões sexuais são votadas ao recalcamento quando se revelam inconciliáveis com o ego.

A expressão "conforme ao ego" implica uma noção de ego* como totalidade, integridade, ideal, tal como é definida, por exemplo, em *Sobre o narcisismo: uma introdução* (*Zur Einführung des Narzissmus*, 1914) (*ver*: ego). Tal implicação encontra-se também no uso que E. Jones faz desta palavra: contrapõe as tendências *egosyntonic* e *ego-dystonic* segundo sejam ou não "de harmonia, compatíveis, coerentes com as normas do *self*" (3).

(1) *Cf.* FREUD (S.), *"Psychoanalyse" und "Libidotheorie"*, 1923. GW, XIII, 222; SE, XVIII, 246.
(2) *Cf.* FREUD (S.), *Zur Einführung des Narzissmus*, 1914. GW, X, 167; SE, XIV, 99.
(3) JONES (E.), *Papers on Psycho-Analysis*, Baillière, Londres, 5ª ed., 1950, 497.

CONSCIÊNCIA (PSICOLÓGICA)

= A) *D.*: Bewusstheit. – *F.*: conscience psychologique. – *En.*: the attribute (*ou* the fact) of being conscious, being conscious. – *Es.*: el estar consciente. – *I.*: consapevolezza.
B) *D.*: Bewusstsein. – *F.*: conscience psychologique. – *En.*: consciousness. – *Es.*: conciencia psicológica. – *I.*: coscienza.

- *A) No sentido descritivo: qualidade momentânea que caracteriza as percepções externas e internas no conjunto dos fenômenos psíquicos.*
  B) Segundo a teoria metapsicológica de Freud, a consciência seria função de um sistema, o sistema percepção-consciência (Pc-Cs).
  Do ponto de vista tópico, o sistema percepção-consciência está situado na periferia do aparelho psíquico, recebendo ao mesmo tempo as informações do mundo exterior e as provenientes do interior, isto é, as sensações que se inscrevem na série desprazer-prazer e as revivescências mnésicas. Muitas vezes Freud liga a função percepção-consciência ao sistema pré-consciente, então designado como sistema pré-consciente-consciente (Pcs-Cs).
  Do ponto de vista funcional, o sistema percepção-consciência opõe-se aos sistemas de traços mnésicos que são o inconsciente e o pré-consciente: nele não se inscreve qualquer traço durável das excitações. Do ponto de vista econômico, caracteriza-se pelo fato de dispor de uma energia livremente móvel, suscetível de sobre-investir este ou aquele elemento (mecanismo da atenção).
  A consciência desempenha um papel importante na dinâmica do conflito (evitação consciente do desagradável, regulação mais discriminadora do princípio de prazer) e do tratamento (função e limite da tomada de consciência), mas não pode ser definida como um dos polos em jogo no conflito defensivo (α).

- A teoria psicanalítica se constituiu recusando definir o campo do psiquismo pela consciência, mas nem por isso considerou a consciência como um fenômeno não essencial. Nesse sentido, Freud ridicularizou a pretensão de determinadas tendências da psicologia: "Uma tendência extrema, como por exemplo a do behaviorismo, nascida na América, pensa poder estabelecer uma psicologia que não tenha em conta este fato fundamental!" (1*a*).
  Freud considera a consciência um dado da experiência individual que se oferece à intuição imediata, e não renova a sua descrição. Trata-se de "[...] um fato sem equivalente que nem se pode explicar nem se pode descrever [...]. No entanto, quando se fala de consciência, todos sabem imediatamente, por experiência, do que se trata" (1*b*).
  Esta tese dupla – a consciência não fornece mais do que uma visão lacunar dos nossos processos psíquicos, pois eles são na sua maioria inconscientes; e não é de modo nenhum indiferente que um fenômeno seja ou não consciente – exige uma teoria da consciência que determine a sua função e o seu lugar.

CONSCIÊNCIA (PSICOLÓGICA)

Desde o primeiro modelo metapsicológico de Freud, estão presentes duas afirmações essenciais. Por um lado, assimila a consciência à percepção, e vê a essência desta na capacidade de receber as *qualidades* sensíveis. Por outro lado, entrega a um sistema (o sistema ω ou W), autônomo em relação ao conjunto do psiquismo, cujos princípios de funcionamento são puramente quantitativos, essa função percepção-consciência: "A consciência nos dá aquilo a que se chama *qualidades*, sensações muito variadas de *diferença*, e cuja *diferença* depende das relações com o mundo exterior. Nesta diferença encontram-se séries, similaridades etc., mas nada se encontra de propriamente quantitativo" (2*a*).

A primeira dessas teses será mantida ao longo de toda a obra. "A consciência é, na nossa opinião, a fase subjetiva de uma parte dos processos físicos que se produzem no sistema neurônico, nomeadamente os processos perceptivos [...]" (2*b*) No fenômeno da consciência, essa tese dá uma prioridade à *percepção*, e principalmente à percepção do mundo exterior: "O acesso à consciência está antes de mais nada ligado às percepções que os nossos órgãos sensoriais recebem do mundo exterior" (1*c*). Na teoria da prova de realidade*, verifica-se uma sinonímia significativa entre os termos índice de qualidade, índice de percepção e índice de realidade (2*c*). De início, existe uma "equação percepção-realidade (mundo exterior)" (1*d*). *A consciência dos fenômenos psíquicos* é também inseparável da percepção de qualidades: a consciência não é mais do que "[...] um órgão sensorial para a percepção das qualidades psíquicas" (3*a*). Ela percebe os estados de tensão pulsional e as descargas de excitação, sob a forma das qualidades desprazer-prazer. Mas o problema mais difícil é colocado pela consciência daquilo a que Freud chama "processos de pensamento", entendendo por isso tanto a revivescência das recordações como o raciocínio e, de um modo geral, todos os processos em que entrem em jogo "representações"*. Ao longo de toda a sua obra, Freud manteve uma teoria que faz com que a tomada de consciência dos processos de pensamento dependa da sua associação com "restos verbais" (*Wortreste*) (*ver:* representação de coisa, representação de palavra). Estes (em virtude do caráter de nova percepção que se liga à sua reativação – as palavras rememoradas são, pelo menos *em* esboço, repronunciadas) (2*d*) permitem à consciência encontrar uma espécie de ponto de enraizamento a partir do qual a sua energia de sobreinvestimento* pode irradiar: "Para que seja conferida uma qualidade [aos processos de pensamento], estes são associados, no homem, às recordações verbais, cujos restos qualitativos são suficientes para atrair a atenção da consciência; a partir daí um novo investimento móvel se dirige para o pensamento" (3*b*).

Essa ligação da consciência com a percepção levou Freud a reuni-las a maior parte das vezes num sistema único, que ele chamou em *Projeto para uma psicologia científica* (*Entwurf einer Psychologie*, 1895) pelo nome de sistema ω, e que iria denominar, a partir dos trabalhos metapsicológicos de 1915, "percepção-consciência"* (Pc-Cs). A separação entre esse sistema e todos os que são lugar de inscrição de traços mnésicos* (Pcs e Ics) fundamenta-se por uma espécie de dedução lógica numa ideia já desenvolvida

CONSCIÊNCIA (PSICOLÓGICA)

por Breuer em *Considerações teóricas* (*Theoretisches*, 1895): "[...] um só e mesmo órgão não pode satisfazer estas duas condições contraditórias", restaurar o mais rapidamente possível o *statu quo ante* para poder acolher novas percepções e armazenar impressões para poder reproduzi-las (4). Freud completará mais tarde esta ideia com uma fórmula que pretende explicar a aparição "inexplicável" da consciência: "[...] ela aparece no sistema perceptivo *em lugar* dos traços duradouros" (5*a*).

★

A situação *tópica** da consciência não deixa de levantar dificuldades. Se, no *Projeto*, ela é situada "nos níveis superiores" do sistema, logo a sua junção íntima com a percepção fará com que seja colocada por Freud na periferia entre o mundo exterior e os sistemas mnésicos: "O aparelho perceptivo psíquico compreende duas camadas: uma externa, o para-excitações, destinado a reduzir a amplitude das excitações que chegam de fora, e a outra, por trás desta, superfície receptiva de excitações, o sistema Pc-Cs" (5*b*) (*ver*: para-excitações). Essa situação periférica prefigura a que é destinada ao ego; em *O ego e o id* (*Das Ich und das Es*, 1923), Freud vê no sistema Pc-Cs o "núcleo do ego" (6*a*): "[...] o ego é a parte do id que é modificada pela influência direta do mundo exterior através de Pc-Cs; de certo modo é uma continuação da diferenciação superficial" (6*b*) (*ver*: ego).

Do ponto de vista *econômico**, a consciência não deixou de colocar um problema específico para Freud. Com efeito, a consciência é um fenômeno qualitativo despertado pela percepção das qualidades sensoriais; os fenômenos quantitativos de tensão e distensão tornam-se conscientes unicamente sob forma qualitativa. Mas, por outro lado, uma função como a atenção, eminentemente ligada à consciência com o que ela parece implicar de *mais* e de *menos* intensidade, ou então um processo como o acesso à consciência (*Bewusstwerden*), que desempenha um papel tão importante no tratamento, exigem uma interpretação em termos econômicos. Freud apresenta a hipótese de a energia da atenção, que, por exemplo, "sobreinveste" uma percepção, ser uma energia proveniente do ego (*Entwurf*), ou do sistema Pc (*Traumdeutung*), e orientada pelos indicadores qualitativos fornecidos pela consciência: "A regra biológica da atenção enuncia-se assim para o ego: quando aparece um indicador de realidade, o investimento de uma percepção que está simultaneamente presente deve ser sobreinvestido" (2*e*).

Do mesmo modo, a atenção que se liga aos processos de pensamentos permite uma regulação mais precisa destes do que a que é só fornecida pelo princípio de prazer. "Vemos que a percepção pelos nossos órgãos sensoriais tem como resultado dirigir um investimento da atenção para os caminhos ao longo dos quais se desdobra a excitação sensorial aferente; a excitação qualitativa do sistema Pc serve de regulador para o escoamento da quantidade móvel no aparelho psíquico. Podemos considerar que este órgão superior dos sentidos que é o sistema Cs funciona da mesma maneira. Com a percepção de novas qualidades, ele contribui ainda para orientar

CONSCIÊNCIA (PSICOLÓGICA)

e repartir de forma apropriada as quantidades de investimento móvel" (3c) (*ver*: energia livre–energia ligada; sobreinvestimento).

Por fim, do ponto de vista *dinâmico**, podemos notar uma certa evolução quanto à importância atribuída por Freud ao fator consciência, quer no processo defensivo, quer na eficácia do tratamento. Sem querer refazer essa evolução, podemos indicar alguns de seus elementos:

1º Um mecanismo como o do recalcamento é concebido nos inícios da psicanálise como uma rejeição intencional ainda próxima do mecanismo da atenção: "A clivagem da consciência nestes casos de histeria adquirida é [...] uma clivagem voluntária, intencional, ou pelo menos muitas vezes introduzida por um ato de livre vontade [...]" (7).

Sabemos que a ênfase cada vez maior dada ao caráter pelo menos parcialmente inconsciente das defesas e da resistência que se exprimem no tratamento irá conduzir Freud à remodelação da noção de ego e à sua segunda teoria do aparelho psíquico.

2º Uma etapa importante dessa evolução é assinalada pelos escritos metapsicológicos de 1915, em que Freud enuncia que "[...] o fato de ser consciente, única característica dos processos psíquicos que nos é dada de forma imediata, não é de forma alguma capaz de fornecer um critério de distinção entre sistemas" (8a). Freud não pretende assim renunciar à ideia de que a consciência deva ser atribuída a um sistema, a um verdadeiro "órgão" especializado; mas indica que a capacidade de acesso à consciência não basta para caracterizar a posição tópica de determinado conteúdo no sistema pré-consciente ou no sistema inconsciente: "Na medida em que desejamos abrir caminho para uma concepção metapsicológica da vida psíquica, precisamos aprender a emancipar-nos da importância atribuída ao sintoma 'estar consciente'" (8b, β).

3º Na teoria do tratamento, a problemática da tomada de consciência e da sua eficácia permaneceu um tema primordial de reflexão. Convém apreciarmos a importância relativa e o jogo combinado dos diferentes fatores que intervêm no tratamento: rememoração e construção, repetição na transferência e perlaboração, e finalmente interpretação, cujo impacto não se limita a uma comunicação consciente na medida em que conduz a remodelações estruturais. "O tratamento psicanalítico edifica-se sobre a influência do Cs no Ics, e mostra-nos em todo caso que esta tarefa, por mais árdua que seja, não é impossível" (8c). Mas, por outro lado, Freud enfatizou cada vez mais o fato de que não bastava comunicar ao doente a interpretação, mesmo que inteiramente adequada, de determinada fantasia* inconsciente, para induzir a remodelações estruturais: "Se comunicamos a um paciente uma representação que ele outrora recalcou mas que adivinhamos, isso em nada altera, primeiramente, seu estado psíquico. Antes de mais nada, isso não dissipa o recalcamento nem anula os seus efeitos [...]" (8d).

A passagem à consciência não implica por si só uma verdadeira integração do recalcado no sistema pré-consciente; deve ser completada por todo um trabalho que dissipe as resistências que impedem a comunicação entre os sistemas inconsciente e pré-consciente, e capaz de estabelecer uma ligação cada vez mais estreita entre os traços mnésicos inconscientes e a sua verbalização. Só no fim desse trabalho se podem juntar "[...] o fato de ter ouvido e o de ter vivido [que] são de natureza psicológica absolutamente diferente, mesmo quando o seu conteúdo é o mesmo" (8e). É o tempo da perlaboração* que permite essa integração progressiva ao pré-consciente.

▲ (α) O adjetivo *bewusst* significa consciente quer no sentido ativo (consciente de), quer no sentido passivo (qualidade do que é objeto de consciência). A língua alemã dispõe de vários substantivos formados a partir de *bewusst*. *Bewusstheit* = a qualidade de ser objeto de consciência, que propomos que se traduza por "o fato de ser consciente". *Bewusstsein* = a consciência como realidade psicológica e designando mais a atividade, a função (a consciência moral é designada por um termo inteiramente diferente: *das Gewissen*). *Das Bewusste* = o consciente designando mais um tipo de conteúdos, oposto aos conteúdos pré-conscientes e inconscientes. *Das Bewusstwerden* = o "tornar-se consciente" de determinada representação, que traduzimos por "acesso à consciência". *Das Bewusstmachen* = o fato de tornar consciente determinado conteúdo.

(β) Note-se, a propósito, que a designação dos sistemas na primeira teoria do aparelho psíquico está centrada na referência à consciência: *inconsciente, pré-consciente, consciente*.

(1) FREUD (S.), *Abriss der Psychoanalyse*, 1938. – *a)* GW, XVII, 79, n; SE, XXIII, 157, n.; Fr., 18, n. – *b)* GW, XVII, 79; SE, XXIII, 157; Fr., 18. – *c)* GW, XVII, 83; SE, XXIII, 161; Fr., 24. – *d)* GW, XVII, 84; SE, XXIII, 162; Fr., 25.
(2) FREUD (S.), *Aus den Anfängen der Psychoanalyse*, 1887-1902. – *a)* Al., 393; Ing., 369; Fr., 328. – *b)* Al., 396; Ing., 373; Fr., 331. – *c) Cf.* Al., 373-466; Ing., 348-445; Fr., 307-96. – *d) Cf.* Al., 443-4; Ing., 421-2; Fr., 375-6. – *e)* Al., 451; Ing., 428-9; Fr., 382.
(3) FREUD (S.), *Die Traumdeutung*, 1900. – *a)* GW, II-III, 620; SE, V, 615; Fr., 500. – *b)* GW, II-III, 622; SE, V, 617; Fr., 502. – *c)* GW, II-III, 621; SE, V, 616; Fr., 501.
(4) *Cf.* BREUER (J.), *Theoretisches*, in *Studien über Hysterie*, 1895. Al., 164; SE, II, 188-9, n.; Fr., 149-50, n.
(5) FREUD (S.), *Notiz über den "Wunderblock"*, 1925. – *a)* GW, XIV, 4-5; SE, XIX, 228. – *b)* GW, XIV, 6; SE, XIX, 230.
(6) FREUD (S.). – *a)* GW, XIII, 251; SE, XIX, 24; Fr., 178. – *b)* GW, XIII, 252; SE, XIX, 25; Fr., 179.
(7) FREUD (S.), *Studien über Hysterie*, 1895. GW, I, 182; SE, II, 123; Fr., 96.
(8) FREUD (S.), *Das Unbewusste*, 1915. – *a)* GW, X, 291; SE, XIV, 192; Fr., 139. – *b)* GW, X, 291; SE, XIV, 192; Fr., 139. – *c)* GW, X, 293; SE, XIV, 193; Fr., 141. – *d)* GW, X, 274; SE, XIV, 193; Fr., 141. – *d)* GW, X, 274; SE, XIV, 175; Fr., 109-10. – *e)* GW, X, 275; SE, XIV, 175-6; Fr., 110.

CONSTRUÇÃO

= *D.*: Konstruktion. – *F.*: construction. – *En.*: construction. – *Es.*: construcción. – *I.*: costruzione.

• ***Termo proposto por Freud para designar uma elaboração do analista mais extensiva e mais distante do material que a interpretação, e essencialmente destinada a reconstituir nos seus aspectos simultaneamente reais e fantasísticos uma parte da história infantil do sujeito.***

CONSTRUÇÃO

■ É difícil, e talvez pouco desejável, conservar o sentido relativamente restrito que Freud atribui ao termo "construção" em *Construções na análise* (*Konstruktionen in der Analyse*, 1937). Nesse artigo, Freud pretende acima de tudo destacar a dificuldade existente em satisfazer o objetivo ideal do tratamento, isto é, em obter uma rememoração total com a eliminação da amnésia infantil*: o analista é levado a elaborar verdadeiras "construções" e a propô-las ao paciente, o que, de resto, nos casos favoráveis (quando a construção é precisa e comunicada no momento em que o paciente está preparado para acolhê-la), pode fazer ressurgir a recordação ou fragmentos de recordações recalcadas (1). Mesmo quando não produz esse efeito, a construção tem, segundo Freud, uma eficácia terapêutica: "Frequentemente não conseguimos levar o paciente a recordar-se do recalcado. Obtemos, em lugar disso, se tivermos conduzido corretamente a análise, uma firme convicção da verdade da construção, convicção que tem o mesmo efeito terapêutico de uma lembrança reencontrada" (2).

★

A ideia particularmente interessante expressa pelo termo "construção" não pode ser reduzida ao uso quase técnico que Freud faz dele no seu artigo de 1937. Aliás, poderíamos encontrar na sua obra muitas indicações que atestam que o tema de uma construção, de uma organização do material, está presente desde o início, e sob diversos aspectos. Ao mesmo tempo que descobre o inconsciente, Freud descreve-o como uma organização que a cura deve permitir reconstituir. No discurso do paciente, com efeito, "[...] o conjunto da massa, espacialmente dispersa, do material patogênico é esticada através de uma fenda estreita e chega assim à consciência como dividida em fragmentos ou tiras. A tarefa do psicoterapeuta é recompor a partir daí a organização suposta. Para quem gosta de comparações, podemos evocar aqui um jogo de paciência" (3).

Em *Uma criança é espancada* (*Ein Kind wird geschlagen*, 1919), é toda a evolução de uma fantasia que Freud tenta reconstruir; certos momentos dessa evolução são como que essencialmente inacessíveis à recordação, mas há uma verdadeira lógica interna que torna necessário supor a sua existência e reconstituí-los.

De um modo mais geral, não se pode falar apenas de construção pelo analista ou no decorrer do tratamento: a concepção freudiana da fantasia supõe que esta seja também um modo de elaboração pelo sujeito, uma construção que encontra um apoio parcial na realidade, como bem ilustra a existência das "teorias" sexuais infantis. Finalmente, é todo o problema das estruturas inconscientes e da estruturação pelo tratamento que é levantado pelo termo "construção".

(1) *Cf.* FREUD (S.), *Abriss der Psychoanalyse*, 1938. GW, XVII, 103-4; SE, XXIII, 178; Fr., 46-7.

(2) FREUD (S.), *Konstruktionen in der Analyse*, 1937. GW, XVI, 53; SE, XXIII, 265-6.

(3) FREUD (S.), *Zur Psychotherapie der Hysterie*, in *Studien über Hysterie*, 1895. GW, I, 296; SE, II, 291; Fr., 236.

CONTEÚDO LATENTE

= *D.*: latenter Inhalt. – *F.*: contenu latent. – *En.*: latent content. – *Es.*: contenido latente. – *I.*: contenuto latente.

• **Conjunto de significações a que chega a análise de uma produção do inconsciente, particularmente do sonho. Uma vez decifrado, o sonho deixa de aparecer como uma narrativa em imagens para se tornar uma organização de pensamentos, um discurso, que exprime um ou vários desejos.**

▪ Pode-se entender a expressão "conteúdo latente" num sentido amplo, como o conjunto daquilo que a análise vai sucessivamente revelando (associações do analisando, interpretações do analista); o conteúdo latente de um sonho seria então constituído por restos diurnos, recordações da infância, impressões corporais, alusões à situação transferencial etc.
Num sentido mais restrito, o conteúdo latente designaria, por oposição ao conteúdo manifesto – lacunar e mentiroso –, a tradução integral e verídica da palavra do sonhante, a expressão adequada do seu desejo. O conteúdo manifesto (que Freud designa muitas vezes apenas pelo termo "conteúdo") é a versão mutilada, o conteúdo latente (igualmente chamado "pensamentos" ou "pensamentos latentes" do sonho) descoberto pelo analista é a versão correta: eles "[...] aparecem para nós como duas apresentações do mesmo conteúdo em duas línguas diferentes, ou, melhor dito, o conteúdo do sonho se apresenta como uma transferência dos pensamentos do sonho para um outro modo de expressão cujos sinais e leis de composição temos de aprender a conhecer, pela comparação do original com a tradução. Os pensamentos do sonho nos são imediatamente compreensíveis logo que deles tomamos conhecimento" (1*a*).
Segundo Freud, o conteúdo latente é anterior ao conteúdo manifesto, e o trabalho do sonho transforma um no outro e, nesse sentido, "nunca é criador" (2). Isso não significa que o analista possa redescobrir tudo – "Nos sonhos mais bem interpretados somos muitas vezes obrigados a deixar um ponto na sombra [...]. É esse o umbigo do sonho" (1*b*) – nem, consequentemente, que ele possa ter assim uma interpretação definitiva de um sonho (*ver*: sobreinterpretação).

(1) FREUD (S.), *Die Traumdeutung*, 1900. – *a*) GW, II-III, 283; SE, IV, 277; Fr., 207. – *b*) GW, II-III, 530; SE, V, 525; Fr., 433.
(2) FREUD (S.), *Über den Traum*, 1901. GW, II-III, 680; SE, V, 667; Fr., 112.

CONTEÚDO MANIFESTO

= *D.*: manifester Inhalt. – *F.*: contenu manifeste. – *En.*: manifest content. – *Es.*: contenido manifesto. – *I.*: contenuto manifesto.

• *Designa o sonho antes de ser submetido à investigação analítica, tal como aparece ao sonhante que o relata. Por extensão, fala-se do conteúdo manifesto de qualquer produção verbalizada – desde a fantasia à obra literária – que se pretende interpretar segundo o método analítico.*

▪ A expressão "conteúdo manifesto" é introduzida por Freud em *A interpretação de sonhos* (*Die Traumdeutung*, 1900) em correlação com "conteúdo latente". Frequentemente o termo "conteúdo", sem qualificativo, é usado no mesmo sentido e contraposto a "pensamentos (ou pensamentos latentes) do sonho". Para Freud, o conteúdo manifesto é o produto do trabalho do sonho, e o conteúdo latente, o do trabalho inverso, o da interpretação.

Houve quem criticasse essa concepção de um ponto de vista fenomenológico: para Politzer, o sonho, estritamente falando, teria apenas um conteúdo. O que Freud entende por conteúdo manifesto constituiria o relato descritivo que o sujeito faz do seu sonho num momento em que não tem à sua disposição todas as significações que o seu sonho exprime (1).

(1) *Cf.* POLITZER (G.), *Critique des fondements de la psychologie*, Rieder, Paris, 1928.

CONTRACATEXIA

Ver: **Contrainvestimento**

CONTRAINVESTIMENTO

= *D.*: Gegenbesetzung. – *F.*: contre-investissement. – *En.*: anticathexis. – *Es.*: contra-carga. – *I.*: controcarica *ou* controinvestimento.

• *Processo econômico postulado por Freud como suporte de numerosas atividades defensivas do ego. Consiste no investimento pelo ego de representações, sistemas de representações, atitudes etc., suscetíveis de criarem obstáculo para o acesso à consciência e à motilidade das representações e desejos inconscientes.*

O termo pode igualmente designar o resultado mais ou menos permanente desse processo.

▪ A noção de contrainvestimento é invocada por Freud principalmente no quadro da sua teoria econômica do recalque. As representações a recalcar, na medida em que são investidas constantemente pela pulsão e tendem incessantemente a irromper na consciência, só podem ser mantidas no inconsciente se uma força igualmente constante se exercer em sentido contrário. Em geral, o recalque supõe, portanto, dois processos econômicos que mutuamente se implicam:

1) retraimento pelo sistema Pcs do investimento até então ligado a determinada representação desagradável (desinvestimento);

2) contrainvestimento, utilizando a energia que a operação precedente tornou disponível.

Coloca-se a questão de saber o que é escolhido como objeto do contrainvestimento. Convém notar que o contrainvestimento tem como resultado manter uma representação no sistema de onde provém a energia pulsional. Trata-se, pois, do investimento de um elemento do sistema pré-consciente-consciente que impede o aparecimento, em seu lugar, da representação recalcada. O elemento contrainvestido pode ser de diversas naturezas: um simples derivado* da representação inconsciente (formação substitutiva, por exemplo, o animal fóbico que é objeto de vigilância especial e destinado a manter recalcados o desejo inconsciente e as fantasias conexas), ou um elemento que se opõe diretamente a ela (formação reativa, por exemplo a solicitude exagerada de uma mãe pelos filhos encobrindo desejos agressivos; a preocupação de limpeza que vem lutar contra tendências anais).

Por outro lado, o que é contrainvestido pode ser tanto uma representação como uma situação, um comportamento, um traço do caráter etc., continuando o objetivo a ser sempre manter da forma mais constante possível o recalque. Nessa medida, a noção de contrainvestimento exprime o aspecto econômico da noção dinâmica de defesa do ego; explica a estabilidade do sintoma que, segundo a expressão de Freud, é "mantido dos dois lados ao mesmo tempo". À indestrutibilidade do desejo inconsciente opõe-se a rigidez relativa das estruturas defensivas do ego, que exige um permanente dispêndio de energia.

A noção de contrainvestimento não é apenas utilizável em relação à fronteira dos sistemas inconsciente, por um lado, e pré-consciente, por outro. Inicialmente invocado por Freud na teoria do recalque* (1), o contrainvestimento encontra-se igualmente em grande número de operações defensivas: isolamento, anulação retroativa, defesa pela realidade etc. Nessas operações defensivas, ou ainda no mecanismo da atenção e do pensamento discriminativo, o contrainvestimento opera igualmente no próprio interior do sistema pré-consciente-consciente.

Por fim, Freud apela para a noção de contrainvestimento no quadro da relação do organismo com o meio para explicar reações de defesa contra uma irrupção de energia externa que invada o para-excitações* (dor, traumatismo). O organismo mobiliza então energia interna à custa das suas atividades que se encontram, por isso mesmo, empobrecidas, para criar uma espécie de barreira que previna ou limite o afluxo de excitações externas (2).

(1) FREUD (S.), *Die Traumdeutung*, 1900. GW, II-III, 610; SE, V, 604-5; Fr., 493.
(2) *Cf.* por exemplo FREUD (S.), *Jenseits des Lustprinzips*, 1920. GW, XIII, 30-1; SE, XVIII, 30-1; Fr., 33-4.

CONTRATRANSFERÊNCIA

= *D.*: Gegenübertragung. – *F.*: contre-transfert. – *En.*: counter-transference. – *Es.*: contratransferencia. – *I.*: controtransfert.

• **Conjunto das reações inconscientes do analista à pessoa do analisando e, mais particularmente, à transferência deste.**

■ São raríssimas as passagens em que Freud alude àquilo que chamou de contratransferência. Vê nela o resultado da "influência do doente sobre os sentimentos inconscientes do médico" (1*a*) e sublinha que "nenhum analista vai além do que os seus próprios complexos e resistências internas lhe permitem" (1*b*), o que tem como corolário a necessidade de o analista se submeter a uma análise pessoal.

Depois de Freud, a contratransferência foi objeto de crescente atenção por parte dos psicanalistas, especialmente na medida em que o tratamento era cada vez mais compreendido e descrito como relação, e também em virtude da extensão da psicanálise a novos campos (análise de crianças e de psicóticos) em que as reações inconscientes do analista podem ser mais solicitadas. Vamos fixar apenas dois pontos:

1º Do ponto de vista da delimitação do conceito, encontram-se largas variações, pois certos autores entendem por contratransferência tudo o que, da personalidade do analista, pode intervir no tratamento, e outros limitam a contratransferência aos processos inconscientes que a transferência do analisando provoca no analista.

Daniel Lagache admite essa última delimitação e esclarece-a ao observar que a contratransferência entendida nesse sentido (reação à transferência do outro) não se encontra apenas no analista, mas também no analisando. Transferência e contratransferência não coincidiriam assim com processos próprios do analisando, por um lado, e do analista, por outro. Se considerássemos o conjunto do campo analítico, conviria distinguir, em cada uma das duas pessoas presentes, o que é transferência do que é contratransferência (2).

2º Do ponto de vista técnico, podemos esquematicamente distinguir três orientações:

a) reduzir o mais possível as manifestações contratransferenciais pela análise pessoal, de modo que a situação analítica seja estruturada, por assim dizer, como uma superfície projetiva apenas pela transferência do paciente;

b) utilizar, controlando-as, as manifestações de contratransferência no trabalho analítico, na sequência da indicação de Freud segundo a qual "[...] todos possuem no seu próprio inconsciente um instrumento com que podem interpretar as expressões do inconsciente dos outros" (3) (*ver*: atenção flutuante);

c) guiar-se, mesmo para a *interpretação*, pelas suas próprias reações contratransferenciais, muitas vezes assimiladas, nesta perspectiva, às emoções sentidas. Essa atitude postula que a ressonância "de inconsciente a inconsciente" constitui a única comunicação autenticamente psicanalítica.

(1) FREUD (S.), *Die zukünftigen Chancen der psychoanalytischen Therapie*, 1910. – *a)* GW, VIII, 108; SE, XI, 144-5; Fr., 27. – *b)* GW, VIII, 108; SE, XI, 144-5; Fr., 27.
(2) *Cf.* LAGACHE (D.), La méthode psychanalytique, in MICHAUX (L.) e col., *Psychiatrie*, 1036-66, Paris, 1964.
(3) FREUD (S.), *Die Disposition zur Zwangsneurose*, 1913. GW, VIII, 445; SE, XII, 320; Fr., 441.

CONVERSÃO

= *D.*: Konversion. – *F.*: conversion. – *En.*: conversion. – *Es.*: conversión. – *I.*: conversione.

• **Mecanismo de formação de sintomas que opera na histeria e mais especificamente na histeria de conversão (ver este termo).**

Consiste numa transposição de um conflito psíquico e numa tentativa de resolvê-lo em termos de sintomas somáticos, motores (paralisias, por exemplo) ou sensitivos (anestesias ou dores localizadas, por exemplo).

O termo "conversão" é, para Freud, correlativo de uma concepção econômica; a libido desligada da representação recalcada é transformada em energia de inervação. Mas o que especifica os sintomas de conversão é a sua significação simbólica: eles exprimem, pelo corpo, representações recalcadas.

■ O termo "conversão" foi introduzido por Freud em psicopatologia para explicar o "salto do psíquico para a inervação somática" que ele próprio considerava difícil de conceber (1). Essa ideia, nova no fim do século XIX, tomou, como se sabe, enorme extensão, principalmente com o desenvolvimento das pesquisas psicossomáticas. Isso ainda torna mais necessário delimitar, nesse campo agora muito amplo, o que mais especificamente pode ser ligado à conversão; note-se, aliás, que essa preocupação já está presente em Freud, particularmente na distinção entre sintomas histéricos e sintomas somáticos das neuroses atuais.

O termo "conversão" é contemporâneo das primeiras investigações de Freud sobre a histeria. Podemos encontrá-lo pela primeira vez no caso de *Frau* Emmy von N., de *Estudos sobre a histeria* (*Studien über Hysterie*, 1895), e em *As psiconeuroses de defesa* (*Die Abwehr-Neuropsychosen*, 1894). O seu sentido primordial é econômico; é uma energia libidinal que se transforma, *converte-se*, em inervação somática. A conversão é correlativa do desligar-se da libido da representação no processo do recalcamento; a energia libidinal desligada é então "[...] transposta para o corporal" (2*a*).

Essa interpretação econômica da conversão é inseparável, em Freud, de uma concepção simbólica: nos sintomas corporais há representações recalcadas que "falam" (3), deformadas pelos mecanismos da condensação e do deslocamento. Freud nota que a relação simbólica que liga o sintoma à significação é tal que um sintoma não só exprime várias significações *ao mesmo tempo*, como as exprime *sucessivamente*: "Com o correr dos anos, um sintoma pode ter uma das suas significações ou a sua significação dominante mudada [...]. A produção de um sintoma desta espécie é tão difícil, a transferência de uma excitação puramente psíquica para o domínio do corpo – processo a que chamei conversão – depende do concurso de tantas condições favoráveis, a complacência somática necessária à conversão é tão penosamente obtida, que a pressão para a descarga da excitação proveniente do inconsciente leva a usar, na medida do possível, o caminho de descarga que já é praticável" (4).

No que diz respeito aos motivos que fazem com que sejam sintomas de conversão a formar-se e não outros – fóbicos ou obsessivos, por exemplo –, Freud invoca primeiro uma "capacidade de conversão" (2*b*), ideia que retomará com a expressão "complacência somática"*, fator constitucional ou adquirido que predisporia, de uma forma geral, determinado sujeito à conversão ou, de forma mais específica, determinado órgão ou aparelho a ser utilizado por ela. Assim, a questão remete para a da "escolha da neurose"* e para a da especificidade das estruturas neuróticas.

Como situar a conversão do ponto de vista nosográfico?

1º No campo da *histeria*: Freud considerou-a inicialmente como um mecanismo que, em diversos graus, operaria sempre na histeria. Depois, o aprofundamento da estrutura histérica levou-o a ligá-la a uma forma de neurose que não compreende sintomas de conversão, essencialmente uma síndrome fóbica por ele isolada como histeria de angústia*, o que permite, por sua vez, delimitar uma histeria de conversão.

Essa tendência a deixar de considerar coextensivas histeria e conversão encontra-se hoje quando se fala de histeria, de estrutura histérica, sem que haja sintomas de conversão.

2º No campo mais geral das *neuroses*: além da histeria, em outras neuroses encontram-se sintomas corporais que possuem uma relação simbólica com as fantasias inconscientes do sujeito (por exemplo, as perturbações intestinais do *Homem dos lobos*). A conversão deve, então, ser concebida como um mecanismo tão fundamental na formação dos sintomas que poderá ser encontrado – em diversos graus – nas diferentes categorias de neurose, ou será melhor continuar considerando-a específica da histeria e invocar – sempre que a encontrarmos em outras afecções – um "núcleo histérico" ou ainda falar de "neurose mista"? Problema que não é de palavras, visto que leva a diferenciar as neuroses do ponto de vista das estruturas, e não apenas dos sintomas.

3º No campo atualmente qualificado de *psicossomático*: sem pretendermos encerrar uma discussão que continua em aberto, parece que existe hoje em dia a tendência para distinguir a conversão histérica de outros processos de formação de sintomas, para os quais se propõe, por exemplo, o nome de *somatização*. O sintoma de conversão histérica estaria numa relação simbólica mais concreta com a história do sujeito, seria menos isolável numa entidade nosográfica somática (exemplo: úlcera do estômago, hipertensão), menos estável etc. Embora a distinção clínica possa em muitos casos impor-se, a distinção teórica continua difícil de elaborar.

(1) FREUD (S.), *Bemerkungen über einen Fall von Zwangsneurose*, 1909. GW, VII, 382; SE, X, 157; Fr., 200.

(2) *Cf.* FREUD (S.), *Die Abwehr-Neuropsychosen*, 1894. – *a*) GW, I, 63; SE, III, 49. – *b*) GW, I, 65; SE, III, 50.

(3) *Cf.* por exemplo: FREUD (S.), *Studien über Hysterie*, 1895. GW, I, 212; SE, II, 148; Fr., 117.

(4) FREUD (S.), *Bruchstück einer Hysterie-Analyse*, 1905. GW, V, 213; SE, VII, 53; Fr., 38.

D

DEFESA

= *D.*: Abwehr. – *F*: défense. – *En.*: defence. – *Es.*: defensa. – *I.*: difesa.

● **Conjunto de operações** cuja **finalidade** *é reduzir, suprimir qualquer modificação suscetível de pôr em perigo a integridade e a constância do indivíduo biopsicológico. O ego, na medida em que se constitui como instância que encarna essa constância e que procura mantê-la, pode ser descrito como* o *que está em jogo nessas operações e o* **agente** *delas.*

De um modo geral, a defesa incide sobre *a excitação interna (pulsão) e, preferencialmente, sobre uma das representações (recordações, fantasias) a que está ligada, sobre uma situação capaz de desencadear essa excitação na medida em que é incompatível com esse equilíbrio e, por isso, desagradável para o ego. Os afetos desagradáveis,* **motivos** *ou* **sinais** *da defesa, podem também ser objeto dela.*

O processo defensivo especifica-se em **mecanismos** *de defesa mais ou menos integrados ao ego.*

Marcada e infiltrada por aquilo sobre o que em última análise ela acaba incidindo – a *pulsão* –, *a defesa toma muitas vezes um aspecto compulsivo e opera, pelo menos parcialmente, de forma inconsciente.*

■ Ao colocar em primeiro plano a noção de defesa na histeria e logo a seguir nas outras psiconeuroses, Freud delineou a sua própria concepção da vida psíquica em oposição aos pontos de vista dos seus contemporâneos (*ver*: histeria de defesa). Os *Estudos sobre a histeria* (*Studien über Hysterie*, 1895) mostram toda a complexidade das relações entre a defesa e o ego ao qual ela se refere. De fato, o ego é a região da personalidade, o "espaço" que pretende ser protegido de qualquer perturbação (conflitos entre desejos opostos, por exemplo). É também um "grupo de representações" em desacordo com uma representação "inconciliável" com ele, e o sinal dessa incompatibilidade é um afeto desagradável; ele é por fim agente da operação defensiva (*ver*: ego). Nos trabalhos de Freud em que se elabora o conceito de psiconeurose de defesa, a ideia de inconciliabilidade de uma representação com o ego é sempre o que mais se acentua; os diferentes modos de defesa consistem nas diferentes formas de tratar essa represen-

DEFESA

tação, jogando especialmente com a separação entre ela e o afeto que lhe estava originariamente ligado. Por outro lado, sabe-se que Freud opõe desde muito cedo as psiconeuroses de defesa às neuroses atuais*, grupo de neuroses em que um aumento insuportável de tensão interna devido a uma excitação sexual não descarregada encontra saída em diversos sintomas somáticos; é significativo que Freud se recuse, neste último caso, a falar de defesa, embora ali exista uma forma de proteger o organismo e de procurar restaurar um certo equilíbrio. A defesa, no momento mesmo em que é descoberta, é implicitamente diferenciada das medidas que um organismo toma para reduzir qualquer aumento de tensão.

Ao mesmo tempo que procura especificar as diferentes modalidades do processo defensivo segundo as afecções, e que a experiência do tratamento lhe permite reconstituir melhor – nos *Estudos sobre a Histeria* – o desenrolar desse processo (ressurgimento dos afetos desagradáveis que motivaram a defesa, escalonamento das resistências, estratificação do material patogênico etc.), Freud procura apresentar um modelo metapsicológico da defesa. No início, essa teoria refere-se – o que na sequência será feito constantemente – a uma oposição entre as excitações externas, às quais se pode fugir ou contra as quais existe um dispositivo mecânico de barragem que permite filtrá-las (*ver*: para-excitações), e as excitações internas, às quais não se pode fugir. Contra essa agressão de dentro que é a pulsão constituem-se os diferentes procedimentos defensivos. O *Projeto para uma psicologia científica* (*Entwurf einer Psychologie*, 1895) aborda o problema da defesa de duas maneiras:

1) Freud procura a origem daquilo a que chama "defesa primária" numa "vivência de dor", tal como encontrou o modelo do desejo e da inibição pelo ego numa "vivência de satisfação". Essa concepção, no entanto, não é fácil de apreender, mesmo no *Projeto*, com a mesma clareza da vivência de satisfação (α).

2) Freud procura diferenciar uma defesa normal de uma defesa patológica. A primeira opera no caso da revivescência de uma experiência penosa; é necessário que o ego já tenha podido, quando da experiência inicial, começar a inibir o desprazer por "investimentos laterais": "Quando o investimento do traço mnésico se repete, o desprazer repete-se também, mas as facilitações do ego também já estão colocadas; a experiência mostra que, na segunda vez, a liberação [de desprazer] é menos importante, e acaba, depois de várias repetições, por se reduzir à intensidade que convém ao ego, que é a de um sinal" (1*a*).

Tal defesa evita ao ego o risco de ser submerso e infiltrado pelo processo primário, como acontece com a defesa patológica. Sabemos que, para Freud, a condição desta está numa cena sexual que na época não tinha suscitado defesa, mas cuja recordação reativada desencadeia, de dentro, um aumento de excitação. "A atenção volta-se para as percepções que habitualmente dão ocasião à liberação de desprazer. [Ora] aqui não é uma percepção, mas um traço mnésico que, de forma inesperada, libera desprazer, e o ego é informado disso tarde demais" (1*b*). Isso explica que "[...] em um *processo do ego* se produzam consequências que habitualmente só observamos nos processos primários" (1*c*).

Portanto, a condição da defesa patológica é o desencadeamento de uma excitação de origem interna, provocando desprazer, e contra a qual não foi estabelecida qualquer aprendizagem defensiva. Não é, pois, a intensidade do afeto em si que motiva a entrada em jogo da defesa patológica, mas condições muito específicas que não se encontram nem no caso de uma percepção penosa nem mesmo quando da rememoração de uma percepção penosa. As condições só se encontram realizadas, para Freud, no domínio da sexualidade (*ver: a posteriori*; sedução).

★

Sejam quais forem as modalidades diversas do processo defensivo na histeria, na neurose obsessiva, na paranoia etc. (*ver:* mecanismos de defesa), os dois polos do conflito são sempre o ego e a pulsão. É contra uma ameaça interna que o ego procura proteger-se. Embora todos os dias a clínica venha validá-la, essa concepção coloca um problema teórico que Freud sempre teve presente: como pode a descarga pulsional, por definição voltada a causar prazer, ser percebida como desprazer ou como ameaça de desprazer, a ponto de desencadear uma defesa? A diferenciação tópica do aparelho psíquico permite enunciar que o que é prazer para um sistema é desprazer para outro (o ego), mas essa repartição dos papéis exige que se explique o que pode levar certas exigências pulsionais a serem contrárias ao ego. Uma solução teórica é recusada por Freud: aquela segundo a qual a defesa entraria em jogo "[...] quando a tensão aumenta de forma insuportável pelo fato de uma moção pulsional se encontrar insatisfeita" (2). Assim, uma fome não saciada não é recalcada; sejam quais forem os "meios de defesa" de que o organismo dispõe para enfrentar uma ameaça desse tipo, não se trata da defesa tal como a psicanálise a encontra. A *homeostase do organismo* não é condição suficiente para exprimi-la.

Qual é o propulsor decisivo da defesa do ego? Por que ele percebe como desprazer determinada moção pulsional? Essa questão, fundamental em psicanálise, pode receber diversas respostas, que, aliás, não se excluem necessariamente. Uma primeira distinção muitas vezes admitida diz respeito à origem última do perigo iminente à satisfação pulsional. Pode-se considerar a própria pulsão como perigosa para o ego, como agressão interna; pode-se, em última análise, atribuir todo o perigo à relação do indivíduo com o mundo exterior, pois a pulsão só é perigosa em virtude dos danos reais a que a sua satisfação corre o risco de levar. É assim que a tese admitida por Freud em *Inibição, sintoma e angústia* (*Hemmung, Symptom und Angst*, 1926), e particularmente a sua reinterpretação da fobia, leva a privilegiar a "angústia ante um perigo real"* (*Realangst*) e, no limite, a considerar como derivada a angústia neurótica ou angústia perante a pulsão.

Se abordarmos o mesmo problema do ponto de vista da concepção do ego, é evidente que as soluções variarão conforme se acentue a sua função de agente da realidade e representante do princípio da realidade, ou se insista na sua "compulsão à síntese", ou ainda se prefira descrevê-lo principalmente como uma forma, uma espécie de réplica intrassubjetiva do organismo, regulado, como este, por um princípio de homeostase. Por fim, de um ponto de vista dinâmico, podemos ser tentados a explicar o problema colocado pelo desprazer de origem pulsional pela existência de um antagonismo que não seria apenas o das pulsões e da instância do ego, mas o de duas espécies de pulsões com objetivos opostos. Foi esse o caminho escolhido por Freud nos anos de 1910-1915, opondo às pulsões sexuais as pulsões de autoconservação ou pulsões do ego. É sabido que esse par pulsional será substituído, na última teoria de Freud, pelo antagonismo entre as pulsões de vida e as pulsões de morte, e que essa nova oposição já não coincide diretamente com o jogo das forças em presença na dinâmica do conflito psíquico*.

O próprio termo "defesa", sobretudo quando usado de forma absoluta, está cheio de mal-entendidos e exige a introdução de distinções nocionais. Designa tanto a ação de *defender* (tomar a defesa) como a de *defender-se*. Finalmente, em francês há ainda a ideia de *défense de*, a noção de interdição. Poderia pois ser útil distinguir diversos parâmetros da defesa, mesmo que eles coincidam mais ou menos uns com os outros. *O que está em jogo na defesa*: o "lugar psíquico" que é ameaçado; *o seu agente*: o que é suporte da ação defensiva; *a sua finalidade*: por exemplo, a tendência a manter ou restabelecer a integridade e a constância do ego e evitar qualquer perturbação que subjetivamente se traduzisse por desprazer; *os seus motivos*: o que vem anunciar a ameaça e desencadear o processo defensivo (afetos reduzidos à função de sinais, sinal de angústia*); *os seus mecanismos*.

Finalmente, a distinção entre a *defesa*, no sentido quase estratégico que tomou em psicanálise, e a *interdição*, tal como se formula particularmente no complexo de Édipo, ao mesmo tempo que sublinha a heterogeneidade de dois níveis, o da estruturação do aparelho psíquico e o da estrutura do desejo e das fantasias mais fundamentais, deixa em aberto a questão da articulação deles na teoria e na prática do tratamento.

▲ (α) A tese de uma "vivência de dor", simétrica à vivência de satisfação, é logo à primeira vista paradoxal: por que o aparelho neurônico iria repetir até a alucinação uma dor que se define por um aumento de carga, se a função do aparelho é evitar qualquer aumento de tensão? Esse paradoxo poderia ser esclarecido tomando em consideração as numerosas passagens da obra de Freud em que ele se interrogou sobre o problema econômico da dor; perceberíamos, então, a nosso ver, que a dor física como violação do limite corporal deveria antes ser tomada como um modelo daquela agressão interna que a pulsão constitui para o ego. Em vez de uma repetição alucinatória de uma dor efetivamente vivida, a "vivência de dor" deveria ser compreendida como o aparecimento, quando da revivescência de uma experiência que em si mesma pôde não ter sido dolorosa, dessa "dor" que, para o ego, é a angústia.

(1) Freud (S.). – *a*) Al., 438; Ing., 416; Fr., 369. – *b*) Al., 438; Ing., 416; Fr., 369. – *c*) Al., 432; Ing., 410; Fr., 364.
(2) Freud (S.), *Die Verdrängung*, 1915. gw, x, 249; se, xiv, 147; Fr. 69.

DEFORMAÇÃO

= *D.*: Entstellung. – *F.*: déformation. – *En.*: distortion. – *Es.*: deformación. – *I.*: deformazione.

• ***Efeito global do trabalho do sonho: os pensamentos latentes são transformados em um produto manifesto dificilmente reconhecível.***

■ Remetemos aos artigos *trabalho do sonho, conteúdo manifesto, conteúdo latente.*

A edição francesa de *A interpretação de sonhos* (*Die Traumdeutung*, 1900) traduz *Entstellung* por *transposition* (transposição). O termo parece-nos muito fraco. Os pensamentos latentes não são apenas expressos em outro registro (*cf.* transposição de uma melodia), mas ainda desfigurados de tal modo que só por um trabalho de interpretação podem ser restituídos. O termo "alteração" foi afastado em virtude da sua tonalidade pejorativa. Propomos deformação.

DERIVADO DO INCONSCIENTE

= *D.*: Abkömmling des Unbewussten. – *F.*: rejeton de l'inconscient. – *En.*: derivative of the unconscious. – *Es.*: derivado del inconsciente. – *I.*: derivato dell'inconscio.

• ***Expressão muitas vezes usada por Freud no quadro da sua concepção dinâmica do inconsciente; este tende a fazer ressurgir na consciência e na ação produções em conexão mais ou menos longínqua com ele. Esses derivados do recalcado são por sua vez objeto de novas medidas de defesa.***

■ Encontramos essa expressão sobretudo nos textos metapsicológicos de 1915. Não designa determinada produção do inconsciente em especial, mas engloba, por exemplo, os sintomas, as associações no decurso da sessão (1*a*), as fantasias (2).

A expressão "derivado do representante recalcado" (1*b*) ou "do recalcado" (1*c*) está relacionada com a teoria dos dois tempos do recalque. O que foi recalcado no primeiro tempo (recalque originário* ou primário) tende a irromper de novo na consciência sob a forma de derivados, e é então submetido a um segundo recalque (recalque *a posteriori* ou secundário).

O termo francês *rejeton* (broto) evidencia uma característica essencial do inconsciente: conserva-se sempre ativo, exerce uma pressão para a consciência. O termo "broto", tirado da botânica, acentua essa ideia, pela imagem de algo que torna a crescer depois de se ter tentado suprimir.

(1) FREUD (S.), *Die Verdrängung*, 1915. – *a*) *Cf.* GW, X, 251-2; SE, XIV, 149-50; Fr., 73-4. – *b*) GW, X, 250; SE, XIV, 148; Fr., 71-2; – *c*) GW, X, 251; SE, XIV, 149; Fr., 73.
(2) *Cf.* FREUD (S.), *Das Unbewusste*, 1915. GW, X, 289; SE, XIV, 190-1; Fr., 137.

DESAMPARO (ESTADO DE –)

= *D.*: Hilflosigkeit. – *F.*: détresse *ou* (état de–). – *En.*: helplessness. – *Es.*: desamparo. – *I.*: l'essere senza aiuto.

• *Termo da linguagem comum que assume um sentido específico na teoria freudiana. Estado do lactente que, dependendo inteiramente de outrem para a satisfação das suas necessidades (sede, fome), é impotente para realizar a ação específica adequada para pôr fim à tensão interna.*
Para o adulto, o estado de desamparo é o protótipo da situação traumática geradora de angústia.

■ A palavra *Hilflosigkeit*, que para Freud constitui uma referência constante, merece ser definida e traduzida por um termo único. Propomos o *état de détresse* (estado de desamparo) em vez de *détresse* (desamparo) simplesmente, porque se trata, para Freud, de um dado essencialmente objetivo: a impotência do recém-nascido humano que é incapaz de empreender uma ação coordenada e eficaz (*ver*: ação específica); foi isso que Freud designou pela expressão *motorische Hilflosigkeit* (1*a*). Do ponto de vista econômico, tal situação leva ao aumento da tensão da necessidade que o aparelho psíquico não pode ainda dominar: é a *psychische Hilflosigkeit*.

A ideia de um estado de desamparo inicial está na base de diversas ordens de considerações.

1º No plano genético (2), é a partir dela que se podem compreender o valor *princeps* da *vivência de satisfação**, a sua reprodução alucinatória e a diferenciação entre processos primário e secundário*.

2º O estado de desamparo, em correlação com a total dependência do bebê humano com relação à mãe, implica a *onipotência* desta. Influencia assim de forma decisiva a estruturação do psiquismo, destinado a constituir-se inteiramente na relação com outrem.

3º No quadro de uma teoria da angústia, o estado de desamparo torna-se o protótipo da situação traumática. É assim que, em *Inibição, sintoma e angústia* (*Hemmung, Symptom und Angst*, 1926), Freud reconhece uma característica comum aos "perigos internos": perda, ou separação, que provoca um aumento progressivo da tensão, a ponto de, num caso extremo, o sujeito se ver incapaz de dominar as excitações, sendo submergido por elas – o que define o estado gerador do sentimento de desamparo.

4º Note-se, para finalizar, que Freud liga explicitamente o estado de desamparo à *prematuração* do ser humano: a sua "[...] existência intrauterina parece relativamente abreviada em comparação com a da maioria dos animais; ele está menos acabado do que estes quando é jogado no mundo. Por isso, a influência do mundo exterior é reforçada, a diferenciação precoce entre o ego e o id é necessária, a importância dos perigos do mundo exterior é exagerada e o objeto, que é o único que pode proteger contra esses perigos e substituir a vida intrauterina, tem o seu valor enormemente aumentado. Esse fator biológico estabelece, pois, as primeiras situações de perigo e cria a necessidade de ser amado, que nunca mais abandonará o homem" (1*b*).

(1) *Cf.* FREUD (S.), *Hemmung, Symptom und Angst*, 1926. – *a*) GW, XIV, 200; SE, XX, 167; Fr., 97. – *b*) GW, XIV, 186-7; SE, XX, 155; Fr., 83.
(2) *Cf.* particularmente FREUD (S.), *Entwurf einer Psychologie*, 1895, 1ª parte.

DESCARGA

= *D.*: Abfuhr. – *F.*: décharge. – *En.*: discharge. – *Es.*: descarga. – *I.*: scarica *ou* deflusso.

• ***Termo "econômico" utilizado por Freud no quadro dos modelos fisicistas que apresenta do aparelho psíquico. Evacuação, para o exterior, da energia introduzida no aparelho psíquico pelas excitações, quer sejam de origem interna, quer sejam de origem externa. Essa descarga pode ser total ou parcial.***

▪ Remetemos o leitor, por um lado, aos artigos sobre os diversos princípios que regem o funcionamento econômico do aparelho psíquico (*princípio de constância, princípio de inércia, princípio de prazer*) e, por outro, no que se refere ao papel patogênico dos distúrbios da descarga, aos artigos *neurose atual* e *estase da libido*.

DESEJO

= *D.*: Wunsch (*às vezes* Begierde *ou* Lust). – *F.*: désir *ou* souhait. – *En.*: wish. – *Es.*: deseo. – *I.*: desiderio.

• ***Na concepção dinâmica freudiana, um dos polos do conflito defensivo. O desejo inconsciente tende a realizar-se restabelecendo, segundo as leis do processo primário, os sinais ligados às primeiras vivências de satisfação. A psicanálise mostrou, no modelo do sonho, como o desejo se encontra nos sintomas sob a forma de compromisso.***

▪ Em qualquer concepção do homem existem noções tão fundamentais, que não podem ser delimitadas; este é, incontestavelmente, o caso do desejo na doutrina freudiana. Vamos limitar-nos a observações referentes à terminologia.
1º Note-se, em primeiro lugar, que o termo *desejo* não tem, na sua utilização, o mesmo valor que o termo alemão *Wunsch* ou que o termo inglês *wish*. *Wunsch* designa sobretudo a aspiração, o voto formulado, enquanto o *desejo* evoca um movimento de concupiscência ou de cobiça, em alemão traduzido por *Begierde* ou ainda por *Lust*.
2º É na teoria do sonho que mais claramente se delimita o que Freud entende por *Wunsch*, permitindo assim diferenciá-lo de alguns conceitos afins.

DESEJO

A definição mais elaborada refere-se à vivência de satisfação (*ver este termo*) após a qual "[...] a imagem mnésica de uma certa percepção se conserva associada ao traço mnésico da excitação resultante da necessidade. Logo que essa necessidade aparecer de novo, produzir-se-á, graças à ligação que foi estabelecida, uma moção psíquica que procurará reinvestir a imagem mnésica dessa percepção e mesmo invocar essa percepção, isto é, restabelecer a situação da primeira satisfação: a essa moção é que chamaremos desejo; o reaparecimento da percepção é a 'realização de desejo'" (1*a*). Essa definição leva-nos a propor as seguintes observações:

a) Freud não identifica a necessidade com o desejo; a necessidade, nascida de um estado de tensão interna, encontra a sua satisfação (*Befriedigung*) pela ação específica* que fornece o objeto adequado (alimentação, por exemplo); o desejo está indissoluvelmente ligado a "traços mnésicos" e encontra a sua realização (*Erfüllung*) na reprodução alucinatória das percepções que se tornaram sinais dessa satisfação (*ver*: identidade de percepção). Essa diferença, no entanto, nem sempre é tão nitidamente marcada na terminologia de Freud; em certos textos, encontra-se o termo composto *Wunschbefriedigung*.

b) A procura do objeto no real é inteiramente orientada por essa relação com sinais. É a articulação desses sinais que constitui aquele correlativo do desejo que é a fantasia*.

c) A concepção freudiana do desejo refere-se especialmente ao desejo inconsciente, ligado a signos infantis indestrutíveis. Note-se, no entanto, que o uso feito por Freud do termo desejo nem sempre se atém rigorosamente à definição acima; é assim que ele fala de desejo de dormir, desejo pré-consciente, e até formula, às vezes, o resultado do conflito como o compromisso entre "[...] duas realizações de desejo opostas, cada uma das quais encontra a sua fonte num sistema psíquico diferente" (1*b*).

★

J. Lacan procurou recentrar a descoberta freudiana na noção de desejo e recolocar essa noção no primeiro plano da teoria analítica. Nessa perspectiva, foi levado a distingui-la de noções com as quais muitas vezes é confundida, como as de necessidade e demanda.

A necessidade visa a um objeto específico e satisfaz-se com ele. A demanda é formada e dirige-se a outrem. Embora incida ainda sobre um objeto, este não é essencial para ela, pois a demanda articulada é, no fundo, demanda de amor.

O desejo nasce da defasagem entre a necessidade e a demanda; é irredutível à necessidade, porque não é no seu fundamento relação com um objeto real, independentemente do sujeito, mas com a fantasia; é irredutível à demanda na medida em que procura impor-se sem levar em conta a linguagem e o inconsciente do outro, e exige absolutamente ser reconhecido por ele (2).

(1) FREUD (S.), *Die Traumdeutung*, 1900. – *a*) GW, II-III, 571; SE, V, 565-6; Fr., 463. *b*) GW, II-III, 575; SE, V, 569; Fr., 466.
(2) *Cf.* LACAN (J.), Les formations de l'inconscient, 1957-58, in *Bul. Psycho.*

DESENVOLVIMENTO DE ANGÚSTIA

= *D.*: Angstentwicklung. – *F.*: développement d'angoisse. – *En.*: generating (*ou* generation) of anxiety. – *Es.*: desarrollo de angustia. – *I.*: sviluppo d'angoscia.

• *Expressão forjada por Freud. A angústia enquanto considerada no seu desenrolar temporal, no seu crescimento no indivíduo.*

■ Fazemos aqui figurar essa expressão, que se encontra por diversas vezes nos escritos de Freud, particularmente nas *Conferências introdutórias sobre psicanálise* (*Vorlesungen zur Einführung in die Psychoanalyse*, 1915-17) e em *Inibição, sintoma e angústia* (*Hemmung, Symptom und Angst*, 1926), porque merece ser traduzida por um equivalente único – o que não acontece nas traduções francesas.

Essa expressão descritiva assume sobretudo o seu sentido no quadro de uma teoria da angústia que distingue uma situação traumática em que a angústia não pode ser dominada (angústia automática) e um sinal de angústia destinado a evitar o aparecimento desta; o "desenvolvimento de angústia" exprime o processo que faz passar deste para aquela, se o sinal de angústia não tiver sido eficaz.

DESINVESTIMENTO

= *D.*: Entziehung (*ou* Absiehung) der Besetzung, Unbesetztheit. – *F.*: désinvestissement. – *En.*: withdrawal of cathexis. – *Es.*: retiro *ou* ausencia de carga psíquica. – *I.*: sottrazione di carica *ou* disinvestimento.

• *Retirada do investimento que estava ligado a uma representação, a um grupo de representações, a um objeto, a uma instância etc.*

Estado em que se acha essa representação em virtude daquela retirada ou na ausência de qualquer investimento.

■ A retirada do investimento* é postulada em psicanálise como substrato econômico de diversos processos psíquicos, e em particular do recalque*. Freud reconhece desde o início como fator determinante deste o desprendimento do *quantum* de afeto da representação. Quando apresenta uma descrição sistemática do recalque, mostra como o recalque "*a posteriori*" supõe que representações que anteriormente tinham sido admitidas no sistema pré-consciente-consciente, e portanto investidas por ele, perdem a sua carga energética. A energia que se torna assim disponível pode ser utilizada no investimento de uma formação defensiva (formação reativa*) que é objeto de um contrainvestimento (1).

Do mesmo modo, nos estados narcísicos, o investimento do ego aumenta proporcionalmente ao desinvestimento dos objetos (2).

(1) *Cf.* FREUD (S.), *Das Unbewusste*, 1915. GW, X, 279-80; SE, XIV, 180-1; Fr., 118-21.
(2) *Cf.* FREUD (S.), *Zur Einführung des Narzissmus*, 1914. *Passim.* GW, X, 138-70; SE, XIV, 73-102.

DESLOCAMENTO

= *D.*: Verschiebung. – *F.*: déplacement. – *En.*: displacement. – *Es.*: desplazamiento. – *I.*: spostamento.

• *Fato de a importância, o interesse, a intensidade de uma representação ser suscetível de se destacar dela para passar a outras representações originariamente pouco intensas, ligadas à primeira por uma cadeia associativa.*
Esse fenômeno, particularmente visível na análise do sonho, encontra-se na formação dos sintomas psiconeuróticos e, de um modo geral, em todas as formações do inconsciente.
A teoria psicanalítica do deslocamento apela para a hipótese econômica de uma energia de investimento suscetível de se desligar das representações e de deslizar por caminhos associativos.
O "livre" deslocamento dessa energia é uma das principais características do modo como o processo primário rege o funcionamento do sistema inconsciente.

■ 1. A noção de deslocamento aparece desde a origem da teoria freudiana das neuroses (1). Está ligada à verificação clínica de uma independência relativa entre o afeto e a representação e à hipótese econômica que a explica: uma energia de investimento "[…] que pode ser aumentada, diminuída, deslocada, descarregada" (2*a*) (*ver*: econômico, *quantum* de afeto).

Essa hipótese encontra pleno desenvolvimento com o modelo que Freud apresentou do funcionamento do "aparelho neurônico" no seu *Projeto para uma psicologia científica* (*Entwurf einer Psychologie*, 1895): a "quantidade" desloca-se ao longo das vias constituídas pelos neurônios, os quais, segundo o "princípio de inércia neurônica"*, tendem a descarregar-se totalmente. O processo "total ou primário" define-se por um deslocamento da totalidade da energia de uma representação para outra. Assim, na formação de um sintoma, de um "símbolo mnésico" de tipo histérico, "[…] foi apenas a repartição [da quantidade] que se modificou. Algo que foi retirado de B acrescentou-se à [representação] A. O processo patológico é um deslocamento, semelhante àqueles que o sonho nos fez conhecer e, portanto, um processo primário" (3*a*).

No processo secundário*, encontramos novamente o deslocamento, mas limitado no seu percurso e incidindo sobre pequenas quantidades de energia (3*b*).

DESLOCAMENTO

Do ponto de vista psicológico, podemos constatar uma aparente oscilação em Freud em relação à extensão que deva ser atribuída ao termo "deslocamento". Às vezes, opõe o deslocamento – fenômeno que se produz entre representações e que caracteriza mais especialmente a neurose obsessiva (formação de um substituto por deslocamento: *Verschiebungsersatz*) – à conversão, em que o afeto é suprimido, e a energia de investimento muda de registro, passando do domínio representativo para o domínio somático (2*b*). Outras vezes, o deslocamento parece caracterizar toda formação sintomática, em que a satisfação pode ser "[...] limitada, por um deslocamento extremo, a um pequeno pormenor de todo o complexo libidinal" (4*a*). Assim, a própria conversão implica um deslocamento – por exemplo, o deslocamento do prazer genital para outra zona corporal (4*b*).

2. O deslocamento foi particularmente posto em evidência por Freud no sonho. Com efeito, a comparação entre o conteúdo manifesto e os pensamentos latentes do sonho faz surgir uma diferença de centração: os elementos mais importantes do conteúdo latente são representados por pormenores mínimos que são ou fatos recentes, muitas vezes indiferentes, ou fatos antigos sobre os quais já se tinha operado um deslocamento na infância. Nessa perspectiva descritiva, Freud é levado a distinguir sonhos que compreendem e que não compreendem deslocamento (5*a*). Nestes últimos, "[...] os diversos elementos podem manter-se durante o trabalho do sonho mais ou menos no lugar que ocupam nos pensamentos do sonho" (5*b*). Essa distinção parece surpreendente, se quisermos sustentar, como Freud, a afirmação de que o livre deslocamento é um modo de funcionamento específico dos processos inconscientes. Freud não nega que possa haver deslocamentos em cada elemento de um sonho; mas, em *A interpretação de sonhos* (*Die Traumdeutung*, 1900), utiliza a maior parte das vezes a palavra "transferência" para designar na sua generalidade a passagem da energia psíquica de uma representação para outra, enquanto prefere designar por deslocamento um fenômeno descritivamente impressionante, mais acentuado em certos sonhos do que em outros, e que pode resultar numa total descentração do foco do sonho: a "transmutação dos valores psíquicos" (6).

Na análise do sonho, o deslocamento está estreitamente ligado aos outros mecanismos do trabalho do sonho: efetivamente, favorece a condensação* na medida em que o deslocamento ao longo de duas cadeias associativas conduz a representações ou a expressões verbais que constituem encruzilhadas. A figurabilidade* é facilitada quando, pelo deslocamento, se efetua uma passagem de uma ideia abstrata para um equivalente suscetível de ser visualizado; o interesse psíquico traduz-se então em intensidade sensorial. Por fim, a elaboração secundária* continua, subordinando-o à sua própria finalidade, o trabalho do deslocamento.

★

Nas diversas formações em que é descoberto pelo analista, o deslocamento tem uma função defensiva evidente: numa fobia, por exemplo, o deslocamento sobre um objeto fóbico permite objetivar, localizar, circunscrever a angústia. No sonho, a sua ligação com a censura é tal que pode surgir como efeito desta: *"Is fecit, cui prodest.* Podemos admitir que o deslocamento do sonho se produz por influência [da] censura, da defesa endopsíquica" (5c). Mas, na sua essência, o deslocamento, enquanto podemos concebê-lo como exercendo-se de forma livre, é o índice mais seguro do processo primário: "Reina [no inconsciente] uma mobilidade muito maior das intensidades de investimento. Pelo processo do *deslocamento*, uma representação pode abandonar à outra toda a quota do seu investimento [...]" (7). Essas duas teses não são contraditórias: a censura só *provoca* o deslocamento na medida em que recalca certas representações pré-conscientes, que, atraídas para o inconsciente, ficam então regidas pelas leis do processo primário. A censura *utiliza* o mecanismo de deslocamento privilegiando as representações indiferentes, atuais ou suscetíveis de se integrarem em contextos associativos muito afastados do conflito defensivo.

Em Freud, o termo "deslocamento" não implica o privilégio deste ou daquele tipo de ligação associativa ao longo da qual se realiza: associação por contiguidade ou por semelhança. O linguista Roman Jakobson chegou a relacionar os mecanismos inconscientes descritos por Freud com os processos retóricos da metáfora e da metonímia, considerados por ele os dois polos fundamentais de toda a linguagem; e foi assim que aproximou o deslocamento da metonímia, em que a ligação de contiguidade é que está em causa, enquanto o simbolismo corresponderia à dimensão metafórica, em que reina a associação por semelhança (8). J. Lacan, retomando e desenvolvendo essas indicações, assimila o deslocamento à metonímia e a condensação à metáfora (9); o desejo humano é estruturado fundamentalmente pelas leis do inconsciente e eminentemente constituído como metonímia.

(1) *Cf.* FREUD (S.), *Brief an Joseph Breuer*, 29-6-1892. GW, XVII, 3-6; SE, I, 147-8.
(2) FREUD (S.), *Die Abwehr-Neuropsychosen*, 1894. – *a)* GW, I, 74; SE, III, 60. – *b) Cf.* GW, I, 59-72; SE, III, 45-58.
(3) FREUD (S.), – *a)* Al., 429; Ing., 407; Fr., 361. – *b) Cf* Al., 446 ss.; Ing., 423 ss.; Fr., 377 ss.
(4) FREUD (S.), *Vorlesungen zur Einführung in die Psychoanalyse*, 1916-17. – *a)* GW, XI, 381; SE, XVI, 366; Fr., 394. – *b) Cf.* GW, XI, 336; SE, XVI, 324-5; Fr. 349-50.
(5) FREUD (S.), *Die Traumdeutung*, 1900. – *a) Cf.* GW, II-III, 187; SE, IV, 180-1; Fr., 138-9. – *b)* GW, II-III, 311; SE, IV, 306; Fr., 229. – *c)* GW, II-III, 314; SE, IV, 308; Fr., 230.
(6) FREUD (S.), *Über den Traum*, 1901. GW, II-III, 667; SE, V, 655; Fr., 76.
(7) FREUD (S.), *Das Unbewusste*, 1915. GW, X, 285; SE, XIV, 186; Fr. 130.
(8) *Cf.*, por exemplo, JAKOBSON (R.), Deux aspects du langage et deux types d'aphasie, trad. fr., in *Essais de linguistique générale*, Éd. de Minuit, Paris, 1963, 65-6.
(9) *Cf.*, LACAN (J.), L'instance de la lettre dans l'inconscient ou la raison depuis Freud, in *La psychanalyse*, PUF, Paris, 1957, v. III, 47-81.

DINÂMICO

= *D.*: dynamisch. – *F.*: dynamique. – *En.*: dynamic. – *Es.*: dinámico. – *I.*: dinamico.

● *Qualificação de um ponto de vista que considera os fenômenos psíquicos como resultantes do conflito e da composição de forças que exercem uma certa pressão, sendo essas forças, em última análise, de origem pulsional.*

■ Muitas vezes se tem enfatizado que a psicanálise substitui uma chamada concepção estática do inconsciente por uma concepção dinâmica. O próprio Freud notou que se podia exprimir assim o que diferenciava a sua concepção da de Janet: "Não deduzimos a clivagem do psiquismo de uma incapacidade inata do aparelho psíquico para a síntese, antes a explicamos dinamicamente pelo conflito de forças psíquicas que se opõem e nela reconhecemos o resultado de uma luta ativa dos dois agrupamentos psíquicos um contra o outro" (1). A "clivagem" em questão é do consciente-pré-consciente e do inconsciente, mas vê-se que essa distinção "tópica", longe de fornecer a explicação do distúrbio, pressupõe um conflito psíquico. A originalidade da posição freudiana é ilustrada, por exemplo, na concepção da neurose obsessiva: sintomas do tipo da inibição, da dúvida, da abulia, são diretamente relacionados por Janet com uma insuficiência da síntese mental, com uma astenia psíquica ou "psicastenia", enquanto para Freud eles são apenas o resultado de um jogo de forças opostas. O ponto de vista dinâmico não implica considerar apenas a noção de força (como já acontece com Janet), mas também a ideia de que no seio do psiquismo existam forças que entram necessariamente em conflito umas com as outras, uma vez que o conflito psíquico (*ver este termo*) encontra em última análise a sua mola propulsora num dualismo pulsional.

★

Nos escritos de Freud, "dinâmico" qualifica sobretudo o inconsciente, na medida em que exerce uma ação permanente, exigindo uma força contrária, que se exerce igualmente de forma permanente, para lhe interditar o acesso à consciência. Clinicamente, esse caráter dinâmico verifica-se simultaneamente pelo fato de encontrarmos uma resistência* para chegarmos ao inconsciente e pela produção renovada de derivados* do recalcado.

O caráter dinâmico é ainda ilustrado pela noção de formações de compromisso* que devem a sua consistência, como mostra a análise, ao fato de serem "mantidas dos dois lados ao mesmo tempo".

É por isso que Freud distingue duas acepções do conceito de inconsciente*: no sentido "descritivo", inconsciente conota o que está fora do campo da consciência, englobando, assim, aquilo a que ele chama pré-consciente*; no sentido "dinâmico", "[...] não designa ideias latentes em geral, mas especialmente ideias que possuem um certo caráter dinâmico, ideias que continuam separadas da consciência a despeito da sua intensidade e da sua atividade" (2).

(1) Freud (S.), *Über Psychoanalyse*, 1909. GW, VIII, 25; SE, XI, 25-6; Fr., 138.
(2) Freud (S.), *A Note on the Unconscious in Psycho-Analysis*, 1912. SE, XII, 262; GW, VIII, 434; Fr., 15-16.

E

ECONÔMICO

= *D*.: ökonomisch. – *F.*: économique. – *En*.: economic. – *Es*.: económico. – *I*.: economico.

• *Qualifica tudo o que se refere à hipótese de que os processos psíquicos consistem na circulação e repartição de uma energia quantificável (energia pulsional), isto é, suscetível de aumento, de diminuição, de equivalências.*

■ 1) Fala-se geralmente, em psicanálise, de "ponto de vista econômico". É assim que Freud define a metapsicologia* pela síntese de três pontos de vista: dinâmico, tópico e econômico – entendendo por este último "[...] a tentativa de acompanhar o destino das quantidades de excitação e de chegar pelo menos a uma estimativa *relativa* de sua grandeza" (1). O ponto de vista econômico consiste em considerar os investimentos* na sua mobilidade, nas variações da sua intensidade, nas oposições que entre eles se estabelecem (noção de contrainvestimento) etc. Ao longo de toda a obra de Freud estão presentes considerações econômicas; para ele, não seria possível a descrição completa de um processo psíquico sem a apreciação da economia dos investimentos.

Os motivos dessa exigência do pensamento freudiano encontram-se, por um lado, num espírito científico e num aparelho conceitual inteiramente impregnados de noções energéticas, e, por outro, na experiência clínica que impõe a Freud, de imediato, um certo número de dados que, para ele, só uma linguagem econômica pode explicar. Por exemplo: o caráter irreprimível do sintoma neurótico (muitas vezes traduzido na linguagem do doente por uma expressão como "é mais forte do que eu"), o desencadear de distúrbios de aspecto neurótico consecutivos a perturbações da descarga sexual (neuroses atuais*); inversamente, o alívio e liquidação das perturbações durante o tratamento, logo que o indivíduo pode libertar-se (catarse*) dos afetos bloqueados nele (ab-reação*); a separação, efetivamente verificada no sintoma e no decorrer do tratamento, entre a representação e o afeto originariamente ligado a ela (conversão*, recalque* etc.); a descoberta de cadeias de associações entre determinada representação que provoca pouca ou nenhuma reação afetiva, e uma outra, aparentemente anódina, mas que provoca reação afetiva. Este último fato sugere a hipótese de uma verdadeira carga afetiva que se desloca de um elemento para outro ao longo de um caminho condutor.

Esses dados encontram-se no ponto de partida dos primeiros modelos elaborados por Breuer nas suas *Considerações teóricas* (*Estudos sobre a histeria* [*Studien über Hysterie*, 1895]) e por Freud (*Projeto para uma psicologia científica* [*Entwurf einer Psychologie*, 1895], inteiramente construído sobre a noção de uma quantidade de excitação que se desloca ao longo de cadeias neurônicas; capítulo VII de *A interpretação de sonhos* [*Die Traumdeutung*], 1900).

A partir de então, toda uma série de outras verificações clínicas e terapêuticas virão apenas reforçar a hipótese econômica, como, por exemplo:

a) Estudos de estados como o luto ou as neuroses narcísicas*, que impõem a ideia de uma verdadeira *balança energética* entre os diferentes investimentos do sujeito, pois o desapego do mundo exterior está em correlação com um aumento do investimento ligado às formações intrapsíquicas (*ver*: narcisismo; libido do ego – libido objetal; trabalho do luto).

b) Interesse conferido às neuroses de guerra e em geral às neuroses traumáticas*, em que os distúrbios parecem provocados por um choque *demasiadamente intenso*, um afluxo de excitação excessivo tendo em conta a tolerância do sujeito.

c) Limites da eficácia da interpretação e, de um modo mais geral, da ação terapêutica em certos casos rebeldes, que levam a invocar a *força* respectiva das instâncias* em presença – particularmente a força constitucional ou atual das pulsões.

2) A hipótese econômica está constantemente presente na teoria freudiana, em que se traduz por todo um aparelho conceitual. A ideia *princeps* parece ser a de um *aparelho* (inicialmente qualificado de neurônico e, ulteriormente e de modo definitivo, de psíquico) cuja função é manter no nível mais baixo possível a energia que nele circula (*ver*: princípio de constância; princípio de prazer). Esse aparelho executa um certo *trabalho* descrito por Freud de diversas maneiras: transformação da energia livre em energia ligada*, adiamento da descarga, *elaboração* psíquica das excitações etc. Essa elaboração supõe a distinção entre representação e *quantum de afeto** ou *soma de excitação*, esta suscetível de circular ao longo de cadeias associativas, de *investir* determinada representação ou determinado complexo representativo etc. Por isso o aspecto econômico de que se revestem imediatamente as noções de *deslocamento** e de *condensação**.

O aparelho psíquico recebe excitações de origem externa ou interna, sendo que estas últimas, ou seja, as *pulsões**, exercem uma pressão constante que constitui uma "exigência de trabalho". De um modo geral, todo o funcionamento do aparelho pode ser descrito em termos econômicos como jogo de investimentos, desinvestimentos, contrainvestimentos, sobreinvestimentos.

A hipótese econômica está em estreita relação com os outros dois pontos de vista da metapsicologia: tópico* e dinâmico*. Freud define, com efeito, cada uma das instâncias do aparelho por uma modalidade específica de circulação da energia: assim, no quadro da primeira teoria do aparelho psíquico, energia livre do sistema Ics, energia ligada do sistema Pcs, energia móvel de sobreinvestimento* para a consciência.

Do mesmo modo, a noção dinâmica de conflito psíquico implica, segundo Freud, que sejam consideradas as relações entre as forças em presença (forças das pulsões, do ego, do superego). A importância do "fator quantitativo", tanto na etiologia da doença como na solução terapêutica, é sublinhada com especial nitidez em *Análise terminável e interminável* (*Die endliche und die unendliche Analyse*, 1937).

★

O ponto de vista econômico é considerado frequentemente como o aspecto mais hipotético da metapsicologia freudiana. O que é, então, essa energia constantemente invocada pelos psicanalistas? Vamos fazer a esse respeito algumas observações:

1) As próprias ciências físicas não se pronunciam sobre a natureza última das grandezas cujas variações, transformações e equivalências elas estudam. Contentam-se em defini-las pelos seus efeitos (por exemplo, a força é o que produz um certo trabalho) e em compará-las entre si (uma força é medida por outra, ou melhor, os seus efeitos são comparados entre si). A esse respeito, a posição de Freud não é exceção. Define a pressão da pulsão como "[...] a quantidade de exigência de trabalho imposta ao psiquismo" (2), e reconhece "[...] que nada sabemos sobre a natureza do processo de excitação nos elementos dos sistemas psíquicos e não nos sentimos autorizados a adiantar a este propósito qualquer hipótese. Portanto, operamos sempre com um X maiúsculo, que transportamos para cada nova fórmula" (3).

2) Por isso Freud só invoca uma energia como substrato das transformações que numerosos fatos experimentais lhe parecem testemunhar. A libido, ou energia das pulsões sexuais, interessa-o na medida em que pode explicar mudanças do desejo sexual quanto ao objeto, quanto à meta, quanto à fonte da excitação. Assim, um sintoma mobiliza uma certa quantidade de energia, o que tem como contrapartida um empobrecimento ao nível de outras atividades; o narcisismo ou investimento libidinal do ego reforça-se à custa do investimento dos objetos etc.

Freud chegava ao ponto de pensar que essa grandeza quantitativa podia ser, de direito, objeto de medida, e que talvez viesse a sê-lo de fato no futuro.

3) Se procurarmos determinar a ordem dos fatos que o ponto de vista econômico visa a explicar, poderemos pensar que o que Freud interpreta numa linguagem fisicista é o que, numa perspectiva menos distante da experiência, pode ser descrito como o mundo dos "valores". D. Lagache insiste na ideia, inspirada sobretudo na fenomenologia, de que o organismo estrutura o seu meio ambiente e até a sua percepção dos objetos em função dos seus interesses vitais, valorizando no seu meio determinado objeto,

determinado campo, determinada diferença perceptiva (noção de *Umwelt*); a dimensão axiológica está presente para qualquer organismo, desde que não se limite a noção de valor aos domínios moral, estético, lógico, em que os valores se definem pela sua irredutibilidade à ordem do fato, sua universalidade de direito, sua exigência categórica de realização etc. É assim que o objeto investido pela pulsão oral é visado como tendo-que-ser-absorvido, como valor-alimento. Não apenas se foge ao objeto fóbico: ele é algo "que-tem-de-ser-evitado", em torno do qual se organiza uma certa estrutura espaço-temporal.

Convém notar, no entanto, que essa perspectiva não pode englobar todo o conteúdo da hipótese econômica, a não ser que se concebam os "valores" em causa como suscetíveis de se trocarem uns pelos outros, de se deslocarem, de se equivalerem em um sistema em que a "quantidade de valor" à disposição do sujeito é limitada. Note-se o fato de Freud considerar a economia menos no domínio das pulsões de autoconservação – em que os interesses, os apetites, os objetos-valores são todavia manifestos – do que no das pulsões sexuais suscetíveis de encontrar a sua satisfação em objetos muito distantes do objeto natural. O que Freud entende por economia libidinal é precisamente a *circulação* de valor que se opera no interior do aparelho psíquico, a maior parte das vezes num desconhecimento que impede o sujeito de perceber, no sofrimento do sintoma, a satisfação sexual.

(1) FREUD (S.), *Das Unbewusste*, 1915. GW, X, 280; SE, XIV, 181; Fr., 121.
(2) FREUD (S.), *Triebe und Triebschicksale*, 1915. GW, X, 214; SE, XIV, 122; Fr., 33.
(3) FREUD (S.), *Jenseits des Lustprinzips*, 1920. GW, XIII, 30-1; SE, XVIII, 30-1; Fr., 34.

EGO ou EU

= *D.*: Ich. – *F.*: moi. – *En.*: ego. – *Es.*: yo. – *I.*: io.

• *Instância que Freud, na sua segunda teoria do aparelho psíquico, distingue do id e do superego.*

Do ponto de vista **tópico**, *o ego está numa relação de dependência tanto para com as reivindicações do id, como para com os imperativos do superego e exigências da realidade. Embora se situe como mediador, encarregado dos interesses da totalidade da pessoa, a sua autonomia é apenas relativa.*

Do ponto de vista **dinâmico**, *o ego representa eminentemente, no conflito neurótico, o polo defensivo da personalidade; põe em jogo uma série de mecanismos de defesa, motivados pela percepção de um afeto desagradável (sinal de angústia).*

Do ponto de vista **econômico**, *o ego surge como um fator de ligação dos processos psíquicos; mas, nas operações defensivas, as ten-*

tativas de ligação da energia pulsional são contaminadas pelas características que especificam o processo primário: assumem um aspecto compulsivo, repetitivo, desreal.

A teoria psicanalítica procura explicar a **gênese** *do ego em dois registros relativamente heterogêneos, quer vendo nele um aparelho adaptativo, diferenciado a partir do id em contato com a realidade exterior, quer definindo-o como o produto de identificações que levam à formação no seio da pessoa de um objeto de amor investido pelo id.*

Relativamente à primeira teoria do aparelho psíquico, o ego é mais vasto do que o sistema pré-consciente-consciente, na medida em que as suas operações defensivas são em grande parte inconscientes.

De um ponto de vista histórico, o conceito tópico do ego é o resultado de uma noção constantemente presente em Freud desde as origens do seu pensamento.

- Na medida em que existem em Freud duas teorias tópicas do aparelho psíquico, a primeira das quais faz intervir os sistemas inconsciente e pré-consciente-consciente, e a segunda, as três instâncias id, ego e superego, é corrente em psicanálise admitir que a noção de ego só se teria revestido de um sentido estritamente psicanalítico, técnico, após aquilo a que se chamou a "virada" de 1920. Essa mudança profunda da teoria, aliás, pode ter correspondido, na prática, a uma nova orientação, voltada para a análise do ego e dos seus mecanismos de defesa, mais do que para a elucidação dos conteúdos inconscientes. É claro que ninguém ignora que Freud falava de "ego" (*Ich*) desde os seus primeiros escritos, mas afirma-se que isso acontecia, geralmente, de forma pouco especificada (α), pois o termo designava então a personalidade no seu conjunto. Considera-se que as concepções mais específicas que atribuem ao ego funções bem determinadas no seio do aparelho psíquico (no *Projeto para uma psicologia científica* [*Entwurf einer Psychologie*, 1895], por exemplo) são prefigurações isoladas das noções da segunda tópica. Na realidade, como veremos, a história do pensamento freudiano é muito mais complexa. Por um lado, o estudo do conjunto dos textos freudianos não permite localizar duas acepções do ego correspondentes a dois períodos diferentes: a noção de ego sempre esteve presente, apesar de ter sido renovada por sucessivas contribuições (narcisismo, destaque da noção de identificação etc.). Por outro lado, a virada de 1920 não poderia limitar-se à definição do ego como instância central da personalidade: compreende, como se sabe, outras numerosas contribuições essenciais, que modificam a estrutura de conjunto da teoria e que só poderiam ser plenamente apreciadas nas suas correlações. Finalmente, não nos parece desejável apresentar desde logo uma distinção decisiva entre o ego como *pessoa* e o ego como *instância*, porque a articulação desses dois sentidos está precisamente no centro da problemática do ego. Em Freud, essa questão está implicitamente presente muito cedo, e permanece mesmo depois de 1920. A ambiguidade terminológica que se pretenderia denunciar e ver dissipada encobre um problema de fundo.

Certos autores, movidos por um desejo de clarificação, procuraram, independentemente de preocupações quanto à história do pensamento freudiano, marcar uma diferença conceitual entre o ego enquanto instância, subestrutura da personalidade, e o ego enquanto objeto de amor para o próprio indivíduo – o ego do amor-próprio segundo La Rochefoucauld, o ego investido de libido narcísica segundo Freud. Hartmann, por exemplo, propôs-se a dissipar o equívoco que estaria contido na noção de narcisismo e numa expressão como investimento do ego (*Ich-Besetzung*, *ego-cathexis*): "Quando se utiliza o termo narcisismo, parece muitas vezes que se confundem dois pares de opostos: o primeiro diz respeito ao si mesmo (*soi*) [*self*], a própria pessoa em oposição ao objeto, e o segundo diz respeito ao ego [como sistema psíquico] em oposição às outras subestruturas da personalidade. No entanto, o que se opõe a investimento de objeto não é investimento do ego [*ego-cathexis*], mas investimento da própria pessoa, isto é, investimento de si mesmo (*soi*) [*self-cathexis*]; quando falamos de investimento de si mesmo (*soi*), isso não implica que o investimento esteja situado no id, no ego, ou no superego [...]. Seria pois possível esclarecer as coisas definindo o narcisismo como o investimento libidinal não do ego, mas do si mesmo (*soi*)" (1).

Essa posição parece-nos antecipar, por uma distinção puramente nocional, a resposta a problemas essenciais. De um modo geral, a contribuição da psicanálise com a sua concepção do ego corre o risco de ficar parcialmente ignorada se, simplesmente, justapusermos uma acepção do termo considerada especificamente psicanalítica a outras acepções consideradas tradicionais, e, *a fortiori*, se quisermos de saída figurar diferentes sentidos em outros tantos vocábulos distintos. Freud não só encontra e utiliza acepções clássicas, opondo, por exemplo, o organismo ao meio, o sujeito ao objeto, o interior ao exterior, como emprega o próprio termo *Ich* nesses diferentes níveis, chegando até a jogar com a ambiguidade da utilização dessa palavra; isso mostra que não exclui do seu campo qualquer das significações atribuídas aos termos *ego* (*moi*) ou *eu* (*je*) [*Ich*] (β).

I – Freud utiliza a noção de ego desde os primeiros trabalhos, e é interessante ver destacarem-se dos textos do período de 1894-1900 certos temas e problemas que se reencontrarão ulteriormente.

Foi a experiência clínica das neuroses que levou Freud a transformar radicalmente a concepção tradicional do ego. A psicologia, e sobretudo a psicopatologia, leva por volta dos anos 1880, pelo estudo das "alterações e desdobramentos da personalidade", dos "estados segundos" etc., a desmantelar a noção de um ego uno e permanente. Mais ainda, um autor como P. Janet põe em evidência a existência, na histeria, de um desdobramento *simultâneo* da personalidade: há a "[...] formação, no espírito, de dois grupos de fenômenos: um constitui a personalidade comum; o outro, suscetível aliás de se subdividir, forma uma personalidade anormal, diferente da primeira, e completamente ignorada por ela" (2). Janet vê nesse desdobramento da personalidade uma consequência do "estreitamento do campo de consciência", de uma "fraqueza da síntese psicológica", que, na pessoa histérica, leva a uma "autotomia". "A personalidade não pode perceber todos os fenômenos, sacrifica definitivamente alguns deles; é uma espécie de autotomia, e esses fenômenos abandonados desenvolvem-se isoladamente sem que o sujeito tenha conhecimento da sua atividade" (3). Sabe-se que a contribuição de Freud para a interpretação desses fenômenos consiste em ver neles a expressão de um *conflito* psíquico: certas representações são objeto de uma *defesa* na medida em que são *inconciliáveis* (*unverträglich*) com o ego.

No período de 1895-1900, a palavra "ego" é muitas vezes utilizada por Freud em contextos diversos. Pode ser útil ver como a noção opera segundo o registro em que é utilizada: *teoria do tratamento, modelo do conflito defensivo, metapsicologia do aparelho psíquico.*

1º Em *Estudos sobre a histeria*, no capítulo intitulado "Psicoterapia da histeria", Freud mostra como o material patogênico inconsciente, do qual ele sublinha o caráter altamente organizado, só pode ser conquistado progressivamente. A consciência ou "consciência do ego" é designada como um desfiladeiro que só deixa passar uma recordação patogênica de cada vez e que pode ser bloqueado enquanto a perlaboração (*Durcharbeitung*) não tiver vencido as resistências: "Uma das recordações que está prestes a vir à luz permanece ali diante do doente até que este a receba no espaço do ego" (4*a*). Eis caracterizados o laço muito estreito entre a consciência e o ego (atestado pela expressão *consciência do ego*) e também a ideia de que o ego é mais amplo do que a consciência atual; é um verdadeiro território (que Freud logo irá assimilar ao "pré-consciente").

As *resistências* manifestadas pelo paciente são descritas em primeira análise nos *Estudos sobre a histeria* como provenientes do ego, "que tem prazer na defesa". Se essa técnica permite enganar momentaneamente a sua vigilância, "em todas as ocasiões verdadeiramente sérias, ele se recupera, retoma seus objetivos e prossegue a sua resistência" (4*b*). Mas, por outro lado, o ego é infiltrado pelo "núcleo patogênico" inconsciente, de modo que a fronteira entre os dois parece, por vezes, puramente convencional. Mais ainda, "dessa mesma infiltração emanaria a resistência" (4*c*). Nisso já está esboçada a questão de uma resistência propriamente inconsciente, questão que, ulteriormente, suscitará duas respostas diferentes de Freud: o recurso à noção de um ego inconsciente, mas também à noção de uma resistência própria do id.

2º A noção de ego está constantemente presente nas primeiras elaborações do *conflito* neurótico propostas por Freud. Procura especificar a defesa em diferentes "modos", "mecanismos", "procedimentos", "dispositivos", correspondentes às diferentes psiconeuroses: histeria, neurose obsessiva, paranoia, confusão alucinatória etc. A incompatibilidade de uma representação com o ego é situada na origem dessas diferentes modalidades do conflito.

Na histeria, por exemplo, o ego intervém como instância defensiva, mas de uma forma complexa. Dizer que o ego *se defende* não deixa de ser ambíguo. A fórmula pode ser compreendida da seguinte maneira: o ego, como campo de consciência, colocado diante de uma situação conflitual (conflito de interesses, de desejos, ou ainda entre desejos e interdições) e incapaz de dominá-la, defende-se evitando-a, não querendo saber dela; neste sentido, o ego seria o campo que deve ser preservado do conflito pela atividade defensiva. Mas o conflito psíquico que Freud vê atuando tem outra dimensão: é o ego como "massa dominante de representações" que é ameaçado por *uma* representação considerada *inconciliável* com ele: há um recalcamento pelo ego. O caso Lucy R., um dos primeiros em que Freud salienta a noção de conflito e a parte que nele tem o ego, ilustra especialmente essa ambiguidade. Freud não se satisfaz com a única explicação de que o ego, por falta da "coragem moral" necessária, não queira saber do "conflito de afetos" que o perturba; o tratamento só progride na medida em que entra na elucidação dos "símbolos mnésicos" sucessivos, símbolos de cenas em que aparece um desejo inconsciente bem determinado naquilo que oferece de inconciliável com a imagem de si mesma que a paciente insiste em manter.

Como o ego é parte interessada no conflito, o próprio motivo da ação defensiva, ou, como diz Freud às vezes desde essa época, seu *sinal*, é o sentimento de desprazer que o afeta e que, para Freud, está diretamente ligado a essa inconciliabilidade (4*d*).

Finalmente, embora a operação defensiva da histeria seja atribuída ao ego, isso não implica que ela seja concebida apenas como consciente e voluntária. No *Projeto para uma psicologia científica*, em que Freud apresenta um esquema da defesa histérica, um dos pontos importantes que ele pretende explicar é "[...] por que um *processo do ego* é acompanhado de efeitos que habitualmente só encontramos nos processos primários" (5*a*). Na formação do "símbolo mnésico" que é o sintoma histérico, todo o *quantum* de afeto, toda a significação são deslocados do simbolizado para o símbolo, o que não acontece no pensamento normal. O ego só põe em funcionamento o processo primário quando não está em condições de fazer funcionar as suas defesas normais (atenção e evitação, por exemplo). No caso da lembrança de um traumatismo sexual (*ver: a posteriori*; sedução) o ego é surpreendido por um ataque interno e só pode "deixar agir um processo primário" (5*b*). A situação da "defesa patológica" em relação à palavra não é, pois, determinada de maneira unívoca; em certo sentido, o ego é na verdade o agente da defesa, mas, na medida em que só pode se defender separando-se daquilo que o ameaça, abandona a representação inconciliável a um tipo de processo sobre o qual não tem domínio.

3º Na sua primeira elaboração *metapsicológica* do funcionamento psíquico, Freud atribui um papel de primeiro plano à noção do ego. No *Projeto para uma psicologia científica*, a função do ego é essencialmente inibidora. Naquilo que é descrito por Freud como "vivência de satisfação" (*ver este termo*), o ego intervém para impedir que o investimento da imagem mnésica do primeiro objeto satisfatório adquira uma força tal que desencadeie um "indicador de realidade", tal como a percepção de um objeto real. Para que o indicador de realidade assuma para o sujeito valor de *critério*, isto é, para que a alucinação seja evitada e para que a descarga não se produza quer na ausência quer na presença do objeto real, é necessário que seja inibido o processo primário que consiste numa livre propagação da excitação até a imagem. Vemos assim que, embora o ego seja o que permite ao sujeito não confundir os seus processos internos com a realidade, isso não significa que ele tenha um acesso privilegiado ao real, um padrão ao qual comparar as representações. Esse acesso direto à realidade Freud reserva a um sistema autônomo chamado "sistema de percepção" (designado pelas letras W ou ω) radicalmente diferente do sistema ψ, do qual o ego faz parte e que funciona de modo inteiramente diferente.

O ego é descrito por Freud como uma "organização" de neurônios (ou, traduzido na linguagem menos "fisiológica" utilizada por Freud em outros textos, uma organização de representações) caracterizada por diversos elementos: abertura dos caminhos associativos interiores a esse grupo de neurônios, investimento constante por uma energia de origem endógena, isto é, pulsional, distinção entre uma parte permanente e uma parte variável. É a permanência nele de um nível de investimento que permite ao ego inibir os processos primários, não só aqueles que levam à alucinação, mas também os que seriam suscetíveis de provocar desprazer (defesa primária). "O investimento de desejo até a alucinação, o desenvolvimento total do desprazer que compreende um dispêndio total da defesa, tudo isso designamos por *processos psíquicos primários*; em contrapartida, os processos que só um bom investimento do ego torna possíveis e que representam uma moderação dos precedentes são os *processos psíquicos secundários*" (5c) (γ).

Vemos que o ego não é definido por Freud como o conjunto do indivíduo, nem mesmo como o conjunto do aparelho psíquico; é apenas uma parte. No entanto, essa tese deve ser completada na medida em que a relação do ego com o indivíduo, tanto na dimensão biológica deste (organismo), como na dimensão psíquica, é privilegiada. Essa ambiguidade constitutiva do ego reaparece na dificuldade em dar um sentido unívoco à noção de interior, de excitação interna. A excitação endógena é sucessivamente concebida como proveniente do interior do corpo, depois do interior do aparelho psíquico, e finalmente como armazenada no ego definido como reserva de energia (*Vorratsträger*). Existe uma série de encaixes sucessivos, que, se quisermos abstrair dos esquemas mecanicistas pelos quais Freud tenta explicá-los, incitam a conceber a ideia de um ego como uma espécie de metáfora realizada do organismo.

II – O capítulo metapsicológico de *A interpretação de sonhos* (exposição da "primeira" teoria do aparelho psíquico que, na realidade, nos surge, à luz dos textos póstumos de Freud, como uma segunda metapsicologia) mostra as diferenças manifestas relativamente às concepções precedentes. É estabelecida a diferenciação sistemática entre os sistemas Inconsciente, Pré-consciente e Consciente no quadro de um "aparelho" em que não intervém a noção do ego.

Inteiramente entregue à sua descoberta do sonho como "via real para o inconsciente", Freud acentua sobretudo os mecanismos primários do "trabalho do sonho"* e a forma como impõem a sua lei ao material pré-consciente. A passagem de um sistema para outro é concebida como tradução ou, segundo uma comparação óptica, como passagem de um meio para outro cujo índice de refração fosse diferente. A ação defensiva não está ausente do sonho, mas de nenhum modo é agrupada por Freud sob o termo "ego". Diversos aspectos que podíamos reconhecer nos trabalhos precedentes encontram-se então repartidos a diferentes níveis:

1. O ego enquanto instância defensiva reencontra-se em certa medida na censura*; e conviria ainda notar que esta tem um papel essencialmente interditório que impede assimilá-la a uma organização complexa que possa fazer intervir mecanismos diferenciados como os que, para Freud, funcionam nos conflitos neuróticos.

2. O papel moderador e inibidor exercido pelo ego sobre o processo primário encontra-se no sistema Pcs, tal como ele funciona no pensamento da vigília. Todavia, note-se a diferença a esse respeito entre a concepção do *Projeto* e a de *A interpretação de sonhos*. O sistema Pcs é o próprio lugar do funcionamento do processo secundário, enquanto o ego, no *Projeto*, era o que induzia o processo secundário em função da sua organização própria.

3. O ego, enquanto organização libidinalmente investida, é reencontrado explicitamente como portador do desejo de dormir, em que Freud vê o próprio motivo da formação do sonho (6) (δ).

III – Podemos caracterizar o período de 1900-1915 como um período de hesitações no que diz respeito à noção de ego. Esquematicamente, vemos a investigação freudiana avançar em quatro direções:

1. Nas exposições mais teóricas do funcionamento do aparelho psíquico, Freud refere-se sempre ao modelo definido em 1900 com base no exemplo do sonho, e leva-o às últimas consequências, sem fazer intervir a noção de ego nas diferenciações tópicas, nem a de *pulsões do ego** nas considerações energéticas (7).

2. Quanto às relações entre o ego e a realidade, não podemos falar de uma verdadeira mudança na solução teórica do problema, mas de um deslocamento da ênfase. A referência fundamental continua sendo a vivência de satisfação e da alucinação primitiva:

a) O papel da "experiência da vida" é valorizado. "Foi apenas a falta persistente da satisfação esperada, a decepção, que acarretou o abandono dessa tentativa de satisfação por meio da alucinação. Em seu lugar, o aparelho psíquico teve de se resolver a representar o estado real do mundo exterior e a procurar uma modificação real" (8*a*).

b) O destaque de dois grandes princípios do funcionamento psíquico acrescenta alguma coisa à distinção entre processo primário e processo secundário. O princípio de realidade* surge como uma lei que vem impor do exterior as suas exigências ao aparelho psíquico, que tende progressivamente a fazê-las suas.

c) Freud apresenta um suporte privilegiado para as exigências do princípio de realidade. São as pulsões de autoconservação* que abandonam mais rapidamente o funcionamento segundo o princípio de prazer e que, suscetíveis de serem educadas mais depressa pela realidade, fornecem o substrato energético de um "ego-realidade" que "[...] nada mais tem a fazer do que tender para o *útil* e garantir-se contra os danos" (8*b*). Nessa perspectiva, o acesso do ego à realidade escaparia a toda problemática: a maneira como o ego põe fim à satisfação alucinatória do desejo muda de sentido; ele é submetido à prova *da* realidade por intermédio das pulsões de autoconservação, e tenta em seguida impor as normas da realidade às pulsões sexuais (para a discussão desta concepção, *ver*: prova de realidade; ego-prazer – ego-realidade).

d) A relação do ego com o sistema pré-consciente-consciente, e sobretudo com a percepção e a motilidade, torna-se muito estreita.

3. Na descrição do conflito defensivo, e mais especialmente na clínica da neurose obsessiva, o ego afirma-se como a instância que se opõe ao desejo – oposição que o afeto desagradável vem assinalar e que de saída toma a forma de uma luta entre duas forças em que se reconhece igualmente a marca da pulsão. Ao pretender evidenciar a existência de uma neurose infantil "completa" em *O homem dos ratos*, Freud descobre "uma pulsão erótica e uma revolta contra ela, um desejo (ainda não compulsivo) e um temor (já compulsivo) que luta contra ele, um afeto penoso e uma pressão para realizar ações defensivas" (9). É com a preocupação de dar ao ego, simetricamente à sexualidade, um suporte pulsional, que Freud é levado a descrever o conflito como oposição entre as pulsões sexuais e as pulsões do ego*.

Na mesma ordem de ideias, Freud interroga-se sobre o desenvolvimento das pulsões do ego, desenvolvimento que seria necessário considerar pela mesma razão que o desenvolvimento libidinal, e sugere que, no caso da neurose obsessiva, o primeiro poderia ter estado mais adiantado do que o segundo (10).

4. Uma nova concepção, a do ego como objeto de amor, destaca-se durante esse período, com base particularmente nos exemplos da homossexualidade e das psicoses; ela vai tornar-se dominante num certo número de textos dos anos de 1914-1915, que marcam uma verdadeira virada do pensamento freudiano.

IV – Três noções estreitamente ligadas umas às outras se elaboram neste período de transição (1914-1915): o narcisismo*, a identificação* como constitutiva do ego e a diferenciação no seio do ego de determinados componentes "ideais".

1. Podemos resumir assim o que a introdução do narcisismo acarreta quanto à definição do ego:

a) O ego não surge de saída, nem mesmo como resultado de uma diferenciação progressiva. Exige, para se constituir, "uma nova ação psíquica" (11*a*).

b) Define-se como *unidade* relativamente ao funcionamento anárquico e fragmentado da sexualidade que caracteriza o autoerotismo*.

c) Oferece-se como objeto de amor à sexualidade, tal como um objeto exterior. Na perspectiva de uma gênese da escolha de objeto, Freud é mesmo levado a apresentar a sequência: autoerotismo, narcisismo, escolha de objeto homossexual, escolha de objeto heterossexual.

d) Essa definição do ego como objeto não permite confundi-lo com o conjunto do mundo interior do sujeito. É assim que Freud insiste em sustentar, contra Jung, uma distinção entre introversão* da libido sobre as fantasias e um "retorno desta ao ego" (11*b*).

e) Do ponto de vista econômico, "o ego deve ser considerado como um grande reservatório de libido, de onde a libido é enviada para os objetos e que está sempre pronto a absorver parte da libido que reflui dos objetos" (12). Essa imagem do reservatório implica que o ego não é apenas um lugar de passagem para a energia de investimento, mas o lugar de uma estase permanente desta – e até mesmo que ele é constituído como forma por essa carga energética. Por isso a imagem de um organismo, de um "animálculo protoplásmico" (11*c*), utilizada para o caracterizar.

f) Por fim, Freud descreve como típica uma "escolha narcísica de objeto"* em que o objeto de amor é definido pela sua semelhança com o próprio ego do indivíduo. Mas, além de um tipo especial de escolha de objeto, ilustrado, por exemplo, por certos casos de homossexualidade masculina, Freud é levado a remodelar o conjunto da noção de escolha de objeto, inclusive no seu chamado tipo de escolha por apoio*, para nele situar o *ego* do sujeito.

2. No mesmo período, a noção de identificação é consideravelmente enriquecida. Ao lado das suas formas, imediatamente reconhecidas na histeria, em que aparece como passageira, como uma maneira de significar num verdadeiro sintoma uma semelhança inconsciente entre a pessoa e outrem, Freud destaca formas mais fundamentais. Ela não é apenas a expressão de uma relação entre mim [*moi*] e outra pessoa; o ego pode achar-se profundamente modificado pela identificação, tornando-se o resíduo intrassubjetivo de uma relação intersubjetiva. É assim que, na homossexualidade masculina, "o jovem não abandona a mãe, mas identifica-se com ela e transforma-se nela [...]. O que é impressionante nesta identificação é o seu alcance: remodela o ego numa das suas partes mais importantes, o caráter sexual, segundo o protótipo daquilo que antes era o objeto" (13).

3. Da análise da melancolia e dos processos que ela põe em evidência, a noção de ego sai profundamente transformada.

a) A identificação com o objeto perdido, manifesta no melancólico, é interpretada como uma regressão a uma identificação mais arcaica, concebida como uma fase preliminar da escolha de objeto "[...] na qual o ego quer incorporar em si esse objeto" (14*a*). Essa ideia abre caminho a uma concepção de um ego que não seria apenas remodelado por identificações secundárias; seria também constituído, desde a origem, por uma identificação que toma como protótipo a incorporação* oral.

b) Freud descreve em termos antropomórficos o objeto introjetado no ego; é submetido aos piores tratamentos, sofre, o suicídio procura matá-lo etc. (14*b*).

c) Na realidade, com a introjeção do objeto, é toda uma relação que pode, ao mesmo tempo, estar interiorizada. Na melancolia, o conflito ambivalente para com o objeto vai ser transposto na relação com o ego.

d) O ego já não é concebido como a única instância personificada no interior do psiquismo. Certas partes podem separar-se por clivagem, particularmente a instância crítica ou consciência moral: uma parte do ego põe-se diante de outra, julga-a de forma crítica, toma-a, por assim dizer, como objeto.

Afirma-se assim a ideia, já presente em *Sobre o narcisismo: uma introdução*, de que a grande oposição entre a libido do ego e a libido objetal não basta para explicar todas as modalidades do retraimento narcísico da libido. A libido "narcísica" pode ter como objeto toda uma série de instâncias que formam um sistema complexo e cujo pertencimento ao *sistema do ego* é, aliás, conotado pelos nomes com que Freud as designa: ego ideal*, ideal do ego*, superego*.

v – A "virada" de 1920: vemos que a fórmula, pelo menos no que se refere à introdução da noção de ego, só pode ser aceita com reservas. Todavia, não será possível recusar o próprio testemunho de Freud sobre a mudança essencial que então se operou. Parece que, se a segunda teoria tópica faz do ego um sistema ou uma instância, é porque, em primeiro lugar, procura ajustar-se melhor às modalidades do conflito psíquico do que a primeira teoria, da qual se pode dizer, esquematicamente, que tomava como referência principal os diferentes tipos de funcionamento mental (processo primário e processo secundário). As partes intervenientes no conflito – o ego, como agência da defesa; o superego, como sistema de interdições; o id, como polo pulsional – é que são, agora, elevadas à dignidade de *instâncias* do aparelho psíquico. A passagem da primeira para a segunda tópica não implica que as novas "províncias" tornem caducos os limites precedentes entre Inconsciente, Pré-consciente e Consciente. Mas, na instância do ego, vêm reagrupar-se funções e processos que, no quadro da primeira tópica, estavam repartidos por diversos sistemas:

1. A *consciência*, no primeiro modelo metapsicológico, constituía um verdadeiro sistema autônomo (sistema ω do *Projeto para uma psicologia científica*) para em seguida ser ligada por Freud, de uma forma que nunca deixou de conter dificuldades, ao sistema Pcs (*ver*: consciência); agora ela vê a sua situação tópica determinada: é o "núcleo do ego".

2. As funções reconhecidas do sistema *Pré-consciente* são, na sua maior parte, englobadas no ego.

3. O ego, e é este o ponto em que Freud mais insiste, é em grande parte *inconsciente*. Isso é atestado pela clínica, e especialmente pelas resistências inconscientes no tratamento: "Encontramos no próprio ego algo que é também inconsciente, que se comporta exatamente como o recalcado, isto é, que produz efeitos poderosos sem se tornar consciente e que necessita de um trabalho especial para que se torne consciente" (15*a*). Freud abria um caminho largamente explorado pelos seus sucessores. Houve quem descrevesse técnicas defensivas do ego que não são apenas inconscientes no sentido de o sujeito ignorar os seus motivos e o seu mecanismo, mas

ainda porque apresentam um aspecto compulsivo, repetitivo, desreal, que as aparenta com o recalcado contra quem lutam.

Esse alargamento da noção de ego implica que lhe são atribuídas na segunda tópica as mais diversas funções: controle da motilidade e da percepção, prova da realidade, antecipação, ordenação temporal dos processos mentais, pensamento racional etc., mas igualmente desconhecimento, racionalização, defesa compulsiva contra as reivindicações pulsionais. Como já foi notado, essas funções podem ser reagrupadas em pares antinômicos (oposição às pulsões e satisfação das pulsões, *insight* e racionalização, conhecimento objetivo e deformação sistemática, resistência e suspensão das resistências etc.), antinomias que apenas refletem a situação destinada ao ego relativamente às duas instâncias e à realidade (ε). Conforme o ponto de vista em que se coloca, Freud acentua às vezes a heteronomia do ego, às vezes suas possibilidades de uma relativa autonomia. O ego surge essencialmente como um mediador que se esforça para levar em conta exigências contraditórias; ele "[...] está submetido a uma tríplice servidão, e é por isso mesmo ameaçado por três espécies de perigos: o que provém do mundo exterior, o da libido do id, e o da severidade do superego [...]. Como ser-fronteira, o ego tenta fazer a mediação entre o mundo e o id, tenta tornar o id dócil ao mundo, tornar o mundo, graças à ação muscular, conforme ao desejo do id" (15*b*).

VI – A extensão que a noção de ego toma na teoria psicanalítica é atestada, simultaneamente, pelo interesse que lhe dedicaram numerosos autores e pela diversidade dos modos como a encararam. E foi assim que toda uma escola teve como objetivo relacionar as aquisições psicanalíticas com as das outras disciplinas: psicofisiologia, psicologia da aprendizagem, psicologia da criança, psicologia social, de modo a constituir uma verdadeira psicologia geral do ego (ζ). Tal tentativa apela para noções como as de energia dessexualizada e neutralizada à disposição do ego, de função chamada "sintética", e de esfera não conflitual do ego. O ego é concebido antes de mais nada como um aparelho de regulação e de adaptação à realidade, cuja gênese se procura descrever, por processos de maturação e de aprendizagem, a partir do equipamento sensório-motor do lactente. Ainda que se possam encontrar na origem de qualquer desses conceitos pontos de apoio no pensamento freudiano, já parece mais difícil admitir que a última teoria do aparelho psíquico tenha aqui a sua mais adequada expressão. É claro que não se pensaria em contrapor a essa orientação do *ego psychology* uma exposição do que seria a "verdadeira" teoria freudiana do ego: antes nos impressiona a dificuldade em situar numa única linha de pensamento o conjunto das contribuições psicanalíticas para a noção de ego. Esquematicamente, podemos tentar agrupar as concepções freudianas em duas orientações, considerando os três problemas principais colocados pela gênese do ego, pela sua situação tópica – principalmente o seu estatuto relativamente ao id – e, finalmente, pelo que se entende, do ponto de vista dinâmico e econômico, por energia do ego.

A) Numa primeira perspectiva, o ego surge como o produto de uma diferenciação progressiva do id resultante da influência da realidade exterior; essa diferenciação parte do sistema Percepção-Consciência, comparado à camada cortical de uma vesícula de substância viva; o ego "[...] desenvolveu-se a partir da camada cortical do id, que, preparada para receber e afastar as excitações, acha-se em contato direto com o exterior (a realidade). Partindo da percepção consciente, o ego submete à sua influência domínios cada vez mais vastos, camadas cada vez mais profundas do id" (16).

O ego pode ser definido, então, como um verdadeiro órgão que, sejam quais forem os efetivos fracassos que vier a conhecer, está destinado, por princípio, enquanto representante da realidade, a garantir uma dominação progressiva sobre as pulsões. "Esforça-se por fazer reinar a influência do mundo exterior sobre o id e suas tendências, procura colocar o princípio de realidade no lugar do princípio de prazer que reina sem restrições no id. A percepção desempenha para o ego o papel que no id cabe à pulsão" (15c). Como o próprio Freud indica, a distinção entre o ego e o id vai, pois, ao encontro da oposição entre razão e paixões (15d).

O problema da energia de que o ego poderia dispor não deixa, nessa concepção, de levantar dificuldades. Com efeito, na medida em que é um produto direto da ação do mundo exterior, como o ego poderia tirar desse mundo exterior uma energia capaz de operar no seio de um aparelho psíquico que, por definição, funciona com a sua própria energia? Às vezes Freud é levado a apelar para a realidade, já não apenas como dado exterior com que o indivíduo tem que contar para regular o seu funcionamento, mas com todo o peso de uma verdadeira instância (tal como as instâncias da personalidade psíquica que são o ego e o superego), operando na dinâmica do conflito (17). Mas, se a única energia de que dispõe o aparelho psíquico é a energia interna proveniente das pulsões, aquela de que o ego poderia dispor não pode deixar de ser secundária, derivada do id. Essa solução, que é a mais geralmente admitida por Freud, não podia deixar de conduzir à hipótese de uma "dessexualização" da libido, hipótese da qual se pode pensar que apenas localiza numa noção, por sua vez também problemática, uma dificuldade da doutrina (η).

Tomada no seu conjunto, a concepção que acabamos de recordar levanta duas questões principais: por um lado, como compreender a tese sobre a qual se baseia, de uma diferenciação do ego no seio de uma entidade psíquica cujo estatuto está mal definido; por outro lado, não será difícil integrar nessa gênese quase ideal do aparelho psíquico uma série de contribuições essenciais e propriamente psicanalíticas para a noção de ego?

A ideia de uma gênese do ego é cheia de ambiguidades, que aliás foram mantidas por Freud ao longo de toda a sua obra e que só se agravaram com o modelo proposto em *Além do princípio do prazer* (*Jenseits des Lustprinzips*, 1920). Efetivamente, a evolução da "vesícula viva" invocada nesse texto pode ser concebida a diversos níveis: filogênese da espécie humana, e mesmo da vida em geral, evolução do organismo humano, ou ainda diferenciação do aparelho psíquico a partir de um estado indiferenciado. Que valor se deverá então reconhecer a essa hipótese de um organismo simplificado que edificaria os seus limites próprios, o seu aparelho receptor e o seu para-excitações* sob o impacto das excitações externas? Tratar-se-á de uma simples comparação para *ilustrar*, por uma imagem tomada de modo mais ou menos válido à biologia (o protozoário), a relação do indivíduo psíquico com o que lhe é exterior? Nesse caso, o corpo, rigorosamente falando, deveria ser considerado como fazendo parte do "exterior" relativamente ao que seria uma vesícula psíquica, mas essa seria uma ideia totalmente contrária ao pensamento de Freud: para ele nunca existiu equivalência entre as excitações externas e as excitações internas, ou pulsões, que atacam constantemente, de dentro, o aparelho psíquico e mesmo o ego, sem possibilidades de fuga. Somos pois levados a procurar uma relação mais estreita entre essa representação biológica e a sua transposição psíquica. Freud apoia-se por vezes numa analogia real existente, por exemplo, entre as funções do ego e os aparelhos perceptores do organismo: assim como o tegumento e a superfície do corpo, o sistema percepção-consciência é a "superfície" do psiquismo. Tal maneira de ver leva a conceber o aparelho psíquico como o resultado de uma especialização das funções corporais, e o ego como produto terminal de uma longa evolução do aparelho de adaptação.

Por fim, a outro nível, podemos perguntar se a insistência de Freud em utilizar essa imagem de uma forma viva definida pela sua diferença de nível energético com o exterior, possuindo um limite sujeito a efrações, limite que constantemente tem que ser defendido e reconstituído, não encontrará o seu fundamento numa relação real entre a gênese do ego e a imagem do organismo, relação que Freud só em raras ocasiões formulou explicitamente: "O ego é antes de mais nada um ego corporal, não apenas um ser de superfície, mas ele próprio a projeção de uma superfície" (15*e*). "O ego é, em última análise, derivado de sensações corporais, principalmente das que nascem da superfície do corpo ao lado do fato [...] de representar a superfície do aparelho mental" (θ). Tal indicação convida a definir a instância do ego como fundada numa operação psíquica real que consiste numa "projeção" do organismo no psiquismo.

B) Essa última observação levaria por si só a agrupar toda uma série de ideias, centrais em psicanálise, que permitem definir outra perspectiva. Esta não elude o problema da gênese do ego; procura a sua solução não recorrendo à ideia de uma diferenciação funcional, mas fazendo intervir operações psíquicas próprias, verdadeiras precipitações no psiquismo de vestígios, de imagens, de formas emprestadas ao outro humano (*ver particularmente*: identificação; introjeção; narcisismo; fase do espelho; "bom" objeto, "mau" objeto). Os psicanalistas dedicaram-se a procurar os momentos eletivos e as etapas dessas identificações, a definir quais são as identificações específicas nas diferentes instâncias: ego ideal, ideal do ego, superego. Note-se que a relação do ego com a percepção e com o mundo exterior assume então um sentido novo sem por isso ser suprimida: o ego não é bem um aparelho que viria desenvolver-se a partir do sistema Percepção-Consciência, mas uma formação interna que tem a sua origem em *certas percepções* privilegiadas, que provêm não do mundo exterior em geral, mas do mundo inter-humano.

Do ponto de vista tópico, o ego vê-se então definido não como uma emanação do id, mas como um objeto visado por ele: a teoria do narcisismo e a noção correlativa de uma libido orientada para o ego *ou* para um objeto exterior, segundo uma verdadeira balança energética, longe de ser abandonada por Freud com o advento da segunda tópica, será por ele reafirmada até os seus últimos escritos. A clínica psicanalítica, principalmente a das psicoses, vem ainda abonar essa concepção: depreciação e ódio do ego no melancólico, alargamento do ego até a fusão com o ego ideal no maníaco, perda das "fronteiras" do ego por desinvestimento destas nos estados de despersonalização (como foi salientado por P. Federn), etc.

Por fim, a difícil questão do suporte energético que seria necessário reconhecer nas atividades do ego ganha em ser examinada em relação com a noção de investimento narcísico. O problema está então menos em saber o que significa a hipotética mudança qualitativa, chamada dessexualização ou neutralização, do que em compreender como o ego, objeto libidinal, pode-se apresentar não apenas como um "reservatório", mas como sujeito dos investimentos libidinais que dele emanam.

Esta segunda linha de pensamento de que demos alguns elementos apresenta-se, na exata medida em que permanece mais próxima da experiência e das descobertas analíticas, como menos sintética do que a primeira; deixa pendente a necessária tarefa de articular com uma teoria propriamente psicanalítica do aparelho psíquico toda uma série de operações, de atividades, que, com a preocupação de construir uma psicologia geral, uma escola psicanalítica catalogou – como se fosse evidente – entre as funções do ego.

▲ (α) No entanto, nas passagens de *Estudos sobre a histeria* (*Studien über Hysterie*, 1895) em que se trata do ego, Freud sabe utilizar outros termos específicos para designar *das Individuum, die Person*.

(β) Bastaria para comprová-lo a célebre fórmula "Wo Es war, soll Ich werden"; literalmente, "onde estava o id, deve advir o ego", que vem concluir um longo desenvolvimento sobre o ego, o id e o superego.

(γ) Certas características do ego permitem comparar o ego do *Projeto para uma psicologia científica* com aquilo a que o pensamento contemporâneo chamou uma *Gestalt*, uma forma: limites relativamente fixos, no entanto com possibilidade de certas flutuações que não alteram o equilíbrio da forma, garantido pela permanência do núcleo (*Ichkern*); constância de um nível energético relativamente ao resto do psiquismo; boa circulação energética no interior do ego, contrastando com a barreira que a sua periferia constitui; efeito de atração e de organização (descrito por Freud sob a denominação de investimento lateral: *Nebenbesetzung*) exercido pelo ego sobre os processos que se desenrolam no exterior dos seus próprios limites. Do mesmo modo, uma *Gestalt* polariza e organiza o campo sobre o qual ela se destaca, estrutura o seu fundo. Em vez de o ego ser o lugar, e mesmo o sujeito do pensamento, e em geral dos processos secundários, estes podem ser compreendidos como efeito do seu poder regulador.

(δ) Poderíamos então levantar a seguinte hipótese: o desaparecimento na metapsicologia de *A interpretação de sonhos* da função defensiva e da própria instância do ego não se deve ao fato de que no sono o ego se encontra numa posição completamente diferente daquela que ele ocupa no conflito defensivo? Já não é um polo deste. O seu investimento narcísico (desejo de dormir) alarga-o, pode-se dizer, às dimensões da cena do sonho, ao mesmo tempo que tende a fazê-lo coincidir com o ego corporal (18).

(ε) Para uma crítica das incoerências e das insuficiências da teoria comum das funções do ego, recorra-se ao trabalho de D. Lagache *La psychanalyse et la structure de la personalité* (19).

(ζ) *Cf.*, particularmente a obra de Hartmann, Kris e Loewenstein e a de D. Rapaport.

(η) Certos autores, sensíveis a esta dificuldade, procuraram dotar o ego de uma pulsão específica, com os seus aparelhos, os seus esquemas de execução e o seu prazer próprio. Foi assim que I. Hendrick descreveu um "instinct to master" (*ver.* pulsão de dominação).

(θ) Esta nota, como o indicam os editores da *Standart Edition*, não figura nas edições alemãs de *O ego e o id*. Ela aparece na tradução inglesa de 1927 em que se especifica que recebeu a aprovação de Freud (20).

(1) HARTMANN (H.), Comments on the Psychoanalytic Theory of the Ego in *Psychoanalytic Stude of the Child*, v. V, p. 84-5.

(2) JANET (P.), *L'automatisme psychologique*, Alcan, Paris, 1899, p. 367.

(3) JANET (P.), *L'état mental des hystériques*, Alcan, Paris, 1893-94, p. 443 (da 2ª ed., 1911).

(4) BREUER (J.) e FREUD (S.), – *a*) GW, I, 295-6; SE, II, 291; Fr., 236. – *b*) GW, I, 280; SE, II, 278: Fr., 225. – *c*) GW, I, 294-5; SE, II, 290; Fr., 235. – *d*) *Cf.* GW, I, 174; SE, II, 116; Fr., 91.

(5) FREUD (S.), *a*) Al., 432; Ing., 410; Fr., 364. – *b*) Al., 438; Ing., 416; Fr., 369. – *c*) Al., 411; Ing., 388-9; Fr., 344.

(6) *Cf.* FREUD (S.), *Über den Traum*, 1901. GW, II-III, 692-4; SE, V, 679-80; Fr., 151-5.

(7) *Cf.* FREUD (S.), *A Note on the Unconscious in Psycho-Analysis*, 1912. *Das Unbewusste*, 1915. *Die Verdrängung*, 1915.

(8) FREUD (S.), *Formulierungen über die zwei Prinzipien des psychischen Geschebens*, 1911. – *a*) GW, VIII, 231; SE, XII, 219. – *b*) GW, VIII, 235; SE, XII, 223.

(9) FREUD (S.), *Bemerkungen über einen Fall von Zwangsneurose*, 1909. GW, VII, 389; SE, X, 163; Fr., 205.

(10) FREUD (S.), *Die Disposition zur Zwangsneurose*, 1913. GW, VIII, 451; SE, XII, 324-5.

(11) FREUD (S.), *Zur Einführung des Narzissmus*, 1914. – *a*) GW, X, 142; SE, XIV, 77. – *b*) GW, X, 146; XIV, 80-1. – *c*) GW, X, 141; SE, XIV, 75.

(12) FREUD (S.), *"Psychoanalyse" und "Libidotheorie"*, 1923. GW, XIII, 231; SE, XVIII, 257.

(13) FREUD (S.), *Massenpsychologie und Ich-Analyse*, 1921. GW, XIII, 111; SE, XVIII, 108; Fr., 121.

(14) FREUD (S.), *Trauer und Melancholie*, 1915. – *a*) GW, X, 436; SE, XIV, 249; Fr., 204. – *b*) *Cf.* GW, X, 438-9; SE, XIV, 251; Fr., 207.

(15) FREUD (S.), *Das ich un das Es*, 1923. – *a*) GW, XIII, 244; SE, XIX, 17; Fr., 170. – *b*) GW, XIII, 286; SE, XIX, 56; Fr., 214. – *c*) GW, XIII, 252-3; SE, XIX, 25; Fr., 179. – *d*) GW, XIII, 253; SE, XIX, 25; Fr., 179. – *e*) GW, XIII, 253; SE, XIX, 26; Fr., 179.

(16) FREUD (S.), *Abriss der Psychoanalyse*, 1938. GW, XVII, 129; SE, XXIII, 198-9; Fr., 74.

(17) *Cf.* especialmente FREUD (S.), *Neurose und Psychose*, 1924, e *Der Realitätsverlust bei Neurose und Psychose*, 1924.

(18) *Cf.* FREUD (S.), *Metapsychologische Ergänzung zur Traumlehre*, 1915. GW, X, 413; SE, XIV, 223; Fr., 165.

(19) In *La psychanalyse*, PUF, Paris, v. 6, mais especialmente o cap. VI.

(20) *Cf.* SE, XIX, 26.

EGO IDEAL ou EU IDEAL

= *D.*: Idealich. – *F.*: moi idéal. – *En.*: ideal ego. – *Es.*: yo ideal. – *I.*: io ideale.

• **Formação intrapsíquica que certos autores, diferenciando-a do ideal do ego, definem como um ideal narcísico de onipotência forjado a partir do modelo do narcisismo infantil.**

■ Freud criou o termo *Idealich*, que se encontra em *Sobre o narcisismo: uma introdução* (*Zur Einführung des Narzissmus*, 1914) e em *O ego e o id* (*Das Ich und das Es*, 1923). Mas não se encontra nele qualquer distinção conceitual entre *Idealich* (ego ideal) e *Ichideal* (ideal do ego).

Depois de Freud, certos autores retomaram o par formado por esses termos para designarem duas formações intrapsíquicas diferentes.

Nunberg, em particular, faz do ego ideal uma formação geneticamente anterior ao superego: "O ego ainda inorganizado, que se sente unido ao id, corresponde a uma condição ideal [...]" (1). No decorrer do seu desenvolvimento, o sujeito deixaria para trás esse ideal narcísico e aspiraria a regressar a ele, o que acontece sobretudo, mas não exclusivamente, nas psicoses.

D. Lagache sublinhou o interesse que haveria em distinguir o polo de identificações representado pelo ego ideal daquele que é constituído pelo par ideal do ego-superego. Trata-se, para ele, de uma formação narcísica inconsciente, mas a concepção de Lagache não coincide com a de Nunberg: "O Ego Ideal concebido como um ideal narcísico de onipotência não se reduz à união do Ego com o Id, antes compreende uma identificação primária com outro ser, investido da onipotência, isto é, com a mãe" (2*a*). O ego ideal serve de suporte ao que Lagache descreveu sob o nome de *identificação heroica* (identificação com personagens excepcionais e prestigiosos): "O Ego Ideal é ainda revelado por admirações apaixonadas por grandes personagens da história ou da vida contemporânea, caracterizados pela independência, orgulho, autoridade. Quando o tratamento progride, o Ego Ideal se delineia, emerge como uma formação irredutível ao Ideal do Ego" (2*b*). Segundo D. Lagache, a formação do ego ideal tem implicações sadomasoquistas, especialmente a negação do outro que está em correlação com a afirmação de si mesmo (*ver*: identificação com o agressor).

Para J. Lacan, o ego ideal é igualmente uma formação essencialmente narcísica que tem a sua origem na fase do espelho* e que pertence ao registro do imaginário* (3).

Além da divergência das perspectivas, todos esses autores estão de acordo, quer quanto à afirmação de que há interesse em especificar na teoria psicanalítica a formação inconsciente do ego ideal, quer em colocar em primeiro plano o caráter narcísico dessa formação. Note-se, aliás, que o texto em que Freud introduz o termo situa na origem da formação das instâncias ideais da personalidade o processo de idealização pelo qual o sujeito se dá como objetivo reconquistar o chamado estado de onipotência do narcisismo infantil.

(1) NUNBERG (H.), *Allgemeine Neurosenlehre auf psychoanalytischer Grundlage*, 1932, trad. fr., *Príncipes de psychanalyse*, PUF, Paris, 1957, 135.
(2) LAGACHE (D.), La psychanalyse et la structure de la personnalité, 1958, in *La psychanalyse*, PUF, Paris, VI. – *a*) 43. – *b*) 41-2.
(3) LACAN (J.), *Remarques sur le rapport de Daniel Lagache*, 1958, in *La psychanalyse*, PUF, Paris, VI, 133-46.

EGOÍSMO

= *D.*: Egoismus. – *F.*: égoïsme. – *En.*: egoism. – *Es.*: egoismo. – *I.*: egoismo.

• *Interesse que o ego tem por si mesmo.*

■ O termo "egoísmo" serviu a Freud, inicialmente, para caracterizar os sonhos; eles são qualificados de "egoístas" no sentido em que "[...] o ego bem-amado aparece em todos eles" (1*a*). Isso não significa que os sentimentos mais "desinteressados" não possam aparecer num sonho, mas que o ego do sonhador está sempre presente em pessoa ou por identificação (1*b*).

A introdução do narcisismo* leva Freud a estabelecer a distinção conceitual entre este e o egoísmo: o narcisismo é "[...] o complemento libidinal do egoísmo" (2). São confundidos muitas vezes, mas não necessariamente. Essa distinção baseia-se naquela entre pulsões sexuais e pulsões do ego*. O egoísmo ou "interesse do ego" (*Ichinteresse*) (*ver*: interesse) define-se como investimento pelas pulsões do ego, e o narcisismo como investimento do ego pelas pulsões sexuais.

(1) FREUD (S.), *Die Traumdeutung*, 1900. – *a*) GW, II-III, 274; SE, IV, 267; Fr., 202. – *b*) Cf. GW, II-III, 328; SE, IV, 323; Fr., 240.
(2) FREUD (S.), *Metapsychologische Ergänzung zur Traumlehre*, 1917. GW, X, 413; SE, XIV, 223; Fr., 164.

EGO-PRAZER – EGO-REALIDADE ou EU-PRAZER – EU-REALIDADE

= *D.*: Lust-Ich – Real-Ich. – *F.*: moi-plaisir – moi-réalité. – *En.*: pleasure-ego – reality-ego. – *Es.*: yo placer – yo realidad. – *I.*: io-piacere – io-realtà.

• *Termos utilizados por Freud com referência a uma gênese da relação do sujeito com o mundo exterior e do acesso à realidade. Os dois termos são sempre opostos um ao outro, mas em acepções tão diferentes que não se pode propor uma definição unívoca, e com significações que se sobrepõem tanto que não se pode fixá-las em definições múltiplas.*

■ A oposição entre ego-prazer e ego-realidade é proposta por Freud principalmente em *Formulações sobre os dois princípios do funcionamento men-*

EGO-PRAZER – EGO-REALIDADE ou EU-PRAZER – EU-REALIDADE

tal (*Formulierungen über die zwei Prinzipien des psychischen Geschehens*, 1911), *Pulsões e destinos das pulsões* (*Triebe und Triebschiksale*, 1915) e *A negação* (*Die Verneinung*, 1925). Note-se em primeiro lugar que esses textos, que correspondem a momentos diferentes do pensamento de Freud, estão no entanto em continuidade uns com os outros e em nada acusam as modificações introduzidas na definição do ego quando da passagem da primeira para a segunda tópica.

1º Em *Formulações sobre os dois princípios do funcionamento mental*, a oposição entre ego-prazer e ego-realidade está ligada à oposição que existe entre princípio de prazer* e princípio de realidade*. Freud utiliza os termos *Lust-Ich* e *Real-Ich* para designar a evolução das pulsões do ego*. As pulsões que começam por funcionar segundo o princípio de prazer submetem-se progressivamente ao princípio de realidade, mas essa evolução é menos rápida e menos completa nas pulsões sexuais, mais difíceis de "educar" do que as pulsões do ego. "Do mesmo modo que o ego-prazer nada mais pode fazer além de desejar, trabalhar para obter o prazer e evitar o desprazer, também o ego-realidade nada mais tem a fazer do que tender para o útil e garantir-se contra os danos" (1). Note-se que o ego é focalizado essencialmente do ponto de vista das pulsões, que lhe forneceriam um suporte energético; ego-prazer e ego-realidade não são duas formas radicalmente diferentes do ego, antes definem dois modos de funcionamento das pulsões do ego, segundo o princípio de prazer e segundo o princípio de realidade.

2º Em *Pulsões e destinos das pulsões*, a perspectiva é também genética, mas não se considera a articulação de um princípio com outro nem a evolução das pulsões do ego, e sim a gênese da oposição sujeito (ego) – objeto (mundo exterior), enquanto esta é correlativa da oposição prazer – desprazer.

Nessa perspectiva, Freud distingue duas etapas: a primeira em que o sujeito "[...] coincide com o que é agradável, e o mundo exterior com o que é indiferente" (2*a*), e a segunda em que o sujeito e o mundo exterior se opõem como o que é agradável e o que é desagradável. O sujeito, na primeira etapa, é qualificado de ego-realidade, e, na segunda, de ego-prazer; vemos assim que a sucessão dos termos é inversa à do texto precedente, mas esses termos, e em particular ego-realidade, não são tomados na mesma acepção; a oposição entre ego-realidade e ego-prazer situa-se anteriormente à introdução do princípio de realidade, a passagem do ego--realidade ao ego-prazer "[...] efetua-se sob a supremacia do princípio de prazer" (2*b*).

Esse "ego-realidade do início" é assim qualificado por Freud na medida em que "[...] distingue interior e exterior segundo um bom critério objetivo" (2*c*), afirmação que poderíamos compreender da seguinte maneira: é efetivamente uma posição imediatamente objetiva a de referir ao sujeito as sensações de prazer e de desprazer sem fazer delas qualidades do mundo exterior, o qual é, em si, indiferente.

Como se constitui o ego-prazer? O sujeito, como o mundo exterior, encontra-se cindido em uma parte agradável e uma parte desagradável; disso resulta uma nova divisão, em que o sujeito coincide com todo o agradável, e o mundo, com todo o desagradável; essa divisão faz-se por uma introjeção* da parte dos objetos do mundo exterior que é fonte de prazer e pela projeção* para fora do que dentro é ocasião de desprazer. Esta nova posição do sujeito permite defini-lo como "ego-prazer purificado", dado que todo o desagradável está fora.

Vê-se que, em *Pulsões e destinos das pulsões*, o termo ego-prazer já não significa simplesmente ego regido pelo princípio de desprazer-prazer, mas ego identificado com o agradável por oposição ao desagradável. Nessa nova acepção, o que se opõe são ainda duas etapas do ego, mas definidas agora por uma modificação do seu limite e dos seus conteúdos.

3º Em *A negação*, Freud utiliza ainda a distinção entre ego-prazer e ego-realidade, isso na mesma perspectiva do texto precedente: como se constitui a oposição sujeito – mundo exterior? A expressão "ego-realidade do início" não é literalmente retomada; não parece, porém, que Freud tenha renunciado a essa ideia, visto que mantém que o sujeito dispõe imediatamente de um acesso objetivo à realidade: "Na origem, a existência da representação é uma garantia da realidade do representado" (3*a*).

O segundo momento, o do "ego-prazer", é descrito nos mesmos termos que em *Pulsões e destinos das pulsões*: "O ego-prazer originário [...] deseja introjetar em si tudo o que é bom e rejeitar para fora de si tudo o que é mau. Para ele, o mau, o estranho ao ego, o que se acha fora, são antes de mais nada idênticos" (3*b*).

O "ego-realidade definitivo" corresponderia a um terceiro momento, aquele em que o sujeito procura reencontrar no exterior um objeto real correspondente à representação do objeto primitivamente satisfatório e perdido (*ver*: vivência de satisfação). Nisso se localiza o fator propulsor da prova de realidade*.

Essa passagem do ego-prazer ao ego-realidade depende, como nas *Formulações sobre os dois princípios do funcionamento mental*, da instauração do princípio de realidade.

★

A oposição entre ego-prazer e ego-realidade nunca foi integrada por Freud no conjunto dos seus pontos de vista metapsicológicos, e especialmente na sua teoria do ego como instância do aparelho psíquico. É evidente, porém, que haveria o interesse em se estabelecer essa articulação; tal aproximação facilitaria a solução de certas dificuldades da teoria psicanalítica do ego:

1º Os pontos de vista freudianos sobre a evolução de ego-prazer – ego--realidade constituem uma tentativa de estabelecer uma mediação, uma gênese, ainda que mítica, entre o indivíduo biopsicológico (assimilável, na nossa opinião, ao "ego-realidade do início" proposto por Freud) e o ego como instância.

2º Consideram como causas dessa gênese operações psíquicas primitivas de introjeção e de projeção pelas quais se constitui o limite de um ego que compreende um interior e um exterior.

3º Têm o mérito de dissipar o equívoco – que sempre prejudicou a teoria psicanalítica – associado a termos como narcisismo primário*, na medida em que por isso se entende muitas vezes um hipotético estado originário durante o qual o indivíduo não teria qualquer acesso, ainda que rudimentar, ao mundo exterior.

(1) Freud (S.), GW, VIII, 235; SE, XII, 223.
(2) Freud (S.). – *a)* GW, X, 227; SE, XIV, 135; Fr., 57. – *b)* GW, X, 228; SE, XIV, 135-6; Fr., 58 – *c)* GW, X, 228; SE, XIV, 135-6; Fr., 58.
(3) Freud (S.). – *a)* GW, XIV, 14; SE, XIX, 237; Fr., 176 – *b)* GW, XIV, 13; SE, XIX, 237; Fr., 175-6.

EGOSSINTÔNICO

Ver: **Conforme ao ego**

ELABORAÇÃO PSÍQUICA

= *D.*: psychische Verarbeitung (*ou* Ausarbeitung, *ou* Aufarbeitung). – *F.*: élaboration psychique. – *En.*: psychical working over, *ou* out. – *Es.*: elaboración psíquica. – *I.*: elaborazione psichica.

• *A) Expressão utilizada por Freud para designar, em diversos contextos, o trabalho realizado pelo aparelho psíquico com o fim de dominar as excitações que chegam até ele e cuja acumulação corre o risco de ser patogênica. Esse trabalho consiste em integrar as excitações no psiquismo e em estabelecer entre elas conexões associativas.*
B) O termo francês "élaboration" [bem como o português "elaboração" é frequentemente utilizado pelos tradutores como equivalente do alemão **Durcharbeiten** *ou do inglês* **working through**. *Nesse sentido, preferimos* **perlaboration** *[perlaboração*].*

■ Encontra-se o mesmo termo *Arbeit* (trabalho) em diversas expressões de Freud, como *Traumarbeit* (trabalho do sonho), *Trauerarbeit* (trabalho do luto), *Durcharbeiten* (perlaboração), e em vários termos – *Verarbeitung, Bearbeitung, Ausarbeitung, Aufarbeitung* – traduzidos por elaboração. Temos então um emprego original do conceito de trabalho, aplicado a operações intrapsíquicas. Ele é compreendido com referência à concepção freudiana de um aparelho psíquico* que transforma e transmite a energia que recebe; a pulsão, nessa perspectiva, é definida como "quantidade de trabalho exigida do psiquismo" (1).

Num sentido muito amplo, elaboração psíquica poderia designar o conjunto das operações desse aparelho; mas o uso que Freud faz da expressão parece ser mais específico; a elaboração psíquica é a transformação do volume de energia que permite dominar essa energia, derivando-a ou a ligando.

Freud e Breuer encontraram esse termo em Charcot, que falava, a propósito da pessoa histérica, de um momento de elaboração psíquica entre o traumatismo e o aparecimento dos sintomas (2). É numa perspectiva diferente que eles retomam o termo na sua teoria da histeria, do ponto de vista da etiologia e do tratamento. Normalmente, o efeito traumático de um acontecimento é liquidado, ou por ab-reação*, ou por integração "no grande complexo das associações" (3), que exerce assim uma ação corretora. Na pessoa histérica, diversas condições (*ver*: histeria hipnoide; histeria de defesa) impedem tal liquidação; não há elaboração associativa (*Verarbeitung*); a recordação do traumatismo conserva-se no estado de "grupo psíquico separado". O tratamento encontra a sua eficácia no estabelecimento dos laços associativos que permitem a liquidação progressiva do trauma (*ver*: catarse).

O termo elaboração também é utilizado na teoria das neuroses atuais. É uma ausência de elaboração psíquica da tensão sexual somática que leva à derivação direta desta em sintomas. O mecanismo assemelha-se ao da histeria (4), mas a falta de elaboração é mais radical: "[…] a tensão sexual transforma-se em angústia sempre que, produzindo-se com força, não sofre a elaboração psíquica que a transformaria em afeto" (5).

Em *Sobre o narcisismo: uma introdução* (*Zur Einführung des Narzissmus*, 1914), Freud retoma e desenvolve a ideia de que são a ausência ou as insuficiências da elaboração psíquica que, provocando uma estase* libidinal, estão, segundo diversas modalidades, na base da neurose e da psicose.

★

Se relacionássemos os usos que Freud faz da noção de elaboração psíquica na teoria da histeria e na teoria das neuroses atuais, poderíamos ser levados a distinguir dois aspectos: 1º a transformação da quantidade física em qualidade psíquica; 2º o estabelecimento de caminhos associativos, que supõe como condição prévia essa transformação.

Essa distinção é igualmente sugerida em *Sobre o narcisismo: uma introdução*, em que Freud coloca na raiz de qualquer psiconeurose uma neurose atual, supondo assim dois momentos sucessivos, da estase libidinal e da elaboração psíquica.

A noção de elaboração forneceria assim uma transição entre o registro econômico e o registro simbólico do freudismo. Para a discussão desse problema remetemos o leitor para o nosso comentário do artigo "ligação" (*Bindung*).

Note-se por fim que se impõe aproximar elaboração e perlaboração. Existe uma analogia entre o trabalho do tratamento e o modo de funcionamento espontâneo do aparelho psíquico.

(1) FREUD (S.), *Drei Abhandlungen zür Sexualtheorie*, 1905. GW, V, 67; SE, VII, 168; Fr., 56.

(2) *Cf.* CHARCOT (J.-M.), *Leçons du mardi à la Salpêtrière*, 1888, Paris, I, 99.
(3) FREUD (S.), *Studien über Hysterie*, 1895, GW, I, 87; SE, II, 9; Fr., 6.
(4) *Cf.* FREUD (S.)., *Über die Berechtigung, von der Neurasthenie einen bestimmten Symptomenkomplex als "Angstneurose" abzutrennen*, 1894, GW, I, 336, 342; SE, III, 109, 115.
(5) FREUD (S.), *Aus den Anfängen der Psychoanalyse*, 1887-1902. Al., 103; Ing., 93; Fr., 84.

ELABORAÇÃO SECUNDÁRIA

= *D.*: sekundäre Bearbeitung. – *F*: élaboration secondaire. – *En.*: secondary revision (*ou* elaboration). – *Es.*: elaboración secundaria. – *I.*: elaborazione secondaria.

• **Remodelação do sonho destinada a apresentá-lo sob a forma de uma história relativamente coerente e compreensível.**

■ Tirar a aparência de absurdo e de incoerência do sonho, tapar os seus buracos, remanejar parcial ou totalmente seus elementos realizando uma escolha entre eles e fazendo acréscimos, procurar criar algo como um devaneio diurno (*Tagtraum*), eis no que consiste o essencial daquilo a que Freud chamou elaboração secundária ou ainda "tomada em consideração da inteligibilidade" (*Rücksicht auf Verständlichkeit*).

Como o nome (*Bearbeitung*) indica, constitui um segundo momento de trabalho (*Arbeit*) do sonho; incide, pois, sobre os produtos já elaborados pelos outros mecanismos (condensação, deslocamento, figuração). Para Freud, no entanto, essa elaboração secundária não se exerce sobre formações que ela remanejaria depois do sonho; pelo contrário, "[…] ela exerce de início […] uma influência indutora e seletiva sobre o fundo dos pensamentos do sonho" (1). Por isso o trabalho do sonho utilizará facilmente devaneios já montados (*ver*: fantasia).

Como a elaboração secundária é um efeito da censura – e Freud, a esse propósito, sublinha que esta não tem só um papel negativo, antes pode produzir acréscimos –, vamos vê-la em operação principalmente quando o sujeito se aproxima do estado de vigília e, *a fortiori*, quando faz o relato do seu sonho. Mas ela é na realidade contemporânea de cada momento do sonho.

Em *Totem e tabu* (*Totem und Tabu*, 1912), Freud fez a aproximação entre a elaboração secundária e a formação de certos sistemas de pensamento. "Há uma função intelectual que nos é inerente e que exige unificação, coerência e inteligibilidade de todos os materiais que se apresentam à nossa percepção ou ao nosso pensamento; esta não teme estabelecer relações inexatas quando, em consequência de determinadas circunstâncias, é incapaz de apreender as relações corretas. Conhecemos certos sistemas que caracterizam não apenas o sonho, mas igualmente as fobias, o pensamento obsessivo e as diferentes formas do delírio. Nas afecções delirantes (a paranoia), o sistema é o que há de mais manifesto, domina o quadro mórbido, mas não deve ser desdenhado, como não o deve ser nas outras formas de psiconeuroses. Em todos esses casos, podemos demonstrar que se efetuou uma remodelação do material psíquico em função de um novo objetivo, remodelação que é muitas vezes fundamentalmente forçada, embora compreensível se nos colocarmos no ponto de vista do sistema" (2). Nesse sentido, a elaboração secundária pode ser aproximada da racionalização*.

(1) FREUD (S.), *Die Traumdeutung*, 1900. GW, II-III, 503; SE, V, 499; Fr., 371.
(2) FREUD (S.), GW, IX, 117; SE, XIII, 95; Fr., 133.

ENERGIA CATÉXICA

Ver: **Energia de investimento**

ENERGIA DE INVESTIMENTO

= *D.*: Besetzungsenergie. – *F.*: énergie d'investissement. – *En:*. cathectic energy. – *Es.*: energia de carga. – *I.*: energia di carica *ou* d'investimento.

• *Substrato energético postulado como fator quantitativo das operações do aparelho psíquico.*

▪ Para a discussão dessa noção, ver: econômico; investimento; energia livre – energia ligada; libido.

ENERGIA LIVRE – ENERGIA LIGADA

= *D.*: freie Energie – gebundene Energie. – *F.*: énergie libre – énergie liée. – *En.*: free energy – bound energy. – *Es.*: energía libre – energía ligada. – *I.*: energia libera – energia legata.

• *Termos que exprimem, do ponto de vista econômico, a distinção freudiana entre processo primário e processo secundário. No processo primário, diz-se que a energia é livre ou móvel na medida em que se escoa para a descarga da maneira mais rápida e mais direta possível; no processo secundário, ela é ligada, na medida em que o seu movimento para a descarga é retardado ou controlado. Do ponto de vista genético, o estado livre da energia precede, para Freud, seu estado ligado, pois este caracteriza um grau mais elevado de estruturação do aparelho psíquico.*

▪ Freud presta explicitamente homenagem a Breuer pela distinção entre energia livre e energia ligada (1, 2). Note-se que, de fato, os termos utilizados não são os de Breuer e, por outro lado, que a distinção introduzida por Breuer não tem a mesma significação que a de Freud.

ENERGIA LIVRE – ENERGIA LIGADA

A distinção de Breuer fundamenta-se na diferença estabelecida pelos físicos entre duas espécies de energias mecânicas cuja soma se mantém constante num sistema isolado. Helmholtz, cuja influência sobre o pensamento de Breuer e Freud é conhecida, opõe assim *às forças vivas* (*lebendige Kräfte*, termo tirado de Leibniz) as *forças de tensão* (*Spannkräfte*) ou "forças que tendem a pôr em movimento um ponto M, enquanto não produziram ainda movimento" (3). Essa oposição ajusta-se à que foi introduzida por outros autores, no decorrer do século XIX, entre energia atual e energia potencial (Rankine) ou ainda entre energia cinética e energia estática (Thomson): Breuer refere-se explicitamente a essa distinção e aos termos desses físicos.

Breuer procura sobretudo definir uma forma de energia potencial, presente no sistema nervoso, a que chama "excitação tônica intracerebral" ou "tensão nervosa", ou ainda energia "quiescente". Tal como um reservatório contém uma certa quantidade de energia potencial na medida em que retém a água, também "[...] o conjunto da imensa rede [das fibras nervosas] forma um único reservatório de tensão nervosa" (4*a*).

Essa excitação tônica provém de diversas fontes: as próprias células nervosas, excitações externas, excitações provenientes do interior do corpo (necessidades fisiológicas) e "afetos psíquicos". É utilizada ou descarregada nas diversas espécies de atividades, motoras, intelectuais etc.

Segundo Breuer, existe um nível ótimo dessa energia quiescente que permite uma boa recepção das excitações externas, a associação entre as ideias e uma livre circulação da energia no conjunto das vias do sistema nervoso. É esse nível que o organismo procura manter constante ou restabelecer (*ver*: princípio de constância). Efetivamente, o organismo afasta-se desse ótimo ou porque a energia nervosa se esgotou (o que acarreta o estado de sono, que irá permitir uma recarga de energia), ou porque o nível é demasiadamente elevado; e esta elevação, por sua vez, pode ser generalizada e uniforme (estado de intensa expectativa), ou desigualmente repartida (que é o que acontece quando surgem os afetos e a sua energia não pode ser descarregada nem repartida no conjunto do sistema por elaboração* associativa; é então que Breuer fala de "afetos coartados").

Vemos assim:

1) Que as duas formas de energia diferenciadas por Breuer – "quiescente" e "cinética" – são transformáveis uma na outra.

2) Que não é concedida qualquer prioridade à energia cinética, nem do ponto de vista genético, nem do ponto de vista lógico; a distinção freudiana entre processo primário e processo secundário parece alheia ao pensamento de Breuer.

3) Que para Breuer o fundamental é o estado quiescente da energia nervosa, pois que só depois de estabelecido um certo nível é que a energia pode circular livremente. A diferença em relação a Freud aparece com nitidez: Breuer pensa, por exemplo, que, no estado de sono, em que a energia quiescente está a um nível muito baixo, a livre circulação das excitações é *entravada* (4*b*).

4) Que o princípio de constância assume em Breuer um sentido diferente do que assume em Freud (*ver*: princípio de constância; princípio de inércia neurônica).

★

De fato, parece ter sido Freud quem introduziu, no que se refere à energia psíquica, os termos opostos energia livre e energia ligada. Note-se que, em física, esses dois termos tinham sido também introduzidos por Helmholtz, mas no quadro do *segundo* princípio da termodinâmica (degradação da energia); Helmholtz designava por *energia livre* a energia que "[...] se pode transformar livremente em outras espécies de trabalho" e por *energia ligada* "[...] a que só se pode manifestar sob a forma de calor" (5).

Essa oposição não se situa exatamente ao mesmo nível da oposição entre energia estática (ou tônica) e energia cinética; com efeito, esta última oposição só considera a energia mecânica, ao passo que a oposição energia livre – energia ligada supõe a consideração de diversas espécies de energia (calórica, química etc.) e condições que tornam ou não possível a passagem de uma para outra. No entanto, pode-se dizer que a energia estática é, no sentido de Helmholtz, uma energia livre, uma vez que é transformável em outras formas de energia, enquanto a energia cinética, ao menos a dos movimentos moleculares desordenados, é uma energia ligada; vemos que Freud, ao chamar a energia quiescente ou tônica de Breuer de energia ligada e a energia cinética de energia livre, inverteu praticamente o sentido que esses termos têm em física: livre deve entender-se em Freud como livremente móvel (*frei beweglich*) e não como livremente transformável.

Em resumo, verifica-se:

1) Que o par de opostos utilizado por Breuer (energia tônica, energia cinética) é retirado de uma teoria que não leva em consideração o segundo princípio da termodinâmica. Freud, em contrapartida, utiliza termos (energia livre, energia ligada) que se situam no quadro do segundo princípio.

2) Que Freud, embora tendo conhecido de perto as concepções da Escola fisicista (Helmholtz, Brücke), inverte o sentido dos termos que toma da física, para fazê-los recobrir aproximadamente a oposição de Breuer.

3) Que, apesar dessa aparente coincidência, a concepção de Freud é inteiramente diferente daquela de Breuer: a energia livre, que caracteriza os processos inconscientes, é *primeira* relativamente à energia ligada. Essa diferença fundamental de pontos de vista encontra a sua expressão particularmente nas ambiguidades de formulação do princípio de constância.

★

A oposição entre duas espécies de escoamento da energia está presente no *Projeto para uma psicologia científica* (*Entwurf einer Psychologie*, 1895): no funcionamento primário do aparelho neurônico, a energia tende para uma descarga imediata e completa (princípio de inércia neurônica);

no processo secundário, a energia é ligada, isto é, represada em determinados neurônios ou sistemas neurônicos em que se acumula. As condições dessa ligação são, por um lado, a existência de "barreiras de contato" entre os neurônios, que impedem ou limitam a passagem da energia de um para outro, e, por outro lado, a ação exercida por um grupo de neurônios investidos a um nível constante (o ego) sobre os outros processos que se desenrolam no aparelho; é isso que Freud chama de efeito de investimento lateral (*Nebenbesetzung*), que é o fundamento da ação inibitória do ego (6*a*).

O caso privilegiado de um funcionamento "ligado" da energia é, segundo Freud, o do processo de pensamento, que combina o investimento elevado que a atenção e o deslocamento de fracas quantidades de energia supõem, sem as quais o próprio exercício do pensamento seria impossível (6*b*). Essa corrente, por mais fraca que seja do ponto de vista quantitativo, nem por isso circula com menor facilidade: "Podem ser deslocadas mais facilmente pequenas quantidades quando o nível é elevado do que quando é baixo" (6*c*).

A oposição entre energia livre e energia ligada é retomada em *A interpretação de sonhos* (*Die Traumdeutung*, 1900), independentemente de toda e qualquer referência a estados, ditos distintos, dos neurônios, e será sempre mantida por Freud como expressão econômica da distinção fundamental entre processo primário* e processo secundário* (*ver*: ligação).

(1) *Cf.*, por exemplo: FREUD (S.), *Das Unbewusste*, 1915. Fim do capítulo IV. GW, X; SE, XIV.
(2) *Cf.*, por exemplo: FREUD (S.), *Jenseits des Lustprinzips*, 1920. GW, XIII, 26; SE, XVII, 26-7; Fr., 29.
(3) HELMHOLTZ (H.), *Über die Erhaltung der Kraft*, Engelmann, Leipzig, 1847, 12.
(4) BREUER (J.) e FREUD (S.), *Studien über Hysterie*, 1895. – *a*) Al., 169, n.; SE, II, 194, n.; Fr., 154, n. – *b*) *Cf.* Al., 168; SE, II, 192-3; Fr., 153.
(5) HELMHOLTZ (H.), *Über die Thermodynamik chemischer Vorgänge*, 1882. In: *Abhandlungen zur Thermodynamik chemischer Vorgänge*, Engelmann, Leipzig, 1902, 18.
(6) FREUD (S.). – *a*) *Cf.* a 1ª parte, cap. IV. – *b*) *Cf.* Al., 447; Ing., 425; Fr., 378-9. – *c*) Al., 451; Ing., 429; Fr., 382.

EROGENEIDADE

= *D.*: Erogeneität. – *F.*: érogénéité. – *En.*: erogenicity. – *Es.*: erogeneidad. – *I.*: erogeneità.

• *Capacidade de qualquer região do corpo ser a fonte de uma excitação sexual, quer dizer, de se comportar como zona erógena.*

■ Esse termo – pouco utilizado – foi criado por Freud em *Sobre o narcisismo: uma introdução* (*Zur Einführung des Narzissmus*, 1914) (1). Nesse texto, a erogeneidade é definida como a atividade sexual de que é suscetível uma parte do corpo (2).

Ao designar por um termo específico essa "excitabilidade" (*Erregbarkeit*) sexual, Freud quer indicar que ela não é privilégio de determinada zona erógena onde aparece mais evidentemente, mas sim uma propriedade geral de toda a superfície cutâneo-mucosa, e mesmo dos órgãos internos. A erogeneidade é concebida por Freud como um fator quantitativo, suscetível de aumentar ou diminuir, ou ainda de ver a sua distribuição no organismo modificada por deslocamentos. Essas modificações explicam, por exemplo, na sua opinião, os sintomas hipocondríacos.

(1) *Cf.* Freud (S.), GW, X, 150; SE, XIV, 84.
(2) *Cf.* igualmente Freud (S.), *Drei Abhandlungen zur Sexualtheorie.* GW, V, 85, n. 1 acrescentada em 1915; SE, VII, 184, n. 1; Fr., 179, n. 50.

ERÓGENO

= *D.*: erogen. – *F.*: érogène. – *En.*: erotogenic. – *Es.*: erógeno. – *I.*: erogeno.

● *O que se relaciona com a produção de uma excitação sexual.*

■ Esse adjetivo é utilizado a maior parte das vezes na expressão zona erógena*, mas também o encontramos em expressões como masoquismo* erógeno, atividade erógena etc.

EROS

= É adotada a mesma palavra grega nas diversas línguas.

● *Termo pelo qual os gregos designavam o amor e o deus Amor. Freud utiliza-o na sua última teoria das pulsões para designar o conjunto das pulsões de vida em oposição às pulsões de morte.*

■ Remetemos o leitor para o artigo *pulsões de vida* e limitamo-nos aqui a algumas observações sobre o emprego do termo "Eros" para designá-las.
É conhecida a preocupação de Freud em referir suas concepções sobre as pulsões* a ideias filosóficas gerais: oposição "popular" entre o amor e a fome, na primeira teoria; e oposição empedocliana entre φιλία e νεῖχος (amor e discórdia), na segunda teoria.
Freud refere-se diversas vezes ao Eros platônico, vendo nele uma noção muito próxima do que entende por sexualidade*; com efeito, indicou desde o início que ela não se confundia com a função genital (1). Certas críticas que afirmam que Freud reduz tudo à sexualidade (no sentido vulgar do termo) não resistem logo que se dissipa essa confusão: convém utilizar sexual "[...] no sentido em que a psicanálise o emprega agora correntemente – no sentido de Eros" (2).
Inversamente, Freud não deixou de sublinhar o inconveniente apresentado pelo uso do termo "Eros" quando leva a camuflar a sexualidade. Veja-se, por exemplo, esta passagem: "Os que consideram a sexualidade

como algo que é motivo de vergonha para a natureza humana, e que a rebaixa, podem usar à vontade os termos, mais elegantes, Eros e erótico. Eu próprio poderia ter-me poupado a muitas oposições se tivesse agido assim desde o início, mas não o quis porque me desagrada fazer concessões à pusilanimidade. É impossível saber até onde somos levados por esse caminho: começamos por ceder nas palavras e acabamos por ceder na coisa" (3). O fato é que o uso do termo "Eros" corre o risco de reduzir cada vez mais o alcance da sexualidade em benefício das suas manifestações sublimadas.

A partir de *Além do princípio do prazer* (*Jenseits des Lustprinzips*, 1920), Freud utiliza correntemente Eros como sinônimo de pulsão de vida, mas é para inscrever a sua nova teoria das pulsões numa tradição filosófica e mítica de alcance universal (por exemplo, o mito de Aristófanes, em *O Banquete*, de Platão). Assim Eros é concebido como o que tem por objetivo "[...] tornar a vida complexa reunindo a substância viva, estilhaçada em partículas, em unidades cada vez mais extensas e, naturalmente, conservá-la neste estado" (4).

O termo "Eros" é geralmente usado para designar as pulsões sexuais numa intenção deliberadamente especulativa; citemos, por exemplo, estas linhas: "A especulação transforma esta oposição [entre pulsões libidinais e pulsões de destruição] na oposição entre pulsões de vida (Eros) e pulsões de morte" (5a).

Como situar os termos *Eros* e *libido* * um em relação ao outro? Quando Freud introduz Eros em *Além do princípio do prazer*, parece assimilá-los: "[...] a libido das nossas pulsões sexuais coincidiria com o Eros dos poetas e dos filósofos, que mantém a coesão de tudo o que vive" (5b). Note-se que se trata de dois termos tirados de línguas antigas e que acentuam ambos uma preocupação de teorização que ultrapassa o campo da experiência analítica (α). Dito isto, o termo *libido* sempre foi – e continuará sendo depois da introdução de Eros – usado numa perspectiva econômica; designa a *energia* das pulsões sexuais (*cf.*, por exemplo, estas palavras do *Esboço de psicanálise* [*Abriss der Psychoanalyse*, 1938]: "A toda energia do Eros passaremos a chamar libido") (6).

▲ (α) Citemos a este propósito uma passagem de *Estudos sobre a histeria* (*Studien über Hysterie*, 1895), em que Breuer emprega o termo "Eros" para designar um poder de aspecto demoníaco: "A jovem pressente em Eros a força terrível que vai reger o seu destino, decidi-lo, e é isso que a apavora" (7).

(1) *Cf.*, por exemplo: FREUD (S.), *Drei Abhandlungen zur Sexualtheorie*, prefácio de 1920. GW, V, 31-2; SE, VII, 133-4; Fr., 11-13.
(2) FREUD (S.), *Die Traumdeutung*, 1900; n. de 1925. GW, II-III, 167; SE, IV, 161.
(3) FREUD (S.), *Massenpsychologie und Ich-Analyse*, 1921. GW, XIII, 99; SE, XVIII, 91; Fr. 101.
(4) FREUD (S.), *Das Ich und das Es*, 1923. GW, XIII, 269; SE, XIX, 40; Fr., 196.
(5) FREUD (S.). – *a*) GW, XIII, 66, n.; SE, XVIII, 61, n.; Fr., 70, n. – *b*) GW, XIII, 54; SE, XVIII, 50; Fr., 58.
(6) FREUD (S.) GW, XVII, 72; SE, XXIII, 149; Fr., 9.
(7) BREUER (J.), Al., 216; SE, II, 246; Fr., 199.

EROTISMO URETRAL ou EROTISMO URINÁRIO

= *D.*: Urethralerotik *ou* Harnerotik. – *F.*: érotisme urétral *ou* urinaire. – *En.*: urethral erotism. – *Es.*: erotismo uretral *ou* urinario. – *I.*: erotismo uretrale.

- *Modo de satisfação libidinal ligado à micção.*

■ O prazer e o significado erótico da função urinária são definidos por Freud a partir de 1905, em *Três ensaios sobre a teoria da sexualidade* (*Drei Abhandlungen zur Sexualtheorie*), e, de um modo mais próximo da experiência, no *Caso Dora*. Por um lado, a enurese infantil é interpretada como um equivalente da masturbação (1). Por outro, as ligações simbólicas que podem existir entre a micção e o fogo são já apontadas; serão desenvolvidas em *A aquisição e o controle do fogo* (*Zur Gewinnung des Feuers*, 1932).

Uma terceira contribuição de Freud consiste em sugerir uma relação entre determinados traços de caráter e o erotismo uretral. No fim do seu artigo sobre *Caráter e erotismo anal* (*Charakter und Analerotik*, 1908), escreve: "De um modo geral, deveríamos perguntar se outros complexos caracteriais não poderão depender da excitação de determinadas zonas erógenas. Até o presente conheço apenas a ambição desmesurada e 'ardente' dos que outrora foram enuréticos" (2). Na mesma direção, K. Abraham põe em evidência as fantasias infantis de onipotência que podem acompanhar o ato de micção: "[...] sensação de possuir um grande poder, quase ilimitado, de criar ou destruir todos os objetos" (3).

Melanie Klein sublinha a importância dessas fantasias, particularmente as de agressão e de destruição pela urina. Identifica o papel, segundo ela "[...] até agora muito pouco reconhecido, do sadismo uretral no desenvolvimento da criança", e acrescenta: "As análises de adultos, tal como as análises de crianças, puseram-me constantemente na presença de fantasias em que a urina era imaginada como um agente de corrosão, de desagregação e de corrupção, e como um veneno secreto e insidioso. Essas fantasias de natureza sado-uretral contribuem em grande medida para a atribuição inconsciente de uma função cruel ao pênis, e para as perturbações da potência sexual no homem" (4).

Salientemos ainda que diversos autores (Fenichel, por exemplo) distinguiram diferentes modalidades de prazer ligadas à função urinária ("deixar correr passivamente", "reter-se" etc.).

★

Notemos que Freud fala de *erotismo* urinário, e outros autores (a começar por Sadger: *Über Urethralerotik*, 1910), de *erotismo* uretral, e que nem mesmo naqueles que, como Melanie Klein, atribuem um papel importante ao sadismo uretral se encontra a menção de uma *fase* uretral.

Devemos notar, a propósito, que Freud situa o erotismo uretral mais especialmente durante a "segunda fase da masturbação infantil" (por volta dos 4 anos). "A sintomatologia dessas manifestações sexuais é pobre, o aparelho sexual está ainda mal desenvolvido e a maior parte das vezes é o aparelho urinário que fala em seu nome. A maioria das pretensas afecções vesicais desta idade são perturbações sexuais; a enurese noturna corresponde [...] a uma polução" (5). Parece que esse período corresponde ao que Freud irá descrever mais tarde como fase fálica. As relações entre o erotismo uretral e o erotismo fálico são, pois, demasiadamente estreitas para que se possa diferenciar uma fase especificamente uretral.

Freud notou a relação diferente que existe na criança e no adulto entre as duas funções; segundo uma crença infantil "[...] as crianças vêm do fato de o homem urinar no corpo da mulher. Mas o adulto sabe que os dois atos são na realidade inconciliáveis – tão inconciliáveis como o fogo e a água" (6).

(1) *Cf.* FREUD (S.), *Bruchstück einer Hysterie-Analyse*, 1905. GW, V, 236-7; SE, VII, 74; Fr., 54.
(2) FREUD (S.), GW, VIII, 209; SE, IX, 175.
(3) ABRAHAM (K.), *Zur narzisstischen Bewertung der Exkretionsvorgänge in Traum und Neurose*, 1920; Fr., II, 100.
(4) KLEIN (M.), *Frühstadien des Ödipuskonfliktes und der Über-Ich-Bildung*, 1932. In: *La psychanalyse des enfants*, PUF, Paris, 143.
(5) FREUD (S.), *Drei Abhandlungen zur Sexualtheorie*, 1905. GW, V, 90; SE, VII, 190; Fr., 85.
(6) FREUD (S.), *Zur Gewinnung des Feuers*, 1932. GW, XVI, 9; SE, XXII, 192.

ESCOLHA ANACLÍTICA DE OBJETO

Ver: **Escolha de objeto por apoio**

ESCOLHA DA NEUROSE

= *D.*: Neurosenwahl. – *F*: choix de la névrose. – *En.*: choice of neurosis. – *Es.*: elección de la neurosis. – *I.*: scelta della nevrosi.

● **Conjunto de processos pelos quais um sujeito se implica na formação de determinado tipo de psiconeurose de preferência a outro.**

■ O problema colocado pela expressão "escolha da neurose" situa-se na própria base de uma psicopatologia analítica. Como e por que certos processos gerais que explicam a formação da neurose (por exemplo, o conflito defensivo) se especificam em organizações neuróticas tão diferenciadas que não se pode estabelecer uma nosografia?

Essa questão, inseparável da elucidação aprofundada de uma estrutura neurótica, preocupou Freud ao longo de toda a sua obra. A resposta de Freud a esse problema variou; não podemos pensar em traçar aqui a sua história, que implica a das noções de traumatismo, de fixação, de predisposição, de desigualdade de desenvolvimento entre a libido e o ego etc. O problema, pela sua amplitude, excede os limites desta obra.

Limitando-nos ao aspecto terminológico do problema, podemos perguntar por que Freud utilizou o termo "escolha" e o manteve (1). Esse termo não se refere evidentemente a uma concepção intelectualista que supusesse que seria escolhido um entre diversos possíveis igualmente presentes; o mesmo se diga, aliás, da noção de *escolha de objeto* (*Objektwahl*). Todavia, não é indiferente que, numa concepção que invoca um determinismo absoluto, apareça esse termo sugerindo que seja necessário um ato do sujeito para que os diferentes fatores históricos e constitucionais evidenciados pela psicanálise assumam o seu sentido e o seu valor motivante.

(1) *Cf.*, por exemplo, FREUD (S.), *Aus den Anfängen der Psychoanalyse*, 1887-1902, carta de 20-5-1896, e *Die Disposition zur Zwangsneurose*, 1913. GW, VIII, 442; SE, XII, 317; Fr., 437.

ESCOLHA DE OBJETO ou ESCOLHA OBJETAL

= *D.*: Objektwahl. – *F.*: choix d'objet *ou* objectal. – *En.*: object-choice. – *Es.*: elección de objeto *ou* objetal. – *I.*: scelta d'oggetto.

• *Ato de eleger uma pessoa ou um tipo de pessoa como objeto de amor. Distingue-se uma escolha de objeto infantil e uma escolha de objeto pubertária, sendo que a primeira traça o caminho da segunda. Para Freud, atuam na escolha de objeto duas modalidades principais: o tipo de escolha de objeto por apoio e o tipo narcísico de escolha de objeto.*

■ Freud introduziu a expressão "escolha de objeto" em *Três ensaios sobre a teoria da sexualidade* (*Drei Abhandlungen zur Sexualtheorie*, 1905), e ela tornou-se de uso corrente em psicanálise.

Objeto (*ver esta palavra*) deve ser tomado no sentido de objeto de amor.

O termo "escolha" não deve ser tomado aqui – como também, na expressão "escolha da neurose"* – num sentido intelectualista (escolha entre diversos possíveis igualmente presentes). Evoca o que pode haver de irreversível e de determinante na eleição pelo sujeito, num momento decisivo da sua história, do seu tipo de objeto de amor. Nos *Três ensaios*, Freud fala também de *Objektfindung* (descobrimento ou encontro do objeto).

Note-se que a expressão "escolha de objeto" é utilizada para designar quer a escolha de uma pessoa determinada (exemplo: "a sua escolha de objeto incide sobre o pai"), quer a escolha de certo *tipo* de objeto (exemplo: "escolha de objeto homossexual").

Sabemos que a evolução do pensamento de Freud sobre a relação entre a sexualidade infantil e a sexualidade pós-pubertária levou-o a aproximá-las cada vez mais, até o ponto de admitir a existência de uma "plena escolha de objeto" desde a infância (α).

Em *Sobre o narcisismo: uma introdução* (*Zur Einführung des Narzissmus*, 1914), Freud referiu a variedade das escolhas de objeto a dois grandes tipos: por apoio e narcísica (*ver estes termos*).

▲ (α) *Cf.* o resumo desta evolução feito por Freud no início de *A organização genital infantil* (*Die infantile Genitalorganisation*, 1923) (1), e também os artigos deste vocabulário: fase genital; organização da libido; fase fálica.

(1) *Cf.* FREUD (S.), GW, XIII, 293-4; SE, XIX, 141-2.

ESCOLHA DE OBJETO POR APOIO

= *D.*: Anlehnungstypus der Objektwahl. – *F.*: choix d'objet par étayage. – *En.*: anaclitic type of object-choice. – *Es.*: elección objetal anaclítica *ou* de apoyo. – *I.*: tipo anaclitico (*ou* per appoggio) di scelta d'oggetto.

● *Tipo de escolha de objeto em que o objeto de amor é eleito a partir do modelo das figuras parentais na medida em que estas asseguram à criança alimento, cuidados e proteção. Fundamenta-se no fato de à pulsões sexuais se apoiarem originalmente nas pulsões de autoconservação.*

■ No que se refere à tradução de *Anlehnungstypus der Objektwahl* remetemos o leitor para o artigo "anaclítico", em que poderá encontrar considerações terminológicas.

Em *Sobre o narcisismo: uma introdução* (*Zur Einführung des Narzissmus*, 1914), Freud fala de um "tipo de escolha de objeto por apoio" para contrapô-la ao tipo de escolha narcísica de objeto*.

O que Freud introduz nesse texto é essencialmente a ideia de que existem *dois* tipos fundamentais de escolha de objeto de amor e a descrição da escolha narcísica de objeto. Mas a descrição do outro tipo de escolha de objeto tinha sido apresentada em *Três ensaios sobre a teoria da sexualidade* (*Drei Abhandlungen zur Sexualtheorie*, 1905) em relação com a teoria geral do apoio* por ela pressuposto. Freud mostrava então como, na origem, as primeiras satisfações sexuais apareciam por ocasião do funcionamento dos aparelhos que servem para a conservação da vida e como desse apoio originário resulta que as funções de autoconservação indicam à sexualidade um primeiro objeto: o seio materno. Mais tarde, "[...] a criança aprende a *amar* outras pessoas que a ajudam no seu estado de desamparo e que satisfazem as suas necessidades; e este amor forma-se inteiramente a partir do modelo das relações com a mãe que a alimenta durante o período da amamentação e no prolongamento dessas relações" (1). Eis o que orienta a escolha de objeto pós-pubertária, que se produz sempre, segundo Freud, apoiando-se mais ou menos estreitamente nas imagens das personagens parentais. Como Freud dirá em *Sobre o narcisismo: uma introdução*, "ama-se [...] segundo o tipo de escolha de objeto por apoio: *a)* a mulher que alimenta; *b)* o homem que protege e as linhagens de pessoas substitutivas que dele descendem" (2*a*).

Como se vê, a noção de escolha de objeto por apoio implica ao mesmo tempo, ao nível das pulsões, o apoio das pulsões sexuais* nas pulsões de autoconservação* e, ao nível dos objetos, uma escolha de amor em que "[...] as pessoas que estão ligadas à alimentação, aos cuidados, à proteção da criança" (2*b*) fornecem o protótipo do objeto sexualmente satisfatório.

(1) FREUD (S.), GW, V, 124; SE, VII, 222-3; Fr., 133.
(2) FREUD (S.). – *a)* GW, X, 157; SE, XIV, 90. – *b)* GW, X, 153-4; SE, XIV, 87.

ESCOLHA NARCÍSICA DE OBJETO

= *D.*: narzisstische Objektwahl. – *F.*: choix d'object narcissique. – *En.*: narcissistic objet-choice. – *Es.*: elección objetal narcisista. – *I.*: scelta d'oggetto narcisistica.

• *Tipo de escolha de objeto que se faz com base no modelo da relação do sujeito com a sua própria pessoa, e em que o objeto representa a própria pessoa sob este ou aquele aspecto.*

■ A descoberta de que determinados sujeitos, particularmente os homossexuais, "[...] escolhem o seu objeto de amor [...] a partir do modelo da sua própria pessoa" é, para Freud, "o motivo mais forte que nos obrigou a admitir a existência do narcisismo" (1*a*). A escolha narcísica de objeto opõe-se à escolha de objeto por apoio* na medida em que não é a reprodução de uma relação de objeto preexistente, mas a formação de uma relação de objeto a partir do modelo da relação do sujeito consigo mesmo. Nas suas primeiras elaborações da noção de narcisismo, Freud faz da escolha narcísica homossexual uma etapa que leva o sujeito do narcisismo à heterossexualidade: a criança escolheria a princípio um objeto de órgãos genitais semelhantes aos seus (2).

Mas já no caso da homossexualidade a noção de escolha narcísica não é simples: o objeto é escolhido a partir do modelo da criança ou do adolescente que o sujeito foi um dia, e o sujeito identifica-se com a mãe que outrora tomava conta dele (3).

Em *Sobre o narcisismo: uma introdução* (*Zur Einführung des Narzissmus*, 1914), Freud amplia a noção de escolha narcísica e apresenta dela o quadro seguinte:

"Ama-se

"[...] segundo o tipo narcísico:

"*a)* o que se é (a própria pessoa);

"*b)* o que se foi;

"*c)* o que se gostaria de ser;

"*d)* a pessoa que foi uma parte da própria pessoa" (1*b*).

Essas rubricas abrangem fenômenos muito diferentes. Nos três primeiros casos, trata-se da escolha de um objeto semelhante à própria pessoa do sujeito, mas convém sublinhar, por um lado, que o que serve de modelo para a escolha é uma imagem ou um ideal e, por outro, que a semelhança do objeto eleito com o modelo pode ser parcial, reduzida a alguns sinais privilegiados. Na rubrica *d*, Freud visa ao amor narcísico que a mãe tem pelo filho que foi outrora "uma parte da sua própria pessoa". Então, o caso é muito diferente, visto que o objeto eleito não é semelhante à própria unidade do sujeito, mas sim o que lhe permite reencontrar, restaurar a sua unidade perdida.

Em *Sobre o narcisismo: uma introdução*, Freud opõe a escolha de objeto do homem, que se efetuaria mais geralmente por apoio, à escolha de objeto da mulher, que seria mais geralmente narcísica. Mas indica que essa oposição é apenas esquemática e que "os dois caminhos que levam à escolha de objeto estão abertos a todo ser humano" (1*c*).

Os dois tipos de escolha seriam, pois, puramente ideais, e suscetíveis de se alternarem ou se combinarem em cada caso individual.

É duvidoso, no entanto, que se possa opor, mesmo como tipos ideais, escolha narcísica e escolha por apoio. É no "pleno amor de objeto segundo o tipo por apoio" que Freud encontra "a evidente supervalorização sexual que tem sua origem no narcisismo originário da criança, e responde pois a uma transferência desse narcisismo para o objeto sexual" (1*d*). Inversamente, Freud descreve o caso daquelas "mulheres narcisistas" que "[...] na verdade só amam a si mesmas, quase tão intensamente como são amadas pelo homem. A sua necessidade não as faz tender a amarem, mas sim a serem amadas, e agrada-lhes o homem que satisfaz essa condição" (1*c*). Podemos perguntar se, nesse caso, descrito como narcísico, o sujeito não procurará reproduzir a relação do filho com a mãe que alimenta, o que define para Freud a escolha por apoio.

(1) FREUD (S.), *Zur Einführung des Narzissmus*, 1914. – *a*) GW, X, 154; SE, XIV, 88. – *b*) GW, X, 156; SE, XIV, 90. – *c*) GW, X, 154; SE, XIV, 88. – *d*) GW, X, 154; SE, XIV, 88. – *e*) GW, X, 155; SE, XIV, 89.

(2) *Cf.* FREUD (S.), *Psychoanalytische Bemerkungen über einen autobiographisch beschriebenen Fall von Paranoia (Dementia paranoides)*, 1911. GW, VII, 297; SE, XII, 60-1; Fr., 306.

(3) *Cf.* FREUD (S.), *Eine Kindheitserinnerung des Leonardo da Vinci*, 1910. GW, VIII, 170; SE, XI, 99-100; Fr., 112.

ESQUIZOFRENIA

= *D.*: Schizophrenia. – *F.*: schizophrénie. – *En.*: schizophrenia. – *Es.*: esquizofrenia. – *I.*: schizofrenia.

• *Termo criado por E. Bleuler (1911) para designar um grupo de psicoses cuja unidade Kraepelin já mostrara, reunindo-as no capítulo "demência precoce" e distinguindo nelas três formas, que se tornaram clássicas: a hebefrênica, a catatônica e a paranoide.*

ESQUIZOFRENIA

Ao introduzir o termo "esquizofrenia" (do grego σχίζειν, fender, clivar, e φρήν, espírito), Bleuler pretende evidenciar aquilo que constitui para ele o sintoma fundamental daquelas psicoses: a **Spaltung** *("dissociação"). O termo impôs-se em psiquiatria e em psicanálise, independentemente das divergências dos autores sobre aquilo que garante à esquizofrenia a sua especificidade e, portanto, sobre a extensão desse quadro nosográfico.*

Clinicamente, a esquizofrenia diversifica-se em formas aparentemente muito dessemelhantes, em que se distinguem habitualmente as seguintes características: a incoerência do pensamento, da ação e da afetividade (designada pelos termos clássicos discordância, dissociação, desagregação), o afastamento da realidade com um dobrar-se sobre si mesmo e predominância de uma vida interior entregue às produções fantasísticas (autismo), uma atividade delirante mais ou menos acentuada e sempre mal sistematizada. Finalmente, o caráter crônico da doença, que evolui segundo os mais diversos ritmos no sentido de uma "deterioração" intelectual e afetiva, e resulta muitas vezes em estados de feição demencial, é para a maioria dos psiquiatras um traço fundamental, sem o qual não se pode diagnosticar esquizofrenia.

- A extensão por Kraepelin da expressão "demência precoce" a um largo grupo de afecções que ele demonstrou estarem aparentadas levava a uma inadequação entre a denominação estabelecida e os quadros clínicos considerados, ao conjunto dos quais nem a palavra "demência", nem a qualificação de precoce se podiam aplicar. Foi por essa razão que Bleuler propôs um novo termo; e escolheu "esquizofrenia" movido pela preocupação de que a própria denominação evocasse o que para ele era, para além dos "sintomas acessórios" que se podem encontrar em outros contextos (alucinações, por exemplo), um sintoma fundamental da doença, a *Spaltung*: "Chamo *Esquizofrenia* à *dementia praecox* porque [...] a *Spaltung* das funções psíquicas mais diversas é uma das suas características mais importantes" (1*a*).

Bleuler, que salientou a influência das descobertas de Freud sobre o seu pensamento e que, professor de psiquiatria em Zurique, participava nas pesquisas de Jung (*ver*: associação), usa o termo *Spaltung* numa acepção diferente da que Freud lhe atribui (*ver*: clivagem do ego).

Que entende ele por essa palavra? A *Spaltung*, ainda que os seus efeitos sejam visíveis nos diferentes domínios da vida psíquica (pensamento, afetividade, atividade), é antes de mais nada um distúrbio das associações que regem o curso do pensamento. Na esquizofrenia conviria distinguir sintomas "primários", expressão direta do processo mórbido (que Bleuler considera orgânico), e sintomas "secundários", que são apenas "[...] a reação da alma doente" ao processo patogênico (1*b*).

O distúrbio primário do pensamento poderia ser definido como um relaxamento das associações: "[...] as associações perdem a coesão. Entre os milhares de fios que guiam os nossos pensamentos, a doença quebra, aqui e ali, de forma irregular, este ou aquele, às vezes alguns, às vezes grande parte. Por isso, o resultado do pensamento é insólito, e muitas vezes falso do ponto de vista lógico" (1*c*).

Outros distúrbios do pensamento são secundários, traduzindo a forma como as ideias se agrupam na ausência de "representações-metas" (termo usado por Bleuler para designar exclusivamente as representações-metas conscientes ou pré-conscientes) (*ver*: representação-meta), sob a denominação dos complexos afetivos: "Dado que tudo o que se opõe ao afeto sofre uma repressão acima do normal, e que o que tem o mesmo sentido do afeto é favorecido de forma igualmente anormal, acaba resultando que o sujeito não pode mais de modo algum pensar aquilo que contradiz uma ideia marcada pelo afeto: o esquizofrênico, na sua pretensão, sonha apenas os seus desejos; o que poderia impedir a sua realização não existe para ele. Assim, complexos de ideias, cuja ligação consiste mais em um afeto comum do que em uma relação lógica, são não apenas formados, como ainda reforçados. Não sendo utilizados, os caminhos associativos que levam de determinado complexo a outras ideias perdem, no que diz respeito às associações adequadas, a sua viabilidade; o complexo ideativo marcado de afeto separa-se cada vez mais e *consegue uma independência cada vez maior (Spaltung das funções psíquicas)*" (1*d*).

Nesse sentido, Bleuler aproxima a *Spaltung* esquizofrênica daquilo que Freud descreve como sendo próprio do inconsciente, a subsistência lado a lado de agrupamentos de representações independentes uns dos outros (1*e*), mas, para ele, a *Spaltung*, na medida em que implica o reforço de grupos associativos, é secundária a um déficit primário que é uma verdadeira desagregação do processo mental. Bleuler distingue igualmente dois momentos da *Spaltung*: uma *Zerspaltung* primária (uma desagregação, um verdadeiro estilhaçamento) e uma *Spaltung* propriamente dita (clivagem do pensamento em diversos grupos): "A *Spaltung* é a condição prévia da maior parte das manifestações mais complicadas da doença; ela imprime a sua marca particular a toda a sintomatologia. Mas, por trás dessa *Spaltung* sistemática em complexos ideativos determinados, encontramos anteriormente um relaxamento primário da textura associativa que pode conduzir a uma *Zerspaltung* incoerente de formações tão sólidas como os conceitos concretos. No termo esquizofrenia visei a estas duas espécies de *Spaltung*, cujos efeitos muitas vezes se fundem uns nos outros" (1*f*).

As ressonâncias semânticas do termo francês *dissociation* (dissociação), pelo qual se traduz a *Spaltung* esquizofrênica, evocam sobretudo o que Bleuler descreve como *Zerspaltung*.

★

Freud fez reservas ao próprio termo "esquizofrenia": "[…] ele prejulga sobre a natureza da afecção ao utilizar para designá-la uma característica teoricamente postulada, e uma característica que, além do mais, não pertence apenas a esta afecção e que, à luz de outras considerações, não poderia ser considerada como sua característica essencial" (2*a*). Embora Freud tenha falado de esquizofrenia, continuando porém a utilizar também a expressão "demência precoce", tinha no entanto proposto o termo "parafrenia"*, que, segundo ele, podia mais facilmente formar um par com o termo paranoia*, demarcando assim ao mesmo tempo a unidade do campo das psicoses* e a sua divisão em duas vertentes fundamentais.

Com efeito, Freud admite que essas duas grandes psicoses podem combinar-se de múltiplas maneiras (como ilustra o *Caso Schreber*), e que eventualmente o doente passa de uma dessas formas para a outra; mas, por outro lado, sustenta a especificidade da esquizofrenia em relação à paranoia, especificidade que procura definir ao nível do processo e ao nível das fixações: predominância do processo de "recalque" ou do desinvestimento da realidade sobre a tendência para a restituição e, no seio dos mecanismos de restituição, predominância dos que se aparentam com a histeria (alucinação) sobre os da paranoia, que se aparentam mais com a neurose obsessiva (projeção); ao nível das fixações: "A fixação predisponente deve encontrar-se mais atrás do que a da paranoia, deve estar situada no início do desenvolvimento que leva do autoerotismo ao amor objetal" (2*b*).

Ainda que Freud tenha fornecido muitas outras indicações, especialmente sobre o funcionamento do pensamento e da linguagem esquizofrênicos (3), pode-se dizer que a tarefa de definir a estrutura dessa afecção continua pertencendo aos seus sucessores.

(1) BLEULER (E.), *Dementia praecox oder Gruppe der Schizophrenien*, Leipzig e Viena, 1911. – *a*) 5. – *b*) *Cf.* 284-5. – c) 10. – *d*) 293. – *e*) *Cf.* 296. – *f*) 296.

(2) FREUD (S.), *Psychoanalytische Bemerkungen über einen autobiographisch beschribenen Fall von Paranoia*, 1911. – *a*) GW, VIII, 312-3; SE, XII, 75; Fr., 319. – *b*) GW, VIII, 314; SE, XII, 77; Fr., 320.

(3) *Cf.* designadamente: FREUD (S.), *Das Unbewsste*, 1915. GW, X, cap. VII; SE, XIV, cap. VII; Fr., cap. VII.

ESTADO HIPNOIDE

= *D.*: hypnoider Zustand. – *F.*: état hypnoïde. – *En.*: hypnoid state. – *Es.*: estado hipnoide. – *I.*: stato ipnoide.

• *Expressão introduzida por J. Breuer: estado de consciência análogo ao criado pela hipnose; esse estado é tal que os conteúdos de consciência que nele aparecem entram pouco ou nada em ligação associativa com o restante da vida mental; teria como efeito a formação de grupos de associações separados.*

*Breuer vê no estado hipnoide que introduz uma clivagem (*Spaltung*) no seio da vida psíquica o fenômeno constitutivo da histeria.*

■ A expressão "estado hipnoide" continua ligada ao nome de J. Breuer, mas ele próprio citou P. J. Moebius como seu antecessor.

Foi a relação entre hipnose e histeria, mais especialmente a semelhança entre fenômenos gerados pela hipnose e certos sintomas histéricos, que levou Breuer a promover a noção de estado hipnoide: determinados acontecimentos surgidos durante o estado de hipnose (ordem do hipnotizador, por exemplo) conservam certa autonomia; podem ressurgir de maneira isolada, ou durante uma segunda hipnose, ou no estado de vigília, em atos aparentemente aberrantes, separados do comportamento efetivo do sujeito. A hipnose e os seus efeitos oferecem uma espécie de modelo experimental daquilo que, no comportamento do histérico, surge numa alteridade fundamental relativamente às motivações do sujeito.

Os estados hipnoides seriam, na origem da histeria, os equivalentes naturais dos estados artificialmente induzidos pela hipnose. "[O estado hipnoide] deve corresponder a um certo vazio da consciência, no qual uma representação que emerge não encontra qualquer resistência por parte de outras representações – estado em que, por assim dizer, o campo está livre para a primeira que chegar" (α).

Os estados hipnoides têm, segundo Breuer, duas condições: um estado de devaneio (sonho diurno, estado crepuscular) e o aparecimento de um afeto, pois a auto-hipnose espontânea desencadeia-se quando "[...] a emoção penetra no devaneio habitual" (1a). Certas situações – estado amoroso, cuidados dispensados a um doente querido – favoreceriam a conjunção de tais fatores: "O papel de quem cuida de um doente exige, em consequência da tranquilidade exterior que se impõe, uma concentração de espírito num só objeto, uma atenção à respiração do doente; quer dizer que se acham justamente realizadas as condições de tantos processos de hipnotismo. O estado crepuscular assim criado é invadido por sentimentos de angústia" (1b). Para Breuer, certos estados hipnoides podem, em último caso, ser causados por um só dos dois fatores: transformação de um devaneio em auto-hipnose sem intervenção do afeto, ou emoção viva (pavor*) que paralisa o curso das associações.

A *Comunicação preliminar* (*Vorläufige Mitteilung*, 1893), obra de Breuer e Freud, apresenta o problema em termos um pouco diferentes. Trata-se de determinar não tanto os papéis do estado de devaneio e do afeto na produção de estados hipnoides, mas o que cabe ao estado hipnoide e ao afeto traumatizante na origem da histeria; se o traumatismo pode provocar o estado hipnoide ou acontecer no decorrer deste, pode também, por si só, ser patogênico.

O valor patogênico do estado hipnoide dependeria do fato de as representações que a ele chegam serem separadas do "tráfego associativo" e, portanto, de qualquer "elaboração* associativa". Elas formam assim um "grupo psíquico separado" carregado de afeto que, embora não entre em conexão com o conjunto dos conteúdos de consciência, é suscetível de se aliar a outros grupos que aparecem em estados análogos. Assim se constitui uma clivagem no seio da vida mental, particularmente manifesta nos casos de desdobramento da personalidade, em que se ilustra a dissociação do psiquismo em consciente e inconsciente.

Breuer viu no estado hipnoide a condição fundamental da histeria. Freud começou mostrando aquilo que, para ele, essa teoria oferecia de positivo – particularmente em relação à de Janet – para explicar a existência na pessoa histérica de uma "[...] clivagem da consciência com formação de grupos psíquicos separados" (2a). Em que, segundo ele, Janet invoca "[...] uma fraqueza inata da capacidade de síntese psíquica e uma estreiteza do campo de consciência" (2*b*) (β), Breuer tem o mérito de mostrar que a clivagem da consciência – característica fundamental da histeria – admite, por sua vez, uma explicação genética a partir daqueles momentos privilegiados que são os estados hipnoides.

Mas Freud não tarda a limitar o alcance dos pontos de vista de Breuer ao definir a noção de histeria de defesa*.

Por fim, irá condenar retrospectivamente de modo radical a concepção de Breuer: "A hipótese de estados hipnoides provém inteiramente da iniciativa de Breuer. Considero supérfluo e enganador o uso desse termo porque quebra a continuidade do problema referente à natureza do processo psicológico que atua na formação dos sintomas histéricos" (3).

▲ (α) Definição de Moebius (P. J.) in *Über Astasie-Abasie*, 1894, citada por Breuer nas suas *Considerações Teóricas* (*Theoretisches*, 1895) (1*c*).
(β) A verdade é que as teses de Janet parecem mais matizadas. Por um lado, reconhece bem a importância do trauma; por outro, não considera a "fraqueza mental" necessariamente inata (4).

(1) BREUER (J.) e FREUD (S.), *Studien über Hysterie*, 1895. – *a*) Al., 191; SE, II, 218-9; Fr., 175. – *b*) Al., 191: SE, II, 219; Fr., 175. – *c*) Al., 188; SE, II, 215; Fr., 172.
(2) FREUD (S.), *Die Abwehr-Neuropsychosen*, 1894. – *a*) GW, I, 60; SE, III, 46. – *b*) GW, I, 60; SE, III, 46.
(3) FREUD (S.), *Bruchstück einer Hysterie-Analyse*, 1905. GW, V, 185, n.; SE, VII, 27, n.; Fr., 17, n.
(4) *Cf.* particularmente JANET (P.), *L'état mental des hystériques*, Alcan, Paris, 1892, 635-7.

ESTASE DA LIBIDO

= *D.*: Libidostauung. – *F.*: stase libidinale. – *En.*: damming up of libido. – *Es.*: estancamiento de la libido. – *I.*: stasi della libido.

• *Processo econômico que Freud supõe poder estar na origem da entrada na neurose ou na psicose: a libido que deixa de encontrar caminho para a descarga acumula-se sobre formações intrapsíquicas; a energia assim acumulada encontrará a sua utilização na constituição dos sintomas.*

■ A noção econômica de estase da libido tem a sua origem na teoria das neuroses atuais*, tal como Freud a expõe nos seus primeiros escritos: vê o fator etiológico dessas neuroses numa acumulação (*Anhäufung*) de excitações sexuais que, por falta de uma ação específica* adequada, não encontram mais caminho para a descarga.

Em *Os tipos de desencadeamento da neurose* (*Über neurotische Erkrankungstypen*, 1912), a noção de estase da libido torna-se uma noção muito englobante, visto que se encontra nos diferentes tipos de entrada na neurose que Freud distingue: "Diferentes caminhos desembocam numa determinada constelação patogênica na economia psíquica, isto é, a estase da libido, da qual o ego, com os meios de que dispõe, não pode defender-se sem danos" (1). Todavia, a função etiológica da estase comporta nuances importantes:

1º Freud não faz da estase um fator *primário* em todos os tipos de desencadeamento; ao que parece, é nos casos que mais se aproximam da neurose atual (*reale Versagung*, frustração real) que ela desempenha o papel determinante. Em outros casos, não passa de um efeito do conflito psíquico.

2º A estase não é, em si, patogênica. Pode levar a comportamentos normais: sublimação, transformação da tensão atual em atividade resultante na obtenção de um objeto satisfatório.

A partir de *Sobre o narcisismo: uma introdução* (*Zur Einführung des Narzissmus*, 1914), a noção de estase da libido estendeu-se ao mecanismo das psicoses: estase da libido investida sobre o ego. "Parece que, além de certa medida, a acumulação da libido narcísica não pode mais ser suportada" (2). E é assim que a hipocondria, que tão frequentemente encontramos como fase mais ou menos transitória na evolução esquizofrênica, traduz essa insuportável acumulação de libido narcísica; numa perspectiva econômica, o delírio representa uma tentativa de recolocar a energia libidinal em um mundo exterior recentemente formado.

(1) FREUD (S.), GW, VIII, 329-30; SE, XII, 237.
(2) FREUD (S.), *Vorlesungen zur Einführung in die Psychoanalyse*, 1915-17. GW, XI, 436; SE, XVI, 421; Fr., 450.

EU

Ver: **Ego**

F

FACILITAÇÃO

= *D.*: Bahnung. – *F.*: frayage. – *En.*: facilitation. – *Es.*: facilitación. – *I.*: facilitazione.

• *Termo utilizado por Freud ao apresentar um modelo neurológico do funcionamento do aparelho psíquico (1895). A excitação, na sua passagem de um neurônio para outro, precisa vencer uma certa resistência; quando tal passagem acarreta uma diminuição permanente dessa resistência, diz-se que há facilitação. A excitação escolherá então o caminho facilitado de preferência ao que não tem essa facilitação.*

▪ A noção de facilitação é central na descrição do funcionamento do "aparelho neurônico" que Freud apresentou no seu *Projeto para uma psicologia científica* (*Entwurf einer Psychologie*, 1895). Jones mostra que ela desempenhava um papel importante no livro de Exner publicado um ano antes, *Projeto para uma explicação fisiológica dos fenômenos psíquicos* (*Entwurf zu einer physiologischen Erklärung der psychischen Erscheinungen*, 1894) (1). Sem abandoná-la, Freud serve-se pouco dela nos seus escritos metapsicológicos. Todavia, reencontra-se a noção de facilitação quando, em *Além do princípio do prazer* (*Jenseits des Lustprinzips*, 1920), ele é levado a utilizar de novo um modelo fisiológico (2).

(1) *Cf.* JONES (E.), *Sigmund Freud: Life and Work*, 1933. Ing., 417; Fr., 417-8.
(2) *Cf.* FREUD (S.), GW, XIII, 26; SE, XVIII, 26; Fr., 29.

FÁLICA (MULHER ou MÃE –)

= *D.*: phallische (Frau *ou* Mutter). – *F.*: phallique (femme *ou* mère). – *En.*: phallic (woman *ou* mother). – *Es.*: fálica (mujer *ou* madre). – *I.*: fallica (donna *ou* madre).

• *Mulher fantasisticamente provida de falo. Essa imagem pode tomar duas formas principais, conforme a mulher seja representada como portadora de um falo externo ou de um atributo fálico, ou como tendo conservado no interior de si mesma o falo masculino.*

- A imagem de mulheres providas de órgão sexual masculino encontra-se com frequência em psicanálise, nos sonhos e nas fantasias.

Em um plano teórico, a evidenciação progressiva de uma "teoria sexual infantil" e, depois, de uma fase libidinal propriamente dita, nas quais existiria para ambos os sexos um só órgão sexual, o falo (*ver*: fase fálica), vem dar fundamento à imagem da mulher fálica.

Segundo Ruth Mack Brunswick, essa imago se constituiria "[...] para garantir a posse do pênis pela mãe e, assim, apareceria provavelmente no momento em que a criança começa a não ter mais a certeza de que a mãe efetivamente o possui. Antes disso [...] parece mais do que provável que o órgão executivo da mãe ativa é o seio; a ideia do pênis é em seguida projetada para trás sobre a mãe ativa, uma vez reconhecida a importância do falo" (1).

No plano clínico, Freud mostrou, por exemplo, como o fetichista encontrava no seu fetiche um substituto do falo materno, cuja ausência era por ele negada (2).

Em outra direção, os psicanalistas, na sequência de F. Boehm, salientaram, particularmente na análise dos homossexuais masculinos, a fantasia ansiógena segundo a qual a mãe teria retido no interior do corpo o falo recebido no momento do coito (3). Melanie Klein, com a ideia de "pais combinados"*, deu uma extensão maior a essa fantasia.

Devemos notar que, no conjunto, a expressão "mulher fálica" designa a mulher *que tem* um falo, e não a imagem da mulher ou da menininha *identificada com* o falo (4). Notemos finalmente que a expressão "mulher fálica" é muitas vezes utilizada numa linguagem aproximativa para qualificar uma mulher com traços de caráter pretensamente masculinos, mulher autoritária, por exemplo, sem se saber quais são exatamente as fantasias subjacentes.

(1) MACK BRUNSWICK (R.), The Preoedipal Phase of the Libido Development, 1940, in *Psa. Read.*, 240.
(2) *Cf.* FREUD (S.), *Fetischismus*, 1927. GW, XIV, 312; SE, XXI, 152-3.
(3) *Cf.* BOEHM (F.), Homosexualität und Ödipuskomplex, 1926, in *Internationale Zeitschrift für Psychoanalyse*, XII, 66-79.
(4) *Cf.* FENICHEL (O.), Die symbolische Gleichung: Mädchen = Phallus, 1936, in *Internationale Zeitschrift für Psychoanalyse*, XXII, 299-314; in *Collected Papers*, Londres, Routledge and Kegan, 1955, 3-18.

FALO

= *D.*: Phallus. – *F.*: phallus. – *En.*: phallus. – *Es.*: falo. – *I.*: fallo.

• *Na Antiguidade greco-latina, representação figurada do órgão sexual masculino.*
Em psicanálise, o uso do termo sublinha a função simbólica desempenhada pelo pênis na dialética intra e intersubjetiva, enquanto

o termo "pênis" é sobretudo reservado para designar o órgão na sua realidade anatômica.

▪ Só em raras ocasiões encontramos o termo "falo" nos escritos de Freud. Em contrapartida, na sua forma adjetiva é encontrado em diversas expressões, principalmente "fase fálica"*. Na literatura psicanalítica contemporânea, podemos verificar um emprego cada vez mais diferenciado dos termos "pênis" e "falo", o primeiro designando o órgão masculino na sua realidade corporal, e o segundo sublinhando o seu valor simbólico.

A organização fálica, progressivamente reconhecida por Freud como fase de evolução da libido nos dois sexos, ocupa lugar central na medida em que tem correlação com o complexo de castração no seu apogeu e domina a posição e a dissolução do complexo de Édipo. A alternativa que se oferece ao sujeito nessa fase reduz-se aos termos: ter o falo ou ser castrado. Vemos que a oposição não é, então, entre dois termos que designam duas realidades anatômicas, como o pênis e a vagina, mas entre a presença ou ausência de um único termo. Esse primado do falo para os dois sexos, para Freud, tem correlação com o fato de que a criança do sexo feminino ignoraria a existência da vagina. Embora o complexo de castração assuma modalidades diferentes no menino e na menina, a verdade é que nos dois casos está centrado apenas em torno do falo, concebido como destacável do corpo. Nessa perspectiva, um artigo como *As transposições da pulsão e especialmente do erotismo anal* (*Über Triebumsetzungen, insbesondere der Anal-erotik*, 1917) (1) vem demonstrar como o órgão masculino se inscreve numa série de termos substituíveis uns pelos outros em "equações simbólicas" (pênis = fezes = criança = dádiva etc.), termos cuja característica comum é serem destacáveis do sujeito e suscetíveis de circular de uma pessoa para outra.

Para Freud, o órgão masculino não é apenas uma realidade que poderíamos encontrar como referência última de toda uma série. A teoria do complexo de castração resulta em atribuir ao órgão masculino um papel prevalecente, dessa vez como símbolo, na medida em que a sua ausência ou a sua presença transforma uma diferença anatômica em critério principal de classificação dos seres humanos, e na medida em que, para cada sujeito, essa presença ou essa ausência não é evidente, não é redutível a um dado puro e simples, é, antes, o resultado problemático de um processo intra e intersubjetivo (assunção pelo sujeito do seu próprio sexo). É indubitavelmente em função desse valor de símbolo que Freud, e de um modo mais sistemático a psicanálise contemporânea, usa o termo "falo"; referimo-nos, então, de modo mais ou menos explícito, ao uso do termo na Antiguidade, quando designava a representação figurada, pintada, esculpida etc., do órgão viril, objeto de veneração que desempenhava um papel central nas cerimônias de iniciação (Mistérios). "Nessa época longínqua, o falo em ereção simbolizava o poder soberano, a virilidade transcendente, mágica ou sobrenatural, e não a variedade puramente priápica do poder masculino, a esperança da ressurreição e a força que pode produzi-la, o princípio luminoso que não tolera sombras nem multiplicidade e sustenta a unidade que brota eternamente do ser. Os deuses itifálicos Hermes e Osíris encarnam esta aspiração essencial" (2).

Que devemos entender aqui por "valor de símbolo"? Não se poderia atribuir ao símbolo falo uma significação alegórica determinada, por mais ampla que a queiramos (fecundidade, poder, autoridade etc.). Por outro lado, não se poderia reduzir o que ele simboliza ao órgão masculino ou pênis tomado na sua realidade corporal. Por fim, tanto ou mais do que como símbolo (no sentido de uma representação figurada e esquemática do órgão viril), o falo se encontra como significação, como o que é simbolizado nas mais diversas representações; Freud assinalou na sua teoria do simbolismo que era um dos simbolizados universais; julgou achar como *tertium comparationis* entre o órgão viril e o que o representa o traço comum de ser uma pequena coisa (*das Kleine*) (3a). Mas, na linha dessa observação, pode-se pensar que o que caracteriza o falo e se encontra nas suas diversas metamorfoses figuradas é ser um objeto destacável, transformável – e, nesse sentido, objeto parcial*. O fato, percebido por Freud desde *A interpretação de sonhos* (*Die Traumdeutung*, 1900) (3b, 3c), e largamente confirmado pela investigação analítica, de que o sujeito como pessoa total pode ser identificado ao falo não infirma a ideia precedente: nesse momento é mesmo uma pessoa que é assimilada a um objeto capaz de ser visto, exibido, ou ainda de circular, ser dado e recebido. Freud demonstrou, particularmente no caso da sexualidade feminina, como o desejo de receber o falo do pai se transforma em desejo de ter um filho seu. De resto, a propósito desse exemplo, podemos perguntar se estamos habilitados a estabelecer na terminologia psicanalítica uma distinção radical entre pênis e falo. O termo *Penisneid* (*ver*: inveja do pênis) concentra uma ambiguidade que talvez seja fecunda e que não poderia ser dissipada por uma distinção esquemática, por exemplo, entre o desejo de fruir do pênis real do homem no coito e o desejo de ter falo (como símbolo de virilidade).

Na França, J. Lacan tentou recentrar a teoria psicanalítica em torno da noção de falo como "significante do desejo". O complexo de Édipo, do modo como ele o reformulou, consiste numa dialética cujas principais alternativas são ser ou não ser o falo, tê-lo ou não o ter – e cujos três tempos se centram no lugar ocupado pelo falo no desejo dos três protagonistas (4).

(1) *Cf.* Freud (S.), GW, X, 402-10; SE, XVII, 127-33.
(2) Laurin (C.), Phallus et sexualité féminine, in *La psychanalyse*, VII, Paris, PUF, 1964, 15.
(3) *Cf.* Freud (S.), *Die Traumdeutung*, 1900. – *a)* GW, II-III, 366; SE, V, 362-3; Fr., 269. – *b)* GW, II-III, 370-1; SE, V, 366; Fr., 272. – *c)* GW, II-III, 399; SE, V, 394; Fr., 293.
(4) *Cf.* Lacan (J.), Les formations de l'inconscient, resenha de J.-B. Pontalis, in *Bulletin de Psychologie*, 1958, *passim*.

FANTASIA

= *D.*: Phantasie. – *F.*: fantasme. – *En.*: fantasy *ou* phantasy. – *Es.*: fantasia. – *I.*: fantasia *ou* fantasma.

• *Roteiro imaginário em que o sujeito está presente e que representa, de modo mais ou menos deformado pelos processos defensivos, a realização de um desejo e, em última análise, de um desejo inconsciente.*

A fantasia apresenta-se sob diversas modalidades: fantasias conscientes ou sonhos diurnos*; fantasias inconscientes como as que a análise revela, como estruturas subjacentes a um conteúdo manifesto; fantasias originárias*.

■ I – O termo alemão *Phantasie* designa a imaginação. Não tanto a faculdade de imaginar no sentido filosófico do termo (*Einbildungskraft*), como o mundo imaginário, os seus conteúdos, a atividade criadora que o anima (*das Phantasieren*). Freud retomou essas diferentes acepções da língua alemã.

Em francês, o termo *fantasme* (fantasia) voltou a ser posto em uso pela psicanálise e, como tal, está mais carregado de ressonâncias psicanalíticas do que o seu homólogo alemão. Por outro lado, não corresponde exatamente ao termo alemão, visto que a sua extensão é mais restrita. Designa determinada formação imaginária, e não o mundo das fantasias, a atividade imaginativa em geral.

Daniel Lagache propôs retomar no seu sentido antigo o termo *fantaisie* (fantasia), que tem a vantagem de designar ao mesmo tempo uma atividade criadora e as produções, mas que, para a consciência linguística contemporânea, dificilmente pode deixar de sugerir os matizes de capricho, originalidade, ausência de seriedade etc.

II – Os termos *fantasias*, *fantasístico* não podem deixar de evocar a oposição entre imaginação e realidade (percepção). Se fizermos dessa oposição uma referência principal da psicanálise, seremos levados a definir a fantasia como uma produção puramente ilusória que não resistiria a uma apreensão correta do real. Além disso, certos textos de Freud parecem justificar essa orientação. Em *Formulações sobre os dois princípios do funcionamento mental* (*Formulierungen über die zwei Prinzipen des psychischen Geschehens*, 1911), Freud opõe ao mundo interior, que tende para a satisfação pela ilusão, um mundo exterior que impõe progressivamente ao sujeito, por intermédio do sistema perceptivo, o princípio de realidade.

O modo como Freud descobriu a importância das fantasias na etiologia das neuroses é também invocado muitas vezes no mesmo sentido: Freud, que tinha começado por admitir a realidade das cenas infantis patogênicas encontradas no decorrer da análise, teria abandonado definitivamente essa convicção inicial, denunciando o seu "erro"; a realidade aparentemente material dessas cenas não passava de "realidade psíquica" (α).

FANTASIA

Mas convém sublinhar que a própria expressão "realidade psíquica" não é puramente sinônima de mundo interior, campo psicológico etc. No sentido mais fundamental que tem em Freud, designa um núcleo, heterogêneo nesse campo, resistente, o único verdadeiramente "real" em relação à maior parte dos fenômenos psíquicos. "Deveremos atribuir uma *realidade* aos desejos inconscientes? Não saberia dizer. Claro que se deve recusá-la a todos os pensamentos de transição e de ligação. Quando nos encontramos diante dos desejos inconscientes reduzidos à sua expressão última e mais verdadeira, somos, na verdade, forçados a dizer que a *realidade* psíquica é uma forma de existência especial que não pode ser confundida com a realidade *material*" (1a).

O esforço de Freud e de toda a reflexão psicanalítica consiste precisamente em procurar explicar a estabilidade, a eficácia, o caráter relativamente organizado da vida fantasística do sujeito. Nessa perspectiva, Freud, logo que o seu interesse se centrou nas fantasias, ressaltou modalidades típicas de encenações fantasísticas, como, por exemplo, o "romance familiar"*. Ele se recusa a deixar-se encerrar na oposição entre uma concepção que faria da fantasia uma derivação deformada da recordação de acontecimentos reais fortuitos e outra concepção que não concederia qualquer realidade própria à fantasia e não veria nela mais do que uma expressão imaginária destinada a mascarar a realidade da dinâmica pulsional. As fantasias típicas encontradas pela psicanálise levaram Freud a postular a existência de esquemas inconscientes que transcendem a vivência individual e que seriam transmitidos hereditariamente: as "fantasias originárias"*.

III – O termo "fantasia" tem, em psicanálise, um emprego muito extenso. Segundo certos autores, esse emprego teria o inconveniente de deixar imprecisa a situação *tópica* – consciente, pré-consciente ou inconsciente – da formação considerada. Para se compreender a noção freudiana de *Phantasie*, convém distinguir diversos níveis:

1. O que Freud designa sob o nome de *Phantasien* são, em primeiro lugar, os sonhos diurnos*, cenas, episódios, romances, ficções que o sujeito forja e conta a si mesmo no estado de vigília. Em *Estudos sobre a histeria* (*Studien über Hysterie*, 1895), Breuer e Freud mostraram a frequência e a importância dessa atividade da fantasia na pessoa histérica e descreveram-na como sendo muitas vezes "inconsciente", quer dizer, produzindo-se no decorrer de estados de ausência ou estados hipnoides*.

Em *A interpretação de sonhos* (*Die Traumdeutung*, 1900), Freud ainda descreve as fantasias a partir do modelo dos sonhos diurnos. Analisa-as como formações de compromisso e mostra que a sua estrutura é comparável à do sonho. Essas fantasias ou sonhos diurnos são utilizados pela elaboração secundária*, fator do trabalho do sonho* que mais se aproxima da atividade de vigília.

2. Freud usa frequentemente a expressão "fantasia inconsciente" sem que ela implique sempre uma posição metapsicológica bem determinada.

FANTASIA

Às vezes ele parece designar assim um devaneio subliminar, pré-consciente, a que o sujeito se entrega e do qual irá ou não tomar consciência (2). No artigo *Fantasias histéricas e sua relação com a bissexualidade* (*Hysterische Phantasien und ihre Beziehung zur Bisexualität*, 1908), as fantasias "inconscientes", consideradas precursoras dos sintomas histéricos, são descritas como estando em conexão estreita com os sonhos diurnos.

3. Segundo uma linha de pensamento diferente, a fantasia aparece numa relação muito mais íntima com o inconsciente. Na verdade, no capítulo VII de *A interpretação de sonhos* é a um nível inconsciente, no sentido tópico desse termo, que Freud situa certas fantasias, aquelas ligadas ao desejo inconsciente e que estão no ponto de partida do processo metapsicológico de formação do sonho. A primeira parte do "trajeto" que leva ao sonho "[...] vai progredindo das cenas ou fantasias inconscientes até o pré-consciente" (1*b*).

4. Portanto, embora Freud não o faça explicitamente, poderiam distinguir-se na sua obra diversos níveis da fantasia: consciente, subliminar, inconsciente (β). Mas Freud parece mais preocupado em insistir nas ligações entre esses diversos aspectos do que em estabelecer essa distinção:

a) No sonho, os devaneios diurnos utilizados pela elaboração secundária podem estar em conexão direta com a fantasia inconsciente que constitui o "núcleo do sonho": "As fantasias de desejo que a análise revela nos sonhos noturnos surgem muitas vezes como repetições e remodelações de cenas infantis; assim, em muitos sonhos, a fachada do sonho indica de modo imediato o verdadeiro núcleo do sonho que se acha deformado porque está misturado com outro material" (3). Assim, no trabalho do sonho, a fantasia está presente nas duas extremidades do processo: por um lado, está ligada ao desejo inconsciente mais profundo, ao "capitalista" do sonho, e, por outro, na outra extremidade, está presente na elaboração secundária. As duas extremidades do sonho e as duas modalidades de fantasias que nele se encontram parecem ou se encontrarem, ou pelo menos se comunicarem interiormente e como que se simbolizarem uma à outra;

b) Freud encontra na fantasia um *ponto privilegiado* em que poderia ser apreendido ao vivo o processo de *passagem* entre os diversos sistemas psíquicos: recalque ou retorno do recalcado. As fantasias "[...] chegam bem perto da consciência e ali permanecem sem serem perturbadas enquanto não têm um investimento intenso, mas são repelidas logo que ultrapassam um certo nível de investimento" (4*a*);

c) Na definição metapsicológica mais completa de fantasia que Freud apresentou, ele liga seus aspectos aparentemente mais distantes uns dos outros: "Elas [as fantasias] são, por um lado, altamente organizadas, não contraditórias, aproveitam todas as vantagens do sistema Cs, e o nosso discernimento teria dificuldade para distingui-las das formações desse sistema; por outro lado, são inconscientes e incapazes de se tornarem conscientes. E a sua origem (inconsciente) que é decisiva para o seu destino. Podem-se compará-las a esses homens de sangue misto que de um modo geral parecem com os brancos, mas cuja cor de origem se denuncia por qualquer indício evidente e que permanecem, por isso, excluídos da sociedade e não desfrutam qualquer dos privilégios reservados aos brancos" (4b).

Parece, pois, que a problemática freudiana da fantasia não só não autoriza uma distinção de *natureza* entre fantasia inconsciente e fantasia consciente, como visa, sobretudo, a assinalar as analogias, as relações estreitas, as passagens entre elas: "As fantasias claramente conscientes dos perversos – que, em circunstâncias favoráveis, podem transformar-se em comportamentos estruturados –; os temores delirantes dos paranoicos – que são projetados sobre outros com um sentido hostil –; as fantasias inconscientes dos histéricos – que se descobrem pela psicanálise por trás dos seus sintomas –, todas essas formações coincidem no seu conteúdo até os mínimos detalhes" (5). Em formações imaginárias e estruturas psicopatológicas tão diversas como as que Freud designa, podemos encontrar um mesmo conteúdo e uma mesma estrutura, conscientes ou inconscientes, atuados ou representados, assumidos pelo sujeito ou projetados sobre outrem.

Por isso, no tratamento, o psicanalista procura apreender a fantasia subjacente por detrás das produções do inconsciente como o sonho, o sintoma, a atuação*, os comportamentos repetitivos etc. O progresso da investigação faz até surgir aspectos do comportamento muito distantes da atividade imaginativa e, em primeira análise, comandados apenas pelas exigências da realidade, como emanações, "derivados" de fantasias inconscientes. Nessa perspectiva, é o conjunto da vida do sujeito que se revela como modelado, estruturado por aquilo a que se poderia chamar, para sublinhar o seu caráter estruturante, *uma fantasística*. Esta não deve ser concebida apenas como uma temática, embora seja marcada para cada sujeito por traços eminentemente singulares; compreende o seu dinamismo próprio, pois as estruturas fantasísticas procuram exprimir-se, encontrar uma saída para a consciência e para a ação, e constantemente atraem para si um novo material.

IV – A fantasia está na mais estreita relação com o desejo; um termo vem atestá-lo, *Wunschphantasie*, ou fantasia de desejo (6). Como conceber essa relação? Sabe-se que, para Freud, o desejo tem a sua origem e o seu modelo na *vivência de satisfação**: "O primeiro desejar (*Wünschen*) parece ter sido um investimento alucinatório da recordação da satisfação" (1c). Será que isso significa que as fantasias mais primitivas são as que tendem a reencontrar os objetos alucinatórios ligados às primeiras experiências do aumento e da resolução da tensão interna? Pode-se dizer que as primeiras fantasias são fantasias de objeto, objetos fantasísticos a que o desejo visaria como a necessidade visa ao seu objeto natural?

A relação entre a fantasia e o desejo parece-nos mais complexa. Mesmo nas suas formas menos elaboradas, a fantasia surge como irredutível a um objetivo intencional do sujeito desejante:

1. Trata-se de roteiros, ainda que se enunciem numa só frase, de cenas organizadas, suscetíveis de serem dramatizadas a maior parte das vezes de forma visual;

2. O sujeito está sempre presente nessas cenas; mesmo na "cena originária"*, de que pode parecer excluído, ele figura de fato, não apenas como observador, mas como participante que vem, por exemplo, perturbar o coito parental;

3. Não é um objeto que é representado, como visado pelo sujeito, mas uma sequência de que o próprio sujeito faz parte e na qual são possíveis as permutas de papéis, de atribuição (refira-se o leitor especialmente à análise feita por Freud da fantasia *Uma criança é espancada* [*Ein Kind wird Geschlagen*, 1919] e às mudanças sintáticas sofridas por essa frase; *cf.* igualmente as transformações da fantasia homossexual no *Caso Schreber*);

4. Na medida em que o desejo está assim articulado na fantasia, ele é igualmente lugar de operações defensivas; dá oportunidade aos processos de defesa mais primitivos, tais como o retorno sobre a própria pessoa*, a inversão (de uma pulsão) em seu contrário*, a negação*, a projeção*;

5. Essas defesas estão, por sua vez, indissoluvelmente ligadas à função primeira da fantasia – a *mise-en-scène* do desejo –, mise-en-scène onde a *interdição* está sempre presente na própria posição do desejo.

▲ (α) Diversas vezes, Freud descreveu esta mudança do seu pensamento (7) em termos que fundamentam esta maneira de ver. Mas um estudo atento das concepções freudianas e da sua evolução entre 1895 e 1900 mostra que o testemunho do próprio Freud, no seu extremo esquematismo, não traduz a complexidade e a riqueza dos seus pontos de vista quanto ao estatuto da fantasia (para uma interpretação desse período, *cf.* Laplanche e Pontalis, *Fantasme originaire, fantasmes des origines, origine du fantasme*, 1964) (8).

(β) Susan Isaacs, no seu artigo *Natureza e função da fantasia* (*The Nature and Function of Phantasy*, 1948) (9), propõe a adoção de duas grafias da palavra: *fantasy* e *phantasy*, respectivamente para designar "os devaneios diurnos conscientes, as ficções, etc." e "[...] o conteúdo primário dos processos mentais inconscientes". Essa autora pensa assim mudar a terminologia psicanalítica mantendo-se fiel ao pensamento de Freud. Pensamos, pelo contrário, que a distinção proposta não se harmoniza com a complexidade dos pontos de vista de Freud. De qualquer modo, na tradução dos textos de Freud, ela conduziria, caso tivéssemos que escolher em determinada passagem entre *fantasia* e *phantasia*, às mais arbitrárias interpretações.

(1) Freud (S.), *Die Traumdeutung*, 1900. – *a*) GW, II-III, 625; SE, V, 620; Fr., 504. – *b*) GW, II-III, 579; SE, V, 574; Fr., 469. – *c*) GW, II-III, 604; SE, V, 598; Fr., 488-9.

(2) *Cf.* Freud (S.), *Hysterische Phantasien und ihre Beziehung zur Bisexualität*, 1908. GW, VII, 192-3; SE, IX, 160.

(3) Freud (S.), *Über den Traum*, 1901. GW, II-III, 680; SE, V, 665; Fr., 11.

(4) Freud (S.), *Das Unbewusste*, 1915. – *a*) GW, X., 290; SE, XIV, 191; Fr., 137-8. – *b*) GW, X, 289; SE, XIV, 190-1; Fr., 137.

(5) Freud (S.), *Drei Abhandlungen zur Sexualtheorie*, 1905. GW, V, 65, n. 1; SE, VII, 165, n. 2; Fr., 174, n. 33.

(6) *Cf.* Freud (S.), *Metapsychologische Ergänzung zur Traumlehre*, 1917. *Passim*.

(7) *Cf.* por exemplo: Freud (S.), *Vorlesungen zur Einführung in die Psychoanalyse*, 1916-17.

(8) *Cf.* Laplanche (J.) e Pontalis (J.-B.). In *Les temps modernes*, n. 215, pp. 1833-68.

(9) Isaacs (S.). In *IJP*, 1948, XXIX, 73-97. Fr., in *La psychanalyse*, v. 5, PUF, Paris, 125-82.

FANTASIAS ORIGINÁRIAS

= *D*.: Urphantasien. – *F*.: fantasmes originaires. – *En*.: primal phantasies. – *Es*.: protofantasías. – *I*.: fantasmi (*ou* fantasie) originari(e), primari(e).

● *Estruturas fantasísticas típicas (vida intrauterina, cena originária, castração, sedução) que a psicanálise descobre como organizando a vida fantasística sejam quais forem as experiências pessoais dos sujeitos; a universalidade dessas fantasias explica-se, segundo Freud, pelo fato de constituírem um patrimônio transmitido filogeneticamente.*

■ O termo *Urphantasien* aparece nos escritos de Freud em 1915: "Chamo fantasias originárias a estas formações fantasísticas – observações da relação sexual entre os pais, sedução, castração etc." (1). As chamadas fantasias originárias encontram-se de forma muito generalizada nos seres humanos, sem que se possam, em todos os casos, invocar cenas realmente vividas pelo indivíduo; exigiriam, pois, segundo Freud, uma explicação filogenética em que a realidade retomaria o seu lugar: a castração, por exemplo, teria sido efetivamente praticada pelo pai no passado arcaico da humanidade. "É possível que todas as fantasias que hoje nos contam na análise [...] tenham sido uma realidade outrora, nos tempos primitivos da família humana, e que, ao criar fantasias, a criança apenas preencha, valendo-se da verdade pré-histórica, as lacunas da verdade individual" (2). Em outras palavras, o que na pré-história foi realidade de fato ter-se-ia tornado realidade psíquica*.

Considerada isoladamente, não se compreende bem o que Freud entende pela noção de fantasia originária. Sua introdução situa-se, efetivamente, ao final de um longo debate sobre os últimos elementos que a psicanálise pode trazer à luz nas origens da neurose e, de um modo mais geral, por trás da vida fantasística de qualquer indivíduo.

Desde muito cedo, Freud procurou descobrir acontecimentos arcaicos reais, capazes de fornecer o fundamento último dos sintomas neuróticos. Chama "cenas originárias" (*Urszenen*) a esses acontecimentos reais, traumatizantes, cuja recordação é por vezes elaborada e disfarçada por fantasias. Entre eles, um conservará na linguagem psicanalítica o nome de *Urszene*: a cena do coito parental, a que a criança teria assistido (*ver*: cena originária). Note-se que esses acontecimentos primitivos são designados pelo nome de *cenas*, e que Freud procura, de início, identificar entre estas as encenações típicas e em número limitado (3).

Não podemos relatar aqui a evolução que conduzirá Freud dessa concepção realista das "cenas originárias" à noção de "fantasia originária"; essa evolução, na sua complexidade, é paralela ao delineamento da noção psicanalítica de fantasia*. Seria esquemático acreditar que Freud abandonou pura e simplesmente uma primeira concepção que procura a etiologia da neurose em traumatismos infantis contingentes em benefício de uma teoria que, vendo o precursor do sintoma na fantasia, a única realidade que reconheceria nela seria a de exprimir de modo imaginário uma vida pulsional cujas linhas gerais seriam biologicamente determinadas. Com efeito, o mundo fantasístico aparece desde o início em psicanálise com uma consistência, uma organização e uma eficácia que o termo "realidade psíquica" exprime bem.

Nos anos de 1907-1909, em que a fantasia suscita múltiplos trabalhos e é plenamente reconhecida na sua eficácia inconsciente, como subjacente, por exemplo, ao ataque histérico que a simboliza, Freud dedica-se a trazer à luz sequências típicas, encenações imaginárias (romance familiar*) ou construções teóricas (teorias sexuais infantis) pelas quais o neurótico e, talvez, "todos os filhos dos homens" procuram responder aos principais enigmas da sua existência.

Mas é notável que o pleno conhecimento da fantasia como um domínio autônomo, explorável, possuindo a sua consistência própria, não suspenda para Freud a questão da origem dela. A análise do *Homem dos lobos* dá-nos um exemplo impressionante disso. Freud procura estabelecer a realidade da cena de observação do coito dos pais reconstituindo-a nos seus mínimos pormenores, e, quando parece abalado pela tese junguiana segundo a qual essa cena não passaria de uma fantasia retroativamente construída pelo sujeito adulto, nem por isso deixa de manter com insistência que a percepção forneceu indícios à criança, mas sobretudo introduz a noção de fantasia originária. Nessa noção vêm-se juntar a exigência de encontrar aquilo a que poderíamos chamar a rocha do acontecimento (e, se este, refratado e como que desmultiplicado, apagar-se na história do indivíduo, recuaremos mais, até a história da espécie) e o desejo de fundamentar a própria estrutura da fantasia em algo diferente do acontecimento. Tal preocupação pode mesmo levar Freud ao ponto de afirmar a predominância da estrutura pré-subjetiva sobre a experiência individual: "Quando os acontecimentos não se adaptam ao esquema hereditário, sofrem na fantasia uma remodelação [...]. São justamente esses os casos adequados para nos mostrarem a existência independente do esquema. Muitas vezes estamos em condições de observar que o esquema triunfa sobre a experiência individual; no nosso caso, por exemplo [o do homem dos lobos], o pai torna-se castrador e aquele que ameaça a sexualidade infantil, a despeito de um complexo de Édipo, aliás, invertido [...]. As contradições que se apresentam entre a experiência e o esquema parecem fornecer ampla matéria para os conflitos infantis" (4).

Se focalizarmos agora os temas que encontramos nas fantasias originárias (cena originária*, complexo de castração*, sedução*), verificaremos uma característica comum: todos se referem às origens. Como os mitos coletivos, pretendem contribuir com uma representação e uma "solução" para aquilo que aparece para a criança como enigma principal; dramatizam como momento de emergência, como origem de uma história, o que surge para o sujeito como uma realidade de tal natureza que exige uma explicação, uma "teoria". Na "cena originária", é a origem do sujeito que se vê figurada; nas fantasias de sedução, é a origem do aparecimento da sexualidade; nas fantasias de castração, é a origem da diferença dos sexos.

Notemos, para concluir, que a noção de fantasias originárias tem um interesse fundamental para a experiência e para a teoria analítica. As reservas que suscita a teoria de uma transmissão genética hereditária não devem, na nossa opinião (α), levar-nos a considerar igualmente caduca a ideia de que existem, na fantasística, estruturas irredutíveis às contingências do vivido individual.

▲ (α) Em *Fantasme originaire, fantasmes des origines, origine du fantasme* (5) propusemos uma interpretação da noção freudiana de fantasia originária. A universalidade dessas estruturas deve ser relacionada com a que Freud reconhece ao complexo de Édipo (*ver este termo*), complexo nuclear cujo caráter estruturante ele muitas vezes acentuou *a priori*: "O conteúdo da vida sexual infantil consiste na atividade autoerótica das componentes sexuais predominantes, nos vestígios de amor de objeto e na formação do complexo a que poderíamos chamar *complexo nuclear das neuroses* [...]. O fato de se formarem geralmente as mesmas fantasias em relação à própria infância, por mais variável que possa ser o número de contribuições da vida real, explica-se pela uniformidade desse conteúdo e pela constância das influências modificadoras ulteriores. Não há dúvida de que faz parte do complexo nuclear da infância que o pai assuma nele o papel do inimigo sexual, daquele que perturba a atividade sexual autoerótica, e, a maior parte das vezes, a realidade contribui amplamente para isso" (6).

(1) FREUD (S.), *Mitteilung eines der psychoanalytischen Theorie widersprechenden Falles von Paranoia*, 1915. GW, X, 242; SE, XIV, 269; Fr., 8.
(2) FREUD (S.), *Vorlesungen zur Einführung in die Psychoanalyse*, 1915-17. GW, XI, 386; SE, XVI, 371; Fr., 399.
(3) FREUD (S.), *Aus den Anfängen der Psychoanalyse, Manuskript M*, 1897. Al., 215-9; Ing., 202-5; Fr., 179-82.
(4) FREUD (S.), *Aus der Geschichte einer infantilen Neurose*, 1918. GW, XII, 155; SE, XVII, 119-20; Fr., 418-9.
(5) *Cf.* LAPLANCHE (J.), e PONTALIS (J.-B.), in *Les temps modernes*, 1964, nº 215, p. 1833-68.
(6) FREUD (S.), *Bemerkungen über einen Fall von Zwangsneurose*, 1909. GW, VII, 428, n.; SE, X, 207-8, n.; Fr., 243, n.

FASE DO ESPELHO

= *D.*: Spiegelstufe. – *F*: stade du miroir (α). – *En.*: mirror's stage. – *Es.*: fase del espejo. – *I.*: stadio dello specchio.

• *Segundo J. Lacan, fase da constituição do ser humano que se situa entre os seis e os dezoito primeiros meses; a criança, ainda num estado de impotência e de incoordenação motora, antecipa imaginariamente a apreensão e o domínio da sua unidade corporal. Essa unificação imaginária opera-se por identificação com a imagem do semelhante como forma total; ilustra-se e atualiza-se pela experiência concreta em que a criança percebe a sua própria imagem num espelho.*

A fase do espelho constituiria a matriz e o esboço do que será o ego.

FASE DO ESPELHO

■ A concepção da fase do espelho é uma das contribuições mais antigas de J. Lacan, por ele apresentada em 1936 no Congresso Internacional de Psicanálise de Marienbad (1*a*).
Essa concepção apoia-se num certo número de dados experimentais assim agrupados:
1) Dados tirados da psicologia da criança e da psicologia comparada quanto ao comportamento da criança diante da sua imagem ao espelho (2). Lacan insiste na "[...] assunção triunfante da imagem com a mímica jubilosa que a acompanha e a complacência lúdica no controle da identificação especular" (3*a*).
2) Dados tirados da etologia animal que mostram certos efeitos de maturação e de estruturação biológica operados pela simples percepção visual do semelhante (3*b*).
O alcance da fase do espelho no homem deve ser ligado, segundo Lacan, à prematuração do nascimento (β), objetivamente atestada pelo inacabamento anatômico do sistema piramidal, e à incoordenação motora dos primeiros meses (γ).

★

1. Do ponto de vista da estrutura do sujeito, a fase do espelho assinalaria um momento fundamental: constituição do primeiro esboço do ego. Com efeito, a criança percebe na imagem do semelhante ou na sua própria imagem especular uma forma (*Gestalt*) em que antecipa – e por isso o seu "júbilo" – uma unidade corporal que objetivamente lhe falta e identifica-se com essa imagem. Essa experiência primordial está na base do caráter imaginário do ego constituído imediatamente como "ego ideal" e "origem das identificações secundárias" (1*b*). Vemos que, nessa perspectiva, o sujeito não é redutível ao ego, instância imaginária em que tende a alienar-se.
2. Segundo Lacan, a relação intersubjetiva, na medida em que é marcada pelos efeitos da fase do espelho, é uma relação imaginária, dual, voltada à tensão agressiva em que o ego é constituído como um outro, e o outro como *alter ego* (*ver*: imaginário).
3. Essa concepção poderia ser aproximada dos pontos de vista freudianos sobre a passagem do autoerotismo* – anterior à constituição de um ego – ao narcisismo* propriamente dito, pois aquilo a que Lacan chama fantasia do "corpo fragmentado" corresponde à primeira etapa, e a fase do espelho ao advento do narcisismo primário. Mas com uma importante ressalva: para Lacan, seria a fase do espelho que faria retroativamente surgir a fantasia do corpo fragmentado. Essa relação dialética observa-se no tratamento psicanalítico: vê-se por vezes aparecer a angústia de fragmentação por perda da identificação narcísica, e vice-versa.

▲ (α) O termo francês *phase* – momento de virada – conviria indubitavelmente melhor do que *stade* – etapa de uma maturação psicobiológica –; o próprio J. Lacan o indicou (1957).
(β) Freud já havia insistido na ideia fundamental do inacabamento do ser humano quando do seu nascimento. *Cf.* o nosso comentário de estado de *desamparo* e particularmente a passagem ali citada de *Inibição, sintoma e angústia* (*Hemmung, Symptom und Angst*, 1926).

(γ) Podemos reportar-nos ao que os embriologistas, especialmente Louis Bolk (1866-1930), escreveram sobre a fetalização (4).

(1) LACAN (J.), Le stade du miroir comme formateur de la fonction du Je, telle qu'elle nous est révélée dans l'expérience psychanalytique, in *RFP*, 1949, XIII, 4. – *a*) 449-55. – *b*) 450.
(2) *Cf.* sobretudo: WALLON (H.), Comment se dévelope chez l'enfant la notion du corps propre, in *Journal de Psychologie*, 1931, 705-48.
(3) LACAN (J.), Propos sur la causalité psychique, in *L'evolution psychiatrique*, 1947. – *a*) 34. – *b*) *Cf.* 38-41.
(4) *Cf.* BOLK (L.), *Das Problem der Menschwerdung*, 1926. Fr., in *Arguments*, 1960, 18, 3-13.

FASE FÁLICA

= *D.*: phallische Stufe (*ou* Phase). – *F.*: stade phallique (α). – *En.*: phallic stage (*ou* phase). – *Es.*: fase fálica. – *I.*: fase fallica.

• *Fase de organização infantil da libido que vem depois das fases oral e anal e se caracteriza por uma unificação das pulsões parciais sob o primado dos órgãos genitais; mas, o que já não será o caso na organização genital pubertária, a criança, de sexo masculino ou feminino, só conhece nessa fase um único órgão genital, o órgão masculino, e a oposição dos sexos é equivalente à oposição fálico-castrado. A fase fálica corresponde ao momento culminante e ao declínio do complexo de Édipo; o complexo de castração é então predominante.*

▪ A noção de fase fálica é tardia em Freud, pois só em 1923 (*A organização genital infantil* [*Die infantile Genitalorganisation*]) aparece explicitamente. É preparada pela evolução das ideias de Freud a respeito dos modos sucessivos de organização da libido e pelos seus pontos de vista sobre o primado do falo*, duas linhas de pensamento que distinguiremos para clareza da exposição.
1. Quanto ao primeiro ponto, recordemos que Freud começou (1905) por considerar que a falta de organização da sexualidade infantil era o que a opunha à sexualidade pós-pubertária. A criança só sai da anarquia das pulsões parciais depois de assegurado, com a puberdade, o primado da zona genital. A introdução das organizações pré-genitais anal e oral (1913, 1915) põe implicitamente em causa o privilégio, até então atribuído à zona genital, de organizar a libido; mas ainda se trata apenas de "rudimentos e fases precursoras" (1*a*) de uma organização* em sentido pleno. "A combinação das pulsões parciais e a sua subordinação sob o primado dos órgãos genitais não se realizam, ou realizam-se apenas de forma muito incompleta" (1*b*). Quando Freud introduz a noção de fase fálica, reconhece a existência desde a infância de uma verdadeira organização da sexualidade, muito próxima daquela do adulto, "[…] que já merece o nome de

genital, onde se encontra um objeto sexual e uma certa convergência das tendências sexuais sobre esse objeto, mas que se diferencia num ponto essencial da organização definitiva por ocasião da maturidade sexual; com efeito, ela conhece apenas uma única espécie de órgão genital, o órgão masculino" (1c).

2. Essa ideia de um primado do falo já está prefigurada em textos muito anteriores a 1923. Desde *Três ensaios sobre a teoria da sexualidade* (*Drei Abhandlungen zur Sexualtheorie*, 1905) encontramos duas teses:

a) A libido é "de natureza masculina, tanto na mulher como no homem" (1d);

b) "A zona erógena diretriz na criança de sexo feminino é localizada no clitóris, que é o homólogo da zona genital masculina (glande)" (1e, 2).

A análise do *Pequeno Hans*, em que se delineia a noção de complexo de castração, põe em primeiro plano, para o menino, a alternativa: possuir um falo ou ser castrado. Por fim, o artigo *Sobre as teorias sexuais das crianças* (*Über infantile Sexualtheorien*, 1908), embora considere, como nos *Três ensaios*, a sexualidade do ponto de vista do menino, sublinha o interesse singular que a menina tem pelo pênis, a sua inveja deste e a sua sensação de ser lesada em relação ao menino.

★

O essencial da concepção freudiana da fase fálica pode ser encontrado em três artigos: *A organização genital infantil* (*Die infantile Genitalorganisation*, 1923); *O declínio do complexo de Édipo* (*Der Untergang des Ödipuskomplexes*, 1924); *Algumas consequências psíquicas da distinção anatômica entre os sexos* (*Einige psychische Folgen des anatomischen Geschlechtsunterschieds*, 1925). Esquematicamente, podemos caracterizar assim a fase fálica, segundo Freud:

1. Do ponto de vista genético, o "par de opostos" atividade-passividade* que predomina na fase anal transforma-se no par fálico-castrado; só na puberdade se edifica a oposição masculinidade-feminilidade*.

2. Relativamente ao complexo de Édipo, a existência de uma fase fálica tem um papel essencial: com efeito, o declínio do Édipo (no caso do menino) é condicionado pela ameaça de castração, e este deve a sua eficácia, por um lado, ao interesse narcísico que o menino tem pelo próprio pênis e, por outro, à descoberta da ausência de pênis por parte da menina (*ver*: complexo de castração).

3. Existe uma organização fálica na menina. A verificação da diferença entre os sexos suscita uma *inveja do pênis**; esta acarreta, do ponto de vista da relação com os pais, um ressentimento para com a mãe, que não lhe deu o pênis, e a escolha do pai como objeto de amor, na medida em que ele lhe pode dar o pênis ou o seu equivalente simbólico, o filho. A evolução da menina não é, pois, simétrica à do menino (para Freud, a menina não tem conhecimento da própria vagina); são ambas igualmente centradas em torno do órgão fálico.

A significação da fase fálica, principalmente na criança de sexo feminino, deu lugar a importantes discussões na história da psicanálise. Os autores (K. Horney, M. Klein, E. Jones) que admitem a existência, na menina, de sensações sexuais já de início específicas (particularmente um conhecimento primário intuitivo da cavidade vaginal) são levados a ver na fase fálica apenas uma formação secundária de caráter defensivo.

▲ (α) Podem-se também empregar [em francês] os termos *phase* ou *position phallique* (posição fálica), que mostram tratar-se de um momento intersubjetivo integrado na dialética do Édipo, mais do que de um *stade* (fase) propriamente dito da evolução libidinal.

(1) FREUD (S.), *Drei Abhandlungen zur Sexualtheorie*, 1905. – *a*) GW, V, 98; SE, VII, 197-8; Fr., 95 (aditamento de 1915). – *b*) GW, V, 100; SE, VII, 199; Fr., 97 (aditamento de 1915). – *c*) GW, V, 100; SE, VII, 199; Fr., 182, nota de 1924. – *d*) GW, V, 120; SE, VII, 219; Fr., 129. – *e*) GW, V, 121; SE, VII, 220; Fr., 129.
(2) FREUD (S.), *Aus den Anfängen der Psychoanalyse*, 1887-1902. Carta de 14-11-1897: Al., 244-9; Ing., 229-35; Fr., 203-8.

FASE (ou ORGANIZAÇÃO) GENITAL

= *D*.: genitale Stufe (*ou* Genitalorganisation). – *F*.: stade *ou* organisation génital(e). – *En*.: genital stage (*ou* organization). – *Es*.: fase *ou* organización genital. – *I*.: fase *ou* organizzazione genitale.

• *Fase do desenvolvimento psicossexual caracterizada pela organização das pulsões parciais sob o primado das zonas genitais; compreende dois momentos, separados pelo período de latência: a fase fálica (ou organização genital infantil) e a organização genital propriamente dita que se institui na puberdade.*
Certos autores reservam a denominação "organização genital" para esse momento, incluindo o estágio fálico nas organizações pré-genitais.

■ Para Freud, a princípio, como o atesta a primeira edição de *Três ensaios sobre a teoria da sexualidade* (*Drei Abhandlungen zur Sexualtheorie*, 1905), houve apenas uma organização da sexualidade, a organização genital que se institui na puberdade e se opõe à "perversidade polimorfa" e ao autoerotismo* da sexualidade infantil. Posteriormente Freud modificaria progressivamente essa primeira concepção:
1) Descreve organizações pré-genitais (1913, 1915; *ver*: organização);
2) Destaca a ideia de uma escolha de objeto sexual que se realiza desde a infância, num capítulo acrescentado a *Três ensaios*, *Estágio de desenvolvimento da organização sexual*: "[...] todas as tendências sexuais convergem para uma só pessoa e procuram nela a sua satisfação. Assim se realiza nos anos da infância a forma de sexualidade que mais se aproxima da forma definitiva da vida sexual. A diferença [...] reduz-se ao fato de que na criança não está realizada a síntese das pulsões parciais, nem a sua submissão completa ao primado da zona genital. Só o último período do desenvolvimento sexual trará consigo a afirmação desse primado" (1).

3) Volta a questionar a teoria enunciada nesta última frase ao reconhecer a existência de uma "organização genital", chamada fálica, antes do período de latência, com a única diferença, relativamente à organização genital pós-pubertária, de que para os dois sexos só um órgão genital conta: o falo* (1923) (*ver*: fase fálica).

Vemos que a evolução das ideias de Freud sobre o desenvolvimento psicossexual levou-o a aproximar cada vez mais a sexualidade infantil da sexualidade adulta. Nem por isso se anula a ideia primitiva segundo a qual é com a organização genital pubertária que as pulsões parciais se unificam e se hierarquizam definitivamente, que o prazer ligado às zonas erógenas não genitais se torna "preliminar" ao orgasmo etc.

Freud acentuou também fortemente o fato de que a organização genital infantil se caracterizava por uma discordância entre as exigências edipianas e o grau de desenvolvimento biológico (2).

(1) FREUD (S.), GW, V, 100; SE, VII, 199; Fr., 97.
(2) *Cf.* FREUD (S.), *Der Untergang des Ödipuskomplexes*, 1924. GW, XIII, 395-402; SE, XIX, 173-9; Fr., 394-9.

FASE LIBIDINAL

= *D.*: Libidostufe (*ou* -phase). – *F.*: stade libidinal. – *En.*: libidinal stage (*ou* phase). – *Es.*: fase libidinosa. – *I.*: fase libidica.

• *Etapa do desenvolvimento da criança caracterizada por uma organização*, mais ou menos acentuada, da libido sob o primado de uma zona erógena e pela predominância de uma modalidade de relação de objeto*. Deu-se em psicanálise maior extensão à noção de fase, procurando definir as fases da evolução do ego.*

■ Quando em psicanálise se fala de fase, designa-se assim, a maior parte das vezes, as fases da evolução libidinal. Note-se, porém, que, antes de a noção de organização da libido ter começado a definir-se, já se manifestava a preocupação freudiana de diferenciar "idades da vida", "épocas", "períodos" de desenvolvimento; essa preocupação é paralela à descoberta de que as diferentes afecções psiconeuróticas têm a sua origem na infância. É assim que, por volta dos anos de 1896-1897, Freud, na sua correspondência com W. Fliess, o qual sabemos que tinha também elaborado uma teoria dos períodos (1), procura estabelecer uma sucessão de épocas, na infância e na puberdade, datáveis com maior ou menor precisão; essa tentativa está estreitamente relacionada com a noção de *a posteriori** e com a teoria da sedução*, que é então elaborada por Freud. Com efeito, algumas das épocas consideradas ("épocas do acontecimento", *Ereigniszeiten*) são aquelas em que se produzem as "cenas sexuais", enquanto outras são "épocas de recalque" (*Verdrängungszeiten*). Freud relaciona a "escolha da neurose" com esta sucessão: "As diferentes neuroses encontram as suas condições tem-

FASE LIBIDINAL

porais nas cenas sexuais [...]. As épocas de recalque são indiferentes para a escolha da neurose, as épocas do acontecimento são decisivas" (2a). Por fim, a passagem de uma época para outra é igualmente relacionada com a diferenciação do aparelho psíquico* em sistemas de "inscrições", sendo a passagem de uma época para outra e de um sistema para outro comparada a uma "tradução" suscetível de ser mais ou menos bem-sucedida (2b).

Logo surge a ideia de ligar a sucessão desses diferentes períodos à predominância e ao abandono de determinadas "zonas sexuais" ou "zonas erógenas" (região anal, região buco-faríngica e, na menina, região clitórica); Freud leva bastante longe essa tentativa teórica, como mostra a carta de 14-11-1897: o processo do recalque chamado normal está estreitamente relacionado com o abandono de uma zona por outra, com o "declínio" de determinada zona sexual.

Tais concepções prefiguram em numerosos pontos o que virá a ser, sob a sua forma mais acabada, a teoria das fases da libido. É impressionante, no entanto, constatar que elas desaparecem da primeira exposição apresentada por Freud sobre a evolução da sexualidade, para só ulteriormente serem redescobertas e determinadas. Na edição de 1905 de *Três ensaios sobre a teoria da sexualidade* (*Drei Abhandlungen zur Sexualtheorie*), a oposição principal situa-se entre a sexualidade pubertária e adulta de um lado, organizada sob o primado genital, e, de outro, a sexualidade infantil, em que as metas sexuais são múltiplas, tal como as zonas erógenas que as suportam, sem que se instaure de modo algum o primado de uma delas ou uma escolha de objeto. Não há dúvida de que essa oposição é particularmente acentuada por Freud devido ao aspecto de exposição didática de que se reveste a obra em questão e em virtude da originalidade da tese que se trata de fazer aceitar: o caráter originalmente perverso e polimorfo da sexualidade (*ver*: sexualidade, autoerotismo).

Progressivamente, entre 1913 e 1923, essa tese é aperfeiçoada com a introdução da noção de fases pré-genitais, que precedem a instauração da fase genital: fases oral*, sádico-anal*, fálica*.

O que caracteriza essas fases é um certo modo de organização* da vida sexual. A noção do primado de uma *zona* erógena é insuficiente para explicar o que há de estruturante e de normativo no conceito de fase: esta só encontra o seu fundamento em um tipo de atividade, ligado a uma zona erógena, é claro, mas que se reconhecerá a diferentes níveis da relação de objeto*. Assim, a incorporação, característica da fase oral, seria um esquema que se encontraria em muitas fantasias subjacentes a outras atividades além da nutrição ("comer com os olhos", por exemplo).

★

Se foi no registro da evolução da atividade libidinal que a noção de fase encontrou, em psicanálise, o seu modelo, devemos notar que foram esboçadas outras linhas de evolução diferentes:

1. Freud indicou uma sucessão temporal quanto ao acesso ao objeto libidinal, em que o sujeito passa sucessivamente pelo autoerotismo*, pelo narcisismo*, pela escolha homossexual e pela escolha heterossexual (3);

2. Outra direção leva a reconhecer diferentes etapas na evolução que resulta numa predominância do princípio de realidade sobre o princípio de prazer. Ferenczi fez uma tentativa sistemática neste sentido (4);

3. Alguns autores acham que só a formação do ego* pode explicar a passagem do princípio de prazer para o princípio de realidade. O ego "[...] entra no processo como uma variável independente" (5). É o desenvolvimento do ego que permite a diferenciação entre a pessoa e o mundo exterior, o adiamento da satisfação, o domínio relativo dos estímulos pulsionais etc.

Embora indicasse o interesse que haveria em determinar com precisão uma evolução e fases do ego, Freud não seguiu nessa direção. Note-se, aliás, que, quando evoca o problema, por exemplo, em *A disposição à neurose obsessiva* (*Die Disposition zur Zwangsneurose*, 1913), a noção de ego ainda não está limitada ao sentido tópico exato que virá a ter com *O ego e o id* (*Das Ich und das Es*, 1923). Freud supõe que é preciso introduzir "[...] na predisposição para a neurose obsessiva uma gradação temporal do desenvolvimento do ego relativamente ao desenvolvimento da libido"; mas indica que "[...] as fases de desenvolvimento das pulsões do ego nos são até o presente muito pouco conhecidas" (6).

Note-se igualmente que Anna Freud, em *O ego e os mecanismos de defesa* (*Das Ich und Die Abwehrmechanismen*, 1936) (7), renuncia a estabelecer uma sucessão temporal no aparecimento dos mecanismos de defesa do ego.

Que visão de conjunto podemos ter dessas diversas linhas de pensamento? A tentativa mais abrangente para estabelecer uma correspondência entre esses diversos tipos de fase continua sendo a de Abraham (*Esboço de uma história do desenvolvimento da libido baseada na psicanálise das perturbações psíquicas* [*Versuch einer Entwicklungsgeschichte der Libido auf Grund der Psychoanalyse Störungen*, 1924]) (8); Robert Fliess completou o quadro proposto por Abraham (9).

Convém ressaltar que Freud, por seu lado, não seguiu pelo caminho de uma teoria holística das fases, que agruparia não apenas a evolução da libido, mas ainda a das defesas, do ego etc.; tal teoria, sob a égide da noção de relação de objeto, acaba por englobar numa só linha genética a evolução do conjunto da personalidade. Isso não é, na nossa opinião, um simples inacabamento do pensamento de Freud; efetivamente, para ele, a defasagem e a possibilidade de uma dialética entre essas diferentes linhas evolutivas são essenciais no determinismo da neurose.

Nesse sentido, ainda que a teoria freudiana seja uma das que, na história da psicologia, mais contribuíram para promover a noção de fase, ela não parece se harmonizar, na sua inspiração fundamental, com o uso que a psicologia genética fez dessa noção, postulando, a cada nível da evolução, uma estrutura do conjunto de caráter integrativo (10).

(1) *Cf.* Kris(E.), Prefácio a FREUD (S.), *Aus den Anfängen der Psychoanalyse*, 1887-1902. Al., 1-12; Ing., 4-8; Fr., 2-6.

(2) FREUD (S.), *Aus den Anfängen der Psychoanalyse*, 1887-1902. – *a*) Al., 175-6; Ing., 163-5; Fr., 145-6. – *b*) *Cf.* Al., 185-92; Ing., 173-81; Fr., 153-60.

(3) *Cf.* FREUD (S.), *Psychoanalytische Bemerkungen über einen autobiographisch beschriebenen Fall von Paranoia* (*Dementia paranoides*), 1911, GW, VIII, 296-7; SE, XII, 60-1; Fr., 306.

(4) *Cf.* FERENCZI (S.), Stages in the Development of the Sense of Reality, 1913, in *First Contributions.*

(5) HARTMANN (H.), KRIS (E.) e LOEWENSTEIN (M.), Comments on the Formation of Psychic Structure, in *Psa. Study of the Child*, II, 1946, 11-38.

(6) FREUD (S.), *Die Disposition zur Zwangsneurose*, 1913. GW, VIII, 451; SE, XII, 325; Fr., in *RFP*, 1929, III, 3, 446.

(7) *Cf.* FREUD (A.), Fr., PUF, Paris, 46-7.

(8) *Cf.* ABRAHAM (K.), Fr., II, 255-313, *passim.*

(9) *Cf.* FLIESS (R.), An ontogenetic Table, in *Ps. Read.*, 1942, 254-5.

(10) *Cf.* Simpósio da Association de Psychologie scientifique de Langue française, diversos autores, Genebra, 1955, *Le problème des stades en psychologie de l'enfant*, PUF, Paris, 1956.

FASE ORAL

= *D.*: Orale Stufe (*ou* Phase). – *F.*: stade oral. – *En.*: oral stage. – *Es.*: fase oral. – *I.*: fase orale.

• *Primeira fase da evolução libidinal. O prazer sexual está predominantemente ligado à excitação da cavidade bucal e dos lábios que acompanha a alimentação. A atividade de nutrição fornece as significações eletivas pelas quais se exprime e se organiza a relação de objeto; por exemplo, a relação de amor com a mãe será marcada pelas significações seguintes: comer, ser comido.*

Abraham propôs subdividir-se essa fase em função de duas atividades diferentes: sucção (fase oral precoce) e mordedura (fase sádico-oral).

■ Na primeira edição de *Três ensaios sobre a teoria da sexualidade* (*Drei Abhandlungen zur Sexualtheorie*, 1905), Freud descreve uma *sexualidade* oral que ele destaca no adulto (atividades perversas ou preliminares) e reencontra na criança baseando-se nas observações do pediatra Lindner (significação masturbatória da sucção do polegar) (1*a*). No entanto, não fala de *fase*, de organização oral, assim como não fala de organização anal.

Todavia, a atividade de chupar assume a partir dessa época um valor exemplar, que permite a Freud mostrar como a pulsão sexual, que a princípio se satisfaz por apoio* numa função vital, adquire autonomia e se satisfaz de forma autoerótica. Por outro lado, a vivência de satisfação*, que fornece o protótipo da fixação do desejo num determinado objeto, é uma experiência oral; é, pois, possível aventar a hipótese de que o desejo e a satisfação fiquem para sempre marcados por essa primeira experiência.

Em 1915, depois de reconhecer a existência da organização anal, Freud descreve como primeira fase da sexualidade a fase oral ou canibalesca. A fonte é a zona oral; o objeto está estreitamente relacionado com o da alimentação; a meta é a incorporação* (1*b*). Portanto, já não se acentua apenas uma zona erógena – uma excitação e um prazer específicos –, mas um modo de relação, a incorporação; a psicanálise mostra que esta, nas fantasias infantis, não está ligada apenas à atividade bucal, mas pode transpor-se para outras funções (respiração e visão, por exemplo).

Segundo Freud, a oposição entre atividade* e passividade, que caracteriza a fase anal, não existe na fase oral. Karl Abraham procurou diferenciar os tipos de relação que estão em jogo no período oral, o que o levou a distinguir uma fase precoce de sucção pré-ambivalente – que parece mais próxima daquilo que Freud a princípio descreveu como fase oral – e uma fase sádico-oral que corresponde ao aparecimento dos dentes, em que a atividade de morder e devorar implica uma destruição do objeto; nisso se encontra conjuntamente a fantasia de ser comido, destruído pela mãe (2).

O interesse pelas relações de objeto levou certos psicanalistas (particularmente Melanie Klein e Bertram Lewin) a descrever de forma mais complexa as significações conotadas pelo conceito de fase oral.

(1) *Cf.* FREUD (S.) *a*) GW, V, 80; SE, VII, 179; Fr., 72. – *b*) GW, V, 98; SE, VII, 198; Fr., 95.

(2) *Cf.* ABRAHAM (K.), *Versuch einer Entwicklungsgeschichte der Libido auf Grund der Psychoanalyse seelischer Störungen*, 1924. Fr., II, 272-8.

FASE SÁDICO-ANAL

= *D.*: sadistisch-anale Stufe (*ou* Phase). – *F.*: stade sadique-anal. – *En.*: anal-sadistic stage. – *Es.*: fase analsádica. – *I.*: fase sadico-anale.

• *Para Freud, a segunda fase da evolução libidinal, que pode ser situada aproximadamente entre os dois e os quatro anos; é caracterizada por uma organização da libido sob o primado da zona erógena anal; a relação de objeto está impregnada de significações ligadas à função de defecação (expulsão-retenção) e ao valor simbólico das fezes. Vemos afirmar-se o sadomasoquismo em relação com o desenvolvimento do domínio da musculatura.*

▪ Freud começou por assinalar traços de um erotismo anal no adulto e descrever o seu funcionamento na criança na defecação e na retenção das matérias fecais (1).

A partir do erotismo anal irá surgir a ideia de uma organização pré-genital da libido. No artigo *Caráter e erotismo anal* (*Charakter und Analerotik*, 1908) (2), Freud já relaciona traços de caráter que persistem no adulto (a tríade: ordem, parcimônia, teimosia) com o erotismo anal da criança.

Em *A disposição à neurose obsessiva* (*Die Disposition zur Zwangsneurose*, 1913), aparece pela primeira vez a noção de uma *organização pré-genital* em que as pulsões sádica e erótico-anal predominam; como na fase genital, existe uma relação com o objeto exterior. "Vemos a necessidade de intercalar uma outra fase antes da forma final – fase em que as pulsões parciais já estão reunidas para a escolha de objeto, o objeto já é oposto e estranho à própria pessoa, mas o primado das zonas genitais ainda não se encontra estabelecido" (3).

Nas remodelações ulteriores de *Três ensaios sobre a teoria da sexualidade* (*Drei Abhandlungen zur Sexualtheorie*, 1915, 1924) a fase anal aparece como uma das organizações pré-genitais, situada entre as organizações oral e fálica. É a primeira fase em que se constitui uma polaridade atividade-passividade*. Freud faz coincidir a atividade com o sadismo e a passividade com o erotismo anal, e atribui a cada uma das pulsões parciais correspondentes uma fonte distinta: musculatura e mucosa anal.

Em 1924, K. Abraham propôs a diferenciação de dois estágios dentro da fase sádico-anal, distinguindo em cada um dos componentes dois tipos de comportamento opostos quanto ao objeto (4). No primeiro estágio, o erotismo anal está ligado à evacuação, e a pulsão sádica, à destruição do objeto; no segundo estágio, o erotismo anal está ligado à retenção, e a pulsão sádica, ao controle possessivo. Para Abraham, o acesso de um estágio a outro constitui um progresso decisivo em direção ao amor de objeto, como o indicaria o fato de a linha de clivagem entre regressões neuróticas e psicóticas passar entre esses dois estágios.

Como conceber a ligação entre o sadismo e o erotismo anal? O sadismo, bipolar por natureza – visto que visa, contraditoriamente, a destruir o objeto e mantê-lo, dominando-o –, encontraria a sua correspondência privilegiada no funcionamento bifásico do esfíncter anal (evacuação-retenção) e no seu controle.

Na fase anal, ligam-se à atividade de defecação valores simbólicos de dádiva e de recusa; Freud pôs em evidência, nessa perspectiva, a equivalência simbólica fezes = dádiva = dinheiro (5).

(1) *Cf.* Freud (S.), *Drei Abhandlungen zur Sexualtheorie*, 1905. GW, V, 86-8; SE, VII, 185-7; Fr., 79-82.
(2) *Cf.* Freud (S.), GW, VII, 203-9; SE, IX, 169-75.
(3) Freud (S.), GW, VIII, 446-7; SE, XII, 321; Fr., in RFP, 1929, III, 3, 442.
(4) *Cf.* Abraham (K.), *Versuch einer Entwicklungsgeschichte der Libido auf Grund der Psychoanalyse seelischer Störungen*, 1924, 258-65.
(5) *Cf.* Freud (S.), *Über Triebumsetzungen, insbesondere der Analerotik*, 1917. GW, X, 402-10; SE, XVII, 127-33.

FASE SÁDICO-ORAL

= *D.*: oral-sadistische Stufe (*ou* Phase). – *F*: stade sadique-oral. – *En.*: oral-sadistic stage. – *Es.*: fase oral-sádica. – *I.*: fase sadico-orale.

• *Segundo período da fase oral, de acordo com uma subdivisão introduzida por K. Abraham; é caracterizado pelo aparecimento dos dentes e da atividade de morder. A incorporação assume o sentido de uma destruição do objeto, o que implica que entra em jogo a ambivalência na relação de objeto.*

■ Em *Esboço de uma história do desenvolvimento da libido baseada na psicanálise das perturbações psíquicas* (*Versuch einer Entwicklungsgeschichte der Libido auf Grund der Psychoanalyse seelischer Störungen*, 1924), K. Abraham diferencia na fase oral uma fase precoce de sucção, "pré-ambivalente", e uma fase sádico-oral que corresponde ao aparecimento dos dentes; a atividade de morder e de devorar implica uma destruição do objeto e aparece a ambivalência* pulsional (libido e agressividade dirigidas para um mesmo objeto).

Com Melanie Klein, o sadismo oral assume maior importância. Com efeito, para essa autora, a fase oral é o momento culminante do sadismo infantil. Mas, diferentemente de Abraham, faz intervir imediatamente as tendências sádicas: "[...] a agressividade faz parte da relação mais precoce da criança com o seio, embora nessa fase ela não se exprima habitualmente pela mordedura" (1). "O desejo libidinal de sugar ou chupar é acompanhado do objetivo destrutivo de aspirar, de esvaziar, de esgotar sugando" (2). Embora M. Klein conteste a distinção de Abraham entre uma fase oral de sucção e uma fase oral de mordedura, o conjunto da fase oral é, para ela, uma fase sádico-oral.

(1) Klein (M.), Some theoretical conclusions regarding the emotional life of the infant, 1952, in *Developments*, 206, n. 2.
(2) Heimann (P.) e Isaacs (S.), Regression, 1952, in *Developments*, 185-6.

FENÔMENO FUNCIONAL

= *D.*: funktionales Phänomen. – *F.*: phénomène fonctionnel. – *En.*: functional phenomenon. – *Es.*: fenómeno funcional. – *I.*: fenomeno funzionale.

● *Fenômeno descoberto por Herbert Silberer (1909) nos estados hipnagógicos e por ele reencontrado no sonho; é a transposição em imagens não do conteúdo do pensamento do sujeito, mas do modo de funcionamento real desse pensamento.*

■ O pensamento de Silberer a respeito do fenômeno funcional evoluiu. Ele parte da observação dos estados hipnagógicos, em que vê uma experiência privilegiada que permite observar o nascimento dos símbolos (ou fenômeno "autossimbólico"). Distingue três espécies de fenômenos: *material*, em que é simbolizado aquilo a que o pensamento visa, o seu objeto; *funcional*, em que é representado o funcionamento atual do pensamento, a sua rapidez ou a sua lentidão, o seu êxito ou o seu fracasso etc.; *somático*, em que são simbolizadas as impressões corporais (1).

Silberer pensa que essa distinção é válida para qualquer manifestação em que se encontrem símbolos, em especial no sonho. Deixando ao "fenômeno material" apenas a simbolização dos objetos do pensamento e da representação, acaba por classificar no fenômeno funcional tudo o que simboliza "o estado, a atividade, a estrutura da psique" (2*a*). Os afetos, tendências, intenções, complexos, "partes da alma" (especialmente a censura), são traduzidos por símbolos, muitas vezes personificados. A "dramatização" do sonho resume este aspecto funcional. Vemos que Silberer generaliza então ao máximo a ideia de uma representação simbólica do estado *hic et nunc* da consciência imaginante.

Por fim, Silberer acha que existe no simbolismo, especialmente no sonho, uma tendência a passar do material ao funcional, tendência à generalização em que o indivíduo passa "[...] de qualquer tema particular dado para o conjunto de todos os temas semelhantes pelo seu afeto, ou, como também se pode dizer, para o tipo psíquico do acontecimento vivido em questão" (2*b*). Assim, um objeto alongado, que simboliza num primeiro momento o falo, pode acabar (depois de uma série de etapas intermediárias cada vez mais abstratas) por significar a sensação de poder em geral. O fenômeno simbólico seria, pois, espontaneamente orientado numa direção que a *interpretação anagógica** virá reforçar.

Freud reconheceu no fenômeno funcional "[...] um dos raros aditamentos à doutrina dos sonhos cujo valor é incontestável. Ele [Silberer] provou a participação da auto-observação – no sentido do delírio paranoico – na formação do sonho" (3). Freud foi convencido pelo caráter experimental da descoberta de Silberer, mas limitou o alcance do fenômeno funcional aos estados situados entre a vigília e o sono ou, no sonho, à "autopercepção do sono ou do despertar" que por vezes pode acontecer e que ele atribui ao *censor do sonho*, ao superego.

Critica a extensão tomada pela noção: "[...] há quem chegue a falar de fenômeno funcional cada vez que atividades intelectuais ou processos afetivos aparecem no conteúdo dos pensamentos do sonho, embora este material não tenha mais nem menos direitos a penetrar no sonho do que qualquer outro resto diurno" (4). O funcional, salvo nos casos excepcionais, reduz-se, portanto, assim como os estímulos corporais, ao material; o caminho freudiano é o inverso do de Silberer.

Para a crítica da concepção ampliada de Silberer, é interessante reportar-se ao estudo de Jones, *A teoria do simbolismo* (*The Theory of Symbolism*, 1916) (5).

(1) *Cf.* SILBERER (H.), Bericht über eine Methode, gewisse symbolische Halluzinations-erscheinungen hervorzurufen und zu beobachten, in *Jahrbuch der Psychoanalyse*, 1909.
(2) SILBERER (H.), Zur Symbolbildung, in *Jahrbuch der Psychoanalyse*, 1909. – *a*) IV, 610. – *b*) IV, 615.
(3) FREUD (S.), *Zur Einführung des Narzissmus*, 1914. GW, X, 164-5; SE, XIV, 97.
(4) FREUD (S.), *Die Traumdeutung*, 1900. GW, III-IV, 509; SE, V, 505; Fr., 376.
(5) *Cf.* JONES (E.), The Theory of Symbolism, in *Papers on Psycho-Analysis*, Baillière, Londres, 5ª ed., 1948, 116-37.

FIGURABILIDADE ou REPRESENTABILIDADE (CONSIDERAÇÃO DA –)

= *D.*: Rücksicht auf Darstellbarkeit. – *F.*: prise en considération de la figurabilité *ou* présentabilité. – *En.*: considerations of representability. – *Es.*: consideración a la representabilidad. – *I.*: riguardo per la raffigurabilità.

• *Exigência a que estão submetidos os pensamentos do sonho; eles sofrem uma seleção e uma transformação que os tornam aptos a serem representados em imagens, sobretudo visuais.*

■ O sistema de expressão que constitui o sonho tem as suas leis próprias. Exige que todas as significações, até os pensamentos mais abstratos, exprimam-se por imagens. Os discursos, as palavras não são, segundo Freud, privilegiados a esse respeito; figuram no sonho como elementos significativos, e não pelo sentido que têm na linguagem verbal. Essa condição tem duas consequências:

1. Leva a selecionar, "[...] entre as diversas ramificações dos pensamentos essenciais do sonho, a que permite uma figuração visual" (1*a*); em especial, as articulações lógicas entre os pensamentos do sonho são eliminadas ou substituídas de modo mais ou menos feliz por formas de expressão que Freud descreveu em *A interpretação de sonhos* (*Die Traumdeutung*, 1900) (terceira parte do cap. VI: "Os processos de figuração do sonho").

2. Orienta os deslocamentos para substitutos figurados. É assim que o deslocamento da expressão (*Ausdrucksverschiebung*) irá fornecer um elo – uma palavra concreta – entre a noção abstrata e uma imagem sensorial (exemplo: deslizar do termo "aristocrata" para "altamente colocado", suscetível de ser representado por uma "alta torre").

Essa condição reguladora do trabalho do sonho tem a sua origem em definitivo na "regressão"*, regressão simultaneamente tópica, formal e temporal. Sob este último aspecto, Freud insiste no papel polarizante na elaboração das imagens do sonho, das cenas infantis de natureza essencialmente visual: "[...] a transformação dos pensamentos em imagens visuais pode ser uma consequência da *atração* que a recordação visual, que procura ressurgir, exerce sobre os pensamentos separados da consciência e que lutam por se exprimir. Segundo esta concepção, o sonho seria *o substituto da cena infantil modificada por transferência para o recente*. A cena infantil não consegue realizar-se de novo e tem de contentar-se com reaparecer sob a forma de sonho" (1*b*).

(1) FREUD (S.). – *a*) GW, II-III, 349; SE, V, 344; Fr., 256. – *b*) GW, II-III, 551-2; SE, V, 546; Fr., 449.

FIXAÇÃO

= *D.*: Fixierung. – *F.*: fixation. – *En.*: fixation. – *Es.*: fijación. – *I.*: fissazione.

● *O fato de a libido se ligar fortemente a pessoas ou imagos, de reproduzir determinado modo de satisfação e permanecer organizada segundo a estrutura característica de uma das suas fases evolutivas. A fixação pode ser manifesta e real ou constituir uma virtualidade prevalecente que abre ao sujeito o caminho de uma regressão*.*

A noção de fixação é geralmente compreendida no quadro de uma concepção genética que implica uma progressão ordenada da libido (fixação numa fase). Podemos considerá-la, fora de qualquer referência genética, no quadro da teoria freudiana do inconsciente, como designando o modo de inscrição de certos conteúdos representativos (experiências, imagos, fantasias) que persistem no inconsciente de forma inalterada e aos quais a pulsão permanece ligada.

■ A noção de fixação encontra-se constantemente na doutrina psicanalítica para explicar este dado manifesto da experiência: o neurótico, ou mais geralmente todo sujeito humano, está marcado por experiências infantis, mantém-se ligado, de forma mais ou menos disfarçada, a modos de satisfação, a tipos arcaicos de objeto ou de relação; o tratamento psicanalítico confirma a influência e a repetição das experiências passadas, tal como a resistência do sujeito a libertar-se delas.

O conceito de fixação não contém em si mesmo um princípio de explicação; em compensação, o seu valor descritivo é incontestável. Por isso Freud pôde utilizá-lo nos diferentes momentos da evolução do seu pensamento sobre aquilo que na história do sujeito esteve na origem da neurose. Assim foi possível caracterizar suas primeiras concepções etiológicas como fazendo intervir essencialmente a ideia de uma "fixação no trauma"* (1*a*, 2); com *Três ensaios sobre a teoria da sexualidade* (*Drei Abhandlungen zur Sexualtheorie*, 1905), a fixação é ligada à teoria da libido e define-se pela persistência, particularmente manifesta nas perversões, de características anacrônicas da sexualidade: o sujeito procura certos tipos de atividade, ou então permanece ligado a algumas características do "objeto" cuja origem pode ser encontrada em determinado momento particular da vida sexual infantil. Se não é negado, o papel do trauma intervém sobre um fundo de uma sucessão das experiências sexuais, vindo favorecer a fixação num ponto determinado.

Com o desenvolvimento da teoria das fases* da libido, especialmente das fases pré-genitais*, a noção de fixação assume nova extensão. Pode não incidir apenas sobre uma meta* ou um objeto* libidinal parcial, mas sobre toda uma estrutura da atividade característica de uma dada fase (*ver*: relação de objeto). Assim, a fixação na fase anal estaria na origem da neurose obsessiva e de certo tipo de caráter.

FIXAÇÃO

Em *Além do princípio do prazer* (*Jenseits des Lustprinzips*, 1920) (3), Freud será levado a referir-se de novo à noção de fixação no trauma como um dos fatos que não se explicam completamente pela persistência de um modo de satisfação libidinal e que o obrigam a postular a existência de uma compulsão à repetição*.

A fixação libidinal desempenha um papel predominante na etiologia dos diversos distúrbios psíquicos, o que leva a precisar a sua função nos mecanismos neuróticos.

A fixação está na origem do *recalque**, e pode mesmo ser considerada como o primeiro tempo do recalque tomado em sentido lato: "[...] a corrente libidinal [que sofreu uma fixação] comporta-se para com as formações psíquicas ulteriores como uma corrente pertencente ao sistema do inconsciente, como uma corrente recalcada" (4*a*). Esse "recalque originário"* condiciona o recalque em sentido estrito, que só é possível pela ação conjunta sobre os elementos a recalcar de uma repulsão por parte de uma instância superior e de uma atração por parte do que previamente tinha sido fixado (5*a*).

Por outro lado, a fixação prepara as posições sobre as quais vai operar-se a regressão* que, sob diversos aspectos, encontramos nas neuroses, nas perversões e nas psicoses.

As *condições* da fixação são, para Freud, de dois tipos. Por um lado, ela é provocada por diversos fatores históricos (influência da constelação familiar, trauma etc.). Por outro, é favorecida por fatores constitucionais; determinada componente pulsional parcial pode ter uma força maior do que outra, mas também pode existir em certos indivíduos uma "viscosidade"* geral da libido (1*b*) que os predispõe a defenderem "[...] cada posição libidinal uma vez que é atingida, por angústia de perda ao abandoná-la, e por temor de não encontrarem na posição seguinte um substituto plenamente satisfatório" (6).

★

A fixação é muitas vezes invocada em psicanálise, mas a sua natureza e o seu significado estão mal determinados. Freud utiliza às vezes o conceito de forma descritiva, como faz com a regressão. Nos textos mais explícitos, a fixação é geralmente aproximada de certos fenômenos biológicos em que subsistem no organismo adulto vestígios da evolução ontofilogenética. Tratar-se-ia, pois, nessa perspectiva genética, de uma "inibição de desenvolvimento", de uma irregularidade genética, de um "retardamento passivo" (4*b*).

O estudo das perversões é o lugar privilegiado e a origem de tal concepção. À primeira vista parece efetivamente confirmar-se que certos esquemas de comportamento que o sujeito pode tornar a utilizar permanecem inalterados. Certas perversões que se desenvolvem de forma contínua a partir da infância forneceriam mesmo o exemplo de uma fixação que chegaria ao sintoma sem necessidade de apelar para a regressão.

Todavia, à medida que se desenvolve a teoria das perversões, torna-se duvidoso que se possa reconhecer nelas o modelo de uma fixação assimilável à pura e simples persistência de um vestígio genético. O fato de se encontrarem na origem das perversões conflitos e mecanismos próximos dos da neurose põe em causa a aparente simplicidade da noção de fixação (ver: perversão).

★

Poderíamos ressaltar a originalidade da utilização psicanalítica da noção de fixação, em relação a ideias como a de uma persistência de esquemas de comportamento tornados anacrônicos, referindo-nos às modalidades de emprego do termo em Freud. Esquematicamente, podemos dizer que Freud tanto fala de fixação *de* (fixação de uma recordação ou de um sintoma, por exemplo) como de fixação (da libido) *em* (fixação numa fase, num tipo de objeto etc.). A primeira acepção evoca um uso do termo tal como o admite uma teoria psicológica da memória, que distingue diversos momentos: fixação, conservação, evocação, reconhecimento da recordação. Mas deve-se notar que, para Freud, essa fixação é compreendida de forma muito realista; trata-se de uma verdadeira inscrição (*Niederschrift*) de traços em séries de sistemas mnésicos, traços que podem ser "traduzidos" de um sistema para outro; na carta a Fliess de 6-12-1896, já é elaborada toda uma teoria da fixação. "Quando falta a transcrição seguinte, a excitação é liquidada segundo as leis psicológicas válidas para o período psíquico precedente e segundo os caminhos então disponíveis. Subsiste assim um anacronismo: numa dada província ainda estão em vigor *fueros* [leis antigas que continuam a vigorar em certas cidades ou regiões da Espanha]; é assim que encontramos 'sobrevivências'." Por outro lado, essa noção de uma fixação das representações* é correlativa da noção de uma fixação da excitação *nelas*. Tal ideia, que está na base da concepção freudiana, encontra a sua melhor expressão na teoria mais completa que Freud apresentou do recalque: "Temos razões para admitir um *recalque originário*, uma primeira fase do recalque que consiste no fato de ser recusada, ao representante psíquico (representante-representação) da pulsão, a aceitação no consciente. Com ele realiza-se uma *fixação*; o representante correspondente subsiste a partir daí de modo inalterável e a pulsão permanece ligada a ele" (5*b*).

O sentido genético da fixação não é, certamente, abandonado nessa formulação, mas encontra o seu fundamento na busca de momentos originários em que indissoluvelmente se inscrevem no inconsciente certas representações eletivas e em que a própria pulsão se fixa nos seus representantes psíquicos, constituindo-se talvez, por esse mesmo processo, como pulsão*.

(1) FREUD (S.), *Vorlesungen zur Einführung in die Psychoanalyse*, 1916-17. – *a*) GW, XI, 282 ss.; SE, XVI, 273 ss.; Fr., 296 ss. – *b*) *Cf.* GW, XI, 360-1; SE, XVI, 348; Fr., 374.
(2) FREUD (S.), *Über Psychoanalyse*, 1909. GW, VIII, 12; SE, XI, 17; Fr., 126.
(3) *Cf.* FREUD (S.), GW, XIII, 10; SE, XVIII, 13; Fr., 12.

(4) FREUD (S.), *Psychoanalytische Bemerkungen über einen autobiographisch beschriebenen Fall von Paranoia (Dementia paranoides)*, 1911. – *a*) GW, VIII, 504; SE, XII, 67; Fr., 311-2. – *b*) GW, VIII, 304; SE, XII, 67; Fr., 312.
(5) FREUD (S.), *Die Verdrängung*, 1915. – *a*) *Cf.* GW, X, 250-1; SE, XIV, 148; Fr., 71. – *b*) GW, X, 250; SE, XIV, 148; Fr., 71.
(6) FREUD (S.), *Aus der Geschichte einer infantilen Neurose*, 1918. GW, XII, 151; SE, XVII, 115; Fr., 415.

FONTE DA PULSÃO

= *D*.: Triebquelle. – *F*.: source de la pulsion. – *En*.: source of the instinct. – *Es*.: fuente del instinto. – *I*.: fonte dell'istinto *ou* della pulsione.

• **Origem interna específica de cada pulsão determinada, seja o lugar onde aparece a excitação (zona erógena, órgão, aparelho), seja o processo** *somático que se produziria nessa parte do corpo e seria percebido como excitação.*

▪ O sentido do termo "fonte" diferencia-se na obra de Freud a partir do seu emprego metafórico comum. Em *Três ensaios sobre a teoria da sexualidade* (*Drei Abhandlungen zur Sexualtheorie*, 1905), Freud enumera, sob a rubrica "fontes da sexualidade infantil", fenômenos muito diferentes, mas que acabam por se reclassificar em dois grupos: excitação de zonas erógenas por diversos estímulos e "fontes indiretas", tais como a "excitação mecânica", a "atividade muscular", os "processos afetivos", o "trabalho intelectual" (1*a*). Esse segundo tipo de fontes não está na origem de uma pulsão parcial determinada, mas contribui para aumentar a "excitação sexual" entendida de um modo geral.

Na medida em que Freud apresenta, nesse capítulo, uma enumeração exaustiva dos fatores externos e internos que desencadeiam a excitação sexual, a ideia de que a pulsão corresponde a uma tensão de origem interna parece apagar-se. Esta última ideia estava presente desde o *Projeto para uma psicologia científica* (*Entwurf einer Psychologie*, 1895) (2). É o afluxo das excitações endógenas (*endogene Reize*) que submete o organismo a uma tensão a que não pode escapar, como escapa, fugindo, às excitações externas.

Em *Pulsões e destinos das pulsões* (*Triebe und Triebschicksale*, 1915), Freud faz uma análise mais metódica dos diversos aspectos da pulsão parcial: fonte e pressão, meta e objeto. Essa distinção é válida para todas as pulsões, mas aplicada mais especialmente às pulsões sexuais.

Nesse texto, a fonte tomou um sentido definido que vai ao encontro dos pontos de vista do primeiro escrito metapsicológico de 1895. É a fonte interior ao organismo, a "fonte orgânica" (*Organquelle*), "fonte somática" (*somatische Quelle*) (3*a*). O termo "fonte" designa, então, por vezes, o próprio órgão-sede da excitação. Mas, de forma mais exata, Freud reserva esse termo para o processo orgânico, físico-químico, que está na origem dessa excitação. A fonte é, pois, o momento somático não psíquico "[...] cuja excitação [*Reiz*] é representada na vida psíquica pela pulsão" (3*b*). Esse processo somático é inacessível à psicologia, e a maior parte das vezes desconhecido, mas seria específico de cada pulsão parcial* e determinante para a sua meta* própria.

Freud pretende atribuir a cada pulsão uma fonte determinada. Além das zonas erógenas*, que são as fontes de pulsões bem definidas, a musculatura seria a fonte da pulsão de dominação*, e a vista a fonte da "pulsão de ver" (*Schautrieb*) (3c).

★

Nessa evolução, a noção de fonte foi-se definindo até se tornar unívoca. As pulsões sexuais veem a sua especificidade levada em última análise à especificidade de um processo orgânico. Numa sistematização coerente, haveria ainda que designar para cada pulsão de autoconservação uma fonte distinta. Podemos perguntar se essa fixação da terminologia não terá ao mesmo tempo decidido de forma unilateral o problema teórico da origem das pulsões sexuais. É assim que, em *Três ensaios*, a enumeração das "fontes da sexualidade infantil" conduzia à noção de que a pulsão sexual surge como efeito paralelo, como produto marginal (*Nebenwirkung, Nebenprodukt*) (1b) de diversas atividades não sexuais. É o caso das chamadas fontes "indiretas", mas é igualmente o caso do funcionamento das zonas erógenas (com exceção da zona genital), em que a pulsão sexual se apoia (*ver:* apoio) em um funcionamento ligado à autoconservação. A característica comum a todas essas "fontes" é, portanto, a de não engendrarem a pulsão sexual como seu produto natural e específico, como um órgão segrega o seu produto, mas como efeito por acréscimo de uma função vital. É o conjunto de uma função vital desse tipo (que, por sua vez, também pode compreender uma fonte, uma pressão, uma meta e um objeto) que seria a origem, a "fonte", em sentido amplo, da pulsão sexual.

A libido está especificada em oral, anal etc. pelo modo de relação que determinada atividade vital lhe fornece (amar, na fase oral, por exemplo, se constituiria sob o modo comer – ser comido).

(1) Freud (S.). – *a*) gw, v, 101-7; se, vii, 201-6; Fr., 99-107. – *b*) *Cf.* gw, v, 106, 134; se, vii, 204, 233; Fr., 105, 148.
(2) *Cf.* Freud (S.), Al., 402; Ing., 379; Fr., 336.
(3) Freud (S.). – *a*) gw, x, 216, 225; se, xiv, 123, 132; Fr., 36, 53. – *b*) gw, x, 215; se, xiv, 123; Fr., 35-6. – *c*) gw, x, 225; se, xiv, 132; Fr., 53.

FORCLUSÃO

= *D.*: Verwerfung. – *F.*: forclusion. – *En.*: repudiation *ou* foreclosure. – *Es.*: repudio. – *I.*: reiezione.

• *Termo introduzido por Jacques Lacan. Mecanismo específico que estaria na origem do fato psicótico; consistiria numa rejeição pri-*

mordial de um "significante" fundamental (por exemplo, o falo enquanto significante do complexo de castração) para fora do universo simbólico * do sujeito. A forclusão distinguir-se-ia do recalque em dois sentidos:

1) Os significantes forcluídos não são integrados no inconsciente do sujeito;

2) Não retornam "do interior", mas no seio do real, especialmente no fenômeno alucinatório.

■ J. Lacan invoca a utilização que Freud faz por vezes do termo *Verwerfung* em relação com a psicose, e propõe como equivalente francês o termo *forclusion*.

A filiação freudiana invocada nesse ponto por J. Lacan exige duas séries de observações acerca da terminologia e da concepção freudiana da defesa psicótica.

I – Uma *pesquisa terminológica* no conjunto dos textos freudianos permite chegar às seguintes conclusões:

1) O termo *Verwerfung* (ou o verbo *verwerfen*) é usado por Freud em acepções bastante variadas, que podemos reduzir esquematicamente a *três*:

a) No sentido bastante frouxo de uma recusa que se pode operar, por exemplo, na forma do recalque (1);

b) No sentido de uma rejeição sob a forma do juízo consciente de condenação. Encontramos antes nesta acepção a palavra composta *Urteils-verwerfung*, que o próprio Freud indica ser sinônima de *Verurteilung* (juízo de condenação*);

c) O sentido salientado por J. Lacan encontra-se melhor confirmado em outros textos. Assim, em *As psiconeuroses de defesa* (*Die Abwehr-Neuropsychosen*, 1894), Freud escreve a propósito da psicose: "Existe uma espécie de defesa muito mais enérgica e muito mais eficaz que consiste no fato de que o ego rejeita [*verwirft*] a representação insuportável e ao mesmo tempo o seu afeto, e se conduz como se a representação nunca tivesse chegado ao ego" (2*a*).

O texto em que Lacan preferiu apoiar-se para promover a noção de *forclusion* é o de *O homem dos lobos*, em que as palavras *verwerfen* e *Verwerfung* surgem por diversas vezes. A passagem mais demonstrativa é, sem dúvida, aquela em que Freud evoca a coexistência no sujeito de diversas atitudes para com a castração: "[...] a terceira corrente, a mais antiga e a mais profunda, que tinha rejeitado pura e simplesmente [*verworfenhatte*] a castração e na qual não havia ainda julgamento sobre a realidade desta, essa corrente era certamente ainda reativável. Referi em outro texto uma alucinação que este paciente tinha tido com a idade de cinco anos [...]" (3*a*).

2) Encontramos em Freud outros termos além de *Verwerfung* num sentido que parece autorizar, segundo o contexto, uma aproximação com o conceito de forclusão:

Ablehnen (afastar, declinar) (5*b*);

FORCLUSÃO

Aufheben (suprimir, abolir) (4*a*);
Verleugnen (renegar, recusar).
Em conclusão, podemos verificar, limitando-nos ao ponto de vista terminológico, que nem sempre o uso do termo *Verwerfung* abrange a ideia expressa por *forclusão* e que, inversamente, outras formas freudianas designam o que Lacan procura evidenciar.

II – Além dessa simples pesquisa terminológica, poderíamos mostrar que a introdução por Lacan do termo *forclusão* se situa no prolongamento de uma *exigência constante em Freud*: a de definir um mecanismo de defesa específico da psicose. Nesse caso, as opções terminológicas de Freud podem ser por vezes enganadoras, particularmente quando fala de "recalque" a propósito da psicose. O próprio Freud mostrou essa ambiguidade: "[...] pode-se duvidar de que o processo chamado recalque tenha nas psicoses algo de comum com o recalque nas neuroses de transferência" (5).

1) Poderíamos encontrar ao longo de toda a obra de Freud essa linha de pensamento acerca da psicose. Nos primeiros textos freudianos, ela é demonstrada particularmente pela discussão do mecanismo da projeção, esta concebida no psicótico como uma verdadeira rejeição que ocorre de imediato para o exterior, e não como um retorno secundário do recalcado inconsciente. Ulteriormente, quando Freud tender a reinterpretar a projeção como um simples momento secundário do recalque neurótico, ver-se-á obrigado a admitir que a projeção – *tomada neste sentido* – já não é o fator propulsor essencial da psicose: "Não era exato dizer que a sensação reprimida [*unterdrückt*] no interior era projetada para o exterior; reconhecemos antes que o que foi abolido [*das Aufgehobene*] no interior volta do exterior" (4*b*) (*ver*: projeção).

As expressões "desinvestimento da realidade" (4*c*) e "perda da realidade" (6) devem ser igualmente compreendidas como designando este mecanismo *primário* de separação e de rejeição para o exterior da "percepção" insuportável.

Freud irá centrar, nos seus últimos trabalhos, sua reflexão em torno da noção de *Verleugnung* ou "recusa da realidade" (*ver este termo*). Embora o estude principalmente no caso de fetichismo, indica explicitamente que esse mecanismo cria um parentesco entre esta perversão e a psicose (7, 8*a*). A recusa oposta pela criança, pelo fetichista, pelo psicótico a essa "realidade" que seria a ausência de pênis na mulher é concebida como uma recusa em admitir a própria "percepção" e *a fortiori* em tirar a sua consequência, quer dizer, a "teoria sexual infantil" da castração. Freud contrapõe, em 1938, dois modos de defesa: "repelir uma exigência pulsional do mundo interior" e "recusar um fragmento do mundo exterior real" (8*b*). Em 1894, ele já descrevia a defesa psicótica em termos quase idênticos: "O ego arranca-se à representação insuportável, mas esta está indissoluvelmente ligada a um fragmento da realidade e, realizando esta ação, o ego desligou-se também total ou parcialmente da realidade" (2*b*).

2) Como conceber, em última análise, essa espécie de "recalque" no mundo exterior, simétrico do recalque neurótico? A maior parte das vezes

é em termos econômicos que Freud o descreve: desinvestimento do que foi percebido, retirada narcísica da libido, talvez acompanhada de uma retirada do "interesse"* não libidinal. Em outras ocasiões, Freud parece chegar àquilo a que se poderia chamar uma retirada de significação, uma recusa em atribuir um sentido ao que foi percebido. Aliás, essas duas concepções não se excluem no espírito de Freud: a retirada de investimento (*Besetzung*) é também uma retirada de significação (*Bedeutung*) (9).

III – A noção de forclusão vem prolongar a linha de pensamento freudiana, no quadro da teoria do "simbólico"* de J. Lacan. Esse autor apoia-se particularmente em textos de *O homem dos lobos*, em que Freud mostra como os elementos percebidos quando da cena primitiva só receberão "*a posteriori*"* o seu sentido e a sua interpretação. No momento da primeira experiência traumática – com um ano e meio –, o sujeito era incapaz de elaborar, sob a forma de uma teoria da castração, esse dado bruto que seria a ausência de pênis na mãe. "Rejeita [*verwarf*] [a castração] e permanece no ponto de vista do coito pelo ânus [...]. Nisto, não foi propriamente emitido qualquer julgamento sobre a existência da castração, mas tudo se passou como se ela não tivesse existido" (3c).

Nos diversos textos de Freud existe uma ambiguidade indubitável quanto ao que é rejeitado (*verworfen*) ou recusado (*verleugnet*) quando a criança não aceita a castração. Será a própria castração (3d)? Nesse caso, seria uma verdadeira teoria interpretativa dos fatos que seria rejeitada, e não uma simples percepção. Tratar-se-á da "falta de pênis" na mulher? Mas então é difícil falar de uma "percepção" que seria recusada, porque uma *ausência* só é um fato perceptivo na medida em que é relacionada com uma *presença* possível.

A interpretação de Lacan permitiria encontrar uma solução para as dificuldades que acabamos de evidenciar. Apoiando-se no texto de Freud sobre *A negação* (*Die Verneinung*, 1925), ele define a forclusão na sua relação com um "processo primário" (10) que compreende duas operações complementares: "a *Einbeziehung ins Ich*, a introdução no sujeito, e a *Ausstossung aus dem Ich*, a expulsão para fora do sujeito". A primeira dessas operações é aquilo a que Lacan chama também "simbolização", ou *Bejahung* (posição, afirmação) "primária". A segunda "[...] constitui o real na medida em que ele é o domínio que subsiste fora da simbolização". A forclusão consiste então em não simbolizar o que deveria sê-lo (a castração): é uma "abolição simbólica". Por isso, a fórmula que Lacan (traduzindo para a sua linguagem a passagem de Freud que acima lembramos: "[...] não era exato dizer [...]") apresenta da alucinação: "[...] o que foi forcluído do simbólico reaparece no real".

J. Lacan desenvolveu posteriormente a noção de forclusão, no quadro de concepções linguísticas, no seu artigo *D'une question préliminaire à tout traitement possible de la psychose* (*de uma questão preliminar a qualquer tratamento possível da psicose*) (11).

(1) *Cf.* por exemplo: FREUD (S.), *Drei Abhandlungen zur Sexualtheorie*, 1905. GW, V, 128; SE, VII, 227; Fr., 137.
(2) FREUD (S.). – *a*) GW, I, 72; SE, III, 58. – *b*) GW, I, 73; SE, III, 59.
(3) FREUD (S.), *Aus der Geschichte einer infantilen Neurose*, 1918. – *a*) GW, XII, 117; SE, XVII, 85; Fr., 389. – *b*) *Cf.* GW, XII, 49; SE, XVII, 25; Fr., 339. – *c*) GW, XII, 117; SE, XVII, 85; Fr., 389. – *d*) *Cf.* GW, XII, 117; SE, XVII, 85; Fr., 389.
(4) FREUD (S.), *Psychoanalytische Bemerkungen über einen autobiographisch beschriebenen Fall von Paranoia*, 1911. – *a*) *Cf.* GW, VIII, 308; SE, XII, 71; Fr., 315. – *b*) GW, VIII, 308; SE, XII, 71; Fr., 315. – *c*) GW, VIII, 307; SE, XII, 70; Fr., 314.
(5) FREUD (S.), *Das Unbewusste*, 1915. GW, X, 31; SE, XIV, 203; Fr., 159.
(6) *Cf.* FREUD (S.), *Der Realitätsverlust bei Neurose und Psychose*, 1924. GW, XIII, 363-8; SE, XIX, 183-7.
(7) *Cf.* por exemplo: FREUD (S.), *Fetischismus*, 1927. GW, XIV, 310-17; SE, XXI, 152-7.
(8) FREUD (S.), *Abriss der Psychoanalyse*, 1938. – *a*) *Cf.* GW, XVII, 132 ss.; SE, XXIII, 201 ss.; Fr., 77 ss. – *b*) GW, XVII, 135; SE, XXIII, 204; Fr., 80-1.
(9) FREUD (S.), *Neurose und Psychose*, 1924. GW, XIII, 389; SE, XIX, 150-1.
(10) LACAN (J.), Réponse au commentaire de Jean Hyppolite sur la "Verneinung" de Freud, in *La psychanalyse*, PUF, Paris, I, 46.
(11) LACAN (J.), in *La psychanalyse*, PUF, Paris, IV, 1-50.

FORMAÇÃO DE COMPROMISSO

= *D.*: Kompromissbildung. – *F.*: formation de compromis. – *En.*: compromise-formation. – *Es.*: transacción *ou* formación transaccional. – *I.*: formazione di compromisso.

• *Forma que o recalcado assume para ser admitido no consciente, retornando no sintoma, no sonho e, mais geralmente, em qualquer produção do inconsciente. As representações recalcadas são então deformadas pela defesa ao ponto de serem irreconhecíveis. Na mesma formação podem assim ser satisfeitos – num mesmo compromisso – simultaneamente o desejo inconsciente e as exigências defensivas.*

■ É a partir do estudo do mecanismo da neurose obsessiva que Freud ressalta a ideia de que os sintomas têm em si mesmos a marca do conflito defensivo de que resultam. Em *Novas observações sobre as psiconeuroses de defesa* (*Weitere Bemerkungen über die Abwehr-Neuropsychosen*, 1896), indica que o retorno da recordação recalcada se faz de maneira deformada nas representações obsedantes; elas constituem "[...] formações de *compromisso* entre as representações recalcadas e recalcantes" (1).

Essa ideia de compromisso é rapidamente estendida a todos os sintomas, ao sonho, ao conjunto das produções do inconsciente. Vamos encontrá-la desenvolvida no capítulo XXIII de *Conferências introdutórias sobre psicanálise* (*Vorlesungen zur Einführung in die Psychoanalyse*, 1916-17). Freud sublinha que os sintomas neuróticos "são resultado de um conflito [...]. As duas forças que se separaram encontram-se de novo no sintoma e reconciliam-se, por assim dizer, pelo compromisso que a formação de sintomas representa. Eis o que explica a capacidade de resistência do sintoma: é sustentado de dois lados" (2*a*).

Toda manifestação sintomática é um compromisso? O valor de tal ideia não se pode contestar. Mas encontram-se casos clínicos em que, quer a defesa, quer o desejo, manifestam-se de forma predominante, a tal ponto que, pelo menos em primeira análise, parece tratar-se então de defesas que de nenhum modo são contaminadas por aquilo contra o que operam e, inversamente, de um retorno do recalcado em que o desejo se exprimiria sem compromisso. Tais casos constituiriam os extremos de uma gradação no compromisso que se deve compreender como uma série complementar*: "[…] os sintomas têm por objetivo ou uma satisfação sexual, ou uma defesa contra ela, e, no seu conjunto, o caráter positivo de realização de desejo predomina na histeria, e o caráter negativo, ascético, na neurose obsessiva" (2*b*).

(1) FREUD (S.), GW, I, 387; SE, III, 170.
(2) FREUD (S.). – *a*) GW, XI, 373; SE, XV-XVI, 358-9; Fr., 386. – *b*) GW, XI, 311; SE, XV-XVI, 301; Fr., 324-5.

FORMAÇÃO DE SINTOMA

= *D.*: Symptombildung. – *F.*: formation de symptome. – *En.*: symptom-formation. – *Es.*: formación de sintoma. – *I.*: formazione di sintoma.

• *Expressão utilizada para designar o fato de o sintoma psiconeurótico ser resultado de um processo especial, de uma elaboração psíquica.*

▪ Essa expressão, que encontramos ao longo de toda a obra de Freud, indica que a formação dos sintomas psiconeuróticos deve ser considerada como um momento específico da gênese da neurose. Freud parece ter hesitado inicialmente em considerá-lo um momento essencialmente distinto da defesa, mas acabou assimilando a formação de sintoma ao retorno do recalcado e fazendo deste um processo distinto, pois os fatores que conferem ao sintoma a sua forma específica são relativamente independentes dos fatores que atuam no conflito defensivo: "[…] será que o mecanismo da formação de sintoma coincide com o do recalque? É mais provável que sejam muito diferentes e que não seja o próprio recalque que produz formações substitutivas e sintomas, mas antes que estes sejam indícios de um *retorno do recalcado* e devam a sua existência a processos inteiramente diferentes" (1) (*ver*: retorno do recalcado; escolha da neurose).

Em sentido amplo, a formação de sintoma engloba não apenas o retorno do recalcado sob a forma de "formações substitutivas"* ou de "formações de compromisso"*, mas ainda as "formações reativas"* (2).

Note-se, a propósito dessas diversas designações, que a palavra alemã *Bildung* (formação) designa, no seu emprego freudiano, quer o processo, quer o seu resultado.

(1) FREUD (S.), *Die Verdrängung*, 1915. GW, X, 256-7; SE, XIV, 154; Fr., 82-3.
(2) *Cf.* por exemplo: FREUD (S.), *On Psycho-Analysis*, 1911. SE, XII, 208.

FORMAÇÃO REATIVA

= *D.*: Reaktionsbildung. – *F.*: formation réactionnelle. – *En.*: reaction-formation. – *Es.*: formación reactiva. – *I.*: formazione reattiva.

● *Atitude ou hábito psicológico de sentido oposto a um desejo recalcado e constituído em reação contra ele (o pudor opondo-se a tendências exibicionistas, por exemplo).*
Em termos econômicos, a formação reativa é um contrainvestimento de um elemento consciente, de força igual e de direção oposta ao investimento inconsciente.
As formações reativas podem ser muito localizadas e se manifestar por um comportamento peculiar, ou generalizadas até o ponto de constituírem traços de caráter mais ou menos integrados no conjunto da personalidade.
*Do ponto de vista clínico, as formações reativas assumem um valor sintomático no que oferecem de rígido, de forçado, de compulsivo, pelos seus fracassos acidentais, pelo fato de levarem, às vezes diretamente, a um resultado oposto ao que é conscientemente visado (***summum jus summa injuria***).*

■ Desde as primeiras descrições da neurose obsessiva, Freud põe em evidência um mecanismo psíquico especial, que se traduz em lutar diretamente contra a representação penosa substituindo-a por um "sintoma primário de defesa" ou "contrassintoma", que consiste em traços da personalidade – escrúpulo, pudor, falta de confiança em si próprio – que estão em contradição com a atividade sexual infantil a que o sujeito se tinha inicialmente entregado durante um primeiro período chamado de "imoralidade infantil". Trata-se então de uma "defesa bem-sucedida", na medida em que os elementos que atuam no conflito, tanto a representação sexual como a "recriminação" por ela suscitada, são globalmente excluídos da consciência, em proveito de virtudes morais levadas ao extremo (1).
Depois a psicanálise não cessará de confirmar, no quadro clínico da neurose obsessiva, a importância dessas defesas cuja denominação, "reativas", vem sublinhar o fato de se oporem diretamente à realização do desejo, tanto pelo seu significado como do ponto de vista econômico-dinâmico.
Na neurose obsessiva, as formações reativas tomam a forma de traços de caráter, de alterações do ego* que constituem dispositivos de defesa em que a singularidade das representações e das fantasias implicadas no conflito desaparece: assim, determinado sujeito dará provas, *de um modo geral*, de piedade para com os seres vivos, enquanto a sua agressividade inconsciente visa a determinadas pessoas em particular. A formação reativa cons-

titui um contrainvestimento permanente. "O sujeito que elaborou formações reativas não desenvolve certos mecanismos de defesa para empregar diante da ameaça de um perigo pulsional; mudou a estrutura da sua personalidade como se esse perigo estivesse sempre presente, para estar pronto em qualquer momento em que surgir" (2). As formações reativas são especialmente patentes no "caráter anal" (*ver*: neurose de caráter).

O mecanismo da formação reativa não é específico da estrutura obsessiva. Podemos encontrá-lo particularmente na histeria, mas "[...] é preciso acentuar que, diferentemente do que acontece na neurose obsessiva, essas formações reativas não apresentam [então] a generalidade de traços de caráter, antes limitam-se a relações inteiramente eletivas. Por exemplo, a mulher histérica que trata com ternura excessiva os filhos, que no fundo odeia, nem por isso se torna mais afetiva do que outras mulheres, nem sequer mais terna para outras crianças" (3*a*).

★

O próprio termo *formação* reativa convida a uma aproximação com outros modos de formação de sintoma*: formação substitutiva* e formação de compromisso*. Teoricamente, é fácil estabelecer a distinção; enquanto na formação de compromisso podemos sempre encontrar a satisfação do desejo recalcado conjugada com a ação de defesa (numa obsessão, por exemplo), na formação reativa só apareceria, e de maneira particularmente manifesta, a oposição à pulsão (atitude de extrema limpeza mascarando completamente o funcionamento do erotismo anal, por exemplo). Mas estes são sobretudo *modelos* de mecanismo. Na realidade, numa dada formação reativa, podemos descobrir a ação da pulsão contra a qual o sujeito se defende; por um lado, esta irrompe bruscamente, quer em certos momentos, quer em certos setores da atividade do sujeito, e são precisamente esses fracassos flagrantes, contrastando com a rigidez da atitude exibida pelo sujeito, que permitem conferir a determinado traço da personalidade o seu valor sintomático; por outro lado, no próprio exercício da virtude que ostenta, o sujeito, levando os seus atos até as últimas consequências, não deixa de satisfazer a pulsão antagônica que acaba por infiltrar-se em todo o sistema defensivo. A dona de casa dominada pela ideia de limpeza não estará centrando a sua existência no pó e na sujeira? O jurista que leva ao extremo, e a propósito de detalhes insignificantes, a sua preocupação de equidade pode mostrar-se por isso mesmo sistematicamente indiferente aos problemas reais que lhe são colocados pela defesa daqueles que recorrem a ele, e satisfazer assim, sob a máscara da virtude, as suas tendências sádicas [...]

Indo mais longe, podemos insistir ainda mais na relação entre a pulsão e a formação reativa, e ver nesta uma expressão quase direta do conflito entre duas moções pulsionais opostas, conflito radicalmente ambivalente: "[...] uma das duas moções que se enfrentam, via de regra a moção terna, acha-se enormemente reforçada, enquanto a outra desaparece" (3*b*). A formação reativa poderia ser então definida como uma utilização pelo ego da oposição inerente à ambivalência* pulsional.

É possível estender a noção para além do domínio francamente patológico? Freud, ao introduzir o termo em *Três ensaios sobre a teoria da sexualidade* (*Drei Abhandlungen zur Sexualtheorie*, 1905), refere-se ao papel desempenhado pelas formações reativas no desenvolvimento de qualquer indivíduo humano, na medida em que elas se edificam no decorrer do período de latência: "[...] as excitações sexuais despertam contraforças (moções reativas) que, para reprimir eficazmente esse desprazer [resultante da atividade sexual], estabelecem diques psíquicos [...]: repugnância, pudor, moralidade" (4*a*). Assim, Freud acentuou o papel desempenhado pela formação reativa, ao lado da sublimação, na edificação dos caracteres e das virtudes humanas (4*b*). Quando mais tarde vier a ser introduzida a noção de superego*, uma parte importante, na sua gênese, será atribuída ao mecanismo de formação reativa (5).

(1) FREUD (S.). *Weitere Bemerkungen über die Abwehr-Neuropsychosen*, 1896. GW, I, 386-7; SE, III, 169-70. – *Cf.* também *Aus den Anfängen der Psychoanalyse*, 1887-1902. Al., 159-60; Ing., 148-50; Fr., 132-3.
(2) FENICHEL (O.), *The Psychoanalytic Theory of Neurosis*, Norton, Nova York, 1945. Ing., 151; Fr., PUF, 1953, 187.
(3) FREUD (S.), *Hemmung, Symptom und Angst*, 1926. – *a*) GW, XIV, 190; SE, XX, 158; Fr., 86. – *b*) GW, XIV, 130; SE, XX, 102; Fr., 20.
(4) FREUD (S.). – *a*) GW, V, 79; SE, VII, 178; Fr., 71. – *b*) *Cf.* GW, V, 140-1; SE, VII, 238-9; Fr., 156-7.
(5) *Cf.* FREUD (S.), *Das Ich und das Es*, 1923. *Cf.* GW, XIII, 262-3; SE, XIX, 34-5; Fr., 189-90.

FORMAÇÃO SUBSTITUTIVA

= *D.*: Ersatzbildung. – *F.*: formation substitutive. – *En.*: substitutive formation. – *Es.*: formación sustituta. – *I.*: formazione sostitutiva.

• *Designa os sintomas ou formações equivalentes, como os atos falhos, os chistes etc., enquanto substituem os conteúdos inconscientes.*

Essa substituição deve ser tomada numa dupla acepção: **econômica**, *uma vez que o sintoma acarreta uma satisfação de substituição do desejo inconsciente;* **simbólica**, *uma vez que o conteúdo inconsciente é substituído por outro segundo determinadas linhas associativas.*

▪ Quando Freud, em *Inibição, sintoma e angústia* (*Hemmung, Symptom und Angst*, 1926), retoma no seu conjunto a questão da formação dos sintomas neuróticos, assimila-os a formações substitutivas "[...] postas no lugar do processo pulsional que sofreu a ação [da defesa]" (1). Essa ideia é muito antiga sua; é encontrada desde os seus primeiros escritos, também expressa pelo termo *Surrogat* (sucedâneo), por exemplo em *As psiconeuroses de defesa* (*Die Abwehr-Neuropsychosen*, 1894) (2).

Em que consiste a substituição? Podemos antes de mais nada entendê-la, no quadro da teoria econômica da libido, como substituição de uma satisfação ligada a uma redução das tensões por outra. Mas essa substituição não pode ser compreendida num registro puramente quantitativo; com efeito, a psicanálise mostra que existem ligações associativas entre o sintoma e aquilo que ele substitui: *Ersatz* toma então o sentido de substituição simbólica, produto do deslocamento e da condensação que determinam o sintoma na sua singularidade.

A expressão "formação substitutiva" deve ser relacionada com formação de compromisso* e formação reativa*. Qualquer sintoma, enquanto produto do conflito defensivo, é formação de compromisso. Na medida em que é principalmente o desejo que procura encontrar nisso satisfação, o sintoma aparece sobretudo como formação substitutiva; inversamente, nas formações reativas é o processo defensivo que predomina.

(1) FREUD (S.), GW, XVI, 176; SE, XX, 145; Fr., 70.
(2) *Cf.* FREUD (S.), GW, I, 68; SE, III, 54.

FRUSTRAÇÃO

= *D*.: Versagung. – *F*.: frustration *ou* refusement. – *En*.: frustration. – *Es*.: frustración. – *I*.: frustrazione.

• ***Condição do sujeito a quem é recusada ou que recusa a si mesmo a satisfação de uma exigência pulsional.***

■ O uso do conceito de frustração na literatura de língua inglesa, reforçado pela moda, faz que o termo alemão *Versagung* seja a maioria das vezes traduzido por frustração. Essa tradução exige certos reparos:

1) A psicologia contemporânea, especialmente nos estudos sobre a aprendizagem, tende a emparelhar frustração e gratificação, e a defini-las como condição de um organismo submetido, respectivamente, à ausência ou à presença de um estímulo agradável. Tal concepção pode aproximar-se de certas ideias de Freud, particularmente daquelas em que ele parece assimilar a frustração à ausência de um objeto externo suscetível de satisfazer a pulsão. Nesse sentido, ele opõe, em *Formulações sobre os dois princípios do funcionamento mental* (*Formulierungen über die zwei Prinzipien des psychischen Geschehens*, 1911), as pulsões de autoconservação, que exigem um objeto exterior, e as pulsões sexuais, que podem satisfazer-se durante muito tempo de forma autoerótica e de modo fantasístico: só as primeiras poderiam ser frustradas (1).

2) Mas, a maior parte das vezes, o termo freudiano *Versagung* tem outras implicações: não designa apenas um dado de fato, mas uma relação que implica uma recusa (como indica a raiz *sagen*, que significa *dizer*) por parte do agente e uma exigência mais ou menos formulada em demanda por parte do sujeito.

3) O termo "frustração" parece significar que o sujeito é frustrado passivamente, enquanto *Versagung* não designa de modo nenhum *quem* recusa. Em certos casos o sentido reflexo de *recusar-se a* (sair do jogo) parece ser o que predomina.

Essas reservas (α) parecem-nos abonadas por diversos textos que Freud dedicou ao conceito de *Versagung*. Em *Os tipos de desencadeamento da neurose* (*Über neurotische Erkrankungstypen*, 1912), Freud fala de *Versagung* para exprimir qualquer obstáculo – externo ou interno – à satisfação libidinal. Distinguindo entre o caso em que a neurose é precipitada por uma falta na realidade (perda de um objeto de amor, por exemplo) e aquele em que o sujeito, em consequência de conflitos internos ou de uma fixação, recusa a si mesmo as satisfações que a realidade lhe oferece, ele vê na *Versagung* o conceito capaz de englobá-los. Aproximando os diversos modos da formação da neurose, tiraríamos portanto a ideia de que é uma *relação* que é modificada, um certo equilíbrio que era simultaneamente função das circunstâncias exteriores e das particularidades próprias da pessoa.

Em *Conferências introdutórias sobre psicanálise* (*Vorlesungen zur Einführung in die Psychoanalyse*, 1916-17), Freud enfatiza que uma privação externa não é, em si mesma, patogênica, e só se torna patogênica na medida em que incide sobre "a única satisfação que o sujeito exige" (2).

O paradoxo dos "sujeitos que adoecem justamente no momento em que obtêm o êxito" (3) põe em evidência o papel predominante da "frustração interna"; assim é dado mais um passo: é a satisfação efetiva do seu desejo que o sujeito recusa a si mesmo.

Ressalta desses textos que, na frustração, segundo Freud, o que está em jogo é menos a falta de um objeto real do que a resposta a uma exigência que implica um determinado modo de satisfação ou que não pode receber satisfação de nenhuma maneira.

De um ponto de vista técnico, a ideia de que a neurose encontra a sua condição na *Versagung* serve de base à regra de abstinência*; convém recusar ao paciente as satisfações substitutivas que poderiam apaziguar a sua exigência libidinal: o analista deve manter a frustração (4).

▲ (α) Perante a generalidade do uso e a dificuldade de encontrar um equivalente válido para todos os casos sem necessidade de nos reportarmos ao contexto, conservamos o vocábulo *frustração* para traduzir *Versagung*.

(1) *Cf.* FREUD (S.), GW, VIII, 234-5; SE, XII, 222-3.
(2) FREUD (S.), GW, XI, 357; SE, XVI, 345; Fr., 371.
(3) FREUD (S.), *Einige Charaktertypen aus der psychoanalytischen Arbeit*, 1916. GW, X, 364-91; SE, XIV, 311-33; Fr., 105-36.
(4) *Cf.* FREUD (S.), *Wege der psychoanalytischen Therapie*, 1918-19. GW, XII, 183-94; SE, XVII, 159-68; Fr., 131-41.

FUGA PARA A DOENÇA ou REFÚGIO NA DOENÇA

= *D.*: Flucht in die Krankheit. – *F.*: fuite dans la maladie. – *En.*: flight into illness. – *Es.*: huída en la enfermedad. – *I.*: fuga nella malattia.

● *Expressão figurada que designa o fato de o sujeito procurar na neurose um meio de escapar aos seus conflitos psíquicos.*
    Essa expressão foi favorecida com a difusão da psicanálise; estende-se hoje não apenas ao domínio das neuroses, mas ainda ao das doenças orgânicas em que pode ser posta em evidência uma componente psicológica.

■ A princípio encontram-se em Freud expressões como "fuga para a psicose" (1) ou "fuga para a doença neurótica" (2), e depois "fuga para a doença" (3 e 4).
    A noção dinâmica de "fuga para a doença" exprime a mesma ideia da noção econômica de benefício da doença. Terão essas noções a mesma extensão? Quanto a isso, é difícil resolver, tanto mais que a distinção no benefício da doença entre uma parte primária e uma parte secundária também não é fácil estabelecer (*ver*: benefício primário e secundário da doença). Parece que Freud situa a fuga para a doença ao lado do benefício primário; mas acontece de a expressão ser usada num sentido mais amplo. Seja como for, ela ilustra o fato de que o sujeito procura evitar uma situação conflitual geradora de tensões e encontrar, pela formação de sintomas, uma redução delas.

(1) FREUD (S.), *Die Abwehr-Neuropsychosen*, 1894, GW, I, 75; SE, III, 59.
(2) FREUD (S.), *Die kulturelle Sexualmoral und die moderne Nervosität*, 1908. GW, VII, 155; SE, IX, 192.
(3) FREUD (S.), *Allgemeines über den hysterischen Anfall*, 1909. GW, VII, 237; SE, IX, 231.
(4) FREUD (S.), *Bruchstück einer Hysterie-Analyse*, 1905. GW, V, 202, n. 1 acrescentada em 1923; SE, VII, n. 43; Fr., 30, n.

FUSÃO – DESFUSÃO ou UNIÃO – DESUNIÃO (DAS PULSÕES)

= *D.*: Triebmischung – Triebentmischung. – *F.*: union – désunion des pulsions. – *En.*: fusion – defusion of instincts. – *Es.*: fusión – defusión de los instintos *ou* instintiva. – *I.*: fusione – defusione delle pulsioni.

● *Termos usados por Freud, no quadro da sua última teoria das pulsões, para descrever as relações das pulsões de vida e das pulsões de morte tal como se traduzem nesta ou naquela manifestação concreta.*
    A fusão das pulsões é uma verdadeira mistura em que cada um dos dois componentes pode entrar em proporções variáveis; a desfusão designa um processo cujo limite redundaria num funciona-

mento separado das duas espécies de pulsões, em que cada uma procuraria atingir o seu objetivo de forma independente.

- É a última teoria das pulsões, com a sua oposição radical entre pulsões de vida* e pulsões de morte*, que impõe a questão: quais são, em determinado comportamento, em determinado sintoma, a parte respectiva e o modo de associação dos dois grandes tipos de pulsões? Qual o seu funcionamento combinado, a sua dialética ao longo das etapas da evolução do sujeito?

Considera-se que tenha sido esse novo dualismo pulsional que induziu Freud a encarar as relações de força entre pulsões antagônicas (α).

Com efeito, nas forças destruidoras é reconhecido agora o mesmo poder que na sexualidade; enfrentam-se no mesmo campo e encontram-se em comportamentos (sadomasoquismo), instâncias (superego) e tipos de relação de objeto que se oferecem à investigação psicanalítica.

Note-se, no entanto, que o problema da fusão das duas grandes pulsões não é abordado por Freud de maneira simétrica quanto aos dois termos em presença. Quando Freud fala de desfusão é para designar, explícita ou implicitamente, o fato de a *agressividade** ter conseguido quebrar todos os laços com a sexualidade*.

★

Como conceber a fusão das duas pulsões? Freud não se mostrou muito preocupado em determiná-lo. Entre as diversas noções que entram na definição da pulsão, são a de objeto* e a de meta* que devem ser sobretudo levadas em conta. A convergência de duas pulsões, isoladas na sua dinâmica, em um mesmo e único objeto não parece poder definir por si só a fusão; com efeito, a ambivalência* que corresponde a essa definição é, para Freud, o exemplo mais impressionante de uma desfusão ou de "uma fusão que não se realizou" (1*a*). Além disso, é necessária uma harmonização das metas, uma espécie de síntese cuja coloração específica cabe à sexualidade: "Pensamos que o sadismo e o masoquismo apresentam dois excelentes exemplos da fusão de duas espécies de pulsões, Eros e agressividade, e formulamos a hipótese de que essa relação é um protótipo, de que todas as moções pulsionais que podemos estudar são fusões ou alianças das duas espécies de pulsões, fusões em que, naturalmente, as proporções são muito variadas. As pulsões eróticas é que introduziriam na fusão a diversidade dos seus objetivos sexuais, ao passo que, quanto às pulsões da outra espécie, não poderia haver nelas mais do que atenuações e graus decrescentes na sua tendência que permanece monótona" (2). Na mesma linha de pensamento, Freud, ao descrever a evolução da sexualidade, mostra como a agressividade intervém nela a serviço da pulsão sexual (3).

Sendo a fusão das pulsões uma mistura, Freud insiste por diversas vezes no fato de que se podem conceber todas as proporções entre Eros e agressividade, e poderia dizer-se que existe uma espécie de série complementar*. "Modificações na proporção das pulsões que estão fundidas podem ter as consequências mais marcantes. Um excedente de agressividade sexual faz de um apaixonado um assassino sádico, e uma forte diminuição do fator agressivo torna-o tímido ou impotente" (4*a*).

Inversamente, poder-se-ia definir a desfusão como o resultado de um processo que forneceria a cada uma das pulsões a autonomia da sua meta. Postulada por Freud nas origens míticas do ser vivo, essa autonomia das duas grandes espécies de pulsões só pode ser apreendida como um estado-limite sobre o qual a experiência clínica não pode fornecer mais do que aproximações, de modo geral concebidas como regressões relativamente a um movimento ideal que integraria cada vez mais a agressividade na função sexual. A ambivalência da neurose obsessiva é, para Freud, um dos melhores exemplos de desfusão das pulsões (1*b*).

In abstracto, poderíamos, pois, conceber a existência de duas séries complementares: uma, *quantitativa*, seria função da proporção de libido e de agressividade fundidas entre si, em cada caso; na outra, variaria o *estado* de fusão ou de desfusão relativa das duas pulsões. Na realidade, trata-se, para Freud, de duas maneiras, pouco coerentes entre si, de exprimir o mesmo pensamento. Com efeito, libido e agressividade não devem ser consideradas como dois ingredientes simétricos. A libido, como sabemos, consiste para ele num fator de ligação (*Bindung*), de fusão; a agressividade, pelo contrário, tende por si mesma a "dissolver as relações" (4*b*). Isso quer dizer que, quanto maior for o predomínio da agressividade, mais a fusão pulsional tenderá a se desintegrar; inversamente, quanto mais a libido prevalecer, mais se realizará a fusão: "[...] a essência de uma regressão da libido, da fase genital à fase sádico-anal, por exemplo, assenta numa desfusão das pulsões, enquanto, inversamente, o progresso da fase anterior para a fase genital definitiva tem como condição uma adjunção de componentes eróticos" (1*c*).

★

Para explicar a ideia segundo a qual as pulsões de morte e as pulsões de vida se combinam umas com as outras, Freud empregou diversos termos: *Verschmelzung*, "fusão" (3*b*); *Legierung*, "liga" (5); *sich kombinieren*, "combinar-se" (4*c*). Mas foi o par *Mischung* (ou *Vermischung*)-*Entmischung* que adotou, e que passou para a terminologia psicanalítica. *Mischung* significa mistura (por exemplo, de dois líquidos, nesta ou naquela proporção); *Entmischung* é separação dos elementos da mistura.

Os equivalentes mais geralmente admitidos em francês, depois da proposta feita pela comissão linguística da Sociedade Psicanalítica de Paris (24 de julho de 1927), foram os de *intrication-désintrication* (intricação-desintricação). Embora esses termos tivessem a vantagem de pôr em evidência a complementaridade dos dois processos inversos, apresentam, contudo, na nossa opinião, diversos inconvenientes:

1. *Intriquer* vem do latim *intricare*, "enredar, embrulhar", que igualmente deriva da palavra grega θρίξ, "cabelo", e sugere uma mistura de

elementos acidentalmente "inextricáveis", mas que, por natureza, continuam distintos;

2. Adapta-se mal à ideia, essencial para a noção freudiana, de uma mistura íntima e que se pode produzir em proporções variáveis;

3. No par "intricação-desintricação", é o primeiro termo que implica a tonalidade desfavorável de um estado de complicação, e "desintricação" sugere, pelo contrário, a ideia de que se conseguiu desembaraçar a meada. *Neste sentido* não seria possível comparar o processo do tratamento analítico a uma desintricação?

Em inglês, é geralmente adotado o par *fusion-defusion*. Transposto para o francês, teria a desvantagem de se prestar a mal-entendidos, dada a polissemia do termo *fusion* (fusão, em física, significa não apenas mistura, mas ainda a passagem do estado sólido ao estado líquido; de modo figurado fala-se de estado fusional etc.) e o caráter pouco evocativo do neologismo *défusion*, desfusão.

Na ausência de um termo simétrico de *mélange*, mistura, decidimo-nos pelo par *union-désunion*.

▲ (α) Note-se que, desde que surgiu em psicanálise a hipótese de uma pulsão de agressão independente, fez-se sentir a necessidade de um conceito que exprimisse a sua aliança com a pulsão sexual; Adler fala de cruzamento pulsional (*Triebverschränkung*) para qualificar o fato de "o mesmo objeto servir simultaneamente para satisfazer várias pulsões" (6).

(1) FREUD (S.), *Das Ich und das Es*, 1923. – *a)* GW, XIII, 270; SE, XIX, 42; Fr., 197-8. – *b) Cf.* GW, XIII, 270; SE, XIX, 42; Fr., 197. – *c)* GW, XIII, 270; SE, XIX, 42; Fr., 197.

(2) FREUD (S.), *Neue Folge der Vorlesungen zur Einführung in die Psychoanalyse*, 1933. GW, XV, 111-2; SE, XXII, 104-5; Fr., 143.

(3) *Cf.* FREUD (S.), *Jenseits des Lustprinzips*, 1920. – *a)* GW, XIII, 57-8; SE, XVIII, 53-4; Fr., 62. – *b) Cf.* GW, XIII, 59; SE, XVIII, 55; Fr., 63.

(4) FREUD (S.), *Abriss der Psychoanalyse*, 1938. – *a)* GW, XVII, 71; SE, XXIII, 149; Fr., 9. – *b)* GW, XVII, 71; SE, XXIII, 148; Fr., 8. – *c) Cf.* GW, XVII, 71; SE, XXIII, 149; Fr., 9.

(5) *Cf.* FREUD (S.), *"Psychoanalyse" und "Libidotheorie"*, 1923. GW, XIII, 233; SE, XVIII, 258-9.

(6) FREUD (S.), *Triebe und Triebschicksale*, 1915. GW, X, 215; SE, XIV, 123; Fr., 35.

G

GENITAL (AMOR –)

= *D*.: genitale Liebe. – *F*.: amour génital. – *En*.: genital love. – *Es*.: amor genital. – *I*.: amore genitale.

• *Expressão muitas vezes usada na linguagem psicanalítica contemporânea para designar a forma de amor que o sujeito alcançaria no aperfeiçoamento do seu desenvolvimento psicossexual, o que supõe não apenas o acesso à fase genital como também a superação do complexo de Édipo.*

▪ Não se encontra nos escritos de Freud a expressão "amor genital". Em compensação, encontra-se neles a ideia de uma forma acabada da sexualidade e até de uma "atitude completamente normal em amor" (1*a*), em que se vêm unir a corrente da sensualidade e a da "ternura" (*Zärtlichkeit*). O exemplo, banal em clínica psicanalítica, do homem que não é capaz de desejar aquela a quem ama (mulher que ele idealiza) nem amar aquela a quem deseja (prostituta) ilustra para Freud a sua disjunção.

A evolução da corrente sensual, descrita em *Três ensaios sobre a teoria da sexualidade* (*Drei Abhandlungen zur Sexualtheorie*, 1905) resulta na fase (ou organização) genital*. Com a puberdade "[...] um novo objetivo sexual é dado e, para realizá-lo, todas as pulsões parciais cooperam, enquanto as zonas erógenas se subordinam ao primado da zona genital [...]. A pulsão sexual põe-se agora a serviço da função de reprodução" (2).

Quanto à ternura, Freud remonta a sua origem à relação mais arcaica da criança com a mãe, à escolha de objeto primária, na qual satisfação sexual e satisfação das necessidades vitais funcionam indissoluvelmente por apoio* (*ver*: ternura).

★

Em um artigo dedicado ao amor genital (3*a*), Balint observa que se fala dele sobretudo em termos negativos, exatamente como da fase pós-ambivalente* de Abraham, que é definida essencialmente pela ausência das características das fases anteriores.

Se quisermos definir positivamente o amor genital, dificilmente escaparemos a formulações normativas e mesmo a uma linguagem francamente moralizante: compreensão e respeito pelo outro, desprendimento, ideal do casamento etc.

A noção de amor genital sugere, do ponto de vista da teoria psicanalítica, um certo número de questões e observações.

1) A satisfação genital – a do sujeito, a do parceiro ou recíproca – não implica de modo algum que haja amor. Inversamente, não suporá o amor um laço que sobrevive à satisfação genital (3*b*)?

2) Uma concepção psicanalítica do amor, embora exclua qualquer referência normativa, não deve desconhecer o que a psicanálise descobriu da gênese do amor:

– quanto à relação de objeto: incorporação, domínio, fusão* com o ódio (4);

– quanto aos modos de satisfação pré-genitais, a que a satisfação genital está indissoluvelmente ligada;

– quanto ao objeto: o "pleno amor de objeto" de que fala Freud não será sempre marcado pelo narcisismo originário, quer se trate do tipo de escolha de objeto por apoio*, quer do tipo de escolha de objeto propriamente narcísica? Recordemos que foi "a vida amorosa do gênero humano" que forneceu a Freud um motivo para introduzir o narcisismo (5).

3) O uso contemporâneo da noção de amor genital é acompanhado muitas vezes da ideia de uma satisfação completa das pulsões, e mesmo da resolução de todos os conflitos (já houve quem escrevesse: "Em suma, a relação genital não tem história") (6). A essa concepção opõe-se incontestavelmente a teoria freudiana da sexualidade; vejam-se, por exemplo, estas linhas: "Devemos contar com a possibilidade de haver na natureza da própria pulsão sexual algo de desfavorável à realização da satisfação completa" (1*b*).

4) De um modo geral, não se confundirão na expressão "amor genital" diversos planos cuja concordância não é segura – o do desenvolvimento libidinal, que deve levar à síntese das pulsões parciais sob o primado dos órgãos genitais; o da relação de objeto, que supõe a consumação do Édipo; e, finalmente, o do encontro singular? É impressionante, aliás, ver os autores que invocam o amor genital não escaparem à seguinte contradição: o objeto de amor é, simultaneamente, concebido como *intercambiável* (pois que o "genital" encontra necessariamente um objeto de amor) e *único* (visto que o "genital" leva em consideração a singularidade do outro).

(1) Freud (S.), *Über die allgemeinste Erniedrigung des Liebeslebens*, 1912. – *a*) gw, viii, 79; se, xi, 180; Fr., 11-12. – *b*) gw, viii, 89; se, xi, 188-9; Fr., 19.

(2) Freud (S.), gw, v, 108-9; se, vii, 207; Fr., 111-12.

(3) *Cf.* Balint (M.), *On Genital Love*, 1947. In: *Primary Love and Psychoanalytic Technique*, Hogarth Press, Londres, 1952. – *a*) Passim. – *b*) Passim.

(4) *Cf.* Freud (S.), *Triebe und Triebschicksale*, 1915. gw, x, 230 ss.; se, xiv, 138 ss.; Fr., 17 ss.

(5) *Cf.* Freud (S.), *Zur Einführung des Narzissmus*, 914. gw, x, 153 ss.; se, xiv, 87 ss.

(6) Bouvet (M.). In *La Psychanalyse d'aujourd'hui*, puf, Paris, 1956, i, 61.

H

HISTERIA

= *D.*: Hysterie. – *F.*: hystérie. – *En.*: hysteria. – *Es.*: histeria ou histerismo. – *I.*: isteria ou isterismo.

• *Classe de neuroses que apresentam quadros clínicos muito variados. As duas formas sintomáticas mais bem identificadas são a* **histeria de conversão**, *em que o conflito psíquico vem simbolizar-se nos sintomas corporais mais diversos, paroxísticos (exemplo: crise emocional com teatralidade) ou mais duradouros (exemplo: anestesias, paralisias histéricas, sensação de "bola" faríngica etc.), e a* **histeria de angústia**, *em que a angústia é fixada de modo mais ou menos estável neste ou naquele objeto exterior (fobias).*

Foi na medida em que Freud descobriu no caso da histeria de conversão traços etiopatogênicos importantes que a psicanálise pôde referir a uma mesma estrutura histérica quadros clínicos variados que se traduzem na organização da personalidade e no modo de existência, mesmo na ausência de sintomas fóbicos e de conversões patentes.

Pretende-se encontrar a especificidade da histeria na predominância de um certo tipo de identificação e de certos mecanismos (particularmente o recalque, muitas vezes manifesto) e no aflorar do conflito edipiano que se desenrola principalmente nos registros libidinais fálico e oral.

■ A noção de uma doença histérica é muito antiga, visto que remonta a Hipócrates. Sua delimitação acompanhou as metamorfoses da história da medicina. Neste ponto, nada mais podemos fazer do que remeter o leitor para a abundante literatura existente sobre a questão (1, 2a).

No fim do século XIX, particularmente sob a influência de Charcot, o problema colocado pela histeria ao pensamento médico e ao método anatômico-clínico reinante estava na ordem do dia. Muito esquematicamente, podemos dizer que a solução era procurada em duas direções: ou, na ausência de qualquer lesão orgânica, referir os sintomas histéricos à sugestão, à autossugestão e mesmo à simulação (linha de pensamento que será retomada e sistematizada por Babinski); ou dar à histeria a dignidade de uma doença como as outras, com sintomas tão definidos e precisos quanto, por exemplo, uma afecção neurológica (trabalhos de Charcot). O caminho seguido por Breuer e Freud (e, em outra perspectiva, por Janet) levou-os a ultrapassar essa oposição. Freud, como Charcot – cujo ensinamento, como sabemos, tanto o marcou –, considera a histeria como uma doença psíquica bem definida, que exige uma etiologia específica. Por outro lado, procurando estabelecer o "mecanismo psíquico", ligou-se a toda uma corrente que considera a histeria uma "doença por representação" (2*b*). Como sabemos, o esclarecimento da etiologia psíquica da histeria é paralelo às descobertas principais da psicanálise (inconsciente, fantasia, conflito defensivo e recalque, identificação, transferência etc.).

Na esteira de Freud, os psicanalistas não cessaram de considerar a neurose histérica e a neurose obsessiva como as duas vertentes principais do campo das neuroses (α), o que não implica que, como estruturas, elas não possam combinar-se neste ou naquele quadro clínico.

Freud relacionou com a estrutura histérica, dando-lhe o nome de histeria de angústia, um tipo de neurose cujos sintomas mais marcantes são as fobias (*ver:* histeria de angústia).

▲ (α) Será necessário admitir como entidade específica uma *psicose* histérica que apresente especialmente alucinações, muitas vezes visuais, vividas de forma dramática? Freud, pelo menos a princípio, fazia disso um quadro à parte (3), e diversos casos de *Estudos sobre a histeria* (*Studien über Hysterie*, 1895) levantam para o leitor esse problema nosográfico.

(1) *Cf.* in: EY (H.), *Encyclopédie médico-chirurgicale: Psychiatrie*, 1955; ROSOLATO (G.), *Introduction à l'étude de l'hystérie*, 37335, A[10]. – ZILBOORG (G.), *A History of Medical Psychology*, Norton, Nova York, 1941.

(2) *Cf.* JANET (P.), *L'état mental des hystériques*, Alcan, Paris, 1894. – *a*) Passim. – *b*) Primeira parte, cap. VI, 40-7.

(3) *Cf.* FREUD (S.), *Aus den Anfängen der Psychoanalyse*, 1887-1902. *Manuscrito H*, Al., 118-24; Ing., 109-15; Fr., 98-102.

HISTERIA DE ANGÚSTIA

= *D.*: Angsthysterie. – *F.*: hysterie d'angoisse. – *En.*: anxiety hysteria. – *Es.*: histeria de angustia. – *I.*: isteria d'angoscia.

• *Termo introduzido por Freud para isolar uma neurose cujo sintoma central é a fobia, e para sublinhar a sua semelhança estrutural com a histeria de conversão.*

■ A expressão "histeria de angústia" foi introduzida na literatura psicanalítica por W. Stekel, em *Os estados de angústia neurótica e o seu tratamento* (*Nervöse Angstzustände und ihre Behandlung*, 1908), por sugestão de Freud (1).

Essa inovação terminológica é assim justificada:

1) Encontram-se sintomas fóbicos em diversas afecções neuróticas e psicóticas. São observados na neurose obsessiva e na esquizofrenia; mesmo na neurose de angústia*, segundo Freud, podem ser encontrados certos sintomas de aspecto fóbico.

Por isso, em *O Pequeno Hans*, Freud acha que não se pode considerar a fobia um "processo patológico independente" (2*a*).

2) Existe, no entanto, uma neurose em que a fobia constitui o sintoma central. Freud não a isolou imediatamente; nas suas primeiras concepções, as fobias ou eram ligadas à neurose obsessiva, ou à neurose de angústia como neurose atual (3). A análise do pequeno Hans proporcionou-lhe ocasião de especificar a neurose fóbica e de acentuar a sua semelhança estrutural com a histeria de conversão. Com efeito, nos dois casos, a ação do recalque tende essencialmente a separar o afeto da representação. Todavia, Freud aponta uma diferença essencial: na histeria de angústia "[...] a libido que o recalque desligou do material patogênico não é *convertida* [...], mas libertada sob a forma de angústia" (2*b*). A formação dos sintomas fóbicos tem sua origem "[...] num trabalho psíquico que se exerce desde o início para ligar de novo psiquicamente a angústia que ficou livre" (2*c*). "A histeria de angústia desenvolve-se cada vez mais no sentido da 'fobia'" (2*d*).

Esse texto testemunha que não se pode, a rigor, considerar histeria de angústia e neurose fóbica como expressões puramente sinônimas. A expressão "histeria de angústia", menos descritiva, orienta a atenção para o mecanismo constitutivo da neurose em causa e acentua o fato de que o deslocamento para um objeto fóbico é secundário ao aparecimento de uma angústia livre, não ligada a um objeto.

(1) *Cf.* FREUD (S.), GW, VII, 467; SE, IX, 250-1.
(2) FREUD (S.), *Analyse der Phobie eines fünfjährigen Knaben*, 1909. – *a*) GW, VII, 349; SE, X, 115; Fr., 175. – *b*) GW, VII, 349; SE, X, 115; Fr., 175. – *c*) GW, VII, 350; SE, X, 117; Fr., 176. – *d*) GW, VII, 350; SE, X, 116; Fr., 176.
(3) *Cf.* FREUD (S.), *Über die Berechtigung, von der Neurasthenie einen bestimmten Symptomenkomplex als "Angstneurose" abzutrennen*, 1895. *Die Abwehr-Neuropsychosen*, 1894. *Obsessions et phobies. Leur mécanisme psychique et leur étiologie*, 1895.

HISTERIA DE CONVERSÃO

= *D.*: Konversionshysterie. – *F.*: hystérie de conversion. – *En.*: conversion hysteria. – *Es.*: histeria de conversión. – *I.*: isteria di conversione.

• *Forma de histeria que se caracteriza pela predominância de sintomas de conversão.*

▪ Nos primeiros trabalhos de Freud, a expressão "histeria de conversão" não é utilizada, pois o mecanismo da conversão* caracterizava então a histeria em geral. Quando, com a análise do *Pequeno Hans*, Freud liga à histeria, sob o nome de histeria de angústia*, uma síndrome fóbica, surge a expressão "histeria de conversão" para designar uma das formas da histeria: "Existe uma pura histeria de conversão sem qualquer angústia, tal como há uma histeria de angústia simples que se manifesta por sensações de angústia e fobias, sem que se apresente a conversão" (1).

(1) FREUD (S.), *Analyse der Phobie eines fünfjährigen Knaben*, 1909. GW, VII, 349; SE, X, 116; Fr., 175.

HISTERIA DE DEFESA

= *D*.: Abwehrhysterie. – *F*.: hystérie de défense. – *En*.: defence hysteria. – *Es*.: histeria de defensa. – *I*.: isteria da difesa.

• **Forma de histeria que, nos anos de 1894-1895, Freud distingue das duas outras formas de histeria – a histeria hipnoide e a histeria de retenção.**
Especifica-se pela atividade de defesa que o sujeito exerce contra representações suscetíveis de provocarem afetos desagradáveis.
Logo que Freud reconhece a interferência da defesa em qualquer histeria, deixa de recorrer à designação de histeria de defesa e à distinção por ela suposta.

▪ Em *As psiconeuroses de defesa* (*Die Abwehr-Neuropsychosen*, 1894), Freud introduz, de um ponto de vista patogênico, a distinção entre três formas de histeria – hipnoide, de retenção, de defesa –, e designa mais especialmente como sua contribuição pessoal a histeria de defesa, da qual faz o protótipo das psiconeuroses de defesa* (1).

Note-se que, desde a *Comunicação preliminar* (*Vorläufige Mitteilung*, 1893) de Breuer e Freud, a impossibilidade de ab-reação* – que caracteriza a histeria – é ligada a duas espécies de condições: por um lado, um estado específico, em que se encontra o sujeito no momento do trauma (estado hipnoide*), e, por outro, condições ligadas à própria natureza do trauma* – condições externas ou ação intencional (*absichtlich*) do sujeito que se defende contra conteúdos "penosos" (2*a*). Nesse primeiro momento da teoria, a defesa, a retenção e o estado hipnoide aparecem como fatores etiológicos que colaboram na produção da histeria. Se algum deles é privilegiado, é o estado hipnoide, considerado, sob a influência de Breuer, como "[...] fenômeno fundamental desta neurose" (2*b*).

Em *As psiconeuroses de defesa*, Freud especifica esse conjunto de condições a ponto de diferenciar três tipos de histerias; mas, na realidade, ele apenas se interessa pela histeria de defesa.

Em um terceiro momento – *Estudos sobre a histeria* (*Studien über Hysterie*, 1895) –, a distinção é mantida por Freud, mas parece que ela lhe serve sobretudo para promover, em prejuízo da predominância do estado hipnoide, a noção de defesa. É assim que Freud observa: "Curiosamente, na minha própria experiência nunca encontrei verdadeira histeria hipnoide; todos os casos que comecei a tratar transformaram-se em histeria de defesa" (2*c*). Do mesmo modo, põe em dúvida a existência de uma histeria de retenção independente e levanta a hipótese de que "[...] na base da histeria de retenção esteja igualmente um elemento de defesa que transformou todo o processo em fenômeno histérico" (2*d*).

Note-se, por fim, que a expressão "histeria de defesa" desaparece depois de *Estudos sobre a histeria*. Tudo se passou, portanto, como se ela tivesse sido introduzida apenas para fazer prevalecer a noção de defesa sobre a de estado hipnoide. Uma vez alcançado esse resultado – ver na defesa o processo fundamental da histeria, estender o modelo do conflito defensivo às outras neuroses –, a expressão "histeria de defesa" perde evidentemente a sua razão de ser.

(1) *Cf.* FREUD (S.), GW, I, 60-1; SE, III, 45-7.
(2) FREUD (S.), *Studien über Hysterie*, 1895. – *a*) *Cf.* GW, I, 89; SE, II, 10-11; Fr., 7. – *b*) *Cf.* GW, I, 91; SE, II, 12; Fr., 8. – *c*) GW, I, 289; SE, II, 286; Fr., 231. – *d*) GW, I, 290; SE, II, 286; Fr., 231.

HISTERIA DE RETENÇÃO

= *D.*: Retentionshysterie. – *F.*: hystérie de rétention. – *En.*: retention hysteria. – *Es.*: histeria de retención. – *I.*: isteria da ritenzione.

• **Forma de histeria diferenciada por Breuer e Freud nos anos de 1894-1895 de duas outras formas de histeria, a histeria hipnoide e a histeria de defesa.**
A sua patogenia caracteriza-se pelo fato de os afetos, especialmente sob a ação de circunstâncias exteriores desfavoráveis, não terem podido ser ab-reagidos.

■ É em *As psiconeuroses de defesa* (*Die Abwehr-Neuropsychosen*, 1894) que Freud isola a histeria de retenção como forma de histeria.
Na *Comunicação preliminar* (*Vorläufige Mitteilung*, 1893), se não o termo, a noção de retenção estava presente para designar uma série de condições etiológicas em que, por oposição ao estado hipnoide, é a *natureza* do trauma que torna impossível a ab-reação; o trauma esbarra, quer em condições sociais que impedem a sua ab-reação, quer numa defesa do próprio sujeito (1*a*).
Mais descritiva do que explicativa, a noção de retenção iria desaparecer rapidamente; com efeito, quando quer explicar o fenômeno de retenção, Freud encontra a defesa. Isso é exemplificado na experiência terapêutica por uma observação de Freud – o caso Rosalie (1*b*) – à qual certamente ele se refere quando escreve: "Num caso que eu considerava como uma típica histeria de retenção, eu já contava com um êxito fácil e garantido, mas o êxito não se produziu, por maior que fosse a facilidade que o trabalho na verdade oferecia. Suponho, portanto, com todas as reservas que residem na ignorância, que na base da histeria de retenção esteja igualmente um elemento de defesa que transformou todo o processo em fenômeno histérico" (1*c*).

(1) FREUD (S.), *Studien über Hysterie*, 1895. – *a*) GW, I, 89; SE, II, 10; Fr. 7. – *b*) *Cf.* GW, I, 237-41; SE, II, 169-73; Fr., 135-38. – *c*) GW, I, 289-90; SE, II, 286; Fr., 231.

HISTERIA HIPNOIDE

= *D.*: Hypnoidhysterie. – *F.*: hystérie hypnoïde. – *En.*: hypnoid hysteria. – *Es.*: histeria hipnoide. – *I.*: isteria ipnoida.

• *Expressão utilizada por Breuer e Freud nos anos de 1894-1895. Forma de histeria que teria origem nos estados hipnoides; o sujeito não pode integrar na sua pessoa e na sua história as representações que surgem no decorrer desses estados. Essas formam, então, um grupo psíquico separado, inconsciente, suscetível de provocar efeitos patogênicos.*

▪ Remetemos o leitor ao artigo *estado hipnoide*, para o que se refere ao substrato teórico desta noção. Note-se que a designação "histeria hipnoide" não se encontra nos textos exclusivamente devidos a Breuer; parece lógico pensar que se trata de uma denominação de Freud. Para Breuer, efetivamente, toda a histeria é "hipnoide", visto que encontra a sua condição última no estado hipnoide; para Freud, a histeria hipnoide é apenas uma forma de histeria, ao lado da histeria de retenção* e sobretudo da histeria de defesa*. Essa distinção lhe permitirá, primeiro, limitar e, depois, rejeitar o papel do estado hipnoide relativamente ao da defesa.

HISTERIA TRAUMÁTICA

= *D.*: traumatische Hysterie. – *F.*: hystérie traumatique. – *En.*: traumatic hysteria. – *Es.*: histeria traumática. – *I.*: isteria traumatica.

• *Tipo de histeria descrito por Charcot. Os sintomas somáticos, particularmente as paralisias, aparecem nela, muitas vezes após um tempo de latência, consecutivamente a um traumatismo físico, mas sem que este possa explicar mecanicamente os sintomas em questão.*

▪ Charcot, nos seus trabalhos sobre a histeria, entre 1880 e 1890, estuda certas paralisias histéricas consecutivas a traumatismos físicos suficientemente graves para o sujeito sentir a sua vida ameaçada, mas sem ocasionarem perda de consciência. Esses traumatismos não podem, do ponto de vista neurológico, explicar a paralisia. Charcot nota igualmente que esta se instala após um período mais ou menos longo de "incubação", de "elaboração" psíquica*.

Charcot teve a ideia de reproduzir experimentalmente, em estado de hipnose, paralisias do mesmo tipo, utilizando um traumatismo mínimo ou a simples sugestão. Obteve assim a prova de que os sintomas em causa eram provocados não pelo choque físico, mas pelas representações ligadas a ele e que surgem no decorrer de um estado psíquico determinado.

Freud notou a continuidade entre tal explicação e as primeiras explicações da histeria apresentadas por Breuer e por ele próprio. *"Existe completa analogia entre a paralisia traumática e a histeria comum, não traumática. A única diferença é que, no primeiro caso, um traumatismo importante esteve em jogo, enquanto no segundo raramente é um só acontecimento importante que temos a assinalar, mas antes uma série de impressões afetivas [...]. Mesmo no caso do traumatismo mecânico importante da histeria traumática, o que produz o resultado não é o fator mecânico, mas o afeto de pavor, o traumatismo psíquico"* (1).

Sabemos que o esquema da histeria hipnoide* retoma os dois elementos etiológicos já descobertos por Charcot: o traumatismo* psíquico e o estado psíquico especial (estado hipnoide*, afeto de pavor*) no decorrer do qual aquele acontece.

(1) FREUD (S.), *Über den psychischen Mechanismus hysterischer Phänomene*, 1893. Al., in *Wien. med. Presse*, 34 (4), 121-6; SE, III, 30-1.

HOSPITALISMO

= *D*.: Hospitalismus. – *F*.: hospitalisme. – *En*.: hospitalism. – *Es*.: hospitalismo. – *I*.: ospedalismo.

• *Termo utilizado a partir dos trabalhos de René Spitz para designar o conjunto das perturbações somáticas e psíquicas provocadas em crianças (durante os primeiros dezoito meses) por uma permanência prolongada numa instituição hospitalar onde são completamente privadas da mãe.*

■ Remetemos o leitor para os trabalhos especializados sobre a questão (1), e particularmente para os de Spitz, cuja autoridade é indiscutível (2). Estes apoiam-se em numerosas e aprofundadas observações e em comparações entre diversas categorias de crianças (educadas num orfanato, numa creche com presença parcial da mãe, pela mãe etc.).

Quando as crianças são criadas na completa ausência da mãe, numa instituição em que os cuidados lhes são dispensados de forma anônima e sem o estabelecimento de um laço afetivo, verificam-se os distúrbios graves que Spitz agrupou sob o nome de hospitalismo: atraso do desenvolvimento corporal, do domínio manipulatório, da adaptação ao meio, da linguagem; menor resistência às doenças e, nos casos mais graves, marasmo e morte.

Os efeitos do hospitalismo têm consequências duradouras e mesmo irreversíveis. Spitz, depois de descrever o hospitalismo, procurou situá-lo no conjunto dos distúrbios provocados por uma relação anormal mãe-criança; define-o por uma carência afetiva *total*, diferenciando-o assim da depressão anaclítica*; esta é consecutiva a uma privação afetiva *parcial* numa criança que se tinha beneficiado até então de uma relação normal com a mãe, e pode cessar quando voltar a encontrá-la (3).

HOSPITALISMO

(1) *Cf.* a bibliografia do artigo de SPITZ, *Hospitalism*.
(2) *Cf.* SPITZ (R. A.), *Hospitalism*, 1945. Trad. fr. in RFP, XIII, 1949, pp. 397-425.
(3) *Cf.* SPITZ (R. A.), *La première année de la vie de l'enfant*, Paris, 1953. [Ed. bras., *O primeiro ano de vida*, S. Paulo, 1987, 4ª edição, Livraria Martins Fontes Editora.]

I

ID ou ISSO

= *D.*: Es. – *F.*: ça (α). – *En.*: id. – *Es.*: ello. – *I.*: es.

- *Uma das três instâncias diferenciadas por Freud na sua segunda teoria do aparelho psíquico. O id constitui o polo pulsional da personalidade. Os seus conteúdos, expressão psíquica das pulsões, são inconscientes, por um lado, hereditários e inatos e, por outro, recalcados e adquiridos.*

    Do ponto de vista econômico, o id é, para Freud, o reservatório inicial da energia psíquica; do ponto de vista dinâmico, entra em conflito com o ego e o superego que, do ponto de vista genético, são as suas diferenciações.

- O termo *das Es* [isso, aquilo] é introduzido em *O ego e o id* (*Das Ich und das Es*, 1923). Freud vai buscá-lo em Georg Groddeck (β) e cita o precedente de Nietzsche, que designaria assim "[...] o que há de não pessoal e, por assim dizer, de necessário por natureza no nosso ser" (1*a*).

    A expressão *das Es* atrai Freud na medida em que ilustra a ideia desenvolvida por Groddeck de que "[...] aquilo a que chamamos o nosso ego se comporta na vida de uma forma totalmente passiva e [...] somos 'vividos' por forças desconhecidas e indomáveis" (1*b*, γ); ela concorda igualmente com a linguagem espontânea dos pacientes em fórmulas como "aquilo (id) foi mais forte do que eu, isso me veio de repente etc." (2).

    O termo foi introduzido com a remodelação a que Freud sujeitou a sua tópica* nos anos de 1920-1923. Podemos considerar aproximadamente equivalentes o lugar ocupado pelo id na segunda tópica e o do sistema inconsciente* (Ics) na primeira, com algumas diferenças, porém, que podemos especificar assim:

    1. Se excetuamos certos conteúdos ou esquemas adquiridos filogeneticamente, o inconsciente da primeira tópica coincide com o *recalcado*.

    Em *O ego e o id* (cap. I), pelo contrário, Freud destaca o fato de que a instância *recalcante* – o ego – e as suas operações defensivas são igualmente, na sua maior parte, inconscientes. Disso resulta que o id passa a abranger, a partir de então, os mesmos conteúdos anteriormente abrangidos pelo Ics, mas já não o conjunto do psiquismo inconsciente.

2. A remodelação da teoria das pulsões e a evolução da noção de ego acarretam outra diferença. O conflito neurótico era inicialmente definido pela oposição entre pulsões sexuais e pulsões do ego, estas com um papel primordial na motivação da defesa (*ver*: conflito psíquico). A partir dos anos 1920-1923, o grupo das pulsões do ego perde a sua autonomia e é absorvido na grande oposição pulsões de vida – pulsões de morte. Logo, o ego já não é definido por um tipo de energia pulsional específica, pois a nova instância que é o id inclui agora, na origem, os dois tipos de pulsões.

Em resumo, a instância contra a qual se exerce a defesa já não é definida como polo inconsciente, mas como polo pulsional da personalidade.

É nesse sentido que o id é concebido como "o grande reservatório" da libido (δ) e, mais geralmente, da energia pulsional (1*c*, 1*d*). A energia utilizada pelo ego é retirada desse fundo comum, especialmente sob a forma de energia "dessexualizada e sublimada".

3. Os limites da nova instância em relação às outras e ao domínio biológico definem-se de maneira diferente e, de um modo geral, de forma menos nítida do que na primeira tópica:

a) Em relação ao ego, o limite é menos estrito do que era, entre Ics e Pcs-Cs, a fronteira da censura: "O ego não está separado do id de forma nítida; na sua parte inferior, mistura-se com ele. Mas o recalcado mistura-se igualmente com o id, do qual é apenas uma parte. O recalcado só se separa do ego de forma clara pelas resistências de recalcamento, e pode comunicar-se com ele pelo id" (1*e*).

Essa confluência do id com a instância recalcante apoia-se antes de mais nada na definição genética que é apresentada desta, pois o ego é "[...] a parte do id que foi modificada sob a influência direta do mundo exterior, por intermédio do sistema percepção-consciência" (1*f*).

b) Do mesmo modo, o superego não constitui uma instância francamente autônoma; em grande parte inconsciente, "mergulha no id" (3*a*).

c) Por fim, a distinção entre o id e um substrato biológico da pulsão é menos decisiva do que a que existe entre o inconsciente e a fonte da pulsão; o id é "aberto na sua extremidade do lado somático" (3*b*). A ideia de uma "inscrição" da pulsão, que vinha confirmar-se na noção de "representante", embora não seja francamente rejeitada, não é reafirmada.

4. Terá o id um *modo de organização*, uma estrutura interna específica? O próprio Freud afirmou que o id era "um caos": "Ele se enche de uma energia proveniente das pulsões, mas não tem organização, não promove qualquer vontade geral [...]" (3*c*). As características do id só se definiriam, de forma negativa, por oposição ao modo de organização do ego.

Na verdade, convém ressaltar que Freud retoma, a propósito do id, a maior parte das propriedades que definiam, na primeira tópica, o sistema Ics e que constituem um modo positivo e original de organização: funcionamento segundo o processo primário, organização complexual, estratificação genética das pulsões, etc. Do mesmo modo, o dualismo, agora introduzido, das pulsões de vida* e das pulsões de morte* implica que elas estejam organizadas numa oposição dialética. A ausência de organização do id é, pois, apenas relativa, e encontra o seu sentido na ausência das relações próprias da organização do ego. Caracteriza-se, antes de mais nada, pelo fato de que "nela subsistem, lado a lado, moções [pulsionais] contraditórias, sem se suprimirem uma à outra ou se subtraírem uma da outra" (3*d*). É a ausência de sujeito coerente que melhor caracteriza, como enfatizou Daniel Lagache, a organização do id, e que é expressa pelo pronome neutro escolhido por Freud para designá-la (4).

5. Finalmente, é a diferença das *perspectivas genéticas* em que se inscrevem que melhor permite compreender a passagem do inconsciente da primeira tópica para o id da segunda tópica.

O inconsciente ia buscar a sua origem no recalcamento, que, sob o seu duplo aspecto histórico e mítico, introduzia no psiquismo a cisão radical entre os sistemas Ics e Pcs-Cs.

Com a segunda tópica, esse momento da separação entre as instâncias perde a sua característica fundamental. A gênese das diferentes instâncias é antes concebida como uma diferenciação progressiva, uma emergência dos diferentes sistemas. Por isso a preocupação de Freud em insistir na continuidade, na gênese que leva da necessidade biológica ao id e, deste, tanto ao ego como ao superego. É nesse sentido que a nova concepção freudiana do aparelho psíquico se presta mais facilmente do que a primeira a uma interpretação "biologizante" ou "naturalizante".

▲ (α) Nas primeiras traduções francesas, *das Es* é traduzido por *le soi*. Encontramos essa tradução, mas cada vez mais raramente, em certos autores franceses, pois o termo *soi* é sobretudo reservado para traduzir o inglês *self* ou o alemão *das Selbst*.

(β) Groddeck era um psiquiatra alemão, próximo dos meios psicanalíticos; escreveu várias obras inspiradas nas ideias de Freud, particularmente *Das Buch vom Es: Psychoanalytische Briefe an eine Freundin*, 1923, traduzido para francês sob o título de *Au fond de l'homme, cela*, Gallimard, 1963. [Ed. bras.: *O livro d'isso*]

(γ) Groddeck descreve da seguinte forma o que entende por *das Es*: "Sustento que o homem é animado pelo Desconhecido, uma força maravilhosa que ao mesmo tempo dirige o que ele faz e o que lhe acontece. A proposição 'eu vivo' só condicionalmente é correta, exprime apenas uma parte estreita e superficial do princípio fundamental: 'O homem é vivido pelo id'" (5).

(δ) O leitor pode reportar-se utilmente ao comentário apresentado sobre este ponto pelos editores da *Stantard Edition* (SE, XIX, 63-6).

(1) FREUD (S.). – *a*) GW, XIII, 251, n. 2; SE, XIX, 23, n. 3. Fr., 177, n. 2. – *b*) GW, XIII, 251; SE, XIX, 23; Fr., 177. – *c*) Cf. GW, XIII, 258, n.; SE, XIX, 30, n. 1; Fr., 185, n. 1. – *d*) Cf. GW, XIII, 275; SE, XIX, 46; Fr., 202. – *e*) GW, XIII, 251-2; SE, XIX, 24; Fr., 178. – *f*) GW, XIII, 252; SE, XIX, 25; Fr., 179.

(2) FREUD (S.), *Die Frage der Laienanalyse*, 1926. GW, XIV, 222; SE, XX, 195; Fr., 140.

(3) FREUD (S.), *Neue Folge der Vorlesungen zur Einführung in die Psychoanalyse*, 1932. – *a*) GW, XV, 85; SE, XXII, 79; Fr., 109. – *b*) GW, XV, 80; SE, XXII, 73-4; Fr., 103. – *c*) GW, XV, 80; SE, XXII, 73-4; Fr., 103. – *d*) GW, XV, 80; SE, XXII, 73-4; Fr., 103.

(4) Cf. LAGACHE (D.), La psychanalyse et la structure de la personnalité. In *La psychanalyse*, PUF, 1961, VI, 21.

(5) GRODDECK (G.), *Das Buch vom Es*, 1923. Al., 10-11; Fr., 20.

IDEAL DO EGO ou IDEAL DO EU

= *D.*: Ichideal. – *F.*: idéal du moi. – *En*:. ego ideal. – *Es.*: ideal del yo. – *I.*: ideale dell'io.

- *Expressão utilizada por Freud no quadro da sua segunda teoria do aparelho psíquico. Instância da personalidade resultante da convergência do narcisismo (idealização do ego) e das identificações com os pais, com os seus substitutos e com os ideais coletivos. Enquanto instância diferenciada, o ideal do ego constitui um modelo a que o sujeito procura conformar-se.*

■ É difícil delimitar um sentido unívoco da expressão "ideal do ego" na obra de Freud. As variações desse conceito provêm do fato de que ele está estreitamente ligado à elaboração progressiva da noção de superego e, mais geralmente, da segunda teoria do aparelho psíquico. É assim que, em *O ego e o id* (*Das Ich und das Es*, 1923), ideal do ego e superego são apresentados como sinônimos, enquanto em outros textos a função do ideal é atribuída a uma instância diferenciada, ou pelo menos a uma subestrutura especial no seio do superego (*ver*: superego).

É em *Sobre o narcisismo: uma introdução* (*Zur Einführung des Narzissmus*, 1914) que aparece a expressão "ideal do ego" para designar uma formação intrapsíquica relativamente autônoma que serve de referência ao ego para apreciar as suas realizações efetivas. Sua origem é principalmente narcísica: "O que ele [o homem] projeta diante de si como seu ideal é o substituto do narcisismo perdido da sua infância; nesse tempo, o seu próprio ideal era ele mesmo" (1*a*). Esse estado de narcisismo – que Freud compara a um verdadeiro delírio de grandeza – é abandonado principalmente em razão da crítica que os pais exercem em relação à criança. Note-se que essa crítica, interiorizada sob a forma de uma instância psíquica especial, instância de censura e de auto-observação, é, no conjunto do texto, distinta do ideal do ego: ela "[...] observa incessantemente o ego atual e compara-o com o ideal" (1*b*).

Em *Psicologia de grupo e análise do ego* (*Massenpsychologie und Ich-Analyse*, 1921), a função do ideal do ego é colocada em primeiro plano. Freud vê nele uma formação nitidamente diferenciada do ego, que permite principalmente explicar a fascinação amorosa, a dependência para com o hipnotizador e a submissão ao líder, casos em que uma pessoa estranha é colocada pelo sujeito no lugar do seu ideal do ego.

Esse processo está na base da constituição do grupo humano. O ideal coletivo retira a sua eficácia de uma convergência dos "ideais do ego" individuais: "[...] certos indivíduos puseram um só e mesmo objeto no lugar do seu ideal do ego, e em consequência disso identificaram-se uns com os outros no seu ego" (2*a*); inversamente, esses são os depositários, em consequência de identificações com os pais, com os educadores etc., de um certo número de ideais coletivos: "Cada indivíduo faz parte de vários grupos, está ligado por identificação de vários lados e construiu o seu ideal do ego segundo os mais diversos modelos" (2b).

Em *O ego e o id*, em que pela primeira vez figura o termo superego, este é considerado sinônimo de ideal do ego; é uma só instância, formada por identificação com os pais correlativamente ao declínio do Édipo, que reúne as funções de interdição e de ideal. "As relações [do superego] com o ego não se limitam ao preceito 'você deve ser assim' (como o pai); compreendem igualmente a interdição 'você não tem o direito de ser assim' (como o pai), quer dizer, de fazer tudo o que ele faz; há muitas coisas que são reservadas a ele" (3).

Em *Novas conferências introdutórias sobre psicanálise* (*Neue Folge der Vorlesungen zur Einführung in die Psychoanalyse*, 1932), reaparece uma distinção: o superego surge como uma estrutura englobante que compreende três funções: "auto-observação, consciência moral e função de ideal" (4). A distinção entre estas duas últimas funções é particularmente ilustrada nas diferenças que Freud procura estabelecer entre sentimento de culpa e sentimento de inferioridade. Esses dois sentimentos são resultado de uma tensão entre o ego e o superego, mas o primeiro está relacionado com a consciência moral, e o segundo, com o ideal do ego, na medida em que é mais amado do que temido.

★

A literatura psicanalítica atesta que o termo superego não apagou o termo ideal do ego. A maior parte dos autores não utiliza um pelo outro.

Existe relativo acordo quanto ao que é designado por ideal do ego; em contrapartida, as concepções diferem quanto à sua relação com o superego e com a consciência moral. A questão torna-se ainda mais complicada pelo fato de os autores chamarem de superego ora, como Freud em *Novas conferências*, a uma estrutura de conjunto que compreende diversas subestruturas, ora mais especificamente à "voz da consciência" na sua função interditora.

Para Nunberg, por exemplo, ideal do ego e instância interditora são coisas nitidamente separadas. Distingue-as quanto às motivações induzidas no ego – "Enquanto o ego obedece ao superego por medo do castigo, submete-se ao ideal do ego por amor" (5) – e quanto à sua origem (o ideal do ego seria principalmente formado a partir da imagem dos objetos amados, e o superego, a partir da imagem dos personagens temidos).

Essa distinção, embora pareça bem fundamentada ao nível descritivo, nem por isso é menos difícil de ser sustentada de forma rigorosa do ponto de vista metapsicológico. Por isso muitos autores, na linha da indicação dada por Freud em *O ego e o id* (texto acima citado), sublinham a íntima ligação dos dois aspectos, ou seja, o ideal e a interdição. É assim que D. Lagache fala de um sistema superego – ideal do ego, dentro do qual estabelece uma relação estrutural: "[...] o superego corresponde à autoridade, e o ideal do ego, à forma como o sujeito deve comportar-se para corresponder à expectativa da autoridade" (6).

(1) FREUD (S.). – *a*) GW, X, 161; SE, XVI, 94. – *b*) GW, X, 162; SE, XVI, 95.
(2) FREUD (S.). GW, XIII, 128; SE, XVIII, 116; Fr., 130. – *b*) GW, XIII, 144; SE, XVIII, 129; Fr., 145.
(3) FREUD (S.), G W., XIII, 262; SE, XIX, 34; Fr., 189.
(4) FREUD (S.), GW, XV, 72; SE, XXII, 66; Fr., 94.
(5) NUNBERG (H.), *Allgemeine Neurosenlehre auf psychoanalytischer Grundlage*, 1932. Trad. fr. *Principes de Psychanalyse*, PUF, Paris, 1957, 155.
(6) LAGACHE (D.), La psychanalyse et la structure de la personnalité, in *La psychanalyse*, Paris, PUF, VI, 39.

IDEALIZAÇÃO

= *D*.: Idealisierung. – *F*: idéalisation. – *En*.: idealization. – *Es*.: idealización. – *I*.: idealizzazione.

• *Processo psíquico pelo qual as qualidades e o valor do objeto são levados à perfeição. A identificação com o objeto idealizado contribui para a formação e para o enriquecimento das chamadas instâncias ideais da pessoa (ego ideal, ideal do ego).*

▪ É em relação com a elaboração da noção de narcisismo* que Freud é levado a definir a idealização, cujo funcionamento ele já mostrara, especialmente na vida amorosa (superestimação sexual). Ele a distingue da sublimação*: esta "[...] é um processo que diz respeito à libido objetal e consiste no fato de a pulsão se dirigir para outra meta, afastada da satisfação sexual [...]. A idealização é um processo que diz respeito ao objeto, e pelo qual este é engrandecido e exaltado psiquicamente sem alteração da sua natureza. A idealização é tão possível no domínio da libido do ego como no da libido objetal" (1).

A idealização, particularmente a dos pais, faz necessariamente parte da constituição, no seio do sujeito, das instâncias ideais (*ver*: ego ideal; ideal do ego). Mas não é sinônima da *formação dos ideais* da pessoa; com efeito, ela pode incidir num objeto independente – idealização de um objeto amado, por exemplo. Mas note-se que, mesmo nesse caso, ela é sempre fortemente marcada pelo narcisismo: "Vemos que o objeto é tratado como o próprio ego e que portanto na paixão amorosa há uma quantidade importante de libido narcísica que transborda sobre o objeto" (2).

★

O papel defensivo da idealização foi sublinhado por numerosos autores, especialmente por Melanie Klein. Para a autora, a idealização do objeto seria essencialmente uma defesa contra as pulsões destrutivas; nesse sentido, ela seria correlativa de uma *clivagem* levada ao extremo entre um "bom" objeto* idealizado e provido de todas as qualidades (por exemplo, o seio materno sempre disponível e inesgotável) e um "mau" objeto, cujos traços persecutórios são igualmente levados ao paroxismo (3).

(1) Freud (S.), *Zur Einführung des Narzissmus*, 1914. gw, x, 161; se, xiv, 94.
(2) Freud (S.), *Massenpsychologie und Ich-Analyse*, 1921. gw, xiii, 124; se, xviii, 112; Fr., 126.
(3) *Cf.* por exemplo: Klein (M.), Some Theoretical Conclusions Regarding the Emotional Life of the Infant, in: *Developments*, 1952, 222.

IDENTIDADE DE PERCEPÇÃO – IDENTIDADE DE PENSAMENTO

= *D.*: Wahrnehmungsidentität – Denkidentität. – *F.*: identité de perception – identité de pensée. – *En.*: perceptual identity – thought identity. – *Es.*: identidad de percepción – identidad de pensamiento. – *I.*: identità di percezione – identità di pensiero.

• *Termos usados por Freud para designar aquilo para que tendem respectivamente o processo primário e o processo secundário. O processo primário visa a reencontrar uma percepção idêntica à imagem do objeto resultante da vivência de satisfação. No processo secundário, a identidade procurada é a dos pensamento entre si.*

■ Esses termos só aparecem no capítulo vii de *A interpretação de sonhos* (*Die Traumdeutung*, 1900). Referem-se à concepção freudiana da vivência de satisfação*. O processo primário e o processo secundário podem ser definidos em termos puramente econômicos: descarga imediata, no primeiro caso; inibição, adiamento da satisfação e desvio, no segundo. Com a noção de identidade de percepção, saímos do registro econômico: trata-se de equivalências entre representações.

A vivência de satisfação constitui a origem da procura da identidade de percepção. Ela liga a uma descarga eminentemente satisfatória à representação de um objeto eletivo. O sujeito vai desde então "repetir a percepção que está ligada à satisfação da necessidade" (1*a*). A alucinação primitiva é o caminho mais curto para obter a identidade de percepção. De um modo mais geral, pode-se dizer que o processo primário funcionará segundo esse modelo; Freud mostrou em outro capítulo de *A interpretação de sonhos* que a relação de identidade entre duas imagens ("identificaçao") é, entre as relações lógicas, a que melhor se harmoniza com o funcionamento mental próprio do sonho (1*b*).

A identidade de pensamento tem uma relação dupla com a identidade de percepção:

1. Constitui uma modificação dela, na medida em que visa a libertar os processos psíquicos da regulação exclusiva pelo princípio de prazer: "O pensamento deve interessar-se pelos caminhos de ligação entre as representações sem se deixar enganar pela intensidade delas" (1*c*). Nesse senti-

do, essa modificação constituiria a emanação daquilo a que a lógica chama princípio de identidade.

2. Mantém-se ao serviço da identidade de percepção: "[...] toda a atividade de pensamento complicada que se desdobra da imagem mnésica para o estabelecimento da identidade de percepção pelo mundo exterior nunca é mais do que um *desvio*, tornado necessário pela experiência, *no caminho que leva à realização de desejo*" (1d).

Embora os termos que ora definimos deixem de figurar nos outros escritos freudianos, a ideia de opor, do ponto de vista do pensamento e do julgamento, os processos primário e secundário permanece central na teoria. Podemos reencontrá-la, por exemplo, na oposição entre representações de coisa e representações de palavra*.

★

Na França, Daniel Lagache mostrou muitas vezes todo o interesse da oposição estabelecida por Freud entre identidade de percepção e identidade de pensamento; ele vê nessa oposição, em especial, um meio de distinguir as compulsões defensivas, em que o ego permanece sob o domínio da identidade de percepção, dos mecanismos de desimpedimento*, que põem em jogo uma consciência atenta, discriminadora, capaz de resistir às interferências das ideias e dos afetos desagradáveis: "[...] a identificação objetivante, que mantém a identidade própria de cada objeto de pensamento, deve resistir à identificação sincrética [...]" (2).

Note-se ainda que a distinção entre esses dois modos de "identidade" não é redutível à oposição tradicional entre afetividade e razão, ou mesmo entre "lógica afetiva" e lógica da razão. Toda *A interpretação de sonhos* não é, de fato, destinada a estabelecer, contra os preconceitos "científicos", que o sonho obedece a leis que constituem um primeiro modo de funcionamento do *logos*?

(1) FREUD (S.). – *a*) GW, II-III, 571; SE, V, 565; Fr., 463 – *b*) *Cf.* GW, II-III, 324 ss.; SE, IV, 319 ss.; Fr., 238 ss. – *c*) GW, II-III, 607-8; SE, V, 602; Fr., 491. – *d*) GW, II-III, 572; SE, V, 566-7; Fr., 464.

(2) LAGACHE (D.), La psychanalyse et la structure de la personnalité, 1958, in *La psychanalyse*. Paris, PUF, 6, 51.

IDENTIFICAÇÃO

= *D.*: Identifizierung. – *F.*: identification. – *En.*: identification. – *Es.*: identificación. – *I.*: identificazione.

• *Processo psicológico pelo qual um sujeito assimila um aspecto, uma propriedade, um atributo do outro e se transforma, total ou parcialmente, segundo o modelo desse outro. A personalidade constitui-se e diferencia-se por uma série de identificações.*

IDENTIFICAÇÃO

■ 1. Como o termo identificação pertence também à linguagem comum e à linguagem filosófica, convém começar por definir, do ponto de vista semântico, os limites do seu emprego no vocabulário da psicanálise.

O substantivo identificação pode ser tomado num sentido transitivo, correspondente ao verbo identificar, ou num sentido reflexivo, correspondente ao verbo identificar-se. Essa distinção está presente nos dois sentidos do termo diferenciados por Lalande:

A) "Ação de identificar, isto é, de reconhecer como idêntico; ou pelo número – por exemplo, 'a identificação de um criminoso' –, ou pela espécie – por exemplo, quando se reconhece um objeto como pertencente a certa categoria [...] ou ainda quando se reconhece uma categoria de fatos como assimilável a outra [...]."

B) "Ato pelo qual um indivíduo se torna idêntico a outro, ou pelo qual dois seres se tornam idênticos (em pensamento ou de fato), totalmente ou *secundum quid*" (1).

Em Freud vamos encontrar essas duas acepções. Ele descreve como característico do trabalho do sonho o processo que traduz a relação de semelhança, o "tudo como se", por uma substituição de uma imagem por outra, ou "identificação" (2*a*). É justamente esse o sentido A de Lalande, mas a identificação não tem aqui valor cognitivo: é um processo ativo que substitui uma identidade parcial ou uma semelhança latente por uma identidade total.

Mas é antes de mais nada para o sentido de "identificar-se" que o termo remete em psicanálise.

2. A identificação – no sentido de identificar-se – abrange, na linguagem corrente, toda uma série de conceitos psicológicos, tais como imitação, *Einfühlung* (empatia), simpatia, contágio mental, projeção etc.

Para maior clareza, houve quem propusesse distinguir nesse domínio, conforme o sentido em que se faz a identificação, uma identificação heteropática (Scheler) e centrípeta (Wallon), em que é o sujeito que identifica a sua própria pessoa com outra, e uma identificação idiopática e centrífuga, em que o sujeito identifica o outro com a sua própria pessoa. Por fim, nos casos em que os dois movimentos coexistem, estaríamos em presença de uma forma de identificação mais complexa, por vezes invocada para explicar a formação do "nós".

★

Na obra de Freud, o conceito de identificação assumiu progressivamente o valor central que faz dela, mais do que um mecanismo psicológico entre outros, a operação pela qual o sujeito humano se constitui. Essa evolução tem relação direta principalmente com a colocação em primeiro plano do complexo de Édipo em seus efeitos estruturais, e também com a remodelação introduzida pela segunda teoria do aparelho psíquico, em que as instâncias que se diferenciam a partir do id são especificadas pelas identificações de que derivam.

IDENTIFICAÇÃO

No entanto, a identificação tinha sido desde muito cedo invocada por Freud, principalmente a propósito dos sintomas histéricos. É certo que os chamados fatos de imitação, de contágio mental, eram conhecidos de longa data, mas Freud vai mais longe explicando-os pela existência de um elemento inconsciente comum às pessoas em causa: "[...] a identificação não é simples imitação, mas apropriação baseada na pretensão a uma etiologia comum; ela exprime um 'tudo como se' e relaciona-se com um elemento comum que permanece no inconsciente" (2*b*). Esse elemento comum é uma fantasia; assim, o agorafóbico identifica-se inconscientemente com uma "mulher da rua", e o seu sintoma é uma defesa contra essa identificação e contra o desejo sexual que ela supõe (3*a*). Por fim, Freud observa desde cedo que podem coexistir várias identificações: "[...] o fato da identificação autoriza talvez um emprego *literal* da expressão 'pluralidade das pessoas psíquicas'" (3*b*).

Ulteriormente, o conceito de identificação é enriquecido por diversas contribuições:

1. A noção de incorporação oral é isolada nos anos 1912-1915 (*Totem e tabu* [*Totem und Tabu*], *Luto e melancolia* [*Trauer und Melancholie*]). Freud mostra seu papel principalmente na melancolia, em que o sujeito se identifica no modo oral com o objeto perdido, por regressão à relação de objeto característica da fase oral (*ver*: incorporação; canibalesco).

2. A noção de narcisismo* é circunscrita. Em *Sobre o narcisismo: uma introdução* (*Zur Einführung des Narzissmus*, 1914), Freud esboça a dialética que liga a escolha narcísica de objeto* (o objeto é escolhido segundo o modelo da própria pessoa) à identificação (o sujeito, ou qualquer das suas instâncias, é constituído segundo o modelo dos seus objetos anteriores: pais, pessoas do seu meio).

3. Os efeitos do complexo de Édipo* sobre a estruturação do sujeito são descritos em termos de identificação: os investimentos nos pais são abandonados e substituídos por identificações (4).

Uma vez destacada a fórmula generalizada do Édipo, Freud mostra que essas identificações formam uma estrutura complexa na medida em que o pai e a mãe são, cada um por sua vez, objeto de amor e de rivalidade. Aliás, é provável que essa presença de uma ambivalência em relação ao objeto seja essencial à constituição de qualquer identificação.

4. A elaboração da segunda teoria do aparelho psíquico vem testemunhar o enriquecimento e a importância crescente da noção de identificação: as instâncias da pessoa já não são descritas em termos de sistemas em que se inscrevem imagens, recordações, "conteúdos" psíquicos, mas como resquícios, sob diversas modalidades, das relações de objeto.

O enriquecimento da noção de identificação não resultou, nem em Freud, nem na teoria psicanalítica, numa sistematização que ordenasse as suas modalidades. Por isso, Freud declara-se pouco satisfeito com as suas formulações a esse propósito (5*a*). A exposição mais completa que tentou apresentar acha-se no capítulo VII de *Psicologia de grupo e análise do ego* (*Massenpsychologie und Ich-Analyse*, 1921). Nesse texto, acaba por distinguir três modalidades de identificação:

a) como forma originária do laço afetivo com o objeto. Trata-se de uma identificação pré-edipiana marcada pela relação canibalesca de saída ambivalente (*ver*: identificação primária);

b) como substituto regressivo de uma escolha de objeto abandonada;

c) não havendo qualquer investimento sexual do outro, o sujeito pode todavia identificar-se com ele na medida em que ambos têm em comum um elemento (desejo de ser amado, por exemplo); por deslocamento, será em outro ponto que irá produzir-se a identificação (identificação histérica).

Freud indica igualmente que, em certos casos, a identificação incide não no conjunto do objeto, mas num "traço único" dele (6).

Por fim, o estudo da hipnose, da paixão amorosa e da psicologia dos grupos leva-o a opor a identificação que constitui ou enriquece uma instância da personalidade ao processo inverso, em que o objeto é "posto no lugar" de uma instância, como, por exemplo, o caso do líder que substitui o ideal do ego dos membros de um grupo. Note-se que, nesse caso, existe também uma identificação recíproca dos indivíduos uns com os outros, mas ela postula, como condição, essa "colocação no lugar de...". Eis, ordenadas segundo uma perspectiva estrutural, as distinções de que falamos acima: identificação centrípeta, centrífuga e recíproca.

★

O termo identificação deve ser diferenciado de termos próximos, como incorporação*, introjeção* e interiorização*.

Incorporação e introjeção são protótipos da identificação ou, pelo menos, de algumas modalidades em que o processo mental é vivido e simbolizado como uma operação corporal (ingerir, devorar, guardar dentro de si etc.).

Entre identificação e interiorização a distinção é mais complexa porque põe em jogo opções teóricas quanto à natureza *daquilo a que* o sujeito se assimila. De um ponto de vista puramente conceitual, podemos dizer que a identificação se faz com *objetos* – pessoa ("assimilação do ego a um ego estranho") (5*b*) ou característica de uma pessoa, objetos parciais –, enquanto a interiorização é a de uma *relação* intersubjetiva. Resta saber qual desses dois processos é anterior. Podemos observar que geralmente a identificação de um sujeito A com um sujeito B não é global, mas sim *secundum quid*, o que remete para um determinado aspecto da relação com ele; eu não me identifico com o meu patrão, mas com determinada característica dele que está ligada à minha relação sadomasoquista com ele. Mas, por outro lado, a identificação permanece sempre marcada pelos seus protótipos primitivos: a incorporação incide em *coisas*, pois a relação confunde-se com o objeto em que ela encarna; o objeto com que a criança mantém uma relação de agressividade torna-se como que substancialmente o "mau objeto", que é então introjetado. Por outro lado, e esse é um fato essencial, o conjunto das identificações de um sujeito forma nada menos que um sistema relacional coerente; por exemplo, no seio de uma instância como o superego, encontram-se exigências diversas, conflituais, heteróclitas. Do mesmo modo, o ideal do ego é constituído por identificações com ideais culturais não necessariamente harmonizados entre si.

(1) LALANDE (A.), *Vocabulaire technique et critique de la philosophie*, PUF, Paris, 1951.
(2) FREUD (S.), *Die Traumdeutung*, 1900. – *a*) *Cf.* GW, II-III, 324-5; SE, IV, 319-20; Fr., 328. – *b*) GW, II-III, 155-6; SE, IV, 150; Fr., 115.
(3) FREUD (S.), *Aus den Anfängen der Psychoanalyse*, 1887-1902. – *a*) *Cf.* Al., 193-4; Ing., 181-2; Fr., 160-1. – *b*) Al., 211; Ing., 199; Fr., 176.
(4) *Cf.* designadamente: FREUD (S.), *Der Untergang des Ödipuskomplexes*, 1924. GW, XIII, 395-402; SE, XIX, 171-9.
(5) FREUD (S.), *Neue Folge der Vorlesungen zur Einführung in die Psychoanalyse*, 1932. – *a*) *Cf.* GW, XV, 70; SE, XXIII, 63; Fr., 90. – *b*) *Cf.* GW, XV, 69; SE, XXIII, 63; Fr., 89.
(6) *Cf.* FREUD (S.), GW, XIII, 117; SE, XVIII, 107; Fr., 119.

IDENTIFICAÇÃO COM O AGRESSOR

= *D*.: Identifizierung mit dem Angreifer. – *F.*: identification à l'agresseur. – *En.*: identification with the aggressor. – *Es.*: identificación con el agresor. – *I.*: identificazione con l'aggressore.

• *Mecanismo de defesa isolado e descrito por Anna Freud (1936). O sujeito, confrontado com um perigo exterior (representado tipicamente por uma crítica emanada de uma autoridade), identifica-se com o seu agressor, ou assumindo por sua própria conta a agressão enquanto tal, ou imitando física ou moralmente a pessoa do agressor, ou adotando certos símbolos de poder que o caracterizam. Segundo Anna Freud, esse mecanismo seria predominante na construção da fase preliminar do superego, pois a agressão mantém-se então dirigida para o exterior e não se voltou ainda contra o sujeito sob a forma de autocrítica.*

▪ A expressão identificação com o agressor não figura nos escritos de Freud, mas houve quem observasse que ele descreveu o seu mecanismo, particularmente a propósito de certas brincadeiras de criança, no capítulo III de *Além do princípio do prazer* (*Jenseits des Lustprinzips*, 1920).

Ferenczi recorre à expressão identificação com o agressor num sentido muito especial; a agressão considerada é o atentado sexual do adulto, que vive num mundo de paixão e culpa, à criança supostamente inocente (*ver*: sedução). O comportamento descrito como resultado do medo é uma submissão total à vontade do agressor; a mudança provocada na personalidade é "[...] a introjeção do sentimento de culpa do adulto" (1).

Anna Freud vê em ação a identificação com o agressor em contextos variados (agressão física, crítica etc.), e a identificação pode intervir antes ou depois da agressão temida. O comportamento observado é o resultado de uma inversão de papéis: o agredido faz-se agressor.

Os autores que atribuem a esse mecanismo um papel importante no desenvolvimento da pessoa apreciam de modo diferente o seu alcance, particularmente na constituição do superego. Para Anna Freud, o sujeito passa por uma primeira fase em que o conjunto da relação agressiva se inverte: o agressor é introjetado, enquanto a pessoa atacada, criticada, culpada, é projetada para o exterior. Só num segundo momento a agressão se voltará para o interior, e a relação é no seu conjunto interiorizada.

Daniel Lagache prefere situar a identificação com o agressor na origem da formação do ego ideal*; no quadro do conflito de demandas entre a criança e o adulto, o sujeito identifica-se com o adulto dotado de onipotência, o que implica o desconhecimento do outro, a sua submissão, até mesmo a sua abolição (2).

René Spitz, em *O não e o sim* (*No and Yes*, 1957), usa muito a noção de identificação com o agressor. Para ele, o retorno da agressão contra o agressor é o mecanismo predominante na aquisição do "não", verbal e gestual, que ele situa por volta do 15º mês.

★

Que papel atribuir à identificação com o agressor no conjunto da teoria analítica? Trata-se de um mecanismo muito especial, ou, pelo contrário, ele vem recobrir uma grande parte daquilo que habitualmente se descreve como identificação? E, principalmente, como virá articular-se com o que é clássico designar por identificação com o rival na situação edipiana? Parece que os autores que colocaram em primeiro plano essa noção não formularam o problema nesses termos. Todavia, é impressionante o fato de as observações relatadas situarem geralmente o mecanismo no quadro de uma relação não triangular, mas dual, que, como muitas vezes sublinhou Daniel Lagache, é de fundo sadomasoquista.

(1) Ferenczi (S.), *Sprachverwirrung zwischen den Erwachsenen und dem Kind*, 1932-33. Ing., in *Final Contributions*, 162; Fr., in *La psychanalyse*, puf, Paris, vol. vi, 248.

(2) Lagache (D.), Pouvoir et personne, in *L'évolution psychiatrique*, 1962, 1, 111-9.

IDENTIFICAÇÃO PRIMÁRIA

= *D.*: primäre Identifizierung. – *F.*: identification primaire. – *En.*: primary identification. – *Es.*: identificación primaria. – *I.*: identificazione primaria.

• *Modo primitivo de constituição do sujeito segundo o modelo do outro, que não é secundário a uma relação previamente estabelecida em que o objeto seria inicialmente colocado como independente. A identificação primária está em estreita correlação com a chamada relação de incorporação oral.*

■ Embora faça agora parte da terminologia analítica, a noção de identificação primária reveste-se de acepções muito diferentes conforme as reconstruções feitas pelos autores dos primeiros tempos da existência individual.

A identificação primária opõe-se às identificações secundárias que vêm sobrepor-se a ela, não apenas na medida em que ela é a primeira cronologicamente, mas também na medida em que não se teria estabelecido consecutivamente a uma relação de objeto propriamente dita e seria "[...] a forma mais originária do laço afetivo com um objeto" (1*a*). "Logo no início da fase oral primitiva do indivíduo, o investimento de objeto e a identificação talvez não se devam distinguir um da outra." (2*a*)

Esta modalidade do laço da criança com outra pessoa foi descrita principalmente como primeira relação com a *mãe*, antes de a diferenciação entre ego e alter ego estabelecer-se solidamente. Essa relação seria evidentemente marcada pelo processo da incorporação. Convém no entanto notar que, a rigor, é difícil ligar a identificação primária a um estado absolutamente indiferenciado e anobjetal.

É interessante notar que Freud, que aliás só raramente usa a expressão identificação primária (2*b*), designa assim uma identificação com o *pai* "da pré-história pessoal", tomado pelo menino como ideal ou protótipo (*Vorbild*). Tratar-se-ia "de uma identificação direta e imediata que se situa anteriormente a qualquer investimento de objeto" (2*b*, 1*b*).

(1) FREUD (S.), *Massenpsychologie und Ich-Analyse*, 1921. – *a*) GW, XIII, 118; SE, XVIII, 107; Fr., 120. – *b*) *Cf.* GW, XIII, 115 ss.; SE, XVIII, 105 ss.; Fr., 117 ss.
(2) FREUD (S.), *Das Ich und das Es*, 1923. – *a*) GW, XIII, 257; SE, XIX, 29; Fr., 183. – *b*) GW, XIII, 259; SE, XIX, 31; Fr., 185.

IDENTIFICAÇÃO PROJETIVA

= *D.*: Projektionsidentifizierung. – *F.*: identification projective. – *En.*: projective identification. – *Es.*: identificación proyectiva. – *I.*: identificazione proiettiva

• *Expressão introduzida por Melanie Klein para designar um mecanismo que se traduz por fantasias em que o sujeito introduz a sua própria pessoa (his self) totalmente ou em parte no interior do objeto para o lesar, para o possuir ou para o controlar.*

▪ A expressão identificação projetiva foi utilizada por Melanie Klein num sentido muito especial que não é o sugerido à primeira vista pela associação dessas duas palavras, ou seja, uma atribuição a outrem de certos traços de si próprio ou de uma semelhança global consigo mesmo.

M. Klein descreveu em *A psicanálise da criança* (*Die Psychoanalyse des Kindes*, 1932) fantasias de ataque contra o interior do corpo materno e de intrusão sádica nele (1). Mas só mais tarde (1946) introduziu a expressão "identificação projetiva" para designar "uma forma especial de identificação que estabelece o protótipo de uma relação de objeto agressiva" (2*a*).

Esse mecanismo, estreitamente relacionado com a posição paranoide* esquizoide, consiste numa projeção fantasística para o interior do corpo materno de partes clivadas da própria pessoa do sujeito, e mesmo desta na sua totalidade (e não apenas maus objetos parciais), de forma a lesar e controlar a mãe a partir do interior. Essa fantasia é a fonte de angústias como a de estar preso e ser perseguido dentro do corpo da mãe; ou ainda a identificação projetiva pode, em compensação, ter como consequência que a introjeção seja sentida "[...] como uma entrada à força do exterior no interior como castigo de uma projeção violenta" (2*b*). Outro perigo é o ego encontrar-se enfraquecido e empobrecido na medida em que se arrisca a perder, na identificação projetiva, partes "boas" de si mesmo; é assim que uma instância como o ideal do ego poderia então tornar-se exterior ao sujeito (2*c*).

M. Klein e Joan Riviere constatam a ação de fantasias de identificação projetiva em diversos estados patológicos, como a despersonalização e a claustrofobia.

A identificação projetiva surge, pois, como uma modalidade da projeção*. Se M. Klein fala de identificação, é na medida em que é a própria pessoa que é projetada. O emprego kleiniano da expressão identificação projetiva é conforme ao sentido estrito que se tende a reservar, em psicanálise, ao termo "projeção": rejeição para o exterior daquilo que o sujeito recusa em si, projeção do que é mau.

★

Essa acepção deixa intacta a questão de saber se se podem distinguir na identificação* certas modalidades em que é o sujeito que se assimila ao outro e certas modalidades em que é o outro que é assimilado pelo sujeito. Agrupar estas últimas sob o título de identificação projetiva supõe uma atenuação do conceito psicanalítico de projeção. Pode-se preferir, portanto, uma oposição como a de identificação centrípeta e identificação centrífuga.

(1) KLEIN (M.), *Cf.* por exemplo in trad. fr., PUF, Paris, 1959, 145.
(2) KLEIN (M.), Notes on Some Schizoid Mechanisms, in *Developments*, 1952. – *a*) 300. – *b*) 304. – c) *Cf.* 301.

IMAGINÁRIO (subst. e adj.)

= *D.*: das Imaginäre – *F.*: imaginaire. – *En.*: imaginary. – *Es.*: imaginario. – *I.*: immaginario.

• *Na acepção dada por J. Lacan, esse termo (então usado a maior parte das vezes como substantivo) é um dos três registros essenciais (o real, o simbólico e o imaginário) do campo psicanalítico. Esse registro é caracterizado pela preponderância da relação com a imagem do semelhante.*

■ A noção de imaginário compreende-se em primeiro lugar em referência a uma das primeiras elaborações teóricas de Lacan a respeito da *fase do* *espelho**. No trabalho que consagrou a essa fase, o autor punha em evidência a ideia de que o ego da criança humana, sobretudo em virtude da prematuração biológica, constitui-se a partir da imagem do seu semelhante (ego especular).

Ao considerarmos essa experiência *princeps*, podemos qualificar como imaginário:

a) do ponto de vista intrassubjetivo: a relação fundamentalmente narcísica do sujeito com o seu ego (1);

b) do ponto de vista intersubjetivo: uma relação chamada *dual* baseada na imagem de um semelhante e captada por ela (atração erótica, tensão agressiva). Para Lacan só existe semelhante – outro que seja eu – porque o ego é originariamente um outro (2);

c) quanto ao meio ambiente (*Umwelt*): uma relação do tipo das que a etiologia animal (Lorenz, Tinbergen) descreveu e que atestam a importância desta ou daquela *Gestalt* no desencadeamento dos comportamentos;

d) quanto às significações: um tipo de apreensão em que certos fatores como a semelhança e o homeomorfismo desempenham um papel determinante, o que atesta uma espécie de coalescência do significante com o significado.

O uso muito especial que Lacan faz do termo imaginário nem por isso deixa de estar relacionado com o sentido habitual; qualquer comportamento, qualquer relação imaginária está, segundo Lacan, essencialmente votada ao malogro (α).

Lacan insiste na diferença, na oposição entre o imaginário e o simbólico, mostrando que a intersubjetividade não se reduz ao conjunto de relações que ele agrupou sob o termo imaginário e que, em especial no tratamento analítico, é importante não confundir os dois "registros" (3).

▲ (α) *Cf* o método dos simulacros em etologia (utilização de estímulos-sinais artificiais como desencadeadores de ciclos instintuais), que o demonstra experimentalmente.

(1) *Cf.* LACAN (J.), Le stade du miroir comme formateur de la fonction du Je, 1949, in RFP, XIII, 449-53.

(2) *Cf.* por exemplo LACAN (J.), L'agressivité en psychanalyse, 1948, in RFP, XII, 367-88.

(3) *Cf.* LACAN (J.), La direction de la cure et les principes de son pouvoir, 1958, in *La psychanalyse*. Paris, PUF, v. VI.

IMAGO

= A mesma palavra latina é adotada nas diversas línguas.

• *Protótipo inconsciente de personagens que orienta seletivamente a forma como o sujeito apreende o outro; é elaborado a partir das primeiras relações intersubjetivas reais e fantasísticas com o meio familiar.*

■ O conceito de *imago* deve-se a Jung (*Metamorfoses e símbolos da libido* [*Wandlungen und Symbole der Libido*, 1911]), que descreve a imago materna, paterna, fraterna.

A imago e o complexo são noções próximas; relacionam-se ambas com o mesmo domínio, as relações da criança com o seu meio familiar e social. Mas o complexo designa o efeito sobre o sujeito da situação interpessoal no seu conjunto; a imago designa uma sobrevivência imaginária deste ou daquele participante dessa situação.

Define-se muitas vezes a imago como "representação inconsciente"; mas deve-se ver nela, em vez de uma imagem, um esquema imaginário adquirido, um clichê estático através do qual o sujeito visa ao outro. A imago pode portanto objetivar-se tanto em sentimentos e comportamentos como em imagens. Acrescente-se que ela não deve ser entendida como um reflexo do real, mesmo que mais ou menos deformado; é assim que a imago de um pai terrível pode muito bem corresponder a um pai real apagado.

INCONSCIENTE (subst. e adj.)

= *D.*: das Unbewusste, unbewusst. – *F.*: inconscient. – *En.*: uncounscious. – *Es.*: inconsciente. – *I.*: inconscio.

■ A) *O adjetivo* **inconsciente** *é por vezes usado para exprimir o conjunto dos conteúdos não presentes no campo efetivo da consciência, num sentido "descritivo" e não "tópico", quer dizer, sem se fazer discriminação entre os conteúdos dos sistemas pré-consciente e inconsciente.*

B) *No sentido "tópico", inconsciente designa um dos sistemas definidos por Freud no quadro da sua primeira teoria do aparelho psíquico. É constituído por conteúdos recalcados aos quais foi recusado o acesso ao sistema pré-consciente-consciente* * *pela ação do recalque* * *(recalque originário* * *e recalque* a posteriori *[ver:* a posteriori*]).*

Podemos resumir do seguinte modo as características essenciais do inconsciente como sistema (ou Ics):

a) Os seus "conteúdos" são "representantes" * *das pulsões;*

b) Esses "conteúdos" são regidos pelos mecanismos específicos do processo primário, *principalmente a condensação* * *e o deslocamento* *;*

c) Fortemente investidos pela energia pulsional, procuram retornar à consciência e à ação (retorno do recalcado *); mas só podem ter acesso ao sistema Pcs-Cs nas formações de compromisso* *, depois de terem sido submetidos às deformações da censura* *.*

d) São, mais especialmente, desejos da infância que conhecem uma fixação * no inconsciente.*

INCONSCIENTE (subst. e adj.)

*A abreviatura Ics (*Ubw *do alemão* Unbewusste*) designa o inconsciente sob a sua forma substantiva como sistema; ics (*ubw*) é a abreviatura do adjetivo inconsciente (*unbewusst*) enquanto qualifica em sentido estrito os conteúdos do referido sistema.*

c) No quadro da segunda tópica freudiana, o termo inconsciente é usado sobretudo na sua forma adjetiva; efetivamente, inconsciente deixa de ser o que é próprio de uma instância especial, visto que qualifica o id e, em parte, o ego e o superego. Mas convém notar:

a) As características atribuídas ao sistema Ics na primeira tópica são de um modo geral atribuídas ao id na segunda;

b) A diferença entre o pré-consciente e o inconsciente, embora já não esteja baseada numa distinção intersistêmica, persiste como distinção intrassistêmica (o ego e o superego são, em parte, pré-conscientes e, em parte, inconscientes).

■ Se fosse preciso concentrar numa palavra a descoberta freudiana, seria incontestavelmente na palavra inconsciente. Por isso, nos limites da presente obra, não pretendemos historiar essa descoberta nos seus antecedentes pré-freudianos, na sua gênese e nas suas elaborações sucessivas em Freud. Vamos limitar-nos, num desejo de clarificação, a sublinhar alguns traços essenciais que a própria difusão do termo tem frequentemente apagado.

1. O inconsciente freudiano é, em primeiro lugar, indissoluvelmente uma noção *tópica** e *dinâmica**, que brotou da experiência do tratamento. Este mostrou que o psiquismo não é redutível ao consciente, e que certos "conteúdos" só se tornam acessíveis à consciência depois de superadas certas resistências; revelou que a vida psíquica era "[...] cheia de pensamentos eficientes embora inconscientes, e que era destes que emanavam os sintomas" (1); levou a supor a existência de "grupos psíquicos separados" e, de modo mais geral, a admitir o inconsciente como um "lugar psíquico" particular que deve ser concebido não como uma segunda consciência, mas como um sistema que possui conteúdos, mecanismos e, talvez, uma "energia" específica.

2. Quais serão esses *conteúdos*?

a) No artigo *O inconsciente* (*Das Unbewusste*, 1915), Freud denomina os "representantes da pulsão". Com efeito, a pulsão, na fronteira entre o somático e o psíquico, está aquém da oposição entre consciente e inconsciente; por um lado, nunca se pode tornar objeto da consciência e, por outro, só está presente no inconsciente pelos seus representantes, essencialmente o "representante-representação"*. Acrescente-se que um dos primeiros modelos teóricos freudianos define o aparelho psíquico como sucessão de inscrições (*Niederschriften*) de sinais (2), ideia retomada e discutida nos textos ulteriores. As representações inconscientes são dispostas em fantasias, histórias imaginárias em que a pulsão se fixa e que podemos conceber como verdadeiras encenações do desejo* (*ver:* fantasia).

b) A maior parte dos textos freudianos anteriores à segunda tópica assimilam o inconsciente ao recalcado. Note-se, todavia, que essa assimilação não deixa de ter restrições; vários textos reservam lugar para conteúdos não adquiridos pelo indivíduo, filogenéticos, que constituiriam o "núcleo do inconsciente" (3a).

Essa ideia completa-se na noção de fantasias originárias* como esquemas pré-individuais que vêm informar as experiências sexuais infantis do sujeito (α).

c) Outra assimilação classicamente reconhecida é a do inconsciente ao *infantil* em nós, mas também nesse caso se impõe uma reserva. Nem todas as experiências infantis estão destinadas, na medida em que seriam naturalmente vividas segundo o modo daquilo a que a fenomenologia chama consciência irreflexiva, a se confundirem com o inconsciente do sujeito. Para Freud, é pela ação do *recalque* infantil que se opera a primeira clivagem entre o inconsciente e o sistema Pcs-Cs. O inconsciente freudiano é *constituído* – apesar de o primeiro tempo do recalque originário poder ser considerado mítico; não é uma vivência indiferenciada.

3. Sabe-se que o sonho foi, para Freud, o caminho por excelência da descoberta do inconsciente. Os mecanismos (deslocamento, condensação, simbolismo) evidenciados no sonho em *A interpretação de sonhos* (*Die Traumdeutung*, 1900) e constitutivos do *processo primário* são reencontrados em outras formações do inconsciente (atos falhos, lapsos etc.), equivalentes aos sintomas pela sua estrutura de compromisso e pela sua função de "realização de desejo"*.

Quando Freud procura definir o inconsciente como sistema, resume assim as suas características específicas (3b): processo primário (mobilidade dos investimentos, característica da energia livre*); ausência de negação, de dúvida, de grau de certeza; indiferença perante a realidade e regulação exclusivamente pelo princípio de desprazer-prazer (visando este a restabelecer pelo caminho mais curto a identidade de percepção*).

4. Freud procurou finalmente fundamentar a coesão própria do sistema Ics e a sua distinção radical do sistema Pcs através da noção econômica de uma "energia de investimento" própria de cada um dos sistemas. A energia inconsciente aplicar-se-ia a representações por ela investidas ou desinvestidas, e a passagem de um elemento de um sistema para o outro produzir-se-ia por desinvestimento por parte do primeiro e reinvestimento pelo segundo.

Mas essa energia inconsciente – e esta é uma dificuldade da concepção freudiana – ora aparece como uma força de atração exercida sobre representações e resistente à tomada de consciência (é o que acontece na teoria do recalque, em que a atração pelos elementos já recalcados vem colaborar com a repressão do sistema superior) (4), ora como uma força que tende a fazer emergir os seus "derivados"* na consciência e só seria contida graças à vigilância da censura (3c).

5. As considerações tópicas não devem fazer-nos perder de vista o valor dinâmico do inconsciente freudiano, que o seu autor tantas vezes sublinhou; devemos, pelo contrário, ver nas distinções tópicas o meio de explicar o conflito, a repetição e as resistências.

★

Sabe-se que, a partir de 1920, a teoria freudiana do aparelho psíquico foi profundamente remodelada, e foram introduzidas novas distinções tópicas que já não coincidiam com as do inconsciente, pré-consciente e consciente. Com efeito, se é verdade que reencontramos na instância do id as principais características do sistema Ics, também nas outras instâncias – ego e superego – é reconhecida uma origem e uma parte inconscientes (*ver*: id; ego; superego; tópica).

▲ (α) Embora o próprio Freud não tenha estabelecido uma relação entre as fantasias originárias (*Urphantasien*) e a hipótese do recalque originário (*Urverdrängung*), não podemos deixar de notar que eles desempenham a mesma função quanto à origem última do inconsciente.

(1) FREUD (S.), *A Note on the Unconscious in Psycho-Analysis*, 1912. GW, VIII, 433; SE, XII, 262; Fr., 13.
(2) *Cf.* FREUD (S.), *Aus den Anfängen der Psychoanalyse*, carta a Fliess de 6-12-1896. Al., 185-6; Ing., 173; Fr., 155.
(3) *Cf.* FREUD (S.), *Das Unbewusste*, 1915. – *a)* GW, X, 294; SE, XIV, 195; Fr., 144. – *b)* GW, X, 285-8; SE, XIV, 186-9; Fr., 129-35. – *c)* GW, X, 280; SE, XIV, 181; Fr., 120.
(4) *Cf.* FREUD (S.), *Die Verdrängung*, 1915. GW, X, 250-1; SE, XIV, 148, Fr., 71-2.

INCORPORAÇÃO

= *D.*: Einverleibung. – *F.*: incorporation. – *En.*: incorporation. – *Es.*: incorporación. – *I.*: incorporazione.

• *Processo pelo qual o sujeito, de um modo mais ou menos fantasístico, faz penetrar e conserva um objeto no interior do seu corpo. A incorporação constitui uma meta pulsional e um modo de relação de objeto característicos da fase oral; numa relação privilegiada com a atividade bucal e a ingestão de alimentos, pode igualmente ser vivida em relação com outras zonas erógenas e outras funções. Constitui o protótipo corporal da introjeção* e da identificação*.*

■ Ao elaborar a noção de fase oral (1915), Freud introduz o termo incorporação (1), que acentua a relação com o objeto, quando antes, particularmente na primeira edição de *Três ensaios sobre a teoria da sexualidade* (*Drei Abhandlungen zur Sexualtheorie*, 1905), Freud descrevia a atividade oral sob o aspecto relativamente limitado do prazer da sucção.

Na incorporação, misturam-se intimamente diversas metas pulsionais. Em 1915, no quadro do que é então a sua teoria das pulsões (oposição entre as pulsões sexuais e as pulsões do ego ou de autoconservação), Freud sublinha que as duas atividades – sexual e alimentar – estão estreitamente mescladas. No quadro da última teoria das pulsões (oposição entre as pulsões de vida e as pulsões de morte), é sobretudo a fusão da libido e da agressividade que é posta em evidência: "Na fase de organização oral da libido, o domínio amoroso sobre o objeto coincide ainda com o aniquilamento deste" (2). Esta concepção será desenvolvida por Abraham e ulteriormente por M. Klein (ver: fase sádico-oral).

Na verdade, estão bem presentes na incorporação três significações: obter um prazer fazendo penetrar um objeto em si, destruir esse objeto, assimilar as qualidades desse objeto conservando-o dentro de si. É este último aspecto que faz da incorporação a matriz da introjeção e da identificação.

A incorporação não se limita nem à atividade oral propriamente dita, nem à fase oral, embora a oralidade constitua o modelo de toda incorporação. Efetivamente, outras zonas erógenas e outras funções podem ser seu suporte (incorporação pela pele, pela respiração, pela visão, pela audição). Do mesmo modo, existe uma incorporação anal, na medida em que a cavidade retal é assimilada à boca, e uma incorporação genital, manifestada particularmente na fantasia da retenção do pênis no interior do corpo.

Abraham, e depois M. Klein, acentuaram que o processo de incorporação ou o canibalismo também podem ser parciais, quer dizer, incidir em objetos parciais* (ver: canibalesco).

(1) *Cf.* FREUD (S.), seção 6, acrescentada em 1915: GW, V, 98; SE, VII, 197; Fr., 95.
(2) FREUD (S.), *Jenseits des Lustprinzips*, 1920. GW, XIII, 58; SE, XVIII, 54; Fr., 62.

INERVAÇÃO

= *D.*: Innervation. – *F.*: innervation. – *En.*: innervation. – *Es.*: inervación. – *I.*: innervazione.

• *Termo utilizado por Freud nos seus primeiros trabalhos para designar o fato de uma certa energia ser veiculada para esta ou aquela parte do corpo, nela produzindo fenômenos motores ou sensitivos.*

A inervação, fenômeno fisiológico, poderia produzir-se por conversão* de energia psíquica em energia nervosa.

■ O termo inervação pode levantar dificuldades ao leitor de Freud. Com efeito, hoje o termo é usado em geral para designar um fato anatômico (trajeto de um nervo até determinado órgão), ao passo que Freud designa por inervação um processo fisiológico, a transmissão, a maior parte das vezes no sentido eferente, da energia ao longo de uma via nervosa. Veja-se, por exemplo, esta passagem a propósito da histeria: "[...] o afeto arrancado [à representação] é utilizado numa inervação somática: conversão da excitação" (1).

(1) FREUD (S.), e BREUER (J.), *Studien über Hysterie*, 1895. GW, I, 288; SE, II, 285; Fr., 230.

INIBIDO(A) QUANTO À META

= *D.*: zielgehemmt. – *F.*: inhibé quant au but. – *En.*: aim-inhibited. – *Es.*: coartado *ou* inhibido en su meta. – *I.*: inibito nella meta.

● *Qualifica uma pulsão que, sob o efeito de obstáculos externos ou internos, não atinge o seu modo direto de satisfação (ou meta) e encontra uma satisfação atenuada em atividades ou relações que podem ser consideradas aproximações mais ou menos longínquas da meta primitiva.*

■ Freud utiliza o conceito de inibição quanto à meta principalmente para explicar a origem dos sentimentos de ternura (*ver esta palavra*) ou dos sentimentos sociais. Ele mesmo indicou a dificuldade que existe em explicá-lo de forma rigorosa de um ponto de vista metapsicológico (1). Como compreender essa inibição? Suporá ela um recalque da meta primitiva e um retorno do recalcado? Por outro lado, quais serão as suas relações com a sublimação (*ver esta palavra*)? Neste último ponto, Freud parece ver na inibição como que um começo de sublimação, mas tem, no entanto, o cuidado de distinguir os dois processos. "As pulsões sociais pertencem a uma classe de moções, pulsionais onde não é ainda necessário ver pulsões sublimadas, embora estejam próximas destas. Não abandonaram as suas metas sexuais diretas, mas resistências internas impedem-nas de atingirem essas metas; contentam-se em se aproximarem, em certa medida, da satisfação, e é justamente por isso que elas estabelecem laços particularmente duradouros entre os homens. Tais são em especial as relações de ternura entre pais e filhos, que, na origem, eram plenamente sexuais, os sentimentos de amizade e os laços afetivos no casamento, que brotaram da atração sexual" (2).

(1) *Cf.* FREUD (S.), *Massenpsychologie und Ich-Analyse*, 1921. GW, XIII, 155; SE, XVIII, 138-139; Fr., 155-6.
(2) FREUD (S.), *"Psychoanalyse" und "Libidotheorie"*, 1923. GW, XIII, 232; SE, XVIII, 258.

INSTÂNCIA

= *D.*: Instanz. – *F.*: instance. – *En.*: agency. – *Es.*: instancia. – *I.*: istanza.

● *No quadro de uma concepção simultaneamente tópica e dinâmica do aparelho psíquico, uma das diversas subestruturas. Exemplos: instância da censura (primeira tópica), instância do superego (segunda tópica).*

■ Nas diversas exposições que apresentou da sua concepção do aparelho psíquico*, Freud usa, a maioria das vezes, para designar as suas partes ou subestruturas, os termos sistema ou instância. Encontramos mais raramente as palavras organização (*Organisation*), formação (*Bildung*), província (*Provinz*).

O primeiro termo introduzido por Freud foi *sistema* (1); refere-se a um esquema essencialmente tópico* do psiquismo, este concebido como uma sequência de dispositivos atravessados pelas excitações, como a luz passa através dos diversos "sistemas" de um aparelho óptico. O termo *instância* é introduzido em *A interpretação de sonhos* (*Die Traumdeutung*, 1900) como sinônimo de sistema (2*a*). É utilizado por Freud até os seus últimos escritos (3).

Embora os dois termos sejam usados muitas vezes de modo indiferente, note-se que "sistema" refere-se a uma concepção mais exclusivamente tópica, e "instância" é um termo de significação simultaneamente tópica e dinâmica. Freud fala, por exemplo, de sistemas mnésicos (2*b*), de sistema percepção-consciência, e não, nestes casos, de instância. Inversamente, fala mais naturalmente de instâncias a propósito do superego ou da censura, na medida em que exercem uma ação positiva, e não são simplesmente atravessados pelas excitações; é assim que o superego é considerado o herdeiro da "instância parental" (4). Note-se, aliás, que o próprio termo "instância" é introduzido por Freud em *A interpretação de sonhos* por comparação com os tribunais ou com as autoridades que julgam o que convém deixar passar (2*c*).

Na medida em que pode ser mantida essa nuance de sentido, o termo "sistema" corresponderia melhor ao espírito da primeira tópica freudiana, e o termo "instância", à segunda concepção do aparelho psíquico, ao mesmo tempo mais dinâmica e mais estrutural.

(1) *Cf.* FREUD (S.), *Aus den Anfängen der Psychoanalyse*, 1887-1902. Al., 373-466; Ing., 348-445; Fr., 307-96.

(2) *Cf.* FREUD (S.). – *a*) GW, II-III, 542; SE, V, 536-7; Fr., 441. – *b*) GW, II-III, 544; SE, V, 539; Fr., 443. – *c*) GW, II-III, 147-50; SE, IV, 141-5; Fr., 109-11.

(3) *Cf.* por exemplo: *Abriss der Psychoanalyse*, 1938. GW, XVII, 67, 83; SE, XXIII, 145, 161; Fr., 3, 24.

(4) FREUD (S.), *Neue Folge der Vorlesungen zur Einführung in die Psychoanalyse*, 1932, GW, XV, 68-70; SE, XXII, 62-4; Fr., 88-91.

INSTINTO

= *D.*: Instinkt. – *F.*: instinct. – *En.*: instinct. – *Es.*: instinto. – *I.*: istinto.

• A) *Classicamente, esquema de comportamento herdado, próprio de uma espécie animal, que pouco varia de um indivíduo para outro, que se desenrola segundo uma sequência temporal pouco suscetível de alterações e que parece corresponder a uma finalidade.*

B) *Termo utilizado por certos autores psicanalíticos [franceses] como tradução ou equivalente do termo freudiano* Trieb, *para o qual, numa terminologia coerente, convém recorrer ao termo pulsão*.*

■ A concepção freudiana de *Trieb* como força impulsionante relativamente indeterminada quanto ao comportamento que induz e quanto ao objeto que fornece a satisfação, difere nitidamente das teorias do instinto, quer na sua forma clássica, quer na renovação que lhes trouxeram as pesquisas contemporâneas (noção de padrão de comportamentos, de mecanismos inatos de desencadeamento, de estímulos-sinais específicos etc.). O termo instinto tem implicações nitidamente definidas, muito distantes da noção freudiana de pulsão.

Note-se, por outro lado, que Freud usa por diversas vezes o termo *Instinkt* no sentido clássico (*cf.* definição A), falando de "instinto dos animais", de "conhecimento instintivo de perigos" (1) etc.

Mais ainda, quando ele pergunta "[...] se existem no homem formações psíquicas hereditárias, qualquer coisa de análogo ao instinto dos animais" (2), não é na pulsão que ele vê esse equivalente, mas naqueles "esquemas filogenéticos hereditários" (3) que são as fantasias originárias* (cena originária, castração, por exemplo).

Vemos que Freud usa dois termos que podemos opor claramente, embora não tenha atribuído um papel explícito a essa oposição na sua teoria. Na literatura psicanalítica, a oposição não se manteve sempre, muito pelo contrário. A escolha do termo *instinto* como equivalente inglês ou francês de *Trieb* não só é uma inexatidão de tradução, como ameaça introduzir uma confusão entre a teoria freudiana das pulsões e as concepções psicológicas do instinto animal e apagar a originalidade da concepção freudiana, particularmente a tese do caráter relativamente indeterminado do impulso motivante e as noções de contingência do objeto* e da variabilidade das metas.

(1) FREUD (S.), *Hemmung, Symptom und Angst*, 1926. GW, XIV, 201; SE, XX, 168; Fr., 97-8.
(2) FREUD (S.), *Das Unbewusste*, 1915. GW, X, 294; SE, XIV, 195; Fr., 144.
(3) FREUD (S.), *Aus der Geschichte einer infantilen Neurose*, 1918. GW, XII, 156; SE, XVII, 120-1; Fr., 419-20.

INTELECTUALIZAÇÃO

= *D.*: Intellektualisierung. – *F.*: intellectualisation. – *En.*: intellectualization. – *Es.*: intelectualización. – *I.*: intellettualizzazione.

● *Processo pelo qual o sujeito procura dar uma formulação discursiva aos seus conflitos e às suas emoções, de modo a dominá-los.*
O termo é, na maioria das vezes, mal interpretado; designa, especialmente no tratamento, a preponderância conferida ao pensamento abstrato sobre a emergência e o reconhecimento dos afetos e das fantasias.

■ Não encontramos em Freud o termo intelectualização, e, no conjunto da literatura psicanalítica, poucos desenvolvimentos teóricos encontramos sobre esse processo. Um dos textos mais explícitos é o de Anna Freud, que descreve a intelectualização no adolescente como um mecanismo de defesa, mas considera-o como a exacerbação de um processo normal pelo qual o ego tenta "dominar as pulsões ligando-as a ideias com que se pode conscientemente jogar [...]": a intelectualização constitui, segundo a autora, "[...] um dos poderes adquiridos mais generalizados, mais antigos e mais necessários do ego humano" (1).

O termo intelectualização é empregado sobretudo para designar uma modalidade de resistência encontrada no tratamento. Ela é mais ou menos patente, mas constitui sempre um meio de evitar as implicações da regra fundamental.

É assim que determinado paciente só apresenta os seus problemas em termos racionais e gerais (diante de uma escolha amorosa, dissertará sobre os méritos comparados do casamento e do amor livre). Outro, embora evoque bem a sua história, o seu caráter, os seus conflitos próprios, formula-os imediatamente em termos de uma reconstrução coerente que pode até ir buscar na linguagem psicanalítica (por ex.: invocando a sua "oposição à autoridade", em vez de falar das suas relações com o pai). Uma forma mais sutil de intelectualização deve ser aproximada ao que K. Abraham descreveu em 1919 em *Uma forma especial de resistência neurótica ao método psicanalítico* (*Über eine besondere Form des neurotischen Widerstandes gegen die psychoanalytische Methodik*): certos pacientes parecem fazer "bom trabalho" analítico e aplicar a regra, relatando recordações, sonhos e mesmo experiências afetivas. Mas tudo se passa como se falassem segundo um programa e procurassem comportar-se como analisandos-modelos, apresentando eles próprios as suas interpretações e evitando assim qualquer irrupção do inconsciente ou qualquer intervenção do analista, percebidas como perigosas intrusões.

O termo intelectualização exige certas reservas:

1) Como demonstra o nosso último exemplo, nem sempre é fácil distinguir esse modo de resistência do tempo necessário e fecundo em que o sujeito dá forma e assimila as descobertas anteriores e as interpretações fornecidas (*ver*: perlaboração);

2) O termo intelectualização refere-se à oposição, herdada da psicologia das "faculdades", entre intelectual e afetivo. Ameaça levar, uma vez denunciada a intelectualização, a uma valorização excessiva da "vivência afetiva" no tratamento analítico, confundindo-o com o método catártico. Fenichel repele, uma e outra, essas duas modalidades simétricas da resistência: "[...] o paciente é sempre racional e recusa-se a pactuar com a lógica peculiar das emoções; [...] o paciente está constantemente mergulhado num mundo obscuro de emoções, sem poder libertar-se dele [...]" (2).

★

A intelectualização deve ser aproximada de outros mecanismos descritos em psicanálise, e principalmente da racionalização*. Uma das finalidades principais da intelectualização é manter os afetos a distância e neutralizá-los. A racionalização está, a esse respeito, numa posição diferente: não implica uma evitação sistemática dos afetos, mas lhes atribui motivações mais plausíveis do que verdadeiras, dando-lhes uma justificação de ordem racional ou ideal (por exemplo, um comportamento sádico, em tempo de guerra, justificado pelas necessidades da luta, pelo amor à pátria etc.).

(1) FREUD (A.), *Das Ich und die Abwehrmeckanismen*, Imago Publishing, Londres, 1936. Al., 127; Fr., PUF, Paris, 147.

(2) FENICHEL (C), *The Psychoanalytic Theory of Neurosis*, Norton, Nova York, 1945. Ing., 28; Fr., PUF, Paris, 32.

INTERESSE ou INTERESSE DO EGO (ou DO EU)

= *D.*: Interesse, Ichinteresse – *F.*: intérét (du moi). – *En.*: (ego) interest. – *Es.*: interés (del yo). – *I.*: interesse (dell'io).

• *Termo usado por Freud no quadro do seu primeiro dualismo pulsional. Energia das pulsões de autoconservação por oposição à libido ou energia das pulsões sexuais.*

■ O sentido específico do termo *interesse*, que indicamos na definição, delineia-se nos textos freudianos durante os anos de 1911-1914. Sabe-se que a libido* designa a energia de investimento das pulsões sexuais; paralelamente, existe, segundo Freud, uma energia de investimento das pulsões de autoconservação.

Em algumas das suas acepções, interesse, tomado num sentido geral próximo do sentido usual, abrange o conjunto dessas duas espécies de investimentos, como é o caso, por exemplo, desta passagem em que Freud introduz o termo: o paranoico retira "[...] talvez não apenas o seu investimento libidinal, mas também o seu interesse em geral, e portanto igualmente os investimentos provenientes do ego" (1). A tese de Jung (α), que recusa distinguir entre libido e "interesse psíquico em geral", leva Freud a sublinhar a oposição, reservando o termo "interesse" exclusivamente para os investimentos provenientes das pulsões de autoconservação ou pulsões do ego (2) (*ver*: egoísmo).

Para esta acepção específica, o leitor poderá reportar-se, por exemplo, às *Conferências introdutórias sobre psicanálise* (*Vorlesungen zur Einführung in die Psychoanalyse*, 1917) (3).

▲ (α) Segundo Jung, o termo interesse teria sido proposto por Claparède, precisamente como sinônimo de libido (4).

(1) FREUD (S.), *Psychoanalytische Bemerkungen über einen autobiographisch beschriebenen Fall von Paranoia*, 1911. GW, VIII, 307, n. 3; SE, XII, 70, n. 2; Fr., 314, n. 3.
(2) *Cf.* FREUD (S.), *Zur Einführung des Narzissmus*, 1914. GW, X, 145-7; SE, XIV, 79-81.

(3) *Cf.* FREUD (S.), GW, XI, 430; SE., XVI, 414; Fr., 444.
(4) JUNG (C. G.), Versuch einer Darstellung der psychoanalytischen Theorie. *Jahrbuch psa. Forsch.*, V, 1913, pp. 337 ss.

INTERIORIZAÇÃO

= *D.*: Verinnerlichung. – *F.*: intériorisation. – *En.*: internalization. – *Es.*: interiorización. – *I.*: interiorizzazione.

- A) *Termo muitas vezes usado como sinônimo de introjeção.*

  B) *Num sentido mais específico, processo pelo qual certas relações intersubjetivas são transformadas em relações intrassubjetivas (interiorização de um conflito, de uma interdição etc.).*

■ O termo interiorização é de utilização muito frequente em psicanálise. Muitas vezes é tomado, principalmente pela escola kleiniana, no sentido de introjeção, isto é, da passagem fantasística de um *objeto* "bom" ou "mau", total ou parcial, para o interior do sujeito.

Num sentido mais específico, fala-se de interiorização quando o processo incide em *relações*. Diz-se, por exemplo, que a relação de autoridade entre o pai e o filho é interiorizada na relação do superego com o ego. Esse processo supõe uma diferenciação estrutural no seio do psiquismo tal que relações e conflitos possam ser vividos ao nível intrapsíquico. A interiorização é assim correlativa das concepções tópicas de Freud, particularmente da segunda teoria do aparelho psíquico.

Numa preocupação de precisão terminológica, distinguimos na nossa definição dois sentidos, A e B. Na realidade, eles estão muito ligados: quando do declínio do Édipo, podemos dizer que o sujeito introjeta a imago paterna e que interioriza o conflito de autoridade com o pai.

INTERPRETAÇÃO

= *D.*: Deutung. – *F.*: interprétation. – *En.*: interpretation. – *Es.*: interpretación. – *I.*: interpretazione.

- A) *Destaque, pela investigação analítica, do sentido latente nas palavras e nos comportamentos de um sujeito. A interpretação traz à luz as modalidades do conflito defensivo e, em última análise, tem em vista o desejo que se formula em qualquer produção do inconsciente.*

  B) *No tratamento, comunicação feita ao sujeito, visando a dar-lhe acesso a esse sentido latente, segundo as regras determinadas pela direção e evolução do tratamento.*

■ A interpretação está no centro da doutrina e da técnica freudianas. Poderíamos caracterizar a psicanálise pela interpretação, isto é, pela evidenciação do sentido latente de um material.

INTERPRETAÇÃO

Foi a atitude freudiana para com o sonho que constituiu o primeiro exemplo e o modelo da interpretação. As teorias "científicas" do sonho tentavam explicá-lo como fenômeno da vida mental, invocando uma redução da atividade psíquica, um relaxamento das associações; algumas definiam o sonho como uma atividade específica, mas nenhuma levava em consideração o seu conteúdo e, *a fortiori*, a relação existente entre ele e a história pessoal do sonhante. Em contrapartida, os métodos de intepretação do tipo "chave dos sonhos" (Antiguidade, Oriente) não desdenham o conteúdo do sonho e reconhecem nele um significado. Nesse sentido, Freud declara-se ligado a esta tradição. Mas acentua exclusivamente a inserção singular do simbolismo da pessoa e, nesse sentido, o seu método desvia-se das chaves dos sonhos (1*a*).

A interpretação, para Freud, destaca, a partir do relato feito pelo sonhante (*conteúdo manifesto**), o sentido do sonho tal qual ele se formula no *conteúdo latente** a que conduzem as associações livres. O objetivo último da interpretação é o desejo inconsciente e a fantasia em que ele toma corpo.

É claro que o termo interpretação não é reservado a essa produção fundamental do inconsciente que é o sonho. Aplica-se às outras produções do inconsciente (atos falhos, sintomas etc.) e, mais geralmente, àquilo que, no discurso e no comportamento do sujeito, traz a marca do conflito defensivo.

★

A comunicação da interpretação sendo por excelência o modo de ação do analista, o termo interpretação, usado de forma absoluta, tem igualmente o sentido técnico de *interpretação comunicada* ao paciente.

A interpretação, nesse sentido técnico, está presente desde as origens da psicanálise. Note-se, todavia, que, na fase dos *Estudos sobre a histeria* (*Studien über Hysterie*, 1895), na medida em que o objetivo principal é fazer ressurgir as *recordações* patogênicas inconscientes, a interpretação não é ainda definida como o modo principal da ação terapêutica (nem o termo, aliás, se encontra nesse texto).

Isso acontecerá logo que a técnica psicanalítica começar a se definir. A interpretação é então integrada na dinâmica do tratamento, como o ilustra o artigo sobre *O manejo da interpretação de sonhos na psicanálise* (*Die Handhabung der Traumdeutung in der Psychoanalyse*, 1911): "Afirmo pois que a interpretação dos sonhos não deve ser praticada, no decorrer do tratamento analítico, como uma arte em si mesma, mas que a sua manipulação continua submetida às regras técnicas a que deve obedecer o tratamento no seu conjunto" (2). É a consideração dessas "regras técnicas" que deve determinar o nível (mais ou menos "profundo"), o tipo (interpretação das resistências, da transferência etc.), a ordem eventual das interpretações.

Mas não pretendemos tratar aqui dos problemas referentes à interpretação, que foram objeto de numerosas discussões técnicas: critérios, forma e formulação, oportunidade, "profundidade", ordem etc. (α). Indiquemos apenas que a interpretação não abrange o conjunto das *intervenções* do analista no tratamento (como, por exemplo, o encorajamento a falar, a tranquilização, a explicação de um mecanismo ou de um símbolo, as injunções, as construções* etc.), ainda que estas possam todas assumir, no seio da situação analítica, um valor interpretativo.

★

Notemos que, do ponto de vista terminológico, o termo *interprétation* [assim como o termo português interpretação] não se ajusta exatamente ao termo alemão *Deutung*. O termo francês [e o português] orienta sobretudo o espírito para o que há de subjetivo, e até mesmo de forçado, de arbitrário, no sentido que é atribuído a um acontecimento, a uma palavra. *Deutung* parece mais próximo de explicação, de esclarecimento, e apresenta, em menor grau, para a consciência linguística comum, o tom pejorativo que o termo francês [e o português] pode assumir (β). A *Deutung* de um sonho consiste, escreve Freud, em determinar a sua *Bedeutung*, a sua significação (1*b*).

Nem por isso Freud deixou de frisar o parentesco entre interpretação, no sentido analítico do termo, e outros processos mentais em que se manifesta uma atividade interpretativa.

É assim que a elaboração secundária* constitui, da parte do sonhante, uma "primeira interpretação" destinada a introduzir uma certa coerência nos elementos a que conduz o trabalho do sonho: "[...] certos sonhos sofreram até o fundo uma elaboração realizada por uma função psíquica análoga ao pensamento desperto; parecem ter um sentido, mas esse sentido é tudo o que há de mais afastado da significação [*Bedeutung*] do sonho [...]. São sonhos que, por assim dizer, já haviam sido interpretados, antes que os submetêssemos à interpretação, em estado de vigília" (1*c*). Na elaboração secundária, o sujeito trata o conteúdo do sonho da mesma forma que qualquer conteúdo perceptivo inédito, tendendo a reconduzi-lo ao já conhecido por meio de certas "representações de espera" (*Erwartungsvorstellungen*) (3). Freud acentua ainda as relações que existem entre a interpretação paranoica (ou ainda a interpretação dos sinais na superstição) e a interpretação analítica (4*a*). Para os paranoicos, com efeito, tudo é interpretável: "[...] atribuem a maior significação aos pequenos pormenores que geralmente desprezamos no comportamento dos outros, interpretam a fundo [*ausdeuten*] e tiram daí conclusões de grande alcance" (4*b*). Nas suas interpretações do comportamento dos outros, os paranoicos dão muitas vezes provas de maior argúcia do que o sujeito normal. A lucidez de que o paranoico dá provas para com os outros tem por contrapartida um desconhecimento fundamental do seu próprio inconsciente.

▲ (α) O leitor poderá orientar-se quanto a esses problemas consultando a obra de Edward Glover, *Técnica da psicanálise* (*The technique of Psycho-Analysis*, 1955, trad. fr., Paris, PUF, 1958), e especialmente a enquete realizada pelo autor entre os psicanalistas.

(β) Note-se, aliás, que a psiquiatria alemã não designa o delírio paranoico como delírio de interpretação.

(1) FREUD (S.), *Die Traumdeutung*, 1900. – *a*) *Cf* cap. I e princípio do cap. II. – *b*) *Cf.* GW, II-III, 100-1; SE, IV, 96; Fr., 76. – *c*) GW, II-III, 494; SE, V; Fr., 365.
(2) FREUD (S.), GW, VIII, 354; SE, XII, 94; Fr., 47.
(3) *Cf.* FREUD (S.), *Über den Traum*, 1901. GW, II-III, 679-80; SE, V, 666.
(4) *Cf.* particularmente FREUD (S.), *Zur Psychopathologie des Alltagslebens*, 1901. – *a*) GW, IV, 283-9; SE, VI, 254-60; Fr., 294-300. – *b*) GW, IV, 284; SE, VI, 255; Fr., 295.

INTROJEÇÃO

= *D.*: Introjektion. – *F.*: introjection. – *En.*: introjection. – *Es.*: introyección. – *I.*: introiezione.

• *Processo evidenciado pela investigação analítica. O sujeito faz passar, de um modo fantasístico, de "fora" para "dentro", objetos e qualidades inerentes a esses objetos.*
A introjeção aproxima-se da incorporação, que constitui o seu protótipo corporal, mas não implica necessariamente uma referência ao limite corporal (introjeção no ego, no ideal do ego etc.).
Está estreitamente relacionada com a identificação.

■ Foi Sándor Ferenczi quem introduziu o termo introjeção, forjado por simetria ao termo projeção. Em *Introjeção e transferência* (*Introjektion und Übertragung*. 1909), escreve: "Enquanto o paranoico expulsa do seu ego as tendências que se tornaram desagradáveis, o neurótico procura a solução fazendo entrar no seu ego a maior parte possível do mundo exterior, fazendo dele objeto de fantasias inconscientes. Podemos, pois, dar a este processo, em contraste com a projeção, o nome de introjeção" (1*a*). É difícil, porém, distinguir do conjunto deste artigo uma acepção exata da noção de introjeção, pois Ferenczi parece utilizá-la num sentido amplo, o de uma "paixão pela transferência" que leva o neurótico a "abrandar os seus afetos livremente flutuantes, estendendo o círculo dos seus interesses" (1*b*). Acaba por designar pelo termo introjeção um tipo de comportamento (principalmente na pessoa histérica) a que igualmente se poderia chamar projeção.
Freud adota o termo introjeção e o contrapõe nitidamente à projeção. O texto mais explícito a esse respeito é *Pulsões e destinos das pulsões* (*Triebe und Triebschicksale*, 1915), em que é considerada a gênese da oposição sujeito(ego)-objeto (mundo exterior), na medida em que é correlativa da oposição prazer-desprazer: o "ego-prazer purificado" constitui-se por uma introjeção de tudo o que é fonte de prazer e por uma projeção para fora de tudo o que é ocasião de desprazer (*ver:* ego-prazer – ego-realidade). Encon-

tra-se a mesma oposição em *A negação* (*Die Verneinung*, 1925); "[...] o ego-prazer originário quer [...] introjetar em si tudo o que é bom e rejeitar tudo o que é mau" (2*a*).

A introjeção caracteriza-se ainda pela sua ligação com a incorporação oral. Aliás, os dois termos são muitas vezes utilizados como sinônimos por Freud e por numerosos autores. Freud mostra como a oposição introjeção-projeção se atualiza inicialmente segundo o modo oral antes de se generalizar. Esse processo "exprime-se assim na linguagem das pulsões mais antigas, orais: quero comer aquilo ou quero cuspi-lo; e, traduzido numa expressão mais geral: quero introduzir isto em mim e excluir aquilo de mim" (2*b*).

Convém, portanto, manter uma distinção, aliás sugerida por esta última passagem, entre incorporação e introjeção. Em psicanálise, o limite corporal é o protótipo de toda e qualquer separação entre um interior e um exterior; o processo de incorporação refere-se explicitamente a esse invólucro corporal. O termo "introjeção" é mais amplo: já não é apenas o interior do corpo que está em questão, mas o interior do aparelho psíquico, de uma instância etc. É assim que se fala de introjeção no ego, no ideal do ego etc.

A introjeção foi inicialmente evidenciada por Freud na análise da melancolia (3) e depois reconhecida como um processo mais geral (4). Nessa perspectiva, ela renovou a teoria freudiana da identificação*.

Na medida em que a introjeção permanece marcada pelo seu protótipo corporal, traduz-se em fantasias, que incidem sobre os objetos, sejam eles parciais ou totais. Também a noção desempenha um grande papel em autores como Abraham e sobretudo em M. Klein, que se dedicou a descrever as idas e vindas fantasísticas dos "bons" e "maus" objetos (introjeção, projeção, reintrojeção). Esses autores falam essencialmente de *objetos* introjetados, e parece com efeito que o termo deveria ser reservado para os casos em que estão em causa objetos ou qualidades que lhes são inerentes. A rigor, não se pode falar, como o faz Freud, de "introjeção da agressividade" (5); nesse caso seria melhor utilizar a expressão "retorno sobre a própria pessoa"*.

(1) FERENCZI (S.), In *First Contr.*, 1909. – *a*) 40. – *b*) 43.
(2) FREUD (S.). – *a*) GW, XIV, 13; SE, XIX, 237; Fr., 175. – *b*) GW, XIV, 13; SE, XIX, 237; Fr., 175.
(3) *Cf.* FREUD (S.), *Trauer und Melancholie*, 1917. GW, X, 42-6; SE, XIV, 243-58; Fr., 188-222.
(4) *Cf.* ABRAHAM (K.), *Versuch einer Entwicklungsgeschichte der Libido auf Grund der Psychoanalyse seelischer Störungen*, 1924. Fr., II, 272 ss.
(5) *Cf.* FREUD (S.), *Das Unbehagen in der Kultur*, 1930. GW, XIV, 482; SE, XXI, 123; Fr., 58.

INTROVERSÃO

= *D*.: Introversion. – *F*.: introversion. – *En*.: introversion. – *Es*.: introversión. – *I*.: introversione.

● *Termo introduzido por Jung para designar, de um modo geral, o desligamento da libido dos seus objetos exteriores e a sua retirada sobre o mundo interior do sujeito.*
Freud retomou o termo, mas limitando o seu emprego a uma retirada da libido resultando no investimento de formações intrapsíquicas imaginárias, o que é diferente de uma retirada da libido sobre o ego (narcisismo secundário).

■ O termo introversão aparece pela primeira vez em Jung, em 1910, em *Sobre os conflitos da alma infantil* (*Über Konflikte der kindlischen Seele*). Será encontrado em numerosos textos posteriores, particularmente em *Metamorfoses e símbolos da libido* (*Wandlungen und Symbole der Libido*, 1913). O conceito conheceu depois larga difusão nas tipologias pós-junguianas (oposição entre os tipos introvertido e extrovertido).

Embora tenha admitido o termo introversão, Freud fez logo reservas quanto à extensão a ser atribuída ao conceito.

Para ele, a introversão designa a retirada da libido sobre objetos imaginários ou fantasias; neste sentido, a introversão constitui um momento da formação dos sintomas neuróticos, momento consecutivo à frustração e que pode conduzir à regressão. A libido "[...] desvia-se da realidade, que perdeu o seu valor para o indivíduo devido à frustração obstinada que dela provém, e volta-se para a vida fantasística, onde cria novas formações de desejo e reanima os traços anteriores de formação de desejo já esquecidos" (1).

Em *Sobre o narcisismo: uma introdução* (*Zur Einführung des Narzissmus*, 1914), Freud critica o emprego, a seus olhos demasiadamente amplo, do termo introversão, que leva Jung a designar a psicose como neurose de introversão. Freud opõe o conceito de narcisismo (secundário), como retirada da libido sobre o ego, ao de introversão, retirada da libido sobre fantasias, e designa a psicose como neurose narcísica*.

(1) FREUD (S.), *Über neurotische Erkrakungstypen* (1921). GW, VIII, 323-4; SE, XII, 232.

INVEJA DO PÊNIS

= *D*.: Penisneid. – *F*.: envie du pénis. – *En*.: penis envy. – *Es*.: envidia del pene. – *I*.: invidia del pene.

● *Elemento fundamental da sexualidade feminina e mola da sua dialética.*

A inveja do pênis nasce da descoberta da diferença anatômica entre os sexos: a menina sente-se lesada com relação ao menino e deseja possuir um pênis como ele (complexo de castração); depois, essa inveja do pênis assume, no decorrer do Édipo, duas formas derivadas: desejo de adquirir um pênis dentro de si (principalmente sob a forma de desejo de ter um filho) e desejo de fruir do pênis no coito.

A inveja do pênis pode redundar em numerosas formas patológicas ou sublimadas.

■ A noção de inveja do pênis assumiu importância cada vez maior na teoria de Freud, à medida que ele ia sendo levado a especificar a sexualidade feminina, primeiro implicitamente considerada como simétrica à do menino.

Os *Três ensaios sobre a teoria da sexualidade* (*Drei Abhandlungen zur Sexualtheorie*, 1905), centrados na evolução da sexualidade do menino, não contêm na sua primeira edição qualquer referência à inveja do pênis. A primeira alusão só aparece em 1908, no artigo *Sobre as teorias sexuais das crianças* (*Über infantile Sexualtheorien*); Freud aponta então o interesse que a menina tem pelo pênis do menino, interesse, que "[...] é orientado pela inveja [*Neid*] [...]. Quando ela exprime este desejo – 'gostaria mais de ser menino' – sabemos qual é a falta que este desejo procura remediar" (1).

A expressão inveja do pênis parece já admitida no uso analítico quando Freud a menciona em 1914 (2) para designar a manifestação do complexo de castração na menina.

Em *As transposições da pulsão e especialmente do erotismo anal* (*Über Triebumsetzungen, insbesondere der Analerotik*, 1917), Freud já não designa por "inveja do pênis" apenas o desejo feminino de ter um pênis como o menino; indica suas principais transformações: desejo da criança segundo a equivalência simbólica pênis-criança; desejo do homem enquanto "apêndice do pênis" (3).

A concepção freudiana da sexualidade feminina (4) confere um lugar essencial à inveja do pênis na evolução psicossexual para a feminidade, que supõe uma mudança de zona erógena (do clitóris para a vagina) e uma mudança de objeto (o apego pré-edipiano à mãe dá lugar ao amor edipiano ao pai). Nessa mudança, são o complexo de castração* e a inveja do pênis que desempenham, a diversos níveis, um papel de articulação:

a) Ressentimento para com a mãe, que não muniu a filha de pênis;

b) Depreciação da mãe, que aparece assim como castrada;

c) Renúncia à atividade fálica (masturbação clitórica), com predomínio da passividade;

d) Equivalência simbólica entre o pênis e a criança.

"O desejo [*Wunsch*] com que a menina se volta para o pai é indubitavelmente, na sua origem, o desejo do pênis que a mãe lhe recusou e que ela espera agora obter do pai. Todavia, a situação feminina só se estabelece quando o desejo do pênis é substituído pelo desejo da criança, e quando a criança, segundo a velha equivalência simbólica, toma o lugar do pênis." (5*a*)

INVEJA DO PÊNIS

Por diversas vezes, Freud apontou o que podia permanecer da inveja do pênis no caráter ("complexo de masculinidade", por exemplo) ou nos sintomas neuróticos da mulher. Comumente, aliás, quando se fala de inveja do pênis, a alusão é a esses restos adultos que a psicanálise encontra sob as formas mais disfarçadas.

Por fim, Freud, que sempre sublinhou como a inveja do pênis, sob as aparentes renúncias, persistia no inconsciente, indicou, num dos seus últimos escritos, aquilo que ela podia até oferecer de irredutível à análise (6).

★

Como vemos, a expressão "inveja do pênis" apresenta uma ambiguidade, que Jones sublinhou e tentou dissipar distinguindo três sentidos:

"*a*) O desejo de adquirir um pênis, geralmente engolindo-o, e de conservá-lo no interior do corpo, muitas vezes transformando-o numa criança;

"*b*) O desejo de possuir um pênis na região clitórica [...];

"*c*) O desejo adulto de fruir de um pênis no coito" (7).

Essa distinção, por mais útil que seja, nem por isso nos deve levar a considerar estranhas umas às outras essas três modalidades da inveja do pênis. Porque a concepção psicanalítica da sexualidade feminina tende precisamente a descrever quais as vias e as equivalências que as ligam entre si (α).

★

Diversos autores (K. Horney, H. Deutsch, E. Jones, M. Klein) discutiram a tese freudiana de que a inveja do pênis é um dado primário, e não uma formação construída ou utilizada secundariamente para afastar desejos mais primitivos. Sem pretender resumir essa importante discussão, devemos notar que o motivo pelo qual Freud sustentou a sua tese está na função, central para os dois sexos, que ele atribuía ao falo (*ver*: fase fálica; falo).

▲ (α) Em certas passagens de Freud encontram-se duas expressões, inveja (*Neid*) e desejo (*Wunsch*) do pênis, sem que se possa estabelecer entre elas uma diferença de emprego (é o caso, por exemplo, das *Novas conferências introdutórias sobre psicanálise* [*Neue Folge der Vorlesungen zur Einführung in die Psychoanalyse*, 1932]) (5*b*).

(1) Freud (S.), gw, vii, 180; se, ix, 218.
(2) *Cf.* Freud (S.), *Zur Einführung des Narzissmus*, 1914. gw, x, 159; se, xiv, 92.
(3) Freud (S.), gw, x, 405; se, xvii, 129.
(4) *Cf.* mais especialmente: Freud (S.), *Einige psychische Folgen des anatomischen Geschlechtsunterschieds*, 1925. *Über die weibliche Sexualität*, 1931. *Neue Folge der Vorlesungen zur Einführung in die Psychoanalyse*, 1932. – Mack brunswick (R.), *The Preoedipal Phase of the Libido Development*, 1940, in: *Psa. Read.*
(5) Freud (S.), *Neue Folge der Vorlesungen zur Einführung in die Psychoanalyse*, 1932. – *a*) gw, xv, 137; se, xxii, 128; Fr., 175. – *b*) gw, xv, 137-9; se, xxii, 128-30; Fr., 175-7.

(6) *Cf.* FREUD (S.), *Die endliche und die unendliche Analyse*, 1937. GW, XVI, 97-8; SE, XXIII, 250-1; Fr., 35-7.
(7) JONES (E.), *Phallic Phase*, 1932. In *Papers on Psychoanalysis*, Baillière, Londres, 5ª ed., 1950, 469.

INVERSÃO (DE UMA PULSÃO) EM SEU CONTRÁRIO

= *D.*: Verkehrung in Gegenteil. – *F.*: renversement (d'une pulsion) dans le contraire. – *En.*: reversal into the opposite. – *Es.*: transformación en lo contrario. – *I.*: conversione nell'opposto.

● ***Processo pelo qual a meta de uma pulsão se transforma em seu contrário, na passagem da atividade para a passividade.***

■ É em *Pulsões e destinos das pulsões* (*Triebe und Triebschicksale*, 1915) que Freud, considerando os "destinos pulsionais", conta entre eles, ao lado do recalque e da sublimação, a inversão em seu contrário e o retorno sobre a própria pessoa*. Indica imediatamente que estes dois processos – o primeiro referente à meta, e o segundo, ao objeto – estão de fato tão estreitamente ligados um ao outro (como transparece nos dois exemplos mais importantes, o do sadismo-masoquismo e o do voyeurismo-exibicionismo) que é impossível descrevê-los separadamente.

A transformação do sadismo em masoquismo implica simultaneamente a passagem da atividade à passividade e uma inversão dos papéis entre aquele que inflige e o que é vítima dos sofrimentos. Esse processo pode parar numa fase intermediária, em que há certo retorno sobre a própria pessoa (mudança de objeto), mas em que a meta não se tornou passiva, mas simplesmente reflexiva (fazer sofrer a si mesmo). Na sua forma completa, em que a passagem à passividade se realizou, o masoquismo implica "[...] que uma pessoa estranha é procurada como novo objeto que, em consequência da transformação da meta, deve assumir o papel do sujeito" (1*a*). Tal retorno não pode ser concebido sem se apelar para a articulação fantasística, em que um outro se torna imaginariamente o sujeito a que é referida a atividade pulsional.

Os dois processos podem evidentemente funcionar no sentido oposto, transformação da passividade em atividade, volta a partir da própria pessoa para o outro: "[...] que a pulsão se volte do objeto para o ego ou que se volte do ego para o objeto [...] isto não é, em princípio, diferente" (2).

Podemos perguntar se o retorno da libido, a partir de um objeto exterior para o ego (libido do ego* ou narcísica), não poderia igualmente ser designado como "retorno sobre a própria pessoa". Note-se que Freud preferiu nesse caso empregar expressões como "retirada da libido sobre ou para o ego".

Ao lado da inversão da atividade em passividade que incide sobre o modo, sobre a "forma" da atividade, Freud considera uma inversão do conteúdo ou inversão "material": a do amor em ódio. Mas falar de retorno não lhe parece válido a não ser num plano puramente descritivo; com efeito, o amor e o ódio não podem ser compreendidos como destinos de uma mesma pulsão. Tanto na primeira (1*b*) como na segunda (3) teoria das pulsões, Freud atribui a elas uma origem diferente.

Anna Freud classificou entre os mecanismos de defesa a inversão da pulsão em seu contrário e o retorno sobre a própria pessoa, e perguntou se não seria lícito ver nelas os mais primitivos dos processos defensivos (4) (*ver*: identificação com o agressor). Certas passagens de Freud caminham nesse sentido (1*c*).

(1) Freud (S.). – *a*) GW, X, 220; SE, XIV, 127; Fr., 44. – *b*) *Cf.* GW, X, 225 ss.; SE XIV, 133 ss.; Fr., 53 ss. – *c*) *Cf.* GW, X, 219; SE, XIV, 126-7; Fr., 42-3.
(2) Freud (S.), *Jenseits des Lustprinzips*, 1920. GW, XIII, 59; SE, XVIII, 54; Fr., 63.
(3) *Cf.* Freud (S.), *Das Ich und das Es*, 1923. GW, XIII, 271 ss.; SE, XIX, 42 ss.; Fr., 198 ss.
(4) *Cf.* Freud (A.), *Das Ich und die Abwehrmechanismen*, 1936. Al., 41; Fr., PUF, Paris, 1949, 45.

INVESTIMENTO

= *D.*: Besetzung. – *F.*: investissement. – *En.*: cathexis. – *Es.*: carga *ou* investidura. – *I.*: carica *ou* investimento.

• *Conceito econômico. O fato de uma determinada energia psíquica se encontrar ligada a uma representação ou grupo de representações, a uma parte do corpo, a um objeto etc.*

▪ Admite-se a tradução de *Besetzung* por investimento (encontra-se por vezes a palavra ocupação). Apenas uma observação a esse propósito: o verbo alemão *besetzen* tem vários sentidos, entre os quais *ocupar* (por exemplo, ocupar um lugar, ou, militarmente, uma cidade, um país); investimento invoca, mais especialmente, por um lado, em linguagem militar, o assédio a uma praça (e não a ocupação) e, por outro, na linguagem financeira, a colocação de capital numa empresa (e, sem dúvida, este último sentido prevalece hoje para a consciência linguística comum). Portanto, não há uma coincidência exata entre o termo alemão e o nosso. O termo investimento parece levar mais espontaneamente a comparar a "economia" considerada por Freud àquela de que trata a ciência econômica.

★

O termo *Besetzung* é constantemente usado na obra de Freud; a sua extensão ou alcance variaram, mas a palavra está presente em todas as etapas do pensamento freudiano.

Aparece em 1895, em *Estudos sobre a histeria* (*Studien über Hysterie*) e no *Projeto para uma psicologia científica* (*Entwurf einer Psychologie*); mas há termos próximos, como "soma de excitação" e "valor afetivo", que são mesmo anteriores (1893, 1894). Desde o seu prefácio à obra de Bernheim *Da sugestão e das suas aplicações à terapia* (*Die Suggestion und ihre Heilwirkung*, 1888-9), Freud fala de deslocamentos de excitabilidade no sistema nervoso (*Verschiebungen von Erregbarkeit im Nervensystem*). Essa hipótese tem uma origem simultaneamente clínica e teórica.

Clinicamente, o tratamento dos neuróticos, e em especial dos histéricos, impõe a Freud a ideia de uma distinção fundamental entre as "representações" e o "*quantum* de afeto"* de que são investidas. É assim que um acontecimento importante na história do sujeito pode ser evocado com indiferença, e o caráter desagradável ou insuportável de uma experiência pode ser referido a um acontecimento anódino, e não ao acontecimento que, na origem, provocou o desprazer (deslocamento, "falsa conexão"). O tratamento, tal como é descrito em *Estudos sobre a histeria*, restabelecendo a conexão entre as diferentes representações em causa, restabelece a relação entre a recordação do acontecimento traumático e o afeto, favorecendo assim a descarga deste (ab-reação). Por outro lado, o desaparecimento de sintomas somáticos na histeria é correlativo da elucidação das experiências afetivas recalcadas, deixando supor que, ao contrário, a criação do sintoma se deu por conversão de uma energia psíquica em "energia de inervação".

Esses fatos, e os de conversão*, parecem assentar num verdadeiro princípio de conservação de uma energia nervosa, podendo esta assumir formas diversas. Essa concepção encontra uma formulação sistemática no *Projeto para uma psicologia científica*, que descreve o funcionamento do aparelho nervoso fazendo intervir apenas variações de energia no seio de um sistema de neurônios. Nesse texto, o termo *Besetzung* designa tanto o ato de investir um neurônio (ou um sistema), isto é, de carregá-lo de energia, como a quantidade de energia investida, em especial uma energia quiescente (1).

A seguir, Freud ir-se-á libertando desses esquemas neurológicos, transpondo a noção de energia de investimento para o plano de um "aparelho psíquico"*. É assim que, em *A interpretação de sonhos* (*Die Traumdeutung*, 1900), mostra como a energia de investimento se reparte entre os diversos sistemas. O sistema inconsciente está submetido no seu funcionamento ao princípio da descarga das quantidades de excitação; o sistema pré-consciente procura inibir essa descarga imediata ao mesmo tempo que consagra fracas quantidades de energia à atividade de pensamento necessária à exploração do mundo exterior: "[...] postulo que, por razões de eficácia, o segundo sistema consegue manter a maior parte dos seus investimentos de energia em estado de repouso e empregar apenas uma pequena parte dela, deslocando-a" (2*a*) (*ver*: energia livre – energia ligada).

Note-se, todavia, que a transposição a que Freud submete as teses do *Projeto para uma psicologia científica* nem por isso implica o abandono de toda e qualquer referência à ideia de uma energia nervosa. "Quem quisesse levar a sério essas ideias", nota Freud, "teria de procurar as suas analogias físicas e abrir caminho para fazer uma ideia do processo de movimento na excitação dos neurônios" (2*b*).

INVESTIMENTO

A elaboração da noção de pulsão traz a resposta à questão que ficara pendente na conceituação econômica de *A interpretação de sonhos*; a energia investida é a energia pulsional que provém de fontes internas, exerce uma pressão contínua e impõe ao aparelho psíquico a tarefa de transformá-la. É assim que uma expressão como "investimento libidinal" significa investimento pela energia das pulsões sexuais. Na segunda teoria do aparelho psíquico, a origem de todos os investimentos torna-se o id, polo pulsional da personalidade. As outras instâncias retiram a sua energia dessa fonte primordial.

★

Embora faça parte do seu aparelho conceitual – como, aliás, a maioria das noções econômicas –, a noção de investimento não recebeu de Freud uma elaboração teórica rigorosa.

Além disso, essas noções foram parcialmente transmitidas ao "jovem Freud" pelos neurofisiologistas de quem sofreu influência (Brücke, Meynert etc.). Esse estado de coisas explica, em parte, a incerteza em que se acha o leitor de Freud quanto à resposta a um certo número de questões:

1) O uso do termo investimento nunca deixa de conter uma ambiguidade que não é dissipada pela teoria analítica. É entendido a maior parte das vezes num sentido metafórico: marca então uma simples analogia entre as operações psíquicas e o funcionamento de um aparelho nervoso concebido segundo um modelo energético.

Quando se fala de investimento de uma *representação*, define-se uma operação psicológica numa linguagem que se limita a evocar, de forma analógica, um mecanismo fisiológico que poderia ser paralelo ao investimento psíquico (investimento de um neurônio ou de um engrama, por exemplo). Em contrapartida, quando se fala de investimento de um *objeto*, opondo-o ao investimento de uma representação, perde-se o suporte da noção de um aparelho psíquico como sistema fechado análogo ao sistema nervoso. Pode-se dizer que uma representação está carregada e que o seu destino depende das variações dessa carga, ao passo que o investimento de um objeto real, independente, não pode ter o mesmo sentido "realista". Uma noção como a de introversão (passagem do investimento de um objeto real a investimento de um objeto imaginário intrapsíquico) põe bem em evidência essa ambiguidade: a ideia de uma conservação da energia na ocasião dessa retirada é muito difícil de conceber.

Alguns psicanalistas parecem encontrar num termo como investimento a garantia objetiva de que a sua psicologia dinâmica está, pelo menos de direito, ligada à neurofisiologia. Com efeito, ao empregar expressões como "investimento de uma parte do corpo", "investimento do aparelho perceptivo" etc., pode-se ter a impressão de falar uma linguagem neurológica e de estabelecer a transição entre a teoria psicanalítica e uma neurofisiologia, mas, de fato, essa não é mais do que uma transposição daquela.

2) Outra dificuldade se apresenta quando relacionamos a noção de investimento com as concepções tópicas. Por um lado, diz-se que toda a ener-

gia de investimento tem origem nas pulsões; mas, por outro, fala-se de um investimento próprio de cada sistema. A dificuldade é inteiramente sensível no caso do chamado investimento inconsciente. Se consideramos, efetivamente, que esse investimento é de origem libidinal, somos levados a concebê-lo como impelindo constantemente as representações investidas para a consciência e para a motilidade; mas muitas vezes Freud fala do investimento inconsciente como de uma força de coesão própria do sistema inconsciente e capaz de atrair para ele as representações; essa força desempenharia um papel capital no recalque. Podemos perguntar se o termo investimento não abrangeria então noções heterogêneas (3).

3) A noção de investimento poderá ser limitada à sua acepção econômica? Naturalmente, ela é assimilada por Freud à ideia de uma carga positiva atribuída a um objeto ou a uma representação. Mas, no plano clínico e descritivo, não assumiria ela um sentido mais amplo? Com efeito, no mundo pessoal do sujeito, aos objetos e às representações são conferidos certos *valores* que organizam o campo da percepção e do comportamento. Por um lado, esses valores podem surgir como qualitativamente heterogêneos a ponto de dificilmente podermos conceber equivalências ou substituições entre eles. Por outro lado, verifica-se que certos objetos de grande valor para o sujeito recebem não uma carga positiva, mas uma carga negativa: assim, o objeto fóbico não é desinvestido, mas fortemente "investido" como tendo-de-ser-evitado.

Podemos, então, ser tentados a abandonar a linguagem econômica e a transportar a noção freudiana de investimento para uma conceituação inspirada na fenomenologia, em que prevaleceriam as ideias de intencionalidade, de objeto-valor etc. Além disso, encontraríamos na própria linguagem de Freud expressões que justificariam esta maneira de ver. É assim que, no seu artigo em francês *Quelques considérations pour une étude comparative des paralysies motrices organiques et hystériques* (Algumas considerações para um estudo comparativo das paralisias motoras orgânicas e histéricas), de 1893, apresenta como equivalente de *Affektbetrag* (*quantum* de afeto) a expressão *valeur affective* (valor afetivo) (4). Em outros textos, o termo investimento parece designar menos uma carga mensurável de energia libidinal do que objetivos afetivos qualitativamente diferenciados: assim se diz que o objeto materno, quando falta ao lactente, está "investido de nostalgia" (*Sehnsuchtbesetzung*) (5).

★

Sejam quais forem as dificuldades levantadas pelo uso da noção de investimento, o fato é que os psicanalistas dificilmente podem dispensá-la para explicar numerosos dados clínicos ou ainda apreciar a evolução do tratamento. Certas afecções parecem pôr em evidência a ideia de que o sujeito tem à sua disposição uma determinada quantidade de energia, que repartiria de forma variável na sua relação com os seus objetos e consigo mesmo. É assim que, num estado como o luto, o empobrecimento manifesto da vida de relação do sujeito tem a sua explicação num superinvestimento do objeto perdido, como se uma verdadeira balança energética se estabelecesse entre os diferentes investimentos dos objetos exteriores ou fantasísticos, do próprio corpo, do ego etc.

(1) *Cf.* FREUD (S.), Al., 382; Ing., 358-9; Fr., 318.
(2) FREUD (S.). – *a*) GW, II-III, 605; SE, V, 599; Fr., 489. – *b*) GW, II-III, 605; SE, V, 599; Fr., 489.
(3) Para um exame mais amplo dessa questão, *cf.* LAPLANCHE (J.) e LECLAIRE (S.), L'inconscient, in *Les temps modernes*, 1961, nº 183, cap. II.
(4) *Cf.* FREUD (S.), GW, I, 54; SE, I, 171.
(5) *Cf.* FREUD (S.), *Hemmung, Symptom und Angst*, 1926. GW, XIV, 205; SE, XX, 171; Fr., 100.

ISOLAMENTO

= *D*.: Isolieren *ou* Isolierung. – *F*.: isolation. – *En*.: isolation. – *Es*.: aislamiento. – *I*.: isolamento.

• *Mecanismo de defesa, típico sobretudo da neurose obsessiva e que consiste em isolar um pensamento ou um comportamento, de tal modo que as suas conexões com outros pensamentos ou com o resto da existência do sujeito ficam rompidas. Entre os processos de isolamento, citemos as pausas no decurso do pensamento, fórmulas, rituais e, de um modo geral, todas as medidas que permitem estabelecer um hiato na sucessão temporal dos pensamentos ou dos atos.*

▪ O texto mais explícito de Freud sobre o isolamento é *Inibição, sintoma e angústia* (*Hemmung, Symptom und Angst*, 1926) (1*a*), em que é descrito como uma técnica especial da neurose obsessiva.

Certos doentes defendem-se contra uma ideia, uma impressão, uma ação, isolando-as do contexto por uma pausa durante a qual "[...] nada mais tem direito a produzir-se, nada é percebido, nenhuma ação é realizada" (1*b*). Essa técnica ativa, "motora", é qualificada de mágica por Freud; aproxima-a do processo normal de concentração no sujeito que procura não deixar que o seu pensamento se afaste do seu objeto atual.

O isolamento manifesta-se em diversos sintomas obsessivos; nós o vemos particularmente em ação no tratamento, quando a diretriz da associação livre, por lhe ser oposta, coloca-o em evidência (sujeitos que separam radicalmente a sua análise da sua vida, ou determinada sequência de ideias do conjunto da sessão, ou determinada representação do seu contexto ideoafetivo).

Freud reduz, em última análise, a tendência para o isolamento a um modo arcaico de defesa contra a pulsão, a interdição de tocar, uma vez que "[...] o contato corporal é a finalidade imediata do investimento de objeto, quer o agressivo quer o terno" (1*c*).

Nessa perspectiva, o isolamento surge como "[...] uma supressão da possibilidade de contato, um meio de subtrair uma coisa ao contato; do mesmo modo, quando o neurótico isola uma impressão ou uma atividade por pausa, dá-nos simbolicamente a entender que não permitirá que os pensamentos que lhes dizem respeito entrem em contato associativo com outros" (1*d*).

Convém notar que, nessa passagem de *Inibição, sintoma e angústia*, o isolamento não é reduzido a um tipo determinado de sintoma, mas assume um alcance mais geral. É colocado em paralelo com o recalque no histérico: se a experiência traumatizante não é recalcada no inconsciente, é "[...] privada do seu afeto e as suas relações associativas são reprimidas (*unterdrückt*) ou quebradas, de modo que persiste como se estivesse isolada e não é reproduzida no decorrer da atividade de pensamento" (1*e*). Os processos de isolamento que se observam nos sintomas da neurose obsessiva não fazem mais do que retomar e reforçar essa espécie de clivagem anterior.

Tomada nesse sentido mais amplo, a noção de isolamento está presente no pensamento de Freud desde as suas primeiras reflexões sobre a atividade defensiva em geral. É assim que, em *As psiconeuroses de defesa* (*Die Abwehr-Neuropsychosen*, 1894), a defesa, tanto na histeria como no grupo das fobias e obsessões, é concebida como um isolamento: "[...] a defesa efetua-se por separação entre a representação insuportável e o seu afeto; a representação, mesmo enfraquecida e isolada, mantém-se na consciência" (2).

O termo isolamento é por vezes usado na linguagem psicanalítica de uma maneira um pouco flutuante, que exige certas reservas.

Confunde-se frequentemente o isolamento com processos que se combinam com ele ou de que ele pode ser o resultado, como o deslocamento, a neutralização do afeto e mesmo a dissociação psicótica.

Fala-se também, às vezes, de isolamento do sintoma nos casos de sujeitos que sentem e apresentam os seus sintomas como estando fora de qualquer contexto e sendo estranhos a eles. Trata-se, nesse caso, de uma maneira de ser que não implica necessariamente que o processo subjacente seja o mecanismo obsessivo de isolamento. Note-se, por fim, que uma característica muito geral do sintoma é localizar o conflito; todo sintoma pode depois surgir isolado em relação ao conjunto da existência do sujeito.

Na realidade, pensamos que seria interessante reservar o termo isolamento para designar um processo específico de defesa que vai da compulsão a uma atitude sistemática e concertada e que consiste numa ruptura das conexões associativas de um pensamento ou de uma ação, especialmente com o que os precede e os segue no tempo.

(1) Freud (S.). – *a*) *Cf.* GW, XIV, 150-2; SE, XX, 120-2; Fr., 43-5. – *b*) GW, XIV, 150; SE, XX, 120; Fr., 43. – *c*) GW, XIV, 152; SE, XX, 122; Fr., 44. – *d*) GW, XIV, 152; SE, XX, 122; Fr., 45. – *e*) GW, XIV, 150; SE, XX, 120; Fr., 43.
(2) Freud (S.), GW, I, 72; SE, III, 58.

J

JUÍZO (ou JULGAMENTO) DE CONDENAÇÃO

= *D.*: Verurteilung *ou* Urteilsverwerfung. – *F.*: jugement de condamnation. – *En.*: judgment of condemnation. – *Es.*: juicio de condenación. *I.*: rifiuto da parte del giudizio; condamna.

• *Operação ou atitude pela qual o sujeito, ao tomar consciência de um desejo, proíbe-se de realizá-lo, principalmente por razões morais ou de oportunidade. Segundo Freud, é um modo de defesa mais elaborado e mais adaptado que o recalque. Daniel Lagache propôs que fosse considerado um processo de "desimpedimento" do ego, que funciona especialmente no tratamento analítico.*

■ Encontram-se por diversas vezes em Freud os termos *Verurteilung* e *Urteilsverwerfung*, que ele próprio considera sinônimos (1*a*). O juízo de condenação increve-se para Freud numa gradação de defesas que vai da mais elementar à mais elaborada: reflexo de defesa pela fuga (perigo externo), recalque (perigo interno), juízo de condenação (1*b*). Como definir este último em relação ao recalque? Às vezes ele aparece com a mesma finalidade que o recalque: "[...] um bom método a adotar contra uma moção pulsional" (1*c*). Outras vezes define-se como uma feliz modificação do recalque. "O indivíduo, no passado, não conseguia mais do que recalcar a pulsão incômoda porque então era fraco e imperfeitamente organizado. Agora, que é maduro e forte, talvez consiga dominar sem danos o que lhe é hostil" (2).

É esse aspecto positivo do juízo de condenação que Freud sublinha nas últimas páginas da *Análise de uma fobia em um menino de cinco anos* (*Analyse der Phobie eines fünfjährigen Knaben*, 1909). Interroga-se então sobre os efeitos da tomada de consciência pelo pequeno Hans dos seus desejos edipianos, incestuosos e agressivos. Se a análise não precipitou Hans no caminho da satisfação imediata desses desejos, foi porque ela "[...] substituiu o processo de recalque, que é automático e excessivo, por um domínio moderado e intencional com ajuda das instâncias psíquicas superiores. Numa palavra: *ela substituiu o recalque pelo juízo de condenação*" (3).

Note-se a propósito que o juízo de condenação por certo assume, aos olhos de Freud, tanto mais valor por ser correlativo, nessa etapa da vida de

JUÍZO (ou JULGAMENTO) DE CONDENAÇÃO

Hans, da função estruturante da *interdição* do incesto e da entrada no período de latência.

Seja como for, o juízo de condenação é para Freud uma transformação da negação* e continua sendo marcado pelo recalque que substitui: "O juízo de condenação é o substituto intelectual do recalque; o seu 'não' é a marca deste, um certificado de origem como, pode-se dizer, um *Made in Germany*" (4a). No juízo de condenação, segundo Freud, exprime-se eminentemente a contradição inerente à própria função do juízo: "[...] só se torna possível graças à criação do símbolo da negação, que confere ao pensamento um primeiro grau de independência em relação às consequências do recalque, e portanto também em relação à compulsão do princípio de prazer" (4b); mas, sobretudo quando diz não, o juízo tem um papel essencialmente defensivo: "[...] a negação [é o] sucessor da expulsão" (4c).

★

Segundo Daniel Lagache, referindo-nos ao juízo de condenação, poderíamos esclarecer a dificuldade inerente à concepção freudiana da noção de defesa e marcar melhor a distinção entre as compulsões defensivas e os mecanismos de desimpedimento*, em que o juízo de condenação pode encontrar o seu lugar. No caso do pequeno Hans, a esperança de se tornar grande, expressa desde o princípio com a ideia de que o seu pênis, "enraizado", cresceria é um dos mecanismos concretos pelos quais o ego se liberta do conflito edipiano e da angústia de castração. Daniel Lagache, de um modo mais geral, vê em tal processo um dos resultados do tratamento analítico: adiamento da satisfação, modificação das metas e dos objetos, tomada em consideração das possibilidades que a realidade oferece ao sujeito e dos diversos valores em jogo, compatibilidade com o conjunto das exigências do sujeito.

(1) FREUD (S.), *Die Verdrängung*, 1915. – *a*) *Cf.* GW, X, 248; SE, XIV, 246; Fr., 67. – *b*) *Cf.* GW, X, 248; SE, XIV, 246; Fr., 67. – *c*) GW, X, 248; SE, 246; Fr., 67.
(2) FREUD (S.), *Über Psychoanalyse*, 1910. GW, VIII, 58; SE, XI, 53; Fr., 175.
(3) FREUD (S.), GW, VII, 375; SE, X, 145; Fr., 196.
(4) FREUD (S.), *Die Verneinung*, 1925. – *a*) GW, XIV, 12; SE, XIX, 236; Fr., 175. – *b*) GW, XIV, 15; SE, XIX, 239; Fr., 177. – *c*) GW, XIV, 15; SE, XIX, 239; Fr., 177.

L

LATÊNCIA (PERÍODO DE –)

= *D.*: Latenzperiode *ou* Latenzzeit, *por vezes* Aufschubsperiode. – *F.*: période de latence. – *En.*: latence period. – *Es.*: periodo de latencia. *I.*: periodo di latenza.

● *Período que vai do declínio da sexualidade infantil (aos cinco ou seis anos) até o início da puberdade, e que marca uma pausa na evolução da sexualidade. Observa-se nele, desse ponto de vista, uma diminuição das atividades sexuais, a dessexualização das relações de objeto e dos sentimentos (e, especialmente, a predominância da ternura sobre os desejos sexuais), o aparecimento de sentimentos como o pudor ou a repugnância e de aspirações morais e estéticas. Segundo a teoria psicanalítica, o período de latência tem origem no declínio do complexo de Édipo; corresponde a uma intensificação do recalque – que tem como efeito uma amnésia que cobre os primeiros anos –, a uma transformação dos investimentos de objetos em identificações com os pais e a um desenvolvimento das sublimações.*

■ Podemos, em primeiro lugar, entender a ideia de um período de latência sexual (α) de um ponto de vista estritamente biológico, como uma pausa predeterminada entre duas "pressões" da libido (β), que não precisaria, quanto à sua gênese, de qualquer explicação psicológica. Podemos então descrevê-lo principalmente pelos seus efeitos, como acontece em *Três ensaios sobre a teoria da sexualidade* (*Drei Abhandlungen zur Sexualtheorie*, 1905) (1*a*).

Quando Freud articula o período de latência com o declínio do complexo de Édipo, tem em vista esta concepção: "[...] o complexo de Édipo deve desaparecer porque chegou para ele o momento de se dissolver, tal como caem os dentes de leite quando aparece a segunda dentição" (2*a*). Mas, se a "pressão" pubertária que marca o fim do período de latência é incontestável, não é possível ver tão bem a que predeterminação biológica corresponderia a entrada no período de latência. Assim também não haveria "[...] por que exigir plena concordância entre a formação anatômica e o desenvolvimento psicológico" (1*b*).

E assim, para explicar o declínio do Édipo, Freud é levado a invocar a sua "impossibilidade interna" (2*b*), uma espécie de discordância entre a estrutura edipiana e a imaturidade biológica: "[...] a ausência persistente da satisfação esperada, a frustração perpetuada do filho por que espera, obrigam o pequeno apaixonado a renunciar a um sentimento sem esperança" (2c).

Finalmente, a entrada no período de latência só poderia ser entendida com referência à evolução do complexo de Édipo e às modalidades da sua resolução nos dois sexos (ver: complexo de Édipo; complexo de castração).

Secundariamente, as formações sociais, conjugando a sua ação com a do superego, vêm reforçar a latência sexual: esta "[...] só pode provocar uma completa interrupção da vida sexual nas organizações culturais que inscreveram no seu programa uma repressão da sexualidade infantil. Não é o caso da maioria dos primitivos" (3).

Note-se que Freud fala de *período* de latência, e não de fase*, o que deve ser entendido do seguinte modo: durante o período considerado, embora possamos observar manifestações sexuais, não há, a rigor, uma nova *organização* da sexualidade.

▲ (α) Freud diz ter emprestado este termo de Wilhelm Fliess.

(β) Encontra-se numa carta a Fliess uma primeira referência de Freud a períodos de vida (*Lebensalter*) e a épocas de transição (*Übergangszeiten*), "no decorrer dos quais, em geral, o recalque se efetua".

(1) FREUD (S.) – *a*) GW, V, 77-80; SE, VII, 176-9; Fr., 69-72. – *b*) GW, V, 77, n. 2 acrescentada em 1920; SE, VII, 222-3; n.; Fr., 178, n. 43.

(2) FREUD (S.), *Der Untergang des Ödipuskomplexes*, 1924. – *a*) GW, XIII, 395; SE, XIX, 173; Fr., 394. – *b*) GW, XIII, 395; SE, XIX, 173; Fr., 394. – *c*) GW, XIII, 395; SE, XIX, 173; Fr., 394.

(3) FREUD (S.), *Selbstdarstellung*, 1925. GW, XIV, 64, n. 2 acrescentada em 1935; SE, XX, 37, n. 1; Fr., nota não traduzida.

LEMBRANÇA ENCOBRIDORA

= *D.*: Deckerinnerung. – *F.*: souvenir-écran. – *En.*: screen-memory. – *Es.*: recuerdo encubridor. – *I.*: ricordo di copertura.

• *Lembrança infantil que se caracteriza ao mesmo tempo pela sua especial nitidez e pela aparente insignificância do seu conteúdo. A sua análise conduz a experiências infantis marcantes e a fantasias inconscientes. Como o sintoma, a lembrança encobridora é uma formação de compromisso entre elementos recalcados e a defesa.*

■ Desde os primeiros tratamentos psicanalíticos e na sua autoanálise, a atenção de Freud deteve-se num paradoxo da memória relativa aos acontecimentos da infância: fatos importantes não são retidos (ver: amnésia infantil), enquanto que são conservadas lembranças aparentemente insignificantes. Fenomenologicamente, algumas dessas lembranças apresentam-se com uma nitidez e uma insistência excepcionais, contrastando com a falta de interesse e a inocência do seu conteúdo: o sujeito espanta-se com a sobrevivência delas.

São essas lembranças, na medida em que encobrem experiências sexuais recalcadas ou fantasias, que Freud chama lembranças encobridoras (α); consagra-lhes em 1899 um artigo cujas ideias essenciais retomará no capítulo IV de *Psicopatologia da vida cotidiana* (*Zur Psychopathologie des Alltagslebens*, 1904).

A lembrança encobridora é uma formação de compromisso* como o ato falho*, ou o lapso, ou mais geralmente o sintoma. Não compreendemos o motivo da sua sobrevivência enquanto o procuramos no conteúdo recalcado (1*a*). O mecanismo predominante é o deslocamento*. Freud, retomando a distinção entre as lembranças encobridoras e as outras lembranças infantis, chega ao ponto de colocar a questão mais geral de saber se haverá lembranças que se possa dizer que emergem verdadeiramente *da* nossa infância, ou apenas lembranças referentes *à* nossa infância (1*b*).

Freud distingue diversas espécies de lembranças encobridoras: positivas ou negativas conforme o seu conteúdo esteja ou não numa relação de oposição com o conteúdo recalcado; com significação retrogressiva ou prospectiva conforme se deva relacionar a cena manifesta que elas figuram com elementos que lhe são anteriores ou posteriores. Neste último caso, a lembrança encobridora pode ter, então, apenas uma função de suporte para fantasias projetadas retroativamente: "O valor dessa lembrança reside em que representa na memória impressões e pensamentos ulteriores cujo conteúdo está estreitamente relacionado de forma simbólica ou analógica com o seu" (1*c*).

A psicanálise atribui à lembrança encobridora uma grande importância, na medida em que condensa grande número de elementos infantis reais ou fantasísticos. "As lembranças encobridoras contêm não só alguns elementos essenciais da vida infantil, mas verdadeiramente todo o essencial. Basta saber apenas explicitá-lo com o auxílio da análise. Representam os anos esquecidos da infância tão corretamente como o conteúdo manifesto dos sonhos representa os seus pensamentos" (2).

▲ (α) Os tradutores franceses utilizam por vezes a expressão *souvenir de couverture* (lembranças de cobertura).

(1) *Cf.* FREUD (S.), *Über Deckerinnerungen*, 1899. – *a*) GW, I, 536; SE, III, 307. Artigo não traduzido para o francês. Um extrato pode ser encontrado em *L'auto-analyse* de ANZIEU (D.), Paris, PUF, 1959, 277-86. A passagem traduzida é a que diz respeito ao exemplo de lembrança encobridora longamente descrito e analisado por Freud e que S. Bernfeld mostrou tratar-se de um fragmento autobiográfico. – *b*) GW, I, 553; SE, III, 321-2. – *c*) GW, I, 546; SE, III, 315-6; Fr., *loc. cit.*, 283.

(2) FREUD (S.), *Erinnern, Wiederholen und Durcharbeiten*, 1914. GW, X, 128; SE, XII, 148; Fr., 107.

LIBIDO

• *Energia postulada por Freud como substrato das transformações da pulsão sexual quanto ao objeto (deslocamento dos investimentos), quanto à meta (sublimação, por exemplo) e quanto à fonte da excitação sexual (diversidade das zonas erógenas).*

Em Jung, a noção de libido ampliou-se a ponto de designar "a energia psíquica" em geral, presente em tudo o que é "tendência para", appetitus.

▪ O termo "libido" significa, em latim, vontade, desejo. Freud declara tê-lo emprestado de A. Moll (*Untersuchungen über die Libido sexualis*, v. I, 1898). Na realidade, vamos encontrá-lo em diversas ocasiões nas cartas e manuscritos dirigidos a Fliess, e pela primeira vez no *Manuscrito E* (data provável: junho de 1894).

É difícil apresentar uma definição satisfatória da libido. Não apenas a teoria da libido evoluiu com as diferentes etapas da teoria das pulsões, como o próprio conceito está longe de ter recebido uma definição unívoca (α). Todavia, Freud sempre lhe atribuiu duas características originais:

1. De um ponto de vista *qualitativo*, a libido não é redutível, como queria Jung, a uma energia mental não especificada. Ela pode ser "dessexualizada", particularmente por investimentos narcísicos, mas será sempre de modo secundário e por uma renúncia à meta especificamente sexual.

Por outro lado, a libido não cobre nunca todo o campo pulsional. Numa primeira concepção, opõe-se às pulsões de autoconservação*. Quando estas, na última concepção de Freud, aparecem como sendo de natureza libidinal, a oposição desloca-se e passa a ser entre a libido e as pulsões de morte. O monismo junguiano, portanto, nunca é aceito, e o caráter sexual da libido é sempre sustentado.

2. A libido sempre se afirma mais como um conceito *quantitativo*: "[...] permite medir os processos e as transformações no domínio da excitação sexual" (1*a*). "A sua produção, o seu aumento e a sua diminuição, a sua repartição e o seu deslocamento deveriam fornecer-nos meios de explicar os fenômenos psicossexuais" (1*b*).

Essas duas características são sublinhadas na seguinte definição de Freud: "Libido é uma expressão tirada da teoria da afetividade. Chamamos assim à energia, considerada como uma grandeza quantitativa – embora não seja efetivamente mensurável –, das pulsões que se referem a tudo o que podemos incluir sob o nome de amor" (2).

Na medida em que a pulsão sexual se situa no limite psicossomático, a libido designa o seu aspecto psíquico; é a "manifestação dinâmica na vida psíquica da pulsão sexual" (3). É como energia nitidamente distinta da excitação sexual somática que o conceito de libido é introduzido por Freud nos seus primeiros escritos sobre a neurose de angústia* (1896); uma insuficiência de "libido psíquica" provoca a permanência da tensão no plano somático, em que se traduz sem elaboração psíquica em sintomas. Se "[...] certas condições psíquicas faltam parcialmente" (4), a excitação sexual endógena não é dominada, a tensão não pode ser psiquicamente utilizada, há clivagem entre o somático e o psíquico e aparecimento da angústia.

LIBIDO DO EGO (ou DO EU) – LIBIDO OBJETAL

Na primeira edição de *Três ensaios sobre a teoria da sexualidade* (*Drei Abhandlungen zur Sexualtheorie*, 1905), a libido – homóloga, em relação ao amor, da fome, em relação ao instinto de nutrição – mantém-se próxima do desejo sexual em busca da satisfação e permite seguir as suas transformações; é que nesse caso trata-se apenas de libido objetal; vemos esta concentrar-se em objetos, fixar-se neles ou abandoná-los, deixando um objeto por outro.

Na medida em que a pulsão sexual representa uma força que exerce uma "pressão", a libido é definida por Freud como a energia dessa pulsão. É este aspecto quantitativo que vai prevalecer no que se tornará, a partir da concepção do narcisismo e de uma libido do ego, a "teoria da libido".

A noção de "libido do ego" acarreta efetivamente uma generalização da economia libidinal que engloba todo o funcionamento dos investimentos e contrainvestimentos e atenua o que o termo "libido" poderia evocar de significações subjetivas; segundo diz o próprio Freud, a teoria torna-se assim francamente especulativa. Podemos perguntar se, ao introduzir, em *Além do princípio do prazer* (*Jenseits des Lustprinzips*, 1920), a noção de Eros* como princípio fundamental das pulsões de vida, tendência dos organismos para manter a coesão da substância viva e para criar novas unidades, Freud não teria procurado recuperar no plano de um mito biológico a dimensão subjetiva e qualitativa imediatamente inerente à noção de libido.

▲ (α) Sobre a evolução da teoria da libido, os textos mais explícitos são o artigo *Libidotheorie*, de 1922, e o capítulo XXVI de *Conferências introdutórias sobre psicanálise* (*Vorlesungen zur Einführung in die Psychoanalyse*, 1916-17).

(1) Freud (S.), *Drei Abhandlungen zur Sexualtheorie*, 1905. – *a*) Passagem acrescentada em 1915, GW, V, 118; SE, VII, 217; Fr., 125. – *b*) GW, V, 118; SE, VII, 217; Fr., 126.
(2) Freud (S.), *Massenpsychologie und Ich-Analyse*, 1921. GW, XIII, 98; SE, XVIII, 90; Fr., 100.
(3) Freud (S.), *Psychoanalyse und Libidotheorie*, 1922. GW, XIII, 220; SE, XVIII, 244.
(4) Freud (S.), *Aus den Anfängen der Psychoanalyse*, 1887-1902. Al., 101; Ing., 91; Fr., 83.

LIBIDO DO EGO (ou DO EU) – LIBIDO OBJETAL

= *D*.: Ichlibido – Objektlibido. – *F.*: libido du moi – libido d'objet. – *En.*: ego-libido – object-libido. – *Es.*: libido del yo – libido objetal. – *I.*: libido dell'io – libido oggettuale.

• *Expressões introduzidas por Freud para distinguir dois modos de investimento da libido: esta pode tomar como objeto a própria pessoa (libido do ego ou narcísica), ou um objeto exterior (libido objetal). Existe, segundo Freud, um equilíbrio energético entre esses*

LIBIDO DO EGO (ou DO EU) – LIBIDO OBJETAL

dois modos de investimento: a libido objetal diminui quando aumenta a libido do ego, e vice-versa.

■ Foi principalmente o estudo das psicoses que levou Freud a reconhecer que o sujeito podia tomar a sua própria pessoa como objeto de amor (*ver*: narcisismo), o que, em termos energéticos, significa que a libido pode investir-se tanto no ego como num objeto exterior. É essa a origem da distinção introduzida entre libido do ego e libido objetal. Os problemas econômicos levantados por essa distinção são abordados em *Sobre o narcisismo: uma introdução* (*Zur Einführung des Narzissmus*, 1914).

Segundo Freud, a libido começaria por investir-se no ego (narcisismo primário*) antes de ser enviada, a partir do ego, para objetos exteriores: "Formamo-nos assim a representação de um investimento libidinal originário do ego; mais tarde, uma parte dele é cedida aos objetos, mas fundamentalmente o investimento do ego persiste e comporta-se para com os investimentos de objeto como o corpo de um animálculo protoplásmico para com os pseudópodes que emitiu" (1*a*).

A retirada da libido objetal sobre o ego constitui o narcisismo secundário, tal como o podemos observar especialmente nos estados psicóticos (hipocondria, delírio de grandeza).

Note-se do ponto de vista terminológico: 1) que o objeto, na expressão *libido objetal*, é tomado no sentido restrito de objeto exterior, e não inclui o ego, que pode também, num sentido mais amplo, ser qualificado de objeto da pulsão (*ver*: objeto); 2) que as expressões *libido objetal* e *libido do ego* indicam a relação da libido com o seu ponto de chegada, e não com o seu ponto de partida.

Esta segunda observação introduz dificuldades que não são apenas terminológicas.

Freud, a princípio, reconheceu uma única grande dualidade pulsional: pulsões sexuais* – pulsões do ego* (ou de autoconservação*). A energia das primeiras é denominada *libido*, e a das segundas energia das pulsões do ego, ou interesse*. A nova distinção introduzida surge inicialmente como uma subdivisão das pulsões sexuais em função do seu objeto de investimento:

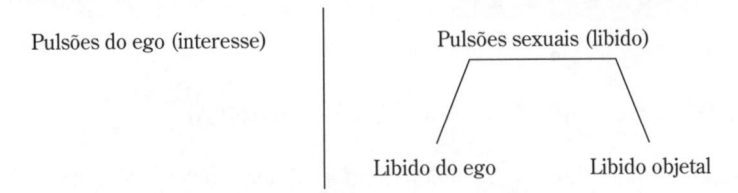

Pulsões do ego (interesse) | Pulsões sexuais (libido)
                                 Libido do ego   Libido objetal

Todavia, se conceitualmente a distinção entre pulsões do ego e libido do ego é nítida, nos estados narcísicos (sono, doença somática) ela deixa de ser: "Libido e interesse do ego têm aqui o mesmo destino e são de novo impossíveis de distinguir entre si" (1*b*). Freud não admite o monismo pulsional de Jung (α).

LIGAÇÃO

Uma dificuldade próxima reside no uso, frequente em Freud, de expressões como: "[...] a libido é enviada a partir do ego para os objetos". Não seremos então incitados a pensar que a "libido do ego" encontra no ego não apenas o seu objeto, mas a sua fonte, de tal modo que se apagaria a distinção entre libido do ego e pulsões do ego? A questão é ainda mais difícil de resolver porquanto o momento em que Freud introduz a noção de libido do ego é contemporâneo à elaboração da concepção propriamente tópica do ego. Vamos reencontrar essa ambiguidade nas expressões em que Freud qualifica o ego como "grande reservatório da libido". A interpretação mais coerente que podemos propor do pensamento freudiano nesse ponto é a seguinte: a libido, enquanto energia pulsional, tem sua fonte nas diversas zonas erógenas; o ego, como pessoa total, vai armazenar essa energia libidinal de que é o primeiro objeto; mas o "reservatório" comporta-se em seguida, perante os objetos exteriores, como uma fonte, pois é dele que emanam todos os investimentos.

▲ (α) É o que ressalta do exame feito por Freud das teses de Jung em 1914 (1c). Numa exposição retrospectiva que Freud apresentará da evolução da teoria da libido em *Psicanálise e teoria da libido* (*Psychoanalyse und Libidotheorie*, 1923) (2), reinterpretará esse momento do seu pensamento no sentido de uma redução das pulsões do ego à libido do ego, como se se tivesse aproximado em 1914 dos pontos de vista de Jung. Note-se que já em 1922 Freud elaborou uma nova teoria das pulsões, em que estas são reclassificadas a partir da oposição pulsões de vida – pulsões de morte. Disso resultaria, na nossa opinião, ele estar então menos atento às distinções introduzidas em 1914, e aliás reafirmadas em 1917 em *Conferências introdutórias sobre psicanálise* (*Vorlesungen zur Einführung in die Psychoanalyse*) (3).

(1) FREUD (S.), – *a*) GW, X, 140-1; SE, XIV, 75; – *b*) GW, X, 149; SE, XIV, 82; – *c*) *Cf.* GW, X, 142-7; SE, XIV, 77-81.
(2) *Cf.* FREUD (S.), GW, XIII, 231-2; SE, 257-9.
(3) *Cf.* FREUD (S.), GW, XI, 435-6; SE, XVI, 420; Fr., 449-50.

LIBIDO NARCÍSICA

= *D.*: narzisstische Libido. – *F.*: libido narcissique. – *En.*: narcissistic libido. – *Es.*: libido narcisista. – *I.*: libido narcisistica.

Ver: **Libido do ego – libido objetal**

LIGAÇÃO

= *D.*: Bindung. – *F.*: liaison. – *En.*: binding. – *Es.*: ligazón. – *I.*: legame.

• *Termo utilizado por Freud para designar de um modo muito geral e em registros relativamente diversos – tanto ao nível biológico como no aparelho psíquico – uma operação tendente a limitar o livre escoamento das excitações, a ligar as representações entre si, a constituir e manter formas relativamente estáveis.*

LIGAÇÃO

- Embora o termo "ligação" deva ser relacionado com a oposição entre energia livre e energia ligada, o seu sentido não se esgota nessa acepção puramente econômica: além do seu significado propriamente técnico, esse termo, que se encontra em diversos momentos da obra de Freud, vem assinalar uma constante exigência da conceituação. Em vez de recensearmos os seus empregos, preferimos situar o seu alcance em três momentos da metapsicologia em que ele desempenha um papel preponderante.

I – No *Projeto para uma psicologia científica* (*Entwurf einer Psychologie*, 1895), *Bindung* designa, em primeiro lugar, o fato de a energia do aparelho neurônico passar do estado livre ao estado ligado, ou ainda de se encontrar no estado ligado. Essa ligação implica para Freud a existência de uma massa de neurônios bem ligados – o ego –, entre os quais existem boas facilitações*. "O próprio ego é uma massa de neurônios deste gênero que mantém o seu investimento, isto é, que está no estado ligado, o que sem dúvida só pode acontecer graças à sua ação recíproca" (1*a*).

Essa massa ligada exerce também sobre outros processos um efeito de inibição ou de ligação. Quando Freud se interroga, por exemplo, sobre o destino de certas recordações relacionadas com experiências dolorosas (*Schmerzerlebnisse*) que, ao serem reevocadas, "[...] despertam, ao mesmo tempo, afeto e desprazer", chama-as de "não domadas" (*ungebändigt*): "Se o curso do pensamento vem chocar-se contra uma dessas *imagens mnésicas ainda não domadas*, verifica-se o aparecimento dos seus índices de qualidade, muitas vezes de natureza sensorial, de uma sensação de desprazer e de tendências para a descarga, elementos cuja combinação caracteriza um determinado afeto; o curso do pensamento é assim rompido." Para que uma recordação possa ser "domada", é preciso que se estabeleça "[...] uma ligação particularmente forte e repetida proveniente do ego para que a facilitação que leva ao desprazer seja contrabalançada" (1*b*).

Duas ideias, a nosso ver, devem ser ressaltadas:

1. A ligação energética tem como condição o estabelecimento de relações, de facilitações, com um sistema já investido e formando um todo: é uma "[...] inclusão de novos neurônios" no ego (1*c*);

2. A *Bindung* tem, ao longo de todo o *Projeto*, o seu polo oposto, a *Entbindung* (literalmente, "desligação"); este último termo designa um processo de desencadeamento, de liberação brusca de energia, por exemplo, a que se produz nos músculos ou nas glândulas quando a grandeza quantitativa do efeito é muito superior à da energia desencadeante. Encontra-se o termo principalmente nas formas *Unlustentbindung* (liberação de desprazer), *Lustentbindung* (liberação de prazer), *Sexualentbindung* (liberação [de excitação] sexual). *Affektentbindung* (liberação de afeto) e, noutros textos, *Angstentbindung* (liberação de angústia). Em todos esses casos, o que assim se designa é um brusco aparecimento de uma energia livre tendendo de forma incoercível para a descarga.

A aproximação desses diversos termos não pode deixar de surpreender quanto à concepção econômica que implicam; com efeito, usar o mesmo termo para qualificar simultaneamente a liberação de prazer e a de desprazer é, aparentemente, abalar a ideia fundamental de que prazer e desprazer são dois processos inversos incidindo numa mesma energia (diminuição de tensão, no primeiro caso, e aumento, no segundo), a não ser que suponhamos – o que de nenhum modo é conforme à hipótese freudiana – que prazer e desprazer correspondem respectivamente a duas energias qualitativamente distintas.

Para sair dessa dificuldade, a oposição *Entbindung-Bindung* parece particularmente útil. Na sua oposição à ligação do ego, qualquer liberação de processo primário, seja no sentido de um aumento, seja no sentido de uma diminuição do nível *absoluto* de tensão, prejudica o nível relativamente constante do ego. Pode-se pensar que, para Freud, é especialmente a liberação de excitação sexual que entrava assim a função de ligação do ego (*ver. a posteriori*; sedução).

II – Com *Além do princípio do prazer* (*Jenseits des Lustprinzips*, 1920), o problema da ligação não só é levado ao primeiro plano da reflexão de Freud, como a sua posição se torna mais complexa. É a propósito da repetição do traumatismo pelo sujeito, tomada como modelo da repetição das experiências desagradáveis, que Freud recorre de novo à noção de ligação. Retoma a concepção presente desde o *Projeto*, segundo a qual é um sistema já fortemente investido que é capaz de ligar psiquicamente um afluxo de energia. Mas o caso do traumatismo como extensa efração dos limites do ego permite apreender essa capacidade de ligação no momento exato em que ela se encontra ameaçada. Disso resulta uma situação inesperada da ligação em relação ao princípio de prazer e ao processo primário. Se, na maioria das vezes, a ligação é concebida como uma influência do ego sobre o processo primário, quer dizer, como introdução da inibição que caracteriza o processo secundário e o princípio de realidade, Freud é levado a perguntar se, em certos casos, a "[própria] dominação do princípio de prazer" não suporia a realização prévia da "[…] tarefa […] de dominar ou ligar a excitação, tarefa que prevaleceria, sem dúvida, não mais em oposição com o princípio de prazer, mas independentemente dele e parcialmente sem levá-lo em conta" (2).

Embora essa ligação opere, afinal, em benefício do ego, Freud parece atribuir-lhe, no entanto, uma significação própria, na medida em que vê nela o fundamento da compulsão à repetição ou em que faz desta, em última análise, a própria marca do pulsional. Permanece aberta, portanto, a questão da existência de dois tipos de ligação: uma, há muito descoberta, que é coextensiva da noção de ego; outra, mais próxima das leis que regulam o desejo inconsciente e a estruturação das fantasias, leis que são as do processo primário: a própria energia livre, tal como é conhecida em psicanálise, não é descarga maciça de excitação, mas circulação ao longo de cadeias de representações, implicando "laços" associativos.

III – Por fim, no quadro da última teoria das pulsões, a ligação torna-se a característica principal das pulsões de vida em oposição às pulsões de morte: "A meta do Eros é estabelecer unidades cada vez maiores, portanto conservar; é a ligação. A meta da outra pulsão, pelo contrário, é quebrar as relações, portanto destruir as coisas" (3).

LIGAÇÃO

Na formulação última da teoria, a instância do ego e a energia pulsional que ela tem à sua disposição situam-se essencialmente ao lado das pulsões de vida: "Servindo para instituir este conjunto unificado que caracteriza o ego ou a tendência deste, [esta energia] limitar-se-ia sempre à intenção principal do Eros, que é unir e ligar" (4).

★

Finalmente, parece-nos que a problemática psicanalítica da ligação poderia ser colocada a partir de três direções semânticas que o termo evoca: a ideia de relação entre vários termos ligados, por exemplo, numa cadeia associativa (*Verbidung*); a ideia de um conjunto em que é conservada uma certa coesão, de uma forma definida por certos limites ou fronteiras (*cf.* o inglês *boundary*, em que reencontramos a raiz *bind*); e, por fim, a ideia de uma fixação local de uma certa quantidade de energia que já não pode escoar-se livremente.

(1) FREUD (S.), *a*) Al., 447; Ing., 425; Fr., 379. – *b*) Al., 459; Ing., 438; Fr., 390. – c) Al., 448; Ing., 426; Fr., 379.
(2) FREUD (S.), GW, XIII, 36; SE, XVIII, 35; Fr., 40.
(3) FREUD (S.), *Abriss der Psychoanalyse*, 1938. GW, XVII, 71; SE, XXIII, 148; Fr., 8.
(4) FREUD (S.), *Das Ich und das Es*, 1923. GW, XIII, 274; SE, XIX, 45; Fr., 202.

M

MASCULINIDADE – FEMINIDADE

= *D.*: Männlichkeit – Weiblichkeit. – *F.*: masculinité – féminité. – *En.*: masculinity – feminity. – *Es.*: masculinidad – feminidad. – *I.*: mascolinità – femminilità.

* *Oposição que a psicanálise retomou e mostrou ser muito mais complexa do que geralmente se crê: a forma como o sujeito humano se situa relativamente ao seu sexo biológico é o termo aleatório de um processo conflitual.*

■ Freud sublinhou a variedade dos significados abrangidos pelos termos "masculino" e "feminino". Significado *biológico*, que refere o sujeito aos seus caracteres sexuais primários e secundários; os conceitos têm, nesse caso, um sentido muito definido, mas a psicanálise mostrou que esses dados biológicos não eram suficientes para explicar o comportamento psicossexual. Significado *sociológico*, variável segundo as funções reais e simbólicas atribuídas ao homem e à mulher na civilização considerada. Por fim, significado *psicossexual*, necessariamente implicado nos precedentes e especialmente no significado social. Isso mostra como são problemáticas essas noções e como devem ser encaradas com prudência; assim, uma mulher que exerça uma atividade profissional que exija qualidades de autonomia, de caráter, de iniciativa etc. não é necessariamente mais masculina do que outra. De modo geral, o que é decisivo na apreciação de um comportamento em relação ao par masculinidade-feminidade são as fantasias subjacentes, que só a investigação psicanalítica pode descobrir.

A noção de bissexualidade*, quer procuremos para ela um substrato biológico ou a interpretemos em termos de identificações e de posições edipianas, implica em todo ser humano uma síntese, mais ou menos harmoniosa e mais ou menos bem aceita, de traços masculinos e femininos.

Por fim, do ponto de vista do desenvolvimento do indivíduo, a psicanálise mostra que a oposição masculino-feminino não está presente de início na criança, mas é precedida por fases em que são as oposições ativo-passivo (*ver*: atividade-passividade) e depois fálico-castrado que desempenham uma função predominante, e isso para os dois sexos (*ver*: fase fálica).

Nessa perspectiva, Freud só fala de feminidade, por exemplo, quando a menina conseguiu, pelo menos parcialmente, realizar a sua dupla tarefa:

mudança de zona erógena diretriz (do clitóris para a vagina) e mudança de objeto de amor (da mãe para o pai) (1).

(1) Cf. particularmente: FREUD (S.), *Die Weiblichkeit. Neue Folge der Vorlesungen zur Einführung in die Psychoanalyse*, 1932. GW, XV, cap. XXXIII; SE, XXII, cap. XXXIII; Fr., cap. XXXIII.

MASOQUISMO

= *D.*: Masochismus. – *F.*: masochisme. – *En.*: masochism. – *Es.*: masoquismo. – *I.*: masochismo.

- *Perversão sexual em que a satisfação está ligada ao sofrimento ou à humilhação a que o sujeito se submete.*
  Freud estende a noção de masoquismo para além da perversão descrita pelos sexólogos, por um lado reconhecendo elementos dela em numerosos comportamentos sexuais, erudimentos na sexualidade infantil, e, por outro lado, descrevendo formas que dela derivam, particularmente o "masoquismo moral", no qual o sujeito, em razão de um sentimento de culpa inconsciente, procura a posição de vítima sem que um prazer sexual esteja diretamente implicado no fato.

- Foi Krafft-Ebing quem primeiro descreveu de forma muito completa a perversão sexual a que deu um nome derivado do de Sacher-Masoch. "Todas as manifestações clínicas são mencionadas: dor física por picada, paulada, flagelação; humilhação moral por atitude de submissão servil à mulher, acompanhada do castigo corporal julgado indispensável. O papel das fantasias masoquistas não escapou a Krafft-Ebing. Além disso, ele aponta a relação entre o masoquismo e o seu contrário, o sadismo, e não hesita em considerar o masoquismo no seu conjunto como um supercrescimento patológico de elementos psíquicos femininos, como um reforço mórbido de certos traços da alma da mulher" (1*a*).
  Sobre a ligação íntima do masoquismo com o sadismo e sobre a função que Freud atribui na vida psíquica a esse par de opostos, remetemos o leitor para o artigo *sadismo-masoquismo*. Aqui, vamos limitar-nos a algumas observações sobre certas distinções conceituais propostas por Freud e muitas vezes retomadas em psicanálise.
  Em *O problema econômico do masoquismo* (*Das ökonomische Problem des Masochismus*, 1924), Freud distingue três formas de masoquismo: erógeno, feminino e moral. Se a noção de "masoquismo moral" é fácil de definir (*ver definição e os artigos*: necessidade de punição; sentimento de culpa; superego; neurose de fracasso; reação terapêutica negativa), as outras duas formas podem prestar-se a mal-entendidos.
  1. Tende-se a designar por "masoquismo erógeno" a perversão sexual masoquista (1*b*). Embora essa denominação possa parecer legítima (pois o

perverso masoquista procura a excitação *erótica* na dor), ela não corresponde àquilo que Freud parece querer designar assim; para ele, não se trata de uma forma do masoquismo clinicamente observável, mas de uma condição que está na base da perversão masoquista e que se encontra igualmente no masoquismo moral: a ligação do prazer sexual à dor.

2. Por masoquismo feminino, somos evidentemente tentados a entender "masoquismo da mulher". É certo que Freud designou por esses termos a "expressão da essência feminina", mas, no quadro da teoria da bissexualidade, o masoquismo feminino é uma possibilidade imanente a todo ser humano. Mais ainda, é sob essa denominação que Freud descreve no homem aquilo em que consiste a própria essência da perversão masoquista: "Se tivermos ocasião de estudar casos em que fantasias masoquistas tenham sido elaboradas de uma forma particularmente rica, descobriremos facilmente que elas colocam o sujeito numa situação característica da feminidade [...]" (2).

Duas outras noções clássicas são as de *masoquismo primário* e *masoquismo secundário*.

Por masoquismo primário, Freud entende um estado em que a pulsão de morte é ainda dirigida para o próprio sujeito, mas ligada pela libido e unida a ela. Esse masoquismo chama-se "primário" porque não sucede a um tempo em que a agressividade estaria voltada para um objeto exterior e também porque se opõe a um masoquismo secundário, que se define como um retorno do sadismo sobre a própria pessoa e se acrescenta ao masoquismo primário.

A ideia de um masoquismo irredutível a um retorno do sadismo sobre a própria pessoa só foi admitida por Freud depois de colocada a hipótese da pulsão de morte*.

(1) NACHT (S.), Le masochisme, in *RFP*, 1938, X, n° 2. – *a*) 177. – *b*) *Cf.* 193.
(2) FREUD (S.) GW, XIII, 374; SE, XIX, 162; Fr., 215.

MATERIAL (subst.)

= *D*.: Material. – *F*.: matériel. – *En*.: material. – *Es*.: material. – *I*.: materiale.

• *Termo utilizado em psicanálise para designar o conjunto das palavras e dos comportamentos do paciente enquanto constituem uma espécie de matéria-prima oferecida às interpretações e construções.*

■ O termo material é complementar dos termos interpretação* e construção*, que designam uma elaboração dos dados brutos fornecidos pelo paciente.

Muitas vezes, Freud comparou o trabalho analítico com o do arqueólogo que, a partir dos fragmentos trazidos à luz do dia no campo das escavações, reconstitui uma edificação desaparecida. É ainda à imagem das camadas estratificadas que nos referimos quando falamos de material mais ou menos "profundo", segundo critérios genéticos e estruturais.

Freud às vezes é levado, como, por exemplo, em *Construções em análise* (*Konstruktionen in der Analyse*, 1937), a distinguir nitidamente no seio do trabalho analítico o fornecimento do material e a elaboração dele. Essa distinção, evidentemente, é esquemática:

1) Não se pode distinguir na história do tratamento dois momentos sucessivos: fornecimento do material e elaboração. O que se verifica é uma constante interação. Reconhece-se, por exemplo, que uma interpretação fez surgir novo material (recordações, fantasias).

2) Também não se pode definir o fornecimento de material e sua elaboração como duas funções atribuídas uma ao analisando e outra ao analista. Efetivamente, o analisando pode tomar parte ativa na interpretação do material, deve integrar as interpretações (*ver*: perlaboração) etc.

Feitas estas reservas, o termo material enfatiza um aspecto essencial das produções de origem inconsciente, isto é, a sua alteridade com relação ao sujeito consciente – seja porque a análise as considere de início estranhas à sua personalidade e constituindo por isso um *material* seja porque, por um dos primeiros efeitos do trabalho analítico e da aplicação da regra fundamental*, ele se aperceba do aspecto sintomático, incoercível, desse comportamento, e o considere então como irredutível às suas motivações conscientes, como um *material* a analisar.

Além do seu emprego corrente relativamente enfraquecido, o termo assume o seu pleno sentido em referência ao realismo freudiano do inconsciente: existem para Freud "conteúdos" inconscientes, um material patogênico inconsciente (1).

(1) *Cf.* Freud (S.), *Analyse der Phobie eines fünfjährigen Knaben*, 1909. GW, VII, 356; SE, X, 123; Fr., 181.

MATERNAGEM

= *D.*: Bemuttern *ou* mütterliches Betreuen. – *F.*: maternage. – *En.*: mothering. – *Es.*: maternalización. – *I.*: maternage.

• *Técnica de psicoterapia das psicoses, e particularmente da esquizofrenia, que procura estabelecer entre o terapeuta e o paciente, de um modo ao mesmo tempo simbólico e real, uma relação análoga à que existiria entre uma "boa mãe" e seu filho.*

■ A técnica de maternagem baseia-se numa concepção etiológica da psicose que a liga a frustrações precoces, essencialmente orais, sofridas pelo sujeito na sua primeira infância por causa da mãe.

Num sentido amplo, falou-se de maternagem para definir "o conjunto dos cuidados prodigalizados ao *infans* neste clima de ternura ativa, oblativa, atenta e constante que caracteriza o sentimento maternal" (1*a*), mas o termo, a maioria das vezes, qualifica unicamente a técnica psicoterapêutica.

Esta é, antes de mais nada, reparadora. Mas, se é verdade que procura proporcionar ao paciente satisfações reais de que foi frustrado na sua relação com a mãe, ela é, antes de mais nada, compreensão das necessidades fundamentais. Como aponta Racamier (1*b*), convém reconhecer as necessidades subjacentes às defesas psicóticas, determinar as que de preferência se devem satisfazer ("necessidades de base"), e sobretudo responder-lhes sem que seja pela interpretação analítica clássica.

Acerca da natureza dessa resposta, cada um dos autores que seguiram por esse caminho durante os últimos vinte anos (entre outros, G. Schwing, J. N. Rosen, M.-A. Sèchehaye) tem a sua concepção própria. Não é possível descrever as diversas técnicas – e as diversas intuições – que se podem agrupar sob o título geral de maternagem. Indiquemos apenas:

1. Que não se trata de refabricar uma relação bebê-mãe em toda a sua realidade;

2. Que a maternagem exige do terapeuta, como insistem todos os autores, mais do que uma atitude maternal, um verdadeiro compromisso afetivo: "A relação de maternagem nasce do encontro entre um paciente profunda e vitalmente ávido de ser passivamente satisfeito e um terapeuta ao mesmo tempo apto a compreendê-lo e desejoso de ir a ele como uma mãe a um bebê abandonado" (1*c*).

Por fim, uma teoria da maternagem deveria reservar um lugar para aquilo que, na ação psicoterapêutica, cabe respectivamente à satisfação real, ao dom simbólico e à interpretação.

(1) RACAMIER (P.-C), Psychothérapie psychanalytique des psychoses, in *La psychanalyse d'aujourd'hui*, PUF, Paris, 1956. – *a*) II, 599. – *b*) II, 601-2. *c*) II, 601.

MECANISMOS DE DEFESA

= *D.*: Abwehrmechanismen. – *F.*: mécanismes de défense. – *En.*: mechanisms of defence. – *Es.*: mecanismos de defensa. – *I.*: meccanismi di difesa.

• *Diferentes tipos de operações em que a defesa pode ser especificada. Os mecanismos predominantes diferem segundo o tipo de afecção considerado, a etapa genética, o grau de elaboração do conflito defensivo etc.*

Não há divergências quanto ao fato de que os mecanismos de defesa são utilizados pelo ego, mas permanece aberta a questão teórica de saber se a sua utilização pressupõe sempre a existência de um ego organizado que seja o seu suporte.

■ O termo mecanismo é utilizado desde o início por Freud para exprimir o fato de que os fenômenos psíquicos apresentam articulações suscetíveis de uma observação e de uma análise científica; citemos apenas o título da *Comunicação preliminar* (*Vorläufige Mitteilung*, 1893) de Breuer e Freud: *Sobre o mecanismo psíquico dos fenômenos histéricos* (*Über den psychischen Mechanismus hysterischer Phänomene*).

Ao mesmo tempo que destaca a noção de defesa e a situa na base dos fenômenos histéricos (*ver*: histeria de defesa), Freud procura especificar outras afecções psiconeuróticas pela forma particular como a defesa se exerce nelas: "[...] diversas afecções neuróticas provêm dos diversos procedimentos em que o 'ego' se compromete para se libertar da [sua] incompatibilidade [com uma representação]" (1).

Em *Novas observações sobre as psiconeuroses de defesa* (*Weitere Bemerkungen über die Abwehr-Neuropsychosen*, 1896), ele distingue assim os mecanismos da conversão histérica, da substituição obsessiva, da projeção paranoica.

O termo mecanismo estará presente de maneira esporádica ao longo de toda a obra. A expressão "mecanismo de defesa" aparece, por exemplo, nos escritos metapsicológicos de 1915, e em duas acepções um pouco diferentes: quer para designar o *conjunto* do processo defensivo característico de determinada neurose (2), quer para exprimir a utilização defensiva *deste ou daquele* "destino pulsional": recalque, retorno sobre a própria pessoa, inversão em seu contrário (3).

Em *Inibição, sintoma e angústia* (*Hemmung, Symptom und Angst*, 1926), Freud justifica aquilo a que chama a sua "restauração do velho conceito de *defesa*" (4*a*) invocando a necessidade de ter uma noção englobante que inclua, ao lado do recalque, outros "métodos de defesa", sublinhando a possibilidade de estabelecer "uma ligação íntima entre certas formas de defesa e determinadas afecções", e emitindo por fim a hipótese de que "[...] o aparelho psíquico, antes da separação decisiva entre ego e id, antes da formação de um superego, utiliza métodos de defesa diferentes dos que utiliza depois de atingir essas fases de organização" (4*b*).

Embora Freud pareça subestimar o fato de que tais ideias estiveram constantemente presentes na sua obra, é certo que, depois de 1926, o estudo dos mecanismos de defesa se tornou um tema importante da investigação psicanalítica, particularmente com a obra de Anna Freud que lhes é consagrada. Essa autora, partindo de exemplos concretos, dedica-se a descrever a variedade, a complexidade e a extensão dos mecanismos de defesa, mostrando principalmente como o objetivo defensivo pode utilizar as mais diversas atividades (fantasia, atividade intelectual), como a defesa pode incidir não apenas em reivindicações pulsionais, mas em tudo o que pode suscitar um desenvolvimento de angústia: emoções, situações, exigências do superego etc. Note-se que Anna Freud não pretende colocar-se numa perspectiva exaustiva nem sistemática, especialmente na enumeração que faz, de passagem, dos mecanismos de defesa: recalque*, regressão*, formação reativa*, isolamento*, anulação retroativa*, projeção*, introjeção*, retorno sobre a própria pessoa*, inversão em seu contrário*, sublimação*.

MECANISMOS DE DEFESA

Muitos outros processos defensivos têm sido descritos. A própria Anna Freud evoca ainda nesse quadro a negação pela fantasia, a idealização*, a identificação com o agressor* etc. Melanie Klein descreve o que ela considera defesas muito primárias: clivagem do objeto*, identificação projetiva*, recusa da realidade psíquica, controle onipotente do objeto etc.

★

O uso generalizado da noção de mecanismo de defesa não deixa de levantar problemas. Será que estamos utilizando um conceito verdadeiramente operacional referindo a uma função única operações tão diferentes como, por exemplo, a racionalização*, que apela para mecanismos intelectuais complexos, e o retorno sobre a própria pessoa*, que é um "destino" do objetivo pulsional; designando pelo mesmo termo, defesa, operações verdadeiramente compulsivas como a anulação retroativa e a procura de uma via de "desimpedimento" que são certas sublimações (ver: mecanismos de desimpedimento)?

Numerosos autores, embora falando de "mecanismos de defesa do ego", não deixam de reconhecer diferenças. "Ao lado de técnicas como o isolamento e a anulação retroativa, encontramos verdadeiros processos instintuais como a regressão, a inversão em seu contrário e o retorno sobre a própria pessoa" (5a). Torna-se então necessário mostrar como um mesmo processo pode funcionar em níveis variados. A introjeção, por exemplo, que é inicialmente um modo de relação da pulsão com o seu objeto, e que por sua vez encontra o seu protótipo corporal na incorporação, pode ser *secundariamente* utilizada como defesa pelo ego (defesa maníaca, sobretudo).

Há ainda uma outra distinção teórica fundamental que não pode ser desprezada: é a que especifica o recalque relativamente a todos os outros processos defensivos, especificidade que Freud, mesmo depois de ter afirmado que o recalque era um caso particular da defesa, não deixou de lembrar (6). Não tanto porque, como aponta Anna Freud, ele se defina essencialmente como um contrainvestimento permanente e seja ao mesmo tempo "o mais eficaz e o mais perigoso" dos mecanismos de defesa, mas porque é constitutivo do inconsciente enquanto tal (ver: recalque).

Por fim, centrando a teoria na noção de defesa do ego, somos facilmente levados a opor a ela a reivindicação pulsional pura, que seria, por princípio, totalmente estranha a qualquer dialética. "Se as exigências do ego ou as das forças exteriores representadas pelo ego não exercessem pressão, a pulsão só conheceria um destino: o da satisfação" (5b).

Acabaríamos então fazendo da pulsão um termo inteiramente positivo, que não estaria marcado por qualquer interdição. Não estariam os *mecanismos* do próprio processo primário (deslocamento, condensação etc.), com o que implicam de estruturação do jogo pulsional, em contradição com essa concepção?

(1) BREUER (J.) e FREUD (S.), *Studien über Hysterie*, 1895. GW, I, 181; SE, II, 122; Fr., 96.

(2) FREUD (S.), *Das Unbewusste*, 1915. GW, X, 283; SE, XIV, 184; Fr., 126.
(3) FREUD (S.), *Die Verdrängung*, 1915. GW, X, 249-50; SE, XIV, 147; Fr., 70.
(4) FREUD (S.). – *a*) GW, XIV, 197; SE, XX, 164; Fr., 93. – *b*) GW, XIV, 197; SE, XX, 164; Fr., 93-4.
(5) FREUD (A.), *Das Ich und die Abwehrmechanismen*, 1936. Fr.: *Le moi et les mécanismes de défense*, PUF, Paris, 1949. – *a*) 44-5. – *b*) 38-9.
(6) *Cf.*, por exemplo, FREUD (S.), *Die endliche und die unendliche Analyse*, 1937. GW, XVI, 80; SE, XXIII, 235; Fr., 22.

MECANISMOS DE DESIMPEDIMENTO

= *D.*: Abarbeitungsmechanismen. – *F.*: mécanismes de dégagement. – *En.*: working-off mechanisms. – *Es.*: mecanismos de desprendimento. – *I.*: meccanismi di disimpegno.

• *Noção introduzida por Edward Bibring (1943) e retomada por Daniel Lagache (1956) na sua elaboração da teoria psicanalítica do ego para explicar a solução do conflito defensivo, principalmente no tratamento. D. Lagache opõe os mecanismos de desimpedimento aos mecanismos de defesa. Enquanto estes têm por fim apenas a urgente redução das tensões internas, em conformidade com o princípio de desprazer-prazer, aqueles tendem para a realização das possibilidades, ainda que à custa de um aumento de tensão. Essa oposição deve-se ao fato de que os mecanismos de defesa – ou compulsões defensivas – são automáticos e inconscientes, permanecem sob o domínio do processo primário e tendem para a identidade de percepção, ao passo que os mecanismos de desimpedimento obedecem ao princípio de identidade dos pensamentos e permitem ao sujeito liberar-se progressivamente da repetição e das suas identificações alienantes.*

▪ Foi E. Bribing que propôs descrever como *working-off mechanisms* certos mecanismos do ego que conviria diferenciar dos mecanismos de defesa, relacionado com a sua concepção da compulsão à repetição*. Segundo esse autor, com efeito, a repetição das experiências penosas sob o controle do ego permitiria uma redução ou assimilação progressiva das tensões: "A finalidade dos mecanismos de desimpedimento do ego não é provocar a descarga [ab-reação] nem deixar a tensão livre de perigo [mecanismos de defesa]; a sua função é dissolver progressivamente a tensão alterando as condições internas que lhe dão origem" (1). Bibring descreve diversos métodos de desimpedimento, tais como o desapego da libido (trabalho do luto*), a familiarização com a situação ansiógena etc.

Na mesma linha de ideias, Daniel Lagache sublinhou a extensão abusiva do conceito de mecanismo de defesa, que é invocado ao mesmo tempo para explicar compulsões automáticas e inconscientes que a psicanálise procura destruir e, sob o nome de "defesa bem-sucedida", operações que têm justamente por objeto a abolição dessas compulsões.

META (–PULSIONAL)

Daniel Lagache situa a noção de mecanismo de desimpedimento no quadro de uma oposição entre a consciência e o ego: a consciência (ego-sujeito) pode identificar-se com o ego-objeto, alienar-se nele (narcisismo), ou, pelo contrário, objetivar o ego e assim se "desimpedir" (2).

A noção é retomada e desenvolvida na elaboração de conjunto apresentada por D. Lagache da estrutura da personalidade; ele especifica as modalidades do desimpedimento referindo-se à experiência do tratamento: "[…] a passagem da repetição atuada para a rememoração pensada e falada […]; a passagem da identificação, pela qual o sujeito se confunde com a sua vivência, para a objetivação, pela qual ele se distancia dessa vivência; a passagem da dissociação para a integração; o desapego do objeto imaginário, completado pela mudança de objeto; a familiarização com as situações fóbicas, que substitui a espera ansiosa da situação traumática e fantasística; a substituição da inibição pelo controle, da obediência pela experiência. Em todos esses exemplos, a operação defensiva só é neutralizada na medida em que é substituída por uma operação de desimpedimento" (3a).

Deve-se, pois, distinguir uma atividade defensiva do ego relativamente às pulsões do id, e uma atividade de desimpedimento do ego relativamente às suas próprias operações defensivas. Se, todavia, convém atribuir ao ego funções de tal modo antinômicas, é porque elas têm em comum uma capacidade de escolha e de rejeição (3b).

(1) BIBRING (Ed.), The Conception of the Repetition Compulsion, 1943. In *Psycho-analytic Quarterly*, XII, nº 4.
(2) *Cf.* LAGACHE (D.), Fascination de la conscience par le Moi, 1957. In *La psychanalyse*, PUF, Paris, v. 3, 33-46.
(3) LAGACHE (D.), La psychanalyse et la structure de la personnalité, 1958, in *La psychanalyse*, PUF, Paris, v. 6. – *a*) 34. – *b*) *Cf*. 34.

META (–PULSIONAL)

= *D*.: Ziel (Triebziel). – *F*.: but pulsionnel. – *Em*.: aim (instinctual aim). – *Es*.: hito *ou* meta instintual. – *I*.: meta (istintuale *ou* pulsionale).

• *Atividade a que a pulsão impele e que leva a uma resolução da tensão interna: essa atividade é sustentada e orientada por fantasias.*

▪ A noção de meta pulsional está ligada à análise freudiana do conceito de pulsão nos seus diferentes elementos: pressão*, fonte*, meta e objeto* (1a, 2a).

Em sentido amplo, pode dizer-se que a meta pulsional é unívoca: é em todos os casos a satisfação, isto é, segundo a concepção econômica de Freud, uma descarga não qualitativa de energia, regida pelo "princípio de constância"*. No entanto, mesmo quando fala de "meta final" (*Endziel*) da pulsão, Freud entende por isso uma meta específica, ligada a uma pulsão determinada (2b). Essa meta final pode também ser atingida graças a meios ou "metas intermediários", mais ou menos intermutáveis; mas a noção de uma especificidade da meta de cada pulsão parcial é afirmada a partir dos *Três ensaios sobre a teoria da sexualidade* (*Drei Abhandlungen zur Sexualtheorie*, 1905): "A meta sexual da pulsão infantil consiste em provocar a satisfação pela excitação apropriada desta ou daquela zona erógena" (1*b*). Essa noção parece ter a sua origem no *Projeto para uma psicologia científica* (*Entwurf einer Psychologie*, 1895) sob a forma da "ação específica", a única capaz de suprimir a tensão interna. Ela é reafirmada ainda mais explicitamente na edição de 1915 dos *Três ensaios*: "O que distingue as pulsões umas das outras, e as dota de propriedades específicas, é a sua relação com as suas fontes sexuais e as suas metas" (1*c*).

Esses textos afirmam, ao mesmo tempo, uma ligação estreita entre a meta e a fonte, que a maior parte das vezes é representada por uma zona erógena*: "[...] [na sexualidade infantil,] a meta sexual está sob o domínio de uma zona erógena" (1*d*). Ou ainda: "[...] a meta para que tende cada uma [das pulsões sexuais] é atingir o prazer de órgão* [*Organlust*]" (2*c*). Assim, a meta correspondente à pulsão oral será a satisfação ligada à atividade de sucção. Inversamente, é pela meta pulsional que a fonte da pulsão*, no sentido do processo orgânico que se produz no órgão erógeno, pode ser conhecida: "[...] embora a sua origem a partir da fonte somática seja o momento absolutamente determinante para a pulsão, esta só se dá a conhecer no psiquismo pelas suas metas [...]. Muitas vezes podem induzir-se com segurança as fontes da pulsão a partir das suas metas" (2*d*).

A fonte seria portanto a *ratio essendi* da meta, e esta a *ratio cognoscendi* da fonte. Como conciliar essa determinação recíproca rigorosa com a existência desses "desvios da meta sexual" que são o objeto de um capítulo inteiro dos *Três ensaios*? A intenção de Freud nesse texto é mostrar – contra a opinião comum – que a sexualidade inclui um domínio muito mais vasto do que o ato sexual adulto considerado normal, isto é, limitado a uma só fonte, o aparelho genital, e a uma só meta, "a união sexual ou, pelo menos, as ações que a ela conduzem" (1*e*). Os "desvios" que indica não são modificações da meta de uma mesma pulsão parcial, mas as diferentes variedades possíveis de metas sexuais. Entre estas temos ou metas ligadas a fontes, a zonas erógenas, diferentes da zona genital (o beijo, por exemplo, ligado à zona oral), ou modificações do ato sexual que dependem de um deslocamento do *objeto* (assim, Freud descreve o fetichismo nos "desvios da meta", mas reconhece que de fato se trata essencialmente de um "desvio" referente ao objeto) (1*f*).

Em *Pulsões e destinos das pulsões* (*Triebe und Triebschicksale*, 1915), o ponto de vista é muito diferente. Não se trata de inventariar variantes da meta sexual em geral, mas de mostrar como a meta de *uma pulsão parcial determinada* se pode transformar. Nessa perspectiva, Freud é levado a estabelecer uma distinção entre as pulsões autoeróticas e as pulsões imediatamente dirigidas para o objeto (sadismo e "pulsão de ver"). Nas primeiras, "[...] o papel da fonte orgânica é determinante a ponto de, segundo uma sedutora suposição de P. Federn e L. Jekel, a forma e a função do órgão

META (–PULSIONAL)

decidirem da atividade e da passividade da meta pulsional" (2e). Só nas segundas existe aquela modificação da meta que é "inversão em seu contrário" (inversão do sadismo em masoquismo e do voyeurismo em exibicionismo); mas é conveniente notar que essa mudança de meta está de novo estreitamente ligada a uma mudança de objeto: o "retorno sobre a própria pessoa" (2f).

Na sublimação*, a modificação da pulsão consiste, essencialmente, numa mudança de meta. Mas essa mudança é, também neste caso, condicionada por uma modificação nos outros elementos da pulsão: troca do objeto, substituição de uma pulsão por outra (substituição por uma pulsão de autoconservação com a qual a pulsão sexual funcionava em apoio*) (1g, 2g).

Vemos assim que, se nos limitamos às categorias que a concepção freudiana faz intervir explicitamente, a noção de meta se encontra como que dilacerada entre as duas noções de fonte e de objeto da pulsão. Se a definirmos pela sua ligação estreita com a fonte orgânica, a meta pulsional será então especificada de modo muito definido, mas bastante pobre: sucção para a boca, visão para a vista, "dominação" para a musculatura etc. Se encararmos, como nos sugere a evolução da teoria psicanalítica, cada tipo de atividade sexual na sua relação com o tipo de objeto visado, a noção de meta pulsional apaga-se então em benefício da de "relação de objeto"*.

Seria possível, é claro, esclarecer as dificuldades em que, em Freud, a questão da meta pulsional continua encerrada, uma vez evidenciado o que a própria noção de pulsão nele nos oferece de equívoco; com efeito, é nessa mesma categoria que ele coloca a pulsão sexual e a pulsão de autoconservação, quando toda a sua teoria da sexualidade mostra o que profundamente as diferencia no seu funcionamento, e, precisamente, na sua meta, quer dizer, no que em uma e na outra conduz à satisfação.

Se a meta de uma pulsão de autoconservação só pode ser compreendida como uma ação específica* que vem pôr termo a um estado de tensão provocado pela necessidade, localizável num determinado aparelho somático e que exige, bem entendido, uma realização efetiva (fornecimento de comida, por exemplo), a meta da pulsão sexual é muito mais difícil de determinar. Ela, com efeito – na exata medida em que começa por se confundir, no apoio*,[1] com a função de autoconservação e conhece o seu momento de emergência ao desligar-se dela –, encontra a sua satisfação numa atividade ao mesmo tempo marcada pela função vital que lhe serviu de suporte e defasada, profundamente pervertida, relativamente a ela. É nessa defasagem que se vem inserir uma atividade fantasística que pode compreender elementos representativos muitas vezes muito afastados do protótipo corporal (ver: autoerotismo, apoio, pulsão, sexualidade).

(1) FREUD (S.), *Drei Abhandlungen zur Sexualtheorie*, 1905. – a) GW, V, 34; SE, VII, 135-6; Fr., 17-8. – b) GW, V, 85; SE, VII, 184; Fr., 78. – c) GW, V, 67; SE, VII, 168; Fr., 56-7. – d) GW, V, 83; SE, VII, 182-3; Fr., 76. – e) GW, V, 33; SE, VII, 135; Fr., 17. – f) Cf. GW, V, 52; SE, VII, 153; Fr., 38. – g) Cf. GW, V, 107; SE, VII, 205-6; Fr., 105-7.

(2) FREUD (S.), *Triebe und Triebschicksale*, 1915. – *a*) *Cf.* GW, X, 214; SE, XIV, 121; Fr., 33. – *b*) *Cf.* GW, X, 215; SE, XIV, 122; Fr., 34-5. – *c*) GW, X, 218; SE, XIV, 125-6; Fr., 41. – *d*) GW, X, 216; SE, XIV, 123; Fr., 36. – *e*) GW, X, 225; SE, XIV, 132-3; Fr., 53. – *f*) GW, X, 220; SE, XIV, 127; Fr., 43-4. – *g*) *Cf.* GW, X, 219; SE, XIV, 125-6; Fr., 41-2.

METAPSICOLOGIA

= *D.*: Metapsychologie. – *F.*: métapsychologie. – *En.*: metapsychology. – *Es.*: metapsicología. – *I.*: metapsicologia.

• *Termo criado por Freud para designar a psicologia por ele fundada, considerada na sua dimensão mais teórica. A metapsicologia elabora um conjunto de modelos conceituais mais ou menos distantes da experiência, tais como a ficção de um aparelho psíquico dividido em instâncias, a teoria das pulsões, o processo do recalque etc.*
A metapsicologia leva em consideração três pontos de vista: dinâmico, tópico e econômico.

■ O termo *metapsicologia* encontra-se episodicamente nas cartas que Freud dirigiu a Fliess. É utilizado por Freud para definir a originalidade da sua própria tentativa de edificar uma psicologia "[...] que leve ao outro lado da consciência" em relação às psicologias clássicas da consciência (1*a*). Não podemos deixar de notar a analogia entre os termos metapsicologia e metafísica, analogia provavelmente intencional por parte de Freud, pois sabemos, pelo seu próprio testemunho, o quanto foi forte a sua vocação filosófica: "Espero que você queira dar atenção a algumas questões metapsicológicas [...]. Nos meus anos de juventude a nada aspirei tanto como ao conhecimento filosófico, e estou realizando esse voto, passando da medicina à psicologia" (1*b*).
Mas a reflexão de Freud sobre as relações entre a metafísica e a metapsicologia vai além dessa simples aproximação; define a metapsicologia, numa passagem significativa, como uma tentativa científica de restaurar as construções "metafísicas"; estas, como as crenças supersticiosas ou certos delírios paranoicos, projetam em forças exteriores o que na realidade é próprio do inconsciente: "[...] grande parte da concepção mitológica do mundo, que se estende até as religiões mais modernas, nada mais é que *psicologia projetada no mundo exterior.* O conhecimento obscuro (por assim dizer, a percepção endopsíquica) dos fatores psíquicos e do que se passa no inconsciente reflete-se [...] na construção de uma realidade *suprassensível*, que deve ser transformada pela ciência em *psicologia do inconsciente* [...]. Poderíamos assumir o compromisso [...] de converter a *metafísica* em *metapsicologia*" (2).
Muito mais tarde, Freud retomará o termo metapsicologia para apresentar uma definição exata: "Proponho que se fale de apresentação [*Darstellung*] *metapsicológica* quando se conseguir descrever um processo psíquico nas suas relações dinâmicas, tópicas e econômicas" (3, α). Deve-

mos considerar como escritos metapsicológicos todos os estudos teóricos que apelam para noções e hipóteses inerentes a esses três registros, ou seria melhor designar assim os textos que mais fundamentalmente elaboram ou explicam as hipóteses subjacentes à psicologia psicanalítica – "princípios" (*Prinzipien*), "conceitos fundamentais" (*Grundbegriffe*), "modelos" teóricos (*Darstellungen, Fiktionen, Vorbilder*)? Neste sentido, há certos textos mais propriamente metapsicológicos que escalonam a obra de Freud, particularmente o *Projeto para uma psicologia científica* (*Entwurf einer Psychologie*, 1895), o capítulo VII de *A interpretação de sonhos* (*Die Traumdeutung*, 1900), *Formulações sobre os dois princípios do funcionamento mental* (*Formulierungen über die zwei Prinzipien des psychischen Gescehens*, 1911), *Além do princípio do prazer* (*Jenseits des Lustprizips*, 1920), *O ego e o id* (*Das Ich und das Es*, 1923), *Esboço de psicanálise* (*Abriss der Psychoanalyse*, 1938). Por fim, no ano de 1915, Freud concebeu e realizou parcialmente o projeto de escrever *Artigos sobre metapsicologia* (*Zur Vorbereitung einer Metapsychologie*) na intenção "[...] de esclarecer e aprofundar as hipóteses teóricas que se podem situar na base de um sistema psicanalítico" (4, β).

▲ (α) Aos pontos de vista tópico, dinâmico e econômico que Freud distinguiu, Hartmann, Kris e Loewenstein propuseram acrescentar o ponto de vista *genético* (*ver:* fases). David Rapaport ainda acrescentou o ponto de vista de *adaptação*.

(β) Cinco dos artigos previstos foram publicados, e outros sete teriam sido escritos e destruídos.

(1) FREUD (S.), *Aus den Anfängen der Psychoanalyse*, 1887-1902. – *a*) Carta de 10-3-98; Al., 262; Ing., 246; Fr., 218. – *b*) Carta de 2-4-96: Al., 173; Ing., 162; Fr., 143-4.
(2) FREUD (S.), *Zur Psychopathologie des Alltagslebens*, 1901, GW, IV, 287-8; SE, VI, 258-9; Fr., 298-9.
(3) FREUD (S.), *Das Unbewusste*, 1915. GW, X, 281; SE, XIV, 181; Fr., 121.
(4) FREUD (S.), *Metapsychologie Ergänzung zur Traumlehre*, 1915. GW, X, 412, n. 1; SE, XIV, 222, n. 1; Fr., 162, n. 1.

MOÇÃO PULSIONAL

= *D.*: Triebregung. – *F.*: motion pulsionnelle. – *En.*: instinctual impulse. – *Es.*: impulso instintual *ou* moción pulsional. – *I.*: moto pulsionale *ou* istintivo.

• *Expressão utilizada por Freud para designar a pulsão sob o seu aspecto dinâmico, ou seja, na medida em que se atualiza e se especifica num estímulo interno determinado.*

■ O termo *Triebregung* aparece pela primeira vez em *Pulsões e destinos das pulsões* (*Triebe und Triebschicksale*, 1915), mas a ideia por ele expressa é muito antiga em Freud. É assim que, no *Projeto para uma psicologia científica* (*Entwurf einer Psychologie*, 1895), ele fala de estímulos endógenos (*endogene Reize*) para designar exatamente a mesma coisa.

Entre *Triebregung* e *Trieb* (pulsão) existe uma diferença muito pequena: é frequente Freud empregar um termo pelo outro. Se, todavia, na leitura do conjunto dos textos se revelasse possível uma distinção, seria esta: a moção pulsional é a pulsão em ato, considerada no momento em que uma modificação orgânica a põe em movimento.

A moção pulsional situa-se, pois, segundo Freud, ao mesmo nível da pulsão; quando a pulsão é concebida como uma modificação biológica e, consequentemente, estritamente falando, aquém da distinção consciente-inconsciente, acontece o mesmo com a moção pulsional: "Quando falamos de uma moção pulsional inconsciente ou de uma moção pulsional recalcada, essa é uma forma não rigorosa de nos exprimirmos, mas sem gravidade. Não podemos ter em vista nada além de uma moção pulsional cujo representante-representação é inconsciente, e na verdade não se poderia tratar de outra coisa" (1).

Achamos que não convém traduzir *Triebregung*, como frequentemente acontece, por "emoção pulsional", termo que se inscreve diretamente no registro dos afetos, que não é o caso do termo alemão nem do equivalente inglês adotado, *instinctual impulse*. Propomos que se volte ao velho termo moção, tirado da psicologia moral, que nos parece mais próximo da palavra *Regung*, substantivo derivado do verbo *regen*, mover, e das suas acepções freudianas. Note-se que moção pulsional inscreve-se na série dos termos psicológicos usuais *motivo, móbil, motivação*, que apelam todos para a noção de movimento.

Acrescente-se que *Regung* se encontra em Freud fora da expressão *Triebregung*, por exemplo, em *Wunschregung, Affektregung*, com a mesma tonalidade de movimento interno.

(1) FREUD (S.), *Das Unbewusste*, 1915. GW, X, 276; SE, XIV, 177; Fr., 112.

N

NARCISISMO

= *D.*: Narzissmus. – *F.*: narcissisme. – *En.*: narcissism. – *Es.*: narcisismo. – *I.*: narcisismo.

● *Por referência ao mito de Narciso, é o amor pela imagem de si mesmo.*

■ 1. O termo narcisismo (α) aparece pela primeira vez em Freud em 1910 para explicar a escolha de objeto nos homossexuais; estes "[...] tomam a si mesmos como objeto sexual; partem do narcisismo e procuram jovens que se pareçam com eles, e a quem possam amar como a mãe deles os amou" (1*a*).

A descoberta do narcisismo leva Freud a propor – no *Caso Schreber* (1911) – a existência de uma *fase* da evolução sexual intermediária entre o autoerotismo e o amor de objeto. "O sujeito começa por tomar a si mesmo, ao seu próprio corpo, como objeto de amor" (2), o que permite uma primeira unificação das pulsões sexuais. Em *Totem e tabu* (*Totem und Tabu*, 1913) ele expressa o mesmo ponto de vista.

2. Vemos que Freud já fazia uso do conceito de narcisismo antes de "introduzi-lo" através de um estudo especial (*Sobre o narcisismo*: *uma introdução* [*Zur Einführung des Narzissmus*, 1914]). Mas, neste texto, é no conjunto da teoria psicanalítica que ele introduz o conceito, considerando particularmente os investimentos libidinais. Com efeito, a psicose ("neurose narcísica"*) põe em evidência a possibilidade que a libido tem de reinvestir o ego desinvestindo o objeto; isso implica que "[...] fundamentalmente, o investimento do ego persiste e se comporte para com os investimentos de objeto como o corpo de um animálculo protoplásmico para com os pseudópodes que emitiu" (3*a*). Referindo-se a uma espécie de princípio de conservação da energia libidinal, Freud estabelece um equilíbrio entre a "libido do ego" (investida no ego) e a "libido objetal": "quanto mais uma absorve, mais a outra se empobrece" (3*b*). "O ego deve ser considerado como um grande reservatório de libido, de onde a libido é enviada aos objetos, e que está sempre pronto a absorver libido que reflua dos objetos" (4).

No quadro de uma concepção energética que reconheça a permanência de um investimento libidinal do ego, somos levados a uma definição *estrutural* do narcisismo. O narcisismo já não surge como uma fase evolutiva, mas como uma estase da libido que nenhum investimento de objeto permite ultrapassar completamente.

3. Tal processo de desinvestimento do objeto e de retirada da libido sobre o sujeito já tinha sido destacado por K. Abraham em 1908 a partir do exemplo da demência precoce. "A característica psicossexual da demência precoce é o retorno do paciente ao autoerotismo [...]. O doente mental transfere para si só, como seu exclusivo objeto sexual, a totalidade da libido, que a pessoa normal orienta para todos os objetos animados ou inanimados que a rodeiam" (5). Freud fez suas estas concepções de Abraham: "[...] elas conservaram-se na psicanálise e tornaram-se a base da nossa atitude para com as psicoses" (6). Mas acrescenta a ideia – que permite especificar o narcisismo com relação ao autoerotismo* – de que o ego não existe de início como unidade e que exige, para se constituir, "uma nova ação psíquica" (3c).

Se quisermos conservar a distinção entre um estado em que as pulsões sexuais se satisfazem de forma anárquica, independentemente umas das outras, e o narcisismo, em que o ego na sua totalidade é tomado como objeto de amor, seremos levados a fazer coincidir a predominância do narcisismo infantil com os momentos formadores do ego.

Nesse ponto, a teoria psicanalítica não é unívoca. Numa perspectiva genética, podemos conceber a constituição do ego como unidade psíquica, correlativamente à constituição do esquema corporal. Podemos ainda pensar que tal unidade é precipitada por uma determinada imagem que o sujeito adquire de si mesmo segundo o modelo do outro, e que é precisamente o ego. O narcisismo seria a captação amorosa do sujeito por essa imagem. J. Lacan relacionou esse primeiro momento da formação do ego com a experiência narcísica fundamental que designa pelo nome de fase do espelho* (7). Nessa perspectiva, em que o ego se define por uma identificação com a imagem de outrem, o narcisismo – mesmo "primário" – não é um estado do qual estaria ausente toda e qualquer relação intersubjetiva, mas a interiorização de uma relação. É essa justamente a concepção que ressalta de um texto como *Luto e melancolia* (*Trauer und Melancholie*, 1916), em que Freud parece não ver no narcisismo nada mais do que uma "identificação narcísica" com o objeto (8).

Mas, com a elaboração da segunda teoria do aparelho psíquico, essa concepção se apaga. Freud acaba opondo de forma global um estado narcísico primitivo (anobjetal) e relações com o objeto. Esse estado primitivo, a que ele dá então o nome de narcisismo primário, seria caracterizado pela total ausência de relações com o meio, por uma indiferenciação entre o ego e o id, e teria o seu protótipo na vida intrauterina, da qual o sono representaria uma reprodução mais ou menos perfeita (9).

A ideia de um narcisismo contemporâneo da formação do ego por identificação com outrem nem por isso é abandonada, mas ele é então denominado "narcisismo secundário", e já não "narcisismo primário": "A libido que aflui ao ego pelas identificações [...] representa o seu 'narcisismo secundário'" (10*a*). "O narcisismo do ego é um narcisismo secundário, retirado aos objetos" (10*b*).

Essa profunda modificação da concepção de Freud é correlativa da introdução da noção de id* como instância separada e da qual as outras instâncias emanam por diferenciação; de uma evolução da noção de ego*, que acentua tanto as identificações das quais ele surgiu quanto a sua função adaptadora como aparelho diferenciado; e, finalmente, do desaparecimento da distinção entre autoerotismo* e narcisismo. Tomada literalmente, essa concepção corre o risco ao mesmo tempo de contradizer a experiência – ao afirmar que o recém-nascido não teria qualquer abertura perceptiva para o mundo exterior – e de renovar em termos, aliás ingênuos, a aporia idealista, agravada nesse caso por uma formulação "biológica": como passar de uma mônada fechada em si mesma para o reconhecimento progressivo do objeto?

▲ (α) Freud declara, nas primeiras linhas de *Sobre o narcisismo: uma introdução* (*Zur Einführung des Narzissmus*, 1914), ter ido buscar o termo em P. Näcke (1899), que o utiliza para descrever uma perversão. Em nota acrescentada em 1920 aos *Três ensaios sobre a teoria da sexualidade* (*Drei Abhandlungen zur Sexualtheorie*) corrige essa asserção; teria sido H. Ellis o criador do termo (1*b*). De fato, Näcke forjou a palavra *Narzissmus*, mas para comentar pontos de vista de H. Ellis, que foi o primeiro, em 1898 (*Autoerotism, a Psychological Study*), a descrever um comportamento perverso relacionando-o com o mito de Narciso.

(1) FREUD (S.), *Drei Abhandlungen zur Sexualtheorie*, 1905. – *a*) GW, V, 44, n. 1; SE, VII, 145, n. 1; Fr., 167-8, n. 13. – *b*) *Cf.* GW, V, 119, n. 3; SE, VII, 218, n. 3; Fr., 184, n. 75.

(2) FREUD (S.), *Psychoanalytische Bemerkungen über einen autobiographisch beschriebenen Fall von Paranoia*, 1911. GW, VIII, 296-7; SE, XII, 60-1; Fr., 349-50.

(3) FREUD (S.). – *a*) GW, X, 141; SE, XIV, 75-6. – *b*) GW, X, 141; SE, XIV, 75-6. – *c*) GW, X, 142; SE, XIV, 77.

(4) FREUD (S.), *"Psychoanalyse" und "Libidotheorie"*, 1923. GW, XIII, 231; SE, XVIII, 257.

(5) ABRAHAM (K.), *Les différences psychosexuelles entre l'hystérie et la démence précoce*, 1908. Fr., I, 36-47.

(6) FREUD (S.), *Vorlesungen zur Einführung in die Psychoanalyse*, 1916-17. GW, XI, 430; SE, XVI, 415; Fr., 444.

(7) *Cf.* LACAN (J.), Le stade du miroir comme formateur de la fonction du Je, *RFP*, 1949, XIII, 4, 449-55.

(8) *Cf.* FREUD (S.), GW, X, 435-7; SE, XIV, 249-51; Fr., 202-5.

(9) *Cf.* FREUD (S.), *Massenpsychologie und Ich-Analyse*, 1921, GW, XIII, 146; SE, XVIII, 130-1; Fr., 146-7.

(10) FREUD (S.), *Das Ich und das Es*, 1923. – *a*) GW, XIII, 258, n., SE, XIX, 30, Fr., 185, n. 1. – *b*) GW, XIII, 275; SE, XIX, 46; Fr., 203.

NARCISISMO PRIMÁRIO, NARCISISMO SECUNDÁRIO

= *D*.: primärer Narzissmus, sekundärer Narzissmus. – *F*.: narcissisme primaire, narcissisme secondaire. – *En*.: primary narcissism, secondary narcissism. – *Es*.: narcisismo primario, narcisismo secundario. – *I*.: narcisismo primario, narcisismo secondario.

NARCISISMO PRIMÁRIO, NARCISISMO SECUNDÁRIO

• *O narcisismo primário designa um estado precoce em que a criança investe toda a sua libido em si mesma. O narcisismo secundário designa um retorno ao ego da libido retirada dos seus investimentos objetais.*

■ Esses termos têm na literatura psicanalítica, e mesmo apenas na obra de Freud, acepções muito diversas, que nos impedem de apresentar uma definição unívoca mais exata do que aquela que propomos.
1. A expressão narcisismo secundário levanta menos dificuldades do que narcisismo primário. Freud usa-a, desde *Sobre o narcisismo: uma introdução* (*Zur Einführung des Narzissmus*, 1914), para designar certos estados como o narcisismo esquizofrênico: "[...] eis que somos levados a conceber este narcisismo, que apareceu pela incorporação dos investimentos objetais, como um estado secundário construído com base num narcisismo primário obscurecido por múltiplas influências" (1). Para Freud, o narcisismo secundário não designa apenas certos estados extremos de regressão; é também uma estrutura permanente do sujeito: *a*) No plano econômico, os investimentos de objeto não suprimem os investimentos do ego, antes existe um verdadeiro equilíbrio energético entre as duas espécies de investimento; *b*) No plano tópico, o ideal do ego representa uma formação narcísica que nunca é abandonada.
2. De um autor para outro, a noção de narcisismo primário está sujeita a extremas variações. Trata-se de definir um estado hipotético da libido infantil, e as divergências incidem de maneira complexa na descrição desse estado, na sua situação cronológica e, para certos autores, na própria existência dele.

Em Freud, o narcisismo primário designa, de um modo geral, o primeiro narcisismo, o da criança que toma a si mesma como objeto de amor, antes de escolher objetos exteriores. Esse estado corresponderia à crença da criança na onipotência dos seus pensamentos (2).

Se procurarmos concretizar o momento da constituição desse estado, já em Freud encontraremos variações. Nos textos do período de 1910-1915 (3), essa fase é localizada entre a do autoerotismo primitivo e a do amor de objeto, e parece contemporânea ao aparecimento de uma primeira unificação do sujeito, de um ego. Mais tarde, com a elaboração da segunda tópica, Freud conota pelo termo narcisismo primário um primeiro estado da vida, anterior até mesmo à constituição de um ego, e do qual a vida intrauterina seria o arquétipo (4). A distinção entre o autoerotismo* e o narcisismo é então suprimida. Não é fácil perceber, do ponto de vista tópico, o que é investido no narcisismo primário assim entendido.

Esta última acepção do narcisismo primário prevalece correntemente nos nossos dias no pensamento psicanalítico, o que resulta numa limitação do significado e do alcance do debate; quer se aceite ou se recuse a noção, designa-se sempre assim um estado rigorosamente "anobjetal", ou pelo menos "indiferenciado", sem clivagem entre um sujeito e um mundo exterior.

Dois tipos de objeções podem-se opor a essa concepção do narcisismo:

– No plano da terminologia, essa acepção perde de vista a referência a uma imagem de si mesmo, a uma relação especular, que o termo narcisismo supõe na sua etimologia. Por isso pensamos que a expressão narcisismo primário é inadequada para designar uma fase descrita como anobjetal.

– No plano dos fatos, a existência dessa fase é muito problemática, e alguns autores acham que existem desde o início no lactente relações de objeto, "um amor de objeto primário" (5), de forma que a noção de um narcisismo primário, entendido como primeira fase anobjetal da vida extrauterina, é rejeitada por eles como mítica. Para Melanie Klein, não se pode falar de fase narcísica, visto que desde a origem se instituem relações objetais, mas apenas de "estados" narcísicos definidos por um retorno da libido a objetos interiorizados.

A partir dessas críticas, parece-nos possível recuperar o sentido da intenção de Freud quando, retomando a noção de narcisismo introduzida em patologia por H. Ellis, ampliou-a, considerando-a uma fase necessária na evolução que vai do funcionamento anárquico, autoerótico, das pulsões parciais, à escolha de objeto. Nada parece opor-se a que designemos pelo termo narcisismo primário uma fase precoce ou momentos básicos, que se caracterizam pelo aparecimento simultâneo de um primeiro esboço do ego* e pelo seu investimento pela libido, o que não implica que esse primeiro narcisismo seja o primeiro estado do ser humano, nem que, do ponto de vista econômico, tal predominância do amor de si mesmo exclua qualquer investimento objetal (*ver*: narcisismo).

(1) FREUD (S.), GW, X, 140; SE, XIV, 75.
(2) *Cf.* FREUD (S.), *Totem und Tabu*, 1912. *Passim*.
(3) *Cf.* FREUD (S.), *Psychoanalytische Bemerkungen über einen autobiographisch beschriebenen Fall von Paranoia – Dementia paranoides*, 1911. *Totem und Tabu*, 1912. *Zur Einführung des Narzissmus*, 1914.
(4) *Cf.* FREUD (S.), *Vorlesungen zur Einführung in die Psychoanalyse*, 1916-17. GW, XI, 431-2; SE, XVI, 415-6; Fr., 444-5.
(5) *Cf.* BALINT (M.), Early Developmental States of the Ego. Primary Object Love, 1937, in *Primary Love and Psychoanalytic Technique*, Hogarth Press, Londres, 1952, 103-8.

NECESSIDADE DE PUNIÇÃO

= *D*.: Strafbedüfnis. – *F.*: besoin de punition. – *En.*: need for punishment. – *Es.*: necessidad de castigo. – *I.*: bisogno di punizione.

• *Exigência interna postulada por Freud como dando origem ao comportamento de certos sujeitos em quem a investigação psicanalítica mostra que procuram situações penosas ou humilhantes e se comprazem nelas (masoquismo moral). O que há de irredutível em tais comportamentos deveria, em última análise, ser referido à pulsão de morte.*

- A existência de fenômenos que implicam uma autopunição despertou muito cedo o interesse de Freud: *sonhos* de punição, que são como que um tributo pago à censura para a realização de um desejo (1), ou, sobretudo, sintomas da *neurose obsessiva*. Desde os primeiros estudos sobre essa afecção, Freud descreve as autorrecriminações; depois, em *Notas sobre um caso de neurose obsessiva* (*Bemerkungen über einen Fall von Zwangsneurose*, 1909), os comportamentos autopunitivos; mais geralmente, é o conjunto da sintomatologia, com o sofrimento que implica, que faz do obsessivo um carrasco de si mesmo.

A clínica da *melancolia* destaca a violência de uma compulsão à autopunição, que pode chegar até o suicídio. Mas outra contribuição de Freud e da psicanálise é motivar pela autopunição comportamentos em que a punição, aparentemente, é apenas uma consequência não desejada de certas *ações agressivas e delituosas* (2). Nesse sentido podemos falar de "criminosos por autopunição", sem que se deva ver nesse processo a motivação única de um fenômeno sempre complexo.

Por fim, no *tratamento*, Freud foi levado a prestar cada vez mais atenção àquilo que chama de reação terapêutica negativa*. O analista tem a impressão, escreve ele, "[...] de uma força que se defende por todos os meios contra a cura e quer absolutamente agarrar-se à doença e ao sofrimento" (3a).

O aprofundamento, no quadro da segunda teoria do aparelho psíquico, dos problemas metapsicológicos colocados por esses fenômenos, os progressos da reflexão sobre o sadismo-masoquismo e, por fim, a introdução da pulsão de morte levariam Freud a melhor apreender e diferenciar os comportamentos autopunitivos.

1. O próprio Freud fez reservas a respeito da expressão *sentimento de culpa* inconsciente*. Nesse sentido, a expressão "necessidade de punição" parece-lhe mais apropriada (4a).

2. Numa perspectiva tópica, Freud explica os comportamentos autopunitivos pela tensão entre um superego particularmente exigente e o ego.

3. Mas o uso da expressão *necessidade de punição* põe em relevo o que pode haver de irredutível na força que leva certos sujeitos a sofrer e, ao mesmo tempo, o paradoxo da satisfação que encontram no seu sofrimento. Freud acaba por distinguir dois casos. Algumas pessoas dão a impressão "[...] de estarem sob o domínio de uma consciência moral particularmente viva, embora essa supermoral não seja consciente nelas. Uma investigação mais aprofundada mostra bem a diferença entre esse prolongamento inconsciente da moral e o masoquismo moral. No primeiro caso, a ênfase incide no sadismo reforçado do superego, a que o ego se submete; no segundo, pelo contrário, incide no masoquismo do ego que exige punição, quer ele venha do superego, quer venha dos poderes parentais externos" (4b). Vemos que, nessa medida, sadismo do superego e masoquismo do ego não podem ser considerados pura e simplesmente como as duas vertentes simétricas da mesma tensão.

4. Nessa linha de pensamento, Freud, em *Análise terminável e interminável* (*Die endliche und die unendliche Analyse*, 1937), chegou a apresentar

a hipótese de que não era possível explicar integralmente a necessidade de punição, como expressão da pulsão de morte, através da relação conflitual entre o superego e o ego. Se uma parte da pulsão de morte está "ligada psiquicamente pelo superego", outras partes podem "[...] atuar, não se sabe onde, sob forma livre ou ligada" (3*b*).

(1) *Cf.* FREUD (S.), *Die Traumdeutung*, 1900. GW, II-III, 476-80, 563-6; SE, V, 473-6, 557-60; Fr., 352-55, 458-9 e nota.
(2) *Cf.* FREUD (S.), *Das Ich und das Es*, 1923. GW, XIII, 282; SE, XIX, 52; Fr., 210.
(3) FREUD (S.), *Die endliche und die unendliche Analyse*, 1937. – *a)* GW, XVI, 88; SE, XXIII, 241; Fr., 28. – *b)* GW, XVI, 88; SE, XXIII, 242-3; Fr., 28.
(4) FREUD (S.), *Das ökonomische Problem des Masochismus*, 1924. – *a) Cf.* GW, XIII, 378-9; SE, XIX, 166; Fr., 218-9. – *b)* GW, XII, 381; SE, XIX, 168-9; Fr., 221.

NEGAÇÃO

= *D.*: Verneinung. – *F.*: (dé)négation *ou* négation. – *En.*: negation. – *Es.*: negación. – *I.*: negazione.

• *Processo pelo qual o sujeito, embora formulando um dos seus desejos, pensamentos ou sentimentos até então recalcado, continua a defender-se dele negando que lhe pertença.*

■ Essa palavra exige, em primeiro lugar, algumas observações de ordem terminológica.
1) Na consciência linguística comum, nem sempre existem, para cada língua, distinções nítidas entre os termos que significam a ação de negar, e existem menos ainda correspondências biunívocas entre os diversos termos de uma língua para outra.
Em alemão, *Verneinung* designa a *negação* no sentido lógico ou gramatical do termo (não existe o verbo *neinem* ou *beneinen*), mas também a negação no sentido psicológico (recusa de uma afirmação que enunciei ou que me atribuem – por exemplo, "não, eu não disse isso, não pensei isso"). *Verleugnen* (ou *leugnen*) aproxima-se de *verneinen* tomado neste segundo sentido: renegar, denegar, retratar, desmentir.
Em francês, podemos distinguir, por um lado, *négation*, no sentido gramatical ou lógico, e, por outro, *dénégation* ou *déni*, que implicam contestação ou recusa.
2) Na acepção freudiana, parece que estamos autorizados a distinguir duas utilizações diferentes para *verneinen* e *verleugnen*. *Verleugnen* tende efetivamente, no final da obra de Freud, a ser reservado para designar a recusa da percepção de um fato que se impõe no mundo exterior; em inglês, os editores da *Standard Edition*, reconhecendo o sentido específico que em Freud assume *Verleugnung*, decidiram traduzir o termo por *disavowal* (1). Nós propomos, em francês, traduzir por *déni* [em português, recusa – *ver esta palavra*].

NEGAÇÃO

Quanto ao emprego por Freud do termo *Verneinung*, a ambiguidade não pode deixar de se apresentar ao leitor francês [em português, os sentidos de negação e denegação se sobrepõem mais do que em francês os de négation-dénégation]. Talvez até essa ambiguidade seja um dos elementos propulsores da riqueza do artigo que Freud consagrou à *Verneinung*. É impossível ao tradutor optar em cada passagem por *negação* ou *denegação*; a solução que preconizamos é transcrever a *Verneinung* por *(De)négation* [negação].

Note-se que também se encontra às vezes em Freud o termo alemão de origem latina *Negation* (2).

Até o presente, nem sempre têm sido feitas na literatura psicanalítica e nas traduções as distinções terminológicas e conceituais do gênero das que aqui propomos. E foi assim que o tradutor francês de *O ego e os mecanismos de defesa* (*Das ich und die Abwehrmechanismen*, 1936), de Anna Freud, traduz por *négation* o termo *Verleugnung*, que a autora emprega num sentido semelhante ao de S. Freud.

★

Foi na experiência do tratamento que Freud pôs em evidência o processo de negação. Desde muito cedo ele encontrou, nos histéricos que tratava, uma forma especial de resistência: "[...] quanto mais vamos ao fundo, mais dificilmente são admitidas as recordações que emergem, até o momento em que, já perto do núcleo, encontramos algumas que o paciente recusa, mesmo quando as reproduz" (3). O "homem dos ratos" dá-nos um bom exemplo de negação. Ele tinha pensado, quando criança, que obteria o amor de uma menina se fosse atingido por uma desgraça: "[...] a ideia que se impôs a ele foi a de que essa desgraça podia ser a morte do pai. De imediato repeliu energicamente essa ideia; ainda hoje se defende contra a possibilidade de ter podido assim exprimir um 'desejo'. Tratava-se apenas de uma 'associação de ideias'. – Objeto-lhe eu: se não era uma desejo, então por que erguer-se contra ele? – Simplesmente devido ao conteúdo da representação de que o meu pai possa morrer" (4a). A sequência da análise vem provar que existia justamente um desejo hostil para com o pai: "[...] ao primeiro 'não' de recusa vem juntar-se imediatamente uma confirmação, a princípio indireta" (4b).

A ideia de que a tomada de consciência do recalcado se assinala muitas vezes no tratamento pela negação situa-se no ponto de partida do artigo que Freud lhe consagra em 1925. "Não há prova mais forte de que conseguimos descobrir o inconsciente do que vermos reagir o analisado com estas palavras: 'Não pensei isso', ou 'não (nunca) pensei nisso'" (5a).

A negação conserva o mesmo valor de confirmação quando se opõe à interpretação do analista. Disso decorre uma objeção de princípio que não escapa a Freud: essa hipótese não correria o risco, pergunta ele em *Construções em análise* (*Konstruktionen in der Analyse*, 1937), de garantir sempre o triunfo do analista? "[...] Quando o analisando nos aprova, tem razão, mas quando nos contradiz isso não passará de um sinal da sua resistência, e assim mais uma vez nos dá razão" (6*a*). Freud apresentou para essas críticas uma resposta ponderada, incitando o analista a procurar a confirmação no contexto ou na evolução do tratamento (6*b*). Nem por isso a negação deixa de ter para Freud o valor de um indicador que assinala o momento em que uma ideia ou desejo inconscientes começam a ressurgir, e isso tanto no tratamento como fora dele.

Para este fenômeno, Freud apresentou, principalmente em *A negação* (*Die Verneinung*, 1925), uma explicação metapsicológica muito concreta que desenvolve três afirmações estreitamente convergentes:

1) "A negação é um meio de tomar conhecimento do recalcado [...];

2) "[...] O que é suprimido é apenas uma das consequências do processo de recalcamento, isto é, o fato de o conteúdo representativo não atingir a consciência. Daí resulta uma espécie de admissão intelectual do recalcado, enquanto persiste o essencial do recalcamento;

3) "Por meio do símbolo da negação, o pensamento liberta-se das limitações do recalcamento..." (5*b*).

Esta última afirmação mostra que, para Freud, a negação de que trata a psicanálise e a negação no sentido lógico e linguístico (o "símbolo da negação") têm a mesma origem, o que constitui a tese principal do seu artigo.

(1) *Cf.* SE, XIX, 143, n.
(2) *Cf.* FREUD (S.), *Das Unbewusste*, 1915. GW, X, 285; SE, XIV, 186; Fr., 130.
(3) FREUD (S.), *Studien über Hysterie*, 1895. GW, I, 293; SE, II, 289; Fr., 234.
(4) FREUD (S.), *Bemerkungen über einen Fall von Zwangsneurose*, 1909. – *a*) GW, VII, 402; SE, X, 178-9; Fr., 214-5. – *b*) GW, VII, 406, n.; SE, X, 183, n. 2; Fr., 218, N. 1.
(5) FREUD (S.), *Die Verneinung*, 1925. – *a*) GW, XIV, 15; SE, XIX, 239; Fr., 177. – *b*) GW, XIV, 12-3; SE, XIX, 236; Fr., 175.
(6) FREUD (S.). – *a*) GW, XVI, 43; SE, XXIII, 257. – *b*) *Cf.* GW, XVI, 49-52; SE, XXIII, 262-5.

NEURASTENIA

= *D.*: Neurasthenie. – *F.*: neurasthénie. – *En.*: neurasthenia. – *Es.*: neurastenia. – *I.*: nevrastenia.

• *Afecção descrita pelo médico americano George Beard (1839-1883).*

Compreende um quadro clínico centrado numa fadiga física de origem "nervosa" e sintomas dos mais diversos registros.

Freud foi um dos primeiros a sublinhar a extensão excessiva tomada por essa síndrome, que deve em parte ser desmontada em benefício de outras entidades clínicas. Nem por isso deixa de considerar a neurastenia como uma neurose autônoma; caracteriza-a por uma impressão de fadiga física, por cefaleias, dispepsia, prisão de ventre, parestesias espinhais, empobrecimento da atividade sexual. Coloca-

-*a no quadro das neuroses atuais, ao lado da neurose de angústia, e busca a sua etiologia num funcionamento sexual incapaz de resolver de forma adequada a tensão libidinal (masturbação).*

■ Foi G. Beard quem criou o termo neurastenia (etimologicamente fraqueza nervosa). No que se refere ao quadro clínico por ele assim designado, remetemos o leitor para os trabalhos deste autor (1).

Freud interessou-se pela neurastenia sobretudo no início da sua obra, o que o levou a delimitar e subdividir o quadro das neuroses atuais (*ver esse termo*) (2, 3). Mas continuou depois disso a sustentar a especificidade dessa neurose (4).

(1) *Cf.* BEARD (G.), *American Nervousness, its Causes and Consequences*, Nova York, 1881. *Sexual Neurasthenia (Nervous exhaustion), its Hygiene, Causes, Symptoms, and Treatment*, Nova York, 1884.

(2) *Cf.* FREUD (S.), *Über die Berechtigung, von der Neurasthenie einen bestimmten Symptomenkomplex als "Angstneurose" bzutrennen*, 1895.

(3) *Cf.* FREUD (S.), *Die Sexualität in der Ätiologie der Neurosen*, 1898.

(4) *Cf.* designadamente: FREUD (S.), *Vorleusungen zur Einführung in die Psychoanalyse*, 1916-17, cap. XXIV.

NEUROSE

= *D.*: Neurose. – *F.*: névrose. – *Es.*: neurosis. – *Es.*: neurosis. – *I.*: nevrosi.

• *Afecção psicogênica em que os sintomas são a expressão simbólica de um conflito psíquico que tem raízes na história infantil do sujeito e constitui compromissos entre o desejo e a defesa.*

A extensão do termo neurose tem variado bastante; atualmente tende-se a reservá-lo, quando isolado, para as formas clínicas que podem ser ligadas à neurose obsessiva, à histeria e à neurose fóbica. A nosografia distingue assim neuroses, psicoses, perversões e afecções psicossomáticas, enquanto o estatuto nosográfico daquilo a que se chama "neuroses atuais", "neuroses traumáticas" ou "neuroses de caráter" continua a ser discutido.

■ O termo neurose parece ter sido introduzido por William Cullen (médico escocês) num tratado de medicina publicado em 1777 (*First Lines of the Practice of Physics*). A segunda parte da sua obra intitula-se *Neurosis or Nervous Diseases* e trata não só das doenças mentais ou "vesânicas", como também da dispepsia, das palpitações cardíacas, da eólica, da hipocondria e da histeria.

No decorrer do século XIX, era comum classificar sob o nome de neurose toda uma série de afecções que poderíamos caracterizar do seguinte modo:

a) Têm uma sede orgânica reconhecida (por isso os termos "neurose digestiva", "neurose cardíaca", "neurose do estômago" etc.) ou postulada, como no caso da histeria (útero, canal alimentar) e da hipocondria;

b) São afecções funcionais, isto é, "sem inflamação nem lesão de estrutura" (1) do órgão em questão;
c) São consideradas doenças do sistema nervoso.

Do ponto de vista da compreensão, parece que o conceito de neurose no século XIX deve ser aproximado das noções modernas de afecção psicossomática e de neurose de órgão. Mas, do ponto de vista da extensão nosográfica, o termo abrangia afecções hoje divididas entre três campos: da *neurose* (histeria, por exemplo), da *psicossomática* (neurastenia, afecções digestivas) e da *neurologia* (epilepsia, doença de Parkinson).

Uma análise da transformação sofrida pela noção de neurose no fim do século XIX exigiria um extenso levantamento histórico, tanto mais que essa evolução é diferente de país para país. Digamos apenas, para pôr as ideias em ordem, que, nesse período, a maior parte dos autores parecem ser sensíveis ao caráter díspar das afecções agrupadas sob a rubrica "neurose" (α).

Dessa amálgama destacam-se progressivamente afecções nas quais há boas razões para supor a existência de uma lesão do sistema nervoso (epilepsia, doença de Parkinson, coreia) [...]

Por outro lado, na fronteira móvel que o separa das doenças mentais, o grupo das neuroses tende a anexar quadros clínicos (obsessões e fobias) classificados ainda por certos autores entre as "psicoses", as "loucuras" ou os "delírios".

A posição de Pierre Janet iria atestar o resultado dessa evolução na França, no fim do século passado; Janet distingue essencialmente duas grandes categorias de neuroses: a histeria e a psicastenia (esta cobrindo amplamente o que Freud designa como neurose obsessiva).

★

E Freud, nessa época (1895-1900)? Parece ter encontrado na cultura psiquiátrica de língua alemã uma distinção relativamente segura do ponto de vista clínico entre psicose* e neurose. Excetuando-se algumas raras flutuações na sua terminologia, ele designa por esses termos afecções que ainda hoje são classificadas assim.

Mas a principal preocupação de Freud não é então delimitar neurose e psicose, mas pôr em evidência o mecanismo psicogênico em toda uma série de afecções. Disso resulta que o eixo da sua classificação passa entre as neuroses atuais*, em que a etiologia é procurada num disfuncionamento somático da sexualidade, e as psiconeuroses*, em que o conflito psíquico é o determinante. Este grupo, o das "psiconeuroses de defesa"*, inclui neuroses, como a histeria, e psicoses por vezes designadas pela expressão "psicoses de defesa", como a paranoia (2, 3).

Na mesma perspectiva, Freud tentará mais tarde fazer prevalecer o termo psiconeurose (ou neurose) narcísica* para designar o que em psiquiatria, na mesma época, é definido como psicose. Acaba voltando à classificação psiquiátrica corrente e conservando a expressão neurose narcísica apenas para designar a maníaco-depressiva (4). Lembremos finalmente que Freud desde cedo distinguiu nitidamente o campo das neuroses do campo das perversões*.

Em resumo, podemos propor o quadro seguinte, que esquematiza a evolução, em extensão, do conceito de neurose na nosografia psicanalítica:

1915	Neuroses atuais	Psiconeuroses de transferência		narcísicas	
1924	Neuroses atuais	Neuroses	Neuroses narcísicas	Psicoses	
Classificação contemporânea	Afecções psicossomáticas	Neuroses		Psicoses	
				maníaco-depressiva	paranoia esquizofrenia

Ainda que as subdivisões possam variar segundo os autores no grupo das neuroses (é o caso da fobia, que pode ser ligada à histeria ou considerada uma afecção específica), podemos verificar atualmente um amplo acordo quanto à delimitação clínica do conjunto das síndromes consideradas neuróticas. O reconhecimento dos "casos-limite"* pela clínica contemporânea vem em certo sentido atestar que, pelo menos de direito, considera-se o campo da neurose bem especificado. Pode-se dizer que o pensamento psicanalítico está amplamente de acordo com a delimitação clínica adotada na grande maioria das escolas psiquiátricas.

Quanto a uma definição abrangente da noção de neurose, pode ser concebida teoricamente, quer ao nível da sintomatologia, como agrupamento de um certo número de características que permitiriam distinguir os sintomas neuróticos dos sintomas psicóticos ou perversos, quer ao nível da estrutura.

Na realidade, quando não se limitam a estabelecer uma simples distinção de grau entre desordens "mais graves" e desordens "menos graves", a maior parte das tentativas de definição propostas em psiquiatria oscilam entre esses dois níveis. A título de exemplo, citaremos esta tentativa de definição de um manual recente: "A fisionomia clínica das neuroses é caracterizada:

"*a*) Por *sintomas neuróticos*. São as perturbações dos comportamentos, dos sentimentos ou das ideias que *manifestam* uma defesa contra a angústia e constituem relativamente a esse conflito interno um compromisso do qual o sujeito, na sua posição neurótica, tira certo proveito (benefícios secundários da neurose).

"*b*) Pelo *caráter neurótico do ego*. Este não pode encontrar na identificação do seu próprio personagem boas relações com os outros e um equilíbrio interior satisfatório" (5).

★

Se procurarmos estabelecer, no plano da compreensão do conceito, a especificidade da neurose tal como a clínica a define, a tarefa tenderá a confundir-se com a própria teoria psicanalítica, enquanto esta se constitui fundamentalmente como teoria do conflito neurótico e das suas modalidades.

Dificilmente poderemos considerar concluída a diferenciação entre as estruturas psicóticas, perversas e neuróticas. Por isso a nossa definição corre o risco inevitável de ser ampla demais, na medida em que pode aplicar-se, pelo menos parcialmente, às perversões e às psicoses.

▲ (α) *Cf.*, por exemplo, A. Axenfeld: "Toda a classe das neuroses foi fundada numa concepção negativa; ela nasceu no dia em que a anatomia patológica, encarregada de explicar as doenças pelas alterações dos órgãos, encontrou-se diante de um certo número de estados mórbidos cuja razão de ser lhe escapava" (6).

(1) BARRAS, *Traité sur les gastralgies et les entéralgies, ou maladies nerveuses de l'estomac et de l'intestin*, Paris, Bruxelas, 1829.
(2) *Cf.* FREUD (S.), *Die Abwehr-Neuropsychosen*, 1894, GW, I, 74; SE, III, 60.
(3) *Cf.* FREUD (S.), *Weitere Bemerkungen über Abwehr-Neuropsychosen*, 1896. GW, I, 392; SE, III, 174.
(4) *Cf.* FREUD (S.), *Neurose und Psychose*, 1924. GW, XIII, 390; SE, XIX, 152.
(5) EY (H.), BERNARD (P.) e BRISSET (Ch.), *Manuel de psychiatrie*, Masson, Paris, 1963.
(6) AXENFELD (A.), *Traité des névroses*, Germer Baillière et Cie., 2ª ed., 1883, 14.

NEUROSE ATUAL

= *D.*: Aktualneurose. – *F.*: névrose actuelle. – *En.*: actual neurosis. – *Es.*: neurosis actual. – *I.*: nevrosi attuale.

• *Tipo de neurose que Freud distingue das psiconeuroses:*
a) A origem das neuroses atuais não deve ser procurada nos conflitos infantis, mas no presente;
b) Nelas, os sintomas não são uma expressão simbólica e superdeterminada, mas resultam diretamente da ausência ou da inadequação da satisfação sexual.
Freud incluiu inicialmente nas neuroses atuais a neurose de angústia e a neurastenia e propôs posteriormente incluir também a hipocondria.

■ A expressão neurose atual aparece em 1898 na obra de Freud para designar a neurose de angústia e a neurastenia (1*a*), mas a noção de uma especificidade dessas afecções relativamente às outras neuroses definiu-se ainda antes das suas investigações sobre a etiologia das neuroses, quer na correspondência com Fliess (2), quer nas publicações dos anos de 1894-1896 (3).

1. A oposição das neuroses atuais às psiconeuroses é essencialmente etiológica e patogênica. Nos dois tipos de neurose, a causa é realmente sexual, mas aqui ela deve ser procurada em "desordens da vida sexual atual",

e não em "acontecimentos importantes da vida passada" (4). O termo "atual" deve, pois, ser tomado em primeiro lugar no sentido de uma "atualidade" no tempo (1*b*). Por outro lado, essa etiologia é somática, e não psíquica: "A fonte de excitação, o fator desencadeante da perturbação, está no domínio somático, enquanto na histeria e na neurose obsessiva está no domínio psíquico" (5). Na neurose de angústia, o fator seria a ausência de descarga da excitação sexual, e, na neurastenia, um apaziguamento inadequado dela (masturbação, por exemplo).

Por fim, o mecanismo de formação dos sintomas seria somático (por exemplo, transformação direta da excitação em angústia), e não simbólico. O termo atual vem exprimir a ausência daquela mediação que encontramos na formação dos sintomas das psiconeuroses (deslocamento, condensação etc.).

Do ponto de vista terapêutico, essas opiniões levam à ideia de que as neuroses atuais nada têm a ver com a psicanálise, pois os sintomas não procedem de uma significação que poderia ser elucidada (6).

Freud nunca abandonou essa opinião sobre a especificidade das neuroses atuais. Exprimiu-a por diversas vezes, apontando que o mecanismo de formação de sintomas deveria ser procurado no domínio da química (intoxicação por produtos do metabolismo das substâncias sexuais) (7).

2. Entre psiconeuroses e neuroses atuais não existe apenas uma oposição global; Freud por várias vezes tentou estabelecer correspondência termo a termo entre a neurastenia e a neurose de angústia, por um lado, e, por outro, entre as diversas neuroses de transferência. Quando introduziu mais tarde a hipocondria como terceira neurose atual (8), fez com que correspondesse às parafrenias ou psiconeuroses narcísicas (esquizofrenia e paranoia). Essas correspondências justificam-se não apenas por analogias estruturais, mas pelo fato de que "[...] o sintoma da neurose atual é muitas vezes o núcleo e a fase precursora do sintoma psiconeurótico"(9). A ideia de que a psiconeurose é desencadeada por uma frustração que leva a uma estase da libido redunda precisamente em pôr em evidência o elemento atual (10).

★

Hoje, o conceito de neurose atual tende a apagar-se da nosografia na medida em que, seja qual for o valor precipitante dos fatores atuais, encontramos sempre nos sintomas a expressão simbólica de conflitos mais antigos. Dito isto, a ideia de conflito e de sintoma atuais conserva o seu valor e exige as seguintes observações:

1. A distinção entre conflitos de origem infantil que são reatualizados e conflitos que são determinados na sua maior parte pela situação atual impõe-se na prática psicanalítica; é assim que a existência de um conflito atual agudo é muitas vezes um obstáculo ao curso do tratamento psicanalítico;

2. Em qualquer psiconeurose, ao lado dos sintomas cuja significação pode ser elucidada, existe um cortejo mais ou menos importante de sintomas do tipo dos que Freud descreveu no quadro das neuroses atuais:

fadigas não justificadas, dores vagas etc. Como o conflito defensivo impede a realização do desejo inconsciente, podemos conceber que a libido não satisfeita esteja na origem de um certo número de sintomas não específicos;

3. No mesmo sentido, note-se que, nas concepções de Freud, os sintomas "atuais" são principalmente de ordem somática e que a antiga noção de neurose atual leva diretamente às concepções modernas sobre as afecções psicossomáticas;

4. Note-se, por fim, que Freud considera na sua teoria apenas a não satisfação das pulsões sexuais. Seria necessário levar em conta ainda, na gênese de sintomas neuróticos atuais e psicossomáticos, a repressão da agressividade.

(1) *Cf.* FREUD (S.), *Die Sexualität in der Ätiologie der Neurosen*, 1898. – *a*) GW, I, 509; SE, III, 279. – *b*) GW, I, 496-7; SE, III, 267-8.

(2) *Cf.* FREUD (S.), *Aus den Anfängen der Psychoanalyse*, 1887-1902. Al., manuscrito B, 8-2-93, 76-82; manuscrito E, 98-103. Ing., manuscrito B, 66-72; manuscrito E, 88-94. Fr., manuscrito B, 61-6; manuscrito E, 80-5.

(3) *Cf.*, por exemplo: FREUD (S.), Zur Psychhotherapie der Hysterie, in *Studien über Hysterie*, 1895. *Über die Berechtigung, von der Neurasthenie einen bestimmten Symptomenkomplex als "Angstneurose" abzutrennen*, 1894. *L'hérédité et l'étiologie des névroses*, 1896.

(4) FREUD (S.), *L'hérédité et l'étiologie des névroses*, 1896. GW, I, 414; SE, III, 149; Fr., 165.

(5) FREUD (S.), *Über die Berechtigung, von der Neurasthenie einen bestimmten Symptomenkomplex als "Angstneurose" abzutrennen*, 1894. GW, I, 341; SE, III, 114.

(6) *Cf.* FREUD (S.), Zur Psychotherapie der Hysterie, in *Studien über Hysterie*, 1895. GW, I, 259; SE, II, 261; Fr. 210.

(7) *Cf.*, por exemplo: FREUD (S.), *Zur Einleitung der Onaniediskussion. Schlusswort der Onaniediskussion*, 1912. GW, VIII, 337; SE, XII, 248. *Vorlesungen zur Einführung in die Psychoanalyse*, 1916-17. GW, XI, 400-4; SE, XVI, 385-89; Fr., 413-17.

(8) *Cf.* FREUD (S.), *Zur Einführung des Narzissmus*, 1914. GW, X, 149-51; SE, XIV, 82-5.

(9) FREUD (S.), *Vorlesungen zur Einführung in die Psychoanalyse*, 1916-17. GW, XI, 405; SE, XVI, 390; Fr., 418.

(10) *Cf.* FREUD (S.), *Über neurotische Erkrankungstypen*, 1912. GW, VIII, 322-30; SE, 231-8.

NEUROSE DE ABANDONO

= *D.*: Verlassenheitsneurose. – *F.*: névrose d'abandon. – *En.*: neurosis of abandonment. – *Es.*: neurosis de abandono. – *I.*: nevrosi d'abbandono.

• *Denominação introduzida por psicanalistas suíços (Charles Odier, Germaine Guex) para designar um quadro clínico em que predominam a angústia do abandono e a necessidade de segurança. Trata-se de uma neurose cuja etiologia seria pré-edipiana. Não corresponderia necessariamente a um abandono sofrido na infância. Os sujeitos que apresentam essa neurose chamam-se "abandônicos".*

- Na sua obra *La névrose d'abandon* (*A neurose de abandono*) (1), Germaine Guex considera necessário isolar esse tipo de neurose, que não caberia em nenhum dos quadros clássicos da nosografia (α).

A sintomatologia do abandônico não apresenta, à primeira vista, nada de rigorosamente específico: angústia, agressividade, masoquismo, sentimento de não ter valor; na realidade, esses sintomas não se ligariam aos conflitos postos em evidência habitualmente pela psicanálise (e, singularmente, menos ainda aos conflitos edipianos), mas a uma insegurança afetiva fundamental.

A necessidade ilimitada de amor, manifestada de uma maneira polimorfa que frequentemente a torna irreconhecível, significaria uma procura da segurança perdida, cujo protótipo seria uma fusão primitiva da criança com a mãe. Não corresponderia necessariamente a um abandono real pela mãe, abandono cujas consequências foram estudadas por Spitz (*ver*: hospitalismo; depressão anaclítica), mas, quanto ao essencial, a uma atitude afetiva da mãe, sentida como recusa de amor ("falsa presença" da mãe, por exemplo). Por fim, deveria ser invocado, segundo Germaine Guex, um fator constitucional psico-orgânico ("gula" afetiva, intolerância às frustrações, desequilíbrio neurovegetativo).

Germaine Guex acha que o "abandônico" ficou aquém do Édipo, que para ele constituía uma ameaça excessiva à sua segurança; a neurose de abandono deveria ser referida a uma "perturbação do ego" que muitas vezes só surge no decorrer do tratamento psicanalítico.

Note-se que o termo "abandônico" não deixa de ser utilizado de forma descritiva, mesmo por autores que não adotaram, nem do ponto de vista nosográfico nem do ponto de vista etiológico, as concepções – aqui muito resumidas – de Germaine Guex.

▲ (α) Numa comunicação pessoal, G. Guex assinalou-nos que mais valia falar de *síndrome* do que de *neurose* de abandono.

(1) Guex (G.), puf, Paris, 1950.

NEUROSE DE ANGÚSTIA

= *D.*: Angstneurose. – *F.*: névrose d'angoisse. – *En.*: anxiety neurosis. – *Es.*: neurosis de angustia. – *I.*: nevrosi d'angoscia.

- *Tipo de doença que Freud isolou e diferenciou:*
a) do ponto de vista sintomático, da neurastenia, pela predominância da angústia (espera ansiosa crônica, acessos de angústia ou equivalentes somáticos);
b) do ponto de vista etiológico, da histeria. A neurose de angústia é uma neurose atual*, mais especificamente caracterizada pela acumulação de uma excitação sexual que se transformaria diretamente em sintoma, sem mediação psíquica.

■ A questão da origem da angústia e das suas relações com a excitação sexual e a libido preocupou Freud a partir de 1893, como atesta sua correspondência com Fliess. É no seu artigo *Sobre os critérios para se destacar da neurastenia uma síndrome particular intitulada "neurose de angústia"* (*Über die Berechtigung, von der Neurasthenie einen bestimmten Symptomenkomplex als "Angstneurose" abzutrennen*, 1895) que Freud trata dela sistematicamente.

Do ponto de vista nosográfico, isola da síndrome classicamente descrita como neurastenia uma afecção centrada em torno do sintoma principal da angústia. Sobre um fundo de "excitabilidade geral", destacam-se diversas formas de angústia: angústia crônica ou espera ansiosa suscetível de se ligar a qualquer conteúdo representativo que lhe possa oferecer um suporte; acesso de angústia pura (por exemplo, *pavor nocturnus*), acompanhada ou substituída por diversos equivalentes somáticos (vertigem, dispneia, perturbações cardíacas, exsudação etc.); sintomas fóbicos em que o afeto de angústia se acha ligado a uma representação, mas sem que se possa reconhecer nesta um substituto simbólico de uma representação recalcada.

Freud refere a neurose de angústia a etiologias bem específicas, cujos fatores comuns são os seguintes:

a) A acumulação de tensão sexual;

b) A ausência ou insuficiência de "elaboração psíquica" da excitação sexual somática, esta só podendo se transformar em "libido psíquica" (*ver.* libido) se entrar em conexão com grupos preestabelecidos de representações sexuais. Quando a excitação sexual não é assim dominada, deriva diretamente, no plano somático, sob a forma de angústia (α).

Freud vê as condições dessa insuficiência de elaboração psíquica, quer "[…] num desenvolvimento insuficiente da sexualidade psíquica, quer numa tentativa de repressão desta, quer ainda na sua degradação, ou, por fim, na instauração de um distanciamento tornado habitual entre a sexualidade física e a sexualidade psíquica" (1*a*).

Freud procurou mostrar como esses mecanismos funcionam nas diversas formas etiológicas inventariadas por ele: angústia das virgens, angústia da abstinência sexual, angústia provocada pelo *coitus interruptus* etc.

Mostrou o que assemelhava as sintomatologias e, em certa medida, os mecanismos da neurose de angústia e da histeria: nos dois casos "[…] dá-se uma espécie de 'conversão' […]. Contudo, na histeria é uma excitação psíquica que toma um caminho errado numa direção exclusivamente somática, ao passo que [na neurose de angústia] é uma tensão *física* que não pode passar para o *psíquico* e se conserva pois num caminho físico. Os dois processos combinam-se com extrema frequência" (1*b*).

Embora, como se vê, Freud tenha indicado o que pode haver de psíquico nas condições para o aparecimento da neurose de angústia e sublinhado o seu parentesco com a histeria e a combinação possível das duas em "neurose mista", não deixou, porém, de sustentar sempre a especificidade da neurose de angústia como neurose atual.

Hoje em dia, os psicanalistas não aceitam sem reservas a noção de neurose atual*, mas o quadro clínico da neurose de angústia – e muitas vezes esquecem que foi Freud quem a isolou da neurastenia – conserva o seu valor nosográfico na clínica: neurose em que predomina uma angústia, sem objeto nitidamente privilegiado, e em que o papel dos fatores atuais é manifesto.

Nesse sentido, ela se distingue nitidamente da *histeria de angústia* *, ou neurose fóbica, na qual a angústia está fixada num objeto substitutivo.

▲ (α) Convém notar que não são estes os primeiros pontos de vista de Freud sobre a angústia. Ele próprio aponta que a sua concepção de um mecanismo *atual*, somático, da angústia veio limitar a sua teoria, de início puramente psicogênica, da histeria. *Cf.* uma nota a propósito do caso Emmy nos *Estudos sobre a histeria* (*Studien über Hysterie*, 1895): "Tinha então [ou seja, em 1889] tendência para admitir uma origem *psíquica* para todos os sintomas de uma histeria. Hoje [ou seja, em 1895] declararei neurótica [a palavra neurótica é aqui tomada no seu sentido primitivo de perturbação no funcionamento do sistema nervoso] a tendência para a angústia na mulher que vive na abstinência (neurose de angústia)" (2).

(1) Freud (S.), *Aus den Anfängen der Psychoanalyse*, 1887-1902. – *a*) Al., 103; Ing., 93; Fr., 84. – *b*) Al., 104; Ing., 94; Fr., 85.
(2) Freud (S.), gw, i, 118; se, ii, 65; Fr., 50.

NEUROSE DE CARÁTER

= *D.*: Charakterneurose. – *F.*: névrose de caractère. – *En.*: character neurosis. – *Es.*: neurosis de carácter. – *I.*: nevrosi del carattere.

• *Tipo de neurose em que o conflito defensivo não se traduz pela formação de sintomas nitidamente isoláveis, mas por traços de caráter, modos de comportamento e mesmo uma organização patológica do conjunto da personalidade.*

■ O termo neurose de caráter tornou-se de uso corrente na psicanálise contemporânea, sem que por isso se tenha atribuído a ele um sentido preciso.

Se a noção permanece mal delimitada, isso acontece sem dúvida porque levanta não só problemas nosográficos (seria possível distinguir uma neurose de caráter?) como também psicológicos (origem, fundamento, função daquilo a que a psicologia chama caráter) e técnicos (que lugar se deve atribuir à análise das chamadas defesas "de caráter"?).

Essa noção encontra efetivamente os seus antecedentes em trabalhos psicanalíticos de inspiração diversa:

1) Estudos sobre a gênese de certos traços ou de certos tipos de caráter, principalmente relacionados com a evolução libidinal (1);

2) As concepções teóricas e técnicas de W. Reich sobre a "couraça caracterial" e a necessidade, particularmente nos casos rebeldes à análise clássica, de fazer surgir e interpretar as atitudes defensivas que se repetem seja qual for o conteúdo verbalizado (2).

NEUROSE DE CARÁTER

★

Se nos limitamos ao ponto de vista propriamente nosográfico, que a própria expressão "neurose de caráter" necessariamente evoca, a confusão e a multiplicidade dos sentidos possíveis aparecem imediatamente:

1) A expressão é muitas vezes usada de forma pouco rigorosa para qualificar qualquer quadro neurótico que, à primeira vista, não revele sintomas, mas apenas modos de comportamento que acarretam dificuldades repetidas ou constantes na relação com o meio.

2) Uma caraterologia de inspiração psicanalítica faz corresponder diversos tipos de caráter às grandes afecções psiconeuróticas (caracteres obsessivo, fóbico, paranoico etc.), ou às diferentes fases da evolução libidinal (caracteres oral, anal, uretral, fálico-narcísico, genital, por vezes reclassificados na grande oposição caráter genital – caráter pré-genital). Nessa perspectiva, podemos falar de neurose de caráter para designar qualquer neurose aparentemente assintomática na qual é o tipo de caráter que revela a organização patológica.

Mas, se formos mais longe e recorrermos ao conceito de estrutura – como se faz cada vez mais hoje em dia –, tenderemos a superar a oposição entre neurose com ou sem sintomas, acentuando, em vez de expressões manifestas do conflito (sintomas, traços de caráter), o modo de organização do desejo e da defesa (α).

3) Os mecanismos invocados com maior frequência para explicar a formação do caráter são a sublimação* e a formação reativa*. As formações reativas "evitam os recalques secundários realizando de uma vez por todas uma modificação definitiva da personalidade" (3). Na medida em que são as formações reativas que predominam, o próprio caráter pode aparecer como uma formação essencialmente defensiva, destinada a proteger o indivíduo não apenas contra a ameaça pulsional, mas também contra o aparecimento de sintomas.

Descritivamente, a defesa de caráter distingue-se do sintoma principalmente pela sua relativa integração no ego: desconhecimento do aspecto patológico do traço de caráter, racionalização, generalização num esquema de comportamento de uma tentativa originariamente dirigida contra uma ameaça específica. Podemos reconhecer nesses mecanismos outros tantos traços característicos da estrutura obsessiva (4). Nesse sentido, a neurose de caráter exprimiria antes de mais nada uma forma particularmente frequente de neurose obsessiva em que prevalece o mecanismo da formação reativa, enquanto os sintomas (obsessões, compulsões) são discretos ou esporádicos.

4) Por fim, em oposição ao polimorfismo dos "caracteres neuróticos", houve quem procurasse designar pela expressão "neurose de caráter" uma estrutura psicopatológica original. Assim, Henri Sauguet reserva "[...] a expressão neurose de caráter para os casos em que a infiltração do ego é tão importante que determina uma organização evocativa de uma estrutura pré-psicótica" (5).

Essa concepção inscreve-se na sequência de uma série de trabalhos psicanalíticos (Alexander, Ferenczi, Glover) que procuraram situar as anomalias de caráter entre os sintomas neuróticos e as afecções psicóticas (6).

▲ (α) Numa concepção estrutural do aparelho psíquico, é interessante distinguir com muita clareza as noções de estrutura e de caráter. Este, segundo uma fórmula de D. Lagache, poderia definir-se como a projeção no sistema do ego das relações entre os diversos sistemas e interiores aos sistemas: nessa perspectiva, deve-se procurar discernir em determinado traço de caráter, que se apresenta como uma disposição inerente à pessoa, o predomínio de determinada instância (ego ideal, por exemplo).

(1) *Cf.* particularmente: FREUD (S.), *Charakter und Analerotik*, 1908. *Einige Charaktertypen aus der Psychoanalytischen Arbeit*, 1915. *Über libidinous Typen*, 1931. – ABRAHAM (K.), *Ergänzungen zur Lehre vom Analcharakter*, 1921. *Beitrage der Oralerotik zur Charakterbildung*, 1924. *Zur Charakterbildung auf der "genitalen" Entwicklungsstufe*, 1924. – GLOVER (E.), *Notes on oral character-formation*, 1925.

(2) *Cf.* REICH (W.), *Charakteranalyse*, Berlim, 1933. Trad. Ing.: Noonday Press, Nova York, 1949. [Ed. bras., *Análise do caráter*, Martins Fontes, 1ª ed., agosto de 1989.]

(3) FENICHEL (O.), *The Psychoanalytic Theory of Neurosis*, 1945. Fr., *La théorie psychanalytique des névroses*, PUF, Paris, 1953, 187.

(4) *Cf.* FREUD (S.), *Hemmung, Symptom und Angst*, 1926. GW, XIV, 190; SE, XX, 157-8; Fr., 85-6.

(5) EY (H.), *Encyclopédie médico-chirurgicale: Psychiatrie*, 1955. 37320 A 20, 1.

(6) *Cf.* particularmente: GLOVER (E.), The Neurotic Character, *IJP*, VII, 1926, 11-30.

NEUROSE DE DESTINO

= *D.*: Schicksalsneurose. – *F.*: névrose de destinée. – *En.*: fate neurosis. – *Es.*: neurosis de destino. – *I.*: nevrosi di destino.

• *Designa uma forma de existência caracterizada pelo retorno periódico de encadeamentos idênticos de acontecimentos, geralmente infelizes, encadeamentos a que o sujeito parece estar submetido como a uma fatalidade exterior, ao passo que, segundo a psicanálise, convém procurar as suas causas no inconsciente, e especificamente na compulsão à repetição.*

■ É no fim do capítulo III de *Além do princípio do prazer* (*Jenseit des Lustprinzips*, 1920) (1) que Freud evoca, a título de exemplo de repetição, o caso daquelas pessoas que "[...] dão a impressão de que um destino as persegue, de que há uma orientação demoníaca da sua existência" (benfeitores pagos com ingratidão, amigos traídos etc.). Note-se, aliás, que ele fala, a propósito delas, de compulsão de destino (*Schicksalzwang*), e não de neurose de destino. Todavia, esta última denominação prevaleceu, sem dúvida com a extensão da psicanálise a neuroses chamadas assintomáticas (neuroses de caráter*, de fracasso* etc.). Seja como for, ela não tem valor nosográfico, mas descritivo.

NEUROSE (ou SÍNDROME) DE FRACASSO

A ideia de neurose de destino pode ser facilmente tomada num sentido muito amplo: o curso de toda a existência seria "[...] antecipadamente modelado pelo sujeito." Mas, ao generalizar-se, o conceito corre o risco de perder até o seu valor descritivo. Exprimiria tudo o que o comportamento de um indivíduo oferece de recorrente, e mesmo de constante.

Parece que, mantendo-nos fiéis ao que Freud indica na passagem citada, poderíamos dar à expressão "neurose de destino" um sentido mais definido que a diferenciasse especialmente da neurose de caráter. Efetivamente, os exemplos apresentados por Freud indicam que ele só invoca a "compulsão de destino" para traduzir experiências relativamente específicas:

a) Elas se repetem apesar do seu caráter desagradável;

b) Desenrolam-se segundo um roteiro imutável, constituindo uma sequência de acontecimentos que pode exigir um longo desenvolvimento temporal;

c) Surgem como uma fatalidade externa de que o sujeito se sente vítima, e parece que com razão (exemplo de uma mulher que, três vezes casada, vê os seus três maridos adoecerem pouco depois do casamento, e que tem de cuidar deles até morrerem).

A repetição, nesse caso, é perceptível num ciclo isolável de acontecimentos. Poderíamos, a título de indicação, dizer que, no caso de neurose de destino, o sujeito não tem acesso a um desejo inconsciente que lhe vem do exterior – portanto o aspecto "demoníaco" sublinhado por Freud –, ao passo que, na neurose de caráter, é a repetição compulsiva dos mecanismos de defesa e dos esquemas de comportamento que intervém e se revela na manutenção rígida de uma forma (traços de caráter).

(1) FREUD (S.), GW, XIII, 20-1; SE, XVIII, 21-2; Fr., 22-3.

NEUROSE (ou SÍNDROME) DE FRACASSO

= *D*.: Misserfolgsneurose. – *F*.: névrose (*ou* syndrome) d'échec. – *En*.: failure-neurosis. – *Es*.: neurosis de fracaso. – *I*.: nevrosi di scacco.

• *Denominação introduzida por René Laforgue e cuja acepção é muito ampla. Designa a estrutura psicológica de toda uma gama de sujeitos, desde aqueles que, de um modo geral, parecem ser os artífices da sua própria infelicidade, até os que não podem suportar obter precisamente aquilo que mais ardentemente parecem desejar.*

■ Quando os psicanalistas falam de neurose de fracasso têm em vista o fracasso enquanto consequência do desequilíbrio neurótico, e não enquanto condição desencadeante (perturbação reativa ao fracasso real).

A noção de neurose de fracasso está associada ao nome de René Laforgue, que consagrou numerosos trabalhos à função do superego, aos mecanismos de autopunição e à psicopatologia do fracasso (1). Esse autor agrupou todas as espécies de síndromes de fracasso identificáveis na vida afetiva e social, no indivíduo ou num grupo social (família, classe, grupo étnico), e procurou a sua causa comum na ação do superego.

Em psicanálise, a expressão "neurose de fracasso" é usada num sentido mais descritivo do que nosográfico.

De um modo geral, o fracasso é o preço que se paga por qualquer neurose, na medida em que o sintoma implica uma limitação das possibilidades do sujeito, um bloqueio parcial da sua energia. Só se falará de neurose de fracasso nos casos em que o fracasso não é o produto por acréscimo do sintoma (como no fóbico que vê as suas possibilidades de deslocação diminuídas devido às suas medidas de proteção), mas constitui o próprio sintoma e exige uma explicação específica.

Em *Alguns tipos de caráter encontrados no trabalho psicanalítico* (*Einige Charaktertypen aus der Psychoanalytischen Arbeit*, 1916), Freud tinha chamado a atenção para o tipo singular de sujeitos que "[...] fracassam diante do êxito"; o problema do fracasso pela autopunição é então encarado num sentido mais restrito do que em René Laforgue:

a) Trata-se de sujeitos que não suportam a satisfação num determinado ponto, ligado evidentemente ao seu desejo inconsciente;

b) O caso desses sujeitos evidencia o seguinte paradoxo: enquanto a frustração* externa não era patogênica, a possibilidade oferecida pela realidade de satisfazer o desejo é que é intolerável e desencadeia a "frustração interna"; o sujeito recusa a si mesmo a satisfação (2);

c) Esse mecanismo não constitui para Freud uma neurose, ou mesmo uma síndrome, mas um modo de desencadeamento da neurose e o primeiro sintoma da doença.

Em *Além do princípio do prazer* (*Jenseits des Lustprinzips*, 1920), Freud refere certos tipos de fracasso neurótico à compulsão, à repetição, particularmente o que ele chama compulsões de destino (*ver*: neurose de destino).

(1) *Cf.* LAFORGUE (R.), *Psychopathologie de l'échec*, Payot, Paris, 1939.
(2) *Cf.* FREUD (S.), GW, X, 372; SE, XIV, 317-8; Fr., 115.

NEUROSE DE TRANSFERÊNCIA

= *D.*: Übertragungsneurose. – *F.*: névrose de transfert. – *En.*: transference neurosis. – *Es.*: neurosis de transferencia. – *I.*: nevrosi di transfert.

• *A) No sentido nosográfico, categoria de neuroses (histeria de angústia*, histeria de conversão*, neurose obsessiva*) que Freud distingue das neuroses narcísicas*, no seio do grupo das psiconeuroses*. Em comparação com as neuroses narcísicas, elas se caracterizam pelo fato de a libido ser sempre deslocada para objetos reais ou imaginários, em lugar de se retirar sobre o ego. Disso resulta serem mais acessíveis ao tratamento psicanalítico, porque se prestam à constituição no tratamento de uma neurose de transferência no sentido B.*

NEUROSE DE TRANSFERÊNCIA

B) *Na teoria do tratamento psicanalítico, neurose artificial em que tendem a organizar-se as manifestações de transferência. Constitui-se em torno da relação com o analista; é uma nova edição da neurose clínica. Sua elucidação leva à descoberta da neurose infantil.*

■ A) No sentido A, a expressão "neurose de transferência" foi introduzida por Jung em oposição à "psicose" (1). Nesta, a libido encontra-se "introvertida" (Jung) ou investida no ego (Abraham [2]; Freud [3]), o que reduz a capacidade dos pacientes para transferirem a sua libido para objetos e, consequentemente, torna-os pouco acessíveis a um tratamento cujo elemento propulsor seja a transferência. Por isso, as neuroses, que foram o primeiro objeto do tratamento psicanalítico, definem-se como perturbações em que a capacidade de transferência exista, e são designadas pelo nome neuroses de transferência.

Freud estabelece (por exemplo, em *Conferências introdutórias sobre psicanálise* [*Vorlesungen zur Einführung in die Psychoanalyse*, 1916-17]) uma classificação que se pode resumir do seguinte modo: neuroses de transferência e neuroses narcísicas opõem-se no grupo das psiconeuroses. Estas, por outro lado, na medida em que seus sintomas são a expressão simbólica de um conflito psíquico, opõem-se ao grupo das neuroses atuais*, cujo mecanismo seria essencialmente somático.

Note-se que, embora a distinção entre as duas categorias de psiconeuroses permaneça ainda válida, já não se admite distingui-las pela presença ou ausência pura e simples da transferência. Com efeito, admite-se hoje em dia que, nas psiconeuroses, a ausência aparente de transferência não passa, a maioria das vezes, de um dos aspectos da modalidade de transferência – que pode ser intensa – própria dos psicóticos.

B) É em *Recordar, repetir, perlaborar* (*Erinnern, Wiederholen und Durcharbeiten*, 1914) que Freud introduz a noção de neurose de transferência (no sentido B) relacionada com a ideia de que o paciente *repete* na transferência os seus conflitos infantis. "Desde que o paciente consinta em respeitar as condições de existência do tratamento, conseguimos regularmente conferir a todos os sintomas da doença um novo significado transferencial, substituir a sua neurose comum por uma neurose de transferência de que pode ser curado pelo trabalho terapêutico" (4*a*).

Segundo essa passagem, parece que a diferença entre as reações de transferência e a neurose de transferência propriamente dita pode ser compreendida do seguinte modo: na neurose de transferência, todo o comportamento patológico do paciente se vem recentrar na sua relação com o analista. Poderíamos dizer que, por um lado, a neurose de transferência coordena as reações de transferência a princípio difusas ("transferência flutuante", segundo Glover), e, por outro, ela permite que o conjunto dos sintomas e comportamentos patológicos do paciente assumam uma nova função referindo-se à situação analítica. Para Freud, a instauração da neurose de transferência é um elemento positivo na dinâmica do tratamento: "O novo estado assumiu todas as características da doença, mas representa uma doença artificial por todos os lados acessível às nossas influências" (4b).

Nessa perspectiva, podemos ter por modelo ideal do tratamento a seguinte sequência: a neurose clínica transforma-se em neurose de transferência, cuja elucidação leva à descoberta da neurose infantil (α).

Todavia, é preciso notar que Freud apresentou mais tarde, ao acentuar o alcance da compulsão à repetição, uma concepção menos unilateral da neurose de transferência, sublinhando o perigo existente em deixá-la se desenvolver. "O médico procura limitar o máximo possível o campo dessa neurose de transferência, empurrar o máximo de conteúdo possível para o caminho da rememoração e abandonar o mínimo possível à repetição [...]. Regra geral, o médico não pode poupar ao analisando esta fase do tratamento. É obrigado a deixá-lo reviver um certo fragmento da sua vida esquecida, mas tem de cuidar para que o doente mantenha uma certa distância em relação à situação que lhe permita, apesar de tudo, reconhecer naquilo que surge como realidade o reflexo renovado de um passado esquecido" (5).

▲ (α) Lembramos que S. Rado, na sua comunicação ao Congresso de Salzburgo (1924) sobre a teoria do tratamento, *The Economic Principle in Psychoanalytic Technique* (*O princípio econômico na técnica psicanalítica*) (6), descreveu a "neurose terapêutica" em técnicas pré-analíticas (hipnose e catarse) e distinguiu-a da que surge no tratamento psicanalítico; só neste a neurose de transferência pode ser analisada e dissolvida.

(1) *Cf.* JUNG (C.G.), *Über die Psychologie der Dementia praecox*, Halle, 1907. *Wandlungen und Symbole der Libido*, *Jahrbuch Psa.-Forsch.*, 1911, 1912.
(2) *Cf.* ABRAHAM (K.), *Les différences psychosexuelles entre l'hystérie et la démence précoce*. Fr., I, 36-47.
(3) *Cf.* FREUD (S.), *Zur Einführung der Narzissmus*, 1914.
(4) FREUD (S.). – a) GW, X, 134-5; SE, XII, 154; Fr., 113. – b) GW, X, 135; SE, XII, 154; Fr., 114.
(5) FREUD (S.), *Jenseits des Lustprinzips*, 1920. GW, XIII, 17; SE, XVIII, 19; Fr., 19.
(6) *Cf.* RADO (S.), in *IJP*, 1925, VI, 35-44.

NEUROSE FAMILIAR

= *D.*: Familienneurose. – *F.*: névrose familiale. – *En.*: family neurosis. – *Es.*: neurosis familiar. – *I.*: nevrosi familiare.

• *Expressão usada para designar o fato de que, em uma determinada família, as neuroses individuais se completam, condicionam-se reciprocamente, e para evidenciar a influência patogênica que a estrutura familiar, principalmente a do casal parental, pode exercer sobre as crianças.*

■ Foram essencialmente os psicanalistas de língua francesa, na sequência de René Laforgue, que utilizaram a denominação "neurose familiar" (1).

Segundo esses próprios autores, a neurose familiar não constitui uma entidade nosológica.

A expressão agrupa, de forma quase figurada, um certo número de aquisições essenciais da psicanálise: papel central, na constituição do sujeito, da identificação com os pais; complexo de Édipo como complexo nuclear da neurose; importância assumida, na formação do Édipo, pela relação entre os pais etc. René Laforgue insiste em particular na influência patogênica de um casal parental constituído em função de uma certa complementaridade neurótica (casal sadomasoquista, por exemplo).

Mas, ao se falar de neurose familiar, sublinha-se menos a importância do meio do que o papel desempenhado por cada membro da família numa rede de inter-relações inconscientes (aquilo que se chama muitas vezes de a "constelação" familiar). O termo assume o seu valor principalmente na abordagem psicoterapêutica das crianças, pois estas estão situadas desde o início nessa "constelação". Do ponto de vista prático, isso pode levar o psicoterapeuta não apenas a procurar agir diretamente sobre o meio, mas até a referir à neurose familiar o pedido formulado pelos pais para tratar a criança (criança encarada como "sintoma" dos pais).

Segundo R. Laforgue, a noção de neurose familiar decorreria da concepção freudiana do superego, tal como se exprime nestas linhas: "O superego da criança não se forma à imagem dos pais, mas antes à imagem do superego deles; enche-se com o mesmo conteúdo, torna-se o representante da tradição, de todos os juízos de valor que subsistem assim através das gerações" (2).

A expressão "neurose familiar" já não é utilizada em psicanálise; se houver interesse em chamar a atenção para as funções complementares dos diversos sujeitos no seio de um campo inconsciente, isso não deverá levar a minimizar o papel das fantasias próprias de cada sujeito em proveito de uma manipulação da situação real considerada fator determinante da neurose.

(1) *Cf.* LAFORGUE (R.), A propos de la frigidité de la femme, in RFP, 1935, VIII, 2, 217-26. La névrose familiale, in RFP, 1936, IX, E, 327-55.

(2) FREUD (S.), *Neue Folge der Vorlesungen zur Einführung in die Psychoanalyse*, 1932. GW, XV, 73; SE, XXII, 67; Fr., 94-5.

NEUROSE FÓBICA

= *D.*: phobische Neurose. – *F.*: névrose phobique. – *En.*: phobic neurosis. – *Es.*: neurosis fóbica. – *I.*: nevrosi fobica.

Ver: **Histeria de angústia**

NEUROSE MISTA

= *D.*: gemischte Neurose. – *F.*: névrose mixte. – *En.*: mixed neurosis. – *Es.*: neurosis mixta. – *I.*: nevrosi mista.

NEUROSE NARCÍSICA

● *Forma de neurose caracterizada pela coexistência de sintomas provenientes, segundo Freud, de neuroses etiologicamente diferentes.*

■ Encontramos em Freud a expressão neurose mista sobretudo nos seus primeiros escritos (1), para explicar o fato de os sintomas psiconeuróticos estarem muitas vezes combinados com sintomas atuais ou ainda de os sintomas de determinada psiconeurose serem acompanhados dos sintomas de outra.

A expressão não se limita a designar um quadro clínico complexo. Para Freud, nos casos de neurose mista, podemos, pelo menos idealmente, referir cada tipo de sintoma presente a um mecanismo específico: "Sempre que estamos diante de uma neurose mista podemos mostrar que existe uma mistura de etiologias específicas diversas" (2).

As neuroses raramente se apresentam em estado puro: este fato é amplamente reconhecido pela clínica psicanalítica. Insiste-se, por exemplo, na existência de traços histéricos na raiz de qualquer neurose obsessiva (3) e de um núcleo atual em qualquer psiconeurose (*ver*: neurose atual). Aquilo a que, depois de Freud, se chamou *casos-limite*, designando assim afecções em que entram ao mesmo tempo componentes neuróticos e psicóticos, atesta igualmente a íntima ligação das estruturas psicopatológicas.

Mas a expressão neurose mista não deve levar à recusa de qualquer classificação nosográfica (4). Implica, pelo contrário, que se possa, num certo caso clínico complexo, determinar o que cabe a uma dada estrutura e a um dado mecanismo.

(1) *Cf.* por exemplo: FREUD (S.), *Über die Berechtigung, von der Neurasthenie einen bestimmten Symptomenkomplex als "Angstneurose" abzutrennen*, 1895. – BREUER (J.) e FREUD (S.), *Zur Psychotherapie der Hysterie*, 1895, particularmente, GW, I, 256; SE, II, 259; Fr., 208.

(2) FREUD (S.), *Über die Berechtigung, von der Neurasthenie einen bestimmten Symptomkomplex als "Angstneurose" abzutrennen*, 1895. GW, I, 339; SE, III, 113.

(3) *Cf.* por exemplo: FREUD (S.), *Aus der Geschichte einer infantilen Neurose*, 1918. GW, XII, 107; SE, XVII, 75; Fr., 381. – *Hemmung, Symptom und Angst*, 1926. GW, XIV, 143; SE, XX, 113; Fr., 33-4.

(4) *Cf.* por exemplo: FREUD (S.), *Vorlesungen zur Einführung in die Psychoanalyse*, 1916-17. GW, XI, 405; SE, XVI, 390; Fr., 417-18.

NEUROSE NARCÍSICA

= *D.*: narzisstische Neurose. – *F.*: névrose narcissique. – *En.*: narcissistic neurosis. – *Es.*: neurosis narcisista. – *I.*: nevrosi narcisistica.

● *Expressão que tende hoje a desaparecer do uso psiquiátrico e psicanalítico, mas que encontramos nos escritos de Freud para designar uma doença mental caracterizada pela retirada da libido sobre o ego. Opõe-se assim às neuroses de transferência*.*

Do ponto de vista nosográfico, o grupo das neuroses narcísicas abrange o conjunto das psicoses funcionais (cujos sintomas não são efeitos de uma lesão somática).

■ A evidenciação do narcisismo a que Freud é conduzido, particularmente pela aplicação das concepções psicanalíticas às psicoses, está na origem da expressão neurose narcísica (1). A maioria das vezes recorre a ela para opô-la à neurose de transferência.

Essa oposição é simultaneamente de ordem técnica – dificuldade ou impossibilidade de transferência libidinal – e de ordem teórica – retirada da libido sobre o ego. Em outras palavras, a relação narcísica prevalece nas estruturas em questão. Nesse sentido, Freud considera equivalentes as neuroses narcísicas e as psicoses, que também chama de parafrenias*.

Mais tarde, especialmente no artigo *Neurose e psicose* (*Neurose und Psychose*, 1924), irá restringir o uso da expressão neurose narcísica às afecções do tipo melancólico, diferenciando-as quer das neuroses de transferência, quer das psicoses (2).

O termo tende hoje a ser abandonado.

(1) *Cf.* FREUD (S.), *Zur Einführung des Narzissmus*, 1914. GW, X, 138-70; SE, XIV, 73-102.

(2) *Cf.* FREUD (S.), GW, XIII, 390; SE, XIX, 151-2.

NEUROSE OBSESSIVA

= *D.*: Zwangsneurose. – *F.*: névrose obsessionnelle *ou* névrose de contrainte. – *En.*: obsessional neurosis. – *Es.*: neurosis obsesiva. – *I.*: nevrosi ossessiva.

• *Classe de neuroses definidas por Freud e que constituem um dos principais quadros da clínica psicanalítica.*

Na forma mais típica, o conflito psíquico exprime-se por sintomas chamados compulsivos* (ideias obsedantes, compulsão a realizar atos indesejáveis, luta contra esses pensamentos e tendências, ritos conjuratórios etc.) e por um modo de pensar caracterizado particularmente por ruminação mental, dúvida, escrúpulos e que leva a inibições do pensamento e da ação.

Freud definiu sucessivamente a especificidade etiopatogênica da neurose obsessiva do ponto de vista dos mecanismos (deslocamento* do afeto para representações mais ou menos distantes do conflito original, isolamento*, anulação retroativa*); do ponto de vista da vida pulsional (ambivalência*, fixação na fase anal e regressão*); e, por fim, do ponto de vista tópico (relação sadomasoquista interiorizada sob a forma da tensão entre o ego e um superego particularmente cruel). A elucidação da dinâmica subjacente à neurose obsessiva e, por outro lado, a descrição do caráter anal e das formações reativas* que o constituem permitem ligar à neurose obsessiva quadros clínicos em que os sintomas propriamente ditos não são evidentes à primeira vista.

■ Convém, em primeiro lugar, sublinhar que a neurose obsessiva, hoje uma entidade nosográfica universalmente admitida, foi isolada por Freud nos anos de 1894-1895: "Tive de começar o meu trabalho por uma inovação nosográfica. Ao lado da histeria, encontrei motivo para colocar a neurose das obsessões [*Zwangsneurose*] como afecção autônoma e independente, embora a maior parte dos autores classifiquem as obsessões entre as síndromes que constituem a degenerescência mental ou as confundam com a neurastenia" (1*a*). Freud começou por analisar o mecanismo psicológico das obsessões (*Zwangsvorstellungen*) (2) e depois agrupou (3, 1*b*) numa afecção psiconeurótica sintomas já descritos havia muito tempo (sentimentos, ideias, comportamentos compulsivos etc.), mas ligados a quadros nosográficos muito diversos ("degenerescência" de Magnan, "constituição emotiva" de Dupré, "neurastenia" de Beard etc.). Janet, pouco depois de Freud, descreveu, sob a denominação de psicastenia, uma neurose próxima daquilo que Freud designa por neurose obsessiva, mas centrando a sua descrição em torno de uma concepção etiológica diferente: o que para ele é fundamental e condiciona a própria luta obsessiva é um estado deficitário, a fraqueza da síntese mental, uma astenia psíquica, enquanto para Freud dúvidas e inibições são consequências de um conflito que mobiliza e bloqueia as energias do sujeito (4).

Depois, a especificidade da neurose obsessiva veio afirmar-se cada vez mais na teoria psicanalítica.

Os desenvolvimentos da psicanálise levaram a acentuar cada vez mais a estrutura obsessiva – mais do que os sintomas –, o que, do ponto de vista terminológico, convida a reflectir sobre o valor descritivo da expressão neurose *obsessiva*.

Note-se em primeiro lugar que ela não é o equivalente exato do termo alemão *Zwangsneurose*, pois *Zwang* designa não apenas as compulsões do pensamento ou obsessões (*Zwangsvorstellungen*), como ainda os atos (*Zwangshandlungen*) e os afetos compulsivos (*Zwangsaffekte*) (*ver*: compulsão) (α). Por outro lado, a expressão neurose obsessiva orienta a atenção para um sintoma, na verdade essencial, mais do que para a estrutura. Ora, frequentemente se fala de estrutura, caráter, doente *obsessivos* sem que haja obsessões caracterizadas. Nesse sentido, aliás, podemos verificar uma tendência na prática terminológica contemporânea para reservar o termo "obsessivo" ao doente que apresenta obsessões bem caracterizadas.

▲ (α) É o próprio Freud que traduz *Zwangsneurose* por "névrose des obsessions" ("neurose das obsessões") (1*c*), ou "d'obsessions" ("de obsessões") (1*d*).

(1) FREUD (S.), *L'hérédité et l'etiologie des névroses*, 1896. – *a*) GW, I, 411; SE, III, 146. – *b*) Cf. GW, I, 407-22; SE, III, 143-56. – *c*) GW, I, 411; SE, III, 146. – *d*) GW, I, 420; SE, III, 155.

(2) *Cf.* FREUD (S.), *Die Abwehr-Neuropsychosen*, 1894. GW, I, 59-74; SE, III, 45-68.

(3) *Cf.* FREUD (S.), *Weitere Bemerkungen über die Abwehr-Neuropsychosen*, 1896. GW, I, 377-403; SE, III, 162-85.

(4) *Cf.* JANET (P.), *Les obsessions et la psychasthénie*, 1903.

NEUROSE TRAUMÁTICA

= *D.*: traumatische Neurose. – *F.*: névrose traumatique. – *En.*: traumatic neurosis. – *Es.*: neurosis traumática. – *I.*: nevrosi traumatica.

● *Tipo de neurose em que o aparecimento dos sintomas é consecutivo a um choque emotivo, geralmente ligado a uma situação em que o sujeito sentiu a sua vida ameaçada. Manifesta-se, no momento do choque, por uma crise ansiosa paroxística, que pode provocar estados de agitação, de entorpecimento ou de confusão mental. Sua evolução ulterior, que sobrevém a maior parte das vezes após um intervalo livre, permitiria que se distinguissem esquematicamente dois casos:*
 a) O traumatismo age como elemento desencadeante, revelador de uma estrutura neurótica preexistente.
 b) O traumatismo toma parte determinante no próprio conteúdo do sintoma (ruminação do acontecimento traumatizante, pesadelo repetitivo, perturbações do sono etc.), que aparece como uma tentativa repetida de "ligar" e ab-reagir o trauma; tal "fixação no trauma" é acompanhada de uma inibição mais ou menos generalizada da atividade do sujeito.
 É a este último quadro que Freud e os psicanalistas reservam habitualmente a denominação de neurose traumática.

■ A expressão neurose traumática é anterior à psicanálise (α) e continua sendo utilizada em psiquiatria de forma variável, dependendo das ambiguidades da noção de traumatismo e da diversidade das opções teóricas que essas ambiguidades autorizam.

A noção de traumatismo é antes de mais nada somática; designa então "[...] as lesões produzidas acidentalmente, de uma maneira instantânea, por agentes mecânicos cuja ação vulnerante é superior à resistência dos tecidos ou órgãos que encontram" (1); subdividem-se os traumatismos em feridas e contusões (ou traumatismos fechados) conforme haja ou não efração do revestimento cutâneo.

Em neuropsiquiatria, fala-se de traumatismo em duas acepções muito diferentes.

1) Aplica-se ao caso particular do sistema nervoso central a noção cirúrgica de traumatismo, pois as consequências deste podem ir desde lesões evidentes da substância nervosa até lesões microscópicas supostas (noção de "comoção", por exemplo);

2) Transpõe-se de forma metafórica para o plano psíquico a noção de traumatismo, que qualifica então qualquer acontecimento que ocasione uma brusca efração na organização psíquica do indivíduo. A maior parte das situações geradoras de neuroses traumáticas (acidentes, combates, explosões etc.) colocam para psiquiatras, no plano prático, um problema de diagnóstico (há ou não lesão neurológica?) e, no plano teórico, deixam ampla liberdade para apreciar, conforme as opções teóricas de cada um, a causalidade última da perturbação. É assim que certos autores irão até in-

cluir o quadro clínico das neuroses traumáticas no quadro dos "traumatismos crânio-cerebrais" (2) (*ver*: trauma).

★

Se nos limitamos ao campo do traumatismo, tal como é considerado em psicanálise, a expressão "neurose traumática" pode ser tomada em duas perspectivas bastante diferentes.

I – Com referência àquilo a que Freud chama uma "série complementar"* no desencadeamento da neurose, devemos levar em consideração fatores que variam em razão inversa um do outro: predisposição e traumatismo. Encontraremos, pois, toda uma escala entre os casos em que um acontecimento mínimo assume o valor desencadeante devido a um fraco grau de tolerância do sujeito a qualquer excitação ou a uma dada excitação em particular e o caso em que um acontecimento de uma intensidade objetivamente excepcional vem perturbar bruscamente o equilíbrio do sujeito.

Diversas observações devem ser feitas a propósito:

1) A noção de traumatismo torna-se aqui puramente relativa;

2) O problema traumatismo-predisposição tende a confundir-se com o do papel que cabe, respectivamente, aos fatores atuais e ao conflito preexistente (*ver*: neurose atual);

3) Nos casos em que se encontra com evidência um traumatismo importante na origem do aparecimento dos sintomas, os psicanalistas dedicar-se-ão a procurar, na história do sujeito, conflitos neuróticos que o acontecimento só teria vindo precipitar. Convém notar, em apoio desse ponto de vista, que frequentemente as perturbações desencadeadas por um traumatismo (guerra, acidente etc.) se aparentam com as que encontramos nas neuroses de transferência clássicas;

4) Particularmente interessantes nesta perspectiva são os casos em que um acontecimento exterior vem realizar um desejo recalcado do sujeito, pôr em cena uma fantasia inconsciente. Nesses casos, a neurose que se desencadeia é marcada por traços que a aparentam com as neuroses traumáticas: a ruminação, o sonho repetitivo etc. (3);

5) Na mesma linha de pensamento, houve quem procurasse referir o próprio aparecimento do acontecimento traumatizante a uma predisposição neurótica especial. Certos sujeitos parecem procurar inconscientemente a situação traumatizante, embora temendo-a; segundo Fenichel, repetiriam assim um traumatismo infantil com o fim de ab-reagi-lo; "[...] o ego deseja a repetição para resolver uma tensão penosa, mas a repetição é, em si mesma, penosa [...]. O doente entrou num círculo vicioso. Nunca conseguiu dominar o traumatismo pelas suas repetições, porque cada tentativa introduzirá uma nova experiência traumática" (4*a*). Nesses sujeitos, descritos como "traumatófilos", Fenichel vê um caso típico de "combinação de neuroses traumáticas e de psiconeuroses" (4*b*). Note-se, aliás, a esse propósito, que K. Abraham, que introduziu o termo "traumatofilia", referia

os próprios traumatismos sexuais da infância a uma disposição traumatofílica preexistente (5).

II – Vemos como a investigação psicanalítica leva a questionar a noção de neurose traumática; ela contesta a função determinante do acontecimento traumático, sublinhando, por um lado, a sua relatividade em relação à tolerância do sujeito e, por outro, inserindo a experiência traumática na história e na organização particular do sujeito. A noção de neurose traumática não seria, nessa perspectiva, mais do que uma primeira aproximação, puramente descritiva, que não resistiria à análise mais aprofundada dos fatores em questão.

Não se deverá, no entanto, conservar um lugar à parte, do ponto de vista nosográfico e etiológico, para as neuroses em que um traumatismo, pela sua própria natureza e intensidade, seria, de longe, o fator predominante no desencadeamento, e em que os mecanismos em jogo e a sintomatologia seriam relativamente específicos em comparação com os das psiconeuroses?

Parece ser essa a posição de Freud, tal como ela se deduz principalmente de *Além do princípio do prazer* (*Jenseits des Lustprinzips*, 1920): "O quadro sintomático da neurose traumática aproxima-se do quadro da histeria pela sua riqueza em sintomas motores similares; mas, regra geral, ultrapassa-o pelos seus sinais muito pronunciados de sofrimento subjetivo – evocando assim a hipocondria ou a melancolia – e pelas características de um enfraquecimento e de uma perturbação bem mais generalizadas das funções psíquicas" (6*a*). Quando Freud fala de neurose traumática, insiste no caráter simultaneamente somático ("abalo" [*Erschütterung*] do organismo que provoca um afluxo de excitação) e psíquico (*Schreck*: pavor) do traumatismo (7). É nesse pavor, "[...] estado que sobrevém quando se cai numa situação perigosa sem estar preparado para ela" (6*b*), que Freud vê o fator determinante da neurose traumática.

Ao afluxo de excitação que irrompe e ameaça a sua integridade, o sujeito não pode responder nem por uma descarga adequada nem por uma elaboração psíquica. Excedido nas suas funções de ligação, irá repetir de forma compulsiva, principalmente sob a forma de sonhos (β), a situação traumatizante, para tentar ligá-la (*ver*: compulsão à repetição; ligação).

Todavia, Freud não deixou de apontar que poderiam existir pontos de passagem entre neuroses traumáticas e neuroses de transferência (8). Deixará em aberto a questão da especificidade das neuroses traumáticas, como o atestam estas linhas do *Esboço de psicanálise* (*Abriss der Psychoanalyse*, 1938): "É possível que aquilo a que se chama neuroses traumáticas (desencadeadas por um pavor demasiadamente intenso ou por choques somáticos graves como colisões de trens, desmoronamentos etc.) constitua uma exceção; todavia, as suas relações com o fator infantil subtraíram-se até o presente às nossas investigações" (9).

▲ (α) Teria sido introduzida por Oppenheim (segundo a *Encyclopédie médico-chirurgicale*: *Psychiatrie*, 37520 C 10, p. 6).

(β) "A vida onírica das neuroses traumáticas caracteriza-se pelo fato de reconduzir incessantemente o doente à situação do seu acidente, situação de que desperta com um novo pavor" (6c).

(1) FORGUE (E.), *Précis de pathologie externe*, 1948, I, 220. 11ª ed., Masson, Paris.
(2) *Cf.* sobre este ponto: EY (H.), *Encyplopédie médico-chirurgicale: neurologie*, artigo "Traumatismes cranio-cérébraux", nº 17585, 1955.
(3) *Cf.* por exemplo: LAGACHE (D.), Deuil pathologique, 1957, in *La psychanalyse*, PUF, Paris, II, 45-74.
(4) FENICHEL (O.), *The Psychoanalytic Theory of Neurosis*, 1945. Fr., *La théorie psychanalytique des névroses*, PUF, Paris, 1953. – *a*) 649-51. – *b*) cap. XXI.
(5) *Cf.* ABRAHAM (K.), *Das Erleiden sexueller Traumen als Form infantiler sexualbetätigung*, 1907. Fr., I, 24-35.
(6) FREUD (S.). – *a*) GW, XIII, 9; SE, XVIII, 12; Fr., 7. – *b*) GW, XIII, 10; SE, XVIII, 12; Fr., 8. – *c*) GW, XIII, 10; SE, XVIII, 13; Fr., 8.
(7) *Cf.* FREUD (S.), *Drei Abhandlungen zur Sexualtheorie*, 1905. GW, V, 103; SE, VII, 202; Fr., 101.
(8) *Cf.* FREUD (S.), *Einleitung zur Psychoanalyse der Kriegsneurosen*, 1919. GW, XII, 321 ss.; SE, XVII, 207 ss.
(9) FREUD (S.), GW, XVII, 111; SE, XXIII, 184; Fr., 54.

NEUTRALIDADE

= *D.*: Neutralität. – *F.*: neutralité. – *En.*: neutrality. – *Es.*: neutralidad. – *I.*: neutralità.

• *Uma das qualidades que definem a atitude do analista no tratamento. O analista deve ser* **neutro** *quanto aos valores religiosos, morais e sociais, isto é, não dirigir o tratamento em função de um ideal qualquer e abster-se de qualquer conselho;* **neutro** *quanto às manifestações transferenciais, o que se exprime habitualmente pela fórmula "não entrar no jogo do paciente"; por fim,* **neutro** *quanto ao discurso do analisando, isto é, não privilegiar a priori, em função de preconceitos teóricos, um determinado fragmento ou um determinado tipo de significações.*

■ Na medida em que a técnica psicanalítica se afastou dos métodos de sugestão, que implicam uma influência deliberada do terapeuta sobre o seu paciente, foi conduzida à ideia de neutralidade. Encontramos, em *Estudos sobre a histeria* (*Studien über Hysterie*, 1895), vestígios de uma parte dessa evolução. Note-se que, no fim da obra, Freud escreve, a propósito da ação do terapeuta: "Na medida do possível, agimos como instrutores [*Aufklärer*] onde a ignorância provocou algum temor, como professores, como representantes de uma concepção do mundo mais livre, superior, como confessores que, graças à persistência da sua simpatia e da sua estima, uma vez feita a confissão, dão uma espécie de absolvição" (1).

Foi nas suas *Recomendações aos médicos que exercem a psicanálise* (*Rätschläge für den Arzt bei der psychoanalytischen Behandlung*, 1912) que

Freud deu a ideia mais exata do que se pode entender por neutralidade. Denuncia o "orgulho terapêutico" e o "orgulho educativo"; considera "contraindicado dar diretivas ao paciente, tais como a de reunir as suas recordações, de pensar num certo período da sua vida etc." (2*a*). O analista, à semelhança do cirurgião, deve ter apenas um objetivo: "levar a bom termo a sua operação, com o máximo de habilidade possível" (2*b*).

Em *O início do tratamento* (*Zur Einleitung der Behandlung*, 1913), Freud faz depender da neutralidade analítica o estabelecimento de uma transferência segura: "Podemos estragar este primeiro resultado por assumirmos desde o início um ponto de vista diferente do de uma simpatia compreensiva, um ponto de vista moralizador, por exemplo, ou por nos comportarmos como representantes ou mandatários de um terceiro [...]" (3). A ideia de neutralidade exprime-se ainda com grande vigor nesta passagem de *Linhas de progresso na terapia psicanalítica* (*Wege der psychoanalytischen Therapie*, 1918), que visa à escola de Jung: "Recusamo-nos categoricamente a considerar como nosso bem próprio o paciente que solicita o nosso auxílio e se entrega nas nossas mãos. Não procuramos nem formar por ele o seu destino, nem incutir-lhe os nossos ideais, nem modelá-lo à nossa imagem com o orgulho de um criador" (4).

Note-se que a expressão "neutralidade benevolente", sem dúvida retirada da linguagem diplomática e que se tornou tradicional para definir a atitude do analista, não figura em Freud. Acrescente-se que a exigência de neutralidade é estritamente relacionada ao tratamento; constitui uma recomendação técnica. Não implica nem garante uma soberana "objetividade" de quem exerce a profissão de psicanalista (5). A neutralidade não qualifica a pessoa real do analista, mas a sua função: aquele que fornece interpretações e suporta a transferência deveria ser neutro, quer dizer, não intervir enquanto individualidade psicossocial; evidentemente, trata-se de uma exigência limite.

No conjunto, as recomendações quanto à neutralidade, se nem sempre são cumpridas, não são geralmente contestadas pelos analistas. Todavia, mesmo os psicanalistas mais clássicos podem ser levados, em casos especiais (especialmente na angústia das crianças, nas psicoses, em certas perversões), a não considerar desejável ou possível uma neutralidade absoluta.

(1) FREUD (S.), Zur Psychotherapie de Hysterie, in *Studien über Hysterie*, 1895. GW, I, 285; SE, II, 282; Fr. 228.
(2) FREUD (S.), – *a*) GW, VIII, 386; SE, XII, 119; Fr., 70-1. – *b*) GW, VIII, 381; SE, XII, 115; Fr., 65.
(3) FREUD (S.), GW, VIII, 474; SE, XII, 140; Fr., 100.
(4) FREUD (S.), GW, XII, 190; SE, XVII, 164; Fr., 137-8.
(5) Podem ser encontradas a esse respeito observações pertinentes em GLOVER (Ed.), *The Technique of Psycho-Analysis*, 1955. Fr., in: *Technique de la psychanalyse*, PUF, Paris, 1958, 197.

O

OBJETO

= *D.*: Objekt. – *F.*: objet. – *En.*: object. – *Es.*: objeto. – *I.*: oggetto.

• *A noção de objeto é encarada em psicanálise sob três aspectos principais:*
   A) Enquanto correlativo da pulsão, ele é aquilo em que e por que ela procura atingir a sua meta, isto é, um certo tipo de satisfação. Pode tratar-se de uma pessoa ou de um objeto parcial, de um objeto real ou de um objeto fantasístico.
   B) Enquanto correlativo do amor (ou do ódio), trata-se então da relação da pessoa total, ou da instância do ego, com um objeto visado também como totalidade (pessoa, entidade, ideal etc.) (o adjetivo correspondente seria "objetal").
   C) No sentido tradicional da filosofia e da psicologia do conhecimento, enquanto correlativo do sujeito que percebe e conhece, é aquilo que se oferece com características fixas e permanentes, reconhecíveis de direito pela universalidade dos sujeitos, independentemente dos desejos e das opiniões dos indivíduos (o adjetivo correspondente seria "objetivo").

▪ Nos escritos psicanalíticos, o termo objeto encontra-se, quer sozinho, quer em numerosas expressões, como escolha de objeto*, amor de objeto, perda do objeto, relação de objeto* etc., que podem desorientar o leitor não especializado. Objeto é tomado num sentido comparável ao que lhe conferia a língua clássica ("objeto da minha paixão, do meu ressentimento, objeto amado" etc.). Não deve evocar a noção de "coisa", de objeto inanimado e manipulável, tal como esta se contrapõe comumente às noções de ser animado ou de pessoa.

I – Esses diferentes usos do termo objeto em psicanálise têm sua origem na concepção freudiana da pulsão. Freud, logo que analisa a noção de pulsão, distingue o objeto da meta*: "Introduzamos dois termos: chamemos objeto sexual à pessoa que exerce a atração sexual e meta ou objetivo sexual à ação a que a pulsão impele" (1). Conserva essa oposição ao longo de toda a sua obra e reafirma-a particularmente na definição mais completa que apresentou da pulsão: "[...] o objeto da pulsão é aquilo em que ou por que a pulsão pode atingir a sua meta" (2*a*). Ao mesmo tempo, o objeto é definido como meio contingente da satisfação: "É o elemento mais variável na pulsão, não está ligado a ela originariamente, mas só vem colocar-se aí em função da sua aptidão para permitir a satisfação" (2*b*). Essa tese principal e constante de Freud, a contingência do objeto, não significa que qualquer objeto possa satisfazer a pulsão, mas que o objeto pulsional, muitas vezes bastante marcado por características singulares, é determinado pela história – principalmente a história infantil – de cada um. O objeto é o que há de menos determinado constitucionalmente na pulsão.

Tal concepção não deixou de levantar objeções. Poderíamos resumir a posição do problema referindo-nos à distinção de Fairbairn (3): estaria a libido à procura do prazer (*pleasure-seeking*) ou do objeto (*object-seeking*)? Para Freud, não há dúvida de que a libido, ainda que desde cedo sofra a marca deste ou daquele objeto (*ver*: vivência de satisfação), está, na origem, inteiramente orientada para a satisfação, para a dissolução da tensão pelos caminhos mais curtos segundo as modalidades apropriadas à atividade de cada zona erógena. No entanto, a ideia que a noção de relação de objeto destaca – de que existe uma estreita relação entre a natureza e os "destinos" da meta e do objeto – não é estranha ao pensamento de Freud (*para a discussão deste ponto, ver*: relação de objeto).

Por outro lado, a concepção freudiana do objeto pulsional constituiu-se em *Três ensaios sobre a teoria da sexualidade* (*Drei Abhandlungen zur Sexualtheorie*, 1905) a partir da análise das pulsões sexuais. O que acontece com o objeto das outras pulsões e, principalmente no quadro do primeiro dualismo freudiano, com o objeto das pulsões de autoconservação*? No que diz respeito a estas últimas, o objeto (por exemplo, a comida) é nitidamente mais especificado pelas exigências das necessidades vitais.

A distinção entre pulsões sexuais e pulsões de autoconservação não deve contudo levar a uma oposição rígida demais quanto ao estatuto dos seus objetos: contingente, num caso; rigorosamente determinado e especificado biologicamente, no outro. Além disso, Freud mostrou que as pulsões sexuais funcionavam apoiando-se nas pulsões de autoconservação, o que significa sobretudo que estas indicam às primeiras o caminho do objeto.

O recurso a essa noção de apoio* permite deslindar o problema complexo do objeto pulsional. Se nos referimos, a título de exemplo, à fase oral, o objeto é, na linguagem da pulsão de autoconservação, o que alimenta; na da pulsão oral, é aquilo que se incorpora, com toda a dimensão de fantasia que a incorporação contém. A análise das fantasias orais mostra que a atividade de incorporação pode incidir sobre objetos muito diferentes dos objetos de alimentação, definindo então a "relação de objeto oral".

II – A noção de objeto em psicanálise não deve ser entendida apenas com referência à pulsão – se é que o funcionamento desta pode ser apreendido no estado puro. Designa igualmente aquilo que, para o sujeito, é objeto de atração, objeto de amor, na generalidade dos casos uma pessoa. Só a investigação analítica permite revelar, para além dessa relação global do ego com os seus objetos de amor, o jogo próprio das pulsões no seu polimorfismo, as suas variações, os seus correlatos fantasísticos. Nos primeiros tempos em que Freud analisa as noções de sexualidade e de pulsão, o problema de articular entre si o objeto da pulsão e o objeto de amor não está explicitamente presente, nem pode estar; com efeito, os *Três ensaios*, na sua primeira edição (1905), estão centrados na oposição fundamental que existiria entre o funcionamento da sexualidade infantil e o da sexualidade pós-pubertária. A primeira é definida como essencialmente autoerótica*, e, nessa fase do pensamento de Freud, a ênfase não incide no problema da sua relação com um objeto diferente do próprio corpo, ainda que fantasístico. Na criança, a pulsão é definida como *parcial*, mais em virtude do seu modo de satisfação (prazer localizado, prazer de órgão*) do que em função do tipo de objeto por ela visado. Só na puberdade intervém uma *escolha de objeto* – da qual, evidentemente, podem ser encontrados "prefigurações", "esboços", na infância – que permite que a vida sexual, ao mesmo tempo que se unifica, orienta-se definitivamente para outrem.

Sabe-se que, entre 1905 e 1924, a oposição entre autoerotismo infantil e escolha de objeto pubertária se vai progressivamente atenuando. São descritas diversas fases pré-genitais da libido, todas implicando um modo original de "relação de objeto". O equívoco que a noção de autoerotismo poderia acarretar (na medida em que se arriscava a ser compreendida como implicando que o sujeito ignorasse inicialmente qualquer objeto exterior, real ou até fantasístico) dissipa-se. As pulsões parciais, cujo funcionamento define o autoerotismo, são chamadas parciais na medida em que a sua satisfação está ligada não apenas a uma zona erógena determinada, como também ao que a teoria psicanalítica denominará *objetos parciais**. Entre esses objetos estabelecem-se equivalências simbólicas, trazidas à luz por Freud em *As transposições da pulsão e especialmente do erotismo anal* (*Über Triebumsetzungen, insbesondere der Analerotik*, 1917), intercomunicações que fazem passar a vida pulsional por uma série de metamorfoses. A problemática dos objetos parciais tem como efeito desmantelar o que a noção relativamente indiferenciada de objeto sexual poderia ter, no início do pensamento freudiano, de englobante. Efetivamente, somos então levados a separar um objeto propriamente pulsional e um objeto de amor. O primeiro define-se essencialmente como suscetível de proporcionar satisfação à pulsão em causa. Pode tratar-se de uma pessoa, mas isso não é condição necessária, pois a satisfação pode ser fornecida particularmente por uma parte do corpo. A ênfase incide então na contingência do objeto enquanto subordinado à satisfação. Quanto à relação com o objeto de amor, essa faz intervir, tal como o ódio, um outro par de termos: "[...] os termos amor e ódio não devem ser utilizados para as relações das pulsões com os seus objetos, mas reservados para as relações do ego total com os objetos" (2c). Note-se a propósito que, do ponto de vista terminológico, mesmo quando evidencia as relações com o objeto parcial, Freud reserva a expressão "escolha de objeto" para a relação da pessoa com os seus objetos de amor, que, também eles, são essencialmente pessoas totais.

Dessa oposição entre objeto parcial – objeto da pulsão e essencialmente objeto pré-genital – e objeto total – objeto de amor e essencialmente objeto genital –, podemos ser levados a inferir, numa perspectiva genética do desenvolvimento psicossexual, a ideia de que o sujeito passaria de um para o outro por uma integração progressiva das suas pulsões parciais no seio da organização genital, sendo esta correlativa de uma tomada em consideração intensificada do objeto na diversidade e na riqueza das suas qualidades, na sua independência. O objeto de amor já não é apenas o correlato da pulsão, destinado a ser consumido.

A distinção entre o objeto pulsional parcial e o objeto de amor, seja qual for o seu alcance incontestável, não implica necessariamente tal concepção. Por um lado, o objeto parcial pode ser considerado um dos polos irredutíveis, inultrapassáveis, da pulsão sexual. Por outro lado, a investigação analítica mostra que o objeto total, longe de aparecer como um acabamento terminal, não deixa nunca de ter implicações narcísicas; no princípio da sua constituição, intervém mais uma espécie de precipitação, numa forma modelada segundo o ego (α), dos diversos objetos parciais do que uma feliz síntese deles.

Entre o objeto da escolha por apoio*, em que a sexualidade se apaga em proveito das funções de autoconservação, e o objeto da escolha narcísica*, réplica do ego, entre "a mãe que alimenta, o pai que protege" e "o que se é, o que se foi ou o que se queria ser", um texto como *Sobre o narcisismo: uma introdução* (*Zur Einführung des Narzissmus*, 1914) torna difícil situar um estatuto próprio do objeto de amor.

III – Por fim, a teoria psicanalítica refere-se também à noção de objeto no seu sentido filosófico tradicional, isto é, emparelhada com a de um sujeito percepcionante e cognoscente. É claro que não pode deixar de ser colocado o problema da articulação entre o objeto assim concebido e o objeto sexual. Se concebemos uma evolução do objeto pulsional e, *a fortiori*, se a vemos desembocar na constituição de um objeto de amor genital, definindo-se pela sua riqueza, pela sua autonomia, pelo seu caráter de totalidade, nós o relacionamos necessariamente com a edificação progressiva do objeto da percepção: a "objetalidade" e a objetividade não deixam de estar relacionadas. Vários autores assumiram a tarefa de harmonizar as concepções psicanalíticas sobre a evolução das relações de objeto com os dados de uma psicologia genética do conhecimento ou mesmo a de esboçar uma "teoria psicanalítica do conhecimento" (*sobre as indicações dadas por Freud, ver:* ego-prazer – ego-realidade; prova de realidade).

▲ (α) O ego, no narcisismo, também é definido como *objeto* de amor; pode ser mesmo considerado como o protótipo do objeto de amor, como o ilustra particularmente a escolha narcísica. Contudo, no mesmo texto em que Freud enuncia essa teoria, ele introduz a distinção, que ficou clássica, entre libido do ego e libido objetal*; *objeto*, nesta expressão, é tomado no sentido limitativo de objeto exterior.

(1) FREUD (S.), *Drei Abhandlungen zur Sexualtheorie*, 1905. GW, V, 34; SE, VII, 135-6; Fr., 18.
(2) FREUD (S.), *Triebe und Triebschicksale*, 1915. – *a*) GW, X, 215; SE, XIV, 122; Fr., 35. – *b*) GW, X, 215; SE, XIV, 122; Fr., 35. – *c*) GW, X, 229; SE, XIV, 137; Fr., 61.
(3) *Cf.* FAIRBAIRN (W.R.D.), A Revised Psychopathology of the Psychoses and Psycho-neuroses, 1941, *IJP*, XXII, 250-279.

OBJETO PARCIAL

= *D.*: Partialobjekt. – *F.*: objet partiel. – *En.*: part-object. – *Es.*: objeto parcial. – *I.*: oggetto parziale.

• *Tipo de objetos visados pelas pulsões parciais, sem que isso signifique que uma pessoa, no seu conjunto, seja tomada como objeto de amor. Trata-se principalmente de partes do corpo, reais ou fantasísticas (seio, fezes, pênis), e dos seus equivalentes simbólicos. Até uma pessoa pode identificar-se ou ser identificada com um objeto parcial.*

■ Foram os psicanalistas kleinianos que introduziram o termo objeto parcial e lhe atribuíram um papel de primeiro plano na teoria psicanalítica da relação de objeto.

Mas a ideia de que o objeto da pulsão não é necessariamente a pessoa total já está explicitamente presente em Freud. Não há dúvida de que, quando Freud fala de escolha de objeto, de amor de objeto, é geralmente uma pessoa total que assim é designada, mas, quando estuda o objeto visado pelas pulsões parciais, é justamente de um objeto parcial que se trata (seio, alimento, fezes etc.) (1). Mais: Freud pôs em evidência as equivalências e relações que se estabelecem entre diversos objetos parciais (criança = pênis = fezes = dinheiro = dádiva), particularmente no artigo *As transposições da pulsão, e especialmente do erotismo anal* (*Über Triebumsetzungen, insbesondere der Analerotik*, 1917). Indica igualmente como a mulher passa do desejo do pênis ao desejo do homem, com a possibilidade de "uma regressão passageira do homem para o pênis, como objeto do seu desejo" (2). Por fim, no plano da sintomatologia, o fetichismo atesta a fixação possível da pulsão sexual num objeto parcial; sabe-se que Freud define o fetiche como substituto do pênis da mãe (3).

Quanto à ideia, que se tornou clássica, de uma identificação de uma pessoa total com um objeto parcial, particularmente com o falo (4, 5), podemos encontrá-la episodicamente apontada por Freud (*ver*: falo).

Com Karl Abraham, a oposição parcial/total na evolução das relações de objeto passa para primeiro plano. Na perspectiva essencialmente genética desse autor, existe uma correspondência entre a evolução do objeto e das metas libidinais tais como caracterizam as diversas fases psicossexuais (6). O amor parcial de objeto constitui uma das etapas do "desenvolvimento do amor de objeto".

Os trabalhos de Melanie Klein situam-se no caminho aberto por Abraham. A noção do objeto parcial está no centro da reconstrução que ela apresenta do universo fantasístico da criança. Sem pretender resumir essa teoria, indiquemos apenas os pares de opostos entre os quais se estabelece a dialética das fantasias: "bom" objeto/"mau" objeto*; introjeção*/projeção*; parcial/total (*ver estes termos, assim como*: posição paranoide; posição depressiva).

Note-se todavia que, para Abraham, a evolução da relação de objeto não deve ser compreendida simplesmente no sentido de um progresso do parcial para o total; ele a concebe de forma muito mais complexa. Assim, por exemplo, a fase de amor parcial é também precedida de um tipo de relações que implicam uma incorporação total do objeto.

O objeto parcial (embora o termo pareça não figurar nos escritos de Abraham) é o que está particularmente em jogo no processo de incorporação.

Com Melanie Klein, o termo "objeto" adquire, na expressão "objeto parcial", todo o valor que lhe foi conferido pela psicanálise; ainda que parcial, o objeto (seio ou outra parte do corpo) é dotado fantasisticamente de características semelhantes às de uma pessoa (por exemplo, perseguidor, tranquilizador, benevolente etc.).

Note-se, por fim, que, para os kleinianos, a relação com os objetos parciais não qualifica apenas uma fase da evolução psicossexual (posição paranoide); continua desempenhando um papel importante depois de estabelecida a relação com os objetos totais. Jacques Lacan insiste igualmente nesse ponto. Mas, com este autor, o aspecto propriamente genético do objeto parcial passa para segundo plano; procurou conferir ao objeto parcial um estatuto privilegiado numa *tópica* do desejo (7).

(1) *Cf.* FREUD (S.), *Drei Abhandlungen zur Sexualtheorie*, 1905, GW, V, 98-101; SE, VII, 197-206; Fr., 94-107.
(2) FREUD (S.), GW, X, 406; SE, XVII, 130.
(3) *Cf.* FREUD (S.), *Fetischismus*, 1927. GW, XIV, 310-17; SE, XXI, 152-7.
(4) *Cf.* FENICHEL (O.), *Die symbolische Gleichung: Mädchen = Phallus*, 1936. Al., in *Internat. Zeit. für Psychoanalyse*, XXII, 299-314. Ing., in *Collected Papers*, Routledge and Kegan, Londres, 1955, 3-18.
(5) *Cf.* LEWIN (B.), The Body as Phallus, 1933, in *The Psychoanalytic Quarterly*, 1933, II, 24-47.
(6) *Cf.* ABRAHAM (K.), *Versuch einer Entwicklungsgeschichte der Libido auf Grund der Psychoanalyse seelischer Störungen*, II. Teil: *Anfänge und Entwicklung der Objektliebe*, 1924. Fr., II, 298-313.
(7) *Cf.* designadamente: LACAN (J.), *Le désir et son interprétation*, 1960, recensão de J.-B. PONTALIS, in *Bul. Psycho.*, XIII.

OBJETO TRANSICIONAL

= *D*.: Übergangsobjekt. – *F*.: objet transitionnel. – *En*.: transitional object. – *Es*.: objeto transicional. – *I*.: oggetto transizionale.

- *Expressão introduzida por D. W. Winnicott para designar um objeto material que possui um valor eletivo para o lactente e para a criança pequena, particularmente no momento do adormecer (por exemplo, a ponta do cobertor ou do lençol, um guardanapo para chupar). O recurso a objetos desse tipo é, segundo o autor, um fenômeno normal que permite à criança efetuar a transição entre a primeira relação oral com a mãe e a "verdadeira relação de objeto".*

■ Encontraremos num artigo intitulado *Transitional Objects and Transitional Phenomena* (*Objetos transicionais e fenômenos transicionais*, 1953) o essencial das ideias de Winnicott sobre o objeto transicional.

1. No plano da descrição clínica, o autor põe em evidência um comportamento frequentemente observado na criança e designa-o por relação com o objeto transicional.

É frequente ver a criança, entre os quatro e os doze meses, ligar-se a um objeto em especial, tal como a franja de lã de um xale, a ponta de um cobertor ou de um acolchoado etc., que ela chupa e aperta contra si e que se revela particularmente indispensável no momento de adormecer. Esse "objeto transicional" conserva por muito tempo o seu valor até o perder progressivamente; pode também reaparecer mais tarde, particularmente ao aproximar-se uma fase de depressão.

Winnicott inclui no mesmo grupo certos gestos e diversas atividades bucais (murmúrio, por exemplo), a que chama *fenômenos transicionais*.

2. No plano genético, o objeto transicional situa-se "entre o polegar e o urso de pelúcia" (1*a*). Com efeito, se é verdade que constitui "uma parte quase inseparável da criança" (1*b*), distinguindo-se nisso do futuro brinquedo, é igualmente a primeira "posse de qualquer coisa que não sou eu" (*not-me possession*).

Do ponto de vista libidinal, a atividade continua sendo de tipo oral. O que muda é o estatuto do objeto. Logo na primeira atividade oral (relação com o seio), existe aquilo a que Winnicott chama uma "criatividade primária": "Aquele seio é constantemente recriado pela criança graças à sua capacidade de amar ou, pode-se dizer, graças à sua necessidade [...]. A mãe coloca o seio real no exato lugar em que a criança está prestes a criá-lo e no momento certo" (1*c*). Posteriormente, funcionará a prova de realidade*. Entre estes dois momentos, situa-se a relação com o objeto transicional, que está a meio caminho entre o subjetivo e o objetivo: "Do nosso ponto de vista, o objeto vem do exterior; mas a criança não o concebe assim. Também não vem do interior; não se trata de uma alucinação" (1*d*).

3. O objeto transicional, embora constitua um momento de passagem para a percepção de um objeto nitidamente diferenciado do sujeito e para uma "relação propriamente dita", nem por isso vê a sua função abolida na

sequência do desenvolvimento do indivíduo. "O objeto transicional e o fenômeno transicional trazem desde o início a todo ser humano algo que permanecerá para sempre importante para ele, que é um campo neutro de experiência que não será contestado" (1e). Pertencem, segundo Winnicott, ao domínio da *ilusão*: "Este campo intermediário de experiência, cujo pertencimento, quer à realidade interior, quer à realidade exterior (e partilhada), ela não tem que justificar, constitui a parte mais importante da experiência da criança. Vai prolongar-se ao longo de toda a sua vida na experiência intensa que pertence ao domínio das artes, da religião, da vida imaginativa, da criação científica" (1f).

(1) WINNICOTT (D.W.), Ing., in: *IJP*, XXIV, 2; Fr., in: *La psychanalyse*, V, PUF, Paris, 1959. – *a*) Ing., 89; Fr., 22. – *b*) Ing., 92; Fr., 30. – *c*) Ing., 95; Fr., 36. – *d*) Ing., 91; Fr., 27. – *e*) Ing., 95; Fr., 37-8. – *f*) Ing., 97; Fr., 41.

ORGANIZAÇÃO DA LIBIDO

= *D*.: Organisation der Libido. – *F*.: organisation de la libido. – *En*.: organization of the libido. – *Es*.: organización de la libido. – *I*.: organizzazione della libido.

● *Coordenação relativa das pulsões parciais, caracterizadas pelo primado de uma zona erógena e um modo específico de relação de objeto. Consideradas numa sucessão temporal, as organizações da libido definem as fases da evolução psicossexual infantil.*

■ Podemos, em linhas gerais, conceber do seguinte modo a evolução das concepções de Freud relativas à organização da libido: na primeira edição dos *Três ensaios sobre a teoria da sexualidade* (*Drei Abhandlungen zur Sexualtheorie*, 1905), na verdade são descritas atividades orais ou anais como atividades sexuais precoces, mas sem que a seu respeito se mencione uma organização; a criança só sai da anarquia das pulsões parciais depois de garantido o primado da zona genital. Se é verdade que a ideia central dos *Três ensaios* é realmente manifestar a existência de uma função sexual mais extensa do que a função genital, nem por isso esta deixa de conservar o privilégio de ser a única que pode *organizar* aquela. Esquematizando as modificações introduzidas pela puberdade, Freud escreve, em 1905: "A pulsão sexual foi até aqui predominantemente autoerótica; agora encontra o objeto sexual. Até aqui, a sua atividade provinha de um certo número de pulsões e de zonas erógenas separadas que, independentemente umas das outras, procuravam um prazer determinado como única meta sexual. Agora aparece uma nova meta sexual, e todas as pulsões parciais atuam em conjunto para a atingirem, enquanto as zonas erógenas se subordinam ao primado da zona genital" (1a). Note-se que, nessa época, Freud não fala de organização pré-genital, e que é definitivamente a descoberta do objeto que permite a coordenação das pulsões.

É ainda com relação ao objeto que Freud descobre em seguida um modo de organização da sexualidade por ele intercalado entre o estado não organizado das pulsões (autoerotismo) e a plena escolha de objeto: o narcisismo*. O objeto é então o ego* como unidade.

Só em 1913, no artigo *A disposição à neurose obsessiva* (*Die Disposition zur Zwangsneurose*), Freud introduz o conceito de organização pré-genital. A unificação das pulsões é então encontrada na predominância de uma atividade sexual ligada a uma zona erógena determinada. Descreve inicialmente a organização anal (1913, art. citado), depois a oral (edição de 1915 dos *Três ensaios* [1b]), e, por fim, a fálica (em 1923, em *A organização genital infantil* [*Die infantile Genitalorganisation*]). Note-se, no entanto, que Freud reafirmará, depois de ter descrito essas três organizações, que "[...] a plena organização só é atingida pela puberdade numa quarta fase, a fase genital" (2).

Ao procurar definir os modos de organização pré-genitais da sexualidade, Freud seguiu dois caminhos, entre os quais não se pode estabelecer uma correspondência rigorosa. Segundo um desses caminhos, é o *objeto* que desempenha a função de organizador; os diversos modos de organização escalonam-se então segundo uma série que vai do autoerotismo ao objeto heterossexual, passando pelo narcisismo e pela escolha de objeto homossexual. Segundo o outro caminho, cada organização está centrada numa *modalidade específica de atividade sexual* que depende de uma determinada zona erógena.

Na segunda perspectiva, como compreender o primado de uma zona erógena e da atividade que lhe corresponde?

Ao nível da organização oral, podemos dar ao primado da atividade (oral) o sentido de uma relação quase exclusiva com o meio. Mas o que acontece com as organizações posteriores que não suprimem o funcionamento das atividades não predominantes? Que significa, por exemplo, falar do primado da analidade? Não podemos compreendê-lo como uma suspensão, nem sequer como uma colocação em segundo plano de toda a sexualidade oral; na realidade, esta acha-se integrada na organização anal, pois os intercâmbios orais estão impregnados das significações ligadas à atividade anal.

(1) FREUD (S.), *Drei Abhandlungen zur Sexualtheorie*, 1905. – *a)* GW, V, 108; SE, VII, 207; Fr., 111. – *b) Cf.* GW, V, 98; SE, VII, 198; Fr., 95.

(2) *Cf.* FREUD (S.), *Abriss der Psychoanalyse*, 1938. GW, XVII, 77; SE, XXIII, 155; Fr., 16.

P

PAIS COMBINADOS, IMAGO DE PAIS COMBINADOS

= *D.*: vereinigte Eltern, vereinigte Eltern-Imago. – *F.*: parent(s) combiné(s). – *En.*: combined parents, combined parent-figure. – *Es.*: pareja combinada, imago de la pareja combinada. – *I.*: figura parentale combinata.

• *Expressão introduzida por Melanie Klein para designar uma teoria sexual infantil que se exprime em diversas fantasias que representam os pais unidos numa relação sexual ininterrupta, a mãe contendo o pênis do pai, ou o pai na sua totalidade, e o pai contendo o seio da mãe, ou a mãe na sua totalidade – os pais inseparavelmente confundidos num coito.*
Tratar-se-ia de fantasias muito arcaicas e fortemente ansiógenas.

■ A ideia de "pais combinados" é inseparável da concepção kleiniana do complexo de Édipo (1): "Trata-se de uma teoria sexual constituída numa fase genética muito precoce, segundo a qual a mãe incorporaria o pênis do pai no decorrer do coito, de tal modo que, no fundo, a mulher que possui um pênis representa os pais acasalados" (2a).
A fantasia da "mulher com pênis" não é uma descoberta de Melanie Klein; já em 1908, Freud fala dela em *Sobre as teorias sexuais das crianças* (*Über infantile Sexualtheorien*) (3). Mas, para Freud, essa fantasia inscreve-se na teoria sexual infantil que desconhece a diferença entre os sexos e a castração da mulher. Em *A psicanálise da criança* (*Die Psychoanalyse des Kindes*, 1932), Melanie Klein apresenta uma gênese muito diferente; ela decorre de fantasias muito precoces: cena originária* fortemente marcada de sadismo, interiorização do pênis do pai, representação do corpo materno como receptáculo de *"bons"** e sobretudo de *"maus" objetos**. "A fantasia de um pênis paterno que estaria contido dentro da mãe determina na criança outra fantasia, a da 'mulher com pênis'. A teoria sexual da mãe fálica, provida de um pênis feminino, remonta a angústias mais primitivas, modificadas por deslocamento, e inspiradas pelos perigos representados pelos pênis incorporados pela mãe e pelas relações sexuais dos pais. Segundo as minhas observações, a 'mulher com pênis' representa sempre a mulher com o pênis paterno" (2b). A fantasia de "pais combinados", ligada ao sadismo infantil arcaico, tem grande valor ansiógeno.

Num artigo posterior, M. Klein liga a noção de "pais combinados" a uma atitude fundamental da criança: "É uma característica das emoções intensas e da atividade da criança pequena atribuir necessariamente a seus pais um estado de gratificação mútua de natureza oral, anal e genital" (4).

(1) *Cf.* KLEIN (M.), Early Stages of the Œdipus Conflict, 1928, in *Contributions*, 202-14.
(2) KLEIN (M.), *Die Psychoanalyse des Kindes*, 1932. Fr., *La psychanalyse des enfants*, Paris, PUF, 1959. – *a*) 77-8. – *b*) 256-7.
(3) *Cf.* FREUD (S.), GW, VII, 171-88; SE, IX, 209-26; *passim*.
(4) KLEIN (M.), The Emotional Life of the Infant, 1952, in *Developments*, 219.

PARA-EXCITAÇÕES

= *D.*: Reizschutz. – *F.*: pare-excitations. – *En.*: protective shield. – *Es.*: protector (*ou* protección) contra las excitaciones *ou* protéccion antiestímulo. – *I.*: apparato protettivo contro lo stimolo.

• ***Termo utilizado por Freud no quadro de um modelo psicofisiológico para designar uma certa função e o aparelho que é seu suporte. A função consiste em proteger (schützen) o organismo contra as excitações provenientes do mundo exterior que, pela sua intensidade, ameaçariam destruí-lo. O aparelho é concebido como uma camada superficial que envolve o organismo e filtra passivamente as excitações.***

■ Literalmente, o termo *Reizschutz* significa proteção contra a excitação; Freud o introduz em *Além do princípio do prazer* (*Jenseits des Lustprinzips*, 1920) e utiliza-o particularmente em *Nota sobre o "bloco mágico"* (*Notiz über den "Wunderblock"*, 1925) e *Inibição, sintoma e angústia* (*Hemmung, Symptom und Angst*, 1926) para explicar uma função protetora, mas sobretudo para designar um aparelho especializado. Os tradutores ingleses e franceses nem sempre recorrem ao mesmo termo para essas diferentes acepções. Julgamos preferível, para tornar mais evidente o conceito, procurar um equivalente do termo freudiano, e propomos "para-excitações" (*pare-excitations*).

Desde o *Projeto para uma psicologia científica* (*Entwurf einer Psychologie*, 1895), Freud postula a existência de aparelhos protetores (*Quantitätschirme*) no local das excitações externas. As quantidades de energia que operam no mundo exterior não são da mesma ordem de grandeza daquelas que o aparelho psíquico tem por função descarregar; por isso a necessidade de "aparelhos de terminação nervosa", no limite do externo e do interno, que "[...] só deixem passar *frações* das quantidades exógenas" (1). No local das excitações provenientes do interior do corpo, tais aparelhos não seriam necessários, pois as quantidades em jogo são de início da mesma ordem de grandeza das que circulam entre os neurônios.

Note-se que Freud liga a existência de aparelhos protetores à tendência originária do sistema neurônico de manter a quantidade em zero (*Trägheitsprinzip*: princípio de inércia*).

Em *Além do princípio do prazer*, Freud apoia-se na representação simplificada de uma vesícula viva para apresentar uma teoria do traumatismo. Para subsistir, a vesícula tem de cercar-se de uma camada protetora que perde as suas qualidades de substância viva e se torna uma barreira cuja função é proteger a vesícula das excitações exteriores, incomparavelmente mais fortes do que as energias internas do sistema, deixando-as passar segundo uma relação proporcional à sua intensidade, de forma a que o organismo receba informações do mundo exterior. Nessa perspectiva, o traumatismo pode ser definido no seu primeiro momento como uma efração, numa larga extensão, do para-excitações.

A hipótese de um para-excitações inscreve-se numa concepção tópica; abaixo dessa camada protetora encontra-se uma segunda, a camada receptora, definida em *Além do princípio do prazer* como sistema Percepção-Consciência. Freud comparará esta estrutura estratificada à de um "bloco de apontamentos mágico".

Note-se que, se Freud nega, nos textos que citamos, a existência de uma proteção contra excitações internas, é porque descreve então o aparelho psíquico num tempo logicamente anterior à constituição de defesas. Que sentido atribuir ao para-excitações? Para responder a essa pergunta, seria necessário tratar no seu conjunto o problema do valor a conferir aos modelos fisiológicos. Limitemo-nos a observar que é frequente Freud atribuir-lhe uma significação material. No *Projeto*, faz alusão aos órgãos sensoriais receptores; em *Além do princípio do prazer*, situa os órgãos dos sentidos abaixo do "para-excitações do conjunto do corpo [*allgemeiner Reizschutz*]", que surge então como um tegumento (2). Mas dá também ao para-excitações uma significação psicológica mais ampla, que não implica um suporte corporal determinado, a ponto de lhe reconhecer um papel puramente funcional: a proteção contra a excitação é garantida por um investimento e um desinvestimento periódico do sistema percepção-consciência. Este não obtém assim mais do que "amostras" do mundo exterior. O fracionamento das excitações resultaria, então, não de um dispositivo puramente espacial, mas de um modo de funcionamento temporal que assegura uma "inexcitabilidade periódica" (3).

(1) Freud (S.), Al., 390; Ing., 367; Fr., 325.
(2) *Cf.* Freud (S.), GW, XIII, 27; SE, XVIII, 28; Fr., 31.
(3) Freud (S.), *Notiz über den "Wunderblock"*, 1925. GW, XIV, 8; SE, XIX, 231.

PARAFRENIA

= *D.*: Paraphrenie. – *F.*: paraphrénie. – *En.*: paraphrenia. – *Es.*: parafrenia. – *I.*: parafrenia.

• *A) Termo proposto por Kraepelin para designar certas psicoses delirantes crônicas que, como a paranoia, não são acompanhadas de enfraquecimento intelectual e não evoluem para a demência, mas que se aproximam da esquizofrenia pelas suas construções delirantes ricas* e *mal sistematizadas, à base de alucinações e fabulações.*

B) *Termo proposto por Freud para designar, quer a esquizofrenia ("parafrenia propriamente dita"), quer o grupo paranoia-esquizofrenia.*

Atualmente, a acepção de Kraepelin prevalece completamente sobre a que foi proposta por Freud.

■ Kraepelin propôs o termo parafrenia antes de Freud (entre 1900 e 1907). Quanto à sua concepção nosológica da parafrenia, hoje clássica, remetemos o leitor para os manuais de psiquiatria.

Foi num sentido completamente diferente que Freud pretendeu utilizar o termo. Ele considerava impróprio o termo "demência precoce", tal como, aliás, o termo esquizofrenia*. A eles, preferia o termo parafrenia, que não implicava as mesmas opções quanto ao mecanismo profundo da afecção; além disso, *para*frenia aproximava-se de *para*noia, sublinhando assim o parentesco das duas afecções (1).

Mais tarde, em *Sobre o narcisismo: uma introdução* (*Zur Einführung des Narzissmus*, 1914), Freud retoma o termo parafrenia num sentido mais englobante para designar o grupo paranoia-esquizofrenia, mas continua também a designar a esquizofrenia como "parafrenia propriamente dita" (*eigentliche Paraphrenie*) (2).

Freud renunciou rapidamente à sua sugestão terminológica, decerto em face do êxito do termo bleuleriano esquizofrenia.

(1) *Cf.* FREUD (S.), *Psychoanalytische Bemerkungen über einen beschriebenen Fall von Paranoia* (*Dementia paranoides*), 1911. GW, VIII, 312-3; SE, XII, 75; Fr., 319.
(2) *Cf.* FREUD (S.), GW, X, 138-70; SE, XIV, 73-102.

PARANOIA

= *D.*: Paranoia. – *F.*: paranoïa. – *En.*: paranoia. – *Es.*: paranoia. – *I.*: paranoia.

• *Psicose crônica caracterizada por um delírio mais ou menos bem sistematizado, pelo predomínio da interpretação* e *pela ausência de enfraquecimento intelectual e que geralmente não evolui para a deterioração.*

Freud inclui na paranoia não só o delírio de perseguição, como a erotomania, o delírio de ciúme e o delírio de grandeza.

■ O termo "paranoia" é uma palavra grega que significa loucura, desregramento do espírito. O seu uso em psiquiatria é muito antigo. A história complexa desse termo foi muitas vezes traçada nos tratados de psiquiatria, para os quais nos permitimos remeter o leitor (1). Sabe-se que a paranoia, que na psiquiatria alemã do século XIX tendia a englobar o conjunto dos delírios, viu o seu sentido definir-se e a sua extensão limitar-se no século XX, essencialmente sob a influência de Kraepelin. Contudo, ainda hoje subsistem divergências entre as diversas escolas quanto à extensão desse quadro nosográfico.

A psicanálise não parece ter tido influência direta sobre essa evolução, mas exerceu uma influência indireta, na medida em que contribuiu, por intermédio de Bleuler, para definir o campo limítrofe da esquizofrenia.

Pode ser útil para o leitor de Freud ver como o uso que ele faz do termo paranoia se insere nessa evolução. Na sua correspondência com W. Fliess e nos seus primeiros trabalhos publicados, Freud parece ficar com a acepção pré-kraepeliniana e fazer da paranoia uma entidade muito ampla, que agrupa a maior parte das formas de delírios crônicos. Nos seus escritos publicados a partir de 1911, adota a grande distinção de Kraepelin entre paranoia e demência precoce: "Considero totalmente justificado o passo à frente dado por Kraepelin, que fundiu numa nova unidade clínica, juntamente com a catatonia e outras formas patológicas, grande parte daquilo que anteriormente se chamava paranoia" (2*a*). Sabe-se que Kraepelin reconhecia, ao lado das formas hebefrênica e catatônica da demência precoce, uma forma paranoide em que existe um delírio, mas pouco sistematizado e acompanhado de inafetividade e que evolui para a demência terminal. Adotando essa terminologia, Freud será levado a modificar num dos seus primeiros escritos um diagnóstico de "paranoia crônica" para *dementia paranoides* (3).

Freud, de acordo com Kraepelin, sempre sustentou que o conjunto dos delírios sistematizados era independente do grupo das demências precoces, classificando-os sob a denominação de paranoia; nela inclui não só o delírio de perseguição, como a erotomania, o delírio de ciúme e o delírio de grandeza. A sua posição diferencia-se nitidamente daquela do seu discípulo Bleuler, que inclui a paranoia no grupo das esquizofrenias, nele encontrando um só distúrbio fundamental primário: a "dissociação" (4) (*ver*: esquizofrenia). Esta última tendência prevalece nos nossos dias, particularmente na escola psiquiátrica americana de inspiração psicanalítica.

A posição de Freud tem nuances. Se é verdade que procurou por várias vezes diferenciar, quanto aos pontos de fixação e aos mecanismos em jogo, a paranoia da esquizofrenia, não deixa de admitir que "[...] sintomas paranoicos e esquizofrênicos podem combinar-se em todas as proporções" (2*b*), e apresenta para tais estruturas complexas uma explicação genética. Se tomarmos como referência a distinção introduzida por Kraepelin, a posição de Freud e a de Bleuler situam-se em polos opostos. Kraepelin distingue nitidamente paranoia, por um lado, e forma paranoide da demência precoce, por outro; Bleuler inclui a paranoia na demência precoce ou no grupo das esquizofrenias; Freud, por seu lado, iria naturalmente ligar à paranoia certas formas da demência precoce chamadas paranoides, e isso principalmente porque a "sistematização" do delírio não é, a seus olhos, um bom critério para definir a paranoia. Como fica evidente pelo estudo do *Caso Schreber* – e mesmo pelo seu título –, a "demência paranoide" do presidente Schreber é para ele essencialmente uma paranoia.

Não pretendemos expor aqui uma teoria freudiana da paranoia. Indiquemos simplesmente que a paranoia se define, nas suas diversas modalidades delirantes, pelo seu caráter de defesa contra a homossexualidade

PARANOIDE (adj.)

(2c, 5, 6). Quando esse mecanismo prevalece num delírio chamado paranoide, Freud encontra uma razão fundamental para aproximá-lo da paranoia, mesmo que não haja "sistematização".

Embora elaborada em bases bastante diferentes, a posição de Melanie Klein coincide com essa tendência de Freud a procurar um fundamento comum para a esquizofrenia paranoide e para a paranoia. A ambiguidade aparente da expressão "posição paranoide"* tem então uma das suas explicações. A posição paranoide centra-se em torno da fantasia de perseguição pelos "maus objetos" parciais, e M. Klein reencontra essa fantasia quer nos delírios paranoides, quer nos paranoicos.

(1) *Cf.* por exemplo: EY (H.), Groupe des psychoses schizophréniques et des psychoses délirantes chroniques, 37281 A 10, 1955. – EY (H.) e PUJOL (R.), Groupe des délires chroniques: III. Les deux grands types de personnalités délirantes, 1955. 37299 C 10 (ambos estes artigos em: EY (H.), *Encyclopédie médico-chirurgicale*: *Psychiatrie*). – POROT (A.), *Manuel alphabétique de psychiatrie* (artigo "Paranoia"), PUF, Paris, 1960.

(2) FREUD (S.), *Psychoanalytische Bemerkungen über einen autobiographisch beschriebenen Fall von Paranoia (Dementia paranoides)*, 1911. – *a)* GW, VIII, 312; SE, XII, 75; Fr., 318. – *b)* GW, VIII, 314; SE, XII, 77; Fr., 320. – *c) Cf.* GW, VIII, 295-302; SE, XII, 59-65; Fr., 304-310.

(3) FREUD (S.), *Weitere Bemerkungen über die Abwehr-Neuropsychosen*, 1896. GW, I, 392, n.; SE, III, 174, n.

(4) BLEULER (E.), *Dementia Praecox oder Gruppe der Schizophrenien*, Leipzig e Viena, 1911. *Passim*.

(5) *Cf.* FREUD (S.), *Mitteilung eines der psychoanalytischen Theorie widersprechenden Falles von Paranoia*, 1915. GW, X, 234-46; SE, XIV, 263-72; Fr., in *RFP*, 1935, VIII, 2-11.

(6) *Cf.* FREUD (S.), *Über einige neurotische Mechanismen bei Eifersucht, Paranoia und Homosexualität*, 1922. GW, XIII, 198-204; SE, XVIII, 225-30; Fr., in *RFP*, 1932, V, 393-98.

PARANOIDE (adj.)

= *D.:* paranoid. – *F:* paranoïde. – *En.:* paranoid. – *Es.:* paranoide. – *I.:* paranoide.

Ver: **Posição paranoide e o comentário de paranoia**

PAR DE OPOSTOS

= *D.:* Gegensatzpaar. – *F:* couple d'opposés. – *En.:* pair of opposites. – *Es.:* par antitético ou par de opuestos. – *I.:* coppia d'opposti.

• *Expressão frequentemente utilizada por Freud para designar grandes oposições básicas, quer ao nível das manifestações psicológicas e psicopatológicas (por exemplo, sadismo–masoquismo, voyeurismo–exibicionismo), quer ao nível metapsicológico (por exemplo, pulsões de vida–pulsões de morte).*

■ A expressão aparece em *Três ensaios sobre a teoria da sexualidade* (*Drei Abhandlungen zur Sexualtheorie*, 1905) para evidenciar uma característica fundamental de certas perversões: "Verificamos que algumas das inclinações perversas se apresentam regularmente por *pares de opostos*, o que [...] tem grande importância teórica" (1*a*). O estudo do sadismo mostra, por exemplo, a presença de um prazer masoquista juntamente com as tendências sádicas predominantes; do mesmo modo, o voyeurismo e o exibicionismo estão estreitamente emparelhados como formas ativa e passiva da mesma pulsão parcial*. Esses pares de opostos, além de serem particularmente visíveis nas perversões, encontram-se regularmente na psicanálise das neuroses (1*b*).

Além desses dados clínicos, a noção de par de opostos inscreve-se naquilo que foi uma constante exigência para o pensamento de Freud: um dualismo fundamental que permitisse, em última análise, traduzir o conflito.

Nos diferentes momentos da doutrina freudiana, seja qual for a forma assumida por esse dualismo, encontramos termos como par de opostos, oposição (*Gegensätzlichkeit*), polaridade (*Polarität*) (2) etc. Essa noção não se encontra apenas ao nível descritivo, mas a diversos níveis de teorização: nas três oposições que definem as posições libidinais sucessivas do sujeito, ativo–passivo, fálico–castrado e masculino–feminino, na noção de ambivalência*, no par prazer–desprazer e, mais radicalmente, ao nível do dualismo pulsional (amor e fome, pulsões de vida e pulsões de morte).

Note-se que os termos assim emparelhados pertencem a um mesmo nível e são irredutíveis entre si; não poderiam engendrar-se mutuamente por qualquer dialética, antes estão na origem de todos os conflitos e são motor de todas as dialéticas.

(1) FREUD (S.). – *a*) GW, V, 59; SE, VII, 160; Fr., 46. – *b*) *Cf.* GW, V, 66-7; SE, VII, 166-7; Fr., 54-5.

(2) *Cf.* FREUD (S.), *Triebe und Triebschicksale*, 1915. GW, X, 226; SE, XIV, 133; Fr., 55 ss.

PAVOR ou SUSTO

= D.: Schreck. – F.: effroi. – En.: fright. – Es.: susto *ou* terror. – I.: spavento.

● *Reação a uma situação de perigo ou a estímulos externos muito intensos que surpreendem o sujeito num tal estado de não preparação, que ele não é capaz de se proteger deles ou de dominá-los.*

■ Em *Além do princípio do prazer* (*Jenseits des Lustprinzips*, 1920), Freud propõe a seguinte distinção: "Pavor (*Schreck*), medo (*Furcht*), angústia (*Angst*), são termos que é errado empregar como sinônimos; a sua relação com o perigo permite realmente diferenciá-los. O termo 'angústia' designa um estado caracterizado pela expectativa do perigo e a preparação para ele, ainda que desconhecido. O termo 'medo' supõe um objeto definido de que se tem medo. Quanto ao termo 'pavor ou susto', designa o estado que surge quando se cai numa situação perigosa sem que se esteja preparado para ela; acentua o fator surpresa" (1*a*).

Entre pavor e angústia, a diferença está no fato de o primeiro se caracterizar pela não preparação para o perigo, enquanto "[...] na angústia há alguma coisa que protege contra o pavor" (1*b*). É nesse sentido que Freud vê no pavor ou susto uma condição determinante da neurose traumática, que às vezes até é designada por neurose de pavor: *Schreckneurose* (ver. trauma; neurose traumática).

Não nos devemos espantar, portanto, ao vermos a noção de pavor desempenhar um papel importante desde o período em que se constituiu a concepção traumática da neurose. Nas primeiras elaborações teóricas de Breuer e Freud, o afeto de pavor é designado como uma condição que paralisa a vida psíquica, impede a ab-reação e favorece a formação de um "grupo psíquico separado" (2*a*, 2*b*). Quando Freud, nos anos de 1895-1897, tenta formular uma primeira teoria do traumatismo e do recalque sexual, a noção de uma não preparação do sujeito é essencial, quer na ocasião da "cena de sedução" que surge antes da puberdade, quer quando da evolução dessa cena num segundo momento (ver: *a posteriori*; sedução). O "susto sexual" (*Sexualschreck*) exprime a irrupção da sexualidade na vida do sujeito.

Podemos dizer que, no seu conjunto, a significação do termo pavor não variou em Freud. Note-se apenas que, depois de *Além do princípio do prazer*, o termo tende a ser menos utilizado. A oposição que Freud tentara estabelecer entre os termos angústia e pavor vai ser reencontrada, mas sob a forma de diferenciações dentro da noção de angústia, notadamente na oposição entre uma angústia que surge "automaticamente" numa situação traumática e o sinal de angústia*, que implica uma atitude de ativa expectativa (*Erwartung*) e protege contra o desenvolvimento da angústia: "A angústia é a reação originária ao estado de desamparo no traumatismo e é reproduzida mais tarde nas situações de perigo como sinal de alarme" (3).

(1) FREUD (S.). – *a*) GW, XIII, 10; SE, XVIII, 12-3; Fr., 12. – *b*) GW, XIII, 10; SE, XVIII, 12-3; Fr., 12.

(2) *Cf.* BREUR (J.) e FREUD (S.), *Studien über Hysterie*, 1895. – *a*) GW, I, 89-90; SE, II, 11; Fr., 7. – *b*) Al., 192; SE, II, 219-20; Fr., 176.

(3) FREUD (S.), *Hemmung, Symptom und Angst*, 1926. GW, XIV, 199-200; SE, XX, 166-7; Fr., 96.

PENSAMENTOS (LATENTES) DO SONHO

= *D.*: (latente) Traumgedanken. – *F.*: pensées (latentes) du rêve. – *En.*: (latente) dream-thoughts. – *Es.*: pensamientos (latentes) del sueño. – *I.*: pensieri (latenti) del sogno.

Ver: **Conteúdo latente**

PERCEPÇÃO-CONSCIÊNCIA (Pc-Cs)

= *D.*: Wahrnehmung-Bewusstsein. – *F.*: perception-conscience. – *En.*: perception-consciousness. – *Es.*: percepción-conciencia. – *I.*: percezione-coscienza.

Ver. **Consciência (B)**

PERLABORAÇÃO

= *D.*: Durcharbeitung *ou* Durcharbeiten. – *F.*: perlaboration. – *En.*: working-through. – *Es.*: trabajo elaborativo *ou* reelaboración. – *I.*: elaborazione.

• *Processo pelo qual a análise integra uma interpretação e supera as resistências que ela suscita. Seria uma espécie de trabalho psíquico que permitiria ao sujeito aceitar certos elementos recalcados e libertar-se da influência dos mecanismos repetitivos. A perlaboração é constante no tratamento, mas atua mais particularmente em certas fases em que o tratamento parece estagnar e em que persiste uma resistência, ainda que interpretada.*

Correlativamente, do ponto de vista técnico, a perlaboração é favorecida por interpretações do analista que consistem principalmente em mostrar como as significações em causa se encontram em contextos diferentes.

■ O verbo substantivo *durcharbeiten* encontrou um equivalente satisfatório no termo inglês *working-through*, a que têm recorrido com frequência os autores franceses. A nossa linguagem corrente não permite efetivamente uma tradução exata. Por isso, ou temos de admitir expressões como "elaboração interpretativa", que são já um comentário do conceito, ou propor neologismos: é a solução que adotamos com *perlaboration* [perlaboração]. O termo *élaboration* [elaboração], que encontramos em alguns tradutores, não deve, na nossa opinião, ser adotado; com efeito, ele corresponde melhor aos termos alemães *bearbeiten* ou *verarbeiten*, que também encontramos nos textos freudianos; e, por outro lado, a nuança de "dar forma" que contém poderia infletir o sentido de *durcharbeiten* (*ver.* elaboração psíquica).

Não estaria essa dificuldade terminológica relacionada com a incerteza do conceito?

Desde *Estudos sobre a histeria* (*Studien über Hysterie*, 1895), encontramos a ideia de que o analisado realiza no tratamento um certo trabalho; os próprios termos *durcharbeiten* e *Durcharbeitung* ocorrem em Freud sem uma significação muito específica (1).

Só receberão essa significação no artigo *Recordar, repetir, perlaborar* (*Erinnern, Wiederholen und Durcharbeiten*, 1914), cujo título anuncia que a perlaboração constitui um fator propulsor do tratamento comparável à rememoração das recordações recalcadas e à repetição na transferência.

A verdade é que o sentido que Freud lhe confere permanece bastante obscuro. Desse texto deduzem-se as características seguintes:

a) A perlaboração incide sobre as resistências;

b) Sucede geralmente à interpretação de uma resistência, que parece não produzir efeito; neste sentido, um período de relativa estagnação pode encobrir esse trabalho eminentemente positivo em que Freud vê o principal fator de eficácia terapêutica;

c) Permite passar da recusa ou da aceitação puramente intelectual para uma convicção fundada na experiência vivida (*Erleben*) das pulsões recalcadas que "alimentam a resistência" (2*a*). Nesse sentido, é "mergulhando na resistência" (2*b*) que o sujeito realiza a perlaboração.

Freud quase não articula o conceito de perlaboração com os de rememoração e repetição. Todavia, parece que se trata a seus olhos de um terceiro termo em que viriam juntar-se os outros dois; efetivamente, a perlaboração é justamente uma repetição, mas modificada pela interpretação, e por isso suscetível de favorecer a libertação do sujeito dos seus mecanismos repetitivos. É sem dúvida por levar em consideração o caráter vivido e resolutivo da perlaboração que Freud vê nela um homólogo do que representava a ab-reação no tratamento hipnótico.

A distinção tópica introduzida por Freud em *Inibição, sintoma e angústia* (*Hemmung, Symptom und Angst*, 1926) entre resistência do id e resistência do ego permite-lhe dissipar certas ambiguidades do texto precedente: o recalque não se dissipa depois de superada a resistência do ego; há ainda que "[...] vencer a força da compulsão à repetição, a atração exercida pelos protótipos inconscientes, sobre o processo pulsional recalcado" (3); é nisso que se baseia a necessidade da perlaboração. Poderíamos defini-la, nessa perspectiva, como o processo suscetível de fazer cessar a insistência repetitiva própria das formações inconscientes relacionando-as com o conjunto da personalidade do sujeito.

★

Nos textos de Freud a que nos referimos, a perlaboração é indiscutivelmente descrita como um trabalho efetuado pelo analisado. Os autores que depois de Freud insistiram na necessidade da perlaboração não deixaram de sublinhar o papel que nela desempenhava sempre o analista. Citemos a título de exemplo estas linhas de Melanie Klein: "A nossa experiência cotidiana confirma constantemente a necessidade de perlaborar; tanto assim que vemos pacientes que adquiriram *insight* em determinada fase recusarem esse mesmo *insight* nas sessões seguintes; às vezes, até parecem ter esquecido que jamais esse *insight* tenha sido deles. Só tirando as nossas conclusões do material, tal como ele reaparece em diversos contextos, e interpretando-o adequadamente, ajudamos progressivamente o paciente a adquirir *insight* de forma mais duradoura" (4).

(1) *Cf.* FREUD (S.), GW, I, 292, 295; SE, II, 288, 291; Fr., 235.
(2) FREUD (S.). – *a*) GW, X, 136; SE, XII, 155; Fr., 115. – *b*) GW, X, 135; SE, XII, 155; Fr., 114.

(3) FREUD (S.), GW, XIV, 192; SE, XX, 159; Fr., 88.
(4) KLEIN (M.), *Narrative of a Child Analysis*, Hogarth Press, Londres, 1961, 12.

PERVERSÃO

= *D.*: Perversion. – *F.*: perversion. – *En.*: perversion. – *Es.*: perversión. – *I.*: perversione.

• *Desvio em relação ao ato sexual "normal", definido como coito que visa à obtenção do orgasmo por penetração genital com uma pessoa do sexo oposto.*

Diz-se que existe perversão quando o orgasmo é obtido com outros objetos sexuais (homossexualidade, pedofilia, bestialidade etc.), ou por outras zonas corporais (coito anal, por exemplo) e quando o orgasmo é subordinado de forma imperiosa a certas condições extrínsecas (fetichismo, travestismo, voyeurismo e exibicionismo, sadomasoquismo); estas podem mesmo proporcionar, por si sós, o prazer sexual.

De forma mais englobante, designa-se por perversão o conjunto do comportamento psicossexual que acompanha tais atipias na obtenção do prazer sexual.

■ 1. É difícil conceber a noção de perversão sem que seja em referência a uma norma. Antes de Freud e ainda nos nossos dias, o termo é usado para designar "desvios" do instinto*, definido este como um comportamento pré-formado, próprio de determinada espécie e relativamente invariável quanto à sua realização e ao seu objeto.

Os autores que admitem uma pluralidade de instintos são pois levados a conferir uma extensão muito grande à perversão e a multiplicar as suas formas: perversões do "sentido moral" (delinquência), dos "instintos sociais" (proxenetismo), do instinto de nutrição (bulimia, dipsomania) (1). Na mesma ordem de ideias, é comum falar-se de perversão, ou antes de perversidade, para qualificar o caráter e o comportamento de certos sujeitos que demonstram uma crueldade ou uma malignidade singulares (α).

Em psicanálise, fala-se de perversão apenas em relação à sexualidade. Embora Freud reconheça a existência de outras pulsões além das sexuais, não fala em perversão a propósito delas. No campo daquilo que chama de pulsões de autoconservação, a fome, por exemplo, ele descreve, sem empregar o termo perversão, perturbações da nutrição que muitos autores designam como perversões do instinto de nutrição. Para Freud, essas perturbações devem-se à repercussão da sexualidade na função de alimentação (libidinização); poderíamos, pois, dizer que esta é "pervertida" pela sexualidade.

2. O estudo sistemático das perversões sexuais estava na ordem do dia quando Freud começou a elaborar a sua teoria da sexualidade (*Psychopathia sexualis*, de Krafft-Ebing, 1893; *Studies in the Psychology of Sex*, de Havelock

Ellis, 1897). Embora esses trabalhos descrevessem já o conjunto das perversões sexuais do adulto, a originalidade de Freud foi encontrar no fato da perversão um apoio para a definição tradicional da sexualidade, por ele resumida do seguinte modo: "[...] a pulsão sexual falta à criança, instala-se no momento da puberdade, em estreita relação com o processo de maturação, manifesta-se sob a forma de uma atração irresistível exercida por um dos sexos sobre o outro, seu objetivo seria a união sexual ou, pelo menos, ações que tendam para esse objetivo" (2a). A frequência dos comportamentos perversos caracterizados, e sobretudo a persistência de tendências perversas, subjacentes ao sintoma neurótico ou integradas no ato sexual normal sob a forma de "prazer preliminar", conduzem à ideia de que "[...] a disposição para a perversão não é algo raro e singular, mas uma parte da chamada constituição normal" (2b), o que vem confirmar e explicar a existência de uma sexualidade infantil. Esta, na medida em que está submetida ao funcionamento das pulsões parciais*, estreitamente ligada à diversidade das zonas erógenas, e na medida em que se desenvolve antes do estabelecimento das funções genitais propriamente ditas, pode ser descrita como "disposição perversa polimorfa". Nessa perspectiva, a perversão adulta surge como a persistência ou o reaparecimento de uma componente parcial da sexualidade. Posteriormente, o reconhecimento por Freud de fases de organização* dentro da sexualidade infantil e de uma evolução na escolha de objeto irá permitir concretizar essa definição (fixação numa fase, num tipo de escolha de objeto); a perversão seria uma regressão* a uma fixação anterior da libido.

3. Assim se veem as consequências que pode ter a concepção freudiana da sexualidade para a própria definição do termo perversão. A chamada sexualidade normal não é um dado da natureza humana: "[...] o interesse sexual exclusivo do homem pela mulher não é óbvio [...], mas é um problema que precisa ser esclarecido" (2c). Uma perversão como, por exemplo, a homossexualidade surge em primeiro lugar como uma *variante* da vida sexual: "A psicanálise recusa-se em absoluto a admitir que os homossexuais constituam um grupo com características particulares, que poderia ser separado do grupo dos outros indivíduos [...]. Ela pode estabelecer que todos os indivíduos, sejam eles quais forem, são capazes de escolher um objeto do mesmo sexo, e que todos fizeram essa escolha no seu inconsciente" (2d). Poderíamos mesmo ir mais longe nesse sentido e definir a sexualidade humana como sendo, no fundo, "perversa", na medida em que nunca se desliga inteiramente das suas origens, que a fazem procurar sua satisfação não numa atividade específica, mas no "ganho de prazer" ligado a funções ou atividades que dependem de outras pulsões (*ver*: apoio). Até no exercício do ato genital, basta que o sujeito se apegue excessivamente ao prazer preliminar para deslizar para a perversão (2e).

4. Dito isso, Freud e todos os psicanalistas falam de sexualidade "normal". Ainda que a disposição perversa polimorfa defina toda a sexualidade infantil, ainda que a maior parte das perversões se detectem no desenvolvimento psicossexual de qualquer indivíduo, ainda que o termo desse de-

senvolvimento – a organização genital – "não seja óbvio" e dependa de uma estruturação não da natureza, mas da história pessoal, nem por isso é menos verdade que a própria noção de desenvolvimento supõe uma norma.

Isto significaria que Freud vai reencontrar, ao fundamentá-la em bases genéticas, a concepção normativa da sexualidade por ele vigorosamente questionada no início dos *Três ensaios sobre a teoria da sexualidade* (*Drei Abhandlungen zur Sexualtheorie*, 1905)? Classificaria ele como perversões o que sempre foi reconhecido como tal?

Note-se em primeiro lugar que, se existe uma norma para Freud, ela não é nunca procurada no consenso social, assim como a perversão não é reduzida a um desvio em relação à tendência predominante do grupo social: a homossexualidade não é anormal porque é condenada, e não deixa de ser uma perversão nas sociedades ou grupos em que é muito difundida e admitida.

Seria então o estabelecimento da organização genital que instauraria a normalidade, na medida em que unifica a sexualidade e subordina ao ato genital as atividades sexuais parciais, que passam a ser meros preparativos? É essa a tese explícita de *Três ensaios*, tese que nunca será completamente abandonada, mesmo quando a descoberta das sucessivas "organizações"* pré-genitais vier reduzir a distância entre a sexualidade infantil e a sexualidade adulta; com efeito, a "[...] plena organização só se atinge com a fase genital" (3*a*).

No entanto, cabe perguntar se é apenas o seu caráter unificador, o seu valor de "totalidade", em oposição às pulsões "parciais", que confere à genitalidade o seu papel normativo. Efetivamente, numerosas perversões, como o fetichismo, a maior parte das formas da homossexualidade e mesmo o incesto realizado, supõem uma organização sob o primado da zona genital. Não seria uma indicação de que a norma deve ser procurada em outro lugar, e não no funcionamento genital propriamente dito? Convém recordar que a passagem para a plena organização genital supõe, para Freud, que o complexo de Édipo tenha sido ultrapassado, o complexo de castração assumido, a interdição do incesto aceita. As últimas pesquisas de Freud sobre a perversão mostram, aliás, como o fetichismo está ligado à "recusa" da castração.

5. São conhecidas as famosas fórmulas que simultaneamente aproximam e contrapõem neurose e perversão: "A neurose é uma perversão negativa", é o "negativo da perversão" (2*f*). Essas fórmulas são muitas vezes apresentadas sob a sua forma inversa (*perversão, negativo da neurose*), o que redunda em fazer da perversão a manifestação bruta, não recalcada, da sexualidade infantil. Ora, as pesquisas de Freud e dos psicanalistas sobre as perversões mostram que são afecções altamente diferenciadas. É certo que Freud as contrapõe muitas vezes às neuroses pela ausência de um mecanismo de recalcamento. Mas procurou demonstrar a intervenção de outros modos de defesa. Os seus últimos trabalhos, em especial sobre o fetichismo (3*b*, 4), sublinham a complexidade desses modos de defesa: recusa* da realidade, clivagem (*Spaltung*) do ego* etc., mecanismos que, aliás, não deixam de se aparentar com os da psicose.

▲ (α) Já se observou que existe uma ambiguidade no adjetivo "perverso", que corresponde aos substantivos "perversidade" e "perversão".

(1) *Cf.* BARDENAT (Ch.), artigo "Perversions" in *Manuel alphabétique de psychiatrie*, Porot (A.), PUF, Paris, 1960.
(2) FREUD (S.), *Drei Abhandlungen zur Sexualtheorie*, 1905. – *a)* GW, V, 33; SE, VII, 135; Fr., 17. – *b)* GW, V, 71; SE, VII, 171; Fr., 61. – *c)* GW, V, 44, n. 1; SE, VII, 144, n. 1; Fr., 13. – *d)* GW, V, 44, n. 1; SE, VII, 144, n. 1; Fr., n. 13. – *e) Cf.* GW, V, 113-4; SE, VII, 211-2; Fr., 118-9. – *f)* GW, V, 65 e 132; SE, VII, 165 e 231; Fr., 54 e 145.
(3) FREUD (S.), *Abriss der Psychoanalyse*, 1938. – *a)* GW, XVII, 77; SE, XXIII, 155; Fr., 16. – *b) Cf.* GW, XVII, 133-5; SE, XXIII, 202-4; Fr., 78-81.
(4) *Cf.* FREUD (S.), *Die Ichspaltung im Abwehrvorgang*, 1938. GW, XVII, 59-62; SE, XXIII, 275-8.

PLASTICIDADE DA LIBIDO

= *D.*: Plastizität der Libido. – *F.*: plasticité de la libido. – *En.*: plasticity of the libido. – *Es.*: plasticidad de la libido. – *I.*: plasticità della libido.

• *Capacidade que a libido tem de mudar com maior ou menor facilidade de objeto e de modo de satisfação.*

■ A plasticidade (ou livre mobilidade, *freie Beweglichkeit*) pode ser considerada uma propriedade inversa da *viscosidade**. Remetemos o leitor ao nosso comentário sobre este último termo, que em Freud é mais frequente do que plasticidade.
A expressão "plasticidade da libido" ilustra a ideia, essencial em psicanálise, de que a libido começa por ser relativamente indeterminada quanto aos seus objetos* e permanece sempre suscetível de mudar de objeto.
Plasticidade quanto à meta*, também: a não satisfação de determinada pulsão parcial fica compensada pela satisfação de uma outra ou por uma sublimação. As pulsões sexuais "[...] podem substituir-se reciprocamente, uma pode assumir a intensidade das outras; quando a realidade recusa a satisfação de uma, podemos encontrar uma compensação na satisfação de outra. Elas representam como que uma rede de canais cheios de líquido e comunicantes [...]" (1).
A plasticidade é variável em função do indivíduo, da sua idade, da sua história. Constitui um fator importante na indicação e prognóstico do tratamento psicanalítico, pois a capacidade de mudança baseia-se principalmente, segundo Freud, na capacidade de modificar os investimentos libidinais.

(1) FREUD (S.), *Vorlesungen zur Einführung in die Psychoanalyse*, 1915-17. GW, XI, 358; SE, XVI, 345; Fr., 371.

POSIÇÃO DEPRESSIVA

= *D.*: depressive Einstellung. – *F.*: position dépressive. – *En.*: depressive position. – *Es.*: posición depresiva. – *I.*: posizione depressiva.

- *Segundo Melanie Klein, modalidade das relações de objeto consecutiva à posição paranoide; institui-se por volta dos quatro meses de idade e é progressivamente superada no decorrer do primeiro ano, ainda que possa ser encontrada durante a infância e reativada no adulto, particularmente no luto e nos estados depressivos.*

  Caracteriza-se pelo seguinte: a criança passa a ser capaz de apreender a mãe como objeto total; a clivagem entre "bom" e "mau" objeto atenua-se, pois as pulsões libidinais e hostis tendem a referir-se ao mesmo objeto; a angústia, chamada depressiva, incide no perigo fantasístico de destruir e perder a mãe por causa do sadismo do sujeito; essa angústia é combatida por diversos modos de defesa (defesas maníacas ou defesas mais adequadas: reparação, inibição da agressividade) e superada quando o objeto amado é introjetado de forma estável e tranquilizadora.

- Sobre a escolha feita por M. Klein do termo "posição", remetemos o leitor para o nosso comentário sobre *posição paranoide*.

  A teoria kleiniana da posição depressiva situa-se na linha dos trabalhos de Freud, *Luto e melancolia* (*Trauer und Melancholie*), 1915, e de Abraham, *Esboço de uma história do desenvolvimento da libido baseada na psicanálise das perturbações psíquicas* (*Versuch einer Entwicklungsgeschichte der Libido auf Grund der Psychoanalyse seelischer Störungen*), 1924, parte I, intitulada *Os estados maníaco-depressivos e os estados pré-genitais de organização da libido* (*Die manisch-depressiven Zustände und die prägenitalen Organisationsstufen der Libido*). Esses autores situaram em primeiro plano, na depressão melancólica, as noções de perda do objeto amado e de introjeção, procuraram para esta pontos de fixação no desenvolvimento psicossexual (segunda fase anal, segundo Abraham) e sublinharam, por fim, o parentesco entre a depressão e os processos normais, como o luto.

  A primeira originalidade da contribuição kleiniana é descrever uma fase do desenvolvimento infantil como apresentando uma profunda analogia com o quadro clínico da depressão.

  A noção de posição depressiva é introduzida por M. Klein em 1934 em *Contribuição para a psicogênese dos estados maníaco-depressivos* (*A Contribution to the Psychogenesis of Maniac-Depressive States*) (1). Antes disso, M. Klein já tinha chamado a atenção para a frequência dos sintomas depressivos na criança: "[...] encontramos regularmente nas crianças essa passagem entre a exuberância e o abatimento, característica dos estados depressivos" (2). É em *Algumas conclusões teóricas sobre a vida emocional da primeira infância* (*Some Theoretical Conclusions Regarding the Emotional Life on the Infant*, 1952) (3*a*) que iremos encontrar a exposição mais sistemática por ela apresentada sobre a posição depressiva.

Ela instaura-se após a posição paranoide, em meados do primeiro ano de idade. É correlativa de uma série de mudanças referentes, por um lado, ao objeto e ao ego, e, por outro, às pulsões.

1) A pessoa total da mãe pode ser percebida e tomada como objeto pulsional e introjetada. Os aspectos "bom" e "mau" já não se repartem radicalmente entre objetos separados por uma clivagem, mas referem-se ao mesmo objeto. Do mesmo modo, reduz-se a distância entre o objeto fantasístico interno e o objeto externo.

2) As pulsões agressivas e libidinais fundem-se visando a um mesmo objeto, instaurando assim a ambivalência no sentido pleno desse termo (*ver*: ambivalência): "O amor e o ódio aproximaram-se muito, e o seio 'bom' e 'mau', a mãe 'boa' e 'má' já não podem ser mantidos a tão grande distância um do outro, como na fase precedente" (3*b*).

Correlativamente a essas modificações, a angústia muda de características: a partir de então, incide na perda do objeto total interior ou exterior e encontra o seu motivo no sadismo infantil; embora este já seja, segundo M. Klein, menos intenso do que na fase precedente, ameaça destruir, danificar, provocar o abandono no universo fantasístico da criança. A criança pode tentar responder a essa angústia pela defesa maníaca que utiliza os mecanismos da fase paranoide (recusa, idealização, clivagem, controle onipotente do objeto) mais ou menos modificados. Mas supera e ultrapassa efetivamente a angústia depressiva por dois processos: a inibição da agressividade e a reparação* do objeto.

Acrescente-se que, enquanto predomina a posição depressiva, a relação com a mãe começa a deixar de ser exclusiva, pois a criança entra naquilo a que M. Klein chamou as fases precoces do Édipo: "[...] a libido e a angústia depressiva desviam-se em certa medida da mãe, e esse processo de distribuição estimula as relações de objeto, assim como diminui a intensidade dos sentimentos depressivos" (3*c*).

(1) *Cf.* KLEIN (M.). In *Contributions*, 1934, 282 ss.
(2) KLEIN (M.), *Die Psychanalyse des Kindes*, 1932. Trad. fr., PUF, Paris, 1959, 170.
(3) KLEIN (M.). In *Developments*, 1952. – *a*) *Cf.* 198-236. – *b*) 212. – *c*) 220.

POSIÇÃO PARANOIDE

= *D.*: paranoide Einstellung. – *F.*: position paranoïde. – *En.*: paranoide position. – *Es.*: posición paranoide. – *I.*: posizione paranoide.

• *Segundo Melanie Klein, modalidade das relações de objeto específica dos quatro primeiros meses da existência, mas que pode ser encontrada posteriormente no decorrer da infância e, no adulto, particularmente nos estados paranoico e esquizofrênico.*
  Caracteriza-se pelos aspectos seguintes: as pulsões agressivas coexistem desde o início com as pulsões libidinais e são particularmente fortes; o objeto é parcial (principalmente o seio materno) e

POSIÇÃO PARANOIDE

clivado em dois, o "bom" e o "mau" objeto*; os processos psíquicos predominantes são a introjeção* e a projeção*; a angústia, intensa, é de natureza persecutória (destruição pelo "mau" objeto).

- Comecemos por observações terminológicas. O adjetivo *paranoide* é, na terminologia psiquiátrica originária de Kraepelin, reservado a uma forma de esquizofrenia, delirante como a paranoia, mas que difere dela principalmente pela dissociação (1). Todavia, na língua inglesa, a distinção entre os adjetivos *paranoid* e *paranoic* é menos decisiva, pois ambos podem referir-se à paranoia ou à esquizofrenia paranoide (2).

Para M. Klein, embora ela não conteste a distinção nosográfica entre paranoia e esquizofrenia paranoide, o termo paranoide designa o aspecto persecutório do delírio, que encontramos em ambas afecções; por isso M. Klein começou por falar de fase persecutória (*persecutory phase*). Note-se, por fim, que, nos seus últimos escritos, ela adota a expressão *posição paranoide-esquizoide* (*paranoid-schizoid position*), em que o primeiro termo acentua o caráter persecutório da ansiedade, e o segundo, o caráter esquizoide dos mecanismos em jogo.

Quanto ao termo *posição*, M. Klein declara preferi-lo ao termo fase: "[...] esses conjuntos de ansiedades e de defesas, embora comecem por aparecer nos estágios mais precoces, não se limitam a esse período, mas ressurgem durante os primeiros anos da infância, e posteriormente, em determinadas condições" (3*a*).

M. Klein falou desde o início da sua obra de temores persecutórios fantasísticos encontrados na análise das crianças, particularmente das crianças psicóticas. Só mais tarde falará de um "estado paranoide rudimentar", que considera como uma etapa precoce do desenvolvimento (4); situa-o então na primeira fase anal de Abraham; depois, irá considerá-lo como o primeiro tipo de relação de objeto na fase oral e designá-lo pelo nome de posição paranoide. A descrição mais sistemática que dele apresentou encontra-se em *Algumas conclusões teóricas sobre a vida emocional da primeira infância* (*Some Theoretical Conclusions Regarding the Emotional Life of the Infant*, 1952) (3*b*).

Esquematicamente, a posição paranoide-esquizoide pode ser caracterizada do seguinte modo:

1) Do ponto de vista pulsional, a libido e a agressividade (pulsões sádico-orais: devorar, rasgar) estão desde o início presentes e fundidas; nesse sentido, para M. Klein, existe ambivalência desde a primeira fase oral de sucção (3*c*). As emoções conexas da vida pulsional são intensas (avidez, angústia etc.);

2) O objeto é um objeto parcial, e o seu protótipo é o seio materno;

3) Esse objeto parcial é imediatamente clivado em "bom" e "mau" objeto, e isso não só na medida em que o seio materno gratifica ou frustra, mas sobretudo na medida em que a criança projeta nele o seu amor ou o seu ódio;

4) O bom objeto e o mau objeto que resultam da clivagem (*splitting*) adquirem uma autonomia relativa um em relação ao outro, e um e outro são submetidos aos processos de introjeção e projeção;

5) O bom objeto é "idealizado": pode conferir "uma consolação ilimitada, imediata, sem fim" (3*d*). A sua introjeção defende a criança contra a ansiedade persecutória (asseguramento). O mau objeto é um perseguidor aterrorizante; a sua introjeção faz a criança correr riscos internos de destruição;

(6) O ego "muito pouco integrado" tem apenas uma capacidade limitada de suportar a angústia. Utiliza como modos de defesa, além da clivagem e da idealização, a *recusa* (*denial*), que procura negar toda a realidade ao objeto perseguidor, e o *controle* onipotente do objeto;

7) "Estes primeiros objetos introjetados constituem o núcleo do superego" (3*e*) (*ver*: superego).

★

Sublinhe-se finalmente que, na perspectiva kleiniana, qualquer indivíduo passa normalmente por fases em que predominam ansiedades e mecanismos psicóticos: posição paranoide e, depois, depressiva*. A ultrapassagem da posição paranoide depende particularmente da força das pulsões libidinais relativamente às pulsões agressivas.

(1) *Cf.* por exemplo POROT (A.), *Manuel alphabétique de psychiatrie*, PUF, Paris, 1960.
(2) *Cf.* ENGLISH (H. B.) e ENGLISH (A. C.), *A Comprehensive Dictionary of Psychological and Psychoanalytical Terms*, 1958.
(3) *Cf.* KLEIN (M.), Some Theoretical Conclusions Regarding the Emotional Life of the Infant, 1952, in *Developments*. – *a*) 236. – *b*) 206, n. – *d*) 202. – *e*) 200, n.
(4) *Cf.* KLEIN (M.), *Die Psychoanalyse des Kindes*, 1932. Fr.: *La psychanalyse des enfants*, PUF, Paris, 1959, 232-3.

PRAZER DE ÓRGÃO

= *D.*: Organlust. – *F.*: plaisir d'organe. – *En.*: organ-pleasure. – *Es.*: placer de organo. – *I.*: piacere d'organo.

• *Modalidade de prazer que caracteriza a satisfação autoerótica das pulsões parciais: a excitação de uma zona erógena acha o seu apaziguamento no próprio lugar em que se produz, independentemente da satisfação das outras zonas e sem relação direta com a realização de uma função.*

■ A expressão "prazer de órgão" é utilizada por Freud em algumas ocasiões; não parece tratar-se de uma inovação terminológica sua; o termo sugere uma oposição com outro, mais usual, que é prazer de função ou prazer funcional, pelo qual se qualifica a satisfação ligada à realização de uma função vital (prazer da alimentação, por exemplo).

A denominação "prazer de órgão" é sobretudo utilizada por Freud quando tenta aprofundar as suas hipóteses quanto à origem e natureza da sexualidade* no sentido que a psicanálise lhe conferiu, alargando-a para muito além da função genital. O momento de emergência da sexualidade é procurado na chamada fase autoerótica*, caracterizada por um funcionamento independente de cada pulsão parcial.

No lactente, o prazer propriamente sexual desliga-se da função em que de início *se apoiava* (*ver.* apoio) e de que era "produto marginal" (*Nebenprodukt*) para ser procurado por si mesmo: o ato de chupar, por exemplo, procura apaziguar uma tensão da zona erógena buco-labial, para além de qualquer necessidade alimentar.

Na expressão "prazer de órgão", vêm condensar-se os traços que definem essencialmente, segundo Freud, a sexualidade infantil: "[...] ela surge *apoiada* numa função corporal de importância vital; não conhece ainda objeto sexual: é *autoerótica*; a sua meta sexual é dominada por uma zona erógena" (1).

Em *Conferências introdutórias sobre psicanálise* (*Vorlesungen zur Einführung in die Psychoanalyse*, 1916-17), Freud interroga-se longamente sobre a possibilidade de definir a própria essência da sexualidade através das manifestações cujo parentesco e continuidade com o prazer genital a psicanálise demonstrou. A definição dessas manifestações como "prazer de órgão" é apresentada por Freud como uma tentativa dos seus interlocutores cientistas para definirem fisiologicamente os prazeres infantis, que Freud, por sua vez, designa como sexuais. Freud, nessa passagem, critica essa definição na medida em que redundaria em negar ou limitar a descoberta da sexualidade infantil. Mas, embora opondo-se a essa utilização polêmica da noção, Freud torna-a sua de bom grado, na medida em que ela acentua a originalidade do prazer sexual infantil relativamente ao prazer ligado às funções de autoconservação. Eis o que, em *Pulsões e destinos das pulsões* (*Triebe und Triebschicksale*, 1915), ele escreve: "De uma forma geral, podemos caracterizar do seguinte modo as pulsões sexuais: são numerosas, nascem de várias fontes orgânicas, começam por agir independentemente umas das outras e só mais tarde se reúnem numa síntese mais ou menos completa. A meta para que tende cada uma delas é a obtenção do prazer de órgão" (2).

(1) FREUD (S.), *Drei Abhandlungen zur Sexualtheorie*, 1905 (1915). GW, V, 83; SE, VII, 182-3; Fr., 76.
(2) FREUD (S.), GW, X, 218; SE, XIV, 125-6; Fr., 41.

PRÉ-CONSCIENTE

= *D.*: das Vorbewusste, vorbewusst. – *F.*: préconscient. – *En.*: preconscious. – *Es.*: preconsciente. – *I.*: preconscio.

• *Termo utilizado por Freud no quadro da sua primeira tópica. Como substantivo, designa um sistema do aparelho psíquico nitidamente distinto do sistema inconsciente (Ics); como adjetivo, qualifi-*

ca as operações e conteúdos desse sistema pré-consciente (Pcs). Estes não estão presentes no campo atual da consciência e, portanto, são inconscientes no sentido "descritivo" (α) do termo (ver: inconsciente, B), mas distinguem-se dos conteúdos do sistema inconsciente na medida em que permanecem de direito acessíveis à consciência (conhecimentos e recordações não atualizados, por exemplo).

Do ponto de vista metapsicológico, o sistema pré-consciente rege-se pelo processo secundário. Está separado do sistema inconsciente pela censura*, que não permite que os conteúdos e os processos inconscientes passem para o Pcs sem sofrerem transformações.

B) No quadro da segunda tópica freudiana, o termo pré-consciente é sobretudo utilizado como adjetivo para qualificar o que escapa à consciência atual sem ser inconsciente no sentido estrito. Do ponto de vista sistemático, qualifica conteúdos e processos ligados ao ego quanto ao essencial e também ao superego.

▪ A distinção entre pré-consciente e inconsciente é fundamental para Freud. Sem dúvida ele se apoiou, numa intenção apologética, na existência incontestável de uma vida psicológica que transborda o campo da consciência atual para defender a possibilidade de um psiquismo inconsciente em geral (1a); e, se tomamos inconsciente no sentido que Freud chama de "descritivo" – o que escapa à consciência –, a distinção entre pré-consciente e inconsciente desaparece. É por isso que ela deve ser compreendida essencialmente nas suas acepções tópica (ou sistemática) e dinâmica.

Desde cedo Freud estabelece a diferença durante a elaboração de suas considerações metapsicológicas (2a). Em A interpretação de sonhos (Die Traumdeutung, 1900), o sistema pré-consciente está situado entre o sistema inconsciente e a consciência; está separado do primeiro pela censura, que procura barrar aos conteúdos inconscientes o caminho para o pré-consciente e para a consciência; na outra extremidade, comanda o acesso à consciência e à motilidade. Nesse sentido, podemos ligar a consciência ao pré-consciente; por isso Freud fala do sistema Pcs-Cs; mas, em outras passagens de A interpretação de sonhos, o pré-consciente e aquilo a que Freud chama o sistema percepção-consciência são francamente separados um do outro. Essa ambiguidade se basearia no fato de que a consciência não se presta muito, como Freud notou mais tarde, a considerações estruturais (ver: consciência) (1b).

Freud submete a passagem do pré-consciente ao consciente à ação de uma "segunda censura"; mas essa distingue-se da censura propriamente dita (entre Ics e Pcs) na medida em que deforma menos do que seleciona, visto que a sua função consiste essencialmente em evitar a vinda à consciência de preocupações perturbadoras. Favorece assim o exercício da atenção.

O sistema pré-consciente especifica-se em relação ao sistema inconsciente pela forma da sua energia (energia "ligada") e pelo processo que nele se realiza (processo secundário). Note-se, no entanto, que essa distinção não é absoluta; assim como certos conteúdos do inconsciente, como assinalou Freud, são modificados pelo processo secundário (por exemplo, as fantasias), também elementos pré-conscientes podem ser regidos pelo processo primário (restos diurnos no sonho, por exemplo). De modo mais geral, podemos reconhecer nas operações pré-conscientes, sob o seu aspecto defensivo, o domínio do princípio de prazer e a influência do processo primário.

Freud sempre reportou a diferença entre Ics e Pcs ao fato de a representação pré-consciente estar ligada à linguagem verbal, às "representações de palavras"*.

Acrescente-se que a relação entre o pré-consciente e o ego é evidentemente muito estreita. É significativo que, quando Freud introduz pela primeira vez o conceito de pré-consciente, ele o assimile ao "nosso ego oficial" (2*b*). E, quando, com a segunda tópica, o ego é redefinido, embora o sistema pré-consciente não seja confundido com o ego que é em parte inconsciente, a verdade é que está naturalmente englobado nele. Por fim, na instância do superego, então definida, podemos pôr em evidência aspectos pré-conscientes.

★

A que corresponde a noção de pré-consciente na vivência do sujeito e, mais particularmente, na experiência do tratamento? O exemplo mais frequentemente apresentado é o das recordações não atualizadas, mas que o sujeito pode evocar. De um modo mais geral, o pré-consciente designaria o que está *implicitamente* presente na atividade mental, sem se situar por isso como objeto de consciência; é o que Freud pretende dizer quando define o pré-consciente como "descritivamente" inconsciente, mas acessível à consciência, enquanto o inconsciente está separado da consciência.

Em *O inconsciente* (*Das Unbewusste*, 1915), Freud qualifica o sistema pré-consciente de "conhecimento consciente" (*bewusste Kenntnis*) (1*c*); são termos significativos que enfatizam a distinção com relação ao inconsciente: "conhecimento" implica que se trata de um certo saber quanto ao sujeito e ao seu mundo pessoal; "consciente" assinala que os conteúdos e processos, embora não conscientes, estão ligados ao consciente do ponto de vista tópico.

A distinção tópica verifica-se do ponto de vista dinâmico no tratamento, especialmente por esta característica em que D. Lagache insiste: se a confissão de conteúdos pré-conscientes pode provocar *reticências*, que a aplicação da regra da associação livre tem por fim eliminar, o reconhecimento do inconsciente esbarra em *resistências*, também elas inconscientes, que a análise deve progressivamente interpretar e superar (entendendo, porém, que as reticências se baseiam a maioria das vezes em resistências).

▲ (α) Este termo de Freud não parece ter sido uma escolha muito feliz. De fato, mesmo detendo-nos apenas no plano da descrição e sem invocar distinções tópicas, podemos isolar diferenças entre o que é pré-consciente e o que é inconsciente. A expressão "inconsciente no sentido descritivo" designa sem discriminação o conjunto dos conteúdos e dos processos psíquicos que têm em comum apenas o caráter negativo de não serem conscientes.

(1) *Cf.* Freud(S.), *Das Unbewusste*, 1915. – *a*) GW, X, 264-5; SE, XIV, 166-7; Fr., 92-3. – *b*) GW, X, 291; SE, XIV, 192; Fr., 139. – *c*) GW, X, 265; SE, XIV, 167; Fr., 94.

(2) *Cf.* Freud (S.), *Aus den Anfängen der Psychoanalyse*, 1887-1902, carta de 6-12-1896. – *a*) Al., 185; Ing., 173; Fr., 153. – *b*) Al., 186; Ing., 174; Fr., 155.

PRÉ-EDIPIANO

= *D.*: präoedipal. – *F.*: préoedipien. – *En.*: preoedipal. – *Es.*: preedípico. – *I.*: preedipico.

- *Qualifica o período do desenvolvimento psicossexual anterior à instauração do complexo de Édipo; nesse período, predomina, nos dois sexos, o apego à mãe.*

■ Esse termo só aparece muito tardiamente, quando Freud é levado a precisar a especificidade da sexualidade feminina e, em especial, a insistir na importância, na complexidade, na duração da relação primária entre a menina e sua mãe (1*a*). Essa fase existe também no menino, mas é menos longa, menos rica em consequências e mais difícil de diferenciar do amor edipiano, visto que o objeto se mantém o mesmo.

Do ponto de vista terminológico, convém distinguir nitidamente os termos "pré-edipiano" e "pré-genital"*, frequentemente confundidos. O primeiro refere-se à situação interpessoal (ausência do triângulo edipiano), e o segundo diz respeito ao tipo de atividade sexual em questão. É claro que o desenvolvimento do Édipo desemboca, em princípio, na instauração da organização genital, mas só uma concepção normativa pretende fazer coincidir a genitalidade e a plena escolha de objeto correlativa do Édipo. Ora, a experiência mostra que pode haver uma atividade genital satisfatória sem Édipo consumado e também que o conflito edipiano pode ocorrer em registros sexuais pré-genitais.

Poderemos falar com rigor de fase pré-edipiana, isto é, de uma *fase* em que só existiria de forma exclusiva uma relação dual mãe-criança? A dificuldade não escapou a Freud, que observa que o pai, justamente quando predomina a relação com a mãe, está presente como "rival importuno"; segundo ele, poderíamos descrever os fatos de modo igualmente satisfatório dizendo que "[…] a mulher só atinge a situação edipiana positiva normal depois de ter superado um período prévio em que reina o complexo negativo" (1*b*) – formulação que, aos olhos de Freud, teria a vantagem de preservar a ideia de que o Édipo é o complexo nuclear das neuroses.

Podemos esquematicamente indicar que, a partir da sutil tese de Freud, abrem-se duas direções: ou acentuamos a exclusividade da relação dual, ou discernimos muito precocemente manifestações edipianas, a ponto de não podermos circunscrever uma fase propriamente pré-edipiana.

Como exemplo da primeira direção, podemos reportar-nos ao trabalho de Ruth Mack Brunswick (2), que resulta de uma longa colaboração com Freud e que, segundo ela, exprime o pensamento dele:

1) Ela pensa que, embora o pai esteja presente no campo psicológico, não é visto como um rival;

2) Reconhece uma especificidade da fase pré-edipiana, que procura descrever, insistindo especialmente na predominância da oposição atividade-passividade.

No extremo oposto, a escola de Melanie Klein, analisando as fantasias mais arcaicas, sustenta que, na relação com a mãe, intervém precocemente o pai, como é demonstrado principalmente pela fantasia do pênis paterno conservado no corpo da mãe (*ver*: pais combinados). Podemos perguntar, todavia, se a presença de um terceiro termo (o falo) na relação primitiva mãe-criança justifica que esse período seja descrito como "fase precoce do Édipo". Com efeito, o pai não está então presente como instância interditória (*ver*: complexo de Édipo). Nessa perspectiva, J. Lacan, examinando as concepções kleinianas, fala de "triângulo pré-edipiano" para designar a relação mãe-criança-falo, intervindo este último termo como objeto fantasístico do desejo da mãe (3).

(1) FREUD (S.), *Über die weibliche Sexualität*, 1931. – *a*) *Cf.* GW, XIV, 515-37; SE, XXI, 223-43.

(2) *Cf.* MACK BRUNSWICK (R.), The Preoedipal Phase of the Libido Development, 1940, in *The Psychoanalytic Reader*, 231-53.

(3) *Cf.* LACAN (J.), La relation d'objet et les structures freudiennes, relatório de J.-B. PONTALIS in *Bul. Psycho.*, 1956-7.

PRÉ-GENITAL

= *D.*: prägenital. – *F.*: pré-génital. – *En.*: pregenital. – *Es.*: pregenital. – *I.*: pregenitale.

● *Adjetivo usado para qualificar as pulsões, as organizações, as fixações etc. que se referem ao período do desenvolvimento psicossexual em que o primado da zona genital ainda não se estabeleceu (ver: organização da libido).*

■ A introdução desse termo por Freud em *A disposição à neurose obsessiva* (*Die Disposition zur Zwangsneurose*, 1913) coincide com a da ideia de uma *organização* libidinal anterior à organização feita sob o primado dos órgãos genitais. Sabe-se que Freud tinha reconhecido muito antes a existência de uma vida sexual infantil anterior ao estabelecimento desse primado. Desde a carta a Fliess de 14-11-1897 (1), ele fala de zonas sexuais ulteriormente abandonadas; e, nos *Três ensaios sobre a teoria da sexualidade* (*Drei Abhandlungen zur Sexualtheorie*, 1905), descreve o funcionamento originariamente anárquico das pulsões parciais não genitais.

O adjetivo "pré-genital" adquiriu grande extensão. Na linguagem psicanalítica contemporânea qualifica não só pulsões ou organizações libidinais, mas também fixações, regressões a esses modos precoces do funcionamento psicossexual. Fala-se de neuroses pré-genitais quando prevalecem essas fixações. Chegou-se ao ponto de substantivar o adjetivo e de se falar do "pré-genital" como um tipo definido de personalidade.

(1) *Cf.* FREUD (S.), *Aus den Anfängen der Psychoanalyse*, 1887-1902. Al., 244-9; Ing., 229-34; Fr., 205-8.

PRESSÃO (DA PULSÃO)

= *D.*: Drang. – *F.*: poussée. – *En.*: pressure. – *Es.*: presión. – *I.*: spinta.

• *Fator quantitativo variável de que cada pulsão se reveste e que explica, em última análise, a ação desencadeada para obter a satisfação; mesmo quando a satisfação é passiva (ser visto, ser espancado), a pulsão é ativa na medida em que exerce uma "pressão".*

■ Na análise do conceito de pulsão que se encontra no início de *Pulsões e destinos das pulsões* (*Triebe und Triebschicksale*, 1915), Freud define a pressão da pulsão, ao lado da fonte, do objeto e da meta, nestes termos: "Por pressão de uma pulsão entendemos o seu aspecto motor, a quantidade de força ou a quantidade de exigência de trabalho por ela representada. Cada pulsão é um fragmento de atividade; quando se fala de forma pouco rigorosa de pulsões passivas, o que afinal se quer dizer é pulsões de meta passiva" (1).

Duas características da pulsão são sublinhadas neste texto:
1. O fator quantitativo em que Freud sempre insistiu, e no qual vê um elemento determinante do conflito patológico (*ver:* econômico);
2. O caráter ativo de qualquer pulsão. Nesse ponto, Freud tem em vista Adler, que considera a atividade apanágio de uma pulsão distinta, a pulsão agressiva: "Parece-me que Adler hipostasiou erradamente numa pulsão especial uma característica geral e indispensável de todas as pulsões, precisamente o que nelas há de 'pulsional', de pressionante [*das Drängende*], o que podemos descrever como a capacidade para desencadear a motricidade" (2).

A ideia de que as pulsões se definem essencialmente pela pressão que exercem pertence às origens do pensamento teórico freudiano, que tem a marca dos conceitos de Helmholtz. O *Projeto para uma psicologia científica* (*Entwurf einer Psychologie*, 1895) começa por uma distinção fundamental entre as excitações exteriores, a que o organismo pode escapar pela fuga, e as excitações endógenas provenientes dos elementos somáticos: "O organismo não lhes pode escapar [...]. Tem de aprender a suportar uma quantidade armazenada" (3). É a urgência da vida (*die Not des Le-*

bens) que impele o organismo para a ação específica*, a única que pode resolver a tensão.

(1) FREUD (S.), GW, X, 214-5; SE, XIV, 122; Fr., 34.
(2) FREUD (S.), *Analyse der Phobie eines fünfjährigen Knaben*, 1909. GW, VII, 371; SE, X, 140-1; Fr. 193.
(3) FREUD (S.), Al., 381; Ing., 357-8; Fr., 317.

PRINCÍPIO DE CONSTÂNCIA

= *D.*: Konstanzprinzip. – *F.*: principe de constance. – *En.*: principle of constance. – *Es.*: principio de constancia. – *I.*: principio de costanza.

- *Princípio enunciado por Freud, segundo o qual o aparelho psíquico tende a manter a nível tão baixo ou, pelo menos, tão constante quanto possível a quantidade de excitação que contém. A constância é obtida, por um lado, pela descarga da energia já presente, e, por outro, pela evitação do que poderia aumentar a quantidade de excitação e pela defesa contra esse aumento.*

- O princípio de constância está na base da teoria econômica freudiana. Presente desde os primeiros trabalhos, há sempre a suposição implícita de que ele regule o funcionamento do aparelho psíquico; este procuraria manter constante dentro de si a soma das excitações, e consegui-lo-ia acionando mecanismos de evitação das excitações externas e de defesa e descarga (ab-reação) dos aumentos de tensão de origem interna. Uma vez reduzidas à sua última expressão econômica, as manifestações mais diversas da vida psíquica deveriam ser compreendidas como tentativas mais ou menos bem-sucedidas de manter ou restabelecer essa constância.

O princípio de constância está estreitamente relacionado com o princípio de prazer, na medida em que o desprazer pode ser considerado, numa perspectiva econômica, como a percepção subjetiva de um aumento de tensão, e o prazer como traduzindo a diminuição dessa tensão. Mas Freud considerou muito complexa a relação entre as sensações subjetivas de prazer-desprazer e os processos econômicos que supostamente lhes servem de substrato; assim, a sensação de prazer pode acompanhar um aumento de tensão. Tais fatos tornam necessário determinar, entre o princípio de constância e o princípio de prazer, uma relação que não se reduza a uma pura e simples equivalência (*ver*: princípio de prazer).

★

Colocando na base da psicologia uma lei de constância, Freud, tal como Breuer, não faz mais do que tornar sua uma exigência geralmente admitida nos meios científicos do fim do século XIX: estender à psicologia e à psicofisiologia os princípios mais gerais da física, na medida em que esses princípios estão na própria base de toda ciência. Poderíamos encontrar muitas tentativas, quer anteriores (principalmente a de Fechner, que confere ao seu "princípio de estabilidade" um alcance universal) (1), quer contemporâneas a Freud, para vermos em ação, em psicofisiologia, uma lei de constância.

Mas, como o próprio Freud notou, sob a aparente simplicidade do termo constância "[...] podem-se entender as coisas mais diferentes" (2*a*).

Quando invocamos, em psicologia, segundo o modelo da física, um princípio de constância, nós o fazemos em diversas acepções, que se podem esquematicamente agrupar do seguinte modo:

1. Limitamo-nos a aplicar à psicologia o princípio de conservação da energia, segundo o qual, num sistema fechado, a soma das energias se mantém constante. Submeter a esse princípio os fatos psíquicos redunda em postular a existência de uma energia psíquica ou nervosa cuja quantidade não varia através das diferentes transformações e deslocamentos que sofre. Enunciá-lo é o mesmo que fundamentar a possibilidade de traduzir os fatos psicológicos em linguagem energética. Note-se que esse princípio, constitutivo da teoria econômica em psicanálise, não se situa ao mesmo nível do princípio regulador designado por Freud como princípio de constância.

2. O princípio de constância é às vezes entendido num sentido que permite compará-lo com o 2º princípio da termodinâmica: em um sistema fechado, as diferenças de nível energético tendem para a igualização, de maneira que o estado final ideal é de equilíbrio. O "princípio de estabilidade" enunciado por Fechner reveste-se de uma significação análoga. E, nessa transposição, é preciso ainda definir o sistema considerado. Trata-se do aparelho psíquico e da energia que circula no interior desse aparelho? Trata-se do sistema constituído pelo conjunto aparelho psíquico-organismo, ou ainda do sistema organismo-meio? Efetivamente, conforme os casos, a noção de tendência para a igualização pode revestir-se de significações opostas. É assim que, na última hipótese, tem como consequência a redução da energia interna do organismo até o ponto de levá-lo ao estado anorgânico (*ver*: princípio de Nirvana).

3. Finalmente, o princípio de constância pode ser entendido no sentido de uma autorregulação: o sistema considerado funciona de tal maneira que procura manter constante a sua diferença de nível energético relativamente ao que o rodeia. Nessa acepção, o princípio de constância redunda na afirmação de que existem sistemas relativamente fechados (quer o aparelho psíquico, quer o organismo no seu conjunto) que tendem a manter e restabelecer através dos contatos com o mundo exterior a sua configuração e o seu nível energético específicos. Nesse sentido, a noção de constância foi proveitosamente aproximada da noção de homeostase, definida pelo fisiologista Cannon (α).

★

PRINCÍPIO DE CONSTÂNCIA

Dessa pluralidade de acepções, é difícil determinar qual a que coincidiria exatamente com o que Freud entende por princípio de constância. Com efeito, as formulações que apresentou, e com as quais ele mesmo acentuou que não estava satisfeito (3*a*), muitas vezes são ambíguas, e mesmo contraditórias: "[...] o aparelho psíquico tem uma tendência a manter tão baixa quanto possível a quantidade de excitação nele presente, ou pelo menos a mantê-la constante" (3*b*). Freud parece reportar a uma mesma tendência "[...] a redução, a constância, a supressão da tensão de excitação interna" (3*c*). Ora, a tendência à redução a zero da energia interna de um sistema não parece assimilável à tendência, própria dos organismos, a manterem constante, a um nível que pode ser elevado, o seu equilíbrio com o que os cerca. Esta segunda tendência pode efetivamente, conforme os casos, traduzir-se tanto por uma procura da excitação como por uma descarga.

As contradições e as imprecisões, os deslizes de sentido que estão ligados aos enunciados freudianos podem ser esclarecidos se procurarmos distinguir, mais nitidamente do que o próprio Freud o fez, a que experiência e a que exigência teórica correspondem as suas tentativas, mais ou menos bem-sucedidas, de enunciar em psicanálise uma lei de constância.

★

O princípio de constância faz parte do aparelho teórico elaborado em comum por Breuer e Freud por volta dos anos 1892-1895, especialmente para explicar fenômenos por eles verificados na histeria; os sintomas são referidos a uma falta de ab-reação, o fator propulsor do tratamento é procurado numa descarga adequada dos afetos. No entanto, se compararmos dois textos teóricos escritos individualmente por cada um dos dois autores, verificaremos, sob o aparente acordo, uma nítida diferença de perspectivas.

Nas *Considerações teóricas dos estudos sobre a histeria* (*Theoretisches in Studien über Hysterie*, 1895), Breuer focaliza as condições de funcionamento de um sistema relativamente autônomo no seio do organismo, o sistema nervoso central. Distingue dois tipos de energia nesse sistema: uma energia quiescente, ou "excitação tônica intracerebral", e uma energia cinética, que circula no aparelho. É o nível da excitação tônica que é regulado pelo princípio de constância: "Existe no organismo uma tendência a manter constante a excitação intracerebral" (4). Três pontos essenciais devem ser aqui acentuados:

1. A lei de constância é concebida como uma lei do ótimo. Existe um nível energético favorável que deve ser restabelecido por descargas quando tende a aumentar, mas também por uma recarga (particularmente o sono) quando está demasiadamente baixo;

2. A constância pode ver-se ameaçada ou por estados de excitação generalizados e uniformes (estado de expectativa intensa, por exemplo), ou por uma repartição desigual da excitação no sistema (*afetos*);

3. A existência e o restabelecimento de um nível ótimo são a condição que permite uma livre circulação da energia cinética. O funcionamento sem barreiras do pensamento, um desenrolar normal das associações de ideias, supõem que a autorregulação do sistema não seja perturbada.

Freud, no seu *Projeto para uma psicologia científica* (*Entwurf einr Psychologie*, 1895), estuda também as condições de funcionamento do aparelho neurônico. Mas não propõe de início um princípio de constância como manutenção de um certo nível energético, e sim um princípio de inércia* neurônica, segundo o qual os neurônios tendem a esvaziar-se da quantidade de excitação, a evacuá-la completamente. Freud supõe depois a existência de uma tendência para a constância, mas vê nela uma "função secundária imposta pela urgência da vida", uma modificação do princípio de inércia: "[...] o sistema neurônico é forçado a abandonar a tendência originária para a inércia, isto é, para o nível = 0; precisa decidir-se a ter uma provisão de quantidade, para satisfazer as exigências da ação específica. Da forma como o faz, mostra-se, todavia, como continuação da mesma tendência, transformada em esforço para manter pelo menos tão baixa quanto possível a quantidade e para se defender contra os aumentos, isto é, para mantê-la constante" (2*b*). Para Freud, o princípio de inércia rege o tipo de funcionamento primário do aparelho, a circulação da energia livre. A lei de constância, mesmo não sendo explicitamente enunciada como um princípio independente, corresponde ao processo secundário, em que a energia é ligada, conservada a um determinado nível.

Vemos assim que, apesar de um aparelho conceitual que pode parecer comum, os modelos de Breuer e Freud são muito diferentes. Breuer desenvolve o seu pensamento numa perspectiva biológica a que não falta verossimilhança e que anuncia as ideias modernas sobre a homeostase e os sistemas de autorregulação (β). Em contrapartida, a construção freudiana pode parecer aberrante do ponto de vista das ciências da vida, na medida em que pretende *deduzir* um organismo com suas aptidões vitais, funções adaptativas, constantes energéticas de um princípio que é a negação de qualquer diferença de nível estável.

Mas a divergência, aliás não explicitada, entre Breuer e Freud (γ) é rica de significado. Com efeito, o que para Freud é regulado pelo princípio de inércia é um tipo de processo cuja existência a recente descoberta do inconsciente obrigou-o a postular: o processo primário*. Este é descrito desde o *Projeto* a partir de exemplos privilegiados como o sonho e a formação de sintoma, especialmente no histérico. O que caracteriza o processo primário é essencialmente um escoamento sem barreiras, um "deslocamento fácil" (2*c*). Ao nível da análise psicológica, percebemos que uma representação pode chegar a substituir completamente a outra, roubar-lhe todas as propriedades e a eficácia: "[...] o *histérico* a quem A faz chorar ignora que isso acontece por causa da associação A-B, e também B não desempenha qualquer papel na sua vida psíquica. O símbolo, aqui, substituiu completamente a *coisa*" (2*d*). O fenômeno de um deslocamento total do significado de uma representação para outra, a verificação clínica da intensidade e da eficácia apresentadas pelas representações substitutivas, encontram naturalmente, para Freud, a sua expressão na formulação econômica do princípio de inércia. Para Freud, a livre circulação do sentido e o escoamento total da energia psíquica até a completa evacuação são sinônimos. Vemos que esse processo está no extremo oposto da manutenção da constância.

Esta, na verdade, é invocada por Freud no *Projeto*, mas como vindo precisamente moderar e inibir a simples tendência para a descarga absoluta. É ao ego que cabe a tarefa de ligar a energia psíquica, mantê-la a um nível mais elevado; ele realiza essa função porque constitui também um conjunto de representações ou de neurônios em que se mantém um nível constante de investimento (*ver.* ego).

A filiação entre processo primário e processo secundário não deve, portanto, ser compreendida como uma sucessão real, na ordem vital, como se o princípio de constância tivesse vindo suceder na história dos organismos ao princípio de inércia; ela só se conserva ao nível de um aparelho psíquico, em que Freud desde logo reconhece a existência de dois tipos de processos, de dois princípios de funcionamento mental (δ).

Como se sabe, o capítulo VII de *A interpretação de sonhos* (*Die Traumdeutung*, 1900) apoia-se nessa oposição. Freud desenvolve nele a hipótese "[...] de um aparelho psíquico primitivo cujo trabalho é regulado pela tendência para evitar a acumulação de excitação e para se manter, tanto quanto possível, sem excitação" (5*a*). Tal princípio, caracterizado pelo "[...] escoamento livre das quantidades de excitação", é designado como "princípio de desprazer". Regula o funcionamento do sistema inconsciente. O sistema pré-consciente-consciente tem outro modo de funcionamento: "[...] produz, graças aos investimentos que dele emanam, uma *inibição* desse escoamento [livre], uma transformação em investimento quiescente, sem dúvida com elevação do nível" (5*b*). Ulteriormente, a oposição entre os modos de funcionamento dos dois sistemas será, a maioria das vezes, assimilada por Freud à oposição do princípio de prazer* e do princípio de realidade*. Mas, se, num desejo de clarificação conceitual, quiséssemos manter uma distinção entre uma tendência para baixar até zero a quantidade de excitação e uma tendência para mantê-la a um nível constante, veríamos que o princípio de prazer corresponderia à primeira tendência, enquanto a manutenção da constância seria correlativa do princípio de realidade.

★

Só em 1920, em *Além do princípio do prazer* (*Jenseits des Lustprinzips*), Freud formula explicitamente um "princípio de constância". Ora, há vários pontos a notar:

1. O princípio de constância é apresentado como o fundamento econômico do princípio de prazer (3*d*);

2. As definições propostas contêm sempre um equívoco: a tendência para a redução absoluta e a tendência para a constância são consideradas equivalentes;

PRINCÍPIO DE CONSTÂNCIA

3. No entanto, a tendência para zero, sob o nome de princípio de Nirvana*, é considerada fundamental, e os outros princípios não passam de modificações dela;

4. Ao mesmo tempo que parece não ver em ação "[...] na vida psíquica e talvez [na] vida nervosa em geral" (3e) mais do que uma única tendência mais ou menos modificada, Freud introduz ao nível das pulsões um dualismo fundamental e irredutível, as pulsões de morte* tendendo para a redução absoluta das tensões e as pulsões de vida* procurando, pelo contrário, manter e criar unidades vitais que supõem um nível elevado de tensão. Este último dualismo (diversos autores sublinharam, aliás, que ele deveria ser entendido como um dualismo de *princípios*) pode esclarecer-se depois de aproximado de certas oposições fundamentais, constantemente presentes no pensamento freudiano: energia livre – energia ligada*, liberação – ligação* (*Entbindung–Bindung*), processo primário – processo secundário* (*ver também*: pulsões de morte).

Em contrapartida, Freud nunca isolou plenamente a oposição que, ao nível dos princípios econômicos do funcionamento mental, corresponderia às oposições precedentes. Embora ela seja esboçada no *Projeto* com a distinção entre um princípio de inércia e uma tendência para a constância, não constituirá a seguir a referência explícita que permitiria, talvez, evitar a confusão que continua ligada à noção de princípio de constância.

▲ (α) W. B. Cannon, no seu livro *Sabedoria do corpo* (*Wisdom of the Body*, 1932), designou pelo nome de *homeostasis* os processos fisiológicos por meio dos quais o corpo tende a manter constante a composição do meio sanguíneo. Descreveu esse processo para o conteúdo do sangue em água, sal, açúcar, proteínas, gordura, cálcio, oxigênio, íons de hidrogênio (equilíbrio ácido-básico) e para a temperatura. Essa lista pode evidentemente ser ampliada a outros elementos (minerais, hormônios, vitaminas etc.).

Vemos que a ideia de *homeostase* é a de um equilíbrio dinâmico característico do corpo vivo, e de modo nenhum a de uma redução de tensão a um nível mínimo.

(β) Sabe-se que Breuer colaborou nos trabalhos do neurofisiologista Hering sobre um dos sistemas de autorregulação mais importantes do organismo, o da respiração.

(γ) Poderíamos encontrar vestígios de uma dificuldade de os dois autores chegarem a um acordo sobre uma formulação do princípio de constância nas elaborações sucessivas da *Comunicação preliminar* dos *Estudos sobre a histeria* que chegaram até nós.

Em *Sobre a teoria dos ataques histéricos* (*Zur Theorie des hysterischen Anfalles*, 1892), manuscrito enviado para aprovação a Breuer, assim como numa carta a ele de 29-6-1892 (6), Freud fala de uma tendência para "[...] manter constante" aquilo a que podemos chamar a "soma de excitação" no sistema nervoso.

Na conferência pronunciada por Freud dez dias após a publicação da *Comunicação preliminar*, e publicada com o mesmo título em *Wiener medizinische Presse*, 1893, nº 4, Freud fala só de uma tendência para "[...] diminuir [...] a soma de excitação" (7).

Por fim, na *Comunicação preliminar* dos *Estudos sobre a histeria*, o princípio de constância não é enunciado.

(δ) Traríamos algum esclarecimento aos problemas com que Breuer e Freud se debatiam distinguindo diversos planos.

1. O nível do *organismo*, regido por mecanismos homeostáticos, e funcionando portanto segundo um princípio único, o princípio de constância. Tal princípio não é válido apenas para o organismo no seu conjunto, mas para o aparelho especializado que é o sistema nervoso. Ele não pode funcionar se nele não se mantiverem e restabelecerem condições constantes. Era o que pretendia Breuer ao falar de um nível constante da excitação tônica intracerebral.

2. Ao nível do *psiquismo* humano, que é o objeto da investigação freudiana:

a) Os processos inconscientes que, em última análise, supõem um deslizar indefinido das significações ou, em linguagem energética, um escoamento totalmente livre da quantidade de excitação;

b) O processo secundário, tal como é verificado no sistema pré-consciente-consciente, e que supõe uma ligação de energia, regulada por uma certa "forma" que tende a manter e restabelecer os seus limites e o seu nível energético: o ego.

Em primeira análise, poderíamos pois dizer que Breuer e Freud não encaram as mesmas realidades. Breuer coloca a questão das condições neurofisiológicas do funcionamento psíquico normal, e Freud pergunta como, no homem, o processo psíquico primário pode estar limitado e regulado.

Apesar de tudo, mantém-se em Freud um equívoco, quer no *Projeto* quer em obras tardias como *Além do princípio do prazer*, entre a dedução do processo psíquico secundário a partir do processo primário e uma gênese quase mítica do organismo como forma constante e tendente a perseverar no ser a partir de um estado puramente anorgânico.

A nosso ver, esse equívoco fundamental no pensamento freudiano só poderá ser interpretado se compreendermos o próprio ego como uma "forma", uma *Gestalt* edificada segundo o modelo do organismo, ou, se preferirmos, como uma metáfora realizada do organismo.

(1) *Cf.* FECHNER (G. T.), *Einige Ideen zur Schöpfungs- und Entwicklungsgeschichte der Organismen*, Leipzig, Breitkopf und Härtel, 1873.

(2) FREUD (S.), *Aus den Anfängen der Psychoanalyse*, 1887-1902. – *a)* Al., 148; Ing., 137; Fr., 122. – *b)* Al., 381; Ing., 358; Fr., 317. – *c)* Al., 425; Ing., 404; Fr., 358. – *d)* Al., 429; Ing., 407; Fr., 361.

(3) FREUD (S.), *Jenseits des Lustprinzips*, 1920. – *d) Cf.* GW, XIII, 68; SE, XVIII, 62; Fr., 73. – *b)* GW, XIII, 5; SE, XVIII, 9; Fr., 7. – *c)* GW, XIII, 60; SE, XVIII, 55-6; Fr., 64. – *d) Cf.* GW, XIII, 5; SE, XVIII, 9; Fr., 7. – *e)* GW, XIII, 60; SE, XVIII, 55-6; Fr., 64.

(4) BREUER (J.), Al., 171; SE, II, 197; Fr., 156.

(5) FREUD (S.), – *a)* GW, II-III, 604; SE, V, 598; Fr., 488. – *b)* GW, II-III, 605; SE, V, 599- Fr., 489.

(6) *Cf.* FREUD (S.), GW, XVII, 12; SE, I, 147.

(7) FREUD (S.), SE, III, 36.

PRINCÍPIO DE INÉRCIA (NEURÔNICA)

= *D.*: Prinzip der Neuronenträgheit. – *F.*: principe d'inertie neuronique. – *En.*: principle of neuronic inertia. – *Es.*: principio de inercia neurónica. – *I.*: principio dell'inerzia neuronica.

• *Princípio de funcionamento do sistema neurônico postulado por Freud no* Projeto para uma psicologia científica *(*Entwurf einer Psychologie, 1895*): os neurônios tendem a evacuar completamente as quantidades de energia que recebem.*

■ É no *Projeto para uma psicologia científica* que Freud enuncia um princípio de inércia como princípio de funcionamento daquilo a que chama então sistema neurônico. Nos textos metapsicológicos posteriores não retomará mais essa expressão. A noção pertence ao período de elaboração da concepção freudiana do aparelho psíquico. Sabe-se que Freud descreve no *Projeto* um sistema neurônico apelando para duas noções fundamentais: a de neurônio e a de quantidade. Supõe-se que a quantidade circula no sistema, toma este ou aquele caminho entre as bifurcações sucessivas dos neurônios em função da resistência ("barreira de contato") ou da facilitação* à passagem de um elemento neurônico para outro. Há uma analogia evidente entre essa descrição em linguagem neurofisiológica e as descrições ulteriores do aparelho psíquico, que também apelam para dois elementos: as representações agrupadas em cadeias ou em sistemas e a energia psíquica.

A antiga noção de princípio de inércia apresenta o interesse de ajudar a concretizar o sentido dos princípios econômicos fundamentais que regulam o funcionamento do aparelho psíquico.

A inércia, em física, consiste no fato de que "[...] um ponto livre de qualquer ligação mecânica e não sofrendo qualquer ação conserva indefinidamente a mesma velocidade em grandeza e em direção (inclusive no caso de essa velocidade ser nula, isto é, de o corpo estar em repouso)" (1).

1. O princípio que Freud enuncia a propósito do sistema neurônico apresenta uma analogia indubitável com o princípio físico de inércia. Formula-se assim: "Os neurônios tendem a desembaraçar-se da quantidade" (2).

O modelo desse funcionamento é fornecido por uma determinada concepção do reflexo: no arco reflexo, supõe-se que a quantidade de excitação recebida pelo neurônio sensitivo é inteiramente descarregada na extremidade motora. Para Freud, o aparelho neurônico comporta-se de modo mais geral como se tendesse não só para descarregar as excitações, mas ainda para se manter depois afastado das fontes de excitação. Com respeito a excitações internas, o princípio de inércia já não pode funcionar sem sofrer uma profunda modificação; com efeito, para que haja descarga adequada, é necessária uma ação específica*, que exige, para ser executada, a constituição de uma certa reserva de energia.

2. A relação entre o uso feito por Freud da noção de princípio de inércia e o seu emprego em física mantém-se bastante frouxa:

a) Em física, a inércia é uma propriedade dos corpos em movimento, enquanto para Freud ela não é encarada como uma propriedade do que é *móvel*, isto é, a excitação, mas como uma tendência ativa do *sistema* em que as quantidades se deslocam;

b) Em física, o princípio de inércia é uma lei universal, constitutiva dos fenômenos considerados e suscetível de ser encontrada em funcionamento mesmo em manifestações que, para o observador comum, a contradigam. Por exemplo, o movimento de um projétil tende aparentemente a parar por si mesmo, mas a física mostra que essa parada se deve à resistência do ar e que, deixando-se de lado esse fator contingente, a validade da lei de inércia não está de modo nenhum em questão. Pelo contrário, nas transposições psicofisiológicas de Freud, o princípio de inércia já não é constitutivo da ordem natural considerada; pode ser entravado por outro modo de funcionamento que lhe limite o campo de aplicação. É assim que, de fato, a formação de grupos de neurônios de investimento constante supõe a regulação por uma lei – lei de constância – que venha opor-se ao livre escoamento da energia. Só por uma espécie de dedução que apela para uma finalidade Freud pôde sustentar que o princípio de inércia utiliza para os seus fins uma certa acumulação de energia;

c) Encontramos ainda essa passagem do mecanismo para a finalidade no fato de Freud deduzir do princípio da descarga da excitação uma tendência para evitar qualquer fonte de excitação.

3. Imagina-se que Freud, na medida em que pretende manter-se a um certo nível de verossimilhança biológica, logo se veja obrigado a introduzir alterações consideráveis no princípio de inércia. Com efeito, como poderia sobreviver um organismo que funcionasse segundo esse princípio? Como poderia ele *existir*, se a própria noção de organismo supõe a manutenção de uma diferença estável de nível energético em relação ao que o rodeia?

★

Na nossa opinião, as contradições que podemos salientar na noção freudiana de princípio de inércia neurônica não devem, todavia, desqualificar a intuição básica subjacente à sua utilização. Essa intuição está ligada à própria descoberta do inconsciente; o que Freud traduz em termos de livre circulação de energia nos neurônios não é mais do que a transposição da sua experiência clínica: a livre circulação do sentido que caracteriza o processo primário*.

Nessa medida, o princípio de Nirvana*, tal como aparece muito mais tarde na obra de Freud, pode ser considerado como uma reafirmação, num momento decisivo do pensamento freudiano ("virada" dos anos 1920), da intuição fundamental que já guiava o enunciado do princípio de inércia.

(1) LALANDE (A.), *Vocabulaire technique et critique de la philosophie*, Paris, PUF, 1951.
(2) FREUD (S.), *Aus den Anfängen der Psychoanalyse*, 1895. Al., 380; Ing., 356; Fr., 316.

PRINCÍPIO DE NIRVANA

= *D*.: Nirwanaprinzip. – *F*.: principe de Nirvana. – *En*.: Nirvana principle. – *Es*.: princípio de Nirvana. – *I*.: princípio del Nirvana.

• *Denominação proposta por Barbara Low e retomada por Freud para designar a tendência do aparelho psíquico de levar a zero ou pelo menos para reduzir o mais possível nele qualquer quantidade de excitação de origem externa ou interna.*

■ O termo "Nirvana", difundido no Ocidente por Schopenhauer, é tirado da religião budista, para a qual designa a "extinção" do desejo humano, o aniquilamento da individualidade que se funde na alma coletiva, um estado de quietude e de felicidade perfeita.

Em *Além do princípio do prazer* (*Jenseits des Lustprinzips*, 1920), Freud, retomando a expressão proposta pela psicanalista inglesa Barbara Low, enuncia o princípio de Nirvana como "[...] tendência para a redução, para a constância, para a supressão da tensão de excitação interna" (1). Essa formulação é idêntica à que Freud apresenta, no mesmo texto, do princípio de constância, e contém portanto a ambiguidade de considerar equivalentes a tendência para manter constante um determinado nível e a tendência para reduzir a zero qualquer excitação (*para a discussão deste ponto, ver:* princípio de constância).

Não é indiferente, contudo, observar que Freud introduz o termo Nirvana, com sua ressonância filosófica, num texto em que avança muito no caminho da especulação; no Nirvana hindu ou schopenhaueriano, Freud encontra uma correspondência com a noção de pulsão de morte*. Essa correspondência é sublinhada em *O problema econômico do masoquismo* (*Das ökonomische Problem des Masochismus*, 1924): "O princípio de Nirvana exprime a tendência da pulsão de morte" (2). Nessa medida, o "princípio de Nirvana" designa algo diferente de uma lei de constância ou de homeostase: a tendência radical para levar a excitação ao nível zero, tal como outrora Freud a tinha enunciado sob o nome de "princípio de inércia"*.

Por outro lado, o termo Nirvana sugere uma ligação profunda entre o prazer e o aniquilamento, ligação que, para Freud, permaneceu problemática (*ver:* princípio de prazer).

(1) FREUD (S.), GW, XIII, 60; SE, XVIII, 51; Fr., 59.
(2) FREUD (S.), GW, XIII, 373; SE, XIX, 160; Fr., 213.

PRINCÍPIO DE PRAZER

= *D.*: Lustprinzip. – *F.*: principe de plaisir. – *En.*: pleasure principle. – *Es.*: princípio de placer. – *I.*: principio di piacere.

• *Um dos dois princípios que, segundo Freud, regem o funcionamento mental: a atividade psíquica no seu conjunto tem por objetivo evitar o desprazer e proporcionar o prazer. É um princípio econômico na medida em que o desprazer está ligado ao aumento das quantidades de excitação, e o prazer, à sua redução.*

■ A ideia de fundamentar no prazer um princípio regulador do funcionamento mental está longe de ser própria de Freud. Fechner, cujas ideias sabemos até que ponto marcaram Freud, tinha também enunciado um "princípio de prazer da ação" (1*a*). Diferentemente das doutrinas hedonistas tradicionais, ele entendia por isso não que a finalidade procurada pela ação humana seja o prazer, mas que os nossos atos são determinados pelo prazer ou pelo desprazer proporcionados *na atualidade* pela representação da ação a realizar ou pelas suas consequências. Observa igualmente que essas motivações podem não ser percebidas conscientemente: "[...] é mais do que natural que, quando os motivos se perdem no inconsciente, isso se passe também com o prazer ou o desprazer" (1*b*, α).

Essa característica de motivação atual está também no centro da concepção freudiana: o aparelho psíquico* é regido pela evitação ou evacuação da tensão desagradável. Note-se que o princípio foi inicialmente designado por "princípio de desprazer" (2*a*): a motivação é o desprazer atual, e não a perspectiva do prazer a ser obtido. Trata-se de um mecanismo de regulação "automática" (2*b*).

★

A noção de princípio de prazer conserva-se sem grande alteração ao longo de toda a obra freudiana. Em contrapartida, o que em Freud constitui problema e recebe respostas diferentes é a situação do princípio em relação a outras referências teóricas.

Uma primeira dificuldade, já perceptível no próprio enunciado do princípio, está ligada à definição de prazer e de desprazer. Segundo uma das hipóteses constantes de Freud, no quadro do seu modelo do aparelho psíquico, o sistema percepção-consciência é, no princípio do seu funcionamento, sensível a toda uma diversidade de qualidades provenientes do mundo exterior, ao passo que do interior ele só percebe os aumentos e diminuições de tensão que se traduzem numa única gama qualitativa: a escala prazer-desprazer (2*c*, β). Se o prazer e o desprazer são apenas a tradução qualitativa de modificações quantitativas, deveremos, então, contentar-nos com uma definição puramente econômica? Por outro lado, qual é a correlação exata os estes dois aspectos, qualitativo e quantitativo? Freud foi mostrando progressivamente toda a dificuldade que existia em dar uma resposta simples ao problema. Se, num primeiro momento, contenta-se em enunciar uma equivalência entre o prazer e a redução de tensão e entre o desprazer e o aumento dela, deixa de considerar evidente e simples a relação: "[...] não esqueçamos o caráter altamente indeterminado dessa hipótese, enquanto não tivermos conseguido discernir a natureza da relação prazer-desprazer e as variações nas quantidades de excitação que agem sobre a vida psíquica. O certo é que, se essas relações podem ser muito diversas, não podem, em todo o caso, ser muito simples" (3).

Dificilmente poderíamos encontrar em Freud mais do que algumas indicações acerca do tipo de função em questão. Em *Além do princípio do prazer* (*Jenseits des Lustprinzips*, 1920), ele observa que convém distinguir desprazer e sentimento de tensão: existem tensões agradáveis. "Parece que a sensação de tensão deve ser relacionada com a grandeza absoluta do investimento, eventualmente com o seu nível, ao passo que a gradação prazer-desprazer indicaria a modificação da quantidade de investimento na unidade de tempo" (4*a*). É igualmente um fator temporal, o ritmo, que é levado em consideração num texto ulterior, e, ao mesmo tempo, o aspecto essencialmente qualitativo do prazer volta a ser valorizado (5a).

Apesar das dificuldades em se encontrarem equivalentes quantitativos exatos para os estados qualitativos que são o prazer e o desprazer, é evidente o interesse que uma interpretação econômica desses estados tem para a teoria psicanalítica; permite enunciar um princípio válido, quer para as instâncias inconscientes da personalidade, quer para os seus aspectos conscientes. Falar, por exemplo, de um prazer inconsciente ligado a um sintoma manifestamente penoso pode levantar objeções ao nível da descrição psicológica. Do ponto de vista de um aparelho psíquico e das modificações energéticas que nele se produzem, Freud dispõe de um modelo que lhe permite considerar cada subestrutura regulada pelo mesmo princípio que rege o conjunto do aparelho psíquico, deixando em suspenso a difícil questão de determinar, para cada uma dessas subestruturas, a modalidade e o momento em que um aumento de tensão se torna efetivamente motivante como desprazer sentido. Esse problema, porém, não é descuidado na obra freudiana. É diretamente considerado, a propósito do ego, em *Inibição, sintoma e angústia* (*Hemmung, Symptom und Angst*, 1926) (concepção do sinal de angústia* como motivo de defesa).

★

Outro problema, que não deixa, aliás, de estar relacionado com o precedente, diz respeito à relação entre *prazer* e *constância*. Com efeito, mesmo admitindo a existência de um significado econômico, quantitativo, do prazer, permanece a questão de saber se o que Freud chama de princípio de prazer corresponde a uma manutenção da constância do nível energético ou a uma redução radical das tensões ao nível mais baixo. Há numerosas formulações de Freud assimilando princípio de prazer e princípio de constância que se encaminham no sentido da primeira solução. Mas, no extremo oposto, se apelarmos para o conjunto das referências teóricas fundamentais de Freud (tais como se delineiam particularmente em textos como o *Projeto para uma psicologia científica* [*Entwurf einer Psychologie*, 1895] e *Além do princípio do prazer*), perceberemos que o princípio de prazer se acha antes em oposição à manutenção da constância, quer porque corresponde ao livre escoamento da energia enquanto a constância corresponde a uma ligação* dela, quer porque, em última análise, Freud indaga se o princípio de prazer não estará "a serviço da pulsão de morte" (4b, 5b). Discutimos mais longamente esse problema no artigo "princípio de constância".

A questão, muitas vezes debatida em psicanálise, da existência de um "além do princípio de prazer" só pode ser válida depois de plenamente definida a problemática que apela para os conceitos de prazer, constância, ligação, redução das tensões a zero. Com efeito, Freud só defende a existência de princípios ou de forças pulsionais que transcendem o princípio de prazer quando opta por uma interpretação dele que tende a confundi-lo com o princípio de constância. Quando, pelo contrário, o princípio de prazer tende a ser assimilado a um princípio de redução a zero (princípio de Nirvana), o seu caráter fundamental e último deixa de ser contestado (*ver particularmente*: pulsões de morte).

★

A noção de princípio de prazer intervém principalmente na teoria psicanalítica de par com a noção de princípio de realidade. Assim, quando Freud enuncia explicitamente os dois princípios do funcionamento psíquico, é esse grande eixo de referência que ele põe em posição de destaque. De início, as pulsões só procurariam descarregar-se, satisfazer-se pelos caminhos mais curtos. Fariam progressivamente a aprendizagem da realidade, a única que lhes permite atingir, através dos desvios e dos adiamentos necessários, a satisfação procurada. Nessa tese simplificada, vemos como a relação prazer-realidade levanta um problema que, por sua vez, depende da significação que se dá em psicanálise ao termo prazer. Se entendemos essencialmente por prazer o apaziguamento de uma necessidade, do qual teríamos um modelo na satisfação das pulsões de autoconservação, a oposição princípio de prazer – princípio de realidade nada oferece de radical, tanto mais que podemos facilmente admitir no organismo vivo a existência de um equipamento natural, de predisposições que fazem do prazer um guia da vida, subordinando-o a comportamentos e a funções adaptativas. Mas, se a psicanálise colocou em primeiro plano a noção de prazer, foi num contexto totalmente diferente, em que, pelo contrário, aparece ligado a processos (vivência de satisfação), a fenômenos (o sonho), cujo caráter desreal é evidente. Nessa perspectiva, os dois princípios surgem como fundamentalmente antagônicos, pois a realização de um desejo inconsciente (*Wunscherfüllung*) corresponde a exigências e funciona segundo leis completamente diferentes da satisfação (*Befriedigung*) das necessidades vitais (*ver*: pulsões de autoconservação).

▲ (α) É interessante notar que Fechner não relacionou explicitamente o seu "princípio de prazer" e o seu "princípio de estabilidade". Freud refere-se apenas a este último.

(β) Trata-se aqui apenas de um modelo simplificado. De fato, Freud é obrigado a tentar explicar toda uma série de fenômenos "qualitativos" que não provêm de uma percepção externa atual: linguagem interior, recordação-imagem, sonho e alucinação. Em última análise, para ele, as qualidades são sempre fornecidas por uma excitação atual do sistema perceptivo. As dificuldades de tal concepção – que, entre a linguagem interior e a alucinação, deixa pouco lugar para o que, depois de Sartre, se chama "imaginário" – são particularmente perceptíveis no *Suplemento metapsicológico à teoria dos sonhos* (*Metapsychologische Ergänzung zur Traumlehre*, 1915) (*ver também*: traço mnésico).

(1) FECHNER (G. T.), Über das Lustprinzip des Handelns, in *Zeitschrift für Philosophie und Philosophische Kritik*, Halle, 1848. – *a*) 1-30 e 163-194. – *b*) 11.

(2) FREUD (S.), *Die Traumdeutung*, 1900. – *a*) GW, II-III, 605; SE, V, 600; Fr., 490. – *b*) GW, II-III, 580; SE, V, 574; Fr., 470. – *c*) Cf. GW, II-III, 621; SE, V, 616; Fr., 501.

(3) Freud (S.), *Triebe und Triebschicksale*, 1915. GW, X, 214; SE, XIV, 120-1; Fr., 32-3.
(4) Freud (S.). – *a*) GW, XIII, 69; SE, XVIII, 63; Fr., 74. – *b*) GW, XIII, 69; SE, XVIII, 63; Fr., 74.
(5) Freud (S.), *Das ökonomische Problem des Masochismus*, 1924. – *a*) GW, XIII, 372-3; SE, XIX, 160-1; Fr., 212. – *b*) GW, XIII, 372; SE, XIX, 160; Fr., 212.

PRINCÍPIO DE REALIDADE

= *D.*: Realitätprinzip. – *F.*: principe de réalité. – *En.*: principle of reality. – *Es.*: principio de realidad. – *I.*: principio di realtà.

• *Um dos dois princípios que, segundo Freud, regem o funcionamento mental. Forma par com o princípio de prazer e modifica-o; na medida em que consegue impor-se como princípio regulador, a procura da satisfação já não se efetua pelos caminhos mais curtos, mas faz desvios e adia o seu resultado em função das condições impostas pelo mundo exterior.*

Encarado do ponto de vista econômico, o princípio de realidade corresponde a uma transformação da energia livre em energia ligada*; do ponto de vista tópico, caracteriza essencialmente o sistema pré-consciente-consciente; do ponto de vista dinâmico, a psicanálise procura basear a intervenção do princípio de realidade num certo tipo de energia pulsional que estaria mais especialmente a serviço do ego (ver: pulsões do ego).

■ Prefigurado desde as primeiras elaborações metapsicológicas de Freud, o princípio de realidade é enunciado como tal em 1911, em *Formulações sobre os dois princípios do funcionamento mental* (*Formulierungen über die zwei Prinzipien des psychischen Geschehens*); é relacionado, numa perspectiva genética, com o princípio de prazer, ao qual sucede. O bebê começaria por tentar encontrar, numa modalidade alucinatória, uma possibilidade de descarregar de forma imediata a tensão pulsional (*ver*: vivência de satisfação): "[...] só a carência persistente da satisfação esperada, a decepção, acarretou o abandono dessa tentativa de satisfação por meio da alucinação. No seu lugar, o aparelho psíquico teve de decidir-se a representar as condições reais do mundo exterior e a procurar nelas uma modificação real. Assim foi introduzido um novo princípio da atividade psíquica: já não se representava o que era agradável, mas o que era real, mesmo que fosse desagradável" (1*a*). O princípio de realidade, princípio regulador do funcionamento psíquico, aparece secundariamente como uma modificação do princípio de prazer, que começa por ser único soberano; a sua instauração corresponde a uma série de adaptações que o aparelho psíquico tem de sofrer: desenvolvimento das funções conscientes, atenção, juízo, memória; substituição da descarga motora por uma ação que tende a transformar apropriadamente a realidade; nascimento do pensamento, definido como uma "atividade de prova" em que são deslocadas pequenas quantidades de investimento, o que supõe uma transformação da energia livre*, tendente a circular sem barreiras de uma representação para outra, em energia ligada* (*ver*: identidade de percepção – identidade de pensamento). A passagem do princípio de prazer para o princípio de realidade não suprime, porém, o primeiro. Por um lado, o princípio de realidade garante a obtenção das satisfações no real e, por outro, o princípio de prazer continua a reinar em um amplo campo de atividades psíquicas, espécie de domínio reservado entregue à fantasia e que funciona segundo as leis do processo primário*: o inconsciente*.

É esse o modelo mais geral elaborado por Freud no quadro do que ele mesmo chamou "psicologia genética" (1*b*). Ele assinala que esse esquema se aplica de forma diferente conforme se encare a evolução das pulsões sexuais ou a evolução das pulsões de autoconservação*. Se estas, no seu desenvolvimento, são progressivamente levadas a reconhecer plenamente o domínio do princípio de realidade, as pulsões sexuais, por sua vez, só se "educariam" com atraso e sempre de modo imperfeito. Disso resultaria, secundariamente, que as pulsões sexuais continuariam a ser o domínio privilegiado do princípio de prazer, enquanto as pulsões de autoconservação representariam rapidamente, no seio do aparelho psíquico, as exigências da realidade. Enfim, o conflito psíquico entre o ego e o recalcado teria raízes no dualismo pulsional, que corresponderia também ao dualismo dos princípios.

Apesar da aparente simplicidade, essa concepção levanta dificuldades que muitas indicações na obra do próprio Freud já dão a entender.

1. No que diz respeito às *pulsões*, a ideia de que as pulsões sexuais e as pulsões de autoconservação evoluem segundo um mesmo esquema não parece de modo nenhum satisfatória. Não se vê muito bem o que seria para as pulsões de autoconservação esse primeiro momento regido apenas pelo princípio de prazer: não seriam elas logo orientadas para o objeto real satisfatório, como o próprio Freud indicou para distingui-las das pulsões sexuais (2)? Inversamente, o nexo entre a sexualidade* e a fantasia* é tão essencial que a ideia de uma aprendizagem progressiva da realidade torna-se aqui fortemente contestável, como demonstra, aliás, a experiência analítica.

Muitas vezes colocou-se a questão de saber se a criança jamais iria procurar um objeto real se pudesse satisfazer-se à vontade na modalidade alucinatória. A concepção que faz surgir a pulsão sexual da pulsão de autoconservação, numa relação dupla de apoio* e de separação, permite esclarecer esse difícil problema. Esquematicamente, as funções de autoconservação põem em jogo montagens de comportamentos, esquemas perceptivos que visam, de saída, embora de forma inábil, a um objeto real adequado (o seio, o alimento). A pulsão sexual nasce de modo marginal no decorrer da realização dessa função natural; só se torna verdadeiramente autônoma no movimento que a separa da função e do objeto, repetindo o prazer na modalidade do autoerotismo* e visando agora às representações eletivas que se organizam em fantasia. Vemos assim que, nessa perspectiva, a ligação entre os dois tipos de pulsões considerados e os dois princípios não surge de modo nenhum como uma aquisição secundária; é desde o início estreita a ligação entre autoconservação e realidade; inversamente, o momento de emergência da sexualidade coincide com o da fantasia e da realização alucinatória do desejo.

2. Muitas vezes se atribuiu a Freud, para criticá-la, a ideia de que o ser humano teria de sair de um hipotético estado em que realizaria uma espécie de sistema fechado votado exclusivamente ao prazer "narcísico"* para ter acesso, não se sabe por que caminho, à realidade. Essa representação é desmentida por diversas formulações freudianas: existe desde a origem, pelo menos em certos setores, e particularmente no da percepção, um acesso ao real. Não proviria a contradição do fato de, no campo de investigação propriamente psicanalítica, a problemática do real se colocar em termos muito diferentes daqueles de uma psicologia que tome como objeto a análise do comportamento da criança? Aquilo que Freud colocaria indevidamente como uma generalidade válida para o conjunto da gênese do sujeito humano retomaria o seu valor ao nível, inicialmente desreal, do desejo inconsciente. É na evolução da sexualidade humana, na sua estruturação pelo complexo de Édipo*, que Freud procura as condições do acesso àquilo que chama "pleno amor de objeto". O significado de um princípio de realidade capaz de modificar o curso do desejo sexual dificilmente pode ser apreendido além dessa referência à dialética do Édipo e às suas identificações* correlativas (ver: objeto).

3. Freud atribui um papel importante à noção de *prova de realidade**, mas sem jamais ter elaborado uma teoria coerente a seu respeito e sem ter mostrado bem a sua relação com o princípio de realidade. No uso dessa noção vemos mais nitidamente ainda como ela pode abranger duas direções de pensamento muito diferentes: uma teoria genética da aprendizagem da realidade, de um "pôr à prova da realidade" a pulsão (como se ela procedesse por "tentativas e erros") e uma teoria quase transcendental que trata da constituição do objeto através de toda uma série de oposições: interior-exterior, agradável-desagradável, introjeção-projeção (*para a discussão desse problema*, ver: prova de realidade; ego-prazer – ego-realidade).

4. Na medida em que Freud, com a sua última tópica, define o *ego* como uma diferenciação do id que resultaria do contato direto com a realidade exterior, faz dele a instância à qual está entregue a tarefa de garantir a supremacia do princípio de realidade. O ego "[...] intercala, entre a reivindicação pulsional e a ação que proporciona a satisfação, a atividade de pensamento que, tendo-se orientado para o presente e utilizado as experiências anteriores, tenta adivinhar por ações de prova o resultado do que pretende fazer. O ego consegue deste modo discernir se a tentativa de obter a satisfação deve ser efetuada ou adiada, ou se a reivindicação da pulsão não deverá ser pura e simplesmente reprimida como perigosa (*princípio* de realidade)" (3). Essa formulação representa a expressão mais nítida da tentativa de Freud para fazer depender do ego as funções adaptativas do indivíduo (*ver*: ego, VI). Essa concepção levanta dois tipos de reservas: por um lado, não é

certo que a aprendizagem das exigências da realidade deva ser inteiramente atribuída a uma instância da personalidade psíquica cuja gênese e cuja função estão marcadas por identificações e conflitos; por outro lado, no campo específico da psicanálise, a noção de realidade não teria sido profundamente renovada por descobertas tão fundamentais como a do complexo de Édipo e a de uma constituição progressiva do objeto libidinal? Aquilo que, em psicanálise, se entende por "acesso à realidade" não poderia ser reduzido à ideia de um poder de discriminação entre o irreal e o real, nem à de um pôr à prova de fantasias e desejos inconscientes no contato com um mundo exterior que, afinal, seria o único a fazer lei.

(1) FREUD (S.). – *a*) GW, VIII, 231-2; SE, XII, 219. – *b*) GW, VIII, 235; SE, XII, 223.
(2) *Cf.* FREUD (S.), *Triebe und Triebschicksale* 1915. GW, X, 227, n.; SE, XIV, 134-5; Fr., 57.
(3) FREUD (S.), *Abriss der Psychoanalyse*, 1938. GW, XVII, 129; SE, XXIII, 199; Fr., 74.

PROCESSO PRIMÁRIO, PROCESSO SECUNDÁRIO

= *D.*: Primärvorgang, Sekundärvorgang. – *F.*: processus primaire, processus secondaire. –*En.*: primary process, secondary process. – *Es.*: proceso primario, proceso secundario. – *I.*: processo primario, processo secondario.

• *Os dois modos de funcionamento do aparelho psíquico, tais como foram definidos por Freud. Podemos distingui-los radicalmente:*
a) do ponto de vista tópico: o processo primário caracteriza o sistema inconsciente, e o processo secundário caracteriza o sistema pré-consciente-consciente;
b) do ponto de vista econômico-dinâmico: no caso do processo primário, a energia psíquica escoa-se livremente, passando sem barreiras de uma representação para outra segundo os mecanismos de deslocamento e de condensação; tende a reinvestir plenamente as representações ligadas às vivências de satisfação constitutivas do desejo (alucinação primitiva). No caso do processo secundário, a energia começa por estar "ligada" antes de se escoar de forma controlada; as representações são investidas de uma maneira mais estável, a satisfação é adiada, permitindo assim experiências mentais que põem à prova os diferentes caminhos possíveis de satisfação.
A oposição entre processo primário e processo secundário é correlativa da oposição entre princípio de prazer e princípio de realidade.

■ A distinção freudiana entre processo primário e processo secundário é contemporânea à descoberta dos processos inconscientes, à qual fornece a sua primeira expressão teórica. Está presente desde o *Projeto para uma psicologia científica* (*Entwurf einer Psychologie*, 1895), é desenvolvida no

PROCESSO PRIMÁRIO, PROCESSO SECUNDÁRIO

capítulo VII de *A interpretação de sonhos* (*Die Traumdeutung*, 1900) e permanecerá como uma referência imutável do pensamento freudiano.

O estudo da formação dos sintomas e a análise dos sonhos levam Freud a reconhecer um tipo de funcionamento mental que apresenta os seus mecanismos próprios, que é regido por certas leis e é muito diferente dos processos de pensamento que se oferecem à observação psicológica tradicional. Esse modo de funcionamento, particularmente evidenciado pelo sonho, caracteriza-se não por uma ausência de sentido, como afirmava a psicologia clássica, mas por um incessante deslizar de sentido. Os mecanismos em ação são, por um lado, o deslocamento* – pelo qual, a uma representação muitas vezes aparentemente insignificante, podem ser atribuídos todo o valor psíquico, o significado e a intensidade originalmente atribuídos a outra – e, por outro lado, a condensação* – numa representação única podem confluir todos os significados trazidos pelas cadeias associativas que se cruzam. A sobredeterminação* do sintoma oferece outro exemplo desse modo de funcionamento próprio do inconsciente.

Foi também o modelo do sonho que levou Freud a postular que a finalidade do processo inconsciente era estabelecer, pelos caminhos mais curtos, uma identidade de percepção*, isto é, reproduzir, na modalidade alucinatória, as representações a que a vivência de satisfação* original atribuiu um valor privilegiado.

É em oposição a esse modo de funcionamento mental que podem ser descritas como processos secundários funções classicamente descritas em psicologia como o pensamento da vigília, a atenção, o juízo, o raciocínio, a ação controlada. No processo secundário, é a identidade de pensamento* que é procurada: "O pensamento deve procurar as vias de ligação entre as representações sem se deixar iludir pela intensidade delas" (1). Nessa perspectiva, o processo secundário constitui uma modificação do processo primário. Desempenha uma função reguladora que se torna possível com a constituição do ego, cujo principal papel é inibir o processo primário (*ver*: ego). Nem por isso todos os processos em que intervém o ego devem ser descritos como processos secundários. De início, Freud mostrou claramente como o ego sofria o jugo do processo primário, especialmente nos modos de defesa patológicos. O caráter primário da defesa assinala-se então clinicamente pelo seu aspecto compulsivo e, em termos econômicos, pelo fato de a energia posta em jogo procurar descarregar-se de forma total, imediata, pelos caminhos mais curtos (α): "O investimento de desejo que chega à alucinação; o pleno desenvolvimento do desprazer, que implica que a defesa seja totalmente consumida – nós os designamos pelo termo *processos psíquicos primários*. Por outro lado, os processos possibilitados só por um bom investimento do ego e que representam uma moderação dos precedentes, nós os denominamos *processos psíquicos secundários*" (2*a*).

A oposição entre processo primário e processo secundário corresponde à oposição entre os dois modos de circulação da energia psíquica: energia livre e energia ligada*. Deve igualmente ser posta em paralelo com a oposição entre princípio de prazer e princípio de realidade*.

★

Os termos "primário" e "secundário" têm implicações temporais e mesmo genéticas. Essas implicações acentuam-se em Freud no quadro da segunda teoria do aparelho psíquico, em que o ego é definido como resultado de uma diferenciação progressiva do id*.

A questão, no entanto, está presente desde o primeiro modelo teórico freudiano. É assim que, no *Projeto*, os dois tipos de processos parecem corresponder não apenas a modos de funcionamento ao nível das representações, mas a duas *etapas* na diferenciação do aparelho neurônico e mesmo na evolução do organismo. Freud distingue uma "função primária" em que o organismo e a parte especializada dele, que é o sistema neurônico, funcionam segundo o modelo do "arco reflexo" (descarga imediata e total da quantidade de excitação) e uma "função secundária" (fuga das excitações externas, ação específica que é a única que pode pôr fim à tensão interna e que supõe um certo armazenamento de energia): "[...] todas as realizações do sistema neurônico devem ser encaradas do ponto de vista quer da função primária, quer da função secundária imposta pela urgência da vida [*Not des Lebens*]" (2*b*). Freud dificilmente podia escapar ao que se apresentava para ele como uma exigência científica fundamental: inserir a sua descoberta dos processos psíquicos primário e secundário numa concepção biológica que apelasse para modalidades de resposta de um organismo ao afluxo de excitação. Essa tentativa tem como consequência afirmações pouco sustentáveis no plano biológico: por exemplo, o arco reflexo concebido como transmitindo à sua extremidade motora a mesma quantidade de excitação que recebeu da sua extremidade sensorial, ou, a um nível mais fundamental, a ideia de que um organismo possa conhecer uma etapa em que funcionaria exclusivamente segundo o princípio da evacuação total da energia que recebe, de modo que, paradoxalmente, seria a "urgência da vida" que tornaria possível o aparecimento do ser vivo (*ver*: princípio de constância).

Note-se, no entanto, que mesmo quando está mais apegado aos seus modelos biológicos Freud não assimila as "funções" primária e secundária do organismo aos "processos" primário e secundário, os quais considera duas modalidades de funcionamento do psiquismo, do sistema ψ (2*c*).

▲ (α) Freud, no *Projeto*, qualifica igualmente o processo primário como processo "pleno" ou total (*voll*).

(1) Freud (S.), GW, II-III, 607-8; SE, V, 602; Fr., 491.
(2) Freud (S.), *Aus den Anfängen der Psychoanalyse*, 1895. – *a*) Al., 411; Ing., 388; Fr., 344. – *b*) Al., 381; Ing., 358; Fr., 317. – *c*) *Cf.* Al., 409-11; Ing., 386-9; Fr., 342-4.

PROJEÇÃO

= *D.*: Projektion. – *F.*: projection. – *En.*: projection. – *Es.*: proyección. – *I.*: proiezione.

PROJEÇÃO

• A) **Termo utilizado num sentido muito geral em neurofisiologia e em psicologia para designar a operação pela qual um fato neurológico ou psicológico é deslocado e localizado no exterior, quer passando do centro para a periferia, quer do sujeito para o objeto. Esse sentido compreende acepções bastante diferentes (ver: comentário).**

B) **No sentido propriamente psicanalítico, operação pela qual o sujeito expulsa de si e localiza no outro – pessoa ou coisa – qualidades, sentimentos, desejos e mesmo "objetos" que ele desconhece ou recusa nele. Trata-se de uma defesa de origem muito arcaica, que vamos encontrar em ação particularmente na paranoia, mas também em modos de pensar "normais", como a superstição.**

▪ I – O termo "projeção" tem hoje uma utilização muito extensa, quer em psicologia, quer em psicanálise; compreende diversas acepções, que são mal distinguidas umas das outras, como tem sido muitas vezes observado. Conviria enumerarmos, limitando-nos de início a um nível semântico, o que é designado por "projeção":

a) Em *neurologia*, fala-se de projeção num sentido derivado daquele da geometria, em que o termo designa uma correspondência ponto por ponto entre uma figura no espaço e uma figura plana, por exemplo. Assim, diremos que determinada área cerebral constitui a projeção de determinado aparelho somático, receptor ou transmissor. Designa-se desse modo uma correspondência que se pode estabelecer segundo leis definidas ou ponto por ponto ou de estrutura a estrutura, e isso tanto numa direção centrípeta como centrífuga.

b) Uma segunda acepção deriva dessa, mas já implica um movimento do centro para a periferia. Houve quem dissesse, numa linguagem psicofisiológica, que as sensações olfativas, por exemplo, são localizadas por projeção ao nível do aparelho receptor. Freud fala nesse mesmo sentido de uma "sensação de prurido ou de excitação de *origem central* projetada na zona erógena periférica" (1). Na mesma perspectiva, podemos definir, como fazem H. B. English e A. C. English, a projeção "excêntrica" como "localização de um dado sensorial na posição que o objeto estímulo ocupa no espaço mais do que no ponto de estimulação sobre o corpo" (2*a*).

Em *psicologia*, fala-se de projeção para designar os processos seguintes:

c) O sujeito percebe o meio ambiente e responde a ele em função dos seus próprios interesses, aptidões, hábitos, estados afetivos duradouros ou momentâneos, expectativas, desejos etc. Essa correlação do *Innenwelt* e do *Umwelt* é uma das aquisições da biologia e da psicologia modernas, especialmente sob o impulso da "psicologia da forma". Ela se verifica a todos os níveis do comportamento: um animal seleciona no campo perceptivo certos estímulos privilegiados que orientam todo o seu comportamento; determinado homem de negócios considerará todos os objetos do ponto de vista do que se pode comprar ou vender ("deformação profissional"); o homem bem-humorado tende a ver a "vida cor-de-rosa" etc. Mais profundamente, podem aparecer no comportamento manifesto estruturas ou traços essenciais da personalidade. É esse fato que está na base das chamadas técnicas projetivas: o desenho da criança revela a sua personalidade; nas provas estandardizadas que são os testes projetivos propriamente ditos (Rorschach, ou TAT, por exemplo) o sujeito é posto na presença de situações pouco estruturadas e de estímulos ambíguos, o que permite "[...] ler, segundo regras de decifração próprias do tipo proposto de material e de atividade criadora, certos traços do seu caráter e certos sistemas de organização do seu comportamento e das suas emoções" (3).

d) O sujeito mostra pela sua atitude que assimila determinada pessoa a outra: diz-se então, por exemplo, que ele "projeta" a imagem do pai sobre o patrão. Designa-se assim, de maneira pouco apropriada, um fenômeno que a psicanálise descobriu sob o nome de *transferência*.

e) O sujeito assimila-se a pessoas estranhas, ou, inversamente, assimila a si mesmo pessoas, seres animados ou inanimados. Diz-se assim correntemente que o leitor de romances se projeta neste ou naquele herói e, no outro sentido, que La Fontaine, por exemplo, projetou nos animais das suas *Fábulas* sentimentos e raciocínios antropomórficos. Esse processo deveria antes ser classificado no campo daquilo que os psicanalistas chamam de *identificação*.

f) O sujeito atribui a outros as tendências, os desejos etc., que desconhece em si mesmo: o racista, por exemplo, projeta no grupo desprezado as suas próprias falhas e as suas inclinações inconfessadas. Este sentido, que English e English designam por *disowning projection* (2*b*), parece ser o mais próximo daquilo que Freud descreveu sob o nome de *projeção*.

II – Freud invocou a projeção para explicar diferentes manifestações da psicologia normal e patológica:

1) A projeção foi descoberta primeiro na *paranoia*. Freud consagra a essa afecção, já em 1895-1896, dois curtos escritos (4*a*) e o capítulo III das suas *Novas observações sobre as psiconeuroses de defesa* (*Weitere Bemerkungen über die Abwehr-Neuropsychosen*, 1896). A projeção é descrita como uma defesa primária, um mau uso de um mecanismo normal que consiste em procurar no exterior a origem de um desprazer. O paranoico projeta as suas representações intoleráveis que voltam a ele do exterior sob a forma de recriminações: "[...] o conteúdo efetivo mantém-se intato, mas há uma mudança na localização do conjunto" (4*b*). Em todas as ocasiões ulteriores em que Freud trata da paranoia, invoca a projeção, particularmente no estudo do *Caso Schreber*. Mas note-se a forma como Freud limita então o papel da projeção: ela é apenas uma parte do mecanismo da defesa paranoica e não está igualmente presente em todas as formas da afecção (5*a*).

2) Em 1915, Freud descreve o conjunto da construção *fóbica* como uma verdadeira "projeção" no real do perigo pulsional: "O ego comporta-se como se o perigo de desenvolvimento da angústia não proviesse de uma moção pulsional, mas de uma percepção, e pode portanto reagir contra este perigo exterior pelas tentativas de fuga próprias aos evitamentos fóbicos" (6).

3) Freud vê o funcionamento da projeção naquilo que denomina "ciúme projetivo" – distinguindo-o tanto do ciúme normal quanto do delírio de ciúme paranoico (7): o sujeito defende-se dos próprios desejos de ser infiel imputando a infidelidade ao cônjuge; assim, desvia a sua atenção do próprio inconsciente, desloca-a para o inconsciente do outro, e pode ganhar com isso tanta clarividência no que diz respeito ao outro como desconhecimento no que diz respeito a ele mesmo. Portanto, às vezes é impossível, e sempre ineficaz, denunciar a projeção como uma percepção errada.

4) Por diversas vezes, Freud insistiu no caráter *normal* do mecanismo da projeção. É assim que ele vê, na superstição, na mitologia, no "animismo", uma projeção. "O obscuro conhecimento (por assim dizer, a percepção endopsíquica) dos fatores psíquicos e das relações que existem no inconsciente reflete-se [...] na construção de uma *realidade suprassensível* que deve ser retransformada pela ciência *em psicologia do inconsciente*" (8).

5) Por fim, só em raras ocasiões Freud invoca a projeção a propósito da situação analítica. Nunca designa a transferência em geral como uma projeção, e usa este último termo apenas para exprimir um fenômeno especial que se relaciona com ela: o sujeito atribui ao seu analista palavras ou pensamentos que na realidade são dele (por exemplo: "você vai pensar que..., mas não é verdade...") (9*a*).

Vemos por esse inventário que Freud dá à projeção um sentido bastante restrito, embora a encontre em diversos domínios. A projeção aparece sempre como uma defesa, como a atribuição ao outro – pessoa ou coisa – de qualidades, de sentimentos, de desejos que o sujeito recusa ou desconhece em si. O exemplo do animismo é o que melhor demonstra que Freud não toma a projeção no sentido de uma simples assimilação do outro à própria pessoa. Com efeito, muitas vezes se explicaram as crenças animistas pela suposta incapacidade dos primitivos de conceberem a natureza de outra maneira que não segundo o modelo humano; do mesmo modo, a propósito da mitologia, diz-se frequentemente que os antigos "projetavam" nas forças da natureza as qualidades e paixões humanas. Mas Freud – e esta é a sua maior contribuição – insiste em que tal assimilação tem o seu princípio e o seu fim num *desconhecimento*: os "demônios", as "almas do outro mundo", encarnariam os maus desejos inconscientes.

III – Na maior parte das ocasiões em que Freud fala de projeção evita tratar do problema no seu conjunto. Explica-se, a esse propósito, no *Caso Schreber*: "[...] visto que a compreensão da projeção implica um problema psicológico mais geral, decidimos pôr de lado, para o estudarmos em outro contexto, o problema da projeção e, com ele, o mecanismo da formação do sintoma paranoico em geral" (5*b*). Esse estudo talvez tenha sido escrito, mas nunca foi publicado. No entanto, diversas vezes Freud deu indicações sobre a metapsicologia da projeção. Podemos tentar agrupar assim os elementos da sua teoria e os problemas colocados por ela:

1) A projeção encontra o seu princípio mais geral na concepção freudiana da pulsão. Sabemos que, para Freud, o organismo está submetido a

duas espécies de excitações geradoras de tensão: aquelas de que pode fugir e de que se pode proteger, e aquelas de que não pode fugir e contra as quais não existe inicialmente aparelho protetor ou para-excitações*; é esse o primeiro critério do interior e do exterior. A projeção aparece então como o meio de defesa originário contra as excitações internas cuja intensidade as torna demasiadamente desagradáveis; o sujeito projeta-as para o exterior, o que lhe permite fugir (evitamento fóbico, por exemplo) e proteger-se delas. Existe "[...] uma inclinação para tratá-las como se não agissem a partir do interior, mas sim do exterior, para poder utilizar contra elas o meio de defesa do para-excitações. É essa a origem da projeção" (10). A contrapartida desse benefício é, como Freud notou, que o sujeito se vê obrigado a dar pleno crédito ao que desde então está submetido às categorias do real (4c).

2) Freud atribui um papel essencial à projeção, de par com a introjeção*, na gênese da oposição sujeito (ego)-objeto (mundo exterior). O sujeito "[...] assume no seu ego os objetos que se apresentam a ele na medida em que são fonte de prazer, introjeta-os (segundo a expressão de Ferenczi) e, por outro lado, expulsa de si o que no seu próprio interior é ocasião de desprazer (mecanismo da projeção)" (11). Esse processo de introjeção e de projeção exprime-se "na linguagem da pulsão oral" (9b) pela oposição ingerir-rejeitar. É essa a etapa daquilo que Freud chamou de "ego-prazer purificado" (ver: ego-prazer – ego-realidade). Os autores que consideram essa concepção freudiana numa perspectiva cronológica se perguntam se o movimento projeção-introjeção pressupõe a diferenciação entre dentro e fora, ou se a constitui. É assim que Anna Freud escreve: "Pensamos que a introjeção e a projeção aparecem na época que se segue à diferenciação do ego em relação ao mundo exterior" (12). Opõe-se assim à escola de Melanie Klein, que situou em primeiro plano a dialética da introjeção-projeção do "bom" e do "mau" objeto*, e nela viu o próprio fundamento da diferenciação interior-exterior.

IV – Freud, portanto, indicou qual é, a seus olhos, o fator propulsor metapsicológico da projeção. Mas a sua concepção deixa em suspenso uma série de questões fundamentais, para as quais não seria possível encontrar nele uma resposta unívoca.

1) A primeira dificuldade diz respeito àquilo que é projetado. Freud frequentemente descreve a projeção como a deformação de um processo normal que nos leva a procurar no mundo exterior a causa dos nossos afetos; é desse modo que ele parece conceber a projeção quando a vê atuar na fobia. Em contrapartida, na análise do mecanismo paranoico, tal como a encontramos no estudo do Caso Schreber, o apelo para a causalidade surge como uma racionalização a posteriori da projeção: "[...] a proposição 'eu o odeio' é transformada, por projeção, em 'ele me odeia' (ele me persegue), o que me vai então conceder o direito de odiá-lo" (5c). Nesse caso, é o afeto de ódio (por assim dizer, a própria pulsão) que é projetado. Por fim, nos textos metapsicológicos como Pulsões e destinos das pulsões (Triebe und Triebschicksale, 1915) e A negação (Die Verneinung, 1925), é o "odiado", o

"mau" que é projetado. Estamos então muito próximos de uma concepção "realista" da projeção, que será plenamente desenvolvida por M. Klein: para ela, é o "mau" objeto – fantasístico – que é projetado, como se a pulsão ou o afeto, para serem verdadeiramente expulsos, devessem necessariamente encarnar num *objeto*.

2) A segunda dificuldade principal é ilustrada na concepção freudiana da paranoia. Na verdade, Freud nem sempre situa a projeção no mesmo lugar no conjunto do processo defensivo dessa afecção. Nos primeiros textos em que trata da projeção paranoica, concebe-a como um mecanismo de defesa primária cujo caráter se esclarece por oposição ao recalque que atua na neurose obsessiva: nesta neurose, a defesa primária consiste num recalque no inconsciente do conjunto da lembrança patogênica e na substituição desta por um "sintoma primário de defesa", a desconfiança de si. Na paranoia, a defesa primária deve ser compreendida de forma simétrica; existe igualmente recalque, mas no mundo exterior, e o sintoma primário de defesa é a desconfiança em relação ao outro. O delírio, por sua vez, é concebido como um fracasso dessa defesa e como um "retorno do recalcado" que viria do exterior (4*d*).

No *Caso Schreber*, o lugar da projeção é muito diferente; ela é descrita no tempo da "formação do sintoma". Essa concepção resultaria em aproximar o mecanismo da paranoia do mecanismo das neuroses. Num primeiro momento, o sentimento insuportável (amor homossexual) seria recalcado no interior, no inconsciente, e transformado no seu contrário; num segundo momento, seria projetado no mundo exterior; a projeção, então, é o modo pelo qual o que está recalcado no inconsciente retorna.

Essa diferença na concepção do mecanismo da paranoia permite pôr em relevo duas acepções da projeção:

a) Num sentido comparável ao sentido cinematográfico: o sujeito envia para fora a imagem do que existe nele de forma inconsciente. A projeção define-se como um modo de desconhecimento, tendo como contrapartida o conhecimento em outrem daquilo que, precisamente, o sujeito desconhece em si mesmo;

b) Como um processo de expulsão quase real: o sujeito lança para fora de si aquilo que não quer e o encontra a seguir no mundo exterior. Poderíamos dizer esquematicamente que a projeção não se define como "não querer conhecer", mas como "não querer ser".

A primeira perspectiva faz da projeção uma ilusão, a segunda enraíza-a numa bipartição originária do sujeito e do mundo exterior.

Esta segunda maneira de ver não está ausente, aliás, do estudo do *Caso Schreber*, como o atestam estas linhas: "Não era exato dizer que a sensação reprimida no interior era projetada para o exterior; antes reconhecemos que o que foi abolido [*aufgehobene*] no interior volta do exterior" (5*d*). Note-se que, nessa passagem, Freud designa por projeção o que acabamos de descrever como um modo de simples desconhecimento; mas, nessa medida, ele acha precisamente que ela já não basta para explicar a psicose.

3) Encontraríamos uma dificuldade nova com a teoria freudiana da alucinação e do sonho como projeção. Se, como Freud insiste, é o desagradável que é projetado, como explicar a projeção de uma realização de desejo? O problema não escapou a Freud, que lhe dá uma resposta que poderíamos formular do seguinte modo: se o sonho realiza, no seu conteúdo, um desejo agradável, na sua função primária ele é defensivo: tem por objetivo, em primeiro lugar, manter a distância o que ameaça perturbar o sono: "[...] no lugar da solicitação interna que pretendia ocupá-lo [o indivíduo que dorme] inteiramente, instalou-se uma experiência externa, e ele desembaraçou-se da solicitação desta. Um sonho é, portanto, entre outras coisas, também uma projeção: uma exteriorização de um processo interno" (13).

v – 1) Apesar dessas dificuldades fundamentais, o uso freudiano do *termo* "projeção" é, como vemos, nitidamente orientado. Trata-se sempre de rejeitar para fora o que se recusa reconhecer em si ou o que se recusa ser. Ora, parece que esse sentido de rejeição, de ejeção, não era o predominante antes de Freud no uso linguístico, como o atestariam, por exemplo, estas linhas de Renan: "A criança projeta em todas as coisas o maravilhoso que tem em si." Esse uso sobreviveu, naturalmente, à concepção freudiana, e explica certas ambiguidades atuais do termo "projeção" em psicologia, e mesmo às vezes entre os psicanalistas (α).

2) Ainda que nos preocupemos em conservar o sentido bem determinado do conceito de projeção que Freud lhe dá, nem por isso pretendemos negar a existência de todos os processos que classificamos e distinguimos acima (*cf.* I). Por outro lado, o psicanalista não deixa de mostrar que a projeção, como rejeição, como desconhecimento, atua nesses diversos processos.

Já a projeção num órgão do corpo de um estado de tensão, de um sofrimento difuso, permite a sua fixação e o desconhecimento da sua verdadeira origem (*cf. supra*, I, *b*).

Do mesmo modo, seria fácil demonstrar, a propósito de testes projetivos (*cf. supra*, I, *c*), que não se trata então apenas de estruturação de estímulos em correspondência com a estrutura da personalidade; o sujeito, particularmente nos quadros do T A T, certamente projeta aquilo que ele é, mas também aquilo que recusa ser. Poderíamos até perguntar se a técnica projetiva não suscitaria de preferência o mecanismo de projeção do que é "mau" para o exterior.

Note-se ainda que um psicanalista não irá assimilar a transferência no seu conjunto a uma projeção (*cf. supra*, I, *d*); em compensação, reconhecerá como a projeção nela pode desempenhar um certo papel. Por exemplo, dirá que o sujeito projeta no seu analista o seu superego e encontra nessa expulsão uma situação mais vantajosa, um alívio para o seu debate interior.

Por fim, as relações entre a identificação e a projeção são muito intricadas, em parte devido a um uso pouco rigoroso da terminologia. Diz-se, às vezes, indiferentemente, que o histérico, por exemplo, *projeta-se em* ou *se identifica com* determinado personagem. A confusão é tal que Ferenczi chegou mesmo a falar de introjeção para designar este processo. Sem pretendermos de modo algum tratar da articulação dos dois mecanismos, da identificação e da projeção, é lícito pensar que se trata nesse caso de um emprego abusivo do termo "projeção". Na verdade, nele já não se encontra o que é sempre pressuposto na definição psicanalítica da projeção: uma bipartição no seio da pessoa e uma rejeição para o outro da parte da própria pessoa que se recusa.

▲ (α) Há uma anedota que poderia ilustrar essa confusão. No decorrer de um colóquio entre dois filósofos de duas tendências diferentes, um participante declara: "Então, nós não temos o mesmo programa?" "I hope not", responde um defensor do grupo oposto. No sentido psicológico corrente, dir-se-á que o primeiro "projetou"; no sentido freudiano, podemos supor que foi o segundo que projetou, na medida em que a sua tomada de posição testemunha uma recusa radical das ideias do seu interlocutor, ideias que teme encontrar em si próprio.

(1) Freud (S.), *Drei Abhandlungen zur Sexualtheorie*, 1915. GW, V, 85; SE, VII, 184; Fr., 78.

(2) English (H. B.) e English (A. C), *A Comprehensive Dictionary of Psychological and Psychoanalytical Terms*, 1958. – *a*) Artigo "Projection-Eccentric". – *b*) Artigo "Projection", 3.

(3) Anzieu (D.), *Les méthodes projectives*, PUF, Paris, 160, 2-3.

(4) Freud (S.), *Aus den Anfängen der Psychoanalyse*, 1887-1902. – *a*) Al., 118-24 e 163-4; Ing., 109-15 e 152-4; Fr., 98-102 e 135-6. – *b*) Al., 120; Ing., 111; Fr., 99. – *c*) Cf. Al., 118-24 e 163-4; Ing., 109-15 e 152-4; Fr., 98-102 e 135-6. – *d*) Cf. Al., 118-24 e 163-4; Ing., 109-15 e 152-4; Fr., 98-102 e 135-6.

(5) Freud (S.), *Psychoanalytische Bemerkungen über einen autobiographisch beschriebenen Fall von Paranoia*, 1911. – *a*) Cf. GW, VIII, 302-3; SE, XII, 66; Fr., 311. – *b*) GW, VIII, 303; SE, XII, 66; Fr., 311. – *c*) GW, VIII, 299; SE, XII, 63; Fr., 308. – *d*) GW, VIII, 508; SE, XII, 71; Fr., 315.

(6) Freud (S.), *Das Unbewusste*, 1915. GW, X, 283; SE, XIV, 184; Fr., 126.

(7) Cf. Freud (S.), *Über einige neurotische Mechanismen bei Eifersucht, Paranoia und Homosexualität*, 1922. GW, XIII, 195-8; SE, XVIII, 223-5; Fr., in RFP, 1932, V, 3, 391-3.

(8) Freud (S.), *Zur Psychopathologie des Alltagslebens*, 1901. GW, IV, 287-8; SE, VI, 158-9; Fr., 299.

(9) Cf. por exemplo: Freud (S.), *Die Verneinung*, 1925. – *a*) GW, XIV, 11; SE, XIX, 235; Fr., 174. – *b*) GW, XIV, 13; SE, XIX, 237; Fr., 175.

(10) Freud (S.), *Jenseits des Lustprinzips*, 1910. GW, XIII, 29; SE, XVII, 29; Fr., 32.

(11) Freud (S.), *Triebe und Tribschicksale*, 1915. GW, X, 228; SE. XIV, 136; Fr., 58.

(12) Freud (S.), *Das Ich und die Abwehrmechanismen*, 1936. Fr.: *Le moi et les mécanismes de défense*, Paris, PUF, 1949, 47.

(13) Freud (S.), *Metapsyhologische Ergänzung zur Traumlehre*, 1917. GW, X 414; SE, XIV, 223; Fr., 165.

PROVA DE REALIDADE

= *D.*: Realitätsprüfung. – *F.*: épreuve de réalité. – *En.*: reality-testing. – *Es.*: prueba de realidad. – *I.*: esame di realtà.

PROVA DE REALIDADE

- *Processo, postulado por Freud, que permite ao sujeito distinguir os estímulos provenientes do mundo exterior dos estímulos internos, e evitar a confusão possível entre o que o sujeito percebe e o que não passa de representações suas, confusão que estaria na origem da alucinação.*

■ O termo *Realitätsprüfung* só aparece em 1911, em *Formulações sobre os dois princípios do funcionamento mental* (*Formulierungen über die zwei Prinzipien des psychisches Geschehens*), mas o problema a que está ligado é colocado logo nos primeiros escritos teóricos de Freud.

Um dos pressupostos fundamentais do *Projeto* de 1895 é o de que, na origem, o aparelho psíquico não dispõe de critério para distinguir entre uma *representação* fortemente investida do objeto satisfatório (*ver*: vivência de satisfação) e a *percepção* dele. Evidentemente, a percepção (que Freud refere a um sistema especializado do aparelho neurônico) está diretamente relacionada com os objetos exteriores reais e fornece "sinais de realidade", mas estes podem ser igualmente provocados pelo investimento de uma lembrança, que, quando é suficientemente intenso, resulta em alucinação. Para que o sinal de realidade (também chamado sinal de qualidade) tenha o valor de critério seguro, é necessário que se produza uma inibição do investimento da lembrança ou da imagem, o que supõe a constituição de um ego.

Vemos que, nessa fase do pensamento freudiano, não é uma "prova" que decide sobre a realidade do que é representado, mas um modo de funcionamento interno do aparelho psíquico. Em *A interpretação de sonhos* (*Die Traumdeutung*, 1900), o problema é colocado em termos análogos; a realização alucinatória do desejo, particularmente no sonho, é concebida como o resultado de uma "regressão" tal que o sistema perceptivo se acha investido pelas excitações internas.

Só em *Suplemento metapsicológico à teoria dos sonhos* (*Metapsychologische Ergänzung zur Traumlehre*, 1917), o problema é discutido de maneira mais sistemática:

1. Como uma representação, no sonho e na alucinação, acarreta a crença na sua realidade? A regressão só constitui uma explicação na medida em que há reinvestimento, não apenas de imagens mnésicas, mas do próprio sistema Pc-Cs.

2. A prova de realidade é definida como um dispositivo (*Einrichtung*) que permite fazer uma discriminação entre as excitações externas, sobre as quais tem domínio a ação motora, e as excitações internas, que não pode suprimir. Esse dispositivo é ligado ao sistema Cs na medida em que ele dirige a motilidade; Freud classifica-o "entre as grandes instituições do ego" (1*a*, α).

3. Nas perturbações alucinatórias e no sonho, a prova de realidade pode ser posta fora de condição de funcionamento na medida em que o afastar-se da realidade, total ou parcialmente, está em relação com um estado de desinvestimento do sistema Cs; este acha-se, então, livre para to-

dos os investimentos que lhe chegam do interior. "As excitações que [...] tomaram o caminho da regressão encontram este caminho livre até o sistema Cs, em que assumirão o valor de uma realidade incontestada" (1*b*).

Parece que coexistem nesse texto duas concepções diferentes daquilo que permite discriminar percepção e representação de origem interna. Por um lado, uma concepção econômica; é uma distribuição diferente dos investimentos entre os sistemas que explica a diferença entre o sonho e o estado de vigília. Por outro lado, numa concepção mais empirista, a discriminação efetuar-se-ia por uma exploração motora.

Num dos seus últimos escritos, o *Esboço de psicanálise* (*Abriss der Psychoanalyse*, 1938), Freud voltou à questão. A prova de realidade é definida como um "dispositivo especial" que só passa a ser necessário depois que tenha surgido, para os processos internos, a possibilidade de informarem a consciência através de outros meios que não as variações quantitativas de prazer e desprazer (2*a*). "Como certos traços mnésicos, sobretudo pela sua associação com os restos verbais, podem tornar-se tão conscientes como certas percepções, subsiste uma possibilidade de confusão que pode resultar num desconhecimento da realidade. O ego protege-se dela graças ao dispositivo da *prova de realidade* [...]" (2*b*).

Nesse texto, Freud empenha-se em deduzir a razão de ser da prova de realidade, mas não em descrever no que consiste.

★

De fato, a expressão prova de realidade, utilizada muitas vezes na literatura psicanalítica com um aparente consenso quanto ao seu sentido, permanece indeterminada e confusa; faz-se referência a ela no âmbito de diferentes problemas que seria bom distinguir.

I – Se nos ativermos estritamente à formulação de Freud:

1. A prova de realidade é, a maioria das vezes, invocada a propósito da distinção entre alucinação e percepção;

2. No entanto, seria errôneo supor que a prova de realidade fosse capaz de fazer para o sujeito a discriminação entre alucinação e percepção. Quando se instauram o estado alucinatório ou o sonho, nenhuma "prova" pode pô-los em xeque. Parece, pois, que, nos casos em que a prova de realidade deveria teoricamente estar em condições de desempenhar um papel discriminativo, é de saída privada de eficácia (assim, no alucinado o recurso à ação motora como meio de distinguir o subjetivo do objetivo é inútil);

3. Freud é levado, portanto, a determinar as condições suscetíveis de evitar o próprio aparecimento do estado alucinatório, isto é, de impedir a passagem da revivescência da imagem para a crença na sua realidade. Mas, nesse caso, já não se trata de uma "prova" com a ideia, implícita no termo, de uma tarefa se desenvolvendo no tempo e suscetível de aproximação, de tentativas e erros. Como princípio explicativo, Freud recorre, então, a um conjunto de condições metapsicológicas, essencialmente tópicas e econômicas.

II – Para sairmos dessa aporia, poderíamos tentar ver, no modelo freudiano da satisfação alucinatória do lactente, não uma explicação do fato alucinatório tal como encontrado na clínica, mas uma hipótese genética relacionada com a constituição do ego através das diferentes modalidades da oposição entre o ego e o não ego.

Se tentarmos esquematizar com Freud essa constituição (*ver*: ego-prazer – ego-realidade), poderemos reconhecer nela três tempos: um primeiro tempo em que o acesso ao mundo real está aquém de toda problemática; "o ego-realidade do início distingue interior e exterior segundo um bom critério objetivo" (3). Existe uma "equação percepção-realidade (mundo exterior)" (2*c*). "Na origem, a existência da representação é uma garantia da realidade do representado" (4*a*), enquanto, interiormente, o ego só é informado pelas sensações de prazer e desprazer das variações quantitativas da energia pulsional.

Num segundo tempo, chamado do "ego-prazer", o par de oposição não é mais o subjetivo e o objetivo, mas o agradável e o desagradável, o ego sendo idêntico a tudo o que é fonte de prazer, e o não ego, a tudo o que desagrada. Freud não relaciona explicitamente essa etapa com a de satisfação "alucinada", mas parece que estamos autorizados a fazê-lo, visto que, para o "ego-prazer", não existe critério que permita distinguir se a satisfação está ou não ligada a um objeto exterior.

O terceiro tempo, denominado "ego-realidade definitivo", estaria em correlação com o aparecimento de uma distinção entre o que é simplesmente "representado" e o que é "percebido". A prova de realidade viria permitir essa distinção e, por isso mesmo, a constituição de um ego que se diferencia da realidade exterior no próprio movimento que o institui como realidade interna. É assim que, em *A negação* (*Die Verneinung*, 1925), Freud descreve a prova de realidade como origem do julgamento de existência (que afirma ou nega que uma representação encontre a sua correspondência na realidade). Ela se tornou necessária pelo fato de que "[...] o pensamento possui a capacidade de trazer de novo ao presente, pela reprodução na representação, alguma coisa que foi percebida anteriormente sem que seja necessário que o objeto se encontre ainda no exterior" (4*b*).

III – Na expressão prova de realidade, ainda parecem estar confundidas duas funções bastante diferentes; uma, fundamental, que consistiria em diferenciar o que é simplesmente representado do que é percebido e que instituiria, por esse fato, a diferenciação entre o mundo interior e o mundo exterior; e outra que consistiria em comparar o objetivamente percebido com o representado, de forma a *retificar* as eventuais deformações deste. O próprio Freud incluiu essas duas funções no mesmo capítulo de prova de realidade (4*c*). É assim que chama prova de realidade não apenas à ação motora, que é a única que pode garantir a distinção entre o externo e o interno (1*c*), mas ainda, no caso do luto, por exemplo, ao fato de o sujeito, confrontado com a perda do objeto amado, aprender a modificar o seu mundo pessoal, os seus projetos, os seus desejos, em função dessa perda real.

Dito isso, em nenhum lugar Freud explicitou essa distinção, e parece que a confusão imanente à noção de "prova de realidade" se conservou, e até se reforçou no uso contemporâneo. A expressão pode, de fato, levar a tomar a realidade por aquilo que vem pôr à prova, medir, avaliar o grau de realismo dos desejos e das fantasias do sujeito, servir de aferidor para eles. Somos levados então, no limite, a confundir a cura analítica com uma redução progressiva daquilo que o mundo pessoal do sujeito ofereceria de "desreal". Isso seria perder de vista um dos princípios constitutivos da psicanálise: "Não nos deixemos nunca levar a introduzir nas formações psíquicas recalcadas o aferidor de realidade; correríamos o risco de menosprezar o valor das fantasias na formação dos sintomas invocando precisamente que eles não são realidades, ou a fazer um sentimento de culpa neurótico derivar de outra origem porque não podemos provar a existência de um crime realmente cometido" (5). De fato, expressões como "realidade de pensamento" (*Denkrealität*), ou "realidade psíquica"*, vêm exprimir a ideia de que não apenas as estruturas inconscientes devem ser consideradas como tendo uma realidade específica que obedece às suas leis próprias, como podem mesmo assumir para o sujeito pleno valor de realidade (*ver*: fantasia).

▲ (α) Verifica-se uma certa hesitação em Freud quanto à situação tópica da prova de realidade. Em dado momento do seu pensamento emite a ideia interessante de que ela poderia depender do ideal do ego (6).

(1) FREUD (S.), – *a*) GW, X, 424; SE, XIV, 233; Fr., 184. – *b*) GW, X, 425; SE, XIV, 235; Fr., 186. – *c*) *Cf.* GW, X, 423-4; SE, XIV, 232; Fr., 183.

(2) FREUD (S.), – *a*) GW, XVII, 84; SE, XXIII, 162; Fr., 25. – *b*) GW, XVII, 130; SE, XXIII, 199; Fr., 74-5. – *c*) GW, XVII, 84; SE, XXIII, 162; Fr., 25.

(3) FREUD (S.), *Triebe und Triebschcksale*, 1915. GW, X, 228; SE, XIV, 136; Fr., 58.

(4) FREUD (S.), *Die Verneinung*, 1925. – *a*) GW, XIV, 14; SE, XIX, 237; Fr., 176. – *c*) *Cf.* GW, XIV, 14; SE, XIX, 237; Fr., 176.

(5) FREUD (S.), *Formulierungen über die zwei Prinzipien des psychischen Geschehens*, 1911. GW, VIII, 238; SE, XII, 225.

(6) *Cf.* por exemplo: FREUD (S.), *Massenpsychologie und Ich-Analyse*, 1921. GW, XIII, 126; SE, XVIII, 114; Fr., 128.

PSICANÁLISE

= *D*.: Psychoanalyse. – *F*.: psychanalyse. – *En*.: psycho-analysis. – *Es*.: psicoanálisis. – *I*.: psicoanalisi *ou* psicanalisi.

• *Disciplina fundada por Freud e na qual podemos, com ele, distinguir três níveis:*
  A) Um método de investigação que consiste essencialmente em evidenciar o significado inconsciente das palavras, das ações, das produções imaginárias (sonhos, fantasias, delírios) de um sujeito.

Esse método baseia-se principalmente nas associações livres* do sujeito, que são a garantia da validade da interpretação*. A interpretação psicanalítica pode estender-se a produções humanas para as quais não se dispõe de associações livres.

B) Um método psicoterápico baseado nessa investigação e especificado pela interpretação controlada da resistência*, da transferência* e do desejo*. O emprego da psicanálise como sinônimo de tratamento psicanalítico está ligado a este sentido; exemplo: começar uma psicanálise (ou uma análise).

C) Um conjunto de teorias psicológicas e psicopatológicas em que são sistematizados os dados introduzidos pelo método psicanalítico de investigação e de tratamento.

■ Freud empregou inicialmente os termos *análise, análise psíquica, análise psicológica, análise hipnótica* no seu primeiro artigo *As psiconeuroses de defesa* (*Die Abwehr-Neuropsychosen*, 1894) (1). Só mais tarde introduziu o termo *psychoanalyse* num artigo sobre a etiologia das neuroses publicado em francês (2). Em alemão, *Psychoanalyse* figura pela primeira vez em 1896 em *Novas observações sobre as psiconeuroses de defesa* (*Weitere Bemerkungen über die Abwehr-Neuropsychosen*) (3). O uso do termo "psicanálise" consagrou o abandono da catarse* sob hipnose e da sugestão e o recurso exclusivo à regra da associação livre para obter o material*.

Freud deu várias definições de psicanálise. Uma das mais claras encontra-se no início do artigo da *Enciclopédia* publicado em 1922: "Psicanálise é o nome:

"1. De um procedimento para a investigação de processos mentais que, de outra forma, são praticamente inacessíveis.

"2. De um método baseado nessa investigação para o tratamento de distúrbios neuróticos.

"3. De uma série de concepções psicológicas adquiridas por esse meio e que se somam umas às outras para formarem progressivamente uma nova disciplina científica" (4).

A definição proposta na abertura deste verbete reproduz de forma mais pormenorizada a que Freud apresenta em seu texto.

Sobre a escolha do termo *psicanálise*, nada melhor do que dar a palavra àquele que forjou o termo ao mesmo tempo que identificava a sua descoberta: "Chamamos psicanálise ao trabalho pelo qual levamos à consciência do doente o psíquico recalcado nele. Por que 'análise', que significa fracionamento, decomposição, e sugere uma analogia com o trabalho efetuado pelo químico com as substâncias que encontra na natureza e que leva para o laboratório? Porque, num ponto importante, essa analogia é, efetivamente, bem fundada. Os sintomas e as manifestações patológicas do paciente são, como todas as suas atividades psíquicas, de natureza altamente composita; os elementos dessa composição são em última análise motivos, moções pulsionais. Mas o doente nada sabe, ou sabe muito pouco, desses motivos elementares. Nós lhe ensinamos, pois, a compreender a composição dessas formações psíquicas altamente complicadas, reconduzimos os sintomas às moções pulsionais que os motivam, apontamos ao doente nos seus sintomas os motivos pulsionais até então ignorados, como o químico separa a substância fundamental, o elemento químico, do sal em que, em composição com outros elementos, se tornara irreconhecível. Da mesma maneira, mostramos ao doente, quanto às manifestações psíquicas consideradas não patológicas, que ele só estava imperfeitamente consciente da motivação delas, que outros motivos pulsionais que para ele permaneceram desconhecidos tinham contribuído para as produzir.

"Explicamos também a tendência sexual no ser humano fracionando-a nas suas componentes, e, quando interpretamos um sonho, procedemos de forma a pôr de lado o sonho como totalidade, pois é dos seus elementos isolados que fazemos partir as associações.

"Essa comparação justificada da atividade médica psicanalítica com um trabalho químico poderia sugerir uma direção nova à nossa terapia [...]. Disseram-nos: à análise do psiquismo doente deve suceder a sua síntese! E logo houve quem se mostrasse preocupado com o fato de que o doente pudesse receber análise a mais e síntese a menos, e desejoso de colocar o peso principal da ação psicoterapêutica nesta síntese, numa espécie de restauração daquilo que, por assim dizer, tinha sido destruído por vivissecção.

"[...] A comparação com a análise química encontra o seu limite no fato de que na vida psíquica lidamos com tendências submetidas a uma compulsão à unificação e à combinação. Mal conseguimos decompor um sintoma, liberar uma moção pulsional de um conjunto de relações, e logo esta não se conserva isolada, mas entra imediatamente num novo conjunto.

"[...] Também no sujeito em tratamento analítico a psicossíntese se realiza sem nossa intervenção, automática e inevitavelmente" (5).

A *Standard Edition traz* uma lista das principais exposições gerais sobre a psicanálise publicadas por Freud (6).

A moda da psicanálise levou numerosos autores a designar por esse termo trabalhos cujo conteúdo, método e resultados têm apenas relações muito tênues com a psicanálise propriamente dita.

(1) *Cf.* FREUD (S.), GW, I, 59-74; SE, III, 45-68.
(2) *Cf.* FREUD (S.), *L'hérédité et l'étiologie des névroses*, 1896. GW, I, 407-22; SE, III, 143-56.
(3) *Cf.* FREUD (S.), GW, I, 379; 383; SE, III, 162, 165-6.
(4) FREUD (S.), *"Psychoanalyse" und "Libidotheorie"*, 1923. GW, XIII, 211; SE, XVIII, 235.
(5) FREUD (S.), *Wege der psychoanalytischen Therapie*, 1918. GW, XII, 184-6; SE, XVII, 159-61; Fr., 132-4.
(6) SE, XI, 56.

PSICANÁLISE SELVAGEM

= *D.*: wilde Psychoanalyse. – *F.*: psychanalyse sauvage. – *En.*: wild analysis. – *Es.*: psicoanálisis silvestre. – *I.*: psicoanalisi selvaggia.

• *Num sentido amplo, tipo de intervenções de "analistas" amadores ou inexperientes que se baseiam em noções psicanalíticas muitas vezes mal compreendidas para interpretarem sintomas, sonhos, palavras, ações etc. Num sentido mais técnico, chamamos de selvagem uma interpretação que desconhece uma situação analítica determinada, na sua dinâmica atual e na sua singularidade, principalmente revelando de modo direto o conteúdo recalcado sem levar em conta as resistências e a transferência.*

▪ No artigo que consagrou à análise selvagem (*Psicanálise "selvagem"* [*Über "wilde" Psychoanalyse*, 1910]), Freud definiu-a em primeiro lugar pela ignorância; o médico cuja intervenção ele critica cometeu erros científicos (quanto à natureza da sexualidade, do recalque, da angústia) e técnicos: "É um erro técnico atirar bruscamente na cara do paciente, na primeira consulta, os segredos que o médico adivinhou" (1*a*). Podemos dizer assim que todos aqueles que têm "alguma noção das descobertas da psicanálise", mas não receberam a formação teórica e técnica necessária (α), fazem análise selvagem.

Mas a crítica de Freud vai mais longe: estende-se aos casos em que o diagnóstico formulado é correto, e a interpretação do conteúdo inconsciente, exata. "Há muito tempo ultrapassamos a concepção de que o doente sofre de uma espécie de ignorância; se conseguíssemos dissipá-la pela comunicação (sobre as relações de causalidade entre a sua doença e a sua existência, os acontecimentos da sua infância etc.), a sua cura estaria assegurada. Ora, não é este não saber que constitui em si mesmo o fator patogênico, mas o fato de este não saber basear-se em *resistências interiores* que começaram por provocá-lo e que continuam a alimentá-lo [...]. Comunicando aos doentes o seu inconsciente, provoca-se sempre neles uma recrudescência dos seus conflitos e um agravamento dos seus males" (1*b*). Por isso essas revelações exigem que a transferência esteja bem estabelecida e que os conteúdos recalcados se tenham tornado próximos da consciência. De outro modo, elas criam uma situação de ansiedade não controlada pelo analista. Nesse sentido, o método analítico, nas suas origens, que mal se distinguia, como Freud muitas vezes enfatizou, das técnicas hipnótica e catártica, pode ser qualificado hoje de selvagem.

No entanto, é presunção considerar que a análise selvagem seja apenas coisa de psicoterapeutas não qualificados ou que pertença aos tempos passados da psicanálise, o que é uma maneira cômoda de nos julgarmos imunes a ela. O que efetivamente Freud denuncia na análise selvagem é menos a ignorância do que uma certa atitude do analista que encontraria na sua "ciência" a justificação do seu poder. Num artigo em que Freud, sem usar o termo, aborda a questão da análise selvagem, cita Hamlet: "Julgais que é mais fácil manejar-me do que a uma flauta?" (2). Nesse sentido, é evidente que uma análise das defesas ou da transferência pode ser realizada de modo tão selvagem como a do conteúdo.

Ferenczi definia a análise selvagem como a "compulsão a analisar", compulsão que se pode manifestar tanto dentro como fora da situação analítica; ele a contrapõe à *elasticidade* que toda análise exige, desde que não se veja nela uma estrutura edificada segundo um plano preestabelecido (3). Glover nota que o analista que "salta" por cima de um lapso, isola um sonho ou um dos seus fragmentos, encontra ocasião para sentir uma "frágil onipotência" (4).

No prolongamento dessas observações, veríamos na análise selvagem, "científica" ou ignorante, uma resistência do analista à análise singular em que está implicado, resistência que ameaça levá-lo a desconhecer a palavra do seu paciente e a forçar as suas interpretações.

▲ (α) Em 1910, ano da publicação deste artigo, foi criada a Associação Internacional de Psicanálise.

(1) FREUD (S.). – *a*) GW, VIII, 124; SE, XI, 226; Fr., 41. – *b*) GW, VIII, 123; SE, XI, 225; Fr., 40.

PSICANÁLISE (ou ANÁLISE) SOB CONTROLE ou SUPERVISÃO

= *D.*: Kontrollanalyse. – *F.*: psychanalyse controlée *ou* sous contrôle. – *En.*: control *ou* supervisory *ou* supervised analysis. – *Es.*: análisis de control *ou* supervisión. – *I.*: analisi di controllo *ou* sotto controllo.

• *Análise conduzida por um analista em formação e da qual presta contas periodicamente a um analista experimentado que o guia na compreensão e direção do tratamento e o ajuda a tomar consciência da sua contratransferência. Esse modo de formação é especialmente destinado a permitir ao aluno aprender em que consiste a intervenção propriamente psicanalítica relativamente a outros modos de ação psicoterapêutica (sugestões, conselhos, diretrizes, esclarecimentos, apoio etc.).*

■ A prática da análise sob controle instaurou-se por volta de 1920 (1) para se tornar progressivamente um elemento importante da formação técnica do psicanalista e uma condição prévia da sua habilitação à prática. Admite-se hoje nas diversas sociedades de psicanálise que o candidato só está autorizado a efetuar análises sob controle (estão habitualmente previstas pelo menos duas) depois de estar suficientemente avançada a sua própria análise didática* (α).

▲ (α) Note-se que já foi proposto diferenciar por dois termos, *Kontrollanalyse* e *Analysenkontrolle*, os dois principais aspectos do controle: o primeiro termo designaria a análise da contratransferência do candidato perante o seu paciente, e o segundo a supervisão da análise do paciente.

(1) *Cf.* o relatório sobre a policlínica psicanalítica de Berlim apresentado por EITINGON (M.), ao Congresso Psicanalítico Internacional de 1922, in *IJP*, 1923, 4, 254-69.

PSICONEUROSE

= *D.*: Neuropsychose. – *F.*: psychonévrose. – *En.*: psychoneurosis *ou* neuropsychosis. – *Es.*: psiconeurosis. – *I.*: psiconevrosi.

• **Termo usado por Freud para caracterizar, na sua oposição às neuroses atuais, as afecções psíquicas em que os sintomas são a expressão simbólica dos conflitos infantis, isto é, as neuroses de transferência* e as neuroses narcísicas*.**

▪ O termo psiconeurose aparece muito cedo na obra de Freud, por exemplo no artigo *As psiconeuroses de defesa* (*Die Abwehr-Neuropsychosen*, 1894), que, como nos indica no subtítulo, propõe-se a apresentar "uma teoria psicológica da histeria adquirida, de numerosas fobias e obsessões e de certas psicoses alucinatórias".

Ao falar de psiconeurose, Freud acentua a psicogênese dos distúrbios designados. O termo será por ele utilizado essencialmente em oposição a neuroses atuais*, por exemplo em *A hereditariedade e a etiologia das neuroses* (*L'hérédité et l'étiologie des névroses*, 1896), e *A sexualidade na etiologia das neuroses* (*Die Sexualität in der Ätiologie der Neurosen*, 1898). Iremos encontrar essa oposição nas *Conferências introdutórias sobre psicanálise* (*Vorlesungen zur Einführung in die Psychoanalyse*, 1916-17).

Vemos que o termo psiconeurose não é sinônimo de neurose*. Por um lado, não abrange as neuroses atuais, e, por outro, abrange as neuroses narcísicas, a que Freud chamará igualmente psicoses, adotando uma acepção psiquiátrica que desde então se afirmou cada vez mais.

Note-se também que, às vezes, no uso psiquiátrico comum, existe uma ambiguidade em torno do termo psiconeurose como se o radical "psico" evocasse para alguns o termo psicose; acontece falar-se de psiconeurose com a intenção errada de introduzir no termo neurose uma conotação suplementar de gravidade e mesmo de organicidade.

PSICONEUROSE DE DEFESA

= *D.*: Abwehr-Neuropsychose. – *F.*: psychonévrose de défense. – *En.*: defence neuro-psychosis. – *Es.*: psiconeurosis de defensa. – *I.*: psiconevrosi da difesa.

• **Denominação usada por Freud nos anos de 1894-1896 para designar um certo número de distúrbios psiconeuróticos (histeria, fobia,** *obsessão, certas psicoses), evidenciando nelas o papel, descoberto na histeria, do conflito defensivo.*

Uma vez adquirida a ideia de que em qualquer psiconeurose a defesa desempenha uma função essencial, a expressão psiconeurose de defesa, que se justificava pelo seu valor heurístico, apaga-se em favor do termo psiconeurose.

■ A expressão é introduzida num artigo de 1894, *As psiconeuroses de defesa (Die Abwehr-Neuropsychosen)*, em que Freud procura identificar o papel da defesa no campo da histeria, e depois descobri-la sob outras formas nas fobias, nas obsessões e em certas psicoses alucinatórias. Nessa fase do seu pensamento, Freud não pretende generalizar a noção de defesa, nem à histeria no seu conjunto (*ver*: histeria de defesa), nem ao conjunto das psiconeuroses, como um pouco mais tarde virá a fazer. Com efeito, no artigo de 1896 *Novas observações sobre as psiconeuroses de defesa (Weitere Bemerkungen über die Abwehr-Neuropsychosen)* é já para ele dado definitivo que a defesa é "o ponto nuclear do mecanismo psíquico dessas neuroses" (1).

(1) FREUD (S.), GW, I, 379-80; SE, III, 162.

PSICOSE

= *D.*: Psychose. – *F.*: psychose. – *En.*: psychosis. – *Es.*: psicosis. – *I.*: psicosi.

● *1. Em clínica psiquiátrica, o conceito de psicose é tomado a maioria das vezes numa extensão extremamente ampla, de maneira a abranger toda uma gama de doenças mentais, quer sejam manifestamente organogenéticas (paralisia geral, por exemplo), quer a sua etiologia última permaneça problemática (esquizofrenia, por exemplo).*

2. Em psicanálise não se procurou logo de início edificar uma classificação que abrangesse a totalidade das doenças mentais que o psiquiatra precisa conhecer; o interesse incidiu, em primeiro lugar, nas afecções mais diretamente acessíveis à investigação analítica e, nesse campo mais restrito que o da psiquiatria, as principais distinções são as que se estabelecem entre as perversões*, as neuroses* e as psicoses.

Neste último grupo, a psicanálise procurou definir diversas estruturas: paranoia (em que inclui de modo bastante geral as afecções delirantes) e esquizofrenia, por um lado, e, por outro, melancolia e mania. Fundamentalmente, é numa perturbação primária da relação libidinal com a realidade que a teoria psicanalítica vê o denominador comum das psicoses, em que a maioria dos sintomas manifestos (particularmente construção delirante) são tentativas secundárias de restauração do laço objetal.

■ O aparecimento do termo psicose no século XIX vem pontuar uma evolução que levou à constituição de um domínio autônomo das doenças mentais, distintas não só das doenças do cérebro ou dos nervos – como doenças do corpo –, mas também distintas daquilo que uma tradição filosófica milenar considerava "doenças da alma": o erro e o pecado (α).

No decorrer do século XIX, o termo psicose espalha-se sobretudo na literatura psiquiátrica de língua alemã para designar as doenças mentais em geral, a loucura, a alienação, sem implicar, aliás, uma teoria psicogenética da loucura. Mas só no fim do século XIX é isolado o par de termos opostos que se excluem um ao outro, pelo menos no plano nocional: neurose e psicose. A evolução dos dois termos realizou-se efetivamente em planos diferentes. O grupo das neuroses, por seu lado, restringiu-se pouco a pouco a partir de um certo número de afecções consideradas doenças dos nervos, sejam afecções em que determinado órgão era posto em causa, mas em que, na ausência de uma lesão, se acusava um mau funcionamento do sistema nervoso (neurose cardíaca, neurose digestiva etc.), sejam casos de sinais neurológicos mas sem lesão detectável e sem febre (coreia, epilepsia, manifestações neurológicas da histeria). Esquematicamente, podemos afirmar que esse grupo de doentes consultava o médico e não era mandado para um asilo e que, por outro lado, o termo neurose implicava uma classificação de objetivo etiológico (doenças funcionais dos nervos).

Inversamente, o termo psicose designa as afecções da competência do alienista, que se traduzem por uma sintomatologia essencialmente psíquica, o que de nenhum modo implica que, para os autores que empregam esse termo, a causa das psicoses não resida no sistema nervoso.

★

Na obra de Freud, desde os primeiros escritos e na correspondência com W. Fliess, encontramos uma distinção bem clara entre psicose e neurose. É assim que, no manuscrito H, de 24-1-1894, em que propõe uma classificação de conjunto das defesas psicopatológicas, Freud designa por psicoses a confusão alucinatória, a paranoia e a psicose histérica (esta distinta da neurose histérica); do mesmo modo, nos dois textos que consagra às psiconeuroses de defesa, parece considerar definitiva a distinção entre psicose e neurose, e fala, por exemplo, de "psicoses de defesa" (1).

Todavia, nesse período, a preocupação de Freud é, essencialmente, definir a noção de defesa e descobrir as suas modalidades atuantes em diversas afecções; do ponto de vista nosográfico, a distinção principal é a que se estabelece entre psiconeurose (de defesa) e neurose atuais. A distinção será mantida por Freud posteriormente, mas com uma ênfase cada vez maior na diferenciação que importa realizar no grupo das psiconeuroses, o que o leva a atribuir um valor axial à oposição neurose-psicose (sobre a evolução da classificação freudiana, *ver principalmente*: neurose; neurose narcísica).

★

Nos nossos dias existe ampla concordância em clínica psiquiátrica, seja qual for a diversidade de escolas, quanto aos domínios respectivos da psicose e da neurose: poderemos reportar-nos, por exemplo, à *Encyclopédie médico-chirurgicale* (*Psychiatrie*), dirigida por Henri Ey. Evidentemente, é muito difícil determinar o papel que a psicanálise desempenhou nessa fixação das categorias nosográficas, pois sua história, depois de E. Bleuler e da escola de Zurique, está estreitamente ligada à evolução das ideias psiquiátricas.

Considerado na sua *compreensão*, o conceito de psicose continua definido em psiquiatria de uma forma mais intuitiva do que sistemática, através de características pertencentes aos mais diversos registros. Nas definições correntes, vemos muitas vezes figurarem lado a lado critérios como a incapacidade de adaptação social (problema da hospitalização), a "gravidade" maior ou menor dos sintomas, a perturbação da capacidade de comunicação, a ausência de consciência do estado mórbido, a perda de contato com a realidade, o caráter não "compreensível" (segundo o termo de Jaspers) das perturbações, o determinismo orgânico ou psicogenético, as alterações mais ou menos profundas e irreversíveis do ego.

Na medida em que podemos afirmar que a psicanálise está em grande parte na origem da oposição neurose-psicose, ela não poderia remeter para outras escolas psiquiátricas a tarefa de contribuírem com uma definição coerente e estrutural da psicose. Na obra de Freud, essa preocupação, embora não seja central, está presente, e traduz-se em diversos momentos por tentativas de que só podemos indicar aqui as orientações.

1. Sabemos que, nos primeiros escritos, Freud procura mostrar, a partir do exemplo de certas psicoses, o conflito defensivo em ação contra a sexualidade, cuja função no sintoma neurótico acaba de descobrir; simultaneamente, no entanto, tenta especificar os mecanismos originais que operam *na relação do sujeito com o exterior*: "rejeição" (*verwerfen*) radical para fora da consciência no caso da confusão alucinatória (2) ou ainda uma espécie de projeção originária da "recriminação" para o exterior (3) (*ver*: projeção).

2. Nos anos de 1911-1914 (análise do *Caso Schreber*; *Sobre o narcisismo*: *uma introdução*), no quadro da sua primeira teoria do aparelho psíquico e das pulsões, Freud retoma a questão sob o ângulo da relação entre os investimentos libidinais e os investimentos das pulsões do ego ("interesse") no objeto. Essa linha dava conta, de modo nuançado e flexível, de verificações da clínica que o recurso à ideia da "perda da realidade" não devia ser encarado nas psicoses de forma generalizada e sem discriminação.

3. Na segunda teoria do aparelho psíquico, a oposição neurose-psicose põe em jogo a posição intermediária do ego entre o id e a realidade. Enquanto na neurose o ego, obedecendo às exigências da realidade (e do superego), recalca as reivindicações pulsionais, na psicose começa por se produzir entre o ego e a realidade uma ruptura que deixa o ego sob o domínio do id; num segundo momento, o do delírio, o ego reconstruiria uma nova realidade de acordo com os desejos do id. Vemos que, nesse caso, como todas as pulsões se acham agrupadas num mesmo polo do conflito defensivo (o id), Freud é levado a atribuir à própria realidade o papel de

uma verdadeira força autônoma, quase de uma instância do aparelho psíquico. Perde-se de vista a distinção entre investimento libidinal e interesse, este encarregado, na concepção precedente, de mediatizar, no seio do aparelho, uma relação adaptativa com a realidade.

4. Um esquema assim simplificado, ao qual se tende muitas vezes a limitar a teoria freudiana da psicose, não foi considerado plenamente satisfatório pelo próprio Freud (4). Na última fase da sua obra, segue de novo pelo caminho de uma busca de um mecanismo inteiramente original de rejeição da realidade ou, antes, de uma certa "realidade" muito especial, a castração, insistindo na noção de recusa* (*ver este termo*).

▲ (α) Segundo R. A. Hunter e I. Macalpine (5), o termo "psicose" foi introduzido em 1845 por Feuchtersleben no seu *Manual de psicologia médica* (*Lehrbuch der ärztlichen Seelenkunde*). Para ele, o termo designa a doença mental (*Seelenkrankheit*), ao passo que neurose designa as afecções do sistema nervoso, das quais só algumas podem ser traduzidas em sintomas de uma "psicose". Qualquer psicose é ao mesmo tempo uma neurose porque, sem intervenção da vida nervosa, nenhuma modificação do psíquico se manifesta; mas nem toda neurose é também uma psicose.

(1) Freud (S.), gw, i, 74 e i, 392-3; se, iii, 60 e 174-5.
(2) Freud (S.), *Die Abwehr-Neuropsychosen*, 1894. gw, i, 72-4; se, iii, 58-61.
(3) Freud (S.), *Weitere Bemerkungen über die Abwehr-Neuropychosen*, 1896. gw, i, 392-403; se, iii, 174-185.
(4) Freud (S.), *Fetischismus*, 1927. *Cf.* particularmente gw, xiv, 315; se, xxi, 155-6.
(5) *Cf.* Hunter (R. A.) e Macalpine (I.), in D. P. Schreber, introdução a *Memoirs of my Nervous Illness*, Dawson and Sons, Londres, 1955, p. 16.

PSICOTERAPIA

= *D.*: Psychotherapie. – *F.*: psychothérapie. – *En.*: psychotherapy. – *Es.*: psicoterpia. – *I.*: psicoterapia.

• A) *No sentido amplo, qualquer método de tratamento dos distúrbios psíquicos ou corporais que utilize meios psicológicos e, mais precisamente, a relação entre o terapeuta e o doente: a hipnose, a sugestão, a reeducação psicológica, a persuasão etc.; nesse sentido, a psicanálise é uma forma de psicoterapia.*

B) *Num sentido mais restrito, a psicanálise é muitas vezes contraposta às diversas formas de psicoterapia, e isso por uma série de razões, particularmente a função primordial da interpretação do conflito inconsciente e a análise da transferência que tende à solução desse conflito.*

C) *Sob o nome de "psicoterapia analítica" entende-se uma forma de psicoterapia que se apoia nos princípios teóricos e técnicos da psicanálise, sem todavia realizar as condições de um tratamento psicanalítico rigoroso.*

PULSÃO

= *D*.: Trieb. – *F*.: pulsion. – *En*.: instinct *ou* drive. – *Es*.: instinto *ou* pulsión. – *I*.: istinto *ou* pulsione.

• *Processo dinâmico que consiste numa pressão ou força (carga energética, fator de motricidade) que faz o organismo tender para um objetivo. Segundo Freud, uma pulsão tem a sua fonte numa excitação corporal (estado de tensão); o seu objetivo ou meta é suprimir o estado de tensão que reina na fonte pulsional; é no objeto ou graças a ele que a pulsão pode atingir a sua meta.*

■ I – Do ponto de vista terminológico, o termo *pulsion* foi introduzido nas traduções francesas de Freud como equivalente do alemão *Trieb* para evitar as implicações de termos de uso mais antigo como *instinct* (instinto) ou *tendance* (tendência). Essa convenção, que nem sempre se respeitou, é todavia justificada.

1. Na língua alemã existem os dois termos, *Instinkt* e *Trieb*. O termo *Trieb* é de raiz germânica, de uso muito antigo, e conserva sempre a nuança de impulsão (*treiben* = impelir); a ênfase se coloca menos numa finalidade definida do que numa orientação geral, e sublinha o caráter irreprimível da pressão mais do que a fixidez da meta e do objeto.

Certos autores parecem empregar indiferentemente os termos *Instinkt* ou *Trieb* (α); outros parecem fazer uma distinção implícita reservando *Instinkt* para designar, em zoologia, por exemplo, um comportamento hereditariamente fixado e que aparece sob uma forma quase idêntica em todos os indivíduos de uma espécie (1).

2. Em Freud, encontramos os dois termos em acepções nitidamente distintas. Quando Freud fala de *Instinkt*, qualifica um comportamento animal fixado por hereditariedade, característico da espécie, pré-formado no seu desenvolvimento e adaptado ao seu objeto (*ver*: instinto).

Em francês, o termo *instinct* [assim como, em português, o termo instinto] tem as mesmas implicações que *Instinkt* tem em Freud e deve, portanto, na nossa opinião, ser reservado para traduzi-lo; se for utilizado para traduzir *Trieb*, falseia o uso da noção em Freud.

O termo pulsão, embora não faça parte da língua, como *Trieb* em alemão, tem contudo o mérito de pôr em evidência o sentido de *impulsão*.

Note-se que a *Standard Edition* inglesa [o mesmo aconteceu com a *Edição Standard* brasileira, bem como com grande parte das obras psicanalíticas traduzidas do inglês (N. E.)] preferiu traduzir *Trieb* por *instinct*, afastando outras possibilidades como *drive* e *urge* (β). Essa questão é discutida na Introdução geral do primeiro volume da *Standard Edition*.

II – Embora o termo *Trieb* só apareça nos textos freudianos em 1905, ele tem a sua origem como noção energética na distinção que desde cedo Freud faz entre dois tipos de excitação (*Reiz*) a que o organismo está submetido e que tem de descarregar em conformidade com o princípio de constância*. Ao lado das excitações externas de que o indivíduo pode fugir ou de que pode proteger-se, existem fontes internas portadoras constantes de um afluxo de excitação a que o organismo não pode escapar e que é o fator propulsor do funcionamento do aparelho psíquico.

Os *Três ensaios sobre a teoria da sexualidade* (*Drei Abhandlungen zur Sexualtheorie*, 1905) introduzem o termo *Trieb*, assim como as distinções, que a partir de então nunca mais deixarão de ser utilizadas por Freud, entre *fonte**, *objeto** e *meta**.

É na descrição da sexualidade humana que se esboça a noção freudiana da pulsão. Freud, baseando-se especialmente no estudo das perversões e das modalidades da sexualidade infantil, ataca a chamada concepção popular que atribui à pulsão uma meta e um objeto específico e a localiza nas excitações e no funcionamento do aparelho genital. Mostra, pelo contrário, como o objeto é variável, contingente, e como só é escolhido sob a sua forma definitiva em função das vicissitudes da história do sujeito. Mostra ainda como as metas são múltiplas, parcelares (*ver*: pulsão parcial) e estreitamente dependentes de fontes somáticas; estas são igualmente múltiplas e suscetíveis de assumirem e conservarem para o sujeito uma função predominante (zonas erógenas), pois que as pulsões parciais só se subordinam à zona genital e só se integram na realização do coito ao termo de uma evolução complexa que a maturidade biológica não é suficiente para garantir.

O último elemento que Freud introduz a propósito da noção de pulsão é *pressão* ou força, concebida como um fator quantitativo econômico, uma "exigência de trabalho imposta ao aparelho psíquico" (2*a*). É em *Pulsões e destinos das pulsões* (*Triebe und Triebschicksale*, 1915) que Freud reúne esses quatro elementos – pressão, fonte, objeto, meta – e apresenta uma definição de conjunto da pulsão (2*b*).

III – Como situar essa força que ataca o organismo a partir de dentro e o impele a realizar certas ações suscetíveis de provocarem uma descarga de excitação? A questão, colocada por Freud, recebe respostas diversas na exata medida em que a pulsão é definida como "um conceito-limite entre o psiquismo e o somático" (3). Ela está ligada, para Freud, à noção de "representante", pela qual ele entende uma espécie de delegação enviada pelo somático ao psiquismo. O leitor encontrará essa questão examinada de modo mais completo no nosso comentário a *representante psíquico*.

IV – A noção de pulsão é, como já indicamos, analisada segundo o modelo da sexualidade; mas, na teoria freudiana, a pulsão sexual é desde o início contraposta a outras pulsões. Sabemos que a teoria das pulsões em Freud se mantém sempre dualista; o primeiro dualismo invocado é o das pulsões sexuais* e das pulsões do ego* ou de autoconservação*; por estas últimas Freud entende as grandes necessidades ou as grandes funções indispensáveis à conservação do indivíduo, cujo modelo é a fome e a função de alimentação.

Segundo Freud, esse dualismo opera desde as origens da sexualidade, pois a pulsão sexual se destaca das funções de autoconservação em que a princípio se apoiava (*ver*: apoio); ele procura explicar o conflito psíquico, pois o ego encontra na pulsão de autoconservação o essencial da energia necessária à defesa contra a sexualidade.

O dualismo pulsional introduzido por *Além do princípio do prazer* (*Jenseits des Lustprinzips*, 1920) contrapõe pulsões de vida* e pulsões de morte* e modifica a função e a situação das pulsões no conflito.

1. O conflito tópico (entre a instância defensiva e a instância recalcada) já não coincide com o conflito pulsional, pois o id* é concebido como reservatório pulsional que inclui os dois tipos de pulsões. A energia utilizada pelo ego* é retirada desse fundo comum, especialmente sob a forma de energia "dessexualizada e sublimada".

2. Nesta última teoria, os dois grandes tipos de pulsões são propostos não tanto como motivações concretas do próprio funcionamento do organismo, mas sobretudo como princípios fundamentais que, em última análise, regulam a atividade do organismo. "Damos o nome de pulsões às forças que supomos existirem por trás das tensões geradoras de necessidades do id" (4). Essa mudança de acentuação é particularmente sensível no famoso texto: "A teoria das pulsões é, por assim dizer, a nossa mitologia. As pulsões são seres míticos, grandiosos na sua indeterminação" (5).

★

A concepção freudiana da pulsão conduz – e percebemo-lo apenas com este simples esboço – a uma explosão da noção clássica de instinto, e em duas direções opostas. Por um lado, o conceito de "pulsão parcial" acentua a ideia de que a pulsão sexual existe em primeiro lugar no estado "polimorfo" e visa principalmente a suprimir a tensão a nível da fonte corporal; de que ela se liga na história do sujeito a representantes que especificam o objeto e o modo de satisfação: a pressão interna, de início indeterminada, sofrerá um destino que a marcará com traços altamente individualizados. Mas, por outro lado, Freud, longe de postular, por trás de cada tipo de atividade, uma força biológica correspondente (ao que são facilmente levados os teóricos do instinto), faz entrar o conjunto das manifestações pulsionais numa grande oposição fundamental, tirada, aliás, da tradição mítica; oposição da Fome e do Amor e, depois, do Amor e da Discórdia.

▲ (α) *Cf.* por exemplo *A noção de instinto ontem e hoje* (*Der Begriff des Instinktes einst und jetzt*, 3º ed., 1920), em que Ziegler fala umas vezes de *Geschlechtstrieb* e outras de *Geschlechtsinstinkt*.

(β) Certos autores anglo-saxônicos preferem traduzir *Trieb* por *drive* (6).

(1) *Cf.* HEMPELMANN (F.), *Tierpsychologie*, Akademische Verlagsgesellschaft, Leipzig, 1926. *Passim*.

(2) FREUD (S.), *Triebe und Triebschicksale*, 1915. – *a*) GW, X, 214; SE, XIV, 122; Fr., 33. – *b*) *Cf.* GW, X, 214-5; SE, XIV, 122; Fr., 33-4.
(3) FREUD (S.), *Drei Abhandlungen zur Sexualtheorie*, 1905. GW, V, 67; SE, VII, 168; Fr., 56.
(4) FREUD (S.), *Abriss der Psychoanalyse*, 1938. GW, XVII, 70; SE, XXIII, 148; Fr., 130.
(5) FREUD (S.), *Neue Folge der Vorlesungen zur Einführung in die Psychoanalyse*, 1932. GW, XV, 101; SE, XXII, 95; Fr., 130.
(6) *Cf.* por exemplo, KRIS (E.), HARTMANN (H.), LOEWENSTEIN (R.), Notes on the Theory of Aggression, in *Psychoanalytic Study of the Child*, 1946, III-IV, 12-3.

PULSÃO DE AGRESSÃO

= *D*.: Aggressionstrieb. – *F*.: pulsion d'agression. – *En*.: aggressive instinct. – *Es*.: instinto agresivo. – *I*.: istinto *ou* pulsione d'aggressione.

• *Designa, para Freud, as pulsões de morte enquanto voltadas para o exterior. A meta da pulsão de agressão é a destruição do objeto.*

■ Foi Alfred Adler que introduziu a noção de uma pulsão de agressão em 1908 (1), simultaneamente com a de "cruzamento pulsional" (*Triebverschränkung*) (*ver*: fusão-desfusão). Embora a análise do pequeno Hans tenha acabado de evidenciar a importância e a extensão das tendências e dos comportamentos agressivos, Freud recusa-se a fazê-los depender de uma "pulsão de agressão" específica: "Não posso decidir-me a admitir, ao lado das pulsões de autoconservação e das pulsões sexuais, que nos são familiares, e no mesmo plano delas, uma pulsão de agressão especial" (2). A noção de pulsão de agressão confiscaria indevidamente em seu proveito aquilo que caracteriza qualquer pulsão (*ver*: agressividade).

Quando, mais tarde, a partir de *Além do princípio do prazer* (1920), Freud retomou o termo *Aggressionstrieb*, foi no quadro da teoria dualista das pulsões de vida e das pulsões de morte.

Embora não permitam concluir por um emprego absolutamente unívoco da expressão, nem por uma repartição exata entre pulsão de morte*, pulsão de destruição* e pulsão de agressão, os textos ressaltam todavia que esta última denominação é raramente utilizada no sentido mais extensivo e que designa a maioria das vezes a pulsão de morte voltada para o exterior.

(1) *Cf.* ADLER (A.), Der Aggressionstrieb im Leben und in der Neurose (A pulsão agressiva na vida e na neurose), in *Fortschritte der Medizin*, 1908.
(2) FREUD (S.), *Analyse der Phobie eines fünfjährigen Knaben*. GW, VII, 371; SE, X, 140; Fr., 193.

PULSÃO DE DESTRUIÇÃO

= *D.*: Destruktionstrieb. – *F.*: pulsion de destruction. – *En.*: destructive instinct. – *Es.*: instinto (*ou* pulsión) destructivo *ou* destructor. – *I.*: istinto *ou* pulsione di distruzione.

• *Denominação usada por Freud para designar as pulsões de morte* numa perspectiva mais próxima da experiência biológica e psicológica. Às vezes, a sua extensão é a mesma da expressão "pulsão de morte", mas, na maior parte dos casos, qualifica a pulsão de morte enquanto orientada para o mundo exterior. Neste sentido mais específico, Freud usa também a expressão "pulsão de agressão"* (Aggressionstrieb).

▪ A noção de pulsão de morte foi introduzida em *Além do princípio do prazer (Jenseits des Lustprinzips,* 1920) num registro francamente especulativo; mas, a partir desse texto, Freud procura reconhecer os seus efeitos na experiência. Assim, nos textos posteriores, fala muitas vezes de pulsão de destruição, o que lhe permite assinalar mais exatamente a meta das pulsões de morte.

Como elas operam "essencialmente em silêncio", segundo Freud, e portanto só podem, de certo modo, ser reconhecidas quando agem fora, compreende-se que a expressão pulsão de destruição qualifique os seus efeitos mais acessíveis, mais manifestos. A pulsão de morte desvia-se da própria pessoa devido ao investimento desta pela libido narcísica e volta-se para o mundo exterior por intermédio da musculatura; ela "[...] manifestar-se-ia agora – sem dúvida de forma parcial – como *pulsão de destruição,* dirigida contra o mundo e contra outros seres vivos" (1).

Em outros textos, esse sentido restritivo de pulsão de destruição relativamente à pulsão de morte não é ressaltado tão nitidamente, pois Freud inclui na pulsão de destruição a autodestruição (*Selbstdestruktion*) (2). Quanto à expressão pulsão de agressão, ela é reservada para a destruição voltada para o exterior.

(1) FREUD (S.), *Das Ich und das Es,* 1923. GW, XIII, 269; SE, XIX, 41; Fr., 197.
(2) *Cf.* FREUD (S.), *Neue Folge der Vorlesungen zur Einführung in die Psychoanalyse,* 1932. GW, XV, 112; SE, XXII, 106; Fr., 144.

PULSÃO DE DOMINAÇÃO

= *D.*: Bemächtigungstrieb. – *F.*: pulsion d'emprise. – *En.*: instinct to master (*ou* for master). – *Es.*: instinto *ou* pulsión de dominio. – *I.*: istinto *ou* pulsione d'impossessamento.

• *Denominação usada em algumas ocasiões por Freud, sem que seu emprego possa ser codificado com precisão. Freud entende por ela uma pulsão não sexual, que só secundariamente se une à sexualidade e cuja meta é dominar o objeto pela força.*

PULSÃO DE DOMINAÇÃO

■ O termo *Bemächtigungstrieb* é de difícil tradução (α). As expressões *pulsion de maîtrise* (pulsão de domínio) e *instint de possession* (instinto de posse), a que já se recorreu em francês, não parecem ser perfeitamente convenientes. *Maitrise* evoca um domínio controlado, *possession* a ideia de uma posse a ser mantida, enquanto *sich bemächtigen* significa apoderar-se ou dominar pela força. Pareceu-nos que falando de *pulsion d'emprise* (β) se respeitava melhor essa tonalidade.

Em que consiste para Freud essa pulsão? O inquérito terminológico permite discernir esquematicamente duas concepções:

1. Nos textos anteriores a *Além do princípio do prazer* (*Jenseits des Lustprinzips*, 1920), *Bemächtigungstrieb* é descrito como uma pulsão não sexual que só secundariamente se funde com a sexualidade, pulsão dirigida desde o início para o exterior e que constitui o único elemento presente na crueldade originária da criança.

Freud invoca pela primeira vez essa pulsão em *Três ensaios sobre a teoria da sexualidade* (*Drei Abhandlungen zur Sexualtheorie*, 1905). A origem da crueldade infantil é referida a uma pulsão de dominação que originariamente não teria por objetivo o sofrimento alheio, mas simplesmente não o levaria em conta (fase simultaneamente anterior à piedade e ao sadismo) (1*a*); seria independente da sexualidade "[...] embora possa fundir-se com ela numa fase precoce graças a uma anastomose próxima dos seus pontos de origem" (1*b*).

A pulsão de dominação é abordada em *A predisposição para a neurose obsessiva* (*Die Disposition zur Zwangsneurose*, 1913), a propósito da relação acoplada atividade-passividade* que predomina na fase sádico-anal*. Enquanto a passividade é sustentada pelo erotismo anal, "[...] a atividade é devida à pulsão de dominação em sentido amplo, pulsão que especificamos sob o nome de sadismo quando a encontramos a serviço da pulsão sexual" (2).

Na edição de 1915 de *Três ensaios*, retomando a questão da atividade e da passividade na fase sádico-anal, Freud indica a musculatura como suporte da pulsão de dominação.

Por fim, em *Pulsões e destinos das pulsões* (*Triebe und Triebschicksale*, 1915), em que é desenvolvida claramente a primeira tese freudiana sobre o sadomasoquismo*, o objetivo primeiro do "sadismo" é definido como a humilhação e a dominação do objeto pela violência (*Überwältigung*). Fazer sofrer não faz parte da meta originária; o objetivo de produzir a dor e a fusão com a sexualidade aparecem no retorno ao masoquismo; o sadismo no sentido erógeno do termo é efeito de um segundo retorno do masoquismo sobre o objeto.

2. Com *Além do princípio do prazer* e com a introdução da noção de pulsão de morte*, a questão de uma pulsão de dominação específica coloca-se de maneira diferente.

A gênese do sadismo é descrita como uma derivação para o objeto da pulsão de morte, que originariamente visa a destruir o próprio sujeito: "Não seremos convidados a supor que este sadismo é propriamente uma pulsão de morte que foi repelida do ego por influência da libido narcísica, de modo que só se torna manifesta quando se refere ao objeto? Ele entra então a serviço da função sexual" (3*a*).

Quanto à meta do masoquismo e do sadismo – concebidos desde então como avatares da pulsão de morte –, a ênfase já não incide na dominação, mas na destruição.

Que acontece com a dominação que se deve assegurar sobre o objeto? Já não é ligada a uma pulsão específica; aparece como uma forma que a pulsão de morte pode tomar quando "entra a serviço" da pulsão sexual: "Na fase de organização oral da libido, a dominação no amor [*Liebesbemächtigung*] coincide ainda com o aniquilamento do objeto, mais tarde a pulsão sádica separa-se e, por fim, na fase em que se instaurou o primado genital, com vista à reprodução, assume a função de dominar o objeto sexual na medida em que o exige a realização do ato sexual" (3*b*).

★

Por outro lado, convém notar que, ao lado do termo *Bemächtigung*, encontramos com bastante frequência outro que se aparenta muito com ele na sua significação: *Bewältigung*. Esta última palavra, que propomos que se traduza por *maîtrise* (domínio), é a maioria das vezes usada por Freud para designar o fato de alguém se tornar senhor da excitação – de origem pulsional ou externa –, o fato de ligá-la (*ver*: ligação) (γ). No entanto, a distinção terminológica não é absolutamente rigorosa, e sobretudo, do ponto de vista da teoria analítica, existem vários pontos de passagem entre a dominação do objeto garantida e o domínio da excitação. Assim, em *Além do princípio do prazer*, para explicar a repetição na brincadeira infantil, como na neurose traumática, Freud pode adiantar entre outras hipóteses aquela segundo a qual poderíamos "[...] atribuir esta tendência a uma pulsão de dominação [...]" (3*c*). Nesse caso, a dominação do objeto (e este está, de forma simbólica, completamente à disposição do sujeito) é paralela à ligação entre a lembrança traumática e a energia que a investe.

★

Um dos raros autores que procuraram utilizar as poucas indicações fornecidas por Freud sobre o *Bemächtigungstrieb* foi Ives Hendrick, que tentou, numa série de artigos, renovar a questão no quadro de uma psicologia genética do ego inspirada nas investigações sobre a aprendizagem (*learning*). Esquematicamente, as suas teses podem resumir-se do seguinte modo:

1) Existe um *instinct to master*, necessidade de dominar o meio circunvizinho, que os psicanalistas preteriram em favor dos mecanismos de procura do prazer. Trata-se de uma "pulsão inata que leva a fazer e a aprender como fazer" (4);

2) Essa pulsão é originariamente assexual; pode ser libidinizada secundariamente, na sua aliança com o sadismo;

3) Implica um prazer específico, o prazer de executar uma função com êxito: "[...] no uso eficiente do sistema nervoso central para a realização de funções integradas do ego é procurado um prazer primário que permita ao indivíduo controlar ou alterar o meio que o rodeia" (5*a*);

4) Por que falar de *instinto* de dominar e não considerar o ego como uma organização que proporciona formas de prazer que não são gratificações instintivas? É que o autor pretende "[...] estabelecer um conceito que explique quais as forças que fazem funcionar o ego" (6) e "definir o ego em termos de instinto" (4*b*) e que, por outro lado, segundo ele, trata-se justamente de "[...] um instinto, psicanaliticamente definido como fonte biológica de tensões que impelem para esquemas (*patterns*) específicos de ação" (5*b*).

Essa concepção não deixa de estar relacionada com o sentido da pulsão de dominação tal como tentamos destacá-la dos textos freudianos; mas o que está em causa é um domínio de segundo grau, que consiste num controle progressivamente adaptado da própria ação.

Freud, de resto, não tinha deixado de detectar essa ideia de um domínio do próprio corpo, de uma tendência primária para o domínio de si mesmo, evocando, para a fundamentar, "[...] os esforços da criança que quer tornar-se senhora [*Herr werden*] dos seus próprios membros" (7).

▲ (α) Nas traduções francesas, chega a ser difícil isolar o conceito, uma vez que o mesmo termo é traduzido de forma variável.

(β) Tradução já adotada por B. Grunberger (8).

(γ) Para essas acepções de *Bewältigung*, *cf.* por exemplo alguns textos de Freud (9). Encontramos ainda termos como *bändigen* (domar) e *Triebbeherrschung* (domínio sobre a pulsão) (10).

(1) FREUD (S.). – *a) Cf.* GW, V, 93-4; SE, VII, 192-3; Fr., 89. – *b)* GW, V, 94; SE, VII, 193, n. 1; Fr., 89.

(2) FREUD (S.), GW, VIII, 448; SE, XII, 322; Fr., 443.

(3) FREUD (S.). – *a)* GW, XIII, 58; SE, XVIII, 54; Fr., 62. – *b)* GW, XIII, 58; SE, XVIII, 54; Fr., 62. – *c)* GW, XIII, 14; SE, XVIII, 16; Fr., 15.

(4) HENDRICK (I.), Instinct and ego during infancy, 1942, in *Psychoanalytic Quarterly*, XI, 40.

(5) HENDRICK (I.), Work and the pleasure principle. 1943, in *Psychoanalytic Quarterly*, XII. – *a)* 311. – *b)* 314.

(6) HENDRICK (I.), The Discussion of the "instinct to master", 1943, in *Psychoanalytic Quarterly*, XII, 563.

(7) FREUD (S.), *Triebe und Triebschicksale*, 1915 GW, X, 223; SE, XIV, 130; Fr., 49.

(8) GRUNBERGER (B.). In *RFP*, 1960, 24, nº 2, 143.

(9) *Cf.* por exemplo: FREUD (S.), *Über die Berechtigung, von der Neurasthenie einen bestimmten Symptomenkomplex als "Angstneurose" abzutrennen*, 1895. GW, I, 336 e 338; SE, III, 110 e 112. *Zur Einführung des Narzissmus*, 1914. GW, X, 152; SE, IV, 85-6. *Aus der Geschichte einer Infantilen Neurose*, 1918. GW, XII, 83-4; SE, XVII, 54-5; Fr., 364.

(10) *Cf.* FREUD (S.), *Die endliche und die unendliche Analyse*, 1937. GW, XVI, 69 e 74; SE, XXIII, 225 e 229-30; Fr., 12.

PULSÃO PARCIAL

= *D.*: Partialtrieb. – *F.*: pulsion partielle. – *En.*: component (*ou* partial) instinct. – *Es.*: instinto *ou* pulsión parcial. – *I.*: istinto *ou* pulsione parziale.

• *Esta expressão designa os elementos últimos a que chega a psicanálise na análise da sexualidade. Cada um desses elementos se especifica por uma fonte (por exemplo, pulsão oral, pulsão anal) e por uma meta (por exemplo, pulsão de ver, pulsão de dominação).*

O termo "parcial" não significa só que as pulsões parciais são espécies que pertencem à classe da pulsão sexual na sua generalidade; deve ser sobretudo tomado num sentido genético e estrutural: as pulsões parciais funcionam primeiro independentemente e tendem a unir-se nas diversas organizações libidinais.

▪ Freud mostrou-se sempre crítico a respeito de qualquer teoria dos instintos ou das pulsões que leve a catalogá-las, postulando tantas pulsões quantos forem os tipos de atividade que se reconhecem, invocando, por exemplo, um "instinto gregário" para explicar a vida em comunidade. Quanto a Freud, ele distingue apenas duas grandes espécies de pulsões: as pulsões sexuais e as pulsões de autoconservação, ou, numa segunda concepção, as pulsões de vida e as pulsões de morte.

No entanto, desde a primeira edição de *Três ensaios sobre a teoria da sexualidade* (*Drei Abhandlungen zur Sexualtheorie*, 1905), introduz a noção de pulsão parcial. O que o guia nessa diferenciação da atividade sexual é a preocupação de discernir *componentes*, que tenta ligar a fontes orgânicas e definir por metas específicas.

A pulsão sexual no seu conjunto pode ser analisada num certo número de pulsões parciais: a maioria delas podem ser facilmente ligadas a uma zona erógena determinada (α); outras definem-se por sua meta (por exemplo, a pulsão de dominação*), embora possamos ligá-las a fontes somáticas (musculatura, no exemplo dado).

Podemos observar o funcionamento das pulsões parciais, na criança, em atividades sexuais parcelares ("perversidade polimorfa") e, no adulto, sob a forma de prazeres preliminares ao ato sexual e nas perversões.

O conceito de pulsão parcial está em correlação com o de conjunto, de organização. A análise de uma organização* sexual põe em evidência as pulsões que nela se integram. A oposição também é genética, pois a teoria freudiana supõe que as pulsões comecem por funcionar no estado anárquico para se organizarem secundariamente (β).

Na primeira edição de *Três ensaios*, Freud admite que a sexualidade só encontra a sua organização no momento da puberdade, o que acarreta como consequência que o conjunto da atividade sexual infantil seja definido pelo funcionamento inorganizado das pulsões parciais.

A ideia de organização pré-genital infantil leva a recuar mais no tempo essa fase de livre jogo das pulsões parciais, fase autoerótica "[...] em que cada pulsão parcial, cada uma por si, procura sua satisfação de prazer (*Lustbefriedigung*) no próprio corpo" (1) (*ver*: autoerotismo).

▲ (α) "Não vês que a multiplicidade das pulsões remete para a multiplicidade dos órgãos erógenos?", Carta de Freud a Oskar Pfister de 9 de outubro de 1918 (2).

(β) *Cf.* por exemplo esta passagem de Freud em *"Psicanálise" e "teoria da libido"* (*"Psychoanalyse" und "Libidotheorie"*, 1923): "a pulsão sexual, a cuja manifestação dinâmica na vida psíquica pode chamar-se libido, compõe-se de pulsões parciais, em que pode de novo decompor-se e que só progressivamente se unem em organizações determinadas [...]. As diversas pulsões parciais tendem de início, independentemente umas das outras, para a satisfação, mas no decorrer do desenvolvimento reúnem-se e centram-se cada vez mais. Como primeira fase de organização (pré-genital) podemos reconhecer a organização oral" (3).

(1) FREUD (S.), *Die Disposition zur Zwangsneurose*, 1913. GW, VIII, 446; SE, XII, 321; Fr., in RFP, 1929, III, 3, 441.
(2) Citado in JONES (E.), *Sigmund Freud, Life and Work*, Hogarth Press, Londres, 1955. Ing., II, 506; Fr., PUF, Paris, II, 479.
(3) FREUD (S.), GW, XIII, 220; SE, XVIII, 244.

PULSÃO SEXUAL

= *D.*: Sexualtrieb. – *F.*: pulsion sexuelle. – *En.*: sexual instinct. – *Es.*: instinto *ou* pulsión sexual. – *I.*: istinto *ou* pulsione sessuale.

• *Pressão interna que, segundo a psicanálise, atua num campo muito mais vasto do que o das atividades sexuais no sentido corrente do termo. Nela se verificam eminentemente algumas das características da pulsão que a diferenciam de um instinto: o seu objeto não é predeterminado biologicamente e as suas modalidades de satisfação (metas ou objetivos) são variáveis, mais especialmente ligadas ao funcionamento de zonas corporais determinadas (zonas erógenas), mas suscetíveis de acompanharem as atividades mais diversas em que se apoiam. Essa diversidade das fontes somáticas da excitação sexual implica que a pulsão sexual não está unificada desde o início, mas que começa fragmentada em pulsões parciais cuja satisfação é local (prazer de órgão).*
A psicanálise mostra que a pulsão sexual no homem está estreitamente ligada a um jogo de representações ou fantasias que a especificam. Só ao fim de uma evolução complexa e aleatória ela se organiza sob o primado da genitalidade e reencontra então a fixidez e a finalidade aparentes do instinto.
Do ponto de vista econômico, Freud postula a existência de uma energia única nas vicissitudes da pulsão sexual: a libido.
Do ponto de vista dinâmico, Freud vê na pulsão sexual um polo necessariamente presente do conflito psíquico: é o objeto privilegiado do recalcamento no inconsciente.

■ A nossa definição faz ressaltar a alteração que a psicanálise trouxe à ideia de um "instinto sexual", quer em extensão, quer em compreensão (*ver*: sexualidade). Essa alteração incide ao mesmo tempo na noção de sexualidade e na de pulsão. Podemos mesmo pensar que a crítica da concepção "popular" ou "biológica" da sexualidade (1), que levou Freud a encontrar uma mesma "energia", a libido*, atuando em fenômenos bem diversos e frequentemente muito afastados do ato sexual, coincide com a elucidação daquilo que, no homem, distingue fundamentalmente a pulsão do instinto. Nessa perspectiva, podemos afirmar que a concepção freudiana da pulsão, elaborada a partir do estudo da sexualidade humana, só se verifica plenamente no caso da pulsão sexual (ver: pulsão; instinto; apoio; pulsões de autoconservação).

Freud afirmou ao longo de toda a sua obra que a ação do recalcamento se exercia preferencialmente sobre a pulsão sexual; consequentemente, atribui a ela um papel primordial no conflito psíquico*, deixando em aberto, no entanto, a questão de saber o que, em definitivo, fundamenta tal privilégio. "Teoricamente, nada impede que pensemos que qualquer exigência pulsional, seja ela qual for, possa provocar os mesmos recalcamentos e as suas consequências; mas a observação revela-nos invariavelmente, até onde somos capazes de julgar, que as excitações que desempenham este papel patogênico emanam de pulsões parciais da sexualidade" (2) (ver: sedução; complexo de Édipo; *a posteriori*).

A pulsão sexual, que, na primeira teoria das pulsões, Freud contrapõe às pulsões de autoconservação, é assimilada no último dualismo às pulsões de vida* ou a Eros*. Enquanto no primeiro dualismo ela era a força submetida exclusivamente ao princípio de prazer, dificilmente "educável", funcionando segundo as leis do processo primário e ameaçando constantemente do interior o equilíbrio do aparelho psíquico, torna-se, sob o nome de pulsão de vida, uma força que tende à "ligação", à constituição e manutenção das unidades vitais; e, em contrapartida, é a sua antagonista, a pulsão de morte, que funciona segundo o princípio de descarga total.

Essa mudança só pode ser bem compreendida se tomarmos em consideração o conjunto da remodelação nocional realizado por Freud depois de 1920 (ver: pulsões de morte; ego; ligação).

(1) Cf. FREUD(S.), *Drei Abhandlungen zur Sexualtheorie*, 1905. GW, V, 33; SE, VII, 135; Fr., 17.
(2) FREUD (S.), *Abriss der Psychoanalyse*, 1938. GW, XVII, 112; SE, XXIII, 186; Fr., 55-6.

PULSÕES DE AUTOCONSERVAÇÃO

= *D.*: Selbsterhaltungstriebe. – *F.*: pulsions d'auto-conservation. – *En.*: instincts of self-preservation. – *Es.*: instintos *ou* pulsiones de autoconservación . – *I.*: istinti *ou* pulsioni d'auto-conservazione.

• *Expressão pela qual Freud designa o conjunto das necessidades ligadas às funções corporais essenciais à conservação da vida do indivíduo; a fome constitui o seu protótipo.*
No quadro da primeira teoria das pulsões, Freud contrapõe as pulsões de autoconservação às pulsões sexuais.

- Embora a expressão pulsão de autoconservação só apareça em Freud em 1910, a ideia de contrapor às pulsões sexuais outro tipo de pulsões é anterior. Está efetivamente implícita naquilo que Freud afirma desde os *Três ensaios sobre a teoria da sexualidade* (*Drei Abhandlungen zur Sexualtheorie*, 1905) sobre o apoio da sexualidade em outras funções somáticas (*ver*: apoio); ao nível oral, por exemplo, o prazer sexual encontra o seu suporte na atividade de nutrição. "A satisfação da zona erógena estava inicialmente associada à satisfação da necessidade de alimento" (1*a*); no mesmo contexto, Freud fala ainda de "pulsão de alimentação" (1*b*).

Em 1910, Freud enuncia a oposição que permanecerá essencial na sua primeira teoria das pulsões. "De muito especial importância [...] é a inegável oposição que existe entre as pulsões que servem a sexualidade, a obtenção do prazer sexual, e as outras que têm por meta a autoconservação do indivíduo, as pulsões do ego; todas as pulsões orgânicas que agem no nosso psiquismo podem ser classificadas, segundo os termos do poeta, de 'Fome' ou de 'Amor'" (2). Esse dualismo compreende dois aspectos evidenciados conjuntamente por Freud nos textos desse período: o apoio das pulsões sexuais em pulsões de autoconservação e o papel determinante da sua oposição no conflito psíquico*. Um exemplo como o das perturbações histéricas da visão ilustra esse duplo aspecto: um só órgão, a vista, é suporte de dois tipos de atividade pulsional; e será também, se houver conflito entre elas, o lugar do sintoma.

Quanto à questão do apoio, remetemos o leitor para nosso comentário sobre o termo. Quanto à forma como as duas grandes espécies de pulsões acabam por se opor no conflito defensivo, uma das passagens mais explícitas está em *Formulações sobre os dois princípios do funcionamento mental* (*Formulierungen über die zwei Prinzipien des Psychischen Geschehens*, 1911). As pulsões do ego, na medida em que só podem satisfazer-se com um objeto real, efetuam muito rapidamente a passagem do princípio de prazer para o princípio de realidade*, a ponto de se tornarem agentes da realidade e se oporem assim às pulsões sexuais, que podem satisfazer-se na modalidade fantasística e permanecem mais tempo sob o domínio exclusivo do princípio de prazer*. "Uma parte essencial da predisposição psíquica para a neurose provém do atraso da pulsão sexual em levar em conta a realidade" (3).

Essa concepção condensa-se na ideia, às vezes enunciada por Freud, de que o conflito entre pulsões sexuais e pulsões de autoconservação forneceria a chave da compreensão das neuroses de transferência (*ver sobre este ponto o nosso comentário de pulsões do ego*).

★

Freud nunca se dedicou a apresentar uma exposição de conjunto sobre as diversas espécies de pulsões de autoconservação; quando fala delas, fala a maioria das vezes de forma coletiva ou segundo o modelo privilegiado da fome. Todavia, parece admitir a existência de numerosas pulsões de autoconservação, tão numerosas quanto as grandes funções orgânicas (nutrição, defecação, micção, atividade muscular, visão etc.).

PULSÕES DE AUTOCONSERVAÇÃO

A oposição freudiana entre as pulsões sexuais e as pulsões de autoconservação pode levar a nos interrogarmos sobre a legitimidade do uso do mesmo termo *Trieb* para designar a ambas. Note-se, em primeiro lugar, que, quando Freud trata da pulsão em geral, refere-se mais ou menos explicitamente à pulsão sexual, atribuindo à pulsão, por exemplo, características como a variabilidade da meta e a contingência do objeto. Nas "pulsões" de autoconservação, pelo contrário, os caminhos de acesso estão pré-formados, e o objeto satisfatório está determinado de imediato; para retomar uma fórmula de Max Scheler, a fome do lactente implica "uma intuição do valor do alimento" (4). Conforme mostra a concepção freudiana da escolha de objeto por apoio*, são as pulsões de autoconservação que indicam à sexualidade o caminho do objeto. É sem dúvida essa diferença que leva Freud a empregar por diversas vezes o termo necessidade (*Bedürfnis*) para designar as pulsões de autoconservação (5*a*). Não podemos, desse ponto de vista, deixar de sublinhar o que há de artificial em querer estabelecer, numa perspectiva genética, um paralelismo estrito entre funções de autoconservação e pulsões sexuais, em que tanto umas como outras estivessem inicialmente submetidas exclusivamente ao princípio de prazer antes de obedecerem progressivamente ao princípio de realidade. As primeiras, de fato, devem antes ser situadas, já de início, do lado do princípio de realidade, e as segundas, do lado do princípio de prazer.

As reformulações sucessivas introduzidas por Freud na teoria das pulsões vão obrigá-lo a situar de maneira diferente as funções de autoconservação. Note-se em primeiro lugar que, nessas tentativas de reclassificação, os conceitos de pulsões do ego e de pulsões de autoconservação, que precedentemente coincidiam, sofrem metamorfoses que já não são exatamente as mesmas. Quanto às pulsões do ego, isto é, à natureza da energia pulsional que está a serviço da instância do ego, remetemos o leitor aos comentários dos artigos seguintes: pulsões do ego; libido do ego – libido objetal; ego. No que se refere às funções de autoconservação, podemos esquematicamente dizer que:

1. Com a introdução do narcisismo (1915), as pulsões de autoconservação permanecem opostas às pulsões sexuais, embora estas se vejam agora subdivididas conforme visem ao objeto exterior (libido objetal) ou ao ego (libido do ego).

2. Quando Freud, entre 1915 e 1920, efetua uma "aproximação aparente com os pontos de vista de Jung" (5*b*) e é tentado a adotar a ideia de um monismo pulsional, as pulsões de autoconservação tendem a ser consideradas como um caso particular do amor a si mesmo ou libido do ego.

3. Depois de 1920, é introduzido um novo dualismo, o das pulsões de morte* e das pulsões de vida*. Num primeiro momento (6), Freud hesitará quanto à situação das pulsões de autoconservação, começando por classificá-las entre as pulsões de morte porque não constituiriam mais do que desvios que exprimiriam o fato de "o organismo só querer morrer à sua maneira" (7). Mas logo ele retifica essa ideia para ver na conservação do indivíduo um caso particular das pulsões de vida.

Depois manterá esse último ponto de vista: "A oposição entre pulsão de autoconservação e pulsão de conservação da espécie, tal como a oposição entre amor do ego e amor objetal, deve ser ainda situada no interior do Eros" (8).

(1) FREUD (S.). – *a*) GW, V, 82; SE, VII, 81-2; Fr., 74. – *b*) GW, V, 83; SE, VII, 182; Fr., 76.
(2) FREUD (S.), *Die psychogene Sehstörung in Psychoanalytischer Auffassung*, 1910. GW, VIII, 97-8; SE, XI, 214.
(3) FREUD (S.), GW, VIII, 235; SE, XII, 223.
(4) SCHELER (M.), *Wesen und Formen der Sympathie*, 1913. Fr., 295.
(5) *Cf.* FREUD (S.), *"Psychoanalyse" und "Libidotheorie"*, 1923. – *a*) GW, XIII, 221; SE, XVIII, 245. – *b*) GW, XIII, 231-2; SE, XVIII, 257.
(6) *Cf.* FREUD (S.), *Jenseits des Lustprinzips*, 1920. *Passim.*
(7) FREUD (S.), GW, XIII, 41; SE, XVIII, 39; Fr., 45.
(8) FREUD (S.), *Abriss der Psychoanalyse*, 1938. GW, XVII, 71; SE, XXIII, 148; Fr., 8.

PULSÕES DE MORTE

= *D.*: Todestriebe. – *F.*: pulsions de mort. – *En.*: death instincts. –*Es.*: instintos *ou* pulsiones de muerte. – *I.*: istinti *ou* pulsioni di morte.

• *No quadro da última teoria freudiana das pulsões, designa uma categoria fundamental de pulsões que se contrapõem às pulsões de vida e que tendem para a redução completa das tensões, isto é, tendem a reconduzir o ser vivo ao estado anorgânico.*

Voltadas inicialmente para o interior e tendendo à autodestruição, as pulsões de morte seriam secundariamente dirigidas para o exterior, manifestando-se então sob a forma da pulsão de agressão ou de destruição.

■ A noção de pulsão de morte, introduzida por Freud em *Além do princípio do prazer* (*Jenseits des Lustprinzips*, 1920) e constantemente reafirmada até o fim da sua obra, não conseguiu impor-se aos discípulos e à posteridade de Freud da mesma maneira que a maioria das suas contribuições conceituais; continua sendo uma das noções mais controvertidas. Para apreendermos o sentido dessa ideia não basta, na nossa opinião, que nos reportemos às teses de Freud a respeito ou que encontremos na clínica as manifestações que parecem mais aptas a justificar essa hipótese especulativa; seria ainda necessário referi-la à evolução do pensamento freudiano e discernir a que necessidade estrutural corresponde a sua introdução no quadro de uma remodelação mais geral (virada dos anos 1920). Só uma apreciação dessa ordem permitiria encontrar, além dos enunciados explícitos de Freud e até da sua sensação de inovar radicalmente, a exigência testemunhada pela noção, exigência que, sob outras formas, já encontrara lugar em modelos anteriores.

PULSÕES DE MORTE

★

Para começar, vamos resumir as teses de Freud a respeito da pulsão de morte. Ela representa a tendência fundamental de todo ser vivo a retornar ao estado anorgânico. Nessa medida, "se admitirmos que o ser vivo veio depois do ser não vivo e surgiu dele, a pulsão de morte harmoniza-se bem com a fórmula [...] segundo a qual uma pulsão tende ao retorno a um estado anterior" (1*a*). Nessa perspectiva, "todo ser vivo morre necessariamente por causas internas" (2*a*). Nos seres pluricelulares, "[...] a libido encontra a pulsão de morte ou de destruição que neles domina, e que tende a desintegrar esse organismo celular e a levar cada organismo elementar (cada célula) ao estado de estabilidade anorgânica [...]. Ela tem por tarefa tornar inofensiva essa pulsão de destruição e desembaraça-se dela fazendo-a derivar em grande parte para o exterior, dirigindo-a contra os objetos do mundo exterior, em breve com o auxílio de um sistema orgânico especial, a musculatura. Esta pulsão chama-se então pulsão de destruição, pulsão de dominação, vontade de poder. Uma parte dessa pulsão é posta diretamente a serviço da função sexual, onde tem um papel importante a cumprir. É o sadismo propriamente dito. Outra parte não segue esse deslocamento para o exterior; permanece no organismo onde está ligada libidinalmente [...]. É nela que devemos reconhecer o masoquismo originário, erógeno" (3*a*).

No desenvolvimento libidinal do indivíduo, Freud descreveu o jogo combinado da pulsão de vida e da pulsão de morte, quer na sua forma sádica (2*c*), quer na sua forma masoquista (3*b*).

As pulsões de morte inscrevem-se num novo dualismo em que se contrapõem às pulsões de vida (ou Eros*) que a partir de então vão compreender o conjunto das pulsões anteriormente diferenciadas por Freud (*ver*: pulsões de vida; pulsão sexual; pulsões de autoconservação; pulsões do ego). As pulsões de morte aparecem, pois, na conceituação freudiana, como um tipo inteiramente novo de pulsões, que não tinha lugar nas classificações precedentes (o sadismo* e o masoquismo*, por exemplo, eram explicados por um jogo complexo de pulsões de objetivo absolutamente positivo) (4*a*); mas, ao mesmo tempo, Freud vê nelas as pulsões por excelência, na medida em que nelas se realiza de forma eminente o caráter repetitivo da pulsão.

★

Quais são os motivos mais evidentes que levaram Freud a propor a existência de uma pulsão de morte?

1) A tomada em consideração, nos mais diversos registros, dos fenômenos de repetição (*ver*: compulsão à repetição) que dificilmente se deixam reduzir à busca de uma satisfação libidinal ou a uma simples tentativa de dominar as experiências desagradáveis; Freud vê neles o sinal do "demoníaco", de uma forma irreprimível, independente do princípio de prazer

e suscetível de se opor a ele. A partir dessa noção, Freud é levado à ideia de um caráter regressivo da pulsão, ideia que, seguida sistematicamente, leva-o a ver na pulsão de morte a pulsão por excelência.

2) A importância assumida na experiência psicanalítica pelas noções de ambivalência*, de agressividade*, de sadismo e masoquismo, tais como se depreendem, por exemplo, da clínica da neurose obsessiva e da melancolia.

3) Freud considerou desde o início impossível deduzir o ódio, do ponto de vista metapsicológico, das pulsões sexuais. Nunca fará sua a tese segundo a qual "[...] tudo o que encontramos de perigoso e hostil no amor deveria antes ser atribuído a uma bipolaridade originária da sua própria essência" (5a). Em *Pulsões e destinos das pulsões* (*Triebe und Triebschicksale*, 1915), o sadismo e o ódio são relacionados com as pulsões do ego: "[...] os verdadeiros protótipos da relação de ódio não provêm da vida sexual, mas da luta do ego pela sua conservação e afirmação" (4b); Freud vê no ódio uma relação com os objetos "mais antiga do que o amor" (4c). Quando, depois da introdução do narcisismo*, tende a apagar a distinção entre duas espécies de pulsões (pulsões sexuais e pulsões do ego) reduzindo-as a modalidades da libido, é lícito pensar que o ódio lhe pareceu apresentar uma dificuldade especial em deixar-se deduzir no quadro de um monismo pulsional. A questão de um *masoquismo primário* levantada a partir de 1915 (4c) era como que o dedo indicando o polo do novo grande dualismo pulsional prestes a surgir.

A exigência dualística é, como sabemos, fundamental no pensamento freudiano; revela-se em numerosos aspectos estruturais da teoria e traduz-se, por exemplo, na noção de pares de opostos*. É particularmente imperiosa quando se trata das pulsões, visto que elas fornecem as forças que em última análise se enfrentam no conflito psíquico* (2d).

★

Que papel atribui Freud à noção de pulsão de morte? Note-se, em primeiro lugar, que ele próprio sublinha que ela está baseada, antes de mais nada, em considerações especulativas, e que se foi impondo a ele progressivamente. "De início, apresentei essas concepções apenas na intenção de ver até onde elas levavam, mas, no decorrer dos anos, adquiriram tal domínio sobre mim que já não posso pensar de outro modo" (5b). Parece ter sido sobretudo o valor teórico da noção e o seu acordo com uma certa concepção da pulsão que tornaram Freud tão preocupado em sustentar a tese da pulsão de morte, apesar das "resistências" que encontrava no meio psicanalítico e apesar das dificuldades em fundamentá-la na experiência concreta. Com efeito, como por diversas vezes Freud sublinhou, os fatos mostram, mesmo nos casos em que a tendência à destruição de outrem ou de si mesmo é mais manifesta, em que a fúria de destruição é mais cega, que pode estar sempre presente uma satisfação libidinal, satisfação sexual voltada para o objeto ou gozo narcísico (5c). "Aquilo com que deparamos nunca são, por assim dizer, moções pulsionais puras, mas misturas de duas pulsões em proporções variadas" (6*a*). É nesse sentido que Freud diz, às vezes, que a pulsão de morte "[...] se subtrai à percepção quando não é colorida de erotismo" (5*d*).

Isso também se traduz nas dificuldades que Freud encontrou para tirar partido do novo dualismo pulsional na teoria das neuroses ou dos modelos do conflito: "Mais uma vez e sempre fazemos a experiência de que as moções pulsionais, quando podemos traçar o seu percurso, revelam-se como ramificações do Eros. Se não fossem as considerações salientadas em *Além do princípio do prazer* e, por fim, as contribuições do sadismo para o Eros, ser-nos-ia difícil manter a nossa concepção dualista fundamental" (7*a*). Num texto como *Inibição, sintoma e angústia* (*Hemmung, Symptom und Angst*, 1926), que reconsidera o conjunto do problema do conflito neurótico e as suas diferentes modalidades, impressiona efetivamente ver o lugar diminuto reservado por Freud à oposição entre os dois tipos de pulsões, oposição a que não atribui qualquer papel dinâmico. Quando Freud se indaga explicitamente (7*b*) sobre a relação entre as instâncias da personalidade que acaba de diferenciar – id, ego, superego – e as duas categorias de pulsões, nota-se que o conflito entre instâncias não coincide com o dualismo pulsional; embora Freud se esforce, na verdade, em determinar a parte com que cada uma das duas pulsões entra na constituição de cada instância, em contrapartida, quando se trata de descrever as modalidades de conflito, não se vê em ação a suposta oposição entre as pulsões de vida e as pulsões de morte: "Não se pode limitar uma ou outra das pulsões fundamentais a uma das províncias psíquicas. Devemos poder reencontrá-las em toda parte" (1*b*). Às vezes, o hiato entre a nova teoria das pulsões e a nova tópica é ainda mais sensível: o conflito torna-se um conflito entre instâncias, em que o *id* acaba por representar o conjunto das exigências pulsionais por oposição ao *ego*. Foi nesse sentido que Freud disse que, num plano empírico, a distinção entre pulsões do ego e pulsões de objeto conservava todo o seu valor; só "[...] a especulação teórica [é que] nos faz suspeitar da existência de duas pulsões fundamentais [Eros e pulsão de destruição] que se escondem por trás das pulsões manifestas, pulsões do ego e pulsões de objeto" (8). Vemos que, nesse excerto, mesmo no plano pulsional, é um modelo do conflito anterior a *Além do princípio do prazer* que Freud retoma (*ver*: libido do ego – libido objetal), supondo simplesmente que cada uma das duas forças em presença que vemos efetivamente se enfrentarem ("pulsões do ego", "pulsões de objeto") cobre também uma fusão* de pulsões de vida e de morte.

Por fim, impressiona-nos a pequena alteração visível que a nova teoria das pulsões introduz, tanto na descrição do conflito defensivo como na evolução das fases pulsionais (6*b*).

Embora Freud afirme e sustente até o fim da sua obra a noção de pulsão de morte, não o faz como uma hipótese imposta pela teoria das neuroses. Por um lado, porque ela é produto de uma exigência especulativa que Freud considera fundamental e, por outro lado, porque lhe parece inelutavelmente sugerida pela insistência de fatos bem concretos, irredutíveis, que assumem a seus olhos uma importância crescente na clínica e no tratamento: "Se abarcarmos no seu conjunto o quadro composto pelas manifestações do masoquismo imanente de tantas pessoas, a reação terapêutica negativa e o sentimento de culpa dos neuróticos, já não poderemos agarrar-nos à crença de que o funcionamento psíquico é exclusivamente dominado pela tendência para o prazer. Estes fenômenos indicam, de uma forma que não podemos desconhecer, a presença na vida psíquica de um poder a que chamamos, conforme suas metas, pulsão de agressão ou de destruição, e que fazemos derivar da pulsão de morte originária da matéria animada" (9).

A ação da pulsão de morte poderia até ser percebida em estado puro quando tende a desfundir-se da pulsão de vida, por exemplo no caso do melancólico, cujo superego surge como "[...] uma cultura da pulsão de morte" (7c).

★

Freud é o primeiro a indicar que, uma vez que sua hipótese "[...] fundamenta-se essencialmente em bases teóricas, devemos admitir que também ela não estará inteiramente ao abrigo das objeções teóricas" (5e). Foi efetivamente por esse caminho que seguiram muitos psicanalistas, sustentando, por um lado, que a *noção* de pulsão de morte era inaceitável, e, por outro, que os *fatos* clínicos invocados por Freud deviam ser interpretados sem recorrer a ela. De forma muito esquemática, essas críticas podem ser classificadas segundo os seus diversos níveis.

1) De um ponto de vista metapsicológico, recusa de fazer da redução das tensões apanágio de um grupo determinado de pulsões;

2) Tentativas de descrever uma gênese da agressividade; quer considerando-a como um elemento correlativo no início de qualquer pulsão, na medida em que ela se realiza numa atividade que o sujeito impõe ao objeto, quer mesmo vendo nela uma reação secundária à frustração proveniente do objeto;

3) Reconhecimento da importância e da autonomia de pulsões agressivas, mas sem que estas possam ser referidas a uma tendência *auto*agressiva; recusa de hipostasiar em qualquer ser vivo o par de opostos pulsões de vida – pulsões de autodestruição. Pode-se muito bem afirmar que existe de saída uma ambivalência pulsional, mas a oposição entre o amor e o ódio, tal como se manifesta desde o início na incorporação* oral, só deveria ser entendida na relação com um objeto exterior.

Em contraposição, uma escola como a de Melanie Klein reafirma em toda a sua força o dualismo das pulsões de morte e das pulsões de vida, atribuindo mesmo um papel primordial às pulsões de morte desde a origem da existência humana, não apenas na medida em que são orientadas para o objeto exterior, mas também na medida em que atuam no organismo e induzem a angústia de ser desintegrado e aniquilado. Mas é lícito perguntar se o maniqueísmo kleiniano assume todos os significados que Freud tinha dado ao seu dualismo. Na verdade, os dois tipos de pulsão invocados por Melanie Klein contrapõem-se efetivamente por sua meta, mas não existe diferença fundamental no seu princípio de funcionamento.

★

As dificuldades encontradas pela posteridade de Freud para integrar a noção de pulsão de morte convidam a nos interrogarmos sobre o que é visado por Freud sob o termo *Trieb* na sua última teoria. Sentimos efetivamente algum embaraço para designarmos pelo mesmo nome de pulsão o que Freud, por exemplo, descreveu e mostrou em ação no funcionamento pormenorizado da sexualidade humana (*Três ensaios sobre a teoria da sexualidade* [*Drei Abhandlungen zur Sexualtheorie*, 1905]) e os "seres míticos" que para ele se enfrentam menos ao nível do conflito clinicamente observável do que num combate que ultrapassa o indivíduo humano, dado que se encontraria de forma velada em todos os seres vivos, mesmo os mais primitivos: "[...] as forças pulsionais que tendem a conduzir a vida à morte poderiam efetivamente operar neles também desde o início; mas seria muito difícil fazer a prova direta da sua presença, pois que os seus efeitos estão disfarçados pelas forças que conservam a vida" (2*e*).

A oposição das duas pulsões fundamentais deveria ser aproximada dos grandes processos vitais de assimilação e desassimilação; em último caso reduzir-se-ia até "[...] ao par de opostos que reina no inorgânico: atração e repulsão" (1*c*). Também esse aspecto fundamental, e mesmo universal, da pulsão de morte é sublinhado por Freud de muitas maneiras. É atestado particularmente na referência a concepções filosóficas como as de Empédocles e de Schopenhauer.

Certos tradutores franceses de Freud bem sentiram que a última teoria das "pulsões" se situava em plano diferente do das suas teorias precedentes, como o indica o fato de preferirem falar de *instinct de vie* (instinto de vida) e de *instinct de mort* (instinto de morte), mesmo quando escolheram traduzir em outros lugares o *Trieb* freudiano por *pulsion* (pulsão). Mas essa terminologia é criticável porque o termo "instinto"* é sobretudo reservado pelo uso (e isso no próprio Freud) para designar comportamentos pré-formados e fixos, suscetíveis de serem observados, analisados, e específicos da ordem vital.

Na realidade, o que Freud procura explicitamente destacar pela expressão "pulsão de morte" é o que há de mais fundamental na noção de pulsão, o retorno a um estado anterior e, em última análise, o retorno ao repouso absoluto do anorgânico. Além de um tipo especial de pulsão, o que ele assim designa é o que estaria no *princípio* de qualquer pulsão.

É instrutivo verificar, a respeito disso, as dificuldades sentidas por Freud para situar a pulsão de morte relativamente aos "princípios do funcionamento psíquico" que há muito tempo tinha afirmado, e sobretudo em relação ao princípio de prazer. É assim que, em *Além do princípio de prazer*, como o título por si mesmo indica, a pulsão de morte é postulada a partir de fatos que se supõem pôr em xeque tal princípio, mas ao mesmo tempo Freud pode concluir afirmando que "o princípio de prazer parece estar de fato a serviço das pulsões de morte" (2*f*).

De resto, ele sentiu essa contradição, o que o levou ulteriormente a distinguir do princípio de prazer* o princípio de Nirvana*; este, como princípio econômico da redução das tensões a zero, "[...] estaria inteiramente a serviço das pulsões de morte" (3*c*). Quanto ao princípio de prazer, cuja definição se torna então mais qualitativa do que econômica, "representa a exigência da libido" (3*d*).

Podemos perguntar se a introdução do princípio de Nirvana, que "exprime a tendência da pulsão de morte", constituiria uma inovação radical. Seria fácil mostrar como as formulações do princípio de prazer que Freud apresentou ao longo de toda a sua obra confundiam duas tendências: uma tendência para a descarga completa e uma tendência para a manutenção de um nível constante (*homeostase*). Note-se, aliás, que, no primeiro momento da sua construção metapsicológica (*Projeto para uma psicologia científica* [*Entwurf einer Psychologie*, 1895]), Freud tinha diferenciado essas duas tendências ao falar de um princípio de inércia* e ao mostrar como ele se modificava numa tendência para "manter constante o nível de tensão" (10).

Essas duas tendências, aliás, continuaram sendo diferenciadas na medida em que correspondem a dois tipos de energia, livre e ligada*, e a duas modalidades de funcionamento psíquico (processo primário e processo secundário*). Segundo esse enfoque, pode-se ver na tese da pulsão de morte uma reafirmação daquilo que Freud sempre considerou como a própria essência do inconsciente, no que ele oferece de indestrutível e desreal. Essa reafirmação daquilo que há de mais radical no desejo inconsciente está em relação com uma mutação na função última que Freud atribui à sexualidade. De fato, sob o nome de Eros, a sexualidade é definida como princípio de coesão, e não mais como força disruptora, eminentemente perturbadora: "A meta [do Eros] é instituir unidades cada vez maiores e, portanto, conservar; é a ligação. A meta [da pulsão de destruição] é, pelo contrário, dissolver os agregados, e assim destruir as coisas" (1*d*) (*ver*: pulsões de vida).

★

Todavia, ainda que possamos discernir na noção de pulsão de morte uma nova metamorfose de uma exigência fundamental e constante do pensamento freudiano, não podemos deixar de sublinhar que ela introduz uma concepção nova; faz da tendência para a destruição, tal como se revela, por exemplo, no sadomasoquismo, um dado irredutível; é a expressão privilegiada do princípio mais radical do funcionamento psíquico e, por fim, liga indissoluvelmente, na medida em que é "o que há de mais pulsional", qualquer desejo, agressivo ou sexual, ao desejo de morte.

(1) FREUD (S.), *Abriss der Psychoanalyse*, 1938. – *a*) GW, XVII, 71; SE, XXIII, 148-9; Fr., 8. – *b*) GW, XVII, 71-2; SE, XXIII, 149; Fr., 9. – *c*) GW, XVII, 71; SE, XXIII, 149; Fr., 8-9. – *d*) GW, XVII, 71; SE, XXIII, 148; Fr., 8.
(2) FREUD (S.), *Jenseits des Lustprinzips*, 1920. – *a*) GW, XIII, 47; SE, XVIII, 44; Fr., 51. – *b*) GW, XIII, 55; SE, XVIII, 49; Fr., 57. – *c*) GW, XIII, 58; SE, XVIII, 54; Fr., 62. – *d*) GW, XIII, 57; SE, XVIII, 54; Fr., 61. – *e*) GW, XIII, 52; SE, XVIII, 49; Fr., 56-7. –*f*) GW, XIII, 69; SE, XVIII, 63; Fr., 74.
(3) FREUD (S.), *Das ökonomische Problem des Masochismus*, 1924. – *a*) GW, XIII, 376; SE, XX, 163; Fr., 216. – *b*) GW, XIII, 377; SE, XX, 164; Fr., 217. – *c*) GW, XIII, 372; SE, XX, 160; Fr., 212. – *d*) GW, XIII, 273; SE, XX, 160; Fr., 213.
(4) FREUD (S.), *Triebe und Triebschicksale*, 1915. – *a*) GW, X, 220 ss.; SE, XIV, 127 ss.; Fr., 44 ss. – *b*) GW, X, 230; SE, XIV, 138; Fr., 63. – *c*) GW, X, 231; SE, XIV, 139; Fr., 64. – *d*) GW, X, 220-1; SE, XIV, 128; Fr., 45.
(5) FREUD (S.), *Das Unbehagen in der Kultur*, 1930. – *a*) GW, XIV, 478; SE, XXI, 119; Fr., 55. – *b*) GW, XIV, 478-9; SE, XXI, 119; Fr., 55. – *c*) GW, XIV, 480; SE, XXI, 121; Fr., 56. – *d*) GW, XIV, 479; SE, XXI, 120; Fr., 55. – *e*) GW, XIV, 480-1; SE, XXI, 121-2; Fr., 56.
(6) FREUD (S.), *Hemmung, Symptom und Angst*, 1926. – *a*) GW, XIV, 155; SE, XX, 125; Fr., 48. – *b*) *Cf.* GW, XIV, 155; SE, XX, 124-5; Fr., 47-8.
(7) FREUD (S.), *Das Ich und das Es*, 1923. – *a*) GW, XIII, 275; SE, XIX, 46; Fr., 203. – *b*) cap. IV, *passim*. – *c*) GW, XIII, 283; SE, XIX, 53; Fr., 211.
(8) FREUD (S.), *Psycho-Analysis*, 1926. GW, XIV, 302; SE, XX, 265.
(9) FREUD (S.), *Die endliche und die unendliche Analyse*, 1937. GW, XVI, 88; SE, XXIII, 243; Fr., 28-9.
(10) FREUD (S.), Al., 380-1; Ing., 356-8; Fr., 316-7.

PULSÕES DE VIDA

= *D.*: Lebenstriebe. – *F.*: pulsions de vie. – *En.*: life instincts. – *Es.*: instintos *ou* pulsiones de vida. – *I.*: istinti *ou* pulsioni di vita.

• *Grande categoria de pulsões que Freud contrapõe, na sua última teoria, às pulsões de morte. Tendem a constituir unidades cada vez maiores e a mantê-las. As pulsões de vida, também designadas pelo termo "Eros", abrangem não apenas as pulsões sexuais propriamente ditas, mas ainda as pulsões de autoconservação.*

■ Foi em *Além do princípio do prazer* (*Jenseits des Lustprinzips*, 1920) que Freud introduziu a grande oposição, que iria sustentar até o fim da sua obra, entre pulsões de morte* e pulsões de vida. As primeiras tendem para a destruição das unidades vitais, para a igualização radical das tensões e para o retorno ao estado anorgânico que se supõe ser o estado de repouso absoluto. As segundas tendem não apenas a conservar as unidades vitais existentes, como a constituir, a partir delas, unidades mais globalizantes. E assim existiria, mesmo ao nível celular, uma tendência "[...] que procura provocar e manter a coesão entre as partes da substância viva" (1*a*). Essa tendência reencontra-se no organismo individual na medida em que procura manter a sua unidade e a sua existência (pulsões de autoconservação*, libido narcísica*). A sexualidade, nas suas formas manifestas, define-se também como princípio de união (união dos indivíduos no acasalamento, união dos gametas na fecundação).

É a oposição às pulsões de morte que permite apreender melhor o que Freud entende por pulsões de vida; opõem-se umas às outras como dois grandes princípios que veríamos em ação mesmo no mundo físico (atração-repulsão) e que sobretudo estariam na base dos fenômenos vitais (anabolismo-catabolismo).

Esse novo dualismo pulsional não deixa de acarretar dificuldades:

1) A introdução por Freud da noção de pulsão de morte está relacionada com uma reflexão sobre o que há de mais fundamental em qualquer pulsão: o retorno a um estado anterior. Na perspectiva evolucionista explicitamente escolhida por Freud, essa tendência regressiva não pode visar senão ao restabelecimento de formas menos diferenciadas, menos organizadas, que em último caso não compreendam diferenças de nível energético. Se essa tendência se exprime eminentemente na pulsão de morte, a pulsão de vida, em compensação, é definida por um movimento inverso, quer dizer, o estabelecimento e manutenção de formas mais diferenciadas e mais organizadas, a *constância* e mesmo o *aumento das diferenças de nível* energético entre o organismo e o meio. Freud declara-se incapaz de mostrar no caso das pulsões de vida aquilo em que elas obedecem ao que ele definiu como sendo a fórmula geral de toda a pulsão, o seu caráter conservador, ou melhor, regressivo. "No caso de Eros (a pulsão de amor) não podemos aplicar a mesma fórmula, porque isso equivaleria a postular que a substância viva, que de início constituía uma unidade, se fragmentou mais tarde e tende a reunificar-se de novo" (2a). Freud é então obrigado a referir-se a um mito, o mito de Aristófanes em *O Banquete*, de Platão, segundo o qual o acasalamento sexual procuraria restabelecer a unidade perdida de um ser originariamente andrógino, anterior à separação dos sexos (1b).

2) Encontramos a mesma oposição e a mesma dificuldade no plano dos princípios do funcionamento psíquico correspondente aos dos grandes grupos de pulsões. O princípio de Nirvana*, que corresponde às pulsões de morte, é claramente definido; mas o princípio de prazer (e a sua modificação em princípio de realidade*), que se supõe representar a exigência das pulsões de vida, dificilmente pode ser apreendido na sua acepção econômica, e é reformulado por Freud em termos "qualitativos" (*ver*: princípio de prazer; princípio de constância).

As últimas formulações de Freud (*Esboço de psicanálise* [*Abriss der Psychoanalyse*, 1938]) indicam que o princípio subjacente às pulsões de vida é um princípio de *ligação* *. "A meta do Eros é instituir unidades cada vez maiores e, portanto, conservar; é a ligação. A meta da outra pulsão é, pelo contrário, dissolver os agregados, e assim destruir as coisas" (2b).

Vemos que, também no plano econômico, a pulsão de vida se harmoniza mal com o modelo energético da pulsão como tendência para a redução das tensões. Em certas passagens (3), Freud acaba por colocar Eros em oposição ao caráter conservador geral da pulsão.

3) Por fim, se Freud pretende reconhecer nas pulsões de vida o que antes designou como pulsão sexual*, podemos perguntar se essa assimila-

ção não teria relação com uma mudança quanto à posição da sexualidade na estrutura do dualismo freudiano. Nos grandes pares de opostos definidos por Freud: energia livre – energia ligada, processo primário – processo secundário, princípio de prazer – princípio de realidade e, no *Projeto para uma psicologia científica* (*Entwurf einer Psychologie*, 1895), princípio de inércia – princípio de constância, a sexualidade correspondia até então aos primeiros termos, surgindo como uma força essencialmente disruptora. Com o novo dualismo pulsional, é a pulsão de morte que se torna essa força "primária", "demoníaca" e propriamente pulsional, enquanto a sexualidade, paradoxalmente, passa para o lado da ligação.

(1) Freud (S.). – *a*) GW, XIII, 66, n.; SE, XVIII, 60, n.; Fr., 70, n. – *b*) *Cf.* GW, XIII, 62-3; SE, XVIII, 57-8; Fr., 66-7.
(2) Freud (S.), *Abriss der Psychoanalyse*, 1938. – *a*) GW, XVII, 71; SE, XXIII, 149; Fr., 8. – *b*) GW, XVII, 71; SE, XXII, 148; Fr.., 8.
(3) *Cf.* Freud (S.), *Das Unbehagen in der Kultur*, 1930. GW, XIV, 477, n.; SE, XXII, 118, n. 2; Fr., 54, n. 2.

PULSÕES DO EGO (ou DO EU)

= D.: Ichtriebe. – F.: pulsions du moi. – En.: ego instincts. – Es.: instintos *ou* pulsiones del yo. – I.: istinti *ou* pulsioni dell'io.

• *No quadro da primeira teoria das pulsões (tal como formulada por Freud nos anos de 1910-1915), as pulsões do ego designam um tipo específico de pulsões cuja energia está colocada a serviço do ego no conflito defensivo; são assimiladas às pulsões de autoconservação e contrapostas às pulsões sexuais.*

■ Na primeira teoria freudiana das pulsões, que opõe pulsões sexuais* e pulsões de autoconservação*, estas últimas são ainda chamadas pulsões do ego.
Como se sabe, na descrição que faz inicialmente do conflito psíquico*, Freud havia oposto a sexualidade a uma instância recalcante, defensiva, o ego*. Mas não era atribuído ao ego um suporte pulsional determinado.
Por outro lado, desde os *Três ensaios sobre a teoria da sexualidade* (*Drei Abhandlungen zur Sexualtheorie*, 1905), na verdade, Freud opunha as pulsões sexuais e aquilo a que chamava "necessidades" (ou "funções de importância vital"), mostrando como as primeiras nasciam apoiando-se* nas segundas e depois delas divergiam, particularmente no autoerotismo*. Ao enunciar a sua "primeira teoria das pulsões", Freud tenta fazer coincidir estas duas oposições: oposição clínica, no conflito defensivo, entre o ego e as pulsões sexuais; oposição genética, na origem da sexualidade humana, entre funções de autoconservação e pulsão sexual.
Só em 1910, em *A concepção psicanalítica da perturbação psicogênica da visão* (*Die psychogene Sehstörung in die psychoanalytischer Auffassung*),

PULSÕES DO EGO (ou DO EU)

Freud, por um lado, classifica o conjunto das "grandes necessidades" não sexuais sob o nome de "pulsões de autoconservação" e, por outro, designa-as sob o nome de "pulsões do ego" como participantes do conflito psíquico, pois os dois polos deste devem, em última análise, ser igualmente definidos em termos de forças: "De muito especial importância para a nossa tentativa de explicação é a inegável oposição que existe entre as pulsões que servem a sexualidade, a obtenção do prazer sexual, e as outras que têm por meta a autoconservação do indivíduo, as pulsões do ego; todas as pulsões orgânicas que agem no nosso psiquismo podem ser classificadas, segundo os termos do poeta, de 'Fome' ou de 'Amor'" (1*a*).

★

Que significa a sinonímia afirmada por Freud entre pulsões de autoconservação e pulsões do ego? Em que medida um grupo determinado de pulsões pode ser considerado inerente ao ego?

1. A um nível biológico, Freud apoia-se na oposição entre as pulsões que tendem para a conservação do indivíduo (*Selbsterhaltung*) e as que servem os fins da espécie (*Asterhaltung*). "O indivíduo, na realidade, leva uma dupla existência, como fim de si mesmo e como membro de uma cadeia a que está submetido contra sua vontade ou, em todo caso, sem ela [...]. A distinção entre as pulsões sexuais e as pulsões do ego só refletiria esta dupla função do indivíduo" (2*a*). Nessa perspectiva, "pulsões do ego" significa "pulsões de conservação de si mesmo", pois o ego como instância é a agência psíquica a que está entregue a conservação do indivíduo.

2. No quadro do funcionamento do aparelho psíquico, Freud mostra como as pulsões de autoconservação, em oposição às pulsões sexuais, são particularmente aptas a funcionarem segundo o princípio de realidade. Mais ainda, ele define um "ego-realidade"* pelas características próprias das pulsões do ego: "[...] a única coisa que o ego-realidade tem a fazer é tender para o *útil* e garantir-se contra os danos" (3).

3. Por fim, deve-se considerar o fato de que, desde a introdução da noção de pulsões do ego, Freud nota que (de uma forma simétrica às pulsões sexuais com que estão em conflito) estão ligadas a um grupo determinado de *representações*, grupo "para o qual utilizamos o conceito coletivo de ego, que é composto de maneira diferente segundo os casos" (1*b*).

Se conferirmos todo o seu sentido a esta última indicação, seremos levados a pensar que as pulsões do ego investem o "ego" tomado como "grupo de representações", que elas *visam ao ego*. Vemos que se introduz uma ambiguidade no sentido do copulativo *do* (pulsões do ego); as pulsões do ego são, por um lado, concebidas como tendências que *emanam* do organismo (ou *do* ego, na medida em que seria a instância psíquica encarregada de garantir a conservação dele) e que visam a objetos exteriores relativamente especificados (alimento, por exemplo). Mas, por outro lado, elas estariam ligadas ao ego como seu *objeto*.

PULSÕES DO EGO (ou DO EU)

★

Quando Freud, em 1910 e 1915, fala da oposição pulsões sexuais – pulsões do ego, raramente deixa de declarar que essa é uma hipótese a que foi "[...] coagido pela análise das puras neuroses de transferência (histeria e neurose obsessiva)" (2b). Poderíamos notar, a propósito, que, nas interpretações que Freud apresenta do conflito, praticamente nunca se vê as pulsões de autoconservação atuarem como força motivante do recalcamento:

1. Nos estudos clínicos publicados antes de 1910, o lugar do ego no conflito é frequentemente acentuado, mas a sua relação com as funções necessárias à preservação do indivíduo biológico não é indicada (ver: ego). Em seguida, após ter sido apresentada explicitamente em teoria como pulsão do ego, a pulsão de autoconservação, contudo, raramente é invocada como energia recalcante: em *Uma neurose infantil* (*Aus der Geschichte einer infantilen Neurose*, 1918), redigido em 1914-1915, a força que provoca o recalcamento é procurada na "libido genital narcísica" (4).

2. Nos trabalhos metapsicológicos de 1914-1915 (*O inconsciente* [*Das Unbewusste*], *O recalque* [*Die Verdrängung*], *Pulsões e destinos das pulsões* [*Triebe und Triebschicksale*]), Freud atribui o recalque, nos três tipos principais de neurose de transferência, a um mecanismo puramente *libidinal* de investimento, de desinvestimento e de contrainvestimento das representações: "Podemos aqui substituir 'investimento' por 'libido', porque se trata, como sabemos, do destino das pulsões sexuais" (5).

3. No texto que introduz a noção de pulsão do ego, um dos raros textos em que Freud tenta fazê-la atuar como participante do conflito, temos a impressão de que a função de autoconservação (no caso, a visão) é o que está em jogo, e o campo do conflito defensivo é mais do que um dos termos dinâmicos deste.

5. Quando Freud pretende justificar a introdução desse dualismo pulsional, não vê nele um "postulado necessário", mas apenas uma "construção auxiliar" que vai muito além dos dados psicanalíticos. Estes, efetivamente, impõem somente a ideia de um "conflito entre as exigências da sexualidade e as do ego" (6). O dualismo pulsional, por seu lado, baseia-se, em última análise, em considerações "biológicas": "[...] quero confessar aqui expressamente que a hipótese de pulsões do ego e pulsões sexuais separadas [...] assenta em diminuta parte numa base psicológica e se apoia essencialmente na biologia" (2c).

★

A introdução da noção de narcisismo* não faz caducar imediatamente para Freud a oposição entre pulsões sexuais e pulsões do ego (2d, 6b), mas introduz nela uma distinção suplementar; as pulsões sexuais podem fazer incidir a sua energia num objeto exterior (libido objetal) ou no ego (libido do ego ou libido narcísica). A energia das pulsões do ego não é libido, mas "interesse"*. Vemos assim que a nova reclassificação tenta dissipar a ambi-

PULSÕES DO EGO (ou DO EU)

guidade assinalada acima a propósito da expressão pulsões *do* ego. As pulsões do ego emanam do ego e referem-se a objetos independentes (por exemplo, o alimento); mas o ego pode ser objeto da pulsão sexual (libido do ego).

Todavia, a oposição libido do ego – libido objetal* irá, no pensamento de Freud, retirar rapidamente todo o seu interesse à oposição pulsões do ego – pulsões sexuais.

De fato, Freud pensa que a autoconservação pode ser reduzida ao amor de si mesmo, isto é, à libido do ego. Escrevendo *a posteriori* a história da sua teoria das pulsões, Freud interpreta a reviravolta pela qual introduziu a noção de libido narcísica como uma aproximação de uma teoria monista da energia pulsional, "[...] como se o lento progresso da investigação psicanalítica tivesse seguido os passos das especulações de Jung sobre a libido originária, tanto mais que à transformação da libido objetal em narcisismo estava inevitavelmente ligada uma certa dessexualização" (7).

Note-se, no entanto, que Freud só descobre essa fase "monista" do seu pensamento no preciso momento em que já afirmou um *novo dualismo* fundamental, o das pulsões de vida* e das pulsões de morte*.

★

Após a introdução deste dualismo, a expressão "pulsão do ego" vai apagar-se da terminologia freudiana, não sem que Freud tenha primeiro tentado, em *Além do princípio do prazer* (*Jenseits des Lustprinzips*, 1920), situar no novo quadro aquilo a que até então chamara pulsões do ego. A tentativa é conduzida em duas direções contraditórias:

1. Na medida em que as pulsões de vida são assimiladas às pulsões sexuais, Freud procura fazer coincidir simetricamente pulsões do ego e pulsões de morte. Quando leva às últimas consequências a tese especulativa segundo a qual a pulsão tende, no fundo, a restabelecer o estado anorgânico, vê nas pulsões de autoconservação "[...] pulsões parciais destinadas a garantir ao organismo o seu próprio caminho para a morte" (8*a*). Elas só se distinguem da tendência imediata para o retorno ao inorgânico na medida em que "[...] o organismo só quer morrer à sua maneira; os guardiões da vida foram também, na origem, cúmplices da morte" (8*b*).

2. No próprio decurso do seu texto, Freud é levado a retificar esses pontos de vista, retomando a tese segundo a qual as pulsões de autoconservação são de natureza libidinal (8*c*).

Por fim, no quadro da sua segunda teoria do aparelho psíquico, Freud deixará de fazer coincidir determinado tipo qualitativo de pulsão com determinada instância (como tinha tentado fazer ao assimilar pulsão de *autoconservação* e pulsão do *ego*). Embora todas as pulsões tenham origem no id, podemos encontrá-las atuando em cada uma das instâncias. O problema de saber que energia pulsional o ego utiliza mais especialmente continuará presente (*ver*: ego), mas Freud deixará então de falar de pulsão do ego.

PULSÕES DO EGO (ou DO EU)

(1) FREUD (S.). – *a)* GW, VIII, 97-8; SE, XI, 214-5. – *b)* GW, VIII, 97; SE, XI, 213.
(2) FREUD (S.), *Zur Einführung des Narzissmus*, 1914. – *a)* GW, X, 143; SE, XIV, 78. – *b)* GW, X, 143; SE, XIV, 77. – *c)* GW, X, 144; SE, XIV, 79. – *d) Cf. passim.*
(3) FREUD (S.), *Formulierungen über die zwei Prinzipien des psychischen Geschehens*, 1911. GW, VIII, 235; SE, XII, 233.
(4) FREUD (S.), GW, XII, 73; SE, XVII, 46; Fr., 357.
(5) FREUD (S.), *Das Unbewusste*, 1915. – GW, X, 281; SE, XIV, 181-2; Fr., 122.
(6) FREUD (S.), *Triebe und Triebschicksale*, 1915. – *a)* GW, X, 217; SE, XIV, 124; Fr., 38. – *b) Cf.* GW, X, 216 ss.; SE, XIV, 123 ss.; Fr., 37 ss.
(7) FREUD (S.), *"Psychoanalyse" und "Libidotheorie"*, 1923. GW, XIII, 221-2; SE, XVIII, 257.
(8) FREUD (S.). – *a)* GW, XIII, 41; SE, XVII, 39; Fr., 45. – *b)* GW, XIII, 41; SE, XVII, 39; Fr., 45. – *c) Cf.* GW, XIII, 56; SE, XVII, 52; Fr., 60.

Q

QUANTUM DE AFETO

= *D.*: Affektbetrag. – *F.*: quantum d'affect. – *En.*: quota of affect. – *Es.*: cuota *ou* suma de afecto. – *I.*: importo *ou* somma d'affetto.

• *Fator quantitativo postulado como substrato do afeto vivido subjetivamente para designar o que é invariável nas diversas modificações dele: deslocamento, desligamento da representação, transformações qualitativas.*

■ A expressão "*quantum* de afeto" é uma daquelas pelas quais se exprime a hipótese econômica* de Freud. O mesmo substrato quantitativo também é designado por expressões como "energia de investimento", "força pulsional", "pressão" da pulsão ou "libido" quando a pulsão sexual é a única que está em causa. A expressão "*quantum* de afeto" é a maioria das vezes usada por Freud quando trata do destino do afeto e da sua independência em relação à representação: "Nas funções psíquicas há razão para distinguir alguma coisa (*quantum* de afeto, soma de excitação) que possui todas as propriedades de uma quantidade – ainda que não estejamos habilitados a medi-la –, alguma coisa que pode ser aumentada, diminuída, deslocada, descarregada, e se espalha sobre os traços mnésicos das representações mais ou menos como uma carga elétrica sobre a superfície dos corpos" (1).

Segundo a indicação de Jones, "a concepção de um afeto independente e destacável difere muito da antiga crença numa 'tonalidade afetiva'" (2, α). O conceito de *quantum* de afeto não é descritivo, mas metapsicológico: "O *quantum* de afeto corresponde à pulsão, na medida em que esta se destacou da representação e encontra expressão adequada à sua quantidade nos processos que se tornam sensíveis para nós como afetos" (3). No entanto, poderíamos encontrar em Freud exemplos de utilizações mais frouxas das duas designações (afeto e *quantum* de afeto) em que se apaga a sua oposição, que é esquematicamente entre qualidade e quantidade.

▲ (α) Note-se todavia que no seu artigo escrito em francês *Algumas considerações para um estudo comparativo das paralisias motoras orgânicas e histéricas* (*Quelques considérations pour une étude comparative des paralysies motrices organiques et hystériques*, 1893) Freud traduz *Affektbetrag* por *valeur affective* (valor afetivo).

(1) FREUD (S.), *Die Abwehr-Neuropsychosen*, 1894. GW, I, 74; SE, III, 60.
(2) JONES (E.), *Sigmund Freud: Life and Work*, Londres, Hogarth Press, 1953.1, Ing., 435; Fr., Paris, PUF, 435.
(3) FREUD (S.), *Die Verdrängung*, 1915. GW, X, 255; SE, XIV, 152; Fr., 79.

R

RACIONALIZAÇÃO

= *D.*: Rationalisierung. – *F.*: rationalisation. – *En.*: rationalization. – *Es.*: racionalización. – *I.*: razionalizzazione.

- *Processo pelo qual o sujeito procura apresentar uma explicação coerente do ponto de vista lógico, ou aceitável do ponto de vista moral, para uma atitude, uma ação, uma ideia, um sentimento etc., cujos motivos verdadeiros não percebe; fala-se mais especialmente da racionalização de um sintoma, de uma compulsão defensiva, de uma formação reativa. A racionalização intervém também no delírio, resultando numa sistematização mais ou menos acentuada.*

■ Esse termo foi introduzido no uso psicanalítico corrente por E. Jones, no seu artigo *A racionalização na vida cotidiana* (*Rationalization in everyday life*, 1908).

A racionalização é um processo muito comum, que abrange um extenso campo que vai desde o delírio ao pensamento normal. Como qualquer comportamento pode admitir uma explicação racional, muitas vezes é difícil decidir se ela é falha ou não. Em especial no tratamento psicanalítico encontraríamos todos os intermediários entre dois extremos; em certos casos, é fácil demonstrar ao paciente o caráter artificial das motivações invocadas e incitá-lo assim a não se contentar com elas; em outros, os motivos racionais são particularmente sólidos (os analistas conhecem as resistências que a "alegação da realidade", por exemplo, pode dissimular), mas mesmo assim pode ser útil colocá-los "entre parênteses" para descobrir as satisfações ou as defesas inconscientes que a eles se juntam.

Como exemplo do primeiro caso, encontraremos racionalizações de sintomas, neuróticos ou perversos (comportamento homossexual masculino explicado pela superioridade intelectual e estética do homem, por exemplo) ou compulsões defensivas (ritual alimentar explicado por preocupações de higiene, por exemplo).

No caso de traços de caráter ou de comportamentos muito integrados no ego, é mais difícil fazer o sujeito perceber o papel desempenhado pela racionalização.

A racionalização não se classifica normalmente entre os mecanismos de defesa, apesar de sua manifesta função defensiva. Porque não é dirigida diretamente contra a satisfação pulsional, mas antes vem disfarçar secundariamente os diversos elementos do conflito defensivo. E, assim, certas defesas, resistências na análise, formações reativas podem também ser racionalizadas. A racionalização encontra sólidos apoios nas ideologias constituídas, moral comum, religiões, convicções políticas etc., pois a ação do superego vem reforçar as defesas do ego.

A racionalização deve ser aproximada da elaboração secundária*, que submete as imagens do sonho a uma encenação coerente.

É exatamente nesse sentido limitado que, segundo Freud, se deve fazer introduzir a racionalização na explicação do delírio. De fato, ele nega à racionalização a função de criar temas delirantes (1), opondo-se assim a uma concepção clássica que vê na megalomania, por exemplo, uma racionalização do delírio de perseguição ("devo ser uma grande personalidade para merecer ser assim perseguido por seres tão poderosos").

Intelectualização* é um termo próximo de racionalização. No entanto, devem ser distinguidos um do outro.

(1) *Cf.* FREUD (S.), *Psychoanalytische Bemerkungen über einen autobiographisch beschriebenen Fall von Paranoia (Dementia paranoides).* GW, VIII, 248; SE, XII, 48-9; Fr., 296.

REAÇÃO TERAPÊUTICA NEGATIVA

= *D.*: negative therapeutische Reaktion. – *F.*: réaction thérapeutique négative. – *En*:. negative therapeutic reaction. – *Es.*: reacción terapéutica negativa. – *I.*: reazione terapeutica negativa.

• *Fenômeno encontrado em certos tratamentos psicanalíticos como tipo de resistência à cura especialmente difícil de superar: cada vez que se poderia esperar uma melhoria do progresso da análise, produz-se um agravamento, como se certos sujeitos preferissem o sofrimento à cura. Freud liga esse fenômeno a um sentimento de culpa inconsciente inerente a certas estruturas masoquistas.*

■ É em *O ego e o id* (*Das Ich und das Es*, 1923) que Freud apresenta a descrição e a análise mais completa da reação terapêutica negativa. Em determinados sujeitos, "[...] qualquer resolução parcial que deveria ter como consequência uma melhoria ou um desaparecimento passageiro dos sintomas – e que tem efetivamente em outros – provoca neles um reforço momentâneo do seu sofrimento; o seu estado agrava-se no decorrer do tratamento em vez de melhorar" (1*a*).

Já antes, por exemplo, em *Recordar, repetir, perlaborar* (*Erinnern, Wiederholen und Durcharbeiten*, 1914), Freud tinha chamado a atenção para o problema do "agravamento no tratamento" (2). A proliferação dos sintomas pode explicar-se pelo retorno do recalcado, que favorece uma atitude mais tolerante para com a neurose, ou ainda pelo desejo do paciente de provar ao analista os perigos do tratamento.

Em *Uma neurose infantil* (*Aus der Geschichte einer infantilen Neurose*, 1918), Freud fala igualmente de "reações negativas": "Cada vez que um sintoma tinha sido radicalmente resolvido, ele [o homem dos lobos] tentava negar esse efeito durante um momento por um agravamento do sintoma" (3); mas só em *O ego e o id* é proposta uma teoria mais específica. Convém distinguir a reação terapêutica negativa de outros modos de resistência que se poderiam invocar para explicá-la: viscosidade da libido*, isto é, uma especial dificuldade que o sujeito tem em renunciar às suas fixações, transferência negativa, desejo de provar a sua própria superioridade ao analista, "inacessibilidade narcísica" de certos casos graves e mesmo o benefício* da doença. Para Freud, trata-se de uma reação *invertida*, pois o doente prefere em cada etapa da análise a manutenção do sofrimento à cura. Freud vê nesse fato a expressão de um sentimento de culpa inconsciente muito difícil de trazer à luz: "[...] este sentimento de culpa é mudo para o doente, não lhe diz que ele é culpado; o sujeito não se sente culpado, mas doente" (1*b*).

Freud volta à questão em *O problema econômico do masoquismo* (*Das ökonomische Problem des Masochismus*, 1924); se podemos falar, a propósito de reação terapêutica negativa, de um benefício da doença, é na medida em que o masoquista encontra a sua satisfação no sofrimento e procura manter a todo custo "uma certa quantidade de sofrimento" (4).

Podemos ver, na reação terapêutica negativa, o efeito de uma resistência do superego? Parece ser essa a opinião de Freud, pelo menos nos casos em que se pode perceber no sentimento de culpa alguma coisa "[...] de *emprestado*, isto é, o resultado da identificação com outra pessoa que outrora foi objeto de um investimento erótico" (1*c*). Em *Inibição, sintoma e angústia* (*Hemmung, Symptom und Angst*, 1926), é à reação terapêutica negativa que ele alude ao invocar a resistência do superego (5).

No entanto, Freud deixou logo lugar para algo que nem sempre é redutível ao papel do superego e do masoquismo secundário, ideia que tem a sua expressão mais nítida em *Análise terminável e interminável* (*Die endliche und die unendliche Analyse*, 1937), em que a reação terapêutica negativa está diretamente ligada à pulsão de morte (*ver esta expressão*). Seus efeitos não seriam completamente localizáveis no conflito do ego com o superego (sentimento de culpa, necessidade de castigo); tratar-se-ia apenas "[...] da parte por assim dizer psiquicamente ligada pelo superego e que se torna assim cognoscível; outras quantidades da mesma força podem estar em ação, não se sabe onde, sob forma livre ou ligada" (6). Se a reação terapêutica negativa não pode às vezes ser superada nem mesmo adequadamente interpretada, isso aconteceria por ela encontrar o seu motivo último no caráter radical da pulsão de morte.

Vemos que a expressão "reação terapêutica negativa" designa, pelo menos na intenção de Freud, um fenômeno clínico bem específico em que a resistência à cura parece inexplicável pelas noções habitualmente invocadas. O seu paradoxo, irredutível ao jogo – por mais que o consideremos complexo – do princípio de prazer, levou Freud, entre outros motivos, à hipótese do masoquismo primário (*ver*: masoquismo).

Todavia, os psicanalistas utilizam muitas vezes a expressão "reação terapêutica negativa" de forma mais descritiva, e também sem limitar estritamente o seu sentido, para designar qualquer forma particularmente coriácea de resistência à mudança no tratamento.

(1) FREUD (S.). – *a*) GW, XIII, 278; SE, XIX, 49; Fr., 206-7. – *b*) GW, XIII, 279; SE, XIX, 50; Fr., 207. – *c*) GW, XIII, 279, n.; SE, XIX, 50, n.; Fr., 207, n.
(2) FREUD (S.), GW, X, 131-2; SE, XII, 152; Fr., 111.
(3) FREUD (S.), GW, XII, 100; SE, XVII, 69; Fr., 376.
(4) FREUD (S.), GW, XIII, 379; SE, XIX, 166; Fr., 219.
(5) *Cf.* FREUD (S.), GW, XIV, 193; SE, XX, 160; Fr., 89.
(6) FREUD (S.), GW, XVI, 88; SE, XXIII, 242-3; Fr., 28.

REALIDADE PSÍQUICA

= *D.*: psychische Realität. – *F.*: réalité psychique. – *En.*: psychical reality. – *Es.*: realidad psíquica. – *I.*: realtà psichica.

• ***Expressão utilizada muitas vezes por Freud para designar aquilo que, no psiquismo do sujeito, apresenta uma coerência e uma resistência comparáveis às da realidade material; trata-se fundamentalmente do desejo inconsciente e das fantasias conexas.***

■ Quando Freud fala de realidade psíquica, não o faz simplesmente para designar o campo da psicologia concebida como possuidora da sua ordem de realidade própria e suscetível de uma investigação científica, mas aquilo que para o sujeito assume valor de realidade no seu psiquismo.
Na história da psicanálise, a ideia de realidade psíquica se desenvolve em relação com o abandono ou, pelo menos, com a limitação da teoria da sedução* e do papel patogênico dos traumatismos infantis reais. As fantasias, mesmo que não se baseiem em acontecimentos reais, têm para o sujeito o mesmo valor patogênico que Freud atribuía inicialmente às "reminiscências": "As fantasias possuem uma realidade *psíquica* oposta à realidade *material* [...]; *no mundo das neuroses é a realidade psíquica* que desempenha o papel dominante" (1*a*).
Existe, na verdade, um problema teórico da relação entre a fantasia e os acontecimentos que lhe terão servido de suporte (*ver*: fantasia), mas, aponta Freud, "[...] ainda não nos foi dado constatar uma diferença quanto aos efeitos, conforme os acontecimentos da vida infantil sejam produto da fantasia ou da realidade" (1*b*). Por isso o tratamento psicanalítico se fundamenta no pressuposto segundo o qual os sintomas neuróticos se baseiam, pelo menos, numa realidade psíquica, e que, nesse sentido, o neurótico "[...] deve ter razão de algum modo" (2). Por diversas vezes, Freud insistiu na ideia de que os afetos aparentemente menos motivados, por exemplo, o sentimento de culpa na neurose obsessiva, são plenamente justificados na medida em que assentam em realidades psíquicas.

De modo geral, a neurose e, *a fortiori*, a psicose, caracterizam-se pelo predomínio da realidade psíquica na vida do sujeito. A ideia de realidade psíquica está ligada à hipótese freudiana referente aos processos inconscientes; não só eles não levam em conta a realidade exterior como a substituem por uma realidade psíquica (3). Na sua acepção mais rigorosa, a expressão "realidade psíquica" designaria o desejo inconsciente e a fantasia que lhe está ligada. Deveríamos, pergunta Freud a propósito da análise do sonho, reconhecer uma realidade aos desejos inconscientes? "É evidente que não podemos admiti-la quanto a todos os pensamentos de transição e de ligação. Quando nos encontramos diante dos desejos inconscientes reconduzidos à sua expressão última e mais verdadeira, somos efetivamente obrigados a dizer que a *realidade psíquica* é uma forma de existência especial que não deve ser confundida com a realidade *material*" (4, α).

▲ (α) Sobre a história e a problemática do conceito de "realidade psíquica", permitimo-nos remeter o leitor para Laplanche (J.) e Pontalis (J.-B), "Fantasme originaire, fantasmes des origines, origine du fantasme", in *Les temps modernes*, abril de 1964, nº 215.

(1) FREUD (S.), *Vorlesungen zur Einführung in die Psychoanalyse*, 1916-17. – *a)* GW, XI, 383; SE, XVI, 368; Fr., 396. – *b)* GW, XI, 385; SE, XVI, 370; Fr., 398.
(2) FREUD (S.), *Trauer und Melancholie*, 1915. GW, X, 432; SE, XIV, 246; Fr., 196.
(3) *Cf.* FREUD (S.), *Das Unbewusste*, 1915. GW, 286; SE, XIV, 187; Fr., 131. :
(4) FREUD (S.), *Die Traumdeutung*, 1900. GW, II-III, 625; SE, V, 620; Fr., 504.

REALIZAÇÃO DE DESEJO

= *D.*: Wunscherfüllung. – *F.*: accomplissement de désir *ou* de souhait. – *En.*: wish-fulfilment. – *Es.*: realización de deseo. – *I.*: appagamento di desiderio.

• ***Formação psicológica em que o desejo é imaginariamente apresentado como realizado. As produções do inconsciente (sonho, sintoma e, por excelência, a fantasia) são realizações de desejo em que este se exprime de uma forma mais ou menos disfarçada.***

■ Não se trata aqui de expor a teoria psicanalítica do sonho, cuja proposição essencial – *o sonho é uma realização de desejo* – sabemos que se apresenta a Freud como o sinal inaugural da sua descoberta (α). Em *A interpretação de sonhos* (*Die Traumdeutung*, 1900), dedicou-se a provar a universalidade dessa afirmação e a verificá-la em todos os casos que aparentemente a desmentem (sonhos de angústia, de castigo etc.). Lembremos que, em *Além do princípio do prazer* (*Jenseits des Lustprinzips*, 1920), o problema da repetição dos sonhos de acidente na neurose traumática leva Freud a pôr em causa a função do sonho como realização de desejo e a procurar para o sonho uma função mais originária (1) (*ver*: compulsão à repetição; ligação).

REALIZAÇÃO DE DESEJO

A analogia entre sonho e sintoma impõe-se desde o início a Freud; nota-a já em 1895 (2*a*) e compreende todo o seu alcance após *A interpretação de sonhos*. É, por exemplo, o caso destas linhas dirigidas a W. Fliess: "A minha última generalização resiste e parece querer progredir até o infinito. Não é apenas o sonho que é uma realização de desejo, mas também o ataque histérico. Isto é exato quanto ao sintoma histérico e também, indubitavelmente, quanto a todos os fatos neuróticos, o que eu já tinha reconhecido (β) no delírio agudo" (2*b*).

Note-se que a ideia segundo a qual o sonho realiza um desejo é apresentada por Freud sob a forma de uma locução substantiva; assim, o leitor encontrará fórmulas como: duas realizações de desejo encontram-se no conteúdo latente de determinado sonho etc. A expressão "realização de desejo" assume assim um valor autônomo como se não designasse apenas uma função do sonho, mas ainda uma estrutura interna dele, suscetível de se combinar com outra. Nesse sentido, torna-se praticamente sinônima de fantasia*.

Essa observação leva a acentuar o fato de que não se pode dizer de nenhuma produção do inconsciente que realiza *um* desejo; todas surgem como resultado de um conflito e de um compromisso. "Um sintoma histérico só se produz quando duas realizações de desejo opostas, cada uma das quais tem a sua fonte num sistema psíquico diferente, vêm concorrer numa única expressão" (3).

★

A expressão anglo-saxônica *wishful thinking*, que corresponde à locução de uso corrente "tomar os desejos por realidades", refere-se à concepção psicanalítica da realização de desejo. Contudo, seria errado confundir pura e simplesmente as duas expressões. Com efeito, quando se fala de *wishful thinking*, acentua-se o real que o sujeito desconhece, ou porque descuida das condições que lhe permitiriam realizar efetivamente o seu desejo, ou porque deforma a sua apreensão do real etc. Quando se fala de realização de desejo, acentua-se o desejo e a sua encenação fantasística; geralmente não há razão para que a dimensão do real seja desconhecida, visto que não está presente (sonho). Por outro lado, *wishful thinking* é empregado sobretudo quando se trata de aspirações, projetos, desejos, a propósito dos quais não é essencial a referência ao inconsciente.

▲ (α) *Cf.*, por exemplo, a carta a Fliess de 12-6-1900: "Você acredita mesmo que haverá um dia, aqui em casa, uma placa de mármore em que se lerá: 'Foi nesta casa que, a 24 de julho de 1895, o mistério do sonho foi revelado ao dr. Sigmund Freud'?".

(β) Freud alude aqui a uma concepção defendida em *As psiconeuroses de defesa* (*Die Abwehr-Neuropsychosen*, 1894).

(1) *Cf.* Freud (S.), GW, XIII, 31 ss.; SE, XVIII, 31 ss.; Fr., 35 ss.
(2) Freud (S.), *Aus den Anfängen der Psychoanalyse*, 1887-1902. – *a*) *Cf.* Al., 419-20; Ing., 397-8; Fr., 352. – *b*) Al., 295-6; Ing., 277; Fr., 246.
(3) Freud (S.), *Die Traumdeutung*, 1900. GW, II-III, 575; SE, V, 569; Fr., 466.

REALIZAÇÃO SIMBÓLICA

= *D.*: symbolische Wunscherfüllung. – *F.*: réalisation symbolique. – *En.*: symbolic realization. – *Es.*: realización simbólica. – *I.*: realizzazione simbolica.

• **Expressão pela qual M.-A. Sèchehaye designa o seu método de psicoterapia analítica da esquizofrenia: trata-se de reparar as frustrações sofridas pelo paciente nos seus primeiros anos procurando satisfazer simbolicamente as suas necessidades e abrir-lhe desse modo o acesso à realidade.**

■ O método de realização simbólica está ligado ao nome da sra. Sèchehaye, que o descobriu no decorrer de uma psicoterapia analítica de uma jovem esquizofrênica (α). O leitor pode encontrar a narração do episódio do *Caso Renée*, que esteve na origem das concepções da autora, em *Introduction à une psychothérapie des schizophrènes*, 1954 (*Introdução a uma psicoterapia dos esquizofrênicos*) (1*a*) e, relatado pela própria doente, no *Journal d'une schizophrène*, 1950 (*Diário de uma esquizofrênica*) (2*a*).

Na expressão "realização simbólica", a palavra "realização" exprime a ideia de que as necessidades fundamentais do esquizofrênico têm de ser efetivamente satisfeitas no tratamento; "simbólica" indica que elas o devem ser no mesmo modo por que se exprimem, isto é, num modo "mágico-simbólico" em que existe unidade entre o objeto satisfatório (o seio materno, por exemplo) e o seu símbolo (as maçãs, no *Caso Renée*).

A técnica pode ser definida como uma forma de maternagem*, pois o psicoterapeuta desempenha o papel de uma "boa mãe" apta a compreender e satisfazer necessidades orais frustradas. "Longe de exigir do esquizofrênico um esforço de adaptação à situação conflitual para ele insuperável, esse método procura ordenar, modificar a 'dura' realidade, para substituí-la por uma nova realidade, mais 'doce' e mais suportável" (1*b*).

As realizações simbólicas das necessidades básicas devem, segundo a autora, ir ao encontro do sujeito ao nível da sua regressão mais profunda; elas são efetuadas segundo uma ordem que tenderia a reproduzir a sucessão genética das fases* e permitiriam a reconstrução do ego esquizofrênico e uma correlativa conquista da realidade (2*b*).

▲ (α) M.-A. Sèchehaye apresentou uma primeira exposição do seu método em *La réalisation symbolique – Nouvelle méthode de psychothérapie appliquée à un cas de schizophrénie* (*A realização simbólica – Novo método de psicoterapia aplicado a um caso de esquizofrenia*), suplemento da *Revue suisse de psychologie et psychologie appliquée*, nº 12, Éd. Médicales, Hans Huber, Berna, 1947.

(1) SÈCHEHAYE (M.-A.) – *a*) 22. – *b*) 9.
(2) SÈCHEHAYE (M.-A.) – *a*) Cap. XI. – *b*) *Cf.* sobretudo a parte II.

RECALQUE ou RECALCAMENTO

= *D*.: Verdrängung. – *F*.: refoulement. – *En*.: repression. – *Es*.: represión. – *I*.: rimozione.

• A) *No sentido próprio. Operação pela qual o sujeito procura repelir ou manter no inconsciente representações (pensamentos, imagens, recordações) ligadas a uma pulsão. O recalque produz-se nos casos em que a satisfação de uma pulsão – suscetível de proporcionar prazer por si mesma – ameaçaria provocar desprazer relativamente a outras exigências.*

O recalque é especialmente patente na histeria, mas desempenha também um papel primordial nas outras afecções mentais, assim como em psicologia normal. Pode ser considerado um processo psíquico universal, na medida em que estaria na origem da constituição do inconsciente como campo separado do resto do psiquismo.

B) *Num sentido mais vago. O termo "recalque" é tomado muitas vezes por Freud numa acepção que o aproxima de "defesa"*; por um lado, na medida em que a operação de recalque tomada no sentido A se encontra – ao menos como uma etapa – em numerosos processos defensivos complexos (a parte é então tomada pelo todo), e, por outro lado, na medida em que o modelo teórico do recalque é utilizado por Freud como protótipo de outras operações defensivas.*

■ A distinção dos sentidos A e B parece impor-se se nos referirmos à apreciação que, em 1926, Freud fez da sua própria utilização dos termos *recalque* e *defesa*: "Penso agora que há sem dúvida interesse em voltar ao velho conceito de defesa, mas afirmando que ele deve designar de forma geral todas as técnicas de que o ego se serve nos seus conflitos, que podem levar eventualmente à neurose, enquanto conservamos o termo 'recalque' para um desses métodos de defesa em particular, que a orientação das nossas pesquisas nos permitiu de início conhecer melhor do que os outros" (1).

Na realidade, a evolução dos pontos de vista de Freud sobre a questão da relação entre o recalque e a defesa não corresponde exatamente ao que ele afirma no texto citado. Poderíamos, a propósito dessa evolução, fazer as seguintes observações:

1. Nos textos anteriores a *A interpretação de sonhos* (*Die Traumdeutung*, 1900), os termos "recalque" e "defesa" são utilizados com frequência comparável. Mas só em raríssimas ocasiões são utilizados por Freud como se fossem pura e simplesmente equivalentes, e seria errôneo considerar, com base no testemunho ulterior de Freud, que o único modo de defesa conhecido era então o recalque, modo de defesa específico da histeria, coincidindo assim o gênero com a espécie. Com efeito, por um lado, Freud especifica por essa época as diversas psiconeuroses através de modos de defesa nitidamente diferentes, modos de defesa entre os quais não inclui o recalque; assim, nos textos sobre *As psiconeuroses de defesa* (1894, 1896) o

que constitui o mecanismo de defesa da histeria é a *conversão** do afeto, o da neurose obsessiva é a transposição ou deslocamento do afeto, enquanto na psicose Freud considera mecanismos como a rejeição (*verwerfen*), concomitante da representação e do afeto, ou a projeção. Por outro lado, o termo "recalque" é empregado para designar o destino das representações cortadas da consciência que constituem o núcleo de um grupo psíquico separado, processo que se encontra tanto na neurose obsessiva como na histeria (2).

Ainda que os conceitos de defesa e recalque ultrapassem o quadro de uma afecção psicopatológica em especial, vemos que isso não se dá no mesmo sentido: defesa é de saída um conceito *genérico*, designando uma tendência geral "[...] ligada às condições mais fundamentais do mecanismo psíquico (lei de constância)" (3*a*), que pode assumir formas normais ou patológicas e que, nestas últimas, se especifica em "mecanismos" complexos em que o afeto e a representação conhecem destinos diferentes. Se o recalque está também universalmente presente nas diversas afecções e não especifica, como mecanismo de defesa em especial, a histeria, é porque as diversas psiconeuroses implicam todas um inconsciente (*ver esta palavra*) separado que, precisamente, o recalque *institui*.

2. Depois de 1900, o termo "defesa" tende a ser utilizado de forma menos frequente por Freud, mas está longe de desaparecer como Freud pretendeu ("Recalque, como comecei a dizer, em lugar de defesa") (4) e conserva o mesmo significado genérico. Freud fala de "mecanismos de defesa", de "combate de defesa" etc.

Quanto ao termo "recalque", nunca perde a sua *especificidade* para se confundir pura e simplesmente com um conceito englobante que exprimiria o conjunto das técnicas defensivas utilizadas para manejar o conflito psíquico. Note-se, por exemplo, que, quando trata das "defesas secundárias" (defesas contra o próprio sintoma), Freud nunca as qualifica de "recalques" secundários (5). A noção de recalque conserva fundamentalmente, no texto de 1915 que lhe é consagrado, a acepção definida acima. "*A sua essência consiste apenas no fato de afastar e manter a distância do consciente*" (6*a*). Nesse sentido, o recalque é às vezes considerado por Freud um "mecanismo de defesa" em especial, ou então um "destino da pulsão" suscetível de ser utilizado como defesa. Desempenha um papel primordial na histeria, enquanto na neurose obsessiva está inserido num processo defensivo mais complexo (6*b*). Não se deve argumentar, como fazem os editores da *Standard Edition* (7), com o fato de o recalque ser descrito em diversas neuroses para disso inferir que "recalque" equivale ora a "defesa"; ele é encontrado em cada afecção como um dos momentos da operação defensiva, na sua acepção bem exata de recalque no inconsciente.

A verdade é que o mecanismo do recalque estudado por Freud nos seus diversos momentos constitui para ele uma espécie de protótipo para outras operações defensivas; é assim que, no *Caso Schreber*, justamente quando procura estabelecer um mecanismo de defesa específico da psicose, refere-se aos três tempos do recalque, cuja teoria explicita nessa mesma ocasião. É sem dúvida nesse texto que nos aproximamos mais da confusão entre recalque e defesa, confusão que não é então puramente terminológica, mas leva a dificuldades de fundo (*ver*: projeção).

3. Por fim, atente-se para o fato de que, depois de ter subsumido o recalque na categoria dos mecanismos de defesa, Freud, ao comentar o livro de Anna Freud, escreve: "Nunca duvidei de que o recalque não fosse o único processo de que o ego dispõe para as suas intenções. Contudo, o recalque é algo de muito especial, mais nitidamente distinto dos outros mecanismos do que estes entre eles" (8).

★

"A teoria do recalque é a pedra angular em que assenta todo o edifício da psicanálise" (9). O termo "recalque" encontra-se já em Herbart (10), e certos autores afirmaram que Freud, por intermédio de Meynert, tinha conhecido a psicologia de Herbart (11). Mas foi como fato clínico que o recalque se impôs desde os primeiros tratamentos dos histéricos, em que Freud verificou que as lembranças não estão disponíveis para os pacientes, mas conservam, quando descobertas, toda a sua vivacidade. "Tratava-se de coisas que o doente queria esquecer e que intencionalmente mantinha, repelia, recalcava fora do seu pensamento consciente" (12).

Vemos que a noção de recalque, tomada na sua origem, surge desde o início como correlativa da de inconsciente (o termo "recalcado" será durante muito tempo, para Freud, até a definição da ideia de defesas inconscientes do ego, sinônimo de inconsciente). Quanto ao termo "intencionalmente", Freud, a partir dessa época (1895), não o emprega sem reservas: a clivagem da consciência é apenas *introduzida* por um ato intencional. Com efeito, os conteúdos recalcados escapam ao domínio do sujeito e, como "grupo psíquico separado", são regidos por leis próprias (processo primário*). Uma representação recalcada constitui por si mesma um primeiro "núcleo de cristalização" que pode atrair outras representações insuportáveis sem que intervenha forçosamente uma intenção consciente (13). Assim, a operação do recalque tem em si mesma a marca do processo primário. É justamente isso que a especifica como defesa patológica relativamente a uma defesa normal do tipo da evasiva, por exemplo (3b). Por fim, o recalque é inicialmente descrito como uma operação dinâmica, implicando a manutenção de um contrainvestimento e sempre suscetível de ser posta em causa pela força do desejo inconsciente que procura retornar à consciência e à motilidade (*ver*: retorno do recalcado; formação de compromisso).

Nos anos de 1911-1915, Freud dedicou-se a apresentar uma teoria articulada do processo de recalque, distinguindo nele diversos momentos. Note-se a propósito que não se trata na realidade da sua primeira elaboração teórica. De fato, em nossa opinião, deve-se considerar a sua *teoria* da sedução* como uma primeira tentativa sistemática para explicar o recalque, tentativa tanto mais interessante porque não isola a descrição do mecanismo do objeto sobre o qual incide de preferência, isto é, a sexualidade.

No seu artigo *O recalque* (*Die Verdrängung*, 1915), Freud distingue um recalque em sentido amplo (compreendendo três momentos) e um recalque em sentido restrito que não passa do segundo momento do precedente. O primeiro momento seria um "recalque originário"*; não incide sobre a pulsão enquanto tal, mas em seus sinais, em seus "representantes", que não têm acesso à consciência e aos quais a pulsão permanece fixada. Fica criado assim um primeiro núcleo inconsciente funcionando como polo de atração para os elementos a recalcar.

O recalque propriamente dito (*eigentliche Verdrängung*) ou "recalque *a posteriori*" (*Nachdrängen*) é pois um processo duplo, aliando a essa atração uma repulsa (*Abstossung*) por parte de uma instância superior.

Por fim, o terceiro momento é o "retorno do recalcado" sob a forma de sintomas, sonhos, atos falhos etc.

Sobre o que incide o recalque? Devemos enfatizar que não é nem sobre a pulsão (14*a*), que, na medida em que é orgânica, escapa à alternativa consciente-inconsciente, nem sobre o afeto. Este pode sofrer diversas transformações em relação ao recalque, mas não se pode tornar inconsciente *stricto sensu* (14*b*) (*ver*. repressão). Só os "representantes-representação" (ideia, imagem, etc.) da pulsão são recalcados. Esses elementos representativos estão ligados ao recalcado primário, quer provenham dele, quer entrem com ele em conexão fortuita. O recalque reserva a cada um deles um destino distinto "inteiramente individual", segundo o seu grau de deformação, o seu afastamento do núcleo inconsciente ou o seu valor afetivo.

★

A operação do recalque pode ser encarada no triplo registro da metapsicologia:

a) Do ponto de vista *tópico*. Embora na primeira teoria do aparelho psíquico Freud descreva o recalque como manutenção fora da consciência, nem por isso assimila a consciência à instância recalcante. É a censura* que fornece o modelo desta. Na segunda tópica, o recalque é considerado uma operação defensiva do ego (parcialmente inconsciente);

b) Do ponto de vista *econômico*, o recalque supõe um mecanismo complexo de desinvestimentos*, reinvestimentos e contrainvestimentos* incidindo nos representantes da pulsão;

c) Do ponto de vista *dinâmico*, o problema principal é o dos motivos de recalque: como uma pulsão, cuja satisfação é, por definição, geradora de prazer, acaba por suscitar um desprazer que desencadeia a operação do recalque (neste ponto, *ver*. defesa)?

(1) FREUD (S.), *Hemmung, Symptom und Angst*, 1926. GW, XIV, 195; SE, XX, 163; Fr., 92.

(2) *Cf*. por exemplo: FREUD (S.). *Die Abwehr-Neuropsychosen*, 1894. GW, I, 68-9; SE, III, 54-5.

(3) FREUD (S.), *Aus den Anfängen der Psychoanalyse*, 1887-1902. – *a*) Al., 157; Ing., 146; Fr., 130. – *b*) *Cf.* Al., 431-2; Ing., 409-10; Fr., 363.
(4) FREUD (S.), *Meine Ansichten über die Rolle der Sexualität in der Ätiologie der Neurosen*, 1905. GW, V, 156; SE, VII, 276.
(5) *Cf.* FREUD (S.), *Bemerkungen über einen Fall von Zwangsneurose*, 1909. GW, VII, 441-2; SE, X, 224-5; Fr., 281-2.
(6) FREUD (S.), *Die Verdrängung*, 1915. – *a*) GW, X, 250; SE, XIV, 147; Fr., 70. – *b*) *Cf.* GW, X, 259-61; SE, XIV, 156-8; Fr., 86-90.
(7) *Cf.* SE, XIV, 144.
(8) FREUD (S.), *Die endliche und die unendliche Analyse*, 1937. GW, XVI, 81; SE, XXIII, 236; Fr., in RFP, 1939, XI, 2.
(9) FREUD (S.), *Zur Geschichte der psychoanalytischen Bewegung*, 1914. GW, X, 54; SE, XIV, 16; Fr., 273.
(10) *Cf.* HERBART (J.-F.), *Psychologie als Wissenschaft*, 1894, 341, e *Lehrbuch zur Psychologie*, 1806, in *Samtliche Werke*, V, 19.
(11) *Cf.* JONES (E.), *Sigmund Freud: Life and Work*, Hogarth Press, Londres, 1953. Ing., I, 309; Fr., PUF, Paris, I, 311. E ANDERSON (O.), *Studies in the Prehistory of Psychoanalysis*, Svenska Bokförlaget, Norstedts, 1962, 116-7.
(12) BREUER (J.), e FREUD (S.), Über den psychischen Mechanismus hysterischer Phänomene, 1893, in *Studien über Hysterie*, GW, I, 89; SE, II, 10; Fr., 7.
(13) *Cf.* FREUD (S.), *Studien über Hysterie*, 1895. GW, I, 182; SE, II, 123; Fr., 96.
(14) *Cf.* FREUD (S.), *Das Unbewusste*, 1915. – *a*) GW, X, 275-6; SE, XIV, 177; Fr., 112. – *b*) GW, X, 276-7; SE, XIV, 177-8; Fr., 113-4.

RECALQUE (ou RECALCAMENTO) ORIGINÁRIO ou PRIMÁRIO

= *D.*: Urverdrängung. – *F.*: refoulement originaire. – *En.*: primal repression. – *Es.*: represión primitiva *ou* originaria. – *I.*: rimozione originaria *ou* primaria.

• *Processo hipotético descrito por Freud como primeiro momento da operação do recalque. Tem como efeito a formação de um certo número de representações inconscientes ou "recalcado originário". Os núcleos inconscientes assim constituídos colaboram mais tarde no recalque propriamente dito pela atração que exercem sobre os conteúdos a recalcar, conjuntamente com a repulsão proveniente das instâncias superiores.*

▪ As expressões *refoulement primaire* [recalque primário], *primitif* [primitivo] e *primordial* [primordial] são frequentemente utilizadas nas traduções francesas. Preferimos traduzir o prefixo *Ur* por *originaire* [originário]; note-se, a propósito, que ele se encontra em outros termos freudianos como *Urphantasie* (fantasia originária*), *Urszene* (cena originária*).
Por mais obscura que seja a noção de recalque originário, nem por isso deixa de ser uma peça fundamental da teoria freudiana do recalque, e encontra-se ao longo de toda a obra de Freud desde o estudo do *Caso Schreber*. O recalque originário é, antes de mais nada, postulado a partir dos seus efeitos: uma representação não pode, segundo Freud, ser recalcada se não

RECALQUE (ou RECALCAMENTO) ORIGINÁRIO ou PRIMÁRIO

sofrer, simultaneamente com uma ação proveniente da instância superior, uma atração por parte dos conteúdos que já são inconscientes. Mas, por um raciocínio inverso, é necessário explicar a existência de formações inconscientes, formações essas que não tenham sido atraídas por outras formações; é o papel do "recalque originário", que assim se distingue do recalque propriamente dito ou recalque *a posteriori* (*Nachdrängen*). Sobre a natureza do recalque originário, Freud declara ainda, em 1926, que os nossos conhecimentos são muito limitados (1*a*). No entanto, alguns pontos parecem poder deduzir-se das hipóteses freudianas (α).

1\. Existem relações estreitas entre o recalque originário e a fixação*. No estudo do *Caso Schreber*, o primeiro momento do recalque já é descrito como fixação (2). Se, nesse texto, a fixação é concebida como "inibição de desenvolvimento", em outros o sentido do termo é menos estritamente genético e designa não apenas a fixação numa fase libidinal, mas a fixação da pulsão numa representação e a "inscrição" (*Niederschrift*) dessa representação no inconsciente. "Temos, assim, razão para admitir um recalque originário, uma primeira fase do recalque que consiste no fato de ser recusado ao representante psíquico (representante–representação) da pulsão o acesso ao consciente. Com ele se produz uma fixação; o representante correspondente subsiste a partir daí de forma inalterável e a pulsão permanece ligada a ele" (3).

2\. Se o recalque originário está na origem das primeiras formações inconscientes, o seu mecanismo não pode ser explicado por um investimento* por parte do inconsciente; também não provém de um desinvestimento* do sistema pré-consciente – consciente, mas unicamente de um contrainvestimento*. "É ele [o contra-investimento] que representa o gasto permanente num recalque originário, mas que garante também a sua permanência. O contrainvestimento é o único mecanismo do recalque originário; no recalque propriamente dito (recalque *a posteriori*) há ainda a retirada do investimento pré-consciente" (4).

3\. Sobre a natureza desse contrainvestimento, subsiste a obscuridade. Para Freud, é pouco provável que ele provenha do superego, cuja formação é posterior ao recalque originário. Seria necessário provavelmente procurar a sua origem em experiências arcaicas muito fortes. "É absolutamente plausível que as causas imediatas que produzem os recalques originários sejam fatores quantitativos como uma força excessiva da excitação e a efração do para-excitações [*Reizschutz*]" (1*b*).

▲ (α) Encontra-se uma tentativa de interpretação da noção de recalque originário em J. Laplanche e S. Leclaire, *L'inconscient*, in *Les Temps Modernes*, 1961, XVII, nº 183.

(1) FREUD (S.), *Hemmung, Symptom und Angst*, 1926. – *a*) *Cf.* GW, XIV, 121; SE, XX, 94; Fr., 10. – *b*) GW, XIV, 121; SE, XX, 94; Fr., 10.

(2) *Cf.* FREUD (S.), *Psychoanalytische Bemerkungen über einen autobiographisch beschriebenen Fall von Paranoia (Dementia paranoides)*, 1911. GW, VIII, 303-4; SE, XII, 67; Fr., 311.

(3) FREUD (S.), *Die Verdrängung*, 1915. GW, X, 250; SE, XIV, 148; Fr., 71.

(4) FREUD (S.), *Das Unbewusste*, 1915. GW, X, 280; SE, XIV, 181; Fr., 120.

RECUSA (– DA REALIDADE)

= *D.*: Verleugnung. – *F.*: déni. – *En.*: disavowal. – *Es.*: renegación. – *I.*: diniego.

● ***Termo usado por Freud num sentido específico: modo de defesa que consiste numa recusa por parte do sujeito em reconhecer a realidade de uma percepção traumatizante, essencialmente a da ausência de pênis na mulher. Esse mecanismo é evocado por Freud em particular para explicar o fetichismo*** *e* ***as psicoses.***

■ É a partir de 1924 que Freud começa a empregar o termo *Verleugnung* num sentido relativamente específico. Entre 1924 e 1928, as referências ao processo assim designado são bastante numerosas; é no *Esboço de psicanálise* (*Abriss der Psychoanalyse*, 1938) que Freud apresenta a mais acabada exposição desse processo. Embora não possamos dizer que traçou a sua teoria nem sequer que o diferenciou com rigor de processos próximos, podemos, todavia, descobrir nessa evolução uma linha diretriz.

É em relação com a castração que Freud começa a descrever a *Verleugnung*. Perante a ausência de pênis na menina, as crianças "[...] recusam ou negam [*leugnen*] esta falta, creem ver, apesar de tudo, um membro [...]" (1). Só progressivamente irão considerar a ausência do pênis como um resultado da castração.

Em *Algumas consequências psíquicas da distinção anatômica entre os sexos* (*Einige psychische Folgen des anatomischen Geschlechtsunterschieds*, 1925), a recusa é descrita tanto em relação à menina como em relação ao menino; convém notar que Freud aparenta esse processo com o mecanismo psicótico: "[...] surge um processo que eu gostaria de designar pelo nome de 'recusa' [*Verleugnung*], processo que parece não ser nem raro nem muito perigoso na vida psíquica da criança, mas que no adulto seria o ponto de partida para uma psicose" (2). Na medida em que a recusa incide na *realidade exterior,* Freud vê nela, em oposição ao recalque, o primeiro momento da psicose: enquanto o neurótico começa por recalcar as exigências do id, o psicótico começa por recusar a realidade (3).

Foi essencialmente a partir do exemplo privilegiado do fetichismo que, depois de 1927, Freud elaborou a noção de recusa. No estudo consagrado a essa perversão (*O fetichismo* [*Fetischismus*], 1927), mostra como o fetichista perpetua uma atitude infantil ao fazer coexistirem duas posições inconciliáveis: a recusa e o reconhecimento da castração feminina. A interpretação que Freud apresenta do fato ainda é ambígua; tenta explicar essa coexistência invocando os processos do recalque e da formação de um compromisso entre as duas forças em conflito; mas mostra também como essa coexistência constitui uma verdadeira clivagem* em dois (*Spaltung, Zwiespältigkeit*) do sujeito.

Nos textos ulteriores (*A clivagem do ego no processo de defesa* [*Die Ichspaltung im Abwehrvorgang*], 1938; *Esboço de psicanálise* [*Abriss der Psychoanalyse*], 1938), essa noção de clivagem do ego vem elucidar mais claramente a de recusa. As duas atitudes do fetichista – recusar a percepção da falta de pênis na mulher, reconhecer essa falta e tirar disso as consequências (angústia) – "[...] persistem ao longo da vida lado a lado sem se influenciarem reciprocamente. É o que podemos chamar uma clivagem do ego" (4).

Essa clivagem deve ser distinta da divisão instituída na pessoa por qualquer recalque neurótico:

1) Trata-se da coexistência de dois tipos diferentes de defesa do ego, e não de um conflito entre o ego e o id;

2) Uma das defesas do ego incide na realidade exterior: recusa de uma percepção.

Podemos ver nesse delineamento progressivo que Freud faz do processo de recusa um sinal, entre outros, da sua constante preocupação em descrever um mecanismo originário de defesa perante a realidade exterior. Essa preocupação é demonstrada, em particular, na sua primeira concepção da projeção (*ver esta palavra*), na sua noção de desinvestimento ou perda da realidade na psicose etc. A noção de recusa inscreve-se nessa linha de investigação e é mais exatamente prefigurada em certas passagens de *O homem dos lobos*: "No fim subsistiam nele, lado a lado, duas correntes opostas, uma das quais tinha horror à castração enquanto a outra estava pronta a admiti-la e a consolar-se com a feminilidade como substituto. A terceira corrente, a mais antiga e a mais profunda, que tinha rejeitado pura e simplesmente [*verworfen hatte*] a castração e na qual não havia ainda julgamento sobre a realidade desta, essa corrente era certamente ainda reativável" (5). Nessas linhas afirmam-se já a ideia de clivagem da personalidade em diversas "correntes" independentes, a de uma defesa primária consistindo numa rejeição radical, e finalmente a de que esse mecanismo incide preferentemente na realidade da castração.

Este último ponto é, sem dúvida, o que melhor permite compreender a noção freudiana de recusa, e também prolongar e renovar a sua problemática. Se a recusa da castração é o protótipo e talvez até a origem das outras recusas da realidade, convém que nos interroguemos sobre o que Freud entende por "realidade" da castração ou sua percepção. Se é a "falta de pênis" da mulher que é recusada, é difícil falar de percepção ou de realidade, porque uma ausência não é percebida como tal, só se torna realidade na medida em que é relacionada com uma presença possível. Se é a própria castração que é rejeitada, a recusa incidiria não numa percepção (pois a castração nunca é percebida como tal), mas numa teoria explicativa dos fatos (uma "teoria sexual infantil"). Lembre-se, a propósito, que Freud referiu constantemente o complexo ou a angústia de castração não à percepção de uma realidade pura e simples, mas à conjunção de dois dados: verificação da diferença anatômica entre os sexos e ameaça de castração pelo pai (*ver*: complexo de castração). Estas observações permitem-nos perguntar se a *recusa*, cujas consequências *na* realidade são tão evidentes, não incidiria fundamentalmente num elemento *básico* da realidade humana, mais do que num hipotético "fato perceptivo" (*ver também*: forclusão).

★

Preferimos traduzir [para o francês] o termo *Verleugnung* por *déni* [*recusa*], que, relativamente à *dénégation* [*(de)negação*], contém as seguintes gradações:

1) *Recusa* é, muitas vezes, mais forte. Por exemplo: "Recuso as suas afirmações" (*J'apporte un déni à vos affirmations*);

2) A recusa se refere não apenas a uma afirmação que se contesta, mas ainda a um direito ou um bem que não se concede;

3) Neste último caso, essa recusa é ilegítima. Por exemplo, a recusa de justiça, de alimentos etc.: recusa do que é devido.

Essas diferentes gradações harmonizam-se com a noção freudiana de *Verleugnung*.

(1) FREUD (S.), *Die infantile Genitalorganisation*, 1923. GW, XIII, 296; SE, XIX, 143-4.
(2) FREUD (S.), GW, XIV, 24; SE, XIX, 253.
(3) *Cf.* FREUD (S.), *Der Realitätsverlust bei Neurose und Psychose*, 1924. GW, XIII, 364-5; SE, XIX, 184-5.
(4) FREUD (S.), *Abriss der Psychoanalyse*, 1938. GW, XVII, 134; SE, XXIII, 203; Fr., 79.
(5) FREUD (S.), *Aus der Geschichte einer infantilen Neurose*, 1918. GW, XII, 171; SE, XVII, 85; Fr., 389.

REGRA FUNDAMENTAL

= *D.*: Grundregel. – *F.*: règle fondamentale. – *En.*: fundamental rule. – *Es.*: regla fundamental. – *I.*: regola fondamentale.

• *Regra que estrutura a situação analítica. O analisando é convidado a dizer o que pensa e sente sem nada escolher e sem nada omitir do que lhe vem ao espírito, ainda que lhe pareça desagradável de comunicar, ridículo, desprovido de interesse ou despropositado.*

■ A regra fundamental estabelece no princípio do tratamento psicanalítico o método das associações livres*. Freud traçou muitas vezes o caminho que o levou da hipnose e depois a sugestão à instituição dessa regra. Tentou "[...] levar os doentes, mesmo não hipnotizados, a comunicarem associações, para encontrar por esse material o caminho para o que o paciente tinha esquecido ou de que se defendia. Mais tarde notou que essa pressão não era necessária, e que no paciente emergia quase sempre um grande número de ideias [*Einfälle*] que ele mantinha fora da comunicação e mesmo fora da consciência em função de certas objeções que fazia a si mesmo. Era de se esperar então [...] que todas as ideias que ocorressem ao paciente [*alle, was dem Patienten einfiele*] num determinado ponto de partida estivessem numa relação interna com este; daí a técnica de educar o paciente em renunciar a todas as suas atitudes críticas e utilizar o material de ideias [*Einfälle*] assim trazido à luz para descobrir as relações recalcadas" (1).

Note-se a propósito deste texto o emprego do termo *Einfall* (literalmente, o que cai no espírito, o que vem ao espírito, traduzido aqui por "ideia", na falta de melhor), que convém diferenciar de *Assoziation*. Efetivamente, o termo "associação" refere-se a elementos tomados numa cadeia, cadeia do discurso lógico ou cadeia das chamadas associações livres e que nem por isso são menos determinadas. *Einfall* designa todas as ideias que ocorrem ao sujeito no decorrer das sessões, mesmo que a ligação associativa que as suporta não seja aparente e mesmo que subjetivamente se apresentem como não ligadas ao contexto.

O efeito da regra fundamental não é dar livre curso ao processo primário puro e simples, abrindo assim acesso imediato às cadeias associativas inconscientes; apenas favorece a emergência de um tipo de comunicação em que o determinismo inconsciente é mais acessível pela elucidação de novas conexões ou de lacunas significativas no discurso.

Só progressivamente a regra da associação livre surgiu a Freud como *fundamental*. É assim que, em *A psicanálise* (*Über Psychoanalyse*, 1909), Freud reconhece três caminhos de acesso ao inconsciente e parece colocá-los no mesmo plano: a elaboração das ideias do sujeito que se submete à regra principal (*Hauptregel*), a interpretação dos sonhos e a dos atos falhos (2). A regra parece concebida como destinada a favorecer a eclosão de produções inconscientes fornecendo um material significativo entre outros.

★

A regra fundamental acarreta um certo número de consequências:

1. O sujeito, convidado a aplicá-la, toma o caminho (e, mais, submete-se a ele) de dizer tudo, e apenas dizer; as suas emoções, as suas impressões corporais, as suas ideias, as suas recordações são canalizadas para a linguagem. A regra tem, pois, como corolário implícito fazer surgir como *acting-out** um certo campo da atividade do sujeito;

2. A observância da regra põe em evidência a forma como derivam as associações e os "pontos nodais" em que se entrecruzam;

3. Como muitas vezes se notou, a regra é também reveladora nas próprias dificuldades que o sujeito tem em aplicá-la: reticências conscientes, resistências inconscientes à regra e pela regra, isto é, no próprio uso que é feito dela (por exemplo, certos analisandos recorrem sistematicamente ao disparate sem nexo ou se servem da regra principalmente para mostrar que a sua aplicação rigorosa é impossível ou absurda) (α).

Levando mais longe essas observações, acentuaríamos a ideia de que a regra é mais do que uma técnica de investigação, e que estrutura o conjunto da relação analítica. É nesse sentido que pode ser qualificada de fundamental, embora não seja a única a constituir uma situação em que outras condições, especialmente a neutralidade* do analista, desempenham um papel determinante. Limitemo-nos a enfatizar, depois de J. Lacan, que a regra fundamental contribui para instaurar a relação intersubjetiva do analista e do analisando como uma relação de linguagem (3). A regra de dizer tudo não deve ser compreendida como um simples método entre outros para ter acesso ao inconsciente, método que eventualmente se poderia dispensar (hipnose, narcoanálise etc.). Ela está destinada a fazer surgir no discurso do analisando a dimensão de pedido dirigido a outro. Combinada com o não agir do analista, leva o analisando a formular os seus pedidos sob diversas modalidades que para ele assumiram, em determinadas fases, um valor de linguagem (*ver:* regressão).

▲ (α) É evidente que a regra psicanalítica convida não a fazer afirmações sistematicamente incoerentes, mas a não fazer da coerência um critério de seleção.

(1) FREUD (S.), *"Psychoanalyse" und "Libidotheorie"*, 1923. GW, XIII, 214; SE, XVIII, 238.
(2) *Cf.* FREUD (S.), GW, VIII, 31; SE, XI, 33; Fr., 147.
(3) *Cf.* sobretudo: LACAN (J.), La direction de la cure et les principes de son pouvoir, comunicação ao Colóquio Internacional de Royaumont em 1958, in *La psychanalyse*, PUF, Paris, 1961, VI, 149-206.

REGRESSÃO

= *D.*: Regression. – *F.*: régression. – *En.*: regression. – *Es.*: regresión. – *I.*: regressione.

• *Num processo psíquico que contenha um sentido de percurso ou de desenvolvimento, designa-se por regressão um retorno em sentido inverso desde um ponto já atingido até um ponto situado antes desse.*
Considerada em sentido **tópico**, *a regressão se dá, de acordo com Freud, ao longo de uma sucessão de sistemas psíquicos que a excitação percorre normalmente segundo determinada direção.*
No seu sentido **temporal**, *a regressão supõe uma sucessão genética e designa o retorno do sujeito a etapas ultrapassadas do seu desenvolvimento (fases libidinais, relações de objeto, identificações etc.).*
No sentido **formal**, *a regressão designa a passagem a modos de expressão e de comportamento de nível inferior do ponto de vista da complexidade, da estruturação e da diferenciação.*

■ A regressão é uma noção de uso muito frequente em psicanálise e na psicologia contemporânea; é concebida, a maioria das vezes, como um retorno a formas anteriores do desenvolvimento do pensamento, das relações de objeto e da estruturação do comportamento.
A regressão não foi descrita inicialmente por Freud sob uma perspectiva puramente genética. Note-se, aliás, que, do ponto de vista terminológico, regredir significa andar ou voltar para trás, o que pode conceber-se tanto num sentido lógico ou espacial como temporal.

REGRESSÃO

Foi para exprimir uma característica essencial do sonho que Freud introduziu, em *A interpretação de sonhos* (*Die Traumdeutung*, 1900), a noção de regressão: os pensamentos do sonho apresentam-se principalmente sob a forma de imagens sensoriais que se impõem ao sujeito de forma quase alucinatória. A explicação dessa característica exige uma concepção tópica* do aparelho psíquico como sendo formado por uma sucessão orientada de sistemas. No estado de vigília, eles são percorridos pelas excitações num sentido progressivo (da percepção para a motilidade); no estado de sono, os pensamentos, aos quais é recusado o acesso à motilidade, regridem até o sistema percepção (1*a*). É, pois, num sentido sobretudo *tópico* que a regressão é introduzida por Freud (α).

O seu significado *temporal* inicialmente implícito vai assumindo importância cada vez maior com as contribuições sucessivas de Freud acerca do desenvolvimento psicossexual do indivíduo.

Embora o termo "regressão" não apareça nos *Três ensaios sobre a teoria da sexualidade* (*Drei Abhandlungen zur Sexualtheorie*, 1905), encontramos já indicações referentes à possibilidade de um retorno da libido a caminhos laterais de satisfação (2*a*) e a objetos anteriores (2*b*). Note-se a propósito que as passagens em que explicitamente se trata da regressão são acrescentadas em 1915. O próprio Freud, aliás, notou que só tinha descoberto tardiamente a ideia de uma regressão da libido a um modo anterior de organização (3*a*). Com efeito, era preciso que fossem progressivamente descobertas (nos anos de 1910-1912) as fases* do desenvolvimento psicossexual infantil sucedendo-se numa ordem determinada, para que a noção de regressão temporal pudesse ser plenamente definida. Freud contrapõe, em *A predisposição para a neurose obsessiva* (*Die Disposition zur Zwangsneurose*, 1913), por exemplo, os casos em que "[...] a organização sexual em que reside a predisposição para a neurose obsessiva nunca é completamente superada uma vez que se instalou [...] [e os casos em que] [...] ela é inicialmente substituída pela fase superior de organização e em seguida reativada por regressão a partir dela" (4).

Freud é levado então a diferenciar o conceito de regressão, como o demonstra esta passagem acrescentada em 1914 em *A interpretação de sonhos*: "Distinguimos três espécies de regressões: a) *Tópica*, no sentido do esquema [do aparelho psíquico]; b) *Temporal*, em que são retomadas formações psíquicas mais antigas; c) *Formal*, quando os modos de expressão e de figuração habituais são substituídos por modos primitivos. Estas três formas de regressão, na sua base, são apenas uma, e na maioria dos casos coincidem, porque o que é mais antigo no tempo é igualmente primitivo na forma e, na tópica psíquica, situa-se mais perto da extremidade perceptiva" (1*b*).

A regressão *tópica* é particularmente manifesta no sonho, em que ela prossegue até o fim. Encontra-se em outros processos patológicos em que é menos global (alucinação) ou mesmo em processos normais em que vai menos longe (memória).

A noção de regressão *formal* foi menos utilizada por Freud, embora numerosos fenômenos em que há retorno do processo secundário ao processo primário possam ser classificados sob tal denominação (passagem do funcionamento segundo a identidade de pensamento* para o funcionamento segundo a identidade de percepção*). Podemos aproximar aquilo a que Freud chama regressão formal daquilo a que a "psicologia da forma" e a neurofisiologia de inspiração jacksoniana chamam desestruturação (de um comportamento, da consciência etc.). A ordem pressuposta não é a de uma sucessão de etapas efetivamente percorridas pelo indivíduo, mas a de uma hierarquia das funções ou das estruturas.

No quadro da regressão *temporal*, Freud distingue, segundo diversas linhas genéticas, uma regressão quanto ao objeto, uma regressão quanto à fase libidinal e uma regressão na evolução do ego (3*b*).

Essas distinções não correspondem só a uma preocupação de classificar. Existe, com efeito, em certas estruturas normais ou patológicas uma discrepância entre os diversos tipos de regressões; Freud nota, por exemplo, que "[...] na histeria existe na verdade uma regressão da libido aos objetos incestuosos primários, e isto de modo absolutamente regular, enquanto que não existe regressão a uma fase anterior da organização sexual" (3*c*).

★

Freud insistiu muitas vezes no fato de que o passado infantil – do indivíduo e mesmo da humanidade – permanece sempre em nós: "Os estados primitivos podem sempre ser reinstaurados. O psíquico primitivo é, no seu pleno sentido, imperecível" (5). Encontra essa ideia de uma volta para trás nos domínios mais diversos: psicopatologia, sonhos, história das civilizações, biologia etc. A ressurgência do passado no presente é ainda marcada pela noção de compulsão à repetição*. Aliás, essa ideia não se traduz apenas, na linguagem de Freud, pelo termo *Regression*, mas por termos vizinhos como *Rückbildung, Rückwendung, Rückgreifen* etc.

O conceito de regressão é sobretudo um conceito descritivo, como o próprio Freud o notou. Não basta evidentemente invocá-lo para compreender sob que forma o sujeito retorna ao seu passado. Certos estados psicopatológicos impressionantes incitam a entender a regressão de um modo realista: o esquizofrênico, diz-se por vezes, voltaria a ser um lactente, o catatônico voltaria ao estado fetal. Não é evidentemente no mesmo sentido que se pode dizer que o obsessivo retornou à fase anal. É num sentido ainda mais limitado em relação ao conjunto do comportamento que se pode falar de regressão na transferência.

Note-se que as distinções freudianas, embora não levem a fundamentar de forma teórica rigorosa a noção de regressão, têm pelo menos o interesse de não permitirem que se conceba a regressão como um fenômeno maciço. Nessa direção, repare-se também no fato de que a noção de regressão emparelha com a de fixação e que esta não pode ser reduzida à montagem de um *pattern* de comportamento. Na medida em que a fixação deva ser compreendida como uma "inscrição" (*ver*: fixação; representante-representação), a regressão poderia ser interpretada como uma reposição em jogo do que foi "inscrito". Quando se fala, especialmente no tratamento, de "regressão oral", deve-se entender, nessa perspectiva, que o sujeito reencontra no que diz e nas suas atitudes aquilo a que Freud chamou "a linguagem da pulsão oral" (6).

▲ (α) A ideia de uma excitação "regressiva" (*rückläufige*) do aparelho perceptivo na alucinação e no sonho, ideia que encontramos em Breuer desde os *Estudos sobre a histeria* (*Studien über Hysterie*, 1895) (7) e em Freud desde o *Projeto para uma psicologia científica* (*Entwurf einer Psychologie*, 1895) (8), parece estar bastante disseminada entre os autores que trataram da alucinação no século XIX.

(1) Freud (S.), *Cf.* GW, II-III, 538-55; SE, V, 533-49; Fr., 438-52. – *b*) GW, II-III, 554; SE, V, 548; Fr., 451.
(2) *Cf.* Freud (S.). – *a*) GW, V, 69-70; SE, VII, 70-1; Fr., 58-60. – *b*) GW, V, 129; SE, VII, 228; Fr., 139.
(3) Freud (S.), *Vorlesungen zur Einführung in die Psychoanalyse*, 1915-1917. – *a*) *Cf.* GW, XI, 355-7; SE, XVI, 343-4; Fr., 369-70. – *b*) *Cf.* GW, XI, 353-7 e 370-1; SE, XVI, 340-4 e 357; Fr., 367-70 e 384. – *c*) GW, XI, 355; SE, XVI, 343; Fr., 369.
(4) Freud (S.), GW, VIII, 448; SE, XII, 322; Fr., 443.
(5) Freud (S.), *Zeitgemässes über Krieg und Tod*, 1915. GW, X, 337; SE, XIV, 286; Fr., 232.
(6) Freud (S.), *Die Verneinung*, 1925. GW, XIV, 13. SE, XIX, 237; Fr., 175.
(7) *Cf.* Breuer (J.), e Freud (S.), Al., 164-5; SE, II, 188-9; Fr., 150.
(8) *Cf.* Freud (S.), Al., 423; Ing., 401; Fr., 355.

RELAÇÃO DE OBJETO

= *D.*: Objektbeziehung. – *F.*: relation d'objet. – *En.*: object-relationship *ou* object--relation. – *Es.*: relación de objeto *ou* objetal. – *I.*: relazione oggetuale.

• *Expressão usada com muita frequência na psicanálise contemporânea para designar o modo de relação do sujeito com seu mundo, relação que é o resultado complexo e total de uma determinada organização da personalidade, de uma apreensão mais ou menos fantasística dos objetos e de certos tipos privilegiados de defesa.*
Fala-se das relações de objeto de um dado sujeito, mas também de tipos *de relações de objeto, ou em referência a momentos evolutivos (exemplo: relação de objeto oral), ou à psicopatologia (exemplo: relação de objeto melancólica).*

■ A designação "relação de objeto" encontra-se ocasionalmente na pena de Freud (1). Embora seja inexato dizer, como já houve quem dissesse, que Freud a ignore, podemos afirmar de modo seguro que ela não faz parte do seu aparelho conceitual.
Desde os anos 1930, no entanto, a noção de objeto assumiu importância crescente na literatura psicanalítica, a ponto de constituir hoje para muitos autores a referência teórica principal. Como muitas vezes sublinhou D. Lagache, essa evolução inscreve-se num movimento das ideias que não

é exclusivo da psicanálise e que leva a não considerar mais o organismo no estado isolado, mas numa interação com o meio que o rodeia (2). M. Balint sustentou a ideia de que existia, em psicanálise, um afastamento entre uma técnica fundada na comunicação, nas relações de pessoa a pessoa, e uma teoria que, segundo uma expressão devida a Rickman, permanecia uma *one-body psychology*. Para Balint, que, desde 1935, pugnava por que se prestasse mais atenção ao desenvolvimento das relações de objeto, todos os termos e conceitos psicanalíticos – com exceção de "objeto" e de "relação de objeto" – se referiam ao indivíduo só (3). Do mesmo modo, R. Spitz nota que, excetuando uma passagem dos *Três ensaios sobre a teoria da sexualidade* (*Drei Abhandlungen zur Sexualtheorie*, 1905) em que se trata das relações mútuas entre mãe e filho, Freud trata do objeto libidinal exclusivamente do ponto de vista do sujeito (investimento, escolha de objeto) (4).

A promoção da noção de relação de objeto levou a uma mudança de perspectiva simultaneamente nos domínios clínico, técnico e genético. Não podemos aqui, ainda que sumariamente, estabelecer o balanço de tal evolução. Vamos limitar-nos, por um lado, a observações terminológicas e, por outro, a indicações destinadas a definir nas suas linhas gerais o uso atual da noção de relação de objeto, isto em relação a Freud.

I – A expressão "relação de objeto" pode desorientar o leitor não familiarizado com os textos psicanalíticos. *Objeto* deve ser tomado neles no sentido específico que possui em psicanálise em expressões como "escolha de objeto" ou "amor de objeto". É sabido que uma pessoa, na medida em que é visada pelas pulsões, é qualificada de objeto; isso nada tem de pejorativo, nada em especial que implique que a qualidade de sujeito seja por isso recusada à pessoa em causa.

Relação deve ser tomada em sua plena acepção: trata-se, de fato, de uma inter-relação, isto é, não apenas da forma como o sujeito constitui os seus objetos, mas também da forma como estes modelam a sua atividade. Numa concepção como a de Melanie Klein, tal ideia vê reforçada a sua significação: os objetos – projetados, introjetados – exercem literalmente uma ação (persecutória, tranquilizadora etc.) sobre o sujeito (*ver*: "bom" objeto, "mau" objeto).

O *de* (que está onde poderíamos esperar um *com o*) vem acentuar a inter-relação. Efetivamente, falar de relação com o objeto ou com os objetos implicaria que preexistiriam à relação do sujeito com eles, e, simetricamente, que o sujeito já estivesse constituído.

II – Como situar a teoria freudiana em relação à noção contemporânea da relação de objeto?

É sabido que Freud, numa preocupação de análise do conceito de pulsão, distinguiu a fonte*, o objeto* e a meta* pulsionais. A *fonte* é a zona ou aparelho somático sede da excitação sexual; sua importância aos olhos de Freud é demonstrada pelo fato de as diversas fases da evolução libidinal serem designadas pelo nome da zona erógena predominante. Quanto à *meta* e ao *objeto*, Freud manteve, ao longo de toda a sua obra, a distinção entre eles. Assim, estuda em capítulos separados dos *Três ensaios* os desvios quanto à meta (sadismo, por exemplo) e os desvios quanto ao objeto (homossexualidade, por exemplo). Do mesmo modo, em *Pulsões e destinos das pulsões* (*Triebe und Triebschicksale*, 1915), encontramos uma diferença entre as transformações da pulsão ligadas a modificações da meta e aquelas em que o processo diz essencialmente respeito ao objeto.

Essa distinção apoia-se particularmente na ideia de que a meta pulsional é determinada pelo tipo de pulsão parcial em causa e, em última análise, pela fonte somática. A incorporação é, por exemplo, o modo de atividade próprio da pulsão oral; pode ser deslocada para outros aparelhos além da boca, ser invertida em seu contrário (devorar – ser devorado), sublimada etc., mas a sua plasticidade permanece relativa. Quanto ao objeto, Freud sublinha muitas vezes aquilo a que chamamos a sua contingência, termo que exprime duas ideias rigorosamente complementares entre si:

a) A única condição imposta ao objeto é ser um meio de proporcionar satisfação. Nesse sentido, é relativamente intermutável. Por exemplo, na fase oral, qualquer objeto será considerado segundo a sua aptidão para ser incorporado;

b) O objeto pode estar de tal modo especificado na história do sujeito que só um objeto determinado ou o seu substituto, em que se encontram as características eletivas do original, estão aptos a proporcionar a satisfação; nesse sentido, as características do objeto são eminentemente singulares.

Concebe-se que Freud possa afirmar conjuntamente que o objeto é "o que existe de mais variável na pulsão" (5*a*) e que "[...] encontrar o objeto é, no fundo, reencontrá-lo" (6).

A distinção entre fonte, objeto e meta, que serve a Freud de quadro de referência, perde a sua aparente rigidez quando ele considera a vida pulsional.

Dizer que em determinada fase o funcionamento de determinado aparelho somático (boca) determina um modo de relação com o objeto (incorporação) é de fato reconhecer a esse funcionamento um papel de protótipo: todas as outras atividades do sujeito – somáticas ou não – poderão estar então impregnadas de significações orais. Do mesmo modo, entre o objeto e a meta existem numerosas relações. As modificações da meta pulsional surgem determinadas por uma dialética em que o objeto desempenha o seu papel; particularmente nos casos do sadomasoquismo e do voyeurismo-exibicionismo: "[...] volta sobre a própria pessoa (mudança de objeto) e retorno da atividade em passividade (mudança de meta) conjugam-se ou confundem-se" (5*b*). A sublimação* forneceria outro exemplo dessa correlação entre objeto e meta.

Por fim, Freud considerou no seu conjunto tipos de caráter e de relação com o objeto (7), e soube descrever nos seus trabalhos clínicos como uma mesma problemática poderia ser encontrada em atividades aparentemente muito diferentes do mesmo indivíduo.

III – Podemos então perguntar o que a concepção pós-freudiana da relação de objeto traz de novo. É difícil responder a essa pergunta, porque as concepções dos autores que se referem a essa noção são muito diversas, e seria artificial retirar delas os denominadores comuns. Vamos limitar-nos às observações seguintes:

1) O uso contemporâneo da relação de objeto, sem implicar propriamente uma revisão da teoria freudiana da pulsão, modificou o seu equilíbrio.

A fonte, enquanto substrato orgânico, passa francamente para segundo plano; o seu valor de simples protótipo, já reconhecido por Freud, acentua-se. A meta, por consequência, surge menos como a satisfação sexual de uma zona erógena determinada; essa noção se apaga diante da noção de relação. O que se torna centro de interesse na "relação de objeto oral", por exemplo, são as metamorfoses da incorporação e a forma como ela se reencontra como significação e como fantasia predominante no seio de todas as relações do sujeito com o mundo. Quanto ao estatuto do objeto, parece que muitos analistas contemporâneos não admitiriam nem o seu caráter extremamente variável quanto à satisfação procurada, nem a sua unicidade enquanto inscrito na história própria do sujeito: eles inclinar-se-iam antes para uma concepção de um objeto *típico* para cada um dos modos de relação (fala-se de objeto oral, anal etc.).

2) Essa busca do típico vai mais longe. Em determinada modalidade da relação de objeto, efetivamente, não é apenas a vida pulsional que é considerada, mas os mecanismos de defesa correspondentes, o grau de desenvolvimento e a estrutura do ego etc., na medida em que são igualmente específicos de tal relação (α). Assim, a noção de relação de objeto apresenta-se simultaneamente como uma noção englobante ("holística") e tipificante da evolução da personalidade.

Note-se a propósito que o termo "fase" tende a se apagar em proveito do de "relação de objeto". Essa mudança de acentuação permite conceber que, em determinado sujeito, se combinem ou alternem diversos tipos de relação de objeto. Pelo contrário, haveria contradição nos termos ao invocar a coexistência de diversas *fases*.

3) Na medida em que a noção de relação de objeto por definição acentua a vida relacional do sujeito, ameaça levar alguns autores a considerarem principalmente determinantes as relações reais com o meio. Reside nisso um desvio que será recusado por qualquer psicanalista, para quem a relação de objeto deve ser estudada essencialmente ao nível fantasístico, entendendo-se evidentemente que as fantasias podem vir modificar a apreensão do real e as ações que se referem a ele.

▲ (α) É claro que Freud reconhecia outras linhas evolutivas além da linha das fases libidinais; mas não chegou a tratar verdadeiramente do problema da sua correspondência, ou, antes, deixou em aberto a possibilidade de uma não coincidência entre elas (*ver*: fases).

(1) *Cf.* por exemplo: FREUD (S.), *Trauer und Melancholie*, 1917. GW, X, 435; SE, XIV, 249; Fr., 202.

(2) *Cf.* LAGACHE (D.), La psychanalyse. Évolution, tendances et problèmes actuels, in *Cahiers d'actualité et de synthèse de l'Encyclopédie française permanente.* Suplemento ao vol. VIII, 23-34.

(3) *Cf.* BALINT (M.), *Critical Notes on the Theory of the Pregenital Organizations of the Libido,* 1935, *passim.* E *Changing Therapeutical Aims and Techniques in Psychoanalysis,* 1949. In *Primary Love and Psychoanalytical Technique,* Hogarth Press, Londres, 1952.

(4) *Cf.* SPITZ (R. A.), *La première année de la vie de l'enfant – Genèse des premières relations objectales,* PUF, Paris, 1958. [Ed. bras.: *O primeiro ano de vida.* Martins Fontes, São Paulo, 5ª ed., 1989.]

(5) FREUD (S.). – *a)* GW, X, 215; SE, XIV, 122; Fr., 35. – *b)* GW, X, 220; SE, XIV, 127; Fr., 44.

(6) FREUD (S.), *Drei Abhandlungen zur Sexualtheorie,* 1905. GW, 123; SE, VII, 222; Fr., 132.

(7) *Cf* por exemplo: FREUD (S.), *Charakter und Analerotik,* 1908. GW, VII, 203-9; SE, IX, 169-75.

REPARAÇÃO

= *D.*: Wiedergutmachung. – *F.*: réparation. – *En:*. reparation. – *Es.*: reparación. – *I.*: riparazione.

• *Mecanismo descrito por Melanie Klein pelo qual o sujeito procura reparar os efeitos produzidos no seu objeto de amor pelas suas fantasias destruidoras. Esse mecanismo está ligado à angústia e à culpabilidade depressivas: a reparação fantasística do objeto materno, externo e interno, permitiria superar a posição depressiva garantindo ao ego uma identificação estável com o objeto benéfico.*

▪ Note-se, em primeiro lugar, que encontramos nos escritos de Melanie Klein vários termos com sentidos muito próximos: *Wiederherstellung* (em inglês, *restoration*), *Wiedergutmachung* (em inglês, *restitution* ou *reparation*, este último equivalente preferido pela autora nos seus escritos mais recentes). Esses termos devem ser tomados com as suas diversas tonalidades semânticas, particularmente "reparação", que tanto encontramos em "reparar alguma coisa" como em "fazer reparação a alguém".

A noção de reparação inscreve-se na concepção kleiniana do sadismo infantil precoce, traduzindo-se em fantasias de destruição (*Zerstörung*), de fazer em pedaços (*Ausschneiden; Zerschneiden*), de devoração (*Fressen*) etc. A reparação está essencialmente ligada à posição depressiva (*ver esta expressão*) contemporânea do advento de uma relação com o objeto total. É em resposta à angústia e à culpabilidade inerentes a essa posição que a criança tenta manter ou restabelecer a integridade do corpo materno. Diversas fantasias atualizam essa tendência para reparar "o desastre criado pelo seu sadismo" (1*a*): preservar o corpo materno dos ataques dos "maus" objetos, reunir os seus fragmentos dispersos, restituir a vida ao que tinha sido morto etc. Dando assim ao objeto de amor a sua integridade e suprimindo todo o mal que lhe foi feito, a criança garantiria a posse de um objeto plenamente "bom" e estável, cuja introjeção reforça o seu ego. As fantasias de reparação têm assim um papel estruturante no desenvolvimento do ego.

Os mecanismos de reparação podem, na medida em que não estiveram bem assegurados, aproximar-se tanto das defesas maníacas (sentimento de onipotência) como de mecanismos obsessivos (repetição compulsiva das ações reparadoras). O êxito da reparação supõe, segundo M. Klein, a vitória das pulsões de vida sobre as pulsões de morte (*ver estas expressões*).

Melanie Klein sublinhou o papel desempenhado pela reparação no trabalho do luto e na sublimação: "[...] o esforço para abolir o estado de desintegração a que [o objeto] foi reduzido pressupõe a necessidade de torná-lo belo e perfeito" (1*b*, 1*c*).

(1) KLEIN (M.), *Contributions to Psycho-Analysis*, 1921-45. – *a*) 289. – *b*) 290. – *c*) *Cf.* 227-235.

REPETIÇÃO

= *D.*: Wiederholung. – *F.*: répétition. – *En.*: repetition. – *Es.*: repetición. – *I.*: ripetizione.

Ver. **Compulsão à repetição**

REPRESENTAÇÃO

= *D.*: Vorstellung. – *F.*: représentation. – *En.*: idea *ou* presentation. – *Es.*: representación. – *I.*: rappresentazione.

• *Termo clássico em filosofia e em psicologia para designar "aquilo que se representa, o que forma o conteúdo concreto de um ato de pensamento" e "em especial a reprodução de uma percepção anterior" (1).*

Freud opõe a representação ao afeto*, pois cada um dos dois elementos tem destinos diferentes nos processos psíquicos.

■ O termo *Vorstellung* faz parte do vocabulário clássico da filosofia alemã. Freud, no início, não altera a sua acepção, mas o uso que dele faz é original (α), e vamos indicar brevemente em que consiste essa originalidade.

1. Os primeiros modelos teóricos destinados a explicar as psiconeuroses centram-se na distinção entre o "*quantum* de afeto"* e a representação. Na neurose obsessiva, o *quantum* de afeto é deslocado da representação patogênica ligada ao acontecimento traumatizante para outra representação, considerada como insignificante pelo sujeito. Na histeria, o *quantum* de afeto é convertido em energia somática, e a representação recalcada é simbolizada por uma zona ou atividade corporais. Essa tese, segundo a qual

a separação entre o afeto e a representação está na origem do recalque, leva a descrever um destino diferente para cada um dos elementos e a encarar a ação de processos distintos: a representação é "recalcada"; o afeto, "reprimido"; etc.

2. É sabido que Freud fala de "representações inconscientes" acentuando pela reserva *sit venia verbo* que o paradoxo existente na junção dos dois termos não lhe escapa. Embora mantenha essa expressão, isso é uma indicação de que, no uso que faz do termo *Vorstellung*, há um aspecto predominante na filosofia clássica que passa para segundo plano, o de *representar* subjetivamente um objeto. A representação seria aquilo que do objeto vem inscrever-se nos "sistemas mnésicos".

3. Ora, sabemos que Freud não tem uma concepção estritamente empírica da memória, segundo a qual ela seria um receptáculo puro e simples de imagens; mas fala de sistemas mnésicos, multiplica a lembrança em diferentes séries associativas e, por fim, designa pelo nome de traço mnésico* muito mais um signo sempre coordenado com outros e que não está ligado a esta ou àquela qualidade sensorial do que uma "impressão fraca" que mantivesse uma relação de semelhança com o objeto. Nessa perspectiva, a *Vorstellung* de Freud já foi aproximada da noção linguística de significante.

4. No entanto, seria o caso de distinguirmos, como Freud, dois níveis dessas "representações": as "representações de palavra"* e as "representações de coisa"*. Essa distinção sublinha uma diferença a que Freud confere, aliás, um valor tópico fundamental; as representações de coisa, que caracterizam o sistema inconsciente, estão em relação mais imediata com a coisa: na "alucinação primitiva", a representação de coisa seria considerada pela criança como equivalente do objeto percebido e investida na sua ausência (*ver*: vivência de satisfação).

Do mesmo modo, quando Freud, em especial nas primeiras descrições do tratamento apresentadas nos anos de 1894-1896 (2), procura, no fim dos caminhos associativos, a "representação inconsciente patogênica", visaria ao ponto último em que o objeto é indissociável dos seus traços, o significado inseparável do significante.

5. Apesar de estar sempre presente implicitamente (3) no uso freudiano, a distinção entre traço mnésico e representação como investimento do traço mnésico nem sempre é colocada com nitidez (4). E sem dúvida porque é difícil conceber, no pensamento freudiano, um *traço* mnésico *puro*, isto é, uma representação totalmente desinvestida, quer pelo sistema inconsciente, quer pelo sistema consciente.

▲ (α) Tem sido notada muitas vezes a influência que teria exercido em Freud a concepção de uma verdadeira "mecânica das representações" (*Vorstellungsmechanik*) de Herbart. Como aponta Ola Andersson, "[...] o herbartismo era a psicologia dominante no mundo científico em que Freud vivia durante os anos de formação do seu desenvolvimento científico" (5).

(1) LALANDE (A.), *Vocabulaire technique et critique de la philosophie*, PUF, Paris, 1951.
(2) *Cf.* FREUD (S.), *Studien über Hysterie*, 1895. *Passim.*

(3) *Cf.* FREUD (S.), *Das Unbewusste*, 1915. GW, X, 300; SE, XIV, 201-2; Fr., 155-6.
(4) *Cf.* FREUD (S.), *Das Ich und das Es*, 1923. GW, XIII, 247; SE, XIX, 20; Fr., 173.
(5) ANDERSSON (O.), *Studies in the Prehistory of Psychoanalysis*, Svenska Bokförlaget, Norstedts, 1962, 224.

REPRESENTAÇÃO DE COISA, REPRESENTAÇÃO DE PALAVRA

= *D.*: Sachvorstellung (*ou* Dingvorstellung), Wortvorstellung. – *F.*: représentation de chose, représentation de mot. – *En.*: thing presentation, word presentation. – *Es.*: representación de cosa, representación de palabra. – *I.*: rappresentazione di cosa, rappresentazione di parola.

• *Expressões utilizadas por Freud nos seus textos metapsicológicos para distinguir dois tipos de "representações", a que deriva da coisa, essencialmente visual, e a que deriva da palavra, essencialmente acústica. Essa distinção tem, para ele, um alcance metapsicológico, pois a ligação entre a representação de coisa e a representação de palavra correspondente caracteriza o sistema pré-consciente-consciente, ao contrário do sistema inconsciente, que apenas compreende representações de coisa.*

■ Para o termo "representação" e a forma como o podemos distinguir da expressão, às vezes usada como seu sinônimo, "traço mnésico", remetemos o leitor para os próprios artigos "representação" e "traço mnésico".

A distinção entre representação de coisa e representação de palavra tem origem nas pesquisas do jovem Freud sobre a afasia.

A ideia de representação de coisa está muito cedo presente na doutrina com a expressão, muito próxima, de "traços mnésicos"; estes depositam-se nos diversos sistemas mnésicos. Em *Sobre a concepção das afasias. Estudo crítico* (*Zur Auffassung der Aphasien. Ein kritische Studie*, 1891), encontramos o termo *Objektvorstellung*; em *A interpretação de sonhos* (*Die Traumdeutung*, 1900), *Dingvorstellung* (1). Uma das definições mais precisas apresentadas por Freud é a seguinte: "A representação de coisa consiste num investimento, se não de imagens mnésicas diretas da coisa, pelo menos no de traços mnésicos mais afastados, derivados dela" (2*a*). Essa definição exige duas observações:

1. A representação é nitidamente diferenciada do traço mnésico: ela reinveste e reaviva este, que não é em si mesmo nada mais do que a inscrição do acontecimento;

2. A representação de coisa não deve ser entendida como um análogo mental do conjunto da coisa. Ela está presente em diversos sistemas ou complexos associativos quanto a este ou aquele de seus aspectos.

As representações de palavra são introduzidas numa concepção que liga a verbalização e a tomada de consciência. Assim, desde o *Projeto para uma psicologia científica* (*Entwurf einer Psychologie*, 1895), encontramos a ideia de que é associando-se a uma imagem verbal que a imagem mnésica pode adquirir o "índice de qualidade" específico da consciência. Essa ideia permanecerá constante em Freud e é fundamental para compreendermos a passagem do processo primário para o processo secundário, da identidade de percepção* para a identidade de pensamento*. Reencontramo-la em *O inconsciente* (*Das Unbewusste*, 1915) sob a seguinte forma, que acentua o seu valor tópico: "A representação consciente engloba a representação de coisa mais a representação de palavra correspondente, enquanto a representação inconsciente é apenas a representação de coisa" (2*b*).

O privilégio da representação de palavra não é redutível a uma supremacia do auditivo sobre o visual. Não é somente uma diferença entre os aparelhos sensoriais que está em causa. Freud mostrou que, na esquizofrenia, as representações de palavra são também tratadas como representações de coisa, quer dizer, segundo as leis do processo primário; é também o que se passa no sonho, em que certas frases pronunciadas no estado de vigília são submetidas à condensação e ao deslocamento exatamente como as representações de coisa: "[...] quando as representações de palavra pertencentes aos restos diurnos são resíduos frescos e atuais de percepções, e não expressão de pensamentos, são tratadas como representações de coisa" (3). Vemos que representação de coisa e representação de palavra não designam simplesmente duas variedades de "traços mnésicos"; a distinção tem para Freud um alcance tópico essencial.

Como se articulam as representações de palavras com esses significantes pré-verbais que as representações de coisa já são? Qual é a relação entre umas e outras na percepção? Que condições lhes podem conferir uma presença alucinatória? Em última análise, quais são as condições que garantem o seu privilégio aos símbolos linguísticos verbais? Freud tentou responder a estas perguntas por diversas vezes (4).

(1) *Cf.* FREUD (S.), GW, II-III, 302; SE, IV, 296; Fr., 222.
(2) FREUD (S.), *Das Unbewusste*, 1915. – *a*) GW, X, 300; SE, XIV, 201; Fr., 155-6. – *b*) GW, X, 300; SE, XIV, 201; Fr., 156.
(3) FREUD (S.), *Metapsychologische Ergänzung zur Traumlehre*, 1917. – GW, X, 418-9; SE, XIV, 228; Fr., 174.
(4) *Cf.* particularmente: FREUD (S.), *Aus den Anfängen der Psychoanalyse*, 1887-1902. Al., 443; Ing., 421; Fr., 375. – *Die Traumdeutung*, 1900, capítulo sobre "A Regressão". – *Metapsychologische Ergänzung zur Traumlehre*, 1917, *passim*. – *Das Ich und das Es*, 1923. GW, XIII, 247 ss.; SE, XIX, 20 ss.; Fr., 173 ss.

REPRESENTAÇÃO-META

= *D.*: Zielvorstellung. – *F.*: représentation-but. – *En.*: purposive idea. – *Es.*: representación-meta. – *I.*: rappresentazione finalizzata.

• *Termo forjado por Freud para exprimir o que orienta o curso dos pensamentos, tanto conscientes como pré-conscientes e inconscientes. Em cada um desses níveis existe uma finalidade que assegura entre os pensamentos um encadeamento que não é apenas mecâni-*

co, mas determinado por certas representações privilegiadas que exercem uma verdadeira atração sobre as outras representações (por exemplo, tarefa a realizar, no caso de pensamentos conscientes; fantasia inconsciente, nos casos em que o sujeito se submete à regra da associação livre).

■ O termo "representação-meta" é utilizado por Freud especialmente nos seus primeiros escritos metapsicológicos: *Projeto para uma psicologia científica* (*Entwurf einer Psychologie*, 1895) e capítulo VII de *A interpretação de sonhos* (*Die Traumdeutung*, 1900), em que aparece diversas vezes. Põe em evidência o que há de original na concepção freudiana do determinismo psíquico; o curso dos pensamentos nunca é indeterminado, isto é, livre de qualquer espécie de lei e, mais ainda, as leis que o regem não são as leis puramente mecânicas definidas pela doutrina associacionista, segundo a qual a sucessão das associações pode sempre se reduzir à contiguidade e à semelhança, sem haver razão para lhe atribuir um sentido mais profundo. *"Cada vez que um elemento psíquico está ligado a outro por uma associação desconcertante e superficial, existe igualmente uma ligação correta e profunda entre eles, ligação que a resistência da censura dissimula"* (1).

O termo "representação-meta" assinala que, para Freud, as associações obedecem a uma certa finalidade. Finalidade manifesta no caso de um pensamento atento, discriminador, em que a seleção é assegurada pela representação da meta a atingir. Finalidade latente e descoberta pela psicanálise quando as associações parecem entregues ao seu livre curso (*ver*: associação livre).

Por que Freud fala de representação-meta, e não apenas de meta ou finalidade? A questão se coloca sobretudo quanto à finalidade inconsciente. Poderíamos responder dizendo que as representações em causa não são outra coisa senão as fantasias inconscientes. Essa interpretação justifica-se em referência aos primeiros modelos do funcionamento do pensamento apresentados por Freud. O pensamento, incluindo a exploração que caracteriza o processo secundário, só é possível graças ao fato de que a meta, ou a representação-meta, permanece investida, exerce uma atração que torna mais permeáveis, mais bem "facilitadas", todas as vias que dela se aproximam. Esta meta é a "representação de desejo" (*Wunschvorstellung*) que provém da vivência de satisfação* (2).

Ao traduzirmos *Zielvorstellung* por "representação-meta" e não por "representação de meta", pensamos ser fiéis ao espírito de Freud: as representações que estão em causa não remetem tanto de forma intencional para metas como são elas próprias elementos indutores capazes de organizar, de orientar o curso das associações. O equivalente inglês proposto, *purposive idea*, está em acordo com a nossa interpretação.

(1) FREUD (S.), *Die Traumdeutung*, 1900. GW, II-III. 535; SE, V, 530; Fr., 436.
(2) *Cf.* FREUD (S.), *Aus den Anfängen der Psychoanalyse*, 1887-1902. Al., 411-6; Ing., 389-94; Fr., 345-9.

REPRESENTANTE DA PULSÃO (α)

= *D.*: Triebrepräsentanz *ou* Triebrepräsentant. – *F.*: représentant de la pulsion. – *En.*: instinctual representative. – *Es.*: representación *ou* representante del instinto *ou* de la pulsión. – *I.*: rappresentanza *ou* rappresentante della pulsione.

● *Expressão utilizada por Freud para designar os elementos ou processos em que a pulsão encontra sua expressão psíquica. Algumas vezes a expressão é sinônima de representante-representação*, em outras é mais ampla, englobando também o afeto.*

■ Geralmente, Freud assimila o representante da pulsão ao representante-representação; na descrição das fases do recalque, é considerado apenas o destino do representante-representação até que seja levado em conta um "outro elemento do representante psíquico": o *quantum* de afeto* (*Affektbetrag*), que "corresponde à pulsão na medida em que ela se separou da representação e encontra uma expressão adequada à sua qualidade em processos que se tornam sensíveis para nós como afetos" (1*a*).

Ao lado de um elemento representativo do representante da pulsão, podemos, pois, falar de um fator quantitativo ou afetivo dele. Note-se que Freud, contudo, não usa a expressão "representante afetivo", que se poderia forjar por simetria com a de "representante-representação".

A sorte desse elemento afetivo nem por isso é menos fundamental para o recalque; com efeito, este "[...] não tem outro motivo nem outro fim que o de evitar o desprazer; daí resulta que o destino do *quantum* de afeto do representante é muito mais importante do que o da representação" (1*b*).

Lembremos que o "destino" pode ser diferente: o afeto é mantido e pode deslocar-se então para outra representação; é transformado em outro afeto, particularmente em angústia, ou então é reprimido (1*c*, 2*a*). Note-se, no entanto, que essa repressão* não é um recalque no inconsciente no mesmo sentido do que incide na representação; efetivamente, não se pode falar de afeto inconsciente em sentido estrito. Ao que assim se denomina apenas corresponde, de fato, no sistema Ics, "[...] um rudimento que não conseguiu se desenvolver" (2*b*).

▲ (α) Por uma questão de clareza, consagramos três artigos distintos – representante da pulsão, representante psíquico, representante-representação – a expressões cujos significados em grande parte coincidem, a ponto de serem intercambiáveis na maioria dos textos freudianos. Os três artigos visam a um mesmo conceito, mas preferimos reservar a discussão de um aspecto em particular para cada um dos nossos três comentários.

Neste artigo lembramos a função atribuída por Freud respectivamente à representação e ao afeto enquanto representam a pulsão. O artigo "representante psíquico" define sobretudo o que Freud entende por *representante* (do somático no psíquico). O artigo "representante-representação" mostra que é principalmente à *representação* (*Vorstellung*) que é atribuído o papel de representar a pulsão.

Assinalemos ainda que os artigos "representação" e "representação de coisa, representação de palavra" fazem parte do mesmo conjunto conceitual.

(1) FREUD (S.), *Die Verdrängung*, 1915. – *a*) GW, X, 255; SE, XIV, 152; Fr., 79180. – *b*) GW, X, 256; SE, XIV, 153; Fr., 81. – *c*) *Cf.* GW, X, 255-6; SE, XIV, 153; Fr., 81.

REPRESENTANTE PSÍQUICO (α)

(2) Freud (S.), *Das Unbewusste*, 1915. – *a*) *Cf.* GW, X, 276-7; SE, XIV, 178; Fr., 114. – *b*) GW, X, 277; SE, XIV, 178; Fr., 115.

REPRESENTANTE PSÍQUICO (α)

= *D.*: psychische Repräsentanz *ou* psychischer Repräsentant. – *F.*: représentant psychique. – *En.*: psychical representative. – *Es.*: representante psíquico. – *I.*: rappresentanza psichica *ou* rappresentante psichico.

• **Expressão utilizada por Freud para designar, no quadro da sua teoria da pulsão, a expressão psíquica das excitações endossomáticas.**

■ Essa expressão só pode ser compreendida em referência à pulsão, que Freud encara como um conceito limite entre o somático e o psíquico. Com efeito, do lado somático, a pulsão tem a sua fonte em fenômenos orgânicos geradores de tensões internas a que o sujeito não pode escapar; mas, pela meta a que visa e pelos objetos a que se liga, a pulsão conhece um "destino" (*Triebschicksal*) essencialmente psíquico.

É essa situação de fronteira que sem dúvida explica o fato de Freud recorrer à noção de representante – pela qual entende uma espécie de delegação – do somático no psíquico. Mas essa ideia de delegação é formulada de duas formas diferentes.

Algumas vezes, é a própria pulsão que aparece como "[...] o representante psíquico das excitações provenientes do interior do corpo e que atingem a alma" (1, 2); outras, a pulsão é assimilada ao processo de excitação somática, e é ela então que é representada no psiquismo por "representantes da pulsão", compreendendo estes dois elementos: o representante-representação* e o *quantum* de afeto* (3).

Ora, não nos parece possível encontrar, como sugere a *Standard Edition*, uma evolução no pensamento de Freud acerca dessa questão (as duas formulações são igualmente propostas no mesmo ano de 1915), e menos ainda ver na segunda a concepção que Freud teria adotado nos últimos escritos (de fato, é a primeira que encontramos no *Esboço de psicanálise* [*Abriss der Psychoanalyse*, 1938]). Seria necessário, como sugere ainda a *Standard Edition*, dissolver a contradição na ambiguidade do conceito de pulsão, limite entre o somático e o psíquico (4)? Certo; parece-nos, no entanto, que, nesse ponto, o pensamento de Freud pode ser esclarecido.

1) Se as formulações se contradizem à primeira vista, há todavia uma ideia que encontra-se sempre presente: a *relação* entre o somático e o psíquico não é concebida nem à maneira do paralelismo, nem como uma causalidade; deve ser entendida por comparação com a relação que existe entre um delegado e o seu mandatário (β).

Sendo essa relação constante nas formulações de Freud, podemos aventar a hipótese de que a diferença que verificamos entre elas é apenas verbal: a modificação somática seria designada, num caso, pelo termo "pulsão" (*Trieb*) e, no outro, pelo de excitação (*Reiz*), e o representante psíquico, denominado, no primeiro caso, representante-representação e, no segundo, pulsão.

2) Feitas essas observações, nem por isso deixa de subsistir, na nossa opinião, uma diferença entre as duas formulações. A solução segundo a qual a pulsão, considerada somática, delega os seus representantes psíquicos parece-nos mais rigorosa, na medida em que não se limita a invocar uma relação global de *expressão* entre somático e psíquico, e mais coerente com a ideia da *inscrição de representações* inseparável da concepção freudiana do inconsciente*.

▲ (α) Ver a nota (α) do artigo "representante da pulsão".

(β) É sabido que em tal caso o delegado, embora por princípio não seja outro senão o "procurador bastante" do seu mandante, entra num novo sistema de relações que ameaça modificar a sua perspectiva e infletir as diretrizes que lhe foram dadas.

(1) FREUD (S.), *Triebe und Triebschicksale*, 1915. GW, X, 214; SE, XIV, 122; Fr., 33.
(2) Encontra-se a mesma formulação em: FREUD (S.), *Psychoanalytische Bemerkungen über einen autobiographisch beschriebenen Fall von Paranoia (Dementia paranoides)*, 1911. GW, VIII, 311; SE, XII, 73-4; Fr., 317-8. – FREUD (S.), *Drei Abhandlungen zur Sexualtheorie*, 1905, passagem acrescentada em 1915. GW, V, 67; SE, VII, 168; Fr., 56. – FREUD (S.), *Abriss der Psychoanalyse*, 1938. GW, XVII, 70; SE, XXIII, 148; Fr. 7.
(3) *Cf.* FREUD (S.), *Die Verdrängung*, 1915. GW, X, 254-5; SE, XIV, 152; Fr., 79.
(4) SE, XIV, 113.

REPRESENTANTE-REPRESENTAÇÃO (α)

= D.: Vorstellungsrepräsentanz *ou* Vorstellungsrepräsentant. – *F*.: représentant-représentation. – *En*.: ideational representative. – *Es*.: representante ideativo. – *I*.: rappresentanza data da una rappresentazione.

• *Representação ou grupo de representações em que a pulsão se fixa no decurso da história do sujeito, e por meio da qual se inscreve no psiquismo.*

■ A expressão francesa *représentant-représentation* (representante-representação) introduz um equívoco ao traduzir por duas palavras muito próximas uma palavra alemã composta de dois substantivos muito diferentes; infelizmente, não vemos como evitar esse equívoco, ainda que apresentando uma tradução exata do termo freudiano.

Représentant (representante) traduz *Repräsentanz* (β), termo alemão de origem latina que deve ser entendido como delegação (γ). *Vorstellung* é um termo filosófico cujo equivalente tradicional é *représentation* (representação*). *Vorstellungsrepräsentanz* significa o que representa (no caso, o que representa a pulsão) no domínio da representação (δ), sentido que tentamos traduzir por *représentant-représentation*.

REPRESENTANTE-REPRESENTAÇÃO (α)

★

A noção de representante-representação encontra-se nos textos em que Freud define a relação entre o somático e o psíquico como sendo a da pulsão e dos seus representantes. É principalmente nos trabalhos metapsicológicos de 1915 (*O recalque* [*Die Verdrängung*] e *O inconsciente* [*Das Unbewusste*]) que a noção é definida e utilizada, e é na teoria mais completa do recalque apresentada por Freud que ela aparece com maior clareza.

Lembremos brevemente que a pulsão, na medida em que é somática, permanece fora da ação direta de uma operação psíquica de recalque no inconsciente. Ela pode apenas incidir sobre representantes psíquicos da pulsão; estritamente falando, sobre os representantes-representações.

Freud, de fato, distingue bem dois elementos no representante psíquico da pulsão – a representação e o afeto – e indica que cada um deles conhece destino diferente; só o primeiro elemento (o representante-representação) passa tal qual para o sistema inconsciente (sobre essa distinção, *ver*: representante psíquico, afeto, recalque).

Que se deve entender por representante-representação? Freud quase não explicitou essa noção. Sobre o termo "representante" e sobre a relação de delegação que supõe entre a pulsão e ele próprio, ver "representante psíquico"; sobre o termo *representação*, que conota o elemento ideacional por oposição ao elemento afetivo, ver "representação" (*Vorstellung*), "representação de coisa" (*Sachvorstellung* ou *Dingvorstellung*) e "representação de palavra" (*Wortvorstellung*).

Na teoria que apresenta do sistema inconsciente no seu artigo de 1915, Freud vê nos representantes-representações não apenas os "conteúdos" do Ics, mas o que nele é constitutivo. Com efeito, é num só e mesmo ato – o recalque originário* – que a pulsão se fixa num representante e que o inconsciente se constitui. "Temos [...] razão para admitir um *recalque originário*, uma primeira fase do recalque que consiste no fato de que seja recusado ao representante psíquico (representativo) da pulsão o seu acesso ao consciente. Com ele se produz *uma fixação*; a partir daí, o representante correspondente subsiste, de forma inalterável, e a pulsão permanece ligada a ele" (1*a*).

Nessa passagem, o termo fixação* evoca duas ideias conjuntamente: uma que está no centro da concepção genética, que é a de uma fixação da pulsão numa fase ou num objeto, e a ideia de inscrição da pulsão no inconsciente. Esta última ideia – ou esta última imagem – é indubitavelmente muito antiga em Freud. Ela é proposta desde as cartas a Fliess, num dos primeiros esquemas do aparelho psíquico – que compreenderia então diversas camadas de inscrições de signos (*Niederschriften*) (2) – e retomada em *A interpretação de sonhos* (*Die Traumdeutung*, 1900), particularmente numa passagem em que se discute a hipótese de uma mudança de inscrição que uma representação sofreria ao passar de um sistema para outro (3).

Podemos ver nessa comparação, da relação entre a pulsão e o seu representante com a inscrição de um signo (de um "significante", para utilizar um termo linguístico), um meio de esclarecer a natureza do representante-representação.

▲ (α) Ver a nota (α) do artigo "representante da pulsão".

(β) O termo habitual em alemão é *der Repräsentant*; raramente o encontramos na pena de Freud, que adota a forma *die Repräsentanz*, mais diretamente calcada do latim e indubitavelmente mais abstrata.

(γ) "x é meu representante."

(δ) A tradução de *Vorstellungsrepräsentanz* por "representante da representação" formaria um contrassenso relativamente ao pensamento de Freud: a representação é o que representa a pulsão e não o que por sua vez seria representado por outra coisa. Os textos de Freud são explícitos nesse ponto (1*b*, 4).

(1) FREUD (S.), *Die Verdrängung*, 1915. – *a*) GW, X, 250; SE, XIV, 148; Fr., 71. – *b*) *Cf*. GW, X, 255; SE, XIV, 152-3; Fr., 80-1.
(2) *Cf*. FREUD (S.), *Aus den Anfängen der Psychoanalyse*, 1887-1902. Carta de 6-12-1896: Al., 185-6; Ing., 173; Fr., 153.
(3) *Cf*. FREUD (S.), GW, II-III, 615; SE, V, 610; Fr., 496.
(4) *Cf*. FREUD (S.), *Das Unbewusste*, 1915. GW, X, 275-6; SE, XIV, 177; Fr., 112.

REPRESSÃO

= *D*.: Unterdrückung. – *F*.: répression. – *En*.: suppression. – *Es*.: suprésion *ou* sofocación. – *I*.: repressione.

• A) *Em sentido amplo: operação psíquica que tende a fazer desaparecer da consciência um conteúdo desagradável ou inoportuno: ideia, afeto etc. Nesse sentido, o recalque seria uma modalidade especial de repressão.*
B) *Em sentido mais restrito: designa certas operações do sentido* A *diferentes do recalque:*
a) Ou pelo caráter consciente da operação e pelo fato de o conteúdo reprimido se tornar simplesmente pré-consciente, e não inconsciente;
b) Ou, no caso da repressão de um afeto, porque ele não é transposto para o inconsciente, mas inibido, ou mesmo suprimido.
C) *Em certos textos franceses [e brasileiros] traduzidos do inglês, equivalente errado de* **Verdrängung** *(recalque).*

■ O termo "repressão" é usado com frequência em psicanálise, mas o seu uso está mal codificado.

Convém começar eliminando de uma utilização coerente o sentido C. Os tradutores ingleses de Freud traduzem geralmente *Verdrängung* por *repression*, utilizando, se necessário, para *Unterdrückung* o termo *suppression*. Mas a cópia do inglês *repression* no francês, *répression* [ou, no português, "repressão"], não se justifica, visto que o termo *refoulement* [recalque] está consagrado e é satisfatório, ao passo que o termo *répression* [repressão] possui já uma utilização corrente que corresponde bem ao alemão

Unterdrückung. Conviria até, nas traduções francesas de textos ingleses, transpor *répression* para *refoulement*.

O sentido A encontra-se às vezes, por exemplo, em Freud, nos *Três ensaios sobre a teoria da sexualidade* (*Drei Abhandlungen zur Sexualtheorie*, 1905) (1), mas, no geral, é pouco corrente. Convém notar que esse sentido não abrange o conjunto dos "mecanismos de defesa", visto que muitos não compreendem a exclusão de um conteúdo do campo de consciência (por exemplo, a anulação retroativa*).

O sentido mais frequente, presente desde *A interpretação de sonhos* (*Die Traumdeutung*, 1900) (2) é o sentido B (especialmente o sentido B*a*). A repressão opõe-se, sobretudo no ponto de vista tópico, ao recalque. Neste, a instância recalcante (o ego), a operação e o seu resultado são inconscientes. A repressão seria, pelo contrário, um mecanismo consciente atuando ao nível da "segunda censura", que Freud situa entre o consciente e o pré-consciente; tratar-se-ia de uma exclusão fora do campo de consciência atual, e não da passagem de um sistema (pré-consciente – consciente) para outro (inconsciente). Do ponto de vista dinâmico, as motivações morais desempenham na repressão um papel predominante.

Devemos ainda distinguir a repressão do juízo de condenação* (*Verurteilung*), que pode motivar uma rejeição para fora da consciência, mas que não a implica necessariamente.

Note-se, por fim, que o sentido B*b* se encontra sobretudo na teoria freudiana do recalque para designar o destino do afeto. De fato, em sentido próprio, para Freud, só o representante-representação* da pulsão é recalcado, enquanto que o afeto não pode tornar-se inconsciente; ele é ou transformado em outro afeto, ou reprimido, "[…] de modo que nada mais encontramos dele" (2), ou de modo que "[…] já não lhe corresponde [no sistema inconsciente] mais do que um rudimento que não conseguiu desenvolver-se" (4).

(1) *Cf.* FREUD (S.), GW, V, 71 e 77; SE, VII, 172 e 176; Fr., 61-2 e 69.
(2) FREUD (S.), GW, II-III, 611-2, n.; SE, V, 606, n.; Fr., 494, n.
(3) FREUD (S.), *Die Verdrängung*, 1915. GW, X, 255-6; SE, XIV, 153; Fr., 81.
(4) FREUD (S.), *Das Unbewusste*, 1915. GW, X, 277; SE, XIV, 178; Fr., 115.

RESISTÊNCIA

= *D.*: Widerstand. – *F.*: résistance. – *En.*: resistance. – *Es.*: resistencia. – *I.*: resistenza.

• *Chama-se resistência a tudo o que, nos atos e palavras do analisando durante o tratamento psicanalítico, opõe-se ao seu acesso ao seu inconsciente. Por extensão, Freud falou de resistência à psicanálise para designar uma atitude de oposição às suas descobertas na medida em que elas revelavam os desejos inconscientes e infligiam ao homem um "vexame psicológico" (α).*

• O conceito de resistência foi introduzido cedo por Freud; pode dizer-se que exerceu um papel decisivo no aparecimento da psicanálise. Com efeito, Freud renunciou à hipnose e à sugestão essencialmente porque a resistência maciça que certos pacientes lhe opunham parecia ser, por um lado, legítima (β) e, por outro, não poder ser superada nem interpretada (γ). Isso, pelo contrário, torna-se possível pelo método psicanalítico, na medida em que permite a elucidação progressiva das resistências que se traduzirão particularmente pelas diferentes maneiras como o paciente infringe a regra fundamental. Nos *Estudos sobre a histeria* (*Studien über Hysterie*, 1895), encontramos uma primeira enumeração de diversos fenômenos clínicos, evidentes ou discretos, de resistência (1*a*).

Foi como obstáculo à elucidação dos sintomas e à progressão do tratamento que a resistência foi descoberta. "A resistência constitui no fim de contas o que entrava o trabalho [terapêutico]" (2*a*, δ). Freud irá procurar vencer inicialmente esse obstáculo pela insistência – força de sentido contrário à resistência – e pela persuasão, antes de reconhecer nele um meio de acesso ao recalcado e ao segredo da neurose; de fato, são as mesmas forças que vemos atuar na resistência e no recalque. Nesse sentido, como Freud insiste nos seus escritos técnicos, todo o progresso da técnica analítica consistiu numa apreciação mais correta da resistência, isto é, desse dado clínico segundo o qual não bastava comunicar aos pacientes o sentido dos seus sintomas para que o recalque se dissipasse. Sabemos que Freud sempre considerou a interpretação da resistência, juntamente com a da transferência, como as características específicas da sua técnica. Mais: a transferência* deve ser parcialmente considerada como uma resistência, na medida em que substitui a rememoração falada pela repetição atuada; e devemos ainda acrescentar que a resistência a utiliza, mas não a constitui.

Sobre a explicação do fenômeno de resistência, os pontos de vista de Freud são mais difíceis de distinguir. Nos *Estudos sobre a histeria*, formula a hipótese seguinte: podemos considerar as lembranças agrupadas, segundo o seu grau de resistência, em camadas concêntricas ao redor de um núcleo central patogênico; no decurso do tratamento, cada passagem de um círculo para outro mais aproximado do núcleo irá aumentar outro tanto a resistência (1*b*). A partir dessa época, Freud faz da resistência uma manifestação – própria do tratamento e da rememoração por ele exigida – da mesma força exercida pelo ego contra as representações penosas. No entanto, parece ver a origem última da resistência numa repulsa que vem do recalcado enquanto tal, na sua dificuldade para se tornar consciente e, sobretudo, plenamente aceito pelo sujeito. Encontramos, pois, dois elementos de explicação: a resistência é regulada pela sua distância em relação ao recalcado; por outro lado, corresponde a uma função defensiva. Os escritos técnicos mantêm essa ambiguidade.

Com a segunda tópica, porém, a ênfase incide no aspecto defensivo: defesa exercida pelo ego, como vários textos sublinham. "O inconsciente, isto é, o 'recalcado', não opõe qualquer espécie de resistência aos esforços do tratamento; de fato, nem tende a outra coisa que não seja vencer a pressão que pesa sobre ele para abrir caminho para a consciência ou para a descarga pela ação real. A resistência no tratamento provém das mesmas camadas e sistemas superiores da vida psíquica que a seu tempo tinham produzido o recalque" (3). Esse papel predominante da defesa do ego será mantido por Freud até um dos seus últimos escritos: "Os mecanismos de defesa contra perigos antigos retornam no tratamento sob a forma de *resistências* à cura, e isto porque a cura também é considerada pelo ego como um novo perigo" (4*a*). Nessa perspectiva, a análise das resistências não se distingue da análise das defesas permanentes do ego, tais como se especificam na situação analítica (Anna Freud).

A verdade é que Freud afirma explicitamente que a resistência evidente do ego não basta para explicar dificuldades encontradas na progressão e acabamento do trabalho analítico; o analista, na sua experiência, encontra resistências que não pode ligar a alterações* do ego (4*b*).

No fim de *Inibição, sintoma e angústia* (*Hemmung, Symptom und Angst*, 1926), Freud distingue cinco formas de resistências; três estão ligadas ao ego: o recalque, a resistência de transferência e o benefício secundário da doença, "que se baseia na integração do sintoma ao ego." Há ainda que contar com a resistência do inconsciente ou do id e com a do superego. A primeira torna tecnicamente necessária a perlaboração* (*Durcharbeiten*): é "[...] a força da compulsão à repetição, atração dos protótipos inconscientes sobre o processo pulsional recalcado." Por fim, a resistência do superego deriva da culpabilidade inconsciente e da necessidade de punição (5*a*) (*ver*: reação terapêutica negativa).

Tentativa de classificação metapsicológica que não satisfazia Freud, mas que tem pelo menos o mérito de sublinhar que ele sempre se recusou a assimilar o fenômeno inter e intrapessoal da resistência aos mecanismos de defesa inerentes à estrutura do ego. A questão de saber quem resiste permanece para ele em aberto e problemática (ε). Além do ego, "[...] que se agarra aos seus contrainvestimentos" (5*b*), é necessário reconhecer como obstáculo último ao trabalho analítico uma resistência radical, sobre cuja natureza variaram as hipóteses freudianas, mas de qualquer modo irredutível às operações defensivas (*ver*: compulsão à repetição).

▲ (α) Ideia que surge em 1896: "A hostilidade que me testemunham e o meu isolamento bem poderiam levar a supor que descobri as maiores verdades" (2*b*).

Sobre o "vexame", cf. *Uma dificuldade da psicanálise* (*Eine Schwierigkeit der Psychoanalyse*, 1917) (6).

(β) "Quando gritavam a um doente recalcitrante: o que está fazendo? Está se contrassugestionando!, eu dizia para comigo que se entregavam manifestamente a uma injustiça e a uma violência. O homem tinha todo o direito de se contrassugestionar, quando procuravam submetê-lo com sugestões" (7).

(γ) A técnica por sugestão "[...] não nos permite, por exemplo, reconhecer a *resistência* que faz com que o doente se agarre à sua doença e assim lute contra o seu restabelecimento" (8).

(δ) *Cf.* a definição da resistência em *A interpretação de sonhos* (*Die Traumdeutung*, 1900): *"Tudo o que perturba a continuação do trabalho é uma resistência"* (9).

(ε) Poderemos reportar-nos à obra de E. Glover, *The Technique of Psycho-Analysis* (*A técnica de psicanálise*, 1955). O autor, depois de traçar um resumo metódico das resistências enquanto manifestações, evocadas pela análise, das defesas permanentes do aparelho mental, reconhece a existência de um resíduo: "Esgotada a lista possível das resistências que poderiam provir do ego ou do superego, continuamos com este fato bruto de que há quem se entregue diante de nós a uma ininterrupta repetição do mesmo conjunto de representações [...]. Esperávamos que, ao afastarmos as resistências do ego e do superego, traríamos algo com uma libertação automática de pressão, e que outra manifestação de defesa logo ligasse essa energia agora livre, como acontece nos sintomas transitórios. Em vez disso, parece que demos uma chicotada na compulsão à repetição e que o id aproveitou o enfraquecimento das defesas do ego para exercer uma atração crescente sobre as representações pré-conscientes" (10).

(1) Cf. FREUD (S.). – a) GW, I, 280; SE, II, 278; Fr., 225. – b) GW, I, 284; SE, II, 289; Fr., 234.
(2) FREUD (S.), *Aus den Anfängen der Psychoanalyse*, 1887-1902. – a) Carta de 27-10-1897: Al., 240; Ing., 226; Fr., 200. – b) *Carta*, de 13-3-1896: Al., 172; Ing., 161; Fr., 143.
(3) FREUD (S.), *Jenseits des Lustprinzips*, 1920. GW, XIII, 17; SE, XVIII, 19; Fr., 19.
(4) FREUD (S.), *Die endliche und die unendliche Analyse*, 1937. – a) GW, XVI, 84; SE, XXIII, 238; Fr., 24-5. – b) Cf. GW, XVI, 86; SE, XXIII, 241; Fr., 27.
(5) FREUD (S.). – a) Cf. GW, XIV, 191-3; SE, XX, 158-60; Fr., 87-9. – b) GW, XIV, 191-3; SE, XX, 158-60; Fr., 87-9.
(6) Cf. FREUD (S.), GW, XII, 1-26; SE, XVII, 137-44; Fr., 137-47.
(7) FREUD (S.), *Massenpsychologie und Ich-Analyse*, 1921. GW, XIII, 97; SE, XVIII, 89; Fr., 99.
(8) FREUD (S.), *Über Psychotherapie*, 1904. GW, V, 18; SE, VII, 261; Fr., 14.
(9) FREUD (S.), GW, II-III, 421; SE, V, 517; Fr., 427.
(10) GLOVER (Ed.), Ing., Baillière, Londres, 1955, 81; Fr., PUF, Paris, 1958, 94-5.

RESTOS DIURNOS

= *D.*: Tagesreste. – *F.*: restes diurnes. – *En.*: day's residues. – *Es.*: restos diurnos. – *I.*: resti diurni.

● *Na teoria psicanalítica do sonho, elementos do estado de vigília do dia anterior que encontramos no relato do sonho e nas associações livres da pessoa que sonha; estão em conexão mais ou menos longínqua com o desejo inconsciente que se realiza no sonho. Podemos encontrar todos os casos intermediários entre dois extremos: aquele em que a presença do resto diurno parece motivada, pelo menos em primeira análise, por uma preocupação ou um desejo da véspera; e o caso em que elementos diurnos aparentemente insignificantes são escolhidos em função da sua ligação associativa com o desejo do sonho.*

■ Segundo uma concepção clássica, discutida no primeiro capítulo de *A interpretação de sonhos* (*Die Traumdeutung*, 1900), os elementos encontrados na maior parte dos sonhos seriam derivados da vida dos dias precedentes. Todavia, diversos autores tinham notado que os elementos retidos nem sempre diziam respeito a acontecimentos ou interesses importantes, mas a pormenores aparentemente anódinos.

Freud retoma esses fatos, mas confere-lhes uma nova significação ao integrá-los na sua teoria, que faz do sonho a realização de um desejo inconsciente. É em referência à tese fundamental, segundo a qual a energia do sonho se encontra no desejo inconsciente, que poderíamos situar a natureza e a função dos diversos restos diurnos.

Pode tratar-se de desejos ou de preocupações diversas que o sujeito conheceu na vigília do dia anterior e que ressurgem no sonho; a maioria das vezes, esses problemas do dia anterior estão presentes no sonho de uma forma deslocada e simbólica. Os restos diurnos são submetidos aos mecanismos do trabalho do sonho, tal como todos os pensamentos do sonho*. Segundo uma célebre metáfora de Freud, o restos diurnos são então o "empresário" do sonho, funcionam como incitamento (as impressões corporais durante o sono podem desempenhar um papel análogo). Mas, mesmo nesse caso, o sonho só pode ser plenamente explicado graças à intervenção do desejo inconsciente, que fornece a força das pulsões (*Triebkraft*), o "capital". *"Na minha opinião, o desejo consciente só pode suscitar um sonho se conseguir despertar outro desejo, inconsciente, em consonância com ele, e que o reforça"* (1*a*).

Em último caso, a relação entre os restos diurnos e o desejo inconsciente pode dispensar a mediação de uma preocupação atual; os restos diurnos passam a ser apenas elementos, sinais utilizados pelo desejo inconsciente. Neste caso, a arbitrariedade aparente da sua seleção ainda será mais manifesta. Qual seria então a sua função? Poderíamos resumi-la do seguinte modo:

a) Ao selecioná-los, o sonho dribla a censura. A coberto da sua aparência insignificante, podem exprimir-se conteúdos recalcados;

b) Prestam-se melhor do que lembranças carregadas de interesse e já integradas em ricos complexos associativos a entrar em conexão com o desejo infantil;

c) O seu caráter atual parece privilegiá-los aos olhos de Freud que, para explicar a presença do *recente* em qualquer sonho, invoca a noção de "transferência"*. "Os restos diurnos [...] não só vão buscar algo ao Ics – isto é, a força pulsional que está à disposição do desejo recalcado – quando conseguem tomar parte na formação de um sonho, como oferecem ainda ao inconsciente algo de indispensável, que é o ponto de engate necessário para uma transferência" (1*b*). Essa importância do presente verifica-se no fato de que são muitas vezes restos do dia imediatamente anterior ao sonho que são encontrados.

(1) Freud (S.). – *a*) GW, II-III, 558; SE, V, 553; Fr., 454. – *b*) GW, II-III, 569; SE, V, 564; Fr., 462.

RETORNO DO RECALCADO

= *D.*: Wiederkehr (*ou* Rückkehr) des Verdrängten. – *F.*: retour du refoulé. – *En.*: return (*ou* breakthrough) of the repressed. – *Es.*: retorno de lo reprimido. – *I.*: ritorno del rimosso.

RETORNO DO RECALCADO

- *Processo pelo qual os elementos recalcados, nunca aniquilados pelo recalque, tendem a reaparecer e conseguem fazê-lo de maneira deformada sob a forma de compromisso.*

▪ Freud insistiu sempre no caráter "indestrutível" dos conteúdos inconscientes (1). Não só os elementos recalcados não são aniquilados, como ainda tendem incessantemente a reaparecer na consciência, por caminhos mais ou menos desviados e por intermédio de formações derivadas mais ou menos difíceis de reconhecer: os derivados* do inconsciente (α).

A ideia de que os sintomas se explicam por um retorno do recalcado se afirma desde os primeiros textos psicanalíticos de Freud. Neles encontramos igualmente a ideia essencial de que o retorno do recalcado se efetua por meio de "formação de *compromisso* entre as representações recalcadas e recalcantes" (2). Mas as relações entre o mecanismo do recalque* e o do retorno do recalcado foram entendidas por Freud de maneira sensivelmente diferente:

1. Em *Delírios e sonhos na "Gradiva" de W. Jensen* (*Der Wahn und die Träume in W. Jensens Gradiva*, 1907), por exemplo, Freud é levado a insistir no fato de que o recalcado utiliza para o seu retorno os mesmos caminhos associativos seguidos no recalque (3a). As duas operações estariam, pois, intimamente ligadas e seriam como que simétricas entre si; Freud utiliza o apólogo do asceta que, tentando expulsar a tentação pela imagem do crucifixo, vê aparecer no lugar do crucificado a imagem de uma mulher nua: "[...] é no recalcante e por detrás dele que o recalcado obtém finalmente a vitória" (3b).

2. Mas Freud não conservou essa ideia, por ele revista, por exemplo, numa carta a Ferenczi de 6-12-1910, ao indicar que o retorno do recalcado é um mecanismo específico (4). Essa indicação é retomada especialmente em *O recalque* (*Die Verdrängung*, 1915), em que o retorno do recalcado é concebido como um terceiro momento independente na operação do recalque tomada em sentido amplo (5). Freud descreve o seu processo nas diversas neuroses e retira dessa análise que o retorno do recalcado se efetua por deslocamento, condensação, conversão etc.

Freud indicou igualmente as condições gerais do retorno do recalcado: enfraquecimento do contrainvestimento*, reforço da pressão pulsional (sob a influência biológica da puberdade, por exemplo), ocorrência de acontecimentos atuais que evoquem o material recalcado (6).

▲ (α) Sobre a problemática desta ideia, poderemos reportar-nos a uma nota de *Inibição, sintoma e angústia* (*Hemmung, Symptom und Angst*, 1926) em que Freud pergunta se o desejo recalcado acabaria transferindo toda a sua energia para os seus derivados, ou se se manteria no inconsciente (7).

(1) Freud (S.), *Die Traumdeutung*, 1900. GW, II-III, 583; SE, V, 577; Fr., 472.
(2) Freud (S.), *Weitere Bemerkungen über die Abwehr-Neuropsychosen*, 1896. GW, I, 387; SE, III, 170.
(3) Freud (S.). – *a*) GW, VII, 60-1; SE, IX, 35; Fr., 139-40. – *b*) GW, VII, 60-1; SE, IX, 35; Fr., 139-40.

(4) *Cf.* JONES (E.), *Sigmund Freud: Life and Work*, 1953-55-57, v. II. Ing., Hogarth Press, Londres, 1955, 499; Fr., PUF, Paris, 472.
(5) *Cf.* FREUD (S.), GW, X, 256-8; SE, XIV, 154-6; Fr., 82-6.
(6) *Cf.* FREUD (S.), *Der Mann Moses und die monotheistische Religion*, 1939. GW, XVI, 210-2; SE, XXIII, 95-6; Fr., 145.
(7) *Cf.* FREUD (S.), GW, 173, n.; SE, XX, 142, n.; Fr., 67, n.

RETORNO SOBRE A PRÓPRIA PESSOA

= *D.*: Wendung gegen die eigene Person. – *F.*: retournement sur la personne propre. – *En.*: turning round upon the subject's own self. – *Es.*: vuelta en contra del sujeto. – *I.*: riflessione sulla propria persona.

• *Processo pelo qual a pulsão substitui, pela própria pessoa, um objeto independente.*

Ver: **Inversão (de uma pulsão) em seu contrário**

ROMANCE FAMILIAR

= *D.*: Familienroman. – *F.*: roman familial. – *En.*: family romance. – *Es.*: novela familiar. – *I.*: romanzo familiare.

• *Expressão criada por Freud para designar fantasias pelas quais o sujeito modifica imaginariamente os seus laços com os pais (imaginando, por exemplo, que é uma criança abandonada). Essas fantasias têm o seu fundamento no complexo de Édipo.*

▪ Antes de lhes consagrar um artigo, em 1909 (α), Freud já tinha falado, por diversas vezes, de fantasias pelas quais o sujeito inventa para si uma família, tecendo então uma espécie de romance (1). Essas fantasias encontram-se manifestamente nos delírios paranoicos; logo Freud os descobre nos neuróticos com diversas variantes: o filho imagina que nasceu não dos seus pais reais, mas de pais prestigiosos, ou de um pai prestigioso, e atribui à mãe aventuras amorosas secretas, ou então é realmente o filho legítimo, mas os irmãos e irmãs é que são bastardos.

Essas fantasias relacionam-se com a situação edipiana; nascem sob a pressão exercida pelo complexo de Édipo*. As suas motivações precisas são numerosas e misturadas: desejo de humilhar os pais sob determinado aspecto e de os exaltar sob outro, desejo de grandeza, tentativa de contornar a barreira contra o incesto, expressão da rivalidade fraterna etc.

▲ (α) Inicialmente integrado na obra de Otto Rank *Der Mythus von der Geburt des Helden* (*O mito do nascimento do herói*, 1909).

(1) *Cf.* FREUD (S.), *Aus den Anfängen der Psychoanalyse*, 1887-1902. Manuscrito M e carta de 20-6-1898: Al., 219 e 273; Ing., 205 e 256; Fr., 181-2 e 227-8.

S

SADISMO

= *D.*: Sadismus. – *F.*: sadisme. – *En.*: sadism. – *Es.*: sadismo. – *I.*: sadismo.

● **Perversão sexual em que a satisfação está ligada ao sofrimento ou à humilhação infligida a outrem.**
 A psicanálise estende a noção de sadismo para além da perversão descrita pelos sexólogos, reconhecendo-lhe numerosas manifestações mais encobertas, particularmente infantis, e fazendo dele um dos componentes fundamentais da vida pulsional.

■ Para a descrição das diversas formas ou graus da perversão sádica, remetemos o leitor para as obras dos sexólogos, especialmente Krafft-Ebing e Havelock Ellis (α).

Notemos que, do ponto de vista terminológico, a maioria das vezes, Freud reserva o termo "sadismo" (*Três ensaios sobre a teoria da sexualidade* [*Drei Abhandlungen zur Sexualtheorie*, 1905], por exemplo) ou "sadismo propriamente dito" (1) para a associação da sexualidade e da violência exercida sobre outrem.

No entanto, às vezes chama de sadismo, de uma forma menos rigorosa, apenas ao exercício dessa violência fora de qualquer satisfação sexual (2) (*ver*: pulsão de dominação, agressividade, sadismo – masoquismo). Essa acepção, que, como o próprio Freud sublinhou, não era absolutamente rigorosa, tomou grande extensão em psicanálise, o que levaria, erradamente, a tomar o termo "sadismo" como sinônimo de agressividade. Esse uso do termo é particularmente nítido nos escritos de Melanie Klein e da sua escola.

▲ (α) Foi Krafft-Ebing quem propôs que se designasse a perversão pelo nome de sadismo, em referência à obra do Marquês de Sade.

(1) FREUD (S.), *Das ökonomische Problem des Masochismus*, 1924. GW, XIII, 376; SE, XIX, 163; Fr., 216.

(2) *Cf.* por exemplo: FREUD (S.), *Triebe und Triebschicksale*, 1915. GW, X, 221; SE, XIV, 128; Fr., 46.

SADISMO – MASOQUISMO, SADOMASOQUISMO

= *D.*: Sadismus – Masochismus, Sadomasochismus. – *F.*: sadisme – masochisme, sado-masochisme. – *En.*: sadism – masochism, sado-masochism. – *Es.*: sadismo – masoquismo, sado-masoquismo. – *I.*: sadismo – masochismo, sadomasochismo.

- *Expressão que não apenas enfatiza o que pode haver de simétrico e de complementar nas perversões sádica e masoquista, como também designa um par de opostos fundamental, quer na evolução, quer nas manifestações da vida pulsional.*
  Nessa perspectiva, o termo sadomasoquismo, usado em sexologia para designar formas combinadas das duas perversões, foi retomado em psicanálise, particularmente na França por Daniel Lagache, para realçar a inter-relação das duas posições, quer no conflito intersubjetivo (dominação-submissão), quer na estruturação da pessoa (autopunição).

- O leitor encontrará em "sadismo" e "masoquismo" considerações principalmente terminológicas; este artigo considera apenas o par de opostos sadismo – masoquismo, a relação estabelecida pela psicanálise entre os seus dois polos e a função que ela lhe atribui.
  A ideia de uma ligação entre as perversões sádica e masoquista tinha já sido notada por Krafft-Ebing. É mostrada por Freud a partir dos *Três ensaios sobre a teoria da sexualidade* (*Drei Abhandlungen zur Sexualtheorie*, 1905), em que faz do sadismo e do masoquismo as duas vertentes de uma mesma perversão, cuja forma ativa e cuja forma passiva se encontram em proporções variáveis no mesmo indivíduo: "Um sádico é sempre ao mesmo tempo um masoquista, o que não impede que o lado ativo ou o lado passivo da perversão possa predominar e caracterizar a atividade sexual que prevalece" (1*a*).
  Na sequência da obra freudiana e no pensamento psicanalítico, duas ideias irão afirmar-se cada vez mais:
  1. A correlação íntima dos dois termos do par é tal que não poderiam ser estudados separadamente, nem na sua gênese, nem em qualquer das suas manifestações;
  2. A importância desse par ultrapassa largamente o plano das perversões. "O sadismo e o masoquismo ocupam, entre as outras perversões, um lugar especial. A atividade e a passividade que formam as suas características fundamentais e opostas são constitutivas da vida sexual em geral" (1*b*).

★

No que se refere à gênese respectiva do sadismo e do masoquismo, as ideias de Freud evoluíram em relação às remodelações introduzidas na teoria das pulsões. Quando nos referimos à primeira teoria, da forma como aparece em *Pulsões e destinos das pulsões* (*Triebe und Triebschicksale*, 1915), em que recebe sua elaboração última, dizemos correntemente que o sadismo é anterior ao masoquismo, que o masoquismo é um sadismo voltado contra a própria pessoa. De fato, "sadismo" é tomado então no sentido de uma agressão contra outrem, em que o sofrimento deste não entra em consideração e não tem relação com qualquer prazer sexual. "A psicanálise parece mostrar que provocar dor não desempenha qualquer papel nas metas originariamente visadas pela pulsão. A criança sádica não faz entrar nas suas considerações nem nas suas intenções o fato de provocar dor" (2a). Aquilo a que Freud chama nessa passagem sadismo é o exercício da pulsão de dominação*.

O masoquismo corresponde a um retorno sobre a própria pessoa* e ao mesmo tempo a uma inversão* da atividade em passividade. É apenas no momento masoquista que a atividade pulsional assume uma significação sexual e que fazer sofrer se lhe torna imanente: "[...] a sensação de dor e outras sensações de desprazer atingem o domínio da excitação sexual e provocam um estado de prazer por amor do qual se pode também tomar gosto no desprazer da dor" (2b). Freud indica duas etapas desse retorno sobre si mesmo: uma em que o próprio sujeito se faz sofrer, atitude particularmente nítida na neurose obsessiva, e a outra, que caracteriza o masoquismo propriamente dito, em que o sujeito faz com que uma pessoa estranha lhe inflija dor; antes de passar à voz "passiva", o verbo *fazer sofrer* passa pela voz "média" reflexiva (2c). Por fim, o sadismo, no sentido sexual do termo, compreende um novo retorno da posição masoquista.

Nesses dois retornos sucessivos, Freud sublinha o papel da identificação com o outro na fantasia: no masoquismo "[...] o ego passivo coloca-se fantasisticamente no seu lugar precedente, lugar agora cedido ao sujeito estranho" (2d). Do mesmo modo, no sadismo, "[...] enquanto se infligem [dores] a outros, goza-se [com elas] masoquistamente na identificação com o objeto que sofre" (2e, α).

Note-se que a sexualidade intervém no processo relativo ao aparecimento da dimensão intersubjetiva e da fantasia.

Embora Freud tenha dito, para qualificar essa etapa do seu pensamento em comparação com a seguinte, que deduzia o masoquismo do sadismo e que não admitia então a tese de um masoquismo primário, vemos contudo que, se tomarmos o par sadismo – masoquismo no seu sentido próprio, sexual, já é exatamente o momento masoquista que é considerado o primeiro, o fundamental.

Com a introdução da pulsão de morte, Freud estabelece como princípio a existência daquilo a que chamou masoquismo primário. Numa primeira fase, mítica, toda a pulsão de morte está voltada contra o próprio sujeito, mas não é ainda a isso que Freud chama masoquismo primário. Cabe à libido derivar para o mundo exterior grande parte da pulsão de morte: "Uma parte desta pulsão é posta diretamente a serviço da pulsão sexual onde o seu papel é importante. É isso o sadismo propriamente dito. Outra parte não acompanha este desvio para o exterior, permanece no organismo onde é ligada libidinalmente com a ajuda da excitação sexual que a acompanha [...]; reconhecemos aqui o masoquismo originário, erógeno" (3a).

Pondo de lado uma certa flutuação terminológica a que o próprio Freud não é insensível (3b), podemos dizer que o primeiro estado em que a pulsão de morte se dirige inteiramente contra o próprio indivíduo não corresponde nem a uma posição masoquista nem a uma posição sádica.

Num só movimento, a pulsão de morte, associando-se à libido, cinde-se em sadismo e masoquismo erógenos. Note-se, por fim, que o sadismo pode, por sua vez, voltar-se contra o sujeito num "masoquismo secundário que vem acrescentar-se ao masoquismo originário" (3c).

★

Freud descreveu na evolução da criança o papel desempenhado pelo sadismo e pelo masoquismo nas diferentes organizações libidinais; reconheceu-os em ação primeiro e principalmente na organização sádico-anal*, mas também nas outras fases (ver: fase sádico-oral; canibalesco; fusão-desfusão). Sabemos que Freud considera o par atividade-passividade*, que se realiza eminentemente na oposição sadismo-masoquismo, uma das grandes polaridades que caracterizam a vida sexual do sujeito e que se encontra nos pares que lhe sucedem: fálico-castrado, masculino-feminino.

A função intrassubjetiva do par sadismo – masoquismo foi descoberta por Freud principalmente na dialética que contrapõe superego sádico e ego masoquista (3, 4).

Freud tinha acentuado a inter-relação entre sadismo e masoquismo não apenas nas perversões manifestas, mas na reversibilidade das posições na fantasia e, por fim, no conflito intrassubjetivo. Nesse caminho, D. Lagache insistiu particularmente na noção de *sadomasoquismo*, da qual faz a dimensão principal da relação intersubjetiva (β). O conflito psíquico e a sua forma central, o conflito edipiano, podem ser compreendidos como um conflito de exigências (ver: conflito psíquico); "[...] a posição de quem exige é virtualmente uma posição de perseguido-perseguidor, porque a mediação da exigência introduz necessariamente as relações sadomasoquistas do tipo dominação-submissão que toda a interferência do poder implica" (5).

▲ (α) Sobre a articulação do sadismo e do masoquismo na estrutura fantasística, cf. *Uma criança é espancada* (*Ein Kind wird geschlagen*, 1919).

(β) Sobre o alcance conferido por D. Lagache à noção de sadomasoquismo, cf. o texto citado em (5).

(1) Freud (S.). – *a*) GW, V, 59; SE, VII, 159; Fr., 46. – *b*) Passagem acrescentada em 1915: GW, V, 58; SE, VII, 159; Fr., 45.

(2) Freud (S.). – *a*) GW, X, 221; SE, XIV, 128; Fr., 46. – *b*) GW, X, 221; SE, XIV, 128; Fr., 46. – *c*) Cf. GW, X, 221; SE, XIV, 128; Fr., 45. – *d*) GW, X, 220; SE, XIV, 128; Fr., 45. – *e*) GW, X, 221; SE, XIV, 129; Fr., 46.

(3) Freud (S.), *Das ökonomische Problem des Masochismus*, 1924. – *a*) GW, XIII, 376; SE, XIX, 163-4; Fr., 216. – *b*) Cf. GW, XIII, 377; SE, XIX, 164; Fr., 217. – *c*) GW, XIII, 377; SE, XIX, 164; Fr., 217. – *d*) Cf. *passim*.

(4) Cf. FREUD (S.), *Das Ich und das Es*, 1923. Cap. v: GW, XIII, 277-89; SE, XIX, 48-59; Fr., 205-18.
(5) LAGACHE (D.), Situation de l'agressivité, in *Bull. Psycho.*, XIV, 1, 1960, 99-112.

SEDUÇÃO (CENA DE –, TEORIA DA –)

= *D.*: Verführung (Verführungsszene, Verführungstheorie). – *F.*: scène de, théorie de la séduction. – *En.*: scene, theory of seduction. – *Es.*: escena de, teoría de la seducción. – *I.*: scena di, teoria della seduzione.

● *1. Cena real ou fantasística em que o sujeito (geralmente uma criança) sofre passivamente da parte de outro (a maioria das vezes um adulto) propostas ou manobras sexuais.*
2. Teoria elaborada por Freud entre 1895 e 1897, e ulteriormente abandonada, que atribui à lembrança de cenas reais de sedução o papel determinante na etiologia das psiconeuroses.

■ Antes de ser, no período da fundação da psicanálise, uma teoria que Freud considerou que pudesse explicar o recalque da sexualidade, a sedução é uma descoberta clínica; os pacientes, no decorrer do tratamento, acabam por se lembrar de experiências de sedução sexual: trata-se de cenas vividas em que a iniciativa cabe ao outro (geralmente um adulto) e que podem ir de simples propostas por palavras ou por gestos até o atentado sexual mais ou menos caracterizado, que o sujeito sofre passivamente e com pavor*.

A partir de 1893, Freud começa a mencionar a sedução; é entre 1895 e 1897 que lhe atribui uma função teórica importante, ao mesmo tempo que é levado a recuar, do ponto de vista cronológico, cada vez mais longe na infância as cenas de sedução traumatizantes.

Falar de *teoria* da sedução não é apenas atribuir às cenas sexuais uma função etiológica importante relativamente aos outros traumatismos; na realidade, para Freud, essa preponderância torna-se o princípio de uma tentativa muito elaborada para explicar o mecanismo do recalque na sua origem.

Esquematicamente, essa teoria supõe que o trauma* se produz em dois tempos separados um do outro pela puberdade. O primeiro tempo, o da sedução propriamente dita, é caracterizado por Freud como acontecimento sexual "pré-sexual"; o acontecimento sexual é trazido do exterior a um sujeito que ainda é incapaz de emoções sexuais (ausência das condições somáticas da excitação, impossibilidade de integrar a experiência). A cena, no momento em que se produz, não é objeto de um recalque. Só no segundo tempo um novo acontecimento, que não implica necessariamente um significado sexual em si mesmo, vem evocar por alguns traços associativos a lembrança do primeiro: "Aqui, nota Freud, oferece-se a única possibilidade de ver uma lembrança produzir um efeito muito mais considerável do que o próprio incidente" (1*a*). É em virtude do afluxo de excitação endógena desencadeado pela lembrança que esta é recalcada.

SEDUÇÃO (CENA DE –, TEORIA DA –)

Dizer que a cena de sedução é vivida passivamente não significa apenas que o sujeito tem um comportamento passivo nessa cena, mas ainda que a suporta sem que ela possa evocar nele qualquer resposta, sem que ela faça eco a representações sexuais: o estado de passividade é correlativo de uma não preparação, a sedução produz um "pavor sexual" (*Sexualschreck*).

Freud atribui tanta importância à sedução na gênese do recalque que procura descobrir sistematicamente cenas de sedução passiva tanto na neurose obsessiva como na histeria, em que primeiramente as descobriu. "Em todos os meus casos de neurose obsessiva encontrei, numa idade muito precoce, anos antes da experiência de prazer, uma experiência *puramente passiva*, o que não pode ser um acaso" (1*b*). Embora Freud distinga a neurose obsessiva da histeria, na medida em que a primeira é determinada por experiências sexuais precoces vividas ativamente e com prazer, procura todavia por trás de tais experiências cenas de sedução passiva como as encontradas na histeria.

Sabemos que Freud seria levado a pôr em dúvida a veracidade das cenas de sedução e a abandonar a teoria correspondente. A carta a Fliess de 21-9-1897 apresenta os motivos desse abandono. "Tenho de te confiar imediatamente o grande segredo que lentamente em mim se iluminou no decorrer dos últimos meses. Já não acredito na minha *neurótica*" (1*c*). Freud descobre que as cenas de sedução são às vezes produto de reconstruções fantasísticas, descoberta correlativa da elucidação progressiva da sexualidade infantil.

★

É clássico considerar o abandono por Freud da teoria da sedução (1897) como um passo decisivo para o advento da teoria psicanalítica e para colocar em primeiro plano as noções de fantasia inconsciente, de realidade psíquica, de sexualidade infantil espontânea etc. O próprio Freud diversas vezes afirmou a importância desse momento na história do seu pensamento: "Se é verdade que os histéricos tiram os seus sintomas de traumatismos fictícios, o fato novo é exatamente que eles fantasiem essas cenas; portanto, é preciso levar em conta, ao lado da realidade prática, uma realidade psíquica. Logo descobrimos que estas fantasias serviam para dissimular a atividade autoerótica dos primeiros anos da infância, para embelezá-los e transportá-los para um nível mais elevado. Então, por trás destas fantasias surgiu, em toda a sua vastidão, a vida sexual da criança" (2).

Essa visão de conjunto deveria, porém, ser matizada:

1. Freud, até o fim da vida, nunca deixou de afirmar a existência, a frequência e o valor patogênico das cenas de sedução efetivamente vividas pelas crianças (3, 4).

Quanto à situação cronológica das cenas de sedução, introduziu dois esclarecimentos que só aparentemente são contraditórios:

a) Muitas vezes a sedução acontece num período relativamente tardio, e o sedutor é então outra criança da mesma idade ou um pouco mais velha.

SEDUÇÃO (CENA DE –, TEORIA DA –)

A sedução é depois referida, por uma fantasia retroativa, a um período mais precoce, e atribuída a um personagem parental (5*a*);

b) A descrição do laço pré-edipiano com a mãe, particularmente no caso da criança de sexo feminino, permite falar de uma verdadeira sedução sexual pela mãe, sob a forma dos cuidados corporais dispensados ao lactente, sedução real que seria o protótipo das fantasias posteriores: "Aqui a fantasia encontra a base da realidade, porque foi realmente a mãe que necessariamente provocou e, talvez, até tenha despertado nos órgãos genitais as primeiras sensações de prazer, ao dispensar à criança os seus cuidados corporais" (6).

2. No plano teórico, podemos dizer que o esquema explicativo de Freud, na forma como o mostramos mais acima, foi pura e simplesmente abandonado por ele? Parece que vários elementos essenciais desse esquema se encontram transpostos nas elaborações ulteriores da teoria psicanalítica:

a) A ideia de que o recalque só pode ser compreendido levando-se em conta diversos tempos, o momento ulterior vindo conferir *a posteriori** o seu sentido traumático ao primeiro. Essa concepção irá encontrar, por exemplo, o seu pleno desenvolvimento em *Uma neurose infantil* (*Aus der Geschichte einer infantilen Neurose*, 1918);

b) A ideia de que, no segundo tempo, o ego sofre uma agressão, um afluxo de excitação *endógena*; na teoria da sedução é a lembrança, e não o próprio acontecimento que é traumatizante. Nesse sentido, a "lembrança" assume já nessa teoria o seu valor de "realidade psíquica"*, de "corpo estranho" que será mais tarde atribuído à fantasia*;

c) A ideia de que, inversamente, essa realidade psíquica da lembrança ou da fantasia deva encontrar o seu fundamento último na "teoria da realidade". Parece que Freud não se decidirá jamais a ver na fantasia a pura e simples eflorescência da vida sexual espontânea da criança. Procurará continuamente por trás da fantasia aquilo que a teria fundamentado na realidade: indícios percebidos da cena originária (*O homem dos lobos*), sedução do lactente pela mãe (ver acima 1*b*) e, mais radicalmente ainda, a noção de que as fantasias se fundamentam em última análise em "fantasias originárias"*, restos mnésicos transmitidos pela hereditariedade de experiências vividas na história da espécie humana; "[...] tudo o que nos é contado atualmente na análise sob a forma de fantasia [...] foi outrora realidade, nos tempos originários da família humana [...]" (5*b*). Ora, o primeiro esquema que Freud apresentou com a sua teoria da sedução parece-nos exemplar dessa dimensão do seu pensamento; o primeiro tempo, o da cena de sedução, deve ter sido inevitavelmente baseado em algo de mais real do que simples imaginações do sujeito;

d) Por fim, Freud reconheceu mais tarde que, com as fantasias de sedução, tinha "[...] pela primeira vez encontrado o complexo de Édipo [...]" (7). Da sedução da filha pelo pai ao seu amor edipiano pelo pai não havia efetivamente mais do que um passo.

Mas toda a questão está em saber se devemos considerar a fantasia de sedução como uma simples deformação defensiva e projetiva da componente positiva do complexo de Édipo*, ou se se deve ver nela a tradução de um dado fundamental: o fato de a sexualidade da criança ser inteiramente estruturada por algo que lhe vem como que do exterior – a relação entre os pais, o desejo dos pais que preexiste ao desejo do sujeito e lhe dá forma. Nesse sentido, a sedução realmente vivida, tal como a fantasia de sedução, não seriam mais do que a atualização desse dado.

Na mesma linha de pensamento, Ferenczi, adotando em 1932 (8) a teoria da sedução, descreveu como a sexualidade adulta ("a linguagem da paixão") realizava verdadeiramente uma efração no mundo infantil ("a linguagem da ternura").

O perigo dessa renovação da teoria da sedução estaria em voltar à noção pré-analítica de uma inocência sexual da criança que a sexualidade adulta viria perverter. O que Freud recusa é que se possa falar de um mundo da criança com a sua existência própria antes de se produzir essa efração, ou essa perversão. Parece ser por essa razão que ele classifica em última análise a sedução entre as "fantasias originárias", cuja origem refere à pré-história da humanidade. A sedução não seria na sua essência um fato real, situável na história do sujeito, mas um dado estrutural que só poderia ser transposto historicamente sob a forma de um mito.

(1) FREUD (S.), *Aus den Anfängen der Psychoanalyse*, 1897-1902. – *a)* Al., 157; Ing., 147; Fr., 130. – *b)* Al., 160; Ing., 149; Fr., 132. – *c)* Al., 229; Ing., 215; Fr., 190.

(2) FREUD (S.), *Zur Geschichte der psychoanalytischen Bewegung*, 1914. GW, X, 56; SE, XIV, 17-8; Fr., 275.

(3) *Cf* FREUD (S.), *Drei Abhandlungen zur Sexualtheorie*, 1905. GW, V, 91-2; SE, VII, 191; Fr., 86-7.

(4) *Cf.* FREUD (S.), *Abriss der Psychoanalyse*, 1938. GW, XVII, 113-4; SE, XXIII, 187; Fr., 57.

(5) FREUD (S.), *Vorlesungen zur Einführung in die Psychoanalyse*, 1915-17. – *a)* Cf. GW, XI, 385; SE, XVI, 370; Fr., 398. – *b)* GW, XI, 386; SE, XVI, 371; Fr., 399.

(6) FREUD (S.), *Neue Folge der Vorlesungen zur Einführung in die Psychoanalyse*, 1932. GW, XV, 129; SE, XXII, 120; Fr., 165.

(7) FREUD (S.), *Selbsdarstellung*, 1925. GW, XIV, 60; SE, XX, 34; Fr., 52.

(8) *Cf.* FERENCZI (S.), *Sprachverwirrung zwischen den Erwachsenen und dem Kind*, 1932-33. Fr., in *La psychanalyse*. Paris, PUF, 1961, VI, 241-53. Passim.

SENTIMENTO DE CULPA

= *D.*: Schuldgefühl. – *F.*: sentiment de culpabilité. – *En.*: sense of guilt, guilt feeling. – *Es.*: sentimiento de culpabilidad. – *I.*: senso di colpa.

• *Expressão utilizada em psicanálise numa acepção muito ampla.*
Pode designar um estado afetivo consecutivo a um ato que o sujeito considera repreensível, e a razão invocada pode, aliás, ser mais ou menos apropriada (remorso do criminoso ou autorrecriminações aparentemente absurdas), ou ainda um sentimento difuso de indignidade pessoal sem relação com um ato determinado de que o sujeito se acuse.

SENTIMENTO DE CULPA

Por outro lado, é postulado pela análise como sistema de motivações inconscientes que explica comportamentos de fracasso, condutas delinquentes, sofrimentos que o indivíduo inflige a si mesmo etc.

Neste último sentido, a palavra "sentimento" só deve ser utilizada com reservas, na medida em que o sujeito pode não se sentir culpado ao nível da experiência consciente.

- Inicialmente, o sentimento de culpa foi descoberto, sobretudo na neurose obsessiva, sob a forma das autorrecriminações, das ideias obsedantes contra as quais o sujeito luta porque elas lhe surgem como repreensíveis, e por fim sob a forma da vergonha ligada às próprias medidas de proteção.

Já se pode notar, a esse nível, que o sentimento de culpa é parcialmente inconsciente, na medida em que a natureza real dos desejos em jogo (agressivos particularmente) não é conhecida pelo sujeito.

O estudo psicanalítico da melancolia iria resultar numa teoria mais elaborada do sentimento de culpa. Sabe-se que essa afecção é caracterizada particularmente por autoacusações, uma autodepreciação, uma tendência para a autopunição que pode levar ao suicídio. Freud mostra que existe nela uma verdadeira clivagem do ego entre acusador (o superego) e acusado, clivagem que, por um processo de interiorização, resulta também de uma relação intersubjetiva; "[...] as autorrecriminações são recriminações contra um objeto de amor, que são retornadas deste para o próprio ego [...]; as *queixas* [do melancólico] são *queixas contra*" (1*a*).

Esse delineamento da noção de superego* iria conduzir Freud a atribuir ao sentimento de culpa no conflito defensivo um papel mais geral. Já em *Luto e melancolia* (*Trauer und Melancholie*, 1917) reconhece que "[...] a instância crítica que aqui está separada do ego por clivagem poderia igualmente em outras circunstâncias demonstrar a sua autonomia [...]" (1*b*); no capítulo V de O *ego e o id* (*Das Ich und das Es*, 1923), consagrado às "relações de dependência do ego", dedica-se a distinguir as diferentes modalidades do sentimento de culpa, desde a sua forma normal até suas expressões no conjunto das estruturas psicopatológicas (2*a*).

Com efeito, a diferenciação do superego como instância crítica e punitiva para o ego introduz a culpa como relação intersistêmica no seio do aparelho psíquico. "O sentimento de culpa é a percepção que corresponde no ego a essa crítica [do superego]." (2*b*)

Nessa perspectiva, a expressão "sentimento de culpa inconsciente" assume um sentido mais radical do que quando designava um sentimento inconscientemente motivado; ora é a relação entre o superego e o ego que pode ser inconsciente e traduzir-se em efeitos subjetivos de que toda a culpa sentida estaria, em último caso, ausente. É assim que, em certos delinquentes, "[...] podemos demonstrar que existe um poderoso sentimento de culpa, existente antes do delito e que portanto não é sua consequência mas seu motivo, como se o sujeito sentisse como um alívio poder ligar este sentimento inconsciente de culpa a algo de real e de atual" (2*c*). O paradoxo que reside em falar de *sentimento de culpa inconsciente* não escapou a Freud. Nesse sentido, concordou que a expressão "necessidade de punição"* podia parecer mais adequada (3). Mas note-se que esta última expressão, tomada no seu sentido mais radical, designa uma força tendente ao aniquilamento do sujeito, e talvez irredutível a uma tensão intersistêmica, enquanto o sentimento de culpa, seja consciente ou inconsciente, reduz-se sempre a uma mesma relação tópica – a do ego e do superego, que é também um vestígio do complexo de Édipo. "Podemos adiantar a hipótese de que uma grande parte do sentimento de culpa deve normalmente ser inconsciente, porque o aparecimento da consciência moral está intimamente ligado ao complexo de Édipo, que pertence ao inconsciente" (2d).

(1) FREUD (S.), *Trauer und Melancholie*, 1917. – *a*) GW, X, 434; SE, XIV, 248; Fr., 201. – *b*) GW, X, 433; SE, XIV, 247; Fr., 199.
(2) FREUD (S.). – *a*) *Cf.* GW, XIII, 276-89; SE, XIX, 48-59; Fr., 205-18. – *b*) GW, XIII, 282; SE, XIX, 53; Fr., 211. – *c*) GW, XIII, 282; SE, XIX, 52; Fr., 210. – *d*) GW, XIII, 281; SE, XIX, 52; Fr., 210.
(3) *Cf.* FREUD (S.), *Das ökonomische Problem des Masochismus*, 1924. GW, XIII, 379; SE, XIX, 166; Fr., 219.

SENTIMENTO DE INFERIORIDADE

= *D.*: Minderwertigkeitsgefühl. – *F.*: sentiment d'infériorité. – *En.*: sense *ou* feeling of inferiority. – *Es.*: sentimiento de inferioridad. – *I.*: senso d'inferiorità.

• *Para Adler, sentimento baseado numa inferioridade orgânica efetiva. No complexo de inferioridade, o indivíduo procura compensar com maior ou menor êxito a sua deficiência. Adler confere a esse mecanismo um alcance etiológico muito geral, válido para o conjunto das afecções.*
Segundo Freud, o sentimento de inferioridade não está predominantemente relacionado com uma inferioridade orgânica. Não é um fator etiológico último, antes deve ser compreendido e interpretado como um sintoma.

■ A expressão "sentimento de inferioridade" tem, na literatura psicanalítica, uma ressonância adleriana. A teoria de Adler tenta explicar as neuroses, as afecções mentais e, de um modo mais geral, a formação da personalidade por reações a inferioridades orgânicas, por mínimas que sejam, morfológicas ou funcionais, surgidas na infância. "Os defeitos constitucionais e outros estados análogos da infância dão origem a um sentimento de inferioridade que exige uma compensação no sentido de uma exaltação do sentimento de personalidade. O sujeito forja para si um objetivo final, puramente fictício, caracterizado pela vontade de poder, objetivo final que [...] atrai na sua esteira todas as forças psíquicas" (1).
Por diversas vezes, Freud mostrou o caráter parcial, insuficiente e pobre dessas concepções: "Quer um homem seja homossexual ou necrófilo,

um histérico que sofra de angústia, um obsessivo encerrado na sua neurose ou um louco furioso, em todos os casos o adepto da psicologia individual de inspiração adleriana pretenderá que o motivo que determina o seu estado é o fato de ele querer fazer-se valer, supercompensar a sua inferioridade [...]" (2*a*).

Embora essa teoria das neuroses não seja aceitável do ponto de vista da etiologia, isso não implica, evidentemente, que a psicanálise recuse a importância ou a frequência do sentimento de inferioridade, ou ainda a sua função no encadeamento das motivações psicológicas. Sobre a sua origem, Freud, sem tratar da questão de forma sistemática, forneceu algumas indicações; o sentimento de inferioridade viria corresponder aos dois danos, reais ou fantasísticos, que a criança pode sofrer – perda de amor e castração. "Uma criança sente-se inferior se nota que não é amada, e acontece o mesmo com o adulto. O único órgão realmente considerado inferior é o pênis atrofiado, o clitóris feminino" (2*b*).

Estruturalmente, o sentimento de inferioridade traduziria a tensão entre o ego e o superego que o condena. Essa explicação sublinha o parentesco entre o sentimento de inferioridade e o sentimento de culpa, mas torna difícil a sua delimitação. Depois de Freud, diversos autores têm tentado essa delimitação. D. Lagache faz depender mais especialmente o sentimento de culpa do "sistema Superego – Ideal do ego" e o sentimento de inferioridade do Ego ideal* (3).

Do ponto de vista clínico, muitas vezes tem sido sublinhada a importância dos sentimentos de culpa e de inferioridade nas diversas formas de depressão. F. Pasche tentou especificar uma forma, na sua opinião particularmente frequente nos nossos dias, de "depressão de inferioridade" (4).

(1) ADLER (A.), *Über den nervösen Charakter*, 1912. Fr., *Le tempérament nerveux*, Paris, Payot, 1955, 49.
(2) FREUD (S.), *New Folge der Vorlesungen zur Einführung in die Psychoanalyse*, 1933. – *a*) GW, XV, 152; SE, XXII, 141; Fr., 193. – *b*) GW, 71; SE, XXII, 65; Fr., 92-3.
(3) LAGACHE (D.), La psychanalyse et la structure de la personnalité, in *La Psychanalyse*, PUF, Paris, 1961, vol. VI, 40-8.
(4) PASCHE (F.), De la dépression, in *RFP*, 1963, nº 2-3, 191.

SÉRIE COMPLEMENTAR

= *D.*: Ergänzungsreihe. – *F.*: série complémentaire. – *En.*: complemental series. – *Es.*: serie complementaria. – *I.*: serie complementare.

• *Expressão utilizada por Freud para explicar a etiologia da neurose e superar a alternativa que obrigaria a escolher entre fatores exógenos ou endógenos: na realidade, esses fatores são complementares, pois cada um deles pode ser tanto mais fraco quanto o outro for mais forte, de modo que um conjunto de casos pode ser classifica-*

do numa escala em que os dois tipos de fatores variam em sentido inverso; só na extremidade da série é que não se encontraria mais do que um dos fatores.

■ É nas *Conferências introdutórias sobre psicanálise* (*Vorlesungen zur Einführung in die Psychoanalyse*, 1916-17) que a ideia de série complementar é afirmada com mais nitidez. Primeiro, com relação à questão do desencadeamento da neurose (1*a*): não há que escolher, do ponto de vista etiológico, entre o fator endógeno representado pela fixação e o fator exógeno representado pela frustração; variam em razão inversa: para que a neurose se desencadeie, pode bastar um traumatismo mínimo, caso a fixação seja forte, e vice-versa.

Por outro lado, a fixação pode também subdividir-se em dois fatores complementares: constituição hereditária e vivência infantil (1*b*). O conceito de série complementar permitiria situar cada caso numa série, conforme a parte que compete à constituição, à fixação infantil e aos traumatismos ulteriores.

Freud utiliza principalmente a noção de série complementar para explicar a etiologia da neurose; podemos referir-nos a ela em outros domínios em que igualmente intervém uma multiplicidade de fatores que variam em razão inversa entre si.

(1) *Cf.* FREUD (S.). – *a*) GW, XI, 359-60; SE, XVI, 346-7; Fr., 373-4. – *b*) GW, XI, 376; SE, XVI, 362; Fr., 388-9.

SEXUALIDADE

= *D.*: Sexualität. – *F.*: sexualité. – *En.*: sexuality. – *Es.*: sexualidad. – *I.*: sessualità.

• *Na experiência e na teoria psicanalíticas, "sexualidade" não designa apenas as atividades e o prazer que dependem do funcionamento do aparelho genital, mas toda uma série de excitações e de atividades presentes desde a infância que proporcionam um prazer irredutível à satisfação de uma necessidade fisiológica fundamental (respiração, fome, função de excreção etc.), e que se encontram a título de componentes na chamada forma normal do amor sexual.*

■ A psicanálise confere, como sabemos, grande importância à sexualidade no desenvolvimento e na vida psíquica do ser humano. Mas não poderemos compreender essa tese sem avaliarmos, ao mesmo tempo, a transformação por que passou a noção de sexualidade. Não pretendemos aqui determinar qual a função da sexualidade na apreensão psicanalítica do homem, mas apenas precisar, quanto à sua extensão e compreensão, o uso que os psicanalistas fazem do *conceito* de sexualidade.

Se partirmos da visão comum que define a sexualidade como um *instinto**, isto é, como um comportamento pré-formado, característico da espécie, com um objeto* (parceiro do sexo oposto) e uma meta* (união dos órgãos genitais no coito) relativamente fixos, perceberemos que ela só muito imperfeitamente explica fatos fornecidos tanto pela observação direta como pela análise.

A) Em *extensão* – 1. A existência e a frequência das perversões sexuais, cujo inventário fora realizado por alguns psicopatologistas do fim do século XIX (Krafft-Ebing, Havelock Ellis), mostram que existe grande variedade quanto à escolha de objeto sexual e quanto ao modo de atividade utilizado para obter a satisfação.

2. Freud estabelece que existem numerosas transições entre a sexualidade perversa e a chamada sexualidade normal: aparecimento de perversões temporárias quando a satisfação habitual se torna impossível, presença – sob a forma de atividades que preparam e acompanham o coito (prazer preliminar) – de comportamentos encontrados nas perversões, seja como substitutos, seja como condição indispensável da satisfação.

3. A psicanálise das neuroses mostra que os sintomas constituem realizações de desejos sexuais que se efetuam sob forma deslocada, modificados por compromissos com a defesa etc. Por outro lado, são frequentemente desejos sexuais perversos que encontramos por detrás deste ou daquele sintoma.

4. Para Freud, é sobretudo a existência de uma sexualidade infantil, que atua desde o princípio da vida, que vem ampliar o campo daquilo que os psicanalistas chamam sexual. Ao falarmos de sexualidade infantil, não pretendemos reconhecer apenas a existência de excitações ou de necessidades genitais precoces, mas também de atividades aparentadas com as atividades perversas do adulto, na medida em que põem em jogo zonas corporais (zonas erógenas*) que não são apenas as zonas genitais, e na medida em que buscam um prazer (sucção do polegar, por exemplo) independentemente do exercício de uma função biológica (nutrição, por exemplo). Nesse sentido, os psicanalistas falam de sexualidade oral, anal etc.

B) Em *compreensão* – Essa maior extensão do campo da sexualidade levou necessariamente Freud a procurar determinar os critérios daquilo que seria especificamente sexual nessas diversas atividades. Uma vez estabelecido que o sexual não é redutível ao genital* (assim como o psiquismo não o é ao consciente), o que autoriza o psicanalista a atribuir caráter sexual a processos em que o genital está ausente? A questão se coloca essencialmente em relação à sexualidade infantil, porque, no caso das perversões do adulto, a excitação genital está geralmente presente.

O problema é francamente abordado por Freud, especialmente nos capítulos XX e XXI das *Conferências introdutórias sobre psicanálise* (*Vorlesungen zur Einführung in die Psychoanalyse*, 1915-17), em que coloca para si mesmo a seguinte objeção: "Por que haveis de teimar em já chamar sexualidade a estas manifestações da infância que sois os primeiros a considerar indetermináveis e a partir das quais o sexual vai mais tarde constituir-se? Por que não dizer simplesmente, contentando-vos apenas com a descrição fisiológica, que já no lactente são observadas atividades, como a sucção e a retenção dos excrementos, que nos mostram que a criança visa o *prazer de órgão* [*Organlust*]?" (1*a*).

SEXUALIDADE

Embora deixando a questão em aberto, Freud responde apresentando o argumento clínico segundo o qual a análise dos sintomas no adulto nos conduz a essas atividades infantis geradoras de prazer, e por intermédio de um material incontestavelmente sexual (1*b*). Postular que as próprias atividades infantis são sexuais supõe uma operação suplementar: para Freud, aquilo que se encontra no fim de um desenvolvimento que podemos reconstituir passo a passo devia encontrar-se, pelo menos em germe, desde o início. No entanto, ele reconhece por fim que "[...] não estamos ainda de posse de um sinal universalmente reconhecido e que permita afirmar com certeza a natureza sexual de um processo" (1*c*).

Freud declara muitas vezes que tal critério deveria ser descoberto na ordem bioquímica. Em psicanálise, tudo o que se pode postular é que existe uma energia sexual, ou libido, cuja definição não nos é dada pela clínica, a qual, porém, nos mostra a sua evolução e transformações.

★

Vemos que a reflexão freudiana parece tropeçar numa dupla aporia referente, por um lado, à essência da sexualidade (em que a última palavra é deixada a uma hipotética definição bioquímica), e, por outro, à sua gênese, pois Freud contenta-se em postular que a sexualidade existe virtualmente desde o início.

É no que se refere à sexualidade infantil que a dificuldade é mais patente; é também em que podemos encontrar indicações quanto à solução.

1. Já ao nível da descrição quase fisiológica do comportamento sexual infantil, Freud mostrou que a pulsão sexual se destaca a partir do funcionamento dos grandes aparelhos que garantem a conservação do organismo. Num primeiro tempo, só poderíamos referenciá-la como um a mais de prazer fornecido à margem da realização da função (prazer sentido com a sucção, além do saciar da fome). É num segundo tempo que esse prazer marginal será procurado por si mesmo, para além de qualquer necessidade de alimentação, para além de qualquer prazer funcional, sem objeto exterior e de forma puramente local ao nível de uma zona erógena.

Apoio*, zona erógena*, autoerotismo* são, para Freud, as três características, estreitamente ligadas entre si, que definem a sexualidade infantil (2). Vemos que, quando Freud procura determinar o momento de emergência da pulsão sexual, esta surge quase como uma perversão do instinto, em que se perdem o objeto específico e a finalidade orgânica.

2. Numa perspectiva temporal bastante diversa, Freud insistiu muitas vezes na noção de *a posteriori**; novas experiências vão conferir a experiências precoces, relativamente indeterminadas, uma significação que elas não possuíam na origem. Poderíamos dizer, em último caso, que as experiências infantis, a da sucção, por exemplo, começam não sexuais, e que o seu caráter sexual só lhes é atribuído secundariamente, depois que aparece a atividade genital? Essa conclusão parece infirmar, na medida em que sublinha a importância do que há de retroativo na constituição da sexuali-

dade, o que dizíamos acima da sua emergência, e, *a fortiori*, a perspectiva genética segundo a qual o sexual já está implicitamente presente desde a origem do desenvolvimento psicobiológico.

Essa é justamente uma das principais dificuldades da teoria freudiana da sexualidade; na medida em que não é um dispositivo inteiramente montado, mas se estabelece ao longo de uma história individual que muda de aparelhos e de objetivos, não pode ser entendida exclusivamente no plano de uma gênese biológica, mas, inversamente, os fatos estabelecem que a sexualidade infantil não é uma ilusão retroativa.

3. Na nossa opinião, a solução para essa dificuldade poderia ser procurada na noção de fantasias originárias*, que de certa maneira vem equilibrar a de *a posteriori*. Sabe-se que Freud designa assim, apelando para a "explicação filogenética", certas fantasias (cena originária, castração, sedução) que podemos encontrar em cada sujeito e que informam a sexualidade humana. Esta, portanto, não seria explicável apenas pela maturação endógena da pulsão: constituir-se-ia no seio de estruturas intersubjetivas que preexistem à sua emergência no indivíduo.

A fantasia de "cena originária" pode, no seu conteúdo, nas significações corporais que nela estão presentes, referir-se preferencialmente a determinada fase libidinal (sádico-anal), mas, na sua própria estrutura (representação e solução do enigma da concepção), não se explica, para Freud, pela simples conjunção de indícios fornecidos pela observação; constitui a variante de um "esquema" *que já está lá* para o sujeito. A outro nível estrutural, poderíamos dizer o mesmo do complexo de Édipo, definido como regendo a relação triangular entre a criança e os pais. Ora, é significativo que os psicanalistas que mais se dedicaram a descrever o jogo fantasístico imanente à sexualidade infantil (escola kleiniana) nele tenham visto em ação, muito precocemente, a estrutura edipiana.

4. A reserva de Freud quanto a uma concepção puramente genética e endógena da sexualidade verifica-se igualmente no papel que continuou a atribuir à sedução, uma vez reconhecida a existência de uma sexualidade infantil (*ver o desenvolvimento desta ideia no comentário do artigo* "sedução").

5. Simultaneamente ligada, pelo menos nas origens, a necessidades tradicionalmente designadas como instintos, e independente deles, simultaneamente endógena, na medida em que conhece uma linha de desenvolvimento e passa por diversas etapas, e exógena, na medida em que irrompe no sujeito a partir do mundo adulto (pois o sujeito tem que se situar de saída no universo fantasístico dos pais e recebe deles, de forma mais ou menos velada, incitamentos sexuais), a sexualidade infantil é difícil de apreender ainda pelo fato de não ser suscetível nem de uma explicação redutora que faria dela um funcionamento fisiológico, nem de uma interpretação "pelo alto", que pretendesse que Freud descreve sob o nome de sexualidade infantil os avatares da relação de amor. Quando Freud a encontra em psicanálise, é sempre sob a forma de desejo*: este, ao contrário do amor, está em estreita dependência de um suporte corporal determinado e,

SIMBÓLICO (subst.)

ao contrário da necessidade, faz depender a satisfação de condições fantasísticas que determinam estritamente a escolha de objeto e a articulação da atividade.

(1) FREUD (S.). – *a*) GW, XI, 335; SE, XVI, 323; Fr., 348. – *b*) *Cf.* GW, XI, 336; SE, XVI, 324; Fr., 349. – *c*) GW, XI, 331; SE, XVI, 320; Fr., 344.
(2) *Cf.* FREUD (S.), *Drei Abhandlungen zur Sexualtheorie*, 1905. GW, V, 83; SE, VII, 182; Fr., 76.

SIMBÓLICO (subst.)

= *D.*: Symbolische. – *F.*: symbolique. – *En.*: symbolic. – *Es.*: simbólico. – *I.*: simbolico.

● *Termo introduzido (na sua forma de substantivo masculino) por J. Lacan, que distingue, no campo da psicanálise, três registros essenciais: o simbólico, o imaginário e o real. O simbólico designa a ordem de fenômenos de que trata a psicanálise, na medida em que são estruturados como uma linguagem. Esse termo refere-se também à ideia de que a eficácia do tratamento tem o seu elemento propulsor real no caráter fundador da palavra.*

■ 1. Encontramos a palavra *simbólico* na sua forma substantiva em Freud: em *A interpretação de sonhos* (*Die Traumdeutung*, 1900), por exemplo, fala *da simbólica* (*die Symbolik*), entendendo por ela o conjunto dos símbolos de significação constante que podem ser encontrados em diversas produções do inconsciente.

Entre *a* simbólica freudiana e *o* simbólico de Lacan existe clara diferença: Freud acentua a relação que une – por mais complexas que sejam as conexões – o símbolo com aquilo que ele representa, enquanto para Lacan é a estrutura do sistema simbólico que é primordial; a ligação com o simbolizado (por exemplo, o fator de semelhança, o isomorfismo) é secundária e impregnada de imaginário*.

Todavia, poderíamos encontrar na simbólica freudiana uma exigência que permite ligar as duas concepções: Freud deduz da particularidade das imagens e dos sintomas uma espécie de "língua fundamental" universal, ainda que a sua atenção incida mais no que ela diz do que na sua articulação.

2. A ideia de uma ordem simbólica que estrutura a realidade inter-humana foi salientada nas ciências sociais particularmente por Claude Lévi-Strauss a partir do modelo da linguística estrutural saída do ensino de F. de Saussure. A tese do *Cours de linguistique générale* (*Curso de linguística geral*, 1955) é que o significante linguístico tomado isoladamente não possui qualquer ligação interna com o significado; só remete para uma significação por estar integrado num sistema significante caracterizado por oposições diferenciais (α).

Lévi-Strauss estende e transpõe as concepções estruturalistas para o estudo de fatos culturais em que não é somente a transmissão de sinais que entra em ação e caracteriza as estruturas que a denominação *sistema simbólico* abrange: "Toda cultura pode ser considerada como um conjunto de sistemas simbólicos, na primeira fila dos quais se situam a linguagem, as regras matrimoniais, as relações econômicas, a arte, a ciência, a religião" (2).

3. A utilização por Lacan, em psicanálise, da noção de simbólico parece-nos corresponder a duas intenções:

a) Aproximar a estrutura do inconsciente à da linguagem e aplicar-lhe o método que provou a sua fecundidade em linguística;

b) Mostrar como o sujeito humano se insere numa ordem preestabelecida, de natureza simbólica, no sentido de Lévi Strauss.

Pretender aprisionar o sentido do termo "simbólico" em limites estreitos – defini-lo – seria ir contra o próprio pensamento de Lacan, que se recusa a atribuir a um significante uma ligação fixa com um significado. Vamos limitar-nos, portanto, a notar que o termo é utilizado por Lacan em duas direções diferentes e complementares.

a) Para designar uma *estrutura* cujos elementos discretos funcionam como significantes (modelo linguístico), ou, de um modo mais geral, o registro a que pertencem tais estruturas (a ordem simbólica);

b) Para designar a *lei* que funda essa ordem; assim Lacan, pela expressão *pai simbólico* ou *Nome-do-pai*, tem em vista uma instância que não é redutível às vicissitudes do pai real ou imaginário e que promulga a lei.

▲ (α) Note-se, do ponto de vista terminológico, que, para Saussure, o termo "símbolo", na medida em que implica uma relação "natural" ou "racional" com o simbolizado, não é admitido como sinônimo de sinal linguístico (3).

(1) *Cf.* Lévi-Strauss (C), *Les structures élémentaires de la parenté*, PUF, Paris, 1949, e *Anthropologie structurale*, Plon, Paris, 1958.
(2) *Cf* Lévi-Strauss (C), Introdução à obra de Marcel Mauss, *Sociologie et anthropologie*, PUF, Paris, 1950.
(3) *Cf.* Saussure (F. de). Payot, Paris, 1955, 101.

SIMBOLISMO

= *D.*: Symbolik. – *F.*: symbolisme. – *En.*: symbolism. – *Es.*: simbolismo. – *I.*: simbolismo.

A) *Em sentido amplo, modo de representação indireta e figurada de uma ideia, de um conflito, de um desejo inconscientes; nesse sentido, em psicanálise, podemos considerar simbólica qualquer formação substitutiva*.*

B) *Em sentido restrito, modo de representação que se distingue principalmente pela constância da relação entre o símbolo e o sim-*

bolizado inconsciente; essa constância encontra-se não apenas no mesmo indivíduo e de um indivíduo para outro, mas nos domínios mais diversos (mito, religião, folclore, linguagem etc.) e nas áreas culturais mais distantes entre elas.

■ A noção de simbolismo está hoje tão estreitamente ligada à psicanálise, as palavras *simbólico, simbolizar, simbolização* são tantas vezes utilizadas e em sentidos tão diversos, finalmente os problemas que dizem respeito ao pensamento simbólico, à criação e ao manejo dos símbolos dependem de tantas disciplinas (psicologia, linguística, epistemologia, história das religiões, etnologia etc.), que existe especial dificuldade em querer delimitar um uso propriamente psicanalítico desses termos e em distinguir-lhes diversas acepções. As observações que se seguem constituem apenas indicações destinadas a orientar o leitor na literatura psicanalítica.

I – Concorda-se em incluir os símbolos na categoria dos *sinais*. Mas, se quisermos especificá-los como "evocando, por uma relação natural, algo ausente ou impossível de perceber" (1), já encontraremos várias objeções:

1. Quando se fala de *símbolos matemáticos* ou de *símbolos linguísticos* (α), exclui-se qualquer referência a uma "relação natural", a qualquer correspondência analógica. Mais ainda, o que a psicologia designa pelo nome de *comportamentos simbólicos* são comportamentos que atestam a aptidão do sujeito para diferenciar no seio do que é percebido uma ordem de realidade irredutível às "coisas" e que permite um manejo generalizado delas.

O uso terminológico comprova, portanto, variações muito extensas no emprego da palavra "símbolo". Ele não implica necessariamente a ideia de uma relação interna entre o símbolo e o simbolizado (β), como o demonstra o emprego que C. Lévi-Strauss, em antropologia, e J. Lacan, em psicanálise, fazem do termo "simbólico"*.

2. Dizer que o símbolo evoca "algo que é impossível de perceber" (o cetro é o símbolo da realeza, por exemplo) não deve implicar a ideia de que, pelo símbolo, se efetuaria uma passagem do abstrato para o concreto. Com efeito, o simbolizado pode ser tão concreto quanto o símbolo (exemplo: o sol, símbolo de Luís XIV).

II – Ao distinguirmos um sentido amplo e um sentido restrito do termo "simbolismo", não fazemos mais do que retomar uma distinção apontada por Freud e na qual Jones se apoia na sua teoria do simbolismo. Parece que ela está um pouco apagada hoje em dia no uso corrente em psicanálise.

É numa acepção muito ampla do termo que se dirá, por exemplo, que o sonho ou o sintoma são a expressão *simbólica* do desejo ou do conflito defensivo, entendendo por isso que eles os exprimem de forma indireta, figurada e mais ou menos difícil de decifrar (o sonho de criança é considerado menos simbólico do que o sonho de adulto, na medida em que o desejo, exprimindo-se nele de uma forma pouco ou nada disfarçada, seria então facilmente legível).

De um modo mais geral, o termo "simbólico" é empregado para designar a relação que une o conteúdo manifesto de um comportamento, de um pensamento, de uma palavra ao seu sentido latente; é empregado *a fortiori* quando o sentido manifesto está mais ausente (por exemplo, no caso de um ato sintomático francamente irredutível a todas as motivações conscientes que o sujeito lhe pode conferir). Diversos autores (Rank e Sachs, Ferenczi, Jones) consideram que só podemos falar de simbolismo em psicanálise nos casos em que o simbolizado for inconsciente: "Nem todas as comparações são símbolos, mas apenas aquelas em que o primeiro membro está recalcado no inconsciente" (2).

Note-se que, nessa perspectiva, o simbolismo envolve todas as formas de representação indireta, sem discriminação mais definida entre este ou aquele mecanismo: deslocamento*, condensação*, sobredeterminação*, figurabilidade*. De fato, desde o momento em que se reconhecem num comportamento, por exemplo, pelo menos duas significações, uma das quais se substitui à outra, mascarando-a e exprimindo-a ao mesmo tempo, a sua relação pode ser qualificada de simbólica (γ).

III – No entanto, existe em Freud – mais, sem dúvida, do que nos analistas contemporâneos – um sentido mais restritivo da noção de simbolismo. Esse sentido definiu-se bastante tarde. O próprio Freud atestou esse ponto, invocando em particular a influência de W. Stekel (3).

A verdade é que, entre os aditamentos introduzidos por Freud ao texto original de *A interpretação de sonhos* (*Die Traumdeutung*, 1900), os mais importantes dizem respeito ao simbolismo nos sonhos. A seção do capítulo sobre o trabalho do sonho consagrada à representação pelos símbolos data apenas de 1914.

Uma pesquisa atenta permite, no entanto, introduzir nuanças no próprio testemunho de Freud: a noção de simbolismo não é uma contribuição exterior.

É assim que, desde os *Estudos sobre a histeria* (*Studien über Hysterie*, 1895), Freud distingue, em diversas passagens, um determinismo *associativo* e um determinismo *simbólico* dos sintomas; a paralisia de Elizabeth von R., por exemplo (4), é determinada, por caminhos associativos, pela sua ligação com diversos acontecimentos traumatizantes, e simboliza, por outro lado, certas características da situação moral da paciente (sendo a mediação assegurada por certas locuções suscetíveis de serem utilizadas simultaneamente num sentido moral e num sentido físico, como, por exemplo, "isso não vai", "não posso engolir isso" etc.).

Desde a primeira edição de *A interpretação de sonhos*, pode-se notar:

1) Que, embora critique os métodos antigos de interpretação dos sonhos, que qualifica de simbólicos, Freud pretende marcar uma filiação entre eles e o seu próprio método;

2) Que atribui um lugar importante às representações figuradas que são compreensíveis sem que a pessoa que sonha forneça associações; sublinha o papel mediador desempenhado nesse caso por expressões linguísticas usuais (5*a*);

3) Que a existência de "sonhos típicos", em que um determinado desejo ou um determinado conflito são figurados de forma semelhante, seja quem for que sonhe, mostra que existem elementos da linguagem dos sonhos independentes do discurso pessoal do sujeito.

Podemos portanto dizer que Freud, desde o início, havia reconhecido a existência dos símbolos. É, por exemplo, o caso deste texto: "Os sonhos utilizam todos os símbolos já presentes no pensamento inconsciente porque estes se harmonizam melhor com as exigências da construção do sonho, dada a sua aptidão para serem figurados e também porque, regra geral, escapam à censura" (5*b*). Dito isto, a verdade é que ele concedeu importância cada vez maior aos símbolos, sendo levado a isso particularmente pela elucidação de numerosas variedades de sonhos típicos (δ) e pelos trabalhos antropológicos que mostram a presença do simbolismo em outros domínios, além do sonho (Rank). Acrescente-se que a teoria freudiana, na exata medida em que, contra as concepções "científicas", aproximava-se dos pontos de vista "populares" que atribuem um sentido ao sonho, tinha, primeiro, que se diferenciar nitidamente das chaves dos sonhos, que supõem uma simbólica universal e podem levar a uma interpretação quase automática.

Esquematicamente, agrupando os pontos indicados por Freud (6, 5*c*, 7*a*), poderíamos definir os símbolos, no sentido restrito que caracteriza aquilo a que Freud chama a simbólica (*die Symbolik*), pelas seguintes características:

1) Eles aparecem na interpretação do sonho como "elementos mudos" (7*b*); o sujeito é incapaz de fornecer associações a seu respeito. Trata-se, para Freud, de uma característica que não se explica pela resistência ao tratamento, mas especifica o modo simbólico de expressão.

2) A essência do simbolismo consiste numa "relação constante" entre um elemento manifesto e a sua ou suas traduções. Essa constância encontra-se não apenas nos sonhos, mas em domínios de expressão muito diversos (sintomas e outras produções do inconsciente: mitos, folclore, religião etc.) e em áreas culturais distantes entre si. Escapa relativamente, tal como um vocabulário estabelecido, às influências da iniciativa individual; esta pode escolher entre os sentidos de um símbolo, mas não lhe criar novos sentidos.

3) Essa relação constante baseia-se essencialmente na analogia (de forma, de grandeza, de função, de ritmo etc.). Todavia, Freud indica que certos símbolos podem-se aproximar da alusão: por exemplo, a nudez pode ser simbolizada por vestuário, por uma relação de contiguidade e de contraste (7*c*). Por outro lado, note-se que, em numerosos símbolos, vêm-se condensar relações múltiplas entre simbolizado e símbolo; é o caso de Polichinelo, que Jones demonstrou representar o falo sob os mais variados aspectos (8*a*).

4) Embora os símbolos descobertos pela psicanálise sejam muito numerosos, o campo do simbolizado é muito limitado: corpo, pais e consanguíneos, nascimento, morte, nudez, e sobretudo sexualidade (órgãos sexuais, ato sexual).

5) Com a extensão da teoria do simbolismo, Freud é levado a reservar a ele um lugar à parte, tanto na teoria do sonho e das produções do inconsciente como na prática da interpretação. "Ainda que a censura dos sonhos não existisse, nem por isso o sonho nos seria mais inteligível [...]" (7*d*). O sentido dos símbolos escapa à consciência, mas essa característica inconsciente não é explicável pelos mecanismos do trabalho do sonho. Freud indica que as "comparações [inconscientes subjacentes ao simbolismo] não se efetuam de cada vez à medida das necessidades, mas são feitas de uma vez para sempre e estão sempre prontas" (7*e*). Temos, portanto, a impressão de que os sujeitos, além da diversidade das culturas e das linguagens, dispõem, segundo a palavra do presidente Schreber, de uma "língua fundamental" (7*f*). Disso resulta que existiriam duas espécies de interpretação do sonho, uma apoiando-se nas associações daquele que sonha, e a outra, a interpretação dos símbolos, que é independente delas (5*d*).

6) A existência de um modo de expressão simbólico assim caracterizado coloca problemas genéticos: como foram os símbolos forjados pela humanidade? Como o indivíduo se apropria deles? Note-se que foram esses problemas que levaram Jung à sua teoria do "inconsciente coletivo" (8*b*). Freud não tomou partido em absoluto sobre essas questões, embora emitindo a hipótese de uma herança filogenética (9), hipótese que, na nossa opinião, ganha em ser interpretada à luz da noção de fantasias originárias (*ver este termo*).

▲ (α) Note-se que F. de Saussure critica o emprego da expressão "símbolo linguístico" (10).

(β) É conhecido o sentido etimológico de símbolo: σύμβολον era para os gregos um sinal de reconhecimento (entre membros de uma mesma seita, por exemplo) formado pelas duas metades de um objeto partido que se aproximavam. Pode-se ver nisso, na origem, a ideia de que é a ligação que faz o sentido.

(γ) É no quadro dessa acepção que se situa a expressão *símbolo mnésico**.

(δ) A seção sobre os "sonhos típicos" aumenta progressivamente entre 1900 e 1911; grande parte do material que contém será transferida em 1914 para a seção sobre a "representação pelos símbolos" que aparece nessa data (11).

(1) LALANDE (A.), *Vocabulaire technique et critique de la philosophie*, PUF, Paris, 1951.

(2) FERENCZI (S.), The Ontogenesis of Symbols, 1913, in *First Contributions*, 277-8.

(3) *Cf.* FREUD (S.), *Zur Geschichte der Psychoanalytischen Bewegung*, 1914. GW, X, 58; SE, XIV, 19; Fr., 277.

(4) *Cf.* FREUD (S.), GW, I, 216-7; SE, II, 152; Fr., 120-1.

(5) FREUD (S.). – *a*) *Cf.* GW, II-III, 347; SE, V, 341-2; Fr., 255. – *b*) GW, II-III, 354; SE, V, 349; Fr., 260. – *c*) *Cf.* 4ª ed., revista e aumentada, de 1914 (SE, IV, XI). – *d*) *Cf.* II-III, 365; SE, V, 359; Fr., 267-8.

(6) *Cf.* FREUD (S.), *Über den Traum*, 1901, 2ª ed.

(7) FREUD (S.), *Vorlesungen zur Einführung in die Psychoanalyse*, 1915-17. – *a*) *Cf. passim*. – *b*) GW, XI, 151; SE, 150; Fr., 166. – *c*) GW, XI, 154-5; SE, XV, 153; Fr., 169-70. – *d*) *Cf.* GW, XI, 150 e 171; SE, XV, 149 e 168; Fr., 164 e 186. – *e*) GW, XI, 168; SE, XV, 165; Fr., 183. – *f*) GW, XI, 169; SE, XV, 166; Fr., 184.

(8) *Cf.* JONES (E.), The Theory of Symbolism, in *Papers on Psycho-Analysis*, Baillière, Londres, 5ª ed., 1948. – *a*) 93 ss. – *b*) 93-104.

(9) *Cf.* FREUD (S.), *Der Mann Moses und die monotheistische Religion*, 1939. GW, XVI, 205-6; SE, XXIII, 99-100; Fr., 151-2.
(10) SAUSSURE (F. de), *Cours de linguistique générale*, Payot, Paris, 1955.
(11) *Cf.* SE, IV, prefácio.

SÍMBOLO MNÉSICO ou MNÊMICO

= *D*.: Erinnerungssymbol. – *F*.: symbole mnésique. – *En*.: mnemic symbol. – *Es*.: símbolo mnémico. – *I*.: símbolo mnestico.

• *Expressão muitas vezes utilizada nos primeiros escritos de Freud para qualificar o sintoma histérico.*

■ Em diversos textos, por volta de 1895 (*As psiconeuroses de defesa* [*Die Abwehr-Neuropsychosen*, 1894]; *Novas observações sobre as psiconeuroses de defesa* [*Weitere Bemerkungen über die Abwehr-Neuropsychosen*, 1896]; *Estudos sobre a histeria* [*Studien über Hysterie*, 1895] etc.), Freud define o sintoma histérico como símbolo mnésico do traumatismo patogênico ou do conflito. Veja-se, por exemplo: "O ego consegue assim libertar-se da contradição; mas carregou-se de um símbolo mnésico que encontra lugar na consciência como uma espécie de parasita, sob a forma de uma inervação motriz irredutível ou de uma sensação alucinatória constantemente recorrente" (1). Em outros lugares, Freud compara o sintoma histérico com os monumentos erguidos em comemoração de um acontecimento; é assim que os sintomas de Anna O. são "os símbolos mnésicos" da doença e da morte do pai (2).

(1) FREUD (S.), *Die Abwehr-Neuropsychosen*, 1894. GW, I, 63; SE, III, 49.
(2) FREUD (S.), *Über Psychoanalyse*, 1910. GW, VIII, 11-12; SE, XI, 16-17; Fr., 125-6.

SINAL DE ANGÚSTIA

= *D*.: Angstsignal. – *F*.: signal d'angoisse. – *En*.: signal of anxiety *ou* anxiety as signal. – *Es*.: señal de angustia. – *I*.: segnale d'angoscia.

• *Expressão introduzida por Freud na remodelação da sua teoria da angústia (1926) para designar um dispositivo que o ego põe em ação diante de uma situação de perigo, de forma a evitar ser submerso pelo afluxo das excitações. O sinal de angústia reproduz de forma atenuada a reação de angústia vivida primitivamente numa situação traumática, o que permite desencadear operações de defesa.*

■ Esse conceito é introduzido em *Inibição, sintoma e angústia* (*Hemmung, Symptom und Angst*, 1926) e constitui a ideia mestra do que geralmente se chama a segunda teoria da angústia. Não pretendemos expor aqui essa remodelação nem discutir o seu alcance ou a sua função na evolução das ideias freudianas. O termo *Angstsignal*, forjado por Freud, exige, todavia, ainda que apenas pela sua concisão, algumas observações:

1. Condensa a contribuição essencial da nova teoria. Na explicação econômica que Freud apresentou inicialmente da angústia, ela é considerada como um *resultado*: é a manifestação subjetiva do fato de uma quantidade de energia não ser dominada. A expressão *sinal de angústia* põe em evidência uma nova função da angústia que faz dela um motivo de defesa do ego.

2. O desencadeamento do sinal de angústia não está necessariamente subordinado a fatores econômicos; o sinal de angústia pode efetivamente funcionar como "símbolo mnésico" ou "símbolo afetivo" (1) de uma situação que ainda não está presente e que interessa evitar.

3. Nem por isso a promoção da ideia de sinal de angústia exclui qualquer explicação econômica. Por um lado, o afeto, reproduzido sob a forma de sinal, teve de ser suportado passivamente no passado sob a forma da chamada angústia automática*, quando o sujeito se encontrava submerso pelo afluxo das excitações. Por outro lado, o desencadeamento do sinal supõe a mobilização de uma certa quantidade de energia.

4. Note-se, por fim, que Freud liga o sinal de angústia ao ego. Essa função então descoberta da angústia é assimilável àquilo que ele constantemente descreveu no quadro do processo secundário ao mostrar como afetos desagradáveis repetidos de forma atenuada podem mobilizar a censura.

(1) FREUD (S.), GW, XIV, 120-1; SE, XX, 93-4; Fr., 9-10.

SISTEMA

= *D.*: System. – *F.*: système. – *En.*: system. – *Es.*: sistema. – *I.*: sistema.

Ver: **Instância**

SOBREDETERMINAÇÃO

= *D.*: Überdeterminierung *ou* mehrfache Determinierung. – *F.*: surdétermination *ou* détermination multiple. – *En.*: over-determination *ou* multiple determination. – *Es.*: superdeterminación. – *I.*: sovradeterminazione.

• *O fato de uma formação do inconsciente – sintoma, sonho etc. – remeter para uma pluralidade de fatores determinantes. Isso pode ser tomado em dois sentidos bastante diferentes:*

a) A formação considerada é resultante de diversas causas, já que uma só não basta para explicá-la.

b) A formação remete para elementos inconscientes múltiplos, que podem organizar-se em sequências significativas diferentes, cada uma das quais, a um certo nível de interpretação, possui a sua coerência própria. Este segundo sentido é o mais amplamente admitido.

■ Por mais diferentes que sejam essas duas acepções, não deixam de apresentar pontos de contato.

Nos *Estudos sobre a histeria* (*Studien über Hysterie*, 1895), encontramo-las lado a lado. Às vezes (1a), o sintoma histérico é dito sobredeterminado, na medida em que resulta ao mesmo tempo de uma predisposição constitucional e de uma pluralidade de acontecimentos traumáticos: um só desses fatores não basta para produzir ou alimentar o sintoma, de modo que o método catártico, sem visar à constituição histérica, consegue fazer desaparecer o sintoma graças à rememoração e à ab-reação do trauma. Outra passagem de Freud na mesma obra aproxima-se mais da segunda acepção: as cadeias de associações que ligam o sintoma ao "núcleo patogênico" constituem "um sistema de linhas ramificadas e sobretudo convergentes" (1*b*).

É o estudo do sonho que mais claramente ilustra o fenômeno da sobredeterminação. Efetivamente, a análise mostra "que cada um dos elementos do conteúdo manifesto do sonho é *sobredeterminado*, representado diversas vezes nos pensamentos latentes do sonho" (2*a*). A sobredeterminação é o efeito do trabalho de condensação*. Ela não se traduz apenas ao nível dos elementos isolados do sonho; o sonho no seu conjunto pode ser sobredeterminado; "[...] os efeitos da condensação podem ser absolutamente extraordinários. Ela torna eventualmente possível reunir num sonho manifesto duas séries de ideias latentes inteiramente diferentes, de forma que podemos obter uma interpretação aparentemente satisfatória de um sonho, sem nos apercebermos da possibilidade de uma interpretação em segundo grau" (3*a*) (*ver*: sobreinterpretação).

Convém sublinhar que a sobredeterminação não implica que o sintoma ou sonho se prestem a um número indefinido de interpretações. Freud compara o sonho a certas linguagens arcaicas, em que uma palavra ou uma frase comportam aparentemente numerosas interpretações (3*b*); nessas linguagens, é o contexto, a entonação ou ainda sinais acessórios que dissipam a ambiguidade. No sonho, a indeterminação é mais fundamental, mas as diferentes interpretações permanecem suscetíveis de verificação científica.

A sobredeterminação também não implica a independência, o paralelismo de diversas significações de um mesmo fenômeno. As diversas cadeias significativas se entrecruzam em mais de um "ponto nodal", como provam as associações; o sintoma tem vestígios da interação das diversas significações entre as quais realiza um *compromisso*. Freud mostra a partir do exemplo do sintoma histérico que "[...] ele só pode aparecer quando dois desejos opostos, saídos de dois sistemas psíquicos diferentes, venham a se realizar numa mesma expressão" (2*b*).

Vemos nisso o que subsiste do sentido *a* da nossa definição; o fenômeno a analisar é uma resultante, a sobredeterminação é uma característica positiva, e não a simples ausência de uma significação única e exaustiva. J. Lacan insistiu no fato de que a sobredeterminação é uma característica geral das formações do inconsciente: "Para admitir um sintoma na psicopatologia psicanalítica, seja ele neurótico ou não, Freud exige o mínimo de sobredeterminação que um duplo sentido constitui, símbolo de um conflito defunto para além da sua função em um conflito presente *não menos simbólico* [...]" (4). A razão está em que o sintoma (em sentido amplo) é "estruturado como uma linguagem", e, portanto, constituído, por natureza, de deslizes e de sobreposições de sentidos; nunca é sinal unívoco de um conteúdo inconsciente único, assim como a palavra não se pode reduzir a um sinal.

(1) Freud (S.). – *a*) *Cf.* GW, I, 261; SE, II, 262-3; Fr., 211 e 169-70. – *b*) GW, I, 293-4; SE, II, 289; Fr., 234.
(2) Freud (S.), *Die Traumdeutung*, 1900. – *a*) GW, II-III, 289; SE, IV, 283; Fr., 212. – *b*) GW, II-III, 575; SE, V, 569; Fr., 466.
(3) Freud (S.), *Vorlesungen zur Einführung in die Psychoanalyse*, 1916-17. – *a*) GW, XI, 176; SE, XV, 173; Fr., 191. – *b*) *Cf.* GW, XI, 234-9; SE, XV, 228-33; Fr., 249-54.
(4) Lacan (J.), Fonction et champ de la parole et du langage en psychanalyse, in *La Psychanalyse*, PUF, Paris, 1956, I, 114.

SOBREINTERPRETAÇÃO

= *D.*: Überdeutung. – *F.*: surinterprétation. – *En.*: over-interpretation. – *Es.*: superinterpretación. – *I.*: sovrinterpretazione.

• **Termo utilizado diversas vezes por Freud a propósito do sonho para designar uma interpretação que se apresenta secundariamente, quando já foi fornecida uma primeira interpretação, coerente e aparentemente completa. A sobreinterpretação encontra a sua razão de ser essencial na sobredeterminação*.**

▪ Em algumas passagens de *A interpretação de sonhos* (*Die Traumdeutung*, 1900), Freud pergunta se a interpretação de um sonho pode alguma vez ser considerada completa. Citem-se, por exemplo, estas linhas: "Já tive ocasião de indicar que, de fato, nunca é possível estarmos certos de que um sonho tenha sido completamente interpretado. Mesmo que a solução pareça satisfatória e sem lacunas, continua sempre sendo possível que o sonho tenha, no entanto, outro significado" (1*a*).

Freud fala de sobreinterpretação em todos os casos em que uma nova interpretação pode ser acrescentada a uma interpretação que já possui a sua coerência e o seu valor próprios; mas o recurso à ideia de sobreinterpretação surge em contextos bastante diversos.

A sobreinterpretação tem origem na sobreposição das camadas de significações. Encontraremos em textos freudianos diferentes formas de conceber tal estratificação.

Assim, podemos falar de sobreinterpretação, num sentido sem dúvida pouco rigoroso e superficial, desde que novas associações por parte do analisando venham ampliar o material e autorizar desse modo novas aproximações por parte do analista. Nesse caso, a sobreinterpretação está em relação com o aumento do material.

Num sentido já mais determinado, ela está relacionada com a significação e torna-se sinônima de interpretação mais "profunda". Efetivamente, a interpretação escalona-se em diversos níveis, desde o que se limita a pôr em evidência ou a clarificar comportamentos e formulações do sujeito até o que incide na fantasia inconsciente.

Mas o que fundamenta a possibilidade e mesmo a necessidade de uma interpretação de um sonho são os mecanismos que atuam na formação dele, e especialmente a condensação*; uma única imagem pode remeter para toda uma série de "composições de pensamentos inconscientes". Claro que é preciso ir mais longe e admitir que um só sonho pode ser expressão de diversos desejos. "Os sonhos parecem ter frequentemente mais do que uma significação. Não apenas [...] diversas realizações de desejo podem estar unidas nele lado a lado, como ainda uma significação, uma realização de desejo, pode cobrir outra, até que vamos dar lá no fundo com a realização de um desejo da primeira infância" (1*b*).

Podemos perguntar se este último desejo não constituiria um último termo, inultrapassável, não suscetível de sobreinterpretação. É talvez o que, numa passagem célebre de *A interpretação de sonhos*, Freud evoca pela imagem do *umbigo do sonho*: "Nos sonhos mais bem interpretados somos obrigados muitas vezes a deixar um ponto na sombra porque notamos, quando da interpretação, que aparece ali um nó apertado de pensamentos do sonho que não se deixa desatar, mas que não traz qualquer nova contribuição para o conteúdo do sonho. É esse o umbigo do sonho, o ponto em que ele assenta no desconhecido. Os pensamentos do sonho a que temos acesso pela interpretação permanecem necessariamente sem pontos de chegada e ramificam-se por todos os lados na rede complicada do nosso universo mental. Num ponto mais compacto deste entrelaçamento, vemos erguer-se o desejo do sonho como um cogumelo do seu micélio" (1*c*).

(1) Freud (S.). – *a*) GW, II-III, 285; SE, IV, 279; Fr., 208. – *b*) GW, II-III, 224; SE, IV, 214; Fr., 166. – *c*) GW, II-III, 530; SE, V, 525; Fr., 433.

SOBREINVESTIMENTO ou SUPERINVESTIMENTO

= *D.*: Überbesetzung. – *F.*: surinvestissement. – *En.*: hypercathexis. – *Es.*: sobrecarga. – *I.*: superinvestimento.

• *Aplicação de um investimento suplementar a uma representação, uma percepção etc. já investidas. Esse termo aplica-se sobretudo ao processo da atenção, no quadro da teoria freudiana da consciência.*

■ O termo "econômico" *sobreinvestimento* nada afirma antecipadamente do objeto nem da fonte do investimento* suplementar em causa. Podemos dizer, por exemplo, que uma representação inconsciente é sobreinvestida no caso de nova contribuição de energia pulsional; Freud fala também de sobreinvestimento no caso da retirada narcísica da libido para o ego na esquizofrenia.

Mas o termo é introduzido e empregado a maioria das vezes para conferir substrato econômico ao que Freud descreve como uma "função psíquica especial" (1), a atenção, da qual apresenta, principalmente no *Projeto para uma psicologia científica* (*Entwurf einer Psychologie*, 1895), uma teoria muito elaborada. Nesse texto, enuncia assim a "regra biológica" a que obedece o ego no processo da atenção: "Quando surge um indício de realidade, o investimento de uma percepção que está simultaneamente presente tem de ser sobreinvestido" (2) (*ver*: consciência).

Numa perspectiva bastante próxima, Freud irá designar por sobreinvestimento a preparação para o perigo que permite evitar ou limitar o traumatismo: "Para a solução de grande número de traumatismos, o fator decisivo seria a diferença entre sistemas não preparados e sistemas preparados por sobreinvestimentos" (3).

(1) FREUD (S.), *Die Traumdeutung*, 1900. GW, II-III, 599; SE, V, 593; Fr., 485.
(2) FREUD (S.), Al., 451; Ing., 429; Fr., 382.
(3) FREUD (S.), *Jenseits des Lustprinzips*, 1920. GW, XIII, 32; SE, XVIII, 31; Fr., 35.

SOMA DE EXCITAÇÃO

= *D*.: Erregungssume. – *F*.: somme d'excitation. – *En*.: sum of excitation. – *Es*.: suma de excitación. – *I*.: somma di eccitazione.

• *Um dos termos utilizados por Freud para designar o fator quantitativo cujas transformações são objeto da hipótese econômica *. O termo acentua a origem desse fator: as excitações externas e sobretudo internas (ou pulsões).*

■ No final do seu artigo sobre *As psiconeuroses de defesa* (*Die Abwehr Neuropsychosen*, 1894), Freud escreve: "Nas funções psíquicas, há razão para distinguir alguma coisa (*quantum* de afeto, soma de excitação) que possui todas as propriedades de uma quantidade – ainda que não estejamos habilitados a medi-la –, alguma coisa que pode ser aumentada, diminuída, deslocada, descarregada, e que se espalha sobre os traços mnésicos das representações mais ou menos como uma carga elétrica sobre a superfície dos corpos" (1).

Vemos que, nesse texto, a expressão "soma de excitação" é apresentada como sinônima de *quantum* de afeto*; todavia, cada uma delas acentua um aspecto diferente do fator quantitativo. A expressão "soma de excitação" sublinha duas ideias:

1. A origem da quantidade. A energia psíquica é concebida como proveniente de estímulos, principalmente internos, que exercem uma ação contínua e a que não se pode escapar fugindo.

2. O aparelho psíquico está submetido a estímulos que constantemente comprometem a sua finalidade, que é o princípio de constância.

A expressão deve ser aproximada da de adição (*Summation*) de excitação, utilizada por Freud no seu *Projeto para uma psicologia científica* (*Entwurf einer Psychologie*, 1895) e inspirada no fisiologista Sigmund Exner (2): as excitações psíquicas só circulam dentro do aparelho quando se produziu uma acumulação ou adição que lhes permite transpor um limiar de permeabilidade (3).

(1) Freud (S.), GW, I, 74; SE, III, 60.
(2) *Cf.* Jones (E.), *Sigmund Freud: Life and Work*, 1953-55-57. Ing., Hogarth Press, Londres, v. I, 417; Fr., PUF, Paris, vol. I, 417.
(3) *Cf.* Freud (S.), Al., 400; Ing., 377; Fr., 334-5.

SONHO DIURNO (DEVANEIO)

= *D.*: Tagtraum. – *F.*: rêve diurne (rêverie). – *En.*: day-dream. – *Es.*: sueño diurno (devaneo). – *I.*: sogno diurno.

• *Freud dá esse nome a um enredo imaginado no estado de vigília, sublinhando assim a analogia desse devaneio com o sonho. Os sonhos diurnos constituem, como o sonho noturno, realizações de desejo; os seus mecanismos de formação são idênticos, com predomínio da elaboração secundária.*

■ Os *Estudos sobre a histeria* (*Studien über Hysterie*, 1895), e especialmente os capítulos devidos a Breuer, sublinham a importância que os sonhos diurnos assumem na gênese do sintoma histérico; o hábito do sonho diurno (o "teatro privado" de Anna O.) favoreceria, segundo Breuer, a constituição de uma clivagem* (*Spaltung*) no seio do campo de consciência (*ver*: estado hipnoide).

Freud interessou-se pelos sonhos diurnos (particularmente no quadro da sua teoria do sonho), por um lado, ao comparar a sua gênese com a do sonho, e, por outro, ao estudar o papel que desempenham no sonho noturno.

Os sonhos diurnos partilham com os sonhos noturnos de várias características essenciais: "Tal como os sonhos, são realizações de desejo; tal como os sonhos, assentam em boa parte em impressões deixadas por acontecimentos infantis; tal como os sonhos, beneficiam-se, para as suas criações, de uma certa indulgência por parte da censura. Quando examinamos a sua estrutura percebemos que o motivo de desejo que atua na sua produção misturou o material de que são construídos, alterou-lhe a ordem, para constituir um novo conjunto. Em relação às lembranças de infância a que se referem, estão um pouco na mesma relação daqueles palácios barrocos de Roma com as ruínas antigas: pedra e colunas serviram de material para construir formas modernas" (1*a*).

Todavia, o sonho diurno especifica-se na medida em que a elaboração secundária* desempenha neles um papel predominante, garantindo aos enredos uma coerência maior do que aos do sonho.

Para Freud, os sonhos diurnos, expressão que, para ele, em *A interpretação de sonhos* (*Die Traumdeutung*, 1900), é sinônima de fantasia (*Phantasie*) ou de fantasia diurna (*Tagesphantasie*), nem sempre são conscientes: "há uma quantidade considerável de [fantasias] inconscientes, e que devem permanecer inconscientes em virtude do seu conteúdo e da sua origem no material recalcado" (1*b*) (*ver*: fantasia).

Os sonhos diurnos constituem uma parte importante do material do sonho. Podem encontrar-se nele entre os restos diurnos, e são como estes submetidos a todas as deformações; podem, de forma mais específica, fornecer à elaboração secundária um enredo complementarmente montado, a "fachada do sonho" (1*c*).

(1) FREUD (S.), *Die Traumdeutung*, 1900. – *a*) GW,II-III, 496; SE, V, 492; Fr., 366. – *b*) GW, II-III, 496; SE, V, 492; Fr., 366. – *c*) GW, II-III, 497; SE, V, 493; Fr., 367.

SUBCONSCIENTE, SUBCONSCIÊNCIA

= *D.*: Unterbewusste, Unterbewusstsein. – *F.*: subconscient, subconscience. – *En.*: subconscious, subconsciousness. – *Es.*: subconsciente, subconciencia. – *I.*: subconscio.

• ***Termo utilizado em psicologia para designar tanto o que é fracamente consciente como o que está abaixo do limiar da consciência atual, ou mesmo inacessível a ela; usado por Freud nos seus primeiros escritos como sinônimo de inconsciente, o termo foi logo rejeitado em virtude dos equívocos que favorece.***

■ São raros os textos em que o "jovem Freud" tenha aproveitado o termo "subconsciente", relativamente usual em psicologia e psicopatologia no fim do século passado, mormente para explicar os chamados fenômenos de "desdobramento da personalidade" (α). Iremos encontrá-lo num artigo publicado em francês por Freud, *Algumas considerações para um estudo comparativo das paralisias motoras orgânicas e histéricas* (*Quelques considérations pour une étude comparative des paralysies motrices organiques et hystériques*), em 1893, e numa passagem dos *Estudos sobre a histeria* (*Studien über Hysterie*, 1895) (1, β). De acordo com o contexto, não parece que, nessa época, houvesse diferença, no uso freudiano, entre "subconsciente" e o que estava prestes a destacar-se sob o nome de inconsciente.

Muito rapidamente o termo "subconsciente" é abandonado, e o seu uso criticado. "Devemos evitar", escreve Freud em *A interpretação de sonhos* (*Die Traumdeutung*, 1900), "a distinção entre supraconsciência e subconsciência, de que a literatura contemporânea sobre as psiconeuroses tanto gosta, porque essa distinção parece insistir precisamente na equivalência entre psiquismo e consciente" (2).

Essa crítica é retomada em diversas ocasiões, e o texto mais explícito é esta passagem em *A questão da análise leiga* (*Die Frage der Laienanalyse*, 1926): "Quando alguém fala de subconsciência, não sei se a entende no sentido tópico – algo que se encontra na alma abaixo da consciência – ou no sentido qualitativo: outra consciência, por assim dizer subterrânea" (3, γ).

Freud rejeita o termo "subconsciente" porque parece implicar a noção de uma "segunda consciência" que, por mais atenuada que se suponha, permaneceria em continuidade qualitativa com os fenômenos conscientes. A seus olhos, só o termo "inconsciente" pode, pela negação que contém, acentuar a clivagem tópica entre dois domínios psíquicos e a distinção qualitativa dos processos que nele se desenrolam (δ). Contra a ideia de uma segunda consciência, "[...] o argumento mais forte provém do que nos ensina a investigação analítica: uma parte destes processos latentes possui particularidades e características que nos são estranhas, que nos parecem mesmo inacreditáveis, e que se opõem diretamente às propriedades bem conhecidas da consciência" (4).

▲ (α) A noção de subconsciente faz parte, como se sabe, particularmente das noções fundamentais do pensamento de Pierre Janet. As críticas que Freud formula a respeito do termo "subconsciente", embora pareçam visar a Janet, dificilmente podem ser consideradas uma refutação válida das concepções desse autor. A distinção entre o "subconsciente" de Janet e o inconsciente de Freud faz-se menos com base no critério da relação com a consciência do que no da natureza do processo que provoca a "clivagem" do psiquismo.

(β) É mais frequentemente encontrado na pena de Breuer.

(γ) A indeterminação que o termo "subconsciente" deve em parte ao seu prefixo encontra-se no *Vocabulaire technique et critique de la philosophie*, de Lalande: o sentido de "fracamente consciente" é nele indicado paralelamente à ideia de uma "personalidade mais ou menos distinta da personalidade consciente".

(δ) Note-se a propósito que alguns que se declaram conquistados pela psicanálise não aceitam a noção de inconsciente a não ser sob a denominação de subconsciente.

(1) *Cf.* Freud (S.), gw, i, 54, 122, n.; se, i, ii, 69; n.; Fr., 53, n.
(2) Freud (S.), gw, ii-iii, 620; se, v, 615; Fr., 500.
(3) Freud (S.), gw, xiv, 225; se, xx, 198; Fr., 144.
(4) Freud (S.), *Das Unbewusste*, 1915. gw, x, 269; se, xiv, 170; Fr., 100-1.

SUBLIMAÇÃO

= *D.*: Sublimierung. – *F.*: sublimation. – *En.*: sublimation. – *Es.*: sublimación. – *I.*: sublimazione.

• *Processo postulado por Freud para explicar atividades humanas sem qualquer relação aparente com a sexualidade, mas que encontrariam o seu elemento propulsor na força da pulsão sexual. Freud descreveu como atividades de sublimação principalmente a atividade artística e a investigação intelectual.*

SUBLIMAÇÃO

Diz-se que a pulsão é sublimada na medida em que é derivada para um novo objetivo não sexual e em que visa a objetos socialmente valorizados.

■ O termo "sublimação", introduzido por Freud em psicanálise, evoca ao mesmo tempo o termo "sublime", especialmente usado no domínio das belas-artes para designar uma produção que sugira a grandeza, a elevação, e o termo "sublimação", utilizado em química para designar o processo que faz passar um corpo diretamente do estado sólido ao estado gasoso.

Freud, ao longo de toda a sua obra, recorre à noção de sublimação para tentar explicar, de um ponto de vista econômico e dinâmico, certos tipos de atividades alimentadas por um desejo que não visa, de forma manifesta, a um objetivo sexual: por exemplo a criação artística, a investigação intelectual e, em geral, atividades a que uma dada sociedade confere grande valor. É numa transformação das pulsões sexuais que Freud procura a causa última desses comportamentos. "A pulsão sexual põe à disposição do trabalho cultural quantidades de força extraordinariamente grandes, e isto graças à particularidade, especialmente acentuada nela, de poder deslocar a sua meta sem perder, quanto ao essencial, a sua intensidade. Chama-se a esta capacidade de trocar a meta sexual originária por outra meta, que já não é sexual mas que psiquicamente se aparenta com ela, capacidade de sublimação" (1*a*).

Já do ponto de vista *descritivo*, as formulações freudianas a respeito da sublimação nunca foram levadas muito longe. O campo das atividades sublimadas está mal delimitado: por exemplo, deveria incluir-se nele o conjunto do trabalho de pensamento, ou apenas certas formas de criação intelectual? O fato de as atividades chamadas sublimadas serem, numa determinada cultura, objeto de uma valorização social especial deveria ser considerado uma característica primordial da sublimação? Ou ela englobaria também o conjunto das chamadas atividades adaptativas (trabalho, ócio etc.)? A mudança que se supõe intervir no processo pulsional diria apenas respeito à meta, como Freud sustentou durante muito tempo, ou simultaneamente à meta e ao objeto da pulsão, como ele diz nas *Novas conferências introdutórias sobre psicanálise* (*Neue Folge der Vorlesungen zur Einführung in die Psychoanalyse*, 1932): "Designamos por sublimação uma certa espécie de modificação da meta e mudança de objeto em que entra em consideração a nossa avaliação social" (2).

Do ponto de vista *metapsicológico*, essa incerteza também existe, e Freud foi o primeiro a notar (3). É o que acontece mesmo num texto centrado no tema da atividade intelectual e artística como *Leonardo da Vinci e uma lembrança de sua infância* (*Eine Kindheitserinnerung des Leonardo da Vinci*, 1910).

★

Não pretendemos propor aqui uma teoria de conjunto da sublimação, que não se encontra nos elementos pouco elaborados que os textos de

Freud fornecem. Limitamo-nos a indicar, sem fazer a sua síntese, um certo número de direções do pensamento freudiano.

1) A sublimação incide de preferência nas pulsões parciais*, particularmente aquelas que não conseguem integrar-se na forma definitiva da genitalidade. "As forças utilizáveis para o trabalho cultural provêm assim em grande parte da repressão daquilo a que se chama os elementos perversos da excitação sexual" (1b).

2) Do ponto de vista do mecanismo, Freud indicou sucessivamente duas hipóteses. A primeira fundamenta-se na teoria do apoio* das pulsões sexuais em pulsões de autoconservação. Tal como as funções não sexuais podem ser contaminadas pela sexualidade (por exemplo, nas perturbações psicogênicas da alimentação, da visão etc.), também "[...] as mesmas vias por onde as perturbações sexuais repercutem nas outras funções somáticas deveriam servir, no sujeito normal, para outro processo importante. Por essas vias é que deveria realizar-se a atração das forças pulsionais sexuais para objetivos não sexuais, quer dizer, a sublimação da sexualidade" (4). Essa hipótese subjaz ao estudo de Freud sobre Leonardo da Vinci.

Com a introdução da noção de narcisismo* e com a última teoria do aparelho psíquico, outra ideia é lançada. A transformação de uma atividade sexual em atividade sublimada (ambas dirigidas para objetos exteriores, independentes) necessitaria de um tempo intermediário, a retirada da libido para o ego, que torna possível a dessexualização. Nesse sentido, Freud, em *O ego e o id* (*Das Ich und das Es*, 1923), fala da energia do ego como de uma energia "dessexualizada e sublimada", suscetível de ser deslocada para atividades não sexuais. "Se esta energia de deslocamento é libido dessexualizada, estamos no direito de chamá-la também sublimada, porque, servindo para instituir este conjunto unificado que caracteriza o ego ou a tendência deste, ela harmonizar-se-ia sempre com a intenção principal do Eros, que é unir e ligar" (5).

Poderíamos encontrar indicada nessa a ideia de que a sublimação está em estreita dependência da dimensão narcísica do ego, de forma que encontraríamos, ao nível do objeto visado pelas atividades sublimadas, o mesmo caráter de totalidade que Freud atribui ao ego. Poderíamos, ao que parece, situar na mesma linha de pensamentos os pontos de vista de Melanie Klein, que vê na sublimação uma tendência para reparar e restaurar o "bom" objeto* despedaçado pelas pulsões de destruição (6).

3) Na medida em que a teoria da sublimação permaneceu pouco elaborada, em Freud, a sua delimitação aos processos limítrofes (formação reativa*, inibição quanto à meta*, idealização*, recalque*) permaneceu também no estado de simples indicação. Do mesmo modo, se Freud considerou a capacidade de sublimar essencial no resultado do tratamento, a verdade é que não a mostrou concretamente em ação.

4) A hipótese da sublimação foi enunciada a propósito das pulsões sexuais, mas Freud evocou a possibilidade de uma sublimação das pulsões de agressão (7); a questão foi retomada depois dele.

Na literatura psicanalítica recorre-se frequentemente ao conceito de sublimação; é efetivamente o índice de uma exigência da doutrina, e é difícil imaginar como poderia ser dispensado. A ausência de uma teoria coerente da sublimação permanece sendo uma das lacunas do pensamento psicanalítico.

(1) FREUD (S.), *Die "kulturelle" Sexualmoral und die moderne Nervosität*, 1908. – a) GW, VII, 150; SE, IX, 187. – b) GW, VII, 151; SE, IX, 189.
(2) FREUD (S.), GW, XV, 103; SE, XXII, 97; Fr., 133.
(3) *Cf.* FREUD (S.), *Das Unbehagen in der Kultur*, 1930. GW, XIV, 438; SE, XXI, 79; Fr., 18.
(4) FREUD (S.), *Drei Abhandlungen zur Sexualtheorie*, 1905. GW, 107; SE, VII, 206; Fr., 107.
(5) FREUD (S.), GW, XIII, 274; SE, XIX, 45; Fr., 201-2.
(6) *Cf.* por exemplo: KLEIN (M.), Infantile anxiety-situations reflected in a work of art and in the creative impulse, 1929, in *Contributions to Psycho-Analysis*, 227-35.
(7) *Cf.* JONES (E.), *Sigmund Freud: Life and Work*, 1957, v. III, Ing., Hogarth Press, Londres, 493-4.

SUBSTITUTO

= *D.*: Ersatz. – *F.*: substitut. – *En.*: substitute. – *Es.*: substituto. – *I.*: sostituto, surrogato.

Ver: **Formação substitutiva**

SUPEREGO ou SUPEREU

= *D.*: Über-Ich. – *F.*: surmoi *ou* sur-moi. – *En.*: super-ego. – *Es.*: superyó. – *I.*: super-io.

● *Uma das instâncias da personalidade tal como Freud a descreveu no quadro da sua segunda teoria do aparelho psíquico: o seu papel é assimilável ao de um juiz ou de um censor relativamente ao ego. Freud vê na consciência moral, na auto-observação, na formação de ideais funções do superego.*

Classicamente, o superego é definido como o herdeiro do complexo de Édipo; constitui-se por interiorização das exigências e das interdições parentais.

Certos psicanalistas recuam para mais cedo a formação do superego, vendo essa instância em ação desde as fases pré-edipianas (Melanie Klein) ou pelo menos procurando comportamentos e mecanismos psicológicos muito precoces que seriam precursores do superego (Glover, Spitz, por exemplo).

■ O termo *Über-Ich* foi introduzido por Freud em *O ego e o id* (*Das Ich und das Es*, 1923) (α). Mostra que a função crítica assim designada constitui uma instância que se separou do ego e que parece dominá-lo, como o demonstram os estados de luto patológico ou de melancolia em que o sujeito se vê criticar e depreciar. "Vemos como uma parte do ego se opõe à outra, julga-o de forma crítica e, por assim dizer, toma-a como objeto" (1).

A noção de superego pertence à segunda tópica freudiana. Mas, antes de designá-la e de diferenciá-la assim, a clínica e a teoria psicanalíticas tinham reconhecido o lugar assumido no conflito psíquico pela função que visa a impedir a realização e a tomada de consciência dos desejos; censura* do sonho, por exemplo. Mais ainda, Freud – o que de saída diferenciava a sua concepção dos pontos de vista clássicos acerca da consciência moral – reconhecia que essa censura poderia operar de forma inconsciente. Do mesmo modo, notava que as autorrecriminações, na neurose obsessiva, não eram necessariamente conscientes: "[...] o sujeito que sofre de compulsões e interdições comporta-se como se estivesse dominado por um *sentimento de culpa* acerca do qual, porém, ignora tudo, de forma que podemos chamá-lo sentimento de culpa inconsciente, apesar da aparente contradição dos termos" (2).

Mas é a consideração dos delírios de observação, da melancolia, do luto patológico, que irá conduzir Freud a diferenciar no seio da personalidade, como uma parte do ego erigida contra outra, um *superego* que, para o sujeito, assume o valor de modelo e função de juiz. Essa instância é inicialmente definida por Freud, nos anos de 1914-1915, como um sistema que, por sua vez, compreende duas estruturas parciais: o ideal do ego propriamente dito e uma instância crítica (*ver.* ideal do ego).

Se tomamos a noção de superego num sentido amplo e pouco diferenciado, como acontece em *O ego e o id* – em que, não esqueçamos, o *termo* figura pela primeira vez –, ela engloba as funções de interdição e de ideal. Se mantivermos, pelo menos como subestrutura particular, o ideal do ego, então o superego surgirá principalmente como uma instância que encarna uma lei e proíbe a sua transgressão.

★

Segundo Freud, a *formação* do superego é correlativa do declínio do complexo de Édipo*: a criança, renunciando à satisfação dos seus desejos edipianos marcados de interdição, transforma o seu investimento *nos* pais em identificação *com* os pais, interioriza a interdição.

Freud apontou a diferença a esse respeito entre a evolução masculina e feminina. No rapaz, o complexo de Édipo esbarra irrevogavelmente na ameaça de castração; "[...] um superego rigoroso é o seu sucessor" (3*a*). Na menina, pelo contrário, "[...] o complexo de castração, em vez de destruir o complexo de Édipo, prepara o seu aparecimento [...]. A menina permanece no complexo durante um tempo indeterminado e só tardiamente procede à sua demolição, e de forma incompleta. O superego, cuja formação é, nestas condições, comprometida, não pode atingir o poder nem a independência que, do ponto de vista cultural, lhe são necessários [...]" (3*b*).

Embora a renúncia aos desejos edipianos amorosos e hostis esteja no princípio da formação do superego, ele, segundo Freud, é enriquecido pelas contribuições ulteriores das exigências sociais e culturais (educação, religião, moralidade). Inversamente, houve quem sustentasse a existência, antes do momento clássico de formação do superego, de um superego precoce, ou de fases precursoras do superego. É assim que vários autores insistem no fato de a interiorização das interdições ser realmente anterior ao declínio do Édipo; os preceitos da educação são adotados muito cedo, em especial, como Ferenczi notou em 1925, os da educação do esfíncter (*Psicanálise dos hábitos sexuais* [*Zur Psychoanalyse von Sexualgewohnheiten*]). Para a escola de M. Klein, existiria desde a fase oral um superego formado por introjeção dos "bons" e dos "maus" objetos e que o sadismo infantil, então no seu apogeu, tornaria particularmente cruel (4). Outros autores, sem quererem falar de superego pré-edipiano, mostram como a formação do superego é um processo que começa muito cedo. R. Spitz, por exemplo, reconhece três *primordia* do superego, nas ações físicas impostas, na tentativa de domínio pela identificação com os gestos e na identificação com o agressor – desempenhando este último mecanismo o papel mais importante (5).

★

É difícil determinar, entre as identificações, as que estariam especificamente em jogo na construção do superego, do ideal do ego*, do ego ideal*, e mesmo do ego*.

"A instauração do superego pode ser considerada um caso de identificação bem-sucedida com a instância parental", escreve Freud nas *Novas conferências introdutórias sobre psicanálise* (*Neue Folge der Vorlesungen zur Einführung in die Psychoanalyse*, 1932) (3*c*). A expressão "instância parental" indica, por si só, que a identificação constitutiva do superego não deve ser entendida como uma identificação com pessoas. Numa passagem especialmente explícita, Freud concretizou essa ideia: "O superego da criança não se forma à imagem dos pais, mas sim à imagem do superego deles; enche-se do mesmo conteúdo, torna-se o representante da tradição, de todos os juízos de valor que subsistem assim através das gerações" (3*d*).

A maioria das vezes é a propósito do superego que se denuncia o antropomorfismo dos conceitos da segunda tópica freudiana. Mas, como apontou D. Lagache, é na verdade uma contribuição da psicanálise ter posto em evidência a presença do antropomorfismo no funcionamento e na gênese do aparelho psíquico e de nele ter distinguido "enclaves animistas" (6). Também a clínica psicanalítica mostra que o superego funciona de um modo "realista" e como uma instância "autônoma" ("mau objeto" interno, "voz grossa" (β) etc.); vários autores, depois de Freud, voltaram a insistir que ele estava bastante longe das interdições e dos preceitos realmente pronunciados pelos pais e pelos educadores, ao ponto de a "severidade" do superego poder ser inversa da deles.

▲ (α) O termo francês adotado é *surmoi* ou *sur-moi*. Encontra-se às vezes, particularmente em R. Laforgue, nos seus numerosos trabalhos sobre a questão, o termo *Superego*.

SUPEREGO ou SUPEREU

(β) Freud insistiu na ideia de que o superego compreende essencialmente representações de palavras e que os seus conteúdos provêm das percepções auditivas, dos preceitos, da leitura (7).

(1) Freud (S.), *Trauer und Melancholie*, 1917. GW, X, 433; SE, XIV, 247; Fr., 199.
(2) Freud (S.), *Zwangshandlungen und Religionsübungen*, 1907. GW, VII, 135; SE, IX, 123; Fr., 172-3.
(3) Freud (S.), *Neue Folge der Vorlesungen zur Einführung in die Psychoanalyse*, 1932. – *a*) GW, XV, 138; SE, XXII, 129; Fr., 177. – *b*) GW, XV, 138; SE, XXII, 129; Fr., 177. – *c*) *Cf.* GW, XV, 70; SE, XXII, 63-4; Fr., 90. – *d*) GW, XV, 73; SE, XXII, 67; Fr., 94-5.
(4) *Cf.* Klein (M.), The Early Development of Conscience in the Child, 1933, in *Contributions, passim*.
(5) *Cf.* Spitz (R.), On the Genesis of Superego Components, *Psa. Study of the Child*, 1958, XIII, 375-404.
(6) Lagache (D.), La psychanalyse et la structure de la personnalité, in *La psychanalyse*, P. U. F, Paris, 1961, vol. VI, 12-13.
(7) *Cf.* Freud (S.), *Das Ich und das Es*, 1923. GW, XIII, 282; SE, XIX, 52-3; Fr., 210-1.

T

TÂNATOS

= *D.*: Thanatos. – *F.*: Thanatos. – *En.*: Thanatos. – *Es.*: Tánatos. – *I.*: Thanatos.

• *Termo grego (a Morte) às vezes utilizado para designar as pulsões de morte, por simetria com o termo "Eros"; o seu emprego sublinha o caráter radical do dualismo pulsional conferindo-lhe um significado quase mítico.*

■ Não encontraremos o termo "Tânatos" nos escritos freudianos, mas, segundo Jones, Freud utilizava-o por vezes em conversa. Federn é quem o teria introduzido na literatura analítica (1).
 Sabe-se que Freud empregou o termo "Eros"* no quadro da sua teoria das pulsões de vida* e das pulsões de morte*. Refere-se então à metafísica e aos mitos antigos para inscrever as suas especulações psicológicas e biológicas numa concepção dualista do mais largo alcance. Reportemo-nos principalmente ao capítulo VI de *Além do princípio do prazer* (*Jenseits des Lustprinzips*, 1920) (2) e à seção VII de *Análise terminável e interminável* (*Die endliche und die unendliche Analyse*, 1937), em que Freud faz convergir a sua própria teoria com a oposição estabelecida por Empédocles entre φιλια (amor) e νεῖχος (discórdia): "Os dois princípios fundamentais de Empédocles, (φιλια e νεῖχος, são, tanto pelo nome como pela função, equivalente às nossas pulsões originárias, *Eros e destruição*" (3).
 O uso do termo *Tânatos* vem acentuar o caráter de princípios universais que as duas grandes espécies de pulsões assumem na última concepção freudiana.

(1) *Cf.* JONES (E.), *Sigmund Freud: Life and Work*, 1957, v. III. Hogarth Press, Londres, 295.
(2) *Cf.* FREUD (S.), GW, XIII, 23-34; SE, XVIII, 22-33; Fr., 26-38.
(3) *Cf.* FREUD (S.), GW, XVI, 93-6; SE, XXIII, 247-50; Fr., 32-5.

TÉCNICA ATIVA

= *D.*: aktive Technik. – *F.*: technique active. – *En.*: active technique. – *Es.*: técnica activa. – *I.*: tecnica attiva.

TÉCNICA ATIVA

• *Conjunto de processos técnicos recomendados por Ferenczi: o analista, não limitando mais a sua ação às interpretações, formula injunções e proibições a respeito de certos comportamentos repetitivos do analisando, no tratamento e fora dele, quando eles proporcionam ao sujeito satisfações tais que impedem a rememoração e o progresso do tratamento.*

■ A ideia e a expressão "técnica ativa" estão associadas na história da psicanálise ao nome de Sándor Ferenczi. Falou dela pela primeira vez a respeito de formas de masturbações latentes, sutis encontradas na análise de casos de histeria, e que conviria proibir; efetivamente, o paciente "[...] corre o risco de referir a elas as suas fantasias patogênicas e de interromper constantemente o caminho destas pela descarga motora, em vez de levá-las à consciência" (1*a*). Ferenczi mostra que o recurso a essas interdições destina-se apenas a facilitar a ultrapassagem dos pontos mortos do trabalho analítico; refere-se, por outro lado, ao exemplo de Freud, que, em determinado momento da análise dos fóbicos, lhes prescrevia que enfrentassem a situação fobogênica (1*b*, 2).

No Congresso de Haia, em 1920, Ferenczi, encorajado pela aprovação de Freud, que no Congresso de Budapeste em 1919 tinha formulado a regra de abstinência*, apresenta uma descrição de conjunto da sua terapêutica ativa. Ela compreende duas fases que devem permitir a ativação e o controle das tendências eróticas, ainda que sublimadas. A primeira fase é constituída por *injunções* destinadas a transformar moções pulsionais recalcadas numa satisfação manifesta e a fazer delas formações plenamente conscientes. A segunda é constituída por *proibições* que incidem nessas mesmas formações; o analista pode então ligar as atividades e os afetos evidenciados pela primeira fase a situações infantis.

Teoricamente, o recurso às medidas ativas justificar-se-ia do seguinte modo: ao contrário do método catártico*, em que o aparecimento de uma lembrança induz uma reação emocional, o método ativo, provocando a atuação* e a manifestação do afeto*, facilita o retorno do recalcado. "Pode acontecer que certos conteúdos infantis precoces [...] não possam ser rememorados, mas apenas revividos" (3).

Tecnicamente, Ferenczi acha que não convém recorrer às medidas ativas a não ser em casos excepcionais, durante um tempo muito limitado, só quando a transferência se tornou uma compulsão, e essencialmente no fim do tratamento. Por fim, sublinha que não pretende modificar a regra fundamental; os "artifícios" que propõe são destinados a facilitar a sua observância.

Mais tarde, Ferenczi iria ampliar consideravelmente o campo de aplicação das medidas ativas (4). Numa pequena obra escrita em colaboração com Otto Rank, *Entwicklungsziele der Psychoanalyse* (*Os objetivos de desenvolvimento da psicanálise*, 1924), apresenta uma interpretação em termos libidinais do processo do tratamento segundo a qual seria necessário recorrer a medidas ativas (fixação de um termo ao tratamento), particularmente na última fase ("desmame da libido").

Numa última etapa da sua evolução, Ferenczi iria corrigir essa maneira de ver. As medidas ativas aumentam consideravelmente as resistências do paciente; ao formular injunções e proibições, o analista desempenha o papel de um superego parental, e mesmo de um professor; quanto à fixação de um termo ao tratamento, os fracassos encontrados mostram que convém recorrer a ele raramente e, como com qualquer outra medida ativa eventual, apenas de acordo com o paciente e com a possibilidade de renunciar a ela (5). Finalmente, Ferenczi é levado a abandonar as medidas ativas: "[...] devemos contentar-nos com interpretar na atuação as tendências escondidas do doente e apoiá-lo nos fracos esforços que faz para superar as inibições neuróticas de que sofria até então, mas isto sem o obrigar a tomar medidas violentas, e mesmo sem aconselhá-las. Se formos suficientemente pacientes, o próprio doente abordará a questão de determinado esforço a fazer, por exemplo desafiar uma situação fóbica. [...]. É ao próprio doente que cabe decidir o momento da atividade, ou pelo menos fornecer indicações evidentes de que esse momento chegou" (6).

É frequente contrapor-se a técnica ativa à atitude puramente "expectante", passiva, que o método analítico exigiria. Na realidade, essa oposição é forçada; por um lado, porque Ferenczi não deixou de considerar as medidas que preconizava como um auxiliar, e não uma variante do método analítico; por outro lado, porque este não exclui uma certa atividade por parte do analista (perguntas, espaçamento das sessões etc.), e a própria interpretação é ativa na medida em que altera necessariamente o curso das associações. O que especificaria a técnica ativa seria a importância que dá à repetição*, na medida em que Freud a contrapôs à rememoração; para superar a compulsão à repetição e tornar finalmente possível a rememoração, ou pelo menos o progresso do trabalho analítico, pareceu necessário a Ferenczi não apenas permitir como encorajar a repetição. É este o elemento propulsor real da técnica ativa (α).

▲ (α) Para mais ampla discussão do assunto, o leitor poderá reportar-se ao livro de Glover *The Technique of Psychoanalysis* (*A técnica da psicanálise*, 1955) (7), que mostra que as questões levantadas pela técnica ativa permanecem em aberto.

(1) Ferenczi (S.), *Technische Schwierigkeiten einer Hysterieanalyse*, 1919. – *a)* Al., in *Intern. Zeit. für ärtzliche Psychoanalyse*, v, 37; Ing., in *Further Contributions*, 193. – *b)* Cf. Al., 39; Ing., 196.

(2) Cf. Freud (S.), *Die zukünftigen Chancen der psychoanalytischen Therapie*, 1910. GW, VIII, 108-9; SE, XI, 145; Fr., 27-8.

(3) Ferenczi (S.), *Weitere Ausbau der aktiven Technik in der Psychoanalyse*, 1920. Al., in *Intern. Zeit. für Psychoanalyse*, VII, 233-51; Ing., in *Further Contributions*, 217.

(4) Cf. particularmente: Ferenczi (S.), *Zur Psychoanalyse von Sexualgewohnheiten*, 1925, in *Further Contributions*, 259-297; e *Über forcierte Phantasien*, 1924, in *Further Contr.*, 68-77.

(5) Cf. Ferenczi (S.), *Kontraindikationen der aktiven psychoanalytischen Technik*, 1925, in *Further Contr.*, 217-230.

(6) Ferenczi (S.), *Die Elastizität der psychoanalytischen Technik*, 1928. Al., in *Intern. Zeit. für Psychoanalyse*, XIV, 197-209. Ing., in *Final Contributions*, 96-7.

(7) Cf. Glover (E.), cap. IV.

TELA DO SONHO

= *D.*: Traumhintergrund. – *F.*: écran du rêve. – *En.*: dream screen. – *Es.*: pantalla del sueño. – *I.*: schermo del sogno.

● ***Conceito introduzido por B. Lewin (1): todo sonho se projetaria numa tela branca, geralmente não percebida por aquele que sonha, que simbolizaria o seio materno tal como a criança o alucina durante o sono que se segue à amamentação; a tela satisfaria o desejo de dormir. Em certos sonhos (*sonho branco*), ela apareceria sozinha, realizando uma regressão ao narcisismo primário.***

(1) LEWIS (B. D.), Sleep, the Mouth and the Dream Screen, *The Psycho-Analytic Quarterly*, 1946, XV. Inferences from the Dream Screen, IJP, XXIX, 4; 1948. Sleep, Narcissistic Neurosis and the Analytic Situation, *The Psycho-Analytic Quarterly*, 1954, IV.

TERNURA

= *D.*: Zärtlichkeit. – *F*: tendresse. – *En.*: tenderness. – *Es.*: ternura. – *I.*: tenerezza.

● ***No uso específico por Freud, esse termo designa, em oposição à "sensualidade" (*Sinnlichkeit*), uma atitude para com outrem que perpetua ou reproduz a primeira modalidade de relação amorosa da criança, em que o prazer sexual não é encontrado independentemente, mas sempre apoiado na satisfação das pulsões de autoconservação.***

■ Foi ao analisar um tipo especial de comportamento amoroso (*Sobre a mais geral humilhação da vida amorosa* [*Über die allgemeinste Erniedrigung des Liebeslebens*, 1912]) que Freud foi levado, na medida em que estes dois elementos estavam separados na clínica, a distinguir uma "corrente sensual" e uma "corrente terna" (*ver*: amor genital).

Freud não se dedica tanto a descrever as manifestações da ternura como a procurar a sua origem. Encontra-a na escolha primária de objeto pela criança, o amor pela pessoa que cuida dela e a alimenta. Desde logo, esse amor contém componentes eróticos, mas eles não são, num primeiro tempo, separáveis da satisfação encontrada na alimentação e nos cuidados corporais (*ver*: apoio).

Por oposição, poderíamos, na infância, definir a corrente "sensual", ou sexual propriamente dita, pelo fato de o prazer erótico se desviar inicialmente do caminho do objeto que lhe é apontado pelas necessidades vitais e se tornar autoerótico (*ver*: sexualidade).

Durante o período de latência*, as metas sexuais, sob o efeito do recalque, sofrem uma espécie de abrandamento, o que vem reforçar a corrente da ternura. Com a pressão pulsional da puberdade "[...] a poderosa corrente sensual não desconhece mais as suas metas." Só progressivamente os objetos sexuais poderão "[...] atrair para si a ternura que estava ligada aos objetos anteriores" (1).

(1) FREUD (S.), GW, VIII, 80-1; SE, XI, 181; Fr., 12.

TÓPICA, TÓPICO

= *D*.: Topik, topisch. – *F*.: topique. – *En*.: topography, topographical. – *Es*.: tópica, topográfico. – *I*.: punto di vista topico, topico.

● *Teoria ou ponto de vista que supõe uma diferenciação do aparelho psíquico em certo número de sistemas dotados de características ou funções diferentes e dispostos numa certa ordem uns em relação aos outros, o que permite considerá-los metaforicamente como lugares psíquicos de que podemos fornecer uma representação figurada espacialmente.*
Fala-se correntemente de duas tópicas freudianas, sendo a primeira aquela em que a distinção principal é feita entre Inconsciente, Pré-Consciente e Consciente, e a segunda aquela em que distingue três instâncias: o id, o ego e o superego.

■ O termo "tópica", significando teoria dos *lugares* (do grego τόποι), pertence desde a Antiguidade grega à linguagem filosófica. Para os antigos, e em especial para Aristóteles, os lugares constituem rubricas, de valor lógico ou retórico, de que são tiradas as premissas da argumentação. É interessante notar que, na filosofia alemã, Kant utilizou o termo "tópica". Entende ele por tópica transcendental "[...] a determinação pelo juízo do lugar que convém a cada conceito [...]; ela distinguiria sempre a que faculdade do conhecimento os conceitos pertencem como coisa própria" (α) (1).

I – A hipótese freudiana de uma tópica psíquica tem origem em todo um contexto científico (neurologia, psicofisiologia, psicopatologia) de que nos limitaremos a indicar os elementos mais imediatamente determinantes.

1. A teoria anátomo-fisiológica das localizações cerebrais, que predomina no decurso da segunda metade do século XIX, pretende que funções muito especializadas ou tipos específicos de representações ou de imagens dependam de suportes neurológicos rigorosamente localizados; seriam como que armazenadas em determinada parte do córtex cerebral. No opúsculo que, em 1891, consagra à questão da afasia, então na ordem do dia, Freud submete à crítica essa teoria, por ele qualificada de tópica; mostra os limites e as contradições dos esquemas anatômicos complicados que então eram propostos por autores como Wernicke e Lichtheim, e afirma que é preciso completar o enfoque dos dados tópicos da localização com uma explicação de tipo funcional.

2. No domínio da psicologia patológica, há toda uma série de observações que impõem a ideia de referir, de um modo quase realista, a grupos psíquicos diferentes, comportamentos, representações, lembranças que

não estão continuamente e no seu conjunto à disposição do sujeito, mas que podem contudo mostrar a sua eficácia: fenômenos hipnóticos, casos de "desdobramento de personalidade" etc. (ver. clivagem do ego).

Embora seja esse o terreno em que nasce a descoberta freudiana do inconsciente, a verdade é que ela não se limita a reconhecer a existência de lugares psíquicos distintos, mas atribui a cada um deles uma natureza e um modo de funcionamento diferentes. Desde os *Estudos sobre a histeria* (*Studien über Hysterie*, 1895), a concepção do inconsciente implica uma diferenciação tópica do aparelho psíquico: o próprio inconsciente compreende uma organização por camadas, a investigação analítica faz-se necessariamente por determinadas vias que supõem uma determinada ordem entre os grupos de representações. A organização das lembranças, arrumadas em verdadeiros "arquivos" ao redor de um "núcleo patogênico", não é apenas cronológica; tem também um sentido lógico, pois as associações entre as diversas representações realizam-se segundo modalidades diversas. Por outro lado, a tomada de consciência, a reintegração das lembranças inconscientes no ego, é descrita segundo um modelo espacialmente figurado, pois a consciência é definida como um "desfiladeiro" que só deixa passar uma lembrança de cada vez para o "espaço do ego" (2).

3. Sabe-se que Freud sempre prestou homenagem a Breuer por uma hipótese que é essencial para uma teoria tópica do psiquismo: na medida em que o aparelho psíquico é constituído por sistemas diferentes, essa diferenciação deve ter um significado funcional. É por isso, em especial, que a mesma parte do aparelho não pode desempenhar as funções contraditórias que são a recepção das excitações e a conservação dos seus vestígios (3).

4. Por fim, o estudo do sonho, impondo à evidência a ideia de um domínio inconsciente com as suas leis de funcionamento próprias, reforça a hipótese de uma separação entre os sistemas psíquicos. Nesse ponto, Freud acentuou o valor da intuição de Fechner quando este reconheceu que a cena da ação dos sonhos era não o prolongamento, de um modo enfraquecido, da atividade representativa do estado de vigília, mas verdadeiramente "outra cena" (4a).

II – A primeira concepção tópica do aparelho psíquico é apresentada no capítulo VII de *A interpretação de sonhos* (*Die Traumdeutung*, 1900), mas podemos seguir a sua evolução desde o *Projeto para uma psicologia científica* (*Entwurf einer Psychologie*, 1895), em que ela é ainda exposta no quadro neurológico de um aparelho neurônico, e depois através das cartas a Fliess, mormente as cartas de 1-1-1896 e 6-12-1896 (β). Sabe-se que essa primeira tópica (que será ainda desenvolvida nos textos metapsicológicos de 1915) distingue três sistemas, inconsciente*, pré-consciente* e consciente*, cada um com a sua função, o seu tipo de processo e a sua energia de investimento, e que se especificam por conteúdos representativos. Entre cada um destes sistemas Freud situa censuras* que inibem e controlam a passagem de um para outro. O termo "censura", como outras imagens de Freud ("antecâmara", "fronteiras" entre sistemas), acentua o aspecto espacial da teoria do aparelho psíquico.

O ponto de vista tópico vai além dessa diferenciação fundamental. Por um lado, Freud, nos esquemas do capítulo VII de *A interpretação de sonhos*, tal como na carta de 6-12-1896, postula a existência de uma sucessão de sistemas mnésicos constituídos por grupos de representações caracterizadas por leis de associação distintas. Por outro lado, a diferença entre os sistemas é correlativa de uma certa ordenação, de tal modo que a passagem da energia de um ponto para outro deve seguir uma ordem de sucessão determinada: os sistemas podem ser percorridos numa direção normal, "progressiva", ou num sentido regressivo; o que Freud designa por "regressão tópica" é ilustrado pelo fenômeno do sonho, em que os pensamentos podem assumir um caráter visual que pode ir até a alucinação, regredindo assim aos tipos de imagens mais próximas da percepção, situada na origem do percurso da excitação.

Como devemos compreender a noção dos lugares psíquicos implicada pela teoria freudiana? Seria errado, e nisso insistiu Freud, ver nela simplesmente uma nova tentativa de localização anatômica das funções: "Deixarei inteiramente de lado o fato de o aparelho psíquico de que estamos falando nos ser igualmente conhecido sob a forma de preparação anatômica, e evitaremos cuidadosamente a tentação de determinar anatomicamente de qualquer maneira a localização psíquica" (4*b*). Note-se, contudo, que, na realidade, a referência anatômica não está ausente; em *A interpretação de sonhos*, todo o processo psíquico se situa entre uma extremidade perceptiva e uma extremidade motora do aparelho: o esquema do arco reflexo, a que Freud recorre, tem a função de "modelo" e, ao mesmo tempo, conserva o seu valor factual (γ). Ulteriormente, por mais de uma vez, Freud continuou a procurar, se não correspondências exatas, pelo menos analogias, ou talvez metáforas, na estrutura espacial do sistema nervoso. Afirma, por exemplo, que existe uma relação entre o fato de o sistema Percepção-Consciência receber as excitações externas e a situação periférica do córtex cerebral.

Mostra-se, no entanto, firmemente ligado ao que considera a originalidade da sua tentativa: "[...] tornar compreensível a complicação do funcionamento psíquico, decompondo este funcionamento e atribuindo cada função em especial às diversas partes do aparelho" (4*c*). A noção de "localização psíquica" implica, como vemos, uma exterioridade das partes entre si e uma especialização de cada uma. Fornece também a possibilidade de fixar uma determinada ordem de sucessão a um processo que se desenrola no tempo (δ).

Por fim, a comparação estabelecida por Freud entre o aparelho psíquico e um aparelho óptico (um microscópio complexo, por exemplo) esclarece o que ele entende por *lugar psíquico*: os sistemas psíquicos corresponderiam mais aos pontos virtuais do aparelho situados entre duas lentes do que às suas peças materiais (4*d*).

III – A tese principal de uma distinção entre sistemas, e fundamentalmente da separação entre Inconsciente e Pré-consciente – Consciente (ε), não pode ser separada da concepção *dinâmica*, igualmente essencial à psicanálise, segundo a qual os sistemas se acham em conflito entre si (ver. dinâmico; conflito psíquico). A articulação desses dois pontos de vista coloca o problema da origem da distinção tópica. Muito esquematicamente, poderíamos encontrar na obra de Freud duas espécies de resposta muito diferentes: uma, com a marca do genetismo, e que a segunda teoria do aparelho psíquico irá fortalecer (ver particularmente: id), consiste em supor uma emergência e uma diferenciação progressiva das instâncias a partir de um sistema inconsciente que por sua vez mergulha suas raízes no biológico ("tudo o que é consciente começou por ser inconsciente"); a outra procura explicar a constituição de um inconsciente pelo processo do recalque, solução que leva Freud a postular, em um primeiro momento, um recalque originário*.

IV – A partir de 1920, Freud elaborou outra concepção da personalidade (muitas vezes designada de forma abreviada pela denominação de "segunda tópica"). O motivo principal classicamente invocado para explicar essa mudança é o fato de considerar cada vez mais as defesas inconscientes, o que não permite fazer coincidir os polos do conflito defensivo com os sistemas precedentemente definidos; o recalcado com o Inconsciente e o ego com o sistema Pré-consciente – Consciente.

Na realidade, o sentido da reformulação em causa não pode ser limitado a tal ideia, aliás, há muito presente em Freud, de forma mais ou menos explícita (ver. ego). Uma das principais descobertas que a tornou necessária foi a do papel desempenhado pelas diversas identificações na constituição da pessoa e das formações permanentes que depositam no seio dela (ideais, instâncias críticas, imagens de si mesmo). Na sua forma esquemática, a segunda teoria faz intervir três "instâncias"; o id, polo pulsional da personalidade; o ego, instância que se situa como representante dos interesses da totalidade da pessoa e que como tal é investido de libido narcísica; e, por fim, o superego, instância que julga e critica, constituída por interiorização das exigências e das interdições parentais. Essa concepção não coloca apenas em jogo as relações entre essas três instâncias; por um lado, diferença nelas formações mais específicas (ego ideal* ou ideal do ego*, por ex.) e faz intervir, por consequência, além das relações "intersistêmicas", relações "intrassistêmicas"; por outro lado, confere especial importância às "relações de dependência" existentes entre os diversos sistemas, e principalmente a descobrir no ego, até nas suas chamadas atividades adaptativas, a satisfação de reivindicações pulsionais.

Que é feito, nesta nova "tópica", da ideia de localização psíquica? Até na escolha dos termos que designam as instâncias vemos que o modelo já não é mais emprestado das ciências físicas, mas é completamente marcado pelo antropomorfismo: o campo intrassubjetivo tende a ser concebido segundo o modelo de relações intersubjetivas, os sistemas são representados como pessoas relativamente autônomas na pessoa (dir-se-á, por exemplo, que o superego se comporta de forma sádica para com o ego). Nessa medida, a teoria científica do aparelho psíquico tende a aproximar-se da forma fantástica como o sujeito se concebe e até, talvez, se constrói.

Freud não renunciou a conciliar suas duas tópicas. Por diversas vezes apresenta uma representação espacialmente figurada do conjunto do aparelho psíquico em que coexistem as divisões ego – id – superego e as divisões inconsciente – pré-consciente – consciente (5, 6). Podemos encontrar no capítulo IV do *Esboço de psicanálise* (*Abriss der Psychoanalyse*, 1938) a exposição mais precisa dessa tentativa.

▲ (α) Poderíamos tentar situar o uso kantiano da noção de tópica entre a concepção lógica ou retórica dos antigos e a concepção dos lugares psíquicos, que será a de Freud. Para Kant, o bom uso lógico dos conceitos depende de nossa capacidade de referir corretamente a esta ou àquela das nossas faculdades (sensibilidade e entendimento) as representações das coisas.

(β) Nesta última carta, no mesmo momento em que Freud elabora a teoria do aparelho psíquico que será a de *A interpretação de sonhos*, a palavra *tópica* continua tão marcada por significações anatômicas, que Freud insiste em salientar que a distinção entre sistemas psíquicos não é "[...] necessariamente tópica".

(γ) Seria necessário ainda insistir que o assim chamado esquema do arco reflexo, restituindo sob forma motora a mesma energia que recebeu na extremidade sensitiva, não leva em conta dados estabelecidos desde essa época por uma fisiologia nervosa que Freud, como neurólogo, conhecia perfeitamente. Essa "negligência" provém talvez do fato de Freud procurar explicar por um esquema único a circulação da energia pulsional, qualificada de "excitação interna", e a das "excitações externas". Nessa perspectiva, o modelo proposto deveria fundamentalmente entender-se como um modelo do desejo que Freud generalizaria em modelo de conjunto do sistema psicofisiológico, pretendendo ver circular no sistema a própria energia das excitações externas. Mas existe provavelmente uma verdade mais profunda dessa pseudofisiologia e das metáforas que fornece, na medida em que leva a figurar o desejo como um "corpo estranho" que vem, de dentro, atacar o sujeito.

(δ) Este caráter externo do aparelho psíquico é um dado tão fundamental para Freud, que ele chega ao ponto de inverter a perspectiva kantiana, vendo nessa característica a origem da forma *a priori* do espaço: "A espacialidade é talvez a projeção da extensão que caracteriza o aparelho psíquico. Nenhuma outra dedução é verossímil. No lugar de Kant, condições *a priori* do nosso aparelho psíquico. A psique é extensa, e não sabe de nada" (7).

(ε) Lembremos que Freud liga geralmente a consciência ao Pré-consciente sob o nome de sistema Pré-Consciente-Consciente (*ver*: consciência).

(1) KANT (E.), *Critique de la raison pure*, trad. francesa, PUF, 1944, p. 236.
(2) FREUD (S.), *Studien über Hysterie*, 1895. GW, I, 295-6; SE, II, 291; Fr., 235-6.
(3) BREUER (J.), Theoretisches, in *Studien über Hysterie*, 1895. Al., 164, n.; SE, II, 188-9, n.; Fr., 149-50, n.
(4) FREUD (S.), *Die Traumdeutung*, 1900. – *a*) GW, II-III, 51 e 541; SE, IV, 48 e V, 536; Fr., 37 e 440. – *b*) GW, II-III, 541; SE, V, 536; Fr., 440. – *c*) GW, II-III, 541; SE, V, 536; Fr., 441. – *d*) *Cf.* GW, II-III, 541; SE, V, 536; Fr., 441.
(5) *Cf.* FREUD (S.), *Das Ich und das Es*, 1923. GW, XIII, 252; SE, XIX, 24; Fr., 178.
(6) *Cf.* FREUD (S.), *Neue Folge der Vorlesungen zur Einführung in die Psychoanalyse*, 1932. GW, XV, 85; SE, XXII, 78; Fr., 111.
(7) FREUD (S.), nota manuscrita. GW, XVII, 132.

TRABALHO DO LUTO

= *D.*: Trauerarbeit. – *F.*: travail du deuil. – *En.*: work of mourning. – *Es.*: trabajo del duelo. – *I.*: lavoro del lutto *ou* del cordoglio.

TRABALHO DO LUTO

- *Processo intrapsíquico, consecutivo à perda de um objeto de afeição e pelo qual o sujeito consegue progressivamente desapegar-se dele.*

■ A expressão, que se tornou clássica, de trabalho do luto é introduzida por Freud em *Luto e melancolia* (*Trauer und Melancholie*, 1915). Assinala por si só a renovação introduzida pela perspectiva psicanalítica na compreensão de um fenômeno psíquico que era visto tradicionalmente como uma atenuação progressiva, e como que espontânea, da dor provocada pela morte de um ente querido. Para Freud, esse resultado terminal é o fim de todo um processo interior que implica uma atividade do sujeito, atividade que, aliás, pode fracassar, como mostra a clínica dos lutos patológicos.

A noção de trabalho do luto deve ser aproximada da noção mais geral de elaboração psíquica*, concebida como uma necessidade para o aparelho psíquico de ligar as impressões traumatizantes. Desde os *Estudos sobre a histeria* (*Studien über Hysterie*, 1895), Freud tinha notado a forma especial que essa elaboração assume no caso do luto. "Pouco depois da morte do doente, começa nela [uma histérica observada por Freud] o trabalho de reprodução que lhe traz de novo diante dos olhos as cenas da doença e da morte. Todos os dias passa de novo por cada uma das suas impressões, ela as chora, consola-se delas ao seu bel-prazer, poderíamos dizer" (1).

A existência de um trabalho intrapsíquico de luto é atestada, segundo Freud, pela falta de interesse pelo mundo exterior que se instala com a perda do objeto; toda a energia do sujeito parece mobilizada pela sua dor e pelas suas recordações, até que "[...] o ego, obrigado, por assim dizer, a decidir se quer partilhar este destino [do objeto perdido], considerado o conjunto das satisfações narcísicas que existem em continuar vivo, decide quebrar a sua ligação com o objeto destruído" (2a). Para que esse desapego se realize, tornando finalmente possíveis novos investimentos, é necessária uma tarefa psíquica. "Cada uma das lembranças, cada uma das esperas pelas quais a libido estava ligada ao objeto, são presentificadas, superinvestidas, e em cada uma se realiza o desligamento da libido" (2b). Nesse sentido, já houve quem dissesse que o trabalho do luto consistia em "matar o morto" (3a).

Freud mostrou a gradação existente entre o luto normal, os lutos patológicos (o sujeito considera-se culpado da morte acontecida, nega-a, julga-se influenciado pelo defunto ou possuído por ele, julga-se atingido pela doença que lhe causou a morte etc.) e a melancolia. Muito esquematicamente, podemos dizer que, segundo Freud, no luto patológico, o conflito ambivalente passa para primeiro plano; com a melancolia, transpõe-se uma etapa suplementar: o ego identifica-se com o objeto perdido. Depois de Freud, os psicanalistas procuraram esclarecer o fenômeno do luto normal a partir das suas formas patológicas, depressiva e melancólica, mas também maníaca, insistindo particularmente no papel da ambivalência* e na função da agressividade para com o morto, na medida em que permitiria o desapego dele.

Esses dados psicopatológicos foram frutuosamente aproximados dos dados da antropologia cultural acerca do luto em certas sociedades primitivas, das crenças coletivas e dos ritos que o acompanham (3*b*, 4).

(1) FREUD (S.), GW, I, 229; SE, II, 162; Fr., 129.
(2) FREUD (S.), *Trauer und Melancholie*, 1915. – *a*) GW, X, 442-3; SE, XIV, 255; Fr., 215. – *b*) GW, X, 430; SE, XIV, 245; Fr., 193.
(3) LAGACHE (D.), Le travail du deuil, 1938, in *RFP*, X, 4. – *a*) 695. – *b*) *Cf.* 695.
(4) *Cf.* HERTZ (R.), Contribution à une étude de la représentation collective de la mort, in *Mélanges de sociologie religieuse et de folklore*, Alcan, Paris, 1928.

TRABALHO DO SONHO

= *D.*: Traumarbeit. – *F.*: travail du rêve. – *En.*: dream-work. – *Es.*: trabajo del sueño. – *I.*: lavoro del sogno.

• *Conjunto das operações que transformam os materiais do sonho (estímulos corporais, restos diurnos*, pensamentos do sonho*) num produto: o sonho manifesto. A deformação* é o efeito desse trabalho.*

▪ No fim do capítulo IV de *A interpretação de sonhos* (*Die Traumdeutung*, 1900), Freud escreve: "O trabalho psíquico na formação do sonho divide-se em duas operações: a produção dos pensamentos do sonho e a sua transformação em conteúdo [manifesto] do sonho" (1*a*). É essa segunda operação que, em sentido restrito, constitui o trabalho do sonho, que Freud analisou nos seus quatro mecanismos: *Verdichtung* (condensação*), *Verschiebung* (deslocamento*), *Rücksicht auf Darstellbarkeit* (consideração da figurabilidade*), *sekundäre Bearbeitung* (elaboração secundária*).

Sobre a natureza desse trabalho, Freud sustenta duas afirmações complementares.

1) Não é de modo nenhum criador, antes se contenta com transformar materiais;

2) No entanto, é ele, e não o conteúdo latente, que constitui a *essência do sonho*.

A tese do caráter não criador do sonho implica, por exemplo, que "[...] *tudo o que encontramos nos sonhos, como a atividade aparente da função de julgamento* [cálculos, discursos], *deve ser considerado não como uma operação intelectual do trabalho do sonho, mas como pertencente ao material dos pensamentos do sonho*" (1*b*). É como material que estes se oferecem ao trabalho do sonho, que está submetido a "[...] uma espécie de necessidade imperiosa de combinar numa só unidade as fontes que agiram como estímulos do sonho" (1*c*).

Quanto ao segundo ponto – o sonho é essencialmente o trabalho que nele se realiza –, Freud insiste nele nas suas *Observações sobre a teoria e a prática da interpretação de sonhos* (*Bemerkungen zur Theorie and Praxis der Traumdeutung*, 1923) (2), em que põe os analistas de sobreaviso contra um excessivo respeito por um "misterioso inconsciente". A mesma ideia aparece em diversas notas acrescentadas a *A interpretação de sonhos* e que constituem uma espécie de chamada à ordem. Por exemplo: "Durante muito tempo confudiram-se os sonhos com o seu conteúdo manifesto. Agora é preciso que não os confundamos com os pensamentos latentes" (1*d*).

(1) Freud (S.). – *a*) GW, II-III, 510; SE, V, 506; Fr., 377. – *b*) GW, II-III, 447; SE, V, 445; Fr., 329. – *c*) GW, II-III, 185; SE, IV, 179; Fr., 137. – *d*) GW, II-III, 585, n. 1; SE, V, 579, n. 1; Fr., 473, n. 1.
(2) *Cf.* Freud (S.), GW, XIII, 304; SE, XIX, 111-2.

TRAÇO MNÉSICO (ou MNÊMICO)

= *D.*: Erinnerungsspur *ou* Erinnerungsrest. – *F.*: trace mnésique. – *En.*: mnemic-trace *ou* memory trace. – *Es.*: huella mnémica. – *I.*: traccia mnemonica.

• *Expressão utilizada por Freud ao longo de toda a sua obra para designar a forma como os acontecimentos se inscrevem na memória. Os traços mnésicos são, segundo Freud, depositados em diversos sistemas; subsistem de forma permanente, mas só são reativados depois de investidos.*

■ O conceito psicofisiológico de traço mnésico, de uso constante nos textos metapsicológicos, implica uma concepção da memória que Freud nunca expôs no seu conjunto. Por isso mesmo, presta-se a interpretações errôneas: uma expressão como traço mnésico seria apenas herdeira de um pensamento neurofisiológico ultrapassado. Sem pretender aqui expor uma teoria freudiana da memória, lembraremos as exigências de princípio subjacentes ao aproveitamento por Freud da expressão "traço mnésico". Freud pretende situar a memória segundo uma tópica* e dar uma explicação do seu funcionamento em termos econômicos.

1) A necessidade de definir qualquer sistema psíquico por uma função e de fazer da Percepção-Consciência a função de um sistema especial (*ver*: consciência) leva ao postulado de uma incompatibilidade entre a consciência e a memória. "Não nos é fácil crer que sejam deixados também no sistema Percepção-Consciência traços duradouros da excitação. Se eles permanecessem sempre conscientes, depressa limitariam a capacidade do sistema para receber novas excitações; mas se, pelo contrário, se tornassem inconscientes, obrigar-nos-iam a explicar a existência de processos inconscientes em um sistema cujo funcionamento é, por outro lado, acompanhado pelo fenômeno da consciência. Por assim dizer, nada teríamos mudado e nada teríamos ganho com a nossa hipótese que situa o fato de tornar consciente em um sistema especial" (1). É uma ideia que remonta às origens da psicanálise. Breuer exprime-a pela primeira vez nos *Estudos sobre a histeria* (*Studien über Hysterie*, 1895): "É impossível a um só e único órgão preencher estas condições contraditórias. O espelho de um telescópio de reflexão não pode ser ao mesmo tempo uma chapa fotográfica" (2).

TRAÇO MNÉSICO (ou MNÊMICO)

Freud procurou ilustrar essa concepção tópica por comparação com o funcionamento de um "bloco mágico" (3).

2) Na própria memória, Freud introduz distinções tópicas. Um dado acontecimento inscreve-se em diversos "sistemas mnésicos". Freud propôs vários modelos mais ou menos figurados dessa estratificação da memória em sistemas. Nos *Estudos sobre a histeria*, compara a organização da memória a arquivos complexos em que as lembranças se arrumam segundo diversos modos de classificação: ordem cronológica, ligação em cadeias associativas, grau de acessibilidade à consciência (4). Na carta a W. Fliess de 6-12-1896 e no capítulo VII de *A interpretação de sonhos* (*Die Traumdeutung*, 1900), essa concepção de uma sucessão ordenada de inscrições em sistemas mnésicos é retomada de forma mais doutrinal; a distinção entre pré-consciente e inconsciente é assimilada a uma distinção entre dois sistemas mnésicos. Todos os sistemas mnésicos são inconscientes no sentido "descritivo", mas os traços do sistema Ics não conseguem chegar como tais à consciência, ao passo que as lembranças pré-conscientes (a memória, no sentido corrente do termo) podem ser, neste ou naquele comportamento, atualizadas.

3) A concepção freudiana da amnésia infantil* pode esclarecer a teoria metapsicológica dos traços mnésicos. Sabe-se que, para Freud, se não nos lembramos dos acontecimentos dos primeiros anos não é por uma falta de fixação, mas devido ao recalque. De modo geral, todas as lembranças estariam de direito inscritas, mas a sua evocação depende da forma como são investidas, desinvestidas, contrainvestidas. Essa concepção fundamenta-se na distinção, evidenciada pela clínica, entre a representação e o *quantum* de afeto*: "Nas funções psíquicas, há razão para distinguir alguma coisa (*quantum* de afeto, soma de excitação) [...] que pode ser aumentada, diminuída, deslocada, descarregada, e que se espalha sobre os traços mnésicos das representações mais ou menos como uma carga elétrica sobre a superfície dos corpos" (5).

★

Vemos que a concepção freudiana do traço mnésico difere nitidamente de uma concepção empirista do engrama definido como marca que se assemelha à realidade. Com efeito:

1. O traço mnésico está sempre inscrito em sistemas, em relação com outros traços. Freud tentou até distinguir os diferentes sistemas em que um mesmo objeto vem inscrever os seus traços, segundo tipos de associações (por simultaneidade, causalidade etc.) (6, 7*a*). Ao nível da evocação, uma lembrança pode ser reatualizada num determinado contexto associativo, ao passo que, tomada em outro contexto, será inacessível à consciência (*ver*: complexo).

2. Freud tende até a recusar aos traços mnésicos qualquer qualidade sensorial. "Quando as lembranças se tornam de novo conscientes não contêm qualidade sensorial, ou muito pouca em comparação com as percepções" (7*b*).

TRANSFERÊNCIA

É no *Projeto para uma psicologia científica* (*Entwurf einer Psychologie*, 1895), cuja orientação neurofisiológica aparentemente justificaria melhor uma assimilação do traço mnésico à imagem "simulacro", que encontraremos o melhor acesso ao que constitui a originalidade da teoria freudiana da memória. De fato, Freud tenta nesse texto explicar a inscrição da lembrança no aparelho neurônico sem apelar para uma semelhança entre os traços e os objetos. O traço mnésico não passa de um arranjo especial de facilitações*, de forma que determinado caminho é aproveitado de preferência a outro. Poderíamos aproximar esse funcionamento da memória daquilo a que se chama "memória" na teoria das máquinas cibernéticas, construídas com base no princípio de oposições binárias, tal como o aparelho neurônico, segundo Freud, se define por bifurcações sucessivas.

Convém todavia notar que a forma como Freud, nos seus escritos ulteriores, invoca os traços mnésicos – utilizando também muitas vezes como sinônimo "imagem mnésica" – mostra que, quando não considera o processo de sua constituição, é levado a falar deles como de reproduções das coisas no sentido em que as entende uma psicologia empirista.

(1) FREUD (S.), *Jenseits des Lustprinzips*, 1920. GW, XIII, 24; SE, XVIII, 25; Fr., 27.
(2) BREUER (J.), *Theoretisches*, 1895. Al., 164, n.; SE, II, 188-9; n.; Fr., 149-50 n.
(3) *Cf.* FREUD (S.), *Notiz über den "Wünderblock"*, 1925. GW, XIV, 3-8; SE, XIX, 227-32.
(4) *Cf.* FREUD (S.), *Zur Psychotherapie der Hysterie*, 1895. GW, I, 295 ss.; SE, II, 291 ss.; Fr., 235 ss.
(5) FREUD (S.), *Die Abwehr-Neuropsychosen*, 1894. GW, I, 74; SE, III, 60.
(6) *Cf.* FREUD (S.), *Aus den Anfängen der Psychoanalyse*, 1887-1902. Al., 186; Ing., 174; Fr., 154-5.
(7) FREUD (S.), *Die Traumdeutung*, 1900. – *a*) *Cf.* GW, II-III, 544; SE, V, 538-9; Fr., 442-3. – *b*) GW, II-III, 545; SE, V, 540; Fr., 443-4.

TRANSFERÊNCIA

= D.: Übertragung. – F.: transfert. – En.: transference. – Es.: transferencia. – I.: traslazione *ou* transfert.

• *Designa, em psicanálise, o processo pelo qual os desejos inconscientes se atualizam sobre determinados objetos no quadro de um certo tipo de relação estabelecida com eles e, eminentemente, no quadro da relação analítica.*

Trata-se de uma repetição de protótipos infantis vivida com um sentimento de atualidade acentuada.

É à transferência no tratamento que os psicanalistas chamam a maior parte das vezes transferência, sem qualquer outro qualificativo.

A transferência é classicamente reconhecida como o terreno em que se dá a problemática de um tratamento psicanalítico, pois são

TRANSFERÊNCIA

a sua instalação, as suas modalidades, a sua interpretação e a sua resolução que o caracterizam.

- O termo "transferência" não pertence exclusivamente ao vocabulário psicanalítico. Possui, de fato, um sentido muito geral, próximo do de transporte, mas implica um deslocamento de valores, de direitos, de entidades, mais do que um deslocamento material de objetos (ex.: transferência de fundos, transferência de propriedade etc.). Em psicologia, é utilizado em diversas acepções: transferência sensorial (tradução de uma percepção de um domínio sensorial para outro); transferência de sentimentos (1); sobretudo na psicologia experimental contemporânea, transferência de aprendizagem e de hábitos (os progressos obtidos na aprendizagem de uma certa forma de atividade acarretam uma melhoria no exercício de uma atividade diferente). Essa transferência de aprendizagem é às vezes chamada positiva, por oposição a uma transferência chamada negativa, que designa a interferência negativa de uma primeira aprendizagem sobre uma segunda (α).

★

Existe especial dificuldade em propor uma definição de transferência porque a noção assumiu, para numerosos autores, uma extensão muito grande, que chega ao ponto de designar o conjunto dos fenômenos que constituem a relação do paciente com o psicanalista e que, nessa medida, veicula, muito mais do que qualquer outra noção, o conjunto das concepções de cada analista sobre o tratamento, o seu objetivo, a sua dinâmica, a sua tática, os seus objetivos etc. E, assim, estão implicados nela toda uma série de problemas que são objeto de debates clássicos.

a) Acerca da especificidade da transferência no tratamento: a situação analítica não fará senão fornecer, graças ao rigor e à constância das suas coordenadas, uma ocasião privilegiada de desenvolvimento e de observação de fenômenos que podem ser encontrados em outras circunstâncias?

b) Acerca da relação da transferência com a realidade: que apoio se poderá encontrar numa noção tão problemática como a de "desreal", e tão difícil de determinar como a de realidade da situação analítica, para apreciar o caráter não adaptado ou adaptado a essa realidade, transferencial ou não, de determinada manifestação surgida durante o tratamento?

c) Acerca da função da transferência no tratamento: quais serão os valores terapêuticos respectivos da rememoração e da repetição vivida?

d) Acerca da natureza do que é transferido: tratar-se-á de *patterns* de comportamento, tipos de relações de objeto, sentimentos positivos ou negativos, afetos, carga libidinal, fantasias, conjunto de uma imago ou traço particular desta, ou mesmo de instância no sentido da última teoria do aparelho psíquico?

★

TRANSFERÊNCIA

Foi o encontro das manifestações da transferência em psicanálise, fenômeno cujo aparecimento Freud nunca deixou de sublinhar o quanto era estranho (2), que permitiu reconhecer em outras situações a ação da transferência, quer se encontre na própria base da relação em causa (hipnose, sugestão), quer nela desempenhe, dentro de limites a apreciar, um papel importante (médico-doente, mas também professor-aluno, orientador espiritual-penitente etc.). Do mesmo modo, nos antecedentes imediatos da análise, a transferência mostrou a extensão dos seus efeitos, no caso de Anna O. tratada por Breuer segundo o "método catártico", muito antes de o terapeuta saber identificá-la como tal, e sobretudo utilizá-la (β). Do mesmo modo, na história da noção em Freud, existe uma defasagem entre as concepções explícitas e a experiência afetiva, defasagem que ele foi o primeiro a experimentar à sua custa, como notou a propósito do *caso Dora*. Disso resulta que, quem quisesse traçar a evolução da transferência no pensamento de Freud, deveria, indo além dos enunciados, descobrir a transferência em ação nos tratamentos cuja descrição nos foi transmitida!

★

Quando Freud, a propósito do sonho, fala de "transferência", de "pensamentos de transferência", designa assim um modo de *deslocamento* * em que o desejo inconsciente se exprime e se disfarça através do material fornecido pelos restos pré-conscientes do dia anterior (3a). Mas seria um erro ver nisso um mecanismo diferente do que se invoca para explicar aquilo que Freud encontrou no tratamento: "[...] a representação inconsciente é totalmente incapaz, enquanto tal, de penetrar no pré-consciente, e não pode exercer nele qualquer efeito a não ser pondo-se em conexão com uma representação anódina que pertence já ao pré-consciente, transferindo a sua imensidade para ela e cobrindo-se com ela. É esse o fato da transferência, que fornece a explicação de tantos fenômenos impressionantes da vida mental dos neuróticos" (3b). É do mesmo modo que, nos *Estudos sobre a histeria* (*Studien über Hysterie*, 1895), Freud explica casos em que determinada paciente transfere para a pessoa do médico as representações inconscientes. "O conteúdo do desejo tinha inicialmente surgido na consciência da doente sem qualquer lembrança das circunstâncias que o rodeavam e que o teriam recolocado no passado. O desejo presente era então, em função da compulsão a associar que dominava na consciência, ligado a uma pessoa que ocupava legitimamente os pensamentos da doente; e, resultante desta ligação incorreta a que chamo conexão falsa, despertava o mesmo afeto que em seu tempo tinha levado a paciente a rejeitar esse desejo proibido" (4a).

Na origem, a transferência não passa, para Freud, pelo menos no plano teórico, de um caso particular de deslocamento do afeto de uma representação para outra. Se a representação do analista é escolhida de forma privilegiada, é porque constitui uma espécie de "resto diurno" sempre à disposição do sujeito, e também porque esse tipo de transferência favorece a resistência, pois a confissão do desejo recalcado se torna especialmente difícil se tem de ser feita à pessoa visada por ele (4*b*, 5*a*). Vemos igualmente que, nessa época, a transferência é considerada um fenômeno muito localizado. Cada transferência deve ser tratada como qualquer sintoma (4*c*), de forma a manter ou restaurar uma relação terapêutica fundada numa cooperação confiante, em que Freud, entre outros fatores, faz intervir a influência pessoal do médico (4*d*) sem a referir de modo nenhum à transferência.

Parece portanto que a transferência foi inicialmente designada por Freud como não fazendo parte da essência da relação terapêutica. Voltamos a encontrar essa ideia mesmo no *caso Dora*, em que o papel da transferência surge como primordial, a ponto de Freud, no comentário crítico que acrescenta ao relato da observação, imputar a um defeito da interpretação da transferência à interrupção prematura do tratamento. Há muitas expressões que mostram como Freud não assimila o conjunto do tratamento na sua estrutura e na sua dinâmica a uma relação de transferência: "Que são as *transferências*? São reimpressões, cópias das moções e das fantasias que devem ser despertadas e tornadas conscientes à medida dos progressos da análise; o que é característico da sua espécie é a substituição pela pessoa do médico de uma pessoa anteriormente conhecida" (6). Dessas transferências (note-se o plural), Freud indica que não são diferentes por natureza conforme se dirijam ao analista ou a qualquer outra pessoa, e, por outro lado, que não constituem aliados para o tratamento a não ser que sejam explicadas e "destruídas" uma a uma.

A integração progressiva da descoberta do complexo de Édipo não poderia deixar de repercutir na forma como Freud compreende a transferência. Ferenczi, desde 1909 (7), tinha mostrado como, na análise, mas já nas técnicas de sugestão e de hipnose, o paciente fazia inconscientemente com que o médico desempenhasse figuras parentais amadas ou temidas. Na primeira exposição de conjunto que consagra à transferência (1912), Freud mostra que ela está ligada a "protótipos", a imagos* (principalmente a imago do pai, mas também a imago da mãe, do irmão etc.): "[...] o médico será inserido numa das 'séries' psíquicas que o paciente já formou" (5*b*).

Freud descobre que é a relação do sujeito com as figuras parentais que é revivida na transferência, principalmente com a ambivalência* pulsional que a caracteriza: "Era preciso que [o homem dos ratos] se convencesse, pela via dolorosa da transferência, que a sua relação com o pai implicava verdadeiramente este complemento inconsciente" (8). Nesse sentido, Freud distingue duas transferências: uma positiva, outra negativa; uma transferência de sentimentos ternos, e uma transferência de sentimentos hostis (γ). Note-se o parentesco desses termos com os de componente positiva e negativa do complexo de Édipo.

Essa extensão da noção de transferência, que faz dela um processo estruturante do conjunto do tratamento a partir do protótipo dos conflitos infantis, resulta no delineamento por Freud de uma nova noção, a de neurose de transferência*: "[...] conseguimos normalmente conferir todos os sintomas da doença uma nova significação transferencial, substituir a sua neurose comum por uma neurose de transferência da qual [o doente] pode ser curado pelo trabalho terapêutico" (9).

★

Do ponto de vista da sua *função no tratamento*, a transferência é, antes de tudo, da forma mais explícita, classificada por Freud entre os principais "obstáculos" que se opõem à rememoração do material recalcado (4*e*). Mas, também desde o início, o seu aparecimento é assinalado como frequente e mesmo generalizado: "[...] podemos estar certos de que a encontraremos em qualquer análise relativamente séria" (4*f*). Por isso, nesse momento do seu pensamento, Freud constata que o mecanismo da transferência para a pessoa do médico se desencadeia no próprio momento em que conteúdos recalcados particularmente importantes ameaçam se revelar. Nesse sentido, a transferência surge como uma forma de resistência*, e ao mesmo tempo assinala a proximidade do conflito inconsciente. Assim, Freud encontra desde a origem o que constitui a própria contradição da transferência e o que motiva as formulações muito divergentes que apresentou acerca da sua função; em certo sentido, ela é, relativamente à rememoração verbalizada, "resistência de transferência" (*Übertragungswiderstand*); em outro, na medida em que constitui tanto para o sujeito como para o analista uma maneira privilegiada de apreender "a quente" e *in statu nascendi* os elementos do conflito infantil, ela é o terreno em que se representa, em sua atualidade irrecusável, a problemática singular do paciente, em que este se encontra confrontado com a existência, com a permanência, com a força dos seus desejos e fantasias inconscientes. "É inegável que a tarefa de domar os fenômenos de transferência implica as maiores dificuldades para o psicanalista; mas é preciso não esquecer que são justamente elas que nos prestam o inestimável serviço de atualizar e manifestar as moções amorosas, sepultadas e esquecidas; porque, no fim de contas, ninguém pode ser executado *in absentia* ou *in effigie*" (5*c*).

Essa segunda dimensão, incontestável, assume importância cada vez maior aos olhos de Freud: "A *transferência*, tanto na sua forma positiva como negativa, entra a serviço da *resistência*; mas nas mãos do médico torna-se o mais poderoso dos instrumentos terapêuticos e desempenha um papel que não pode deixar de ser hipervalorizado na dinâmica do processo de cura" (10).

Mas, inversamente, deve notar-se o fato de que, mesmo quando Freud vai mais longe no reconhecimento do caráter privilegiado da repetição na transferência – "o doente não pode recordar-se de tudo o que nele está recalcado, nem talvez do essencial [...]. Ele é antes obrigado a repetir o recalcado, como vivência no presente" (11*a*) –, isso não o impede de enfatizar a seguir a necessidade de o analista "[...] limitar o mais possível o domínio desta neurose de transferência, de levar o máximo de conteúdo possível para o caminho da rememoração e de abandonar o mínimo possível à repetição" (11*b*).

Por isso, Freud sempre sustentou como ideal do tratamento a rememoração completa e, quando ela se revela impossível, é nas "construções"* que ele se fia para preencher as lacunas do passado infantil. Em contrapartida, nunca valoriza por si mesma a relação transferencial, quer na perspectiva de uma ab-reação* das experiências infantis, quer na de uma correção de um modo desreal de relação com o objeto.

★

Falando das manifestações de transferência nos *Estudos sobre a histeria*, Freud escreve: "[...] este novo sintoma que foi produzido segundo o antigo modelo [deve ser tratado] da mesma maneira que os antigos sintomas" (4*g*). Do mesmo modo, mais tarde, ao descrever a neurose de transferência como uma "doença artificial" que substituiu a neurose clínica, não viria a pressupor uma equivalência simultaneamente econômica e estrutural entre as reações transferenciais e os sintomas propriamente ditos?

De fato, Freud às vezes explica o aparecimento da transferência como um "[...] compromisso entre as exigências [da resistência] e as do trabalho de investigação" (5*d*). Mas mostra-se imediatamente sensível ao fato de as manifestações transferenciais serem tanto mais imperiosas quanto o "complexo patogênico" está mais próximo, e, quando as refere a uma compulsão à repetição*, indica que essa compulsão não pode exprimir-se na transferência "[...] enquanto o trabalho do tratamento não tiver vindo ao seu encontro dissipando o recalque" (11*c*). Do *caso Dora*, em que compara as transferências a verdadeiras "reimpressões" que muitas vezes não contêm qualquer deformação relativamente às fantasias inconscientes, até *Além do princípio do prazer* (*Jenseits des Lustprinzips*, 1920), em que diz que a reprodução na transferência "[...] aparece com uma fidelidade não desejada [e que] ela tem sempre como conteúdo um fragmento da vida sexual infantil, e portanto do complexo de Édipo e das suas ramificações [...]" (11*d*), vai-se consolidando a ideia de que na transferência se atualiza o essencial do conflito infantil.

Sabe-se que, em *Além do princípio do prazer*, a repetição na transferência é um dos dados invocados por Freud para justificar a colocação em primeiro plano da compulsão à repetição: no tratamento repetem-se situações, emoções em que finalmente se exprime a indestrutibilidade da fantasia inconsciente.

Podemos então interrogarmo-nos sobre o sentido que se deve conferir ao que Freud chama *resistência de transferência*. Em *Inibição, sintoma e angústia* (*Hemmung, Symptom und Angst*, 1926), ele liga-a às resistências do ego, na medida em que, opondo-se à rememoração, renova no atual a ação do recalque. Mas convém notar que no mesmo texto a compulsão à repetição é designada, no fundo, como *resistência do id* (*ver.* compulsão à repetição).

Por fim, quando Freud fala da repetição na transferência das experiências do passado, das atitudes para com os pais etc., essa repetição não deve ser tomada num sentido realista que limitaria a atualização a relações *efetivamente* vividas: por um lado, o que essencialmente é transferido é a realidade psíquica*, ou seja, mais profundamente, o desejo inconsciente e as fantasias conexas; por outro lado, as manifestações transferenciais não são literalmente repetições, mas equivalentes simbólicos do que é transferido.

★

Uma das críticas clássicas à autoanálise*, quanto à sua eficácia terapêutica, é que ela elimina, por definição, a existência e a intervenção de uma relação interpessoal.

Freud já havia indicado o caráter limitado da autoanálise; por outro lado, sublinhou o fato de que, muitas vezes, a representação só era aceita na medida em que a transferência, agindo como sugestão, conferia ao analista uma autoridade privilegiada. Podemos dizer, no entanto, que cabia aos seus sucessores ressaltar plenamente o papel do analista como *outro* no tratamento, e em várias direções.

1. No prolongamento da segunda teoria freudiana do aparelho psíquico, o tratamento psicanalítico pode ser entendido como vindo fornecer o lugar em que os conflitos intrassubjetivos, também eles restos das relações intersubjetivas da infância, reais ou fantasísticas, vão de novo manifestar-se numa relação aberta à comunicação. Como o próprio Freud notou, o analista pode, por exemplo, achar-se na posição do superego; de modo mais geral, é todo o mecanismo das identificações* que vai encontrar nisso ocasião de se desdobrar e de se "desligar" ["*délier*"].

2. Na linha de pensamento que levou à valorização da noção de relação de objeto*, procura-se ver em ação na *relação* de transferência (δ) as modalidades privilegiadas das relações do sujeito com os seus diferentes tipos de objeto (parciais ou totais). Como notou M. Balint, acaba-se então por "[...] interpretar cada pormenor da transferência do paciente em termos de relação de objeto" (12). Essa perspectiva pode levar ao ponto de se querer descobrir na evolução do tratamento a sucessão genética das fases.

3. Em outra perspectiva, podemos acentuar o valor especial que a palavra assume no tratamento, e portanto na relação transferencial. Essa dimensão está presente nas próprias origens da psicanálise, pois na catarse a ênfase colocada na verbalização das lembranças recalcadas (*talking cure*) era pelo menos tão grande quanto na ab-reação dos afetos. No entanto, quando Freud descreve as manifestações mais irrecusáveis de transferência, ficamos surpresos ao ver que ele as coloca na rubrica da "atuação"* (*Agieren*), e que contrapõe a repetição como experiência vivida à rememoração. Podemos perguntar se tal oposição é verdadeiramente esclarecedora para reconhecer a transferência na sua dupla dimensão de atualização do passado e de deslocamento para a pessoa do analista.

Na realidade, não vemos por que o analista estaria menos implicado quando o sujeito *lhe* conta determinado acontecimento do seu passado, relata-*lhe* determinado sonho (ε), do que quando se volta para o analista em uma atitude.

Tal como a "atuação", o dizer do paciente é um modo de relação que, por exemplo, pode ter por fim agradar ao analista, mantê-lo a distância etc.; tal como o dizer, a atuação é uma forma de veicular uma comunicação (ato falho, por exemplo).

4. Por fim, em reação a uma tese extrema que veria na transferência um fenômeno puramente espontâneo, uma projeção sobre a tela constituída pelo analista, certos autores procuraram completar a teoria que faria depender a transferência essencialmente de um elemento próprio ao sujeito, a *disposição para a transferência*, elucidando o que, na situação analítica, favorecia a emergência dela.

Tem-se insistido, seja como o faz Ida Malcalpine (13), nos fatores reais do meio ambiente analítico (constância das condições, frustração, posição infantil do paciente), seja na relação de demanda que a análise instaura desde o início, e por intermédio da qual "[...] todo o passado se entreabre, até o mais fundo da primeira infância. Pedir foi tudo o que o sujeito sempre fez, não viveu senão por meio disso, e nós continuamos [...]. A regressão nada mais mostra do que o retorno ao presente de significantes usados em pedidos para os quais há prescrição" (14).

A existência de uma correlação entre a situação analítica como tal e a transferência não tinha escapado a Freud. Chegou até a indicar que, se diversos tipos de transferência, materna, fraterna etc., podiam ser encontrados, "[...] as relações reais com os médicos fazem com que seja a imago do pai [...] a determinante [...]" (5*e*).

▲ (α) Note-se que os psicólogos de língua inglesa dispõem de dois termos (*transfer* e *transference*), e parecem ter reservado o segundo para designar a transferência no sentido psicanalítico (*cf.* English e English, artigos "Transfer" e "Transference").

(β) Sobre as consequências deste episódio, *cf.* Jones E., *Sigmund Freud: Life and Work* (*Vida e obra de Sigmund Freud*, 1953-55-57) (t. I).

(γ) Note-se que positivo e negativo qualificam a natureza dos afetos transferidos, e não a repercussão, favorável ou desfavorável, da transferência no tratamento. Segundo Daniel Lagache, "[...] os termos efeitos positivos e negativos da transferência seriam mais compreensíveis e mais exatos. Sabe-se que a transferência de sentimentos positivos pode ter efeitos negativos; ao contrário, a expressão de sentimentos negativos pode constituir um progresso decisivo [...]" (15).

(δ) Note-se a presença deste termo em Freud (16).

(ε) *Cf.* aquilo a que se chama "sonhos de complacência", entendendo por isso sonhos em que a análise mostra realizar-se o desejo de satisfazer o analista, de confirmar as suas interpretações etc.

(1) *Cf.* RIBOT (Th.-A.), *La psychologie des sentiments*, Alcan, Paris, 1896. 1ª parte, XII, §1.

(2) *Cf.* FREUD (S.), *Abriss der Psychoanalyse*, 1938. GW, XVII, 100; SE, XXIII, 174-5; Fr., 42.

(3) FREUD (S.), *Die Traumdeutung*, 1900. – *a) Cf.* GW, II-III, 568; SE, V, 562; Fr., 461. – *b*) GW, II-III, 568; SE, V, 562; Fr., 461.

(4) FREUD (S.), *Zur Psychotherapie der Hysterie*, 1895. – a) GW, I, 309; SE, II, 303;

TRAUMA ou TRAUMATISMO (PSÍQUICO)

Fr., 245-6. – *b*) *Cf.* GW, I, 308-9; SE, II, 303; Fr., 245. – *c*) *Cf.* GW, I, 308-9; SE, II, 303; Fr., 245. – *d*) *Cf.* GW, I, 285-6; SE, II, 282-3; Fr., 228-9. – *e*) *Cf.* GW, I, 308-9; SE, II, 303; Fr., 245. – *f*) GW, I, 307; SE, II, 301; Fr., 244. – *g*) GW, I, 309; SE, II, 303; Fr., 246.

(5) FREUD (S.), *Zur Dynamik der Übertragung*, 1912. – *a*) *Cf.* GW, VIII, 370; SE, XII, 104; Fr., 56. – *b*) GW, VIII, 365; SE, XII, 100; Fr., 51. – *c*) GW, VIII, 374; SE, XII, 108; Fr., 60. – *d*) GW, VIII, 369; SE, XII, 103; Fr., 55. – *e*) GW, VIII, 365-6; SE, XII, 100; Fr., 51-2.

(6) FREUD (S.), *Bruchstück einer Hysterie-Analyse*, 1905. GW, V, 279; SE, VII, 116; Fr., 86-7.

(7) *Cf.* FERENCZI (S.), Introjection and Transference, 1909, in *First Contr.*, 35-93.

(8) FREUD (S.), *Bemerkungen über einen Fall von Zwangsneurose*, 1909. GW, VII, 429; SE, X, 209; Fr., 235.

(9) FREUD (S.), *Erinnern, Wiederholen und Durcharbeiten*, 1914. GW, X, 134-5; SE, XII, 154; Fr., 113.

(10) FREUD (S.), *"Psychoanalyse" und "Libidotheorie"*, 1923. GW, XIII, 223; SE, XVIII, 247.

(11) FREUD (S.), *Jenseits des Lustprinzips*, 1920. – *a*) GW, XIII, 16; SE, XVIII, 18; Fr., 18. – *b*) GW, XIII, 17; SE, XVIII, 19; Fr., 19. – *c*) GW, XIII, 18; SE, XVIII, 20; Fr., 20. – *d*) GW, XIII, 16-17; SE, XVIII, 18; Fr., 19.

(12) BALINT (M.), *Primary Love and Psycho-Analytic Technique*, Hogarth Press, Londres, 1952, 225.

(13) *Cf.* MACALPINE (I.), The Development of the Transference, *Psa. Quarterly*, XIX, 4, 1950.

(14) LACAN (J.), La direction de la cure et les principes de son pouvoir, 1958, in *La Psychanalyse*, PUF, Paris, 1961, 6, 180.

(15) LAGACHE (D.), Le problème du transfert, 1952, RFR, XVI, 102.

(16) *Cf.* por exemplo: FREUD (S.), *Konstruktionen in der Analyse*, 1937. GW, XVI, 44; SE, XXIII, 258.

TRAUMA ou TRAUMATISMO (PSÍQUICO)

= *D.*: Trauma. – *F.*: trauma, traumatisme. – *En.*: trauma. – *Es.*: trauma, traumatismo. – *I.*: trauma.

• *Acontecimento da vida do sujeito que se define pela sua intensidade, pela incapacidade em que se encontra o sujeito de reagir a ele de forma adequada, pelo transtorno e pelos efeitos patogênicos duradouros que provoca na organização psíquica.*

Em termos econômicos, o traumatismo caracteriza-se por um afluxo de excitações que é excessivo em relação à tolerância do sujeito e à sua capacidade de dominar e de elaborar psiquicamente essas excitações.

▪ Trauma e traumatismo são termos há muito utilizados em medicina e cirurgia. *Trauma*, que vem do grego τραυμα = ferida, e deriva de τιτρώσχω = furar, designa uma ferida com efração; traumatismo seria reservado mais para as consequências no *conjunto* do organismo de uma lesão resultante de uma violência externa. A noção de efração do revestimento cutâneo

TRAUMA ou TRAUMATISMO (PSÍQUICO)

nem sempre, porém, está presente; fala-se, por exemplo, de "traumatismos crânio-cerebrais fechados". Houve quem notasse também que os dois termos, "trauma" e "traumatismo", tendem a ser utilizados em medicina de forma sinônima.

A psicanálise retomou esses termos (em Freud, apenas encontramos *trauma*), transpondo para o plano psíquico as três significações que neles estavam implicadas: a de um choque violento, a de uma efração e a de consequências sobre o conjunto da organização.

★

A noção de traumatismo remete primeiramente, como o próprio Freud apontou, para uma concepção econômica*: "Chamamos assim a uma vivência que, no espaço de pouco tempo, traz um tal aumento de excitação à vida psíquica, que a sua liquidação ou a sua elaboração pelos meios normais e habituais fracassa, o que não pode deixar de acarretar perturbações duradouras no funcionamento energético" (1a). O afluxo de excitações é excessivo em relação à tolerância do aparelho psíquico, quer se trate de um só acontecimento muito violento (emoção forte) ou de uma acumulação de excitações cada uma das quais, tomada isoladamente, seria tolerável; o princípio de constância* começa por ser posto em xeque, pois o aparelho não é capaz de descarregar a excitação.

Freud, em *Além do princípio do prazer (Jenseits des Lustprinzips*, 1920), apresentou uma representação figurada desse estado de coisas, encarando-o ao nível de uma relação elementar entre um organismo e o seu meio: a "vesícula viva" é mantida ao abrigo das excitações externas por uma camada protetora ou para-excitações*, que deixa passar somente quantidades toleráveis de excitação. Se essa camada vem a sofrer uma extensa efração, temos o traumatismo; a tarefa do aparelho é então mobilizar todas as forças disponíveis para estabelecer contrainvestimentos*, fixar no lugar as quantidades de excitação afluentes e permitir, assim, o restabelecimento das condições de funcionamento do princípio de prazer.

★

É clássico caracterizar assim o início da psicanálise (entre 1890 e 1897): no plano teórico, a etiologia da neurose é referida a experiências traumáticas passadas, sendo a data dessas experiências recuada, em uma *démarche* sempre mais regrediente, à medida que as investigações analíticas se aprofundam, da idade adulta para a infância; no plano técnico, a eficácia do tratamento é procurada numa ab-reação* e numa elaboração psíquica* das experiências traumáticas. É clássico, também, indicar que essa concepção passou progressivamente para segundo plano.

Nesse período em que a psicanálise se constituiu, o traumatismo qualifica, em primeiro lugar, um acontecimento pessoal da história do sujeito, datável e subjetivamente importante pelos afetos penosos que pode desencadear. Não se pode falar de acontecimentos traumáticos de maneira absoluta, sem considerar a "suscetibilidade" (*Empfänglichkeit*) própria do sujeito. Para que haja traumatismo em sentido restrito, isto é, não ab-reação da experiência que permanece no psiquismo como um "corpo estranho", devem estar presentes condições objetivas. É evidente que o acontecimento pode, pela sua "própria natureza", excluir uma ab-reação completa ("perda de um ser amado que parece insubstituível", por exemplo); mas, além desse caso-limite, circunstâncias específicas garantem ao acontecimento o seu valor traumático: condições psicológicas especiais em que se encontra o sujeito no momento do acontecimento ("estado hipnoide"* de Breuer), situação de fato – circunstâncias sociais, exigências da missão que se está desempenhando – que não permite ou entrava uma reação adequada ("retenção"), e, por fim e sobretudo, segundo Freud, conflito psíquico que impede ao sujeito integrar na sua personalidade consciente a experiência que lhe ocorre (defesa). Breuer e Freud notam ainda que toda uma série de acontecimentos, cada um dos quais por si só não agiria como traumatismo, podem somar os seus efeitos ("adição") (2*a*).

Sob a diversidade das condições salientadas nos *Estudos sobre a histeria* (*Studien über Hysterie*, 1895), percebemos que o denominador comum é o fator econômico, pois as consequências do traumatismo são a incapacidade do aparelho psíquico para liquidar as excitações segundo o princípio de constância. Concebe-se igualmente que se possa estabelecer toda uma série que vá do acontecimento que encontra a sua eficácia patogênica na sua violência e no caráter inopinado do seu aparecimento (acidente, por exemplo) até o que tira sua eficácia de sua inserção numa organização psíquica que compreende já os seus pontos de ruptura bem particulares.

A valorização por Freud do conflito defensivo na gênese da histeria e, em geral, das "psiconeuroses de defesa" não vem infirmar a função do traumatismo, mas torna a sua teoria mais complexa. Note-se, em primeiro lugar, que a tese segundo a qual o traumatismo é essencialmente sexual se afirma no decorrer dos anos de 1895-1897 e que, no mesmo período, o traumatismo original é descoberto na vida pré-pubertária.

Não podemos aqui apresentar de forma sistemática a concepção que Freud elaborou quando da articulação entre as noções de traumatismo e de defesa, pois os seus pontos de vista sobre a etiologia das psiconeuroses estão em incessante evolução. Todavia, vários textos desse período (3) expõem ou supõem uma tese muito definida que tende a explicar como o acontecimento traumático desencadeia, por parte do ego, em lugar das defesas normais habitualmente utilizadas contra um acontecimento penoso (desvio da atenção, por exemplo), uma "defesa patológica" – cujo modelo é então para Freud o recalque – que opera segundo o processo primário.

O traumatismo vê a sua ação decomposta em vários elementos e supõe sempre a existência de, pelo menos, dois acontecimentos: numa primeira cena, chamada de sedução, a criança sofre uma tentativa sexual por parte do adulto, sem que dê origem nela a qualquer excitação sexual; uma segunda cena, muitas vezes aparentemente anódina, e ocorrida depois da puberdade, vem evocar a primeira por qualquer traço associativo. É a lembrança da primeira que desencadeia um afluxo de excitações sexuais que excede as defesas do ego. Embora Freud chame traumática à primeira cena, vemos que, do estrito ponto de vista econômico, só *a posteriori** esse valor lhe é conferido; ou ainda: só como lembrança a primeira cena se torna *a posteriori* patogênica, na medida em que provoca um afluxo de excitação interna. Tal teoria confere o seu pleno sentido à famosa fórmula dos *Estudos sobre a histeria*: "[...] os histéricos sofrem sobretudo de reminiscências" (*der Hysterische leide [t] grösstenteils an Reminiszenzen*) (2*b*).

Vemos ao mesmo tempo como a apreciação do papel desempenhado pelo acontecimento exterior se diferencia sutilmente. A ideia do traumatismo psíquico decalcado sobre o traumatismo físico não se desenvolve, pois a segunda cena não age pela sua própria energia, mas apenas na medida em que desperta uma excitação de origem endógena. Nesse sentido, a concepção de Freud que aqui resumimos já abre caminho à ideia segundo a qual os acontecimentos exteriores vão buscar a sua eficácia nas fantasias* que ativam e no afluxo de excitação pulsional que desencadeiam. Mas, por outro lado, vemos que Freud não se contenta, nessa época, com descrever o traumatismo como despertar de uma excitação interna por um acontecimento exterior que é apenas a causa desencadeadora dele; sente a necessidade de referir por sua vez esse acontecimento a um acontecimento anterior que situa no princípio de todo o processo (*ver.* sedução).

★

Nos anos que se seguem, o significado etiológico do traumatismo se apaga em benefício da vida fantasística e das fixações nas diversas fases libidinais. O "ponto de vista traumático", embora não seja "abandonado", como o próprio Freud sublinha (1*b*), integra-se numa concepção que apela para outros fatores, como a constituição e a história infantil. O traumatismo que desencadeia a neurose no adulto constitui com a predisposição uma série complementar*, pois a própria predisposição compreende dois fatores complementares, endógeno e exógeno:

Etiologia da neurose = Disposição por fixação + Acontecimento acidental
　　　　　　　　　　　　　da libido　　　　　　　　(traumático)

Constituição sexual　　　　　　　　　　Acontecimento infantil
(acontecimento pré-histórico)

Note-se que, nesse quadro, apresentado por Freud nas suas *Conferências introdutórias sobre psicanálise* (*Vorlesungen zur Einführung in die Psychoanalyse*, 1915-17) (1*c*), o termo "traumatismo" designa um acontecimento que surge num segundo tempo, e não as experiências infantis que encontramos na origem das fixações. É simultaneamente reduzido o alcance e diminuída a originalidade do traumatismo: tende efetivamente a ser assimilado, no desencadeamento da neurose, ao que Freud, em outras formulações, chamou *Versagung* (frustração*).

Mas, enquanto a *teoria traumática da neurose* é assim relativizada, a existência das neuroses de acidente e, mais especialmente, das neuroses de guerra volta a colocar no primeiro plano das preocupações de Freud o problema do traumatismo sob a forma clínica das *neuroses traumáticas**.

Do ponto de vista teórico, *Além do princípio do prazer* atesta esse interesse. A definição econômica do traumatismo como efração é retomada e até leva Freud a aventar a hipótese de que um afluxo excessivo de excitação ponha de imediato fora de jogo o princípio de prazer*, obrigando o aparelho psíquico a realizar uma tarefa mais urgente "além do princípio de prazer", tarefa que consiste em ligar as excitações de forma a permitir ulteriormente a sua descarga. A repetição dos sonhos em que o sujeito revive intensamente o acidente e se recoloca na situação traumática como que para dominá-la é referida a uma compulsão à repetição*. De modo mais geral, o conjunto dos fenômenos clínicos em que Freud vê atuar essa compulsão põe em evidência que o princípio de prazer, para poder funcionar, exige a realização de determinadas condições, condições que o traumatismo vem abolir, na medida em que não é uma simples perturbação da economia libidinal, mas vem mais radicalmente ameaçar a integridade do sujeito (*ver*: ligação).

★

A noção de traumatismo vem finalmente assumir maior valor na teoria da angústia, tal como *Inibição, sintoma e angústia* (*Hemmung, Symptom und Angst*, 1926) a renova, e mais geralmente na segunda tópica, além de qualquer referência à neurose traumática propriamente dita. O ego, ao desencadear o sinal de angústia*, procura evitar ser submerso pelo aparecimento da angústia automática que define a situação traumática em que o ego se vê sem recursos (*ver*: desamparo). Essa concepção resulta no estabelecimento de uma espécie de simetria entre o perigo externo e o perigo interno: o ego é atacado de dentro, quer dizer, pelas excitações pulsionais, *como* é atacado de fora. O modelo simplificado da vesícula, tal como Freud o apresentava em *Além do princípio do prazer* (*cf. supra*), deixa de ser válido.

Note-se, por fim, que, ao procurar o núcleo do perigo, Freud o encontra num aumento, além do limite tolerável, da tensão resultante de um afluxo de excitações internas que exigem ser liquidadas. Eis o que, segundo Freud, explica afinal o "traumatismo do nascimento".

(1) FREUD (S.), *Vorlesungen zur Einführung in die Psychoanalyse*, 1915-17. – *a*) GW, XI, 284; SE, XVI, 275; Fr., 298. – *b*) *Cf.* GW, XI, 285; SE, XVI, 276; Fr., 299. – *c*) *Cf.* GW, XI, 376; SE, XVI, 362; Fr., 389.

TRAUMA ou TRAUMATISMO (PSÍQUICO)

(2) *Cf.* BREUER (J.), e FREUD (S.), *Über den psychischen Mechanismus hysterischer Phänomene. Vorläufige Mitteilung*, 1.893. – *a*) GW, I, 86-90; SE, II, 8-11; Fr., 5-8. – *b*) GW, I, 86; SE, II, 7; Fr., 5.

(3) *Cf.* particularmente: FREUD (S.), *Aus den Anfängen der Psychoanalyse*, 1887-1902. Al., 156-66 e 432-6, Ing., 146-55 e 410-4; Fr., 129-137 e 363-7.

V

VISCOSIDADE DA LIBIDO

= *D.*: Klebrigkeit der Libido. – *F.*: viscosité de la libido. – *En.*: adhesiveness of the libido. – *Es.*: adherencia de la libido. – *I.*: vischiosità della libido.

- *Qualidade postulada por Freud para explicar a maior ou menor capacidade da libido para se fixar num objeto ou numa fase e a sua maior ou menor dificuldade em alterar os seus investimentos depois de obtidos. A viscosidade seria variável de indivíduo para indivíduo.*

■ Podem encontrar-se nos textos de Freud diversos termos próximos para designar essa qualidade da libido: *Haftbarkeit* (adesividade) ou *Fähigkeit zur Fixierung* (fixabilidade ou capacidade de fixação), *Zähigkeit* (tenacidade), *Klebrigkeit* (viscosidade), *Trägheit* (inércia).

Estes dois últimos termos são os que Freud prefere utilizar. Note-se que o termo "viscosidade" evoca a representação freudiana da libido como corrente líquida. Quando Freud introduz, nos *Três ensaios sobre a teoria da sexualidade* (*Drei Abhandlungen zur Sexualtheorie*, 1905), a noção de fixação* da libido, pressupõe a existência de um fator que explicaria, em complemento da vivência acidental, a intensidade da fixação (*ver*: série complementar): "[...] fator psíquico de origem desconhecida [...], uma *adesividade* ou uma *fixabilidade* elevada destes acontecimentos da vida sexual" (1).

Essa concepção será mantida por Freud ao longo de toda a sua obra. Fala-se dela mais especialmente em dois contextos diferentes:

a) Ao nível teórico, quando se trata de reconstruir a evolução da sexualidade infantil e das suas fixações, particularmente em *Uma neurose infantil* (*Aus der Geschichte einer infantilen Neurose*, 1918): "Ele [o homem dos lobos] defendia cada posição libidinal depois de atingida, por angústia de perder ao abandoná-la, e por temor de não encontrar na posição seguinte um substituto plenamente satisfatório. Esta é uma particularidade psicológica importante e fundamental, que salientei nos *Três ensaios sobre a teoria da sexualidade* como capacidade de fixação" (2a).

b) Na teoria do tratamento, para exprimir um dos limites da ação terapêutica. Em determinados sujeitos "[...] os processos que o tratamento provoca desenrolam-se muito mais lentamente do que em outros, porque, ao que parece, eles [esses pacientes] não são capazes de se decidir a desligar os investimentos libidinais de um objeto e a deslocá-los para um novo objeto, embora não se possa descobrir a razão específica dessa fidelidade do investimento" (3).

Freud nota, aliás, que uma mobilidade excessiva da libido pode constituir um obstáculo inverso, pois os resultados analíticos permanecem então extremamente frágeis.

Como Freud concebe, em última análise, essa viscosidade, essa fixabilidade que pode constituir um grande obstáculo terapêutico? Vê nela algo de irredutível, um "número primo" (2b), elemento não analisável e impossível de modificar que ele define, a maior parte das vezes, como um fator constitucional que o envelhecimento vem acentuar.

A viscosidade da libido parece atestar uma espécie de inércia psíquica comparável à entropia num sistema físico: nas transformações de energia psíquica não haveria nunca maneira de mobilizar toda a quantidade de energia que foi fixada num dado momento. É nesse sentido que Freud utiliza às vezes a expressão junguiana *inércia psíquica*, apesar das reservas que formula contra o valor explicativo demasiadamente amplo que Jung conferia à noção na etiologia das neuroses.

(1) FREUD (S.), GW, V, 144; SE, VII, 242; Fr., 161.
(2) FREUD (S.). – *a*) GW, XII, 151; SE, XVII, 115; Fr., 415. – *b*) GW, XII, 151; SE, XVII, 116; Fr., 415.
(3) FREUD (S.), *Die endliche und die unendliche Analyse*, 1937. GW, XVI, 87; SE, XXIII, 241; Fr., 27.

VIVÊNCIA DE SATISFAÇÃO

= *D.*: Befriedigungserlebnis. – *F.*: expérience de satisfaction. – *En.*: experience of satisfaction. – *Es.*: vivencia de satisfacción. – *I.*: esperienza di soddisfacimento.

• *Tipo de experiência originária postulada por Freud e que consiste no apaziguamento, no lactente, e graças a uma intervenção exterior, de uma tensão interna criada pela necessidade. A imagem do objeto satisfatório assume então um valor eletivo na constituição do desejo do sujeito. Ela poderá ser reinvestida na ausência do objeto real (satisfação alucinatória do desejo) e irá guiar sempre a busca ulterior do objeto satisfatório.*

■ A vivência de satisfação não é um conceito usual em psicanálise, mas pareceu-nos que, definindo-a, poderíamos esclarecer certos pontos de vista freudianos, clássicos e fundamentais. É descrita e analisada por Freud no *Projeto para uma psicologia científica* (*Entwurf einer Psychologie*, 1895); a ela se refere igualmente por diversas vezes no capítulo VII de *A interpretação de sonhos* (*Die Traumdeutung*, 1900).

A vivência de satisfação está ligada ao "estado de desamparo* (*Hilflosigkeit*) original do ser humano" (1a). O organismo não pode provocar a ação específica* capaz de suprimir a tensão resultante do afluxo das excitações endógenas; essa ação necessita do auxílio de uma pessoa exterior (fornecimento de alimentação, por exemplo); o organismo pode então suprimir a tensão.

Além desse resultado atual, a vivência acarreta diversas consequências:

1) A satisfação passa a ser, desde então, ligada à imagem do objeto que proporcionou a satisfação, assim como à imagem do movimento reflexo que permitiu a descarga. Quando o estado de tensão aparece de novo, a imagem do objeto é reinvestida: "[...] esta reativação – o desejo – produz em primeiro lugar algo de análogo à percepção, isto é, uma alucinação. Se o ato reflexo então se desencadeia, não deixará de se produzir a decepção" (1*b*).

Ora, numa fase precoce, o sujeito não está à altura de se certificar de que o objeto não esteja realmente presente. Um investimento demasiado intenso da imagem produz o mesmo "indício de realidade" que uma percepção.

2) O conjunto dessa experiência – satisfação real e satisfação alucinatória – constitui a base do desejo. O desejo tem efetivamente a sua origem numa procura da satisfação real, mas constitui-se segundo o modelo da alucinação primitiva.

3) A formação do ego vem atenuar o fracasso inicial do sujeito em distinguir entre uma alucinação e uma percepção. Pela sua função de inibição, impede que o reinvestimento da imagem do objeto satisfatório seja demasiado intenso.

Em *A interpretação de sonhos*, Freud descreve a vivência de satisfação e as suas consequências de forma análoga e acrescenta duas novas noções, as de *identidade de percepção** e de *identidade de pensamento**; o sujeito procura apenas por vias diretas (alucinação) ou desviadas (ação orientada pelo pensamento), uma identidade com a "percepção que esteve ligada à satisfação da necessidade" (2).

Nos textos ulteriores, não é mais mencionada explicitamente a vivência de satisfação. Mas as concepções inerentes à noção irão permanecer sempre em Freud. Remetemos mais em especial o leitor para o início do artigo *Formulações sobre os dois princípios do funcionamento mental* (*Formulierungen über die zwei Prinzipien des psychischen Geschehens*, 1911) e para *A negação* (*Die Verneinung*, 1925). Neste último texto, Freud sublinha mais uma vez o caráter irredutível da satisfação originária e a sua função decisiva para a procura ulterior dos objetos: "[...] o que determina a instituição da prova de realidade é que se perderam objetos que outrora tinham fornecido uma satisfaçao real" (3).

A vivência de satisfação – real e alucinatória – é a noção fundamental da problemática freudiana da satisfação; nela se vêm articular o apaziguamento da necessidade e a *realização de desejo** (*ver*: desejo; fantasia).

(1) FREUD (S.), *Aus den Anfängen der Psychoanalyse*, 1887-1902. – Al., 402; Ing., 379; Fr., 336. – *b*) Al., 404; Ing., 381; Fr., 338.
(2) FREUD (S.), GW, II-III, 571; SE, V, 565; Fr., 463.
(3) FREUD (S.), *Die Verneinung*, 1925. GW, XIV, 14; SE, XIX, 238; Fr., 176.

Z

ZONA ERÓGENA

= *D.*: erogene Zone. – *F.*: zone érogène. – *En.*: erotogenic zone. – *Es.*: zona erógena. – *I.*: zona erogena.

● *Qualquer região do revestimento cutâneo-mucoso suscetível de se tornar sede de uma excitação de tipo sexual.*
De forma mais específica, certas regiões que são funcionalmente sedes dessa excitação: zona oral, anal, uretrogenital, mamilo.

■ A teoria das zonas erógenas esboçada por Freud nas cartas a W. Fliess de 6-12-1896 e de 14-11-1897 pouco variou depois da sua publicação nos *Três ensaios sobre a teoria da sexualidade* (*Drei Abhandlungen zur Sexualtheorie*, 1905) (1*a*). Qualquer região do revestimento cutâneo-mucoso pode funcionar como zona erógena, e Freud chega a estender depois a propriedade chamada erogeneidade* a todos os órgãos internos (2): "Todo o corpo é uma zona erógena propriamente dita" (3). Mas certas zonas parecem "predestinadas" para essa função. Assim, no exemplo da atividade de sucção, a zona oral está fisiologicamente determinada à sua função erógena; na sucção do polegar, este participa na excitação sexual como uma "segunda zona erógena, ainda que de menor valor" (1*b*). As zonas erógenas são fontes* de diversas pulsões parciais (autoerotismo*) e determinam com maior ou menor especificidade um certo tipo de meta* sexual.

Ainda que a existência e a predominância de certas zonas corporais na sexualidade humana permaneçam um dado fundamental da experiência psicanalítica, uma interpretação exclusivamente anatomofisiológica é insuficiente para justificá-las. Convém levar em consideração o fato de constituírem, nas origens do desenvolvimento psicossexual, os pontos de eleição das trocas com o meio [*l'entourage*] e, ao mesmo tempo, de solicitarem o máximo de atenção, de cuidados e, portanto, de excitações por parte da mãe (4).

(1) FREUD (S.). – *a*) *Cf.* GW, V, 83-5; SE, VII, 183-4; Fr., 76-8. – *b*) GW, V, 83; SE, VII, 182; Fr., 75.
(2) *Cf.* FREUD (S.), *Zur Einführung des Narzissmus*, 1914. GW, X, 150; SE, XIV, 84.
(3) FREUD (S.), *Abriss der Psychoanalyse*, 1938. GW, XVII, 73; SE, XXIII, 151; Fr., 11.
(4) *Cf.* LAPLANCHE (J.) e PONTALIS (J.-B.), Fantasme originaire, fantasmes des origines, origine du fantasme, in *Les temps modernes*, 1964, nº 215, 1833-68.

ZONA HISTERÓGENA

= *D.*: hysterogene Zone. – *F.*: zone hystérogène. – *En.*: hysterogenic zone. – *Es.*: zona histerógena. – *I.*: zona isterogena.

• *Determinada região do corpo que Charcot, e depois Freud, mostraram ser, em certos casos de histeria de conversão, sede de fenômenos sensitivos especiais; qualificada pelo doente de dolorosa, essa região revela-se, depois de examinada, libidinalmente investida, a sua excitação provocando reações próximas das que acompanham o prazer sexual e que podem ir até o ataque histérico.*

■ Charcot chamava zonas histerógenas a "[...] regiões do corpo mais ou menos circunscritas, ao nível das quais a pressão ou a simples fricção determina, mais ou menos rapidamente, o fenômeno da *aura*, ao qual por vezes sucede, se se insistir, o ataque histérico. Esses pontos, ou melhor, essas placas, possuem ainda a propriedade de serem sede de uma sensibilidade permanente [...]. O ataque, uma vez desencadeado, pode ser muitas vezes detido por meio de uma pressão enérgica exercida nesses mesmos pontos" (1).

Freud retoma a expressão "zona histerógena" usada por Charcot e enriquece o seu significado nos *Estudos sobre a histeria* (*Studien über Hysterie*, 1895): "[...] certas zonas são designadas pelo doente como dolorosas; ora, quando o médico, no decorrer do exame, as comprime ou as belisca, provoca reações [...] semelhantes às suscitadas por carícias voluptuosas" (2*a*). Essas reações são relacionadas por Freud ao ataque histérico, que, por sua vez, seria "um equivalente do coito" (3).

A zona histerógena é, pois, uma região do corpo que se tornou erógena. Freud, nos *Três ensaios sobre a teoria da sexualidade* (*Drei Abandlungen zur Sexualtheorie*, 1905), sublinha o fato de que "[...] zonas erógenas e zonas histerógenas têm as mesmas características" (4). Mostrou, de fato (*ver*: zona erógena), que qualquer região do corpo podia por sua vez tornar-se erógena, por deslocamento a partir das zonas funcionalmente predispostas para proporcionar prazer sexual. Esse processo de erogeinização é particularmente ativo no histérico.

As condições para esse deslocamento encontram-se na história do sujeito. O caso de Elizabeth von R. dos *Estudos sobre a histeria*, por exemplo, mostra como se constitui uma zona histerógena: "A doente começou por me surpreender ao anunciar-me que já sabia por que razão as dores partiam sempre de um determinado ponto da coxa direita e eram ali sempre mais violentas. Era justamente o lugar em que, todas as manhãs, o pai pousava a perna inchada, quando ela lhe trocava as ataduras. Isto tinha-lhe acontecido pelo menos uma centena de vezes e, coisa notável, nunca, até aquele dia, ela tinha pensado nesta relação; dava-me assim a explicação da formação de uma zona histerógena atípica" (2*b*).

Vemos que a noção de zona histerógena se modificou ao passar de Charcot para Freud: 1) Este faz da zona histerógena o lugar de excitações sexuais; 2) Não se limita à topografia fixa que Charcot pretendera estabelecer, já que qualquer região do corpo pode tornar-se histerógena.

(1) CHARCOT (J.-M.), *Leçons sur les maladies du système nerveus*, Lecrosnier et Babé, Paris, 1890, III, 88.
(2) FREUD (S.). – *a)* GW, I, 198; SE, II, 137; Fr., 108. – *b)* GW, I, 211-2; SE, II, 148; Fr., 117.
(3) FREUD (S.), *Allgemeines über den hysterischen Anfall*, 1909. GW, VII, 239; SE, IX, 234.
(4) FREUD (S.), GW, V, 83; SE, VII, 184; Fr., 78.

ÍNDICE FRANCÊS
DOS CONCEITOS ANALISADOS

Abandon (névrose d'–), 301
Abréaction, 1
Abstinence (règle d'–), 3
Accomplissement de désir, 427
Acte manqué, 44
Acte (mise en –), 44
Acting out, 6
Action spécifique, 4
Ativité-passivité, 42
Actuelle (névrose –), 299
Affect, 9
Affect (quantum d'–), 421
Agresseur (identification à l'–), 230
Agressivité, 10
Allo-érotisme, 15
Alloplastique, 50
Altération du moi, 15
Ambivalence, 17
Ambivalent, préambivalent, postam-bivalent, 19
Amnésie infantile, 20
Amour génital, 209
Anaclitique, 21
Anaclitique (dépression –), 20
Anagogique (interprétation –), 22
Anal (stade sadique –), 185
Analyse didactique, 23
Analyse directe, 25
Angoisse automatique, 26
Angoisse devant un danger réel, 26
Angoisse (développement d'–), 115
Angoisse (hystérie d'–), 212
Angoisse (névrose d'–), 302
Angoisse (signal d'–), 486
Annulation (–rétroactive), 27
Aphanisis, 8
Appareil psychique, 29
Après-coup, 33
Association, 36

Association (méthode *ou* règle de libre –), 38
Attention (également) flottante, 40
Auto-analyse, 45
Auto-érotisme, 47
Autoplastique – Alloplastique, 50

Bénéfice primaire et secondaire de la maladie, 53
Besoin de punition, 291
Bisexualité, 55
"Bon" objet, "mauvais" objet, 57
But (– pulsionnel), 281

Ça, 219
Cannibalique, 59
Caractère (névrose de –), 304
Cas-limite, 60
Castration (complexe de –), 72
Cathartique (méthode –), 60
Censure, 64
Choix de la névrose, 153
Choix d'objet *ou* objectal, 154
Choix d'objet narcissique, 156
Choix d'objet par étayage, 155
Clivage de l'objet, 68
Clivage du moi, 65
Cloacale (théorie –), 68
Complaisance somatique, 69
Complexe, 70
Complexe de castration, 72
Complexe d'Électre, 81
Complexe d'infériorité, 82
Complexe d'Œdipe, 77
Complexe paternel, 82
Composante pulsionnelle, 83
Compromis (formation de –), 198
Compulsion, compulsionnel, 86
Compulsion de répétition, 83

537

ÍNDICE FRANCÊS DOS CONCEITOS ANALISADOS

Condensation, 87
Conflit psychique, 89
Conforme au moi, 92
Conscience (– psychologique), 93
Constance (principe de –), 355
Construction, 97
Contenu latent, 99
Contenu manifeste, 100
Contre-investissement, 100
Contre-transfert, 102
Contrôle (psychanalyse sous –), 388
Conversion, 103
Conversion (hystérie de –), 213
Couple d'opposés, 336
Culpabilité (sentiment de –), 472

Décharge, 113
Défense, 107
Défense (hystérie de –), 214
Défense (mécanismes de –), 277
Déformation, 111
Dégagement (mécanismes de –), 280
(Dé)négation, 293
Déni (– de la réalité), 436
Déplacement, 1.16
Dépression anaclitique, 20
Dépressive (position –), 345
Désinvestissement, 115
Désir, 113
Désir (accomplissement de –), 427
Destinée (névrose de –), 306
Détresse (état de –), 112
Deuil (travail du –), 509
Développement d'angoisse, 115
Didactique (analyse –), 23
Dynamique, 119

Échec (névrose ou syndrome d'e –), 307
Économique, 121
Ecran du rêve, 504
Effroi, 337
Égoïsme, 140
Élaboration psychique, 143
Élaboration secondaire, 145
Électre (complexe d'–), 81
Énergie d'investissement, 146
Énergie libre – Énergie liée, 146
Envie du pénis, 250
Épreuve de réalité, 380
Érogène, 150

Érogène (zone –), 533
Érogéneité, 149
Éros, 150
Érotisme urétral (*ou* urinaire), 152
État de détresse, 112
État hypnoïde, 160
Étayage, 30
Étayage (choix d'objet par –), 155
Excitation (somme d'–), 491
Expérience de satisfaction, 530

Familiale (névrose –), 310
Fantasme, 169
Fantasmes originaires, 174
Femme phallique, 165
Figurabilité (prise en considération de la –), 189
Fixation, 190
Forclusion, 194
Formation de compromis, 198
Formation de symptôme, 199
Formation réactionnelle, 200
Formation substitutive, 202
Frayage, 165
Frustration, 203
Fuite dans la maladie, 205

Génital (amour –), 209
Génital (stade –), 180

Hospitalisme, 217
Hypnoïde (état –), 160
Hypnoïde (hystérie –), 216
Hystérie, 211
Hystérie d'angoisse, 212
Hystérie de conversion, 213
Hystérie de défense, 214
Hystérie de rétention, 215
Hystérie hypnoïde, 216
Hystérie traumatique, 216
Hystérogène (zone –), 534

Idéal du moi, 222
Idéalisation, 224
Identification, 226
Identification à l'agresseur, 230
Identification primaire, 231
Identification projective, 232
Identité de perception – Identité de pensée, 225

ÍNDICE FRANCÊS DOS CONCEITOS ANALISADOS

Imaginaire, 233
Imago, 234
Inconscient, 235
Inertie (principe d'–), 361
Infériorité (complexe d'–), 82
Infériorité (sentiment d'–), 474
Inhibé(e) quant au but, 240
Innervation, 239
Instance, 240
Instinct, 241
Intellectualisation, 242
Intérêt *ou* intérêt du moi, 244
Intériorisation, 245
Interprétation, 245
Interprétation anagogique, 22
Introjection, 248
Introversion, 250
Investissement, 254
Investissement (énergie d'–), 146
Isolation, 258

Jugement de condamnation, 261

Latence (période de –), 263
Liaison, 269
Libido, 265
Libido du moi – Libido d'objet, 267
Libido narcissique, 269
Libido (organisation de la –), 328
Libido (plasticité de la –), 344
Libido (stase de la –), 162
Libido (viscosité de la –), 529
Libre association (méthode ou règle de –), 38

Masculinité-Feminité, 273
Masochisme, 274
Masochisme (sado –), 465
Matériel, 275
Maternage, 276
"Mauvais" objet, 57
Mécanismes de défense, 277
Mécanismes de dégagement, 280
Mère phallique, 165
Métapsychologie, 284
Méthode cathartique, 60
Méthode de libre association, 38
Mise en acte, 44
Moi, 124

Moi (altération du –), 15
Moi (clivage du –), 65
Moi (conforme au –), 92
Moi (idéal du –), 222
Moi (libido du –), 267
Moi (pulsions du –), 416
Moi idéal, 139
Moi-plaisir – Moi-réalité, 140
Motion pulsionnelle, 285

Narcissique (choix d'objet –), 156
Narcissique (libido –), 269
Narcissique (névrose –), 312
Narcissisme, 287
Narcissisme primaire, narcissisme secondaire, 289
Négation, 293
Neurasthénie, 295
Neutralité, 318
Névrose, 296
Névrose actuelle, 299
Névrose (choix de la –), 153
Névrose d'abandon, 301
Névrose d'angoisse, 302
Névrose de caractère, 304
Névrose (*ou* syndrome) d'échec, 307
Névrose de destinée, 306
Névrose de transfert, 308
Névrose familiale, 310
Névrose mixte, 311
Névrose narcissique, 312
Névrose obsessionnelle, 313
Névrose phobique, 311
Névrose traumatique, 315
Nirvana (principe de –), 363

Objet, 321
Objet ("bon" –, "mauvais" –), 57
Objet (choix d'–), 154
Objet (clivage de l'–), 68
Objet (libido d'–), 267
Objet (relation d'–), 443
Objet partiel, 325
Objet transitionnel, 327
Obsessionnelle (névrose –), 313
Œdipe (complexe d'–), 77
Opposés (couple d'–), 336
Oral (stade –), 184
Oral (stade sadique –), 186

ÍNDICE FRANCÊS DOS CONCEITOS ANALISADOS

Organisation de la libido, 328
Organisation (*ou* stade) génitale, 180

Paranoïa, 334
Paranoïde, 336
Paranoïde (position –), 346
Paraphrénie, 333
Pare-excitations, 332
Parent(s) combiné(s), 331
Passivité, 42
Paternel (complexe –), 82
Pénis (envie du –), 250
Pensées (latentes) du rêve, 338
Perception-Conscience (Pc-Cs), 339
Période de latence, 263
Perlaboration, 339
Perversion, 341
Phallique (femme ou mère –), 165
Phallique (stade –), 178
Phallus, 166
Phénomène fonctionnel, 187
Phobique (névrose –), 311
Plaisir (principe de –), 364
Plaisir d'organe, 348
Plasticité de la libido, 344
Position dépressive, 345
Position paranoïde, 346
Postambivalent, 19
Poussé (de la pulsion), 354
Préambivalent, 19
Préconscient, 349
Prégénital, 353
Préoedipien, 352
Principe de constance, 355
Principe de Nirvâna, 363
Principe de plaisir, 364
Principe de réalité, 368
Principe d'inertie (neuronique), 361
Processus primaire, processus secondaire, 371
Projection, 373
Psychanalyse, 384
Psychanalyse contrôlée (*ou*: sous contrôle), 388
Psychanalyse sauvage, 387
Psychonévrose, 389
Psychonévrose de défense, 389
Psychose, 390
Psychothérapie, 393
Pulsion, 394

Pulsion (but de la –), 281
Pulsion (objet de la –), 321
Pulsion (poussée de la –), 354
Pulsion (source de la –), 193
Pulsion d'agression, 397
Pulsion de destruction, 398
Pulsion d'emprise, 398
Pulsion partielle, 402
Pulsions (union-désunion des –), 205
Pulsions d'auto-conservation, 404
Pulsions de mort, 407
Pulsions de vie, 414
Pulsions du moi, 416
Pulsion sexuelle, 403
Punition (besoin de –), 291

Quantum d'affect, 421

Rationalisation, 423
Réaction thérapeutique négative, 424
Réactionnelle (formation –), 200
Réalisation symbolique, 429
Réalité (épreuve de –), 380
Réalité (principe de –), 368
Réalité psychique, 426
Refoulement, 430
Refoulement originaire, 434
Règle d'abstinence, 3
Règle de libre association, 38
Règle fondamentale, 438
Régression, 440
Rejeton de l'inconscient, 111
Relation d'objet, 443
Renversement (d'une pulsion) dans le contraire, 253
Réparation, 447
Répétition, 448
Représentant de la pulsion, 453
Représentant psychique, 454
Représentant-représentation, 455
Représentation, 448
Représentation-but, 451
Représentation de chose, représentation de mot, 450
Répression, 457
Résistance, 458
Restes diurnes, 461
Rétention (hystérie de –), 215
Retour du refoulé, 462

Retournement sur la personne propre, 464
Rêve (contenu latent du –), 99
Rêve (contenu manifeste du –), 100
Rêve (écran du –), 504
Rêve (pensées latentes du –), 338
Rêve (travail du –), 511
Rêve diurne (rêverie), 492
Roman familial, 464

Sadique-anal (stade –), 185
Sadique-oral (stade –), 186
Sadisme, 465
Sadisme-Masochisme, sadomasochisme, 465
Satisfaction (expérience de –), 530
Scène de séduction, 469
Scène originaire, 62
Scène primitive, 63
Schizophrénie, 157
Séduction (scène de –, théorie de la –), 469
Sentiment de culpabilité, 472
Sentiment d'infériorité, 474
Série complémentaire, 475
Sexualité, 476
Signal d'angoisse, 486
Somme d'excitation, 491
Source de la pulsion, 193
Souvenir-écran, 264
Stade du miroir, 176
Stade (*ou* organisation) génital(e), 180
Stade libidinal, 181
Stade oral, 184
Stade phallique, 178.
Stade sadique-anal, 185
Stade sadique-oral, 186

Stase libidinale, 162
Subconscient *ou* subconscience, 493
Sublimation, 494
Substitut, 497
Surdétermination (*ou* détermination multiple), 487
Surinterprétation, 489
Surinvestissement, 490
Surmoi (*ou* sur-moi), 497
Symbole mnésique, 486
Symbolique, 480
Symbolisme, 481
Système, 487

Technique active, 501
Tendresse, 504
Thanatos, 501
Théorie cloacale, 68
Théorie de la séduction, 469
Topique, 505
Trace mnésique, 512
Transfert, 514
Transfert (névrose de –), 308
Trauma *ou* traumatisme (psychique),
Traumatique (hystérie –), 216
Traumatique (névrose –), 315
Travail du deuil, 509
Travail du rêve, 511

Union – désunion (des pulsions), 205
Urétral *ou* urinaire (érotisme –), 152

Viscosité de la libido, 529

Zone érogène, 533
Zone hystérogène, 534

ÍNDICE ALEMÃO
DOS CONCEITOS ANALISADOS

Abarbeitungsmechanismen, 280
Abfuhr, 113
Abkömmling des Unbewussten, 111
Abreagieren (das), 1
Abstinenz (Grundsatz der –, Prinzip der –), 3
Abwehr, 107
Abwehrhysterie, 214
Abwehrmechanismen, 277
Abwehr-Neuropsychose, 389
Acting out, 6
Affekt, 9
Affektbetrag, 421
Aggression, 10
Aggressionstrieb, 397
Aggressivität, 10
Agieren (das), 44
Aktion (spezifische –), 4
aktive Technik, 501 ,
Aktivität-Passivität, 42
Alloerotismus, 15
alloplastisch, 50
ambivalent, prä-ambivalent, post-ambivalent, 19
Ambivalenz, 17
Amnesie (infantile –), 20
anagogische Deutung, 22
Analyse (didaktische *ou* Lehr –), 23
Analyse (direkte –), 25
Analyse (Kontroll–), 388
Analysenkontrolle, cf. 388
Angreifer (Identifizierung mit dem –), 230
Angst (automatische –), 26
Angstentwicklung, 115
Angsthysterie, 212
Angstneurose, 302
Angst (Real-), 26

Angstsignal, 486
Anlehnung, 30
Anlehnungs –, 21
Anlehnungsdepression, 20
Anlehnungstypus der Objektwahl, 155
Aphanisis, 8
Apparat (psychischer *ou* seelischer –), 29
Arbeit (Trauer-), 509
Arbeit (Traum-), 511
Assoziation, 36
Assoziation (Methode *ou* Regel der freien –), 38
Aufmerksamkeit (gleichschwebende –), 40
Aufschubsperiode, 263
Autoerotismus, 47
automatische Angst, 26
autoplastisch – alloplastisch, 50

Bahnung, 165
Bearbeitung (sekundäre –), 145
Befriedigungserlebnis, 530
Begierde, 113
Bemächtigungstrieb, 398
Bemuttern (das), 276
Besetzung, 254
Besetzung (Entziehung *ou* Abziehung der –), 115
Besetzung (Gegen-), 100
Besetzungsenergie, 146
Betreuen (mütterliches –), 276
Bewusstheit, 93
Bewusstsein, 93
Bindung, 269
Bisexualität, 55
"böses" Objekt, 57

ÍNDICE ALEMÃO DOS CONCEITOS ANALISADOS

Charakterneurose, 304

Darstellbarkeit (Rücksicht auf –), 189
Deckerinnerung, 264
Denkidentität, 225
Depression (Anlehnungs-), 20
depressive Einstellung, 345
Destruktionstrieb, 398
Deutung, 245
Deutung (anagogische –), 22
didaktische Analyse, 23
direkte Analyse, 25
Drang, 354
dynamisch, 119
Durcharbeitung (*ou* Durcharbeiten), 339

Egoismus, 140
Einstellung (depressive –), 345
Einstellung (paranoide –), 346
Elektrakomplex, 81
Eltern-Imago (vereinigte –), 331
Energie (Besetzungs-), 146
Energie (freie – gebundene –), 146
Entmischung (der Triebe), 205
Entstellung, 111
Entziehung (*ou* Abziehung) der Besetzung, 115
Ergänzungsreihe, 475
Erinnerung (Deck-), 264
Erinnerungsspur (*ou* Erinnerungsrest), 512
Erinnerungssymbol, 486
erogen, 150
Erogeneität, 149
erogene Zone, 533
Eros, 150
Erotik (urethral –), 152
Erregungssumme, 491
Ersatz, 497
Ersatzbildung, 202
Es, 219

Familienneurose, 310
Fehlleistung, 44
Fixierung, 190
Flucht in die Krankheit, 205
Frau (phallische –), 165
freie Assoziation (Methode *ou* Regelder –), 38

freie Energie – gebundene Energie, 146
funktionales Phänomen, 187
Gegenbesetzung, 100
Gegensatzpaar, 336
Gegenübertragung, 102
gemischte Neurose, 311
genitale Liebe, 209
genitale Stufe (*ou* Genitalorganisation), 180
gleichschwebende Aufmerksamkeit, 40
Grenzfall, 60
Grundregel, 438
Grundsatz *ou* Prinzip der Abstinenz, 3
"gutes" Objekt, "böses" Objekt,

Harnerotik, 152
Hilflosigkeit, 112
Hintergrund (Traum-), 504
Hospitalismus, 217
hypnoider Zustand, 160
Hypnoidhysterie, 213
Hysterie, 211
Hysterie (Abwehr-), 213
Hysterie (Angst-), 212
Hysterie (Hypnoid-), 216
Hysterie (Konversions-), 216
Hysterie (Retentions-), 215
Hysterie (Konversions-), 213
hysterogene Zone, 534

Ich, 124
ichgerecht, 92
Ichideal, 222
Ich (Ideal-), 139
Ichinteresse, 244
Ichlibido – Objektlibido, 267
Ich (Lust-, Real-), 140
Ichspaltung, 65
Ichtriebe, 416
Ichveränderung, 15
Idealich, 139
Ideal (Ich-), 222
Idealisierung, 224
Identifizierung, 226
Identifizierung mit dem Angreifer, 230
Identifizierung (primäre –), 231
Identifizierung (Projektions-), 232
Identität (Wahmehmungs-, Denk-), 225

544

ÍNDICE ALEMÃO DOS CONCEITOS ANALISADOS

Imaginäre (das), 233
Imago, 234
Imago (vereinigte Eltern-), 331
infantile Amnesie, 20
Inhalt (latenter –), 99
Inhalt (manifester –), 100
Innervation, 239
Instanz, 240
Instinkt, 241
Intellektualisierung, 242
Interesse (*ou* Ich-), 244
Introjektion, 248
Introversion, 250
Isolieren (das) (*ou Isolierung*), 258

kannibalisch, 59
Kastrationskomplex, 72
kathartisches Heilverfahren (*ou* kathartische Methode), 60
Klebrigkeit der Libido, 529
Kloakentheorie, 68
Komplex, 70
Komplex (Elektra-), 81
Komplex (Kastrations-), 72
Komplex (Minderwertigkeits-), 82
Komplex (Ödipus-), 77
Komplex (Vater-), 82
Kompromissbildung, 198
Konflikt (psychischer-), 89
Konstanzprinzip, 355
Konstruktion, 97
Kontrollanalyse, 388
Konversion, 103
Konversionshysterie, 213
Krankheitsgewinn (primärer und sekundärer –), 53

latenter Inhalt, 99
latente Traumgedanken, 338
Latenzperiode *ou* Latenzzeit, 263
Lebenstriebe, 414
Lehranalyse, 23
Libido, 265
Libido (Ich-, Objekt-), 267
Libido (Klebrigkeit der –), 529
Libido (narzisstische –), 269
Libido (Organisation der –), 328
Libido (Plastizität der –), 344
Libidostauung, 162
Libidostufe, 181

Liebe (genitale –), 209
Lust, 113
Lust-Ich – Real-ich, 140
Lust (Organ-), 348
Lustprinzip, 364

Männlichkeit – Weiblichkeit, 273
manifester Inhalt, 100
Masochismus, 274
Masochismus (Sado-), 465
Material, 275
Mechanismen (Abarbeitungs-), 280
Mechanismen (Abwehr-), 277
Metapsychologie, 284
Methode (kathartische –), 60
Minderwertigkeitsgefühl, 474
Minderwertigkeitskomplex, 82
Mischung – Entmischung (der Triebe), 205
Misserfolgsneurose, 307
mütterliches Betreuen, 276
Mutter (phallische –), 165

Nachträglichkeit, nachträglich, 33
Narzissmus, 287
Narzissmus (primärer –, sekundärer –), 289
narzisstische Libido, 269
narzisstische Neurose, 312
narzisstische Objektwahl, 156
negative therapeutische Reaktion, 424
Neid (Penis-), 250
Neurasthenie, 295
Neuronenträgheit (Prinzip der –), 361
Neuropsychose (Abwehr-), 389
Neurose, 296
Neurose (Aktual-), 299
Neurose (Angst-), 302
Neurose (Charakter-), 304
Neurose (Familien-), 310
Neurose (gemischte –), 311
Neurose (Misserfolgs-), 307
Neurose (narzisstische –), 312
Neurosenwahl, 153
Neurose (phobische –), 311
Neurose (Schicksals-), 306
Neurose (traumatische –), 315
Neurose (Übertragungs-), 308
Neurose (Verlassenheits-), 301

ÍNDICE ALEMÃO DOS CONCEITOS ANALISADOS

Neurose (Zwangs-), 313
Neutralität, 318
Nirwanaprinzip, 363
Objekt, 321
Objektbeziehung, 443
Objekt ("gutes" –, "böses" –), 57
Objektlibido, 267
Objekt (Partial-), 325
Objektspaltung, 68
Objekt (Übergangs-), 327
Objektwahl, 154
Objektwahl (Anlehnungstypus der –), 155
Objektwahl (narzisstische –), 156
Ödipuskomplex, 77
ökonomisch, 121
orale Stufe (*ou* Phase), 184
oral-sadistische Stufe (*ou* Phase), 186
Organisation der Libido, 328
Organisation (Genital-), 180
Organlust, 348

Paranoia, 334
paranoid, 336
paranoide Einstellung, 346
Paraphrenie, 333
Partialobjekt, 325
Partialtrieb, 402
Passivität, 42
Penisneid, 250
Periode (Aufschubs-), 263
Periode (Latenz-), 263
Perversion, 341
phallische Frau, 165
phallische Mutter, 165
phallische Stufe (*ou* Phase), 178
Phallus, 166
Phantasie, 169
Phantasien (Ur-), 174
Phobische Neurose, 311
Plastizität der Libido, 344
post-ambivalent, 19
prä-ambivalent, 19
prägenital, 353
präödipal, 352
primäre Identifizierung, 231
primärer und sekundärer Krankheitsgewinn, 53
Primärvorgang, Sekundärvorgang, 371

Prinzip der Neuronenträgheit, 361
Prinzip (Konstanz-), 355
Prinzip (Lust-), 364
Prinzip (Nirwana-), 363
Projektion, 373
Projektionsidentifizierung, 232
psychische Realität, 426
psychische Repräsentanz (*ou* psychischer Repräsentant), 454
psychischer Konflikt, 89
psychischer (*ou* seelischer) Apparat, 29
psychische Verarbeitung (*ou* Bearbeitung, *ou* Ausarbeitung, *ou* Aufarbeitung), 143
Psychoanalyse, 384
Psychoanalyse (wilde –), 387
Psychose, 390
Psychotherapie, 393

Rationalisierung, 423
Reaktionsbildung, 200
Realangst, 26
Real-Ich, 139
Realität (psychische –), 426
Realitätsprüfung, 380
Regression, 440
Reizschutz, 332
Repräsentanz *ou* Repräsentant (Vorstellungs-), 455
Repräsentanz (psychische –) *ou* Repräsentant (psychischer –), 454
Retentionshysterie, 215
Rückkehr des Verdrängten, 462
Rücksicht auf Darstellbarkeit, 189

Sach- *ou* Dingvorstellung, 450
Sadismus-Masochismus, Sadomasochismus, 465
sadistisch-anale Stufe (*ou* Phase), 185
Schicksalsneurose, 306
Schizophrenie, 157
Schreck, 337
Schuldgefühl, 472
sekundäre Bearbeitung, 145
Sekundärvorgang, 371
Selbstanalyse, 45
Selbsterhaltungstriebe, 404
Sexualität, 476
Sexualität (Bi-), 55

ÍNDICE ALEMÃO DOS CONCEITOS ANALISADOS

Sexualtrieb, 403
somatisches Entgegenkommen, 69
Spaltung (Ich-), 65
Spaltung (Objekt-), 68
spezifische Aktion, 4
Spiegelstufe, 176
Stauung (Libido-), 162
Strafbedürfnis, 291
Stufe (genitale –), 180
Stufe (Libido –), 181
Stufe *ou* Phase (orale –), 184
Stufe (oral-sadistische –), 186
Stufe (phallische –), 178
Stufe (sadistisch-anale –), 185
Stufe (Spiegel-), 176
Sublimierung, 494
Symbol (Erinnerguns-), 486
Symbolik, 481
Synbolische (das), 480
symbolische Wunscherfüllung, 429
Symptombildung, 199
System, 487

Tagesreste, 461
Tagtraum, 492
Technik (aktive –), 501
Thanatos, 501
Topik, topisch, 505
Trägheitsprinzip, 361
Trauerarbeit, 509
Trauma, 522
Traumarbeit, 511
traumatische Hysterie, 216
traumatische Neurose, 315
Traumgedanken (latente –), 338
Traumhintergrund, 504
Trauminhalt (latenter –), 99
Trauminhalt (manifester –), 100
Traum (Tag-), 492
Trieb, 394
Trieb (Aggressions-), 397
Trieb (Bemächtigungs-), 398
Trieb (Destruktions-), 398
Triebe (Entmischung der –), 205
Trieb (Ich-), 416
Trieb (Lebens-), 414
Triebe (Selbsterhaltungs-), 404
Triebkomponente, 83
Triebmischung – Triebentmischung, 205

Trieb (Objekt des – es), 321
Trieb (Partial-), 402
Triebquelle, 193
Triebregung, 285
Triebrepräsentanz (*ou* Triebrepräsentant), 453
Trieb (Sexual-), 403
Trieb (Verkehrung eines – es ins Gegenteil), 253
Triebziel, 281

Überbesetzung, 490
Überdeterminierung (*ou* mehrfache Determinierung), 487
Überdeutung, 489
Übergangsobjekt, 327
Über-Ich, 497
Übertragung, 514
Übertragung (Gegen-), 102
Übertragungsneurose, 308
Unbesetztheit, 115
Unbewusste (Abkömmling des –n), 111
Unbewusste (das), unbewusst, 235
Ungeschehenmachen (das), 27
Unterbewusste (das), Unterbewusstsein, 493
Unterdrückung, 457
Urethralerotik, 152
Urphantasien, 174
Urszene, 62, 63
Urteilsverwerfung, 261
UrVerdrängung, 434

Vaterkomplex, 82
Veränderung (Ich-), 15
Verarbeitung (psychische), (*ou* Bearbeitung, *ou* Ausarbeitung, *ou* Aufarbeitung), 143
Verdichtung, 87
Verdrängte (Wiederkehr *ou* Rück-kehr des – n), 462
Verdrängung, 430
Verdrängung (Ur-), 434
vereinigte Eltern, vereinigte Eltern-Imago, 331
Verführung (Verführungsszene, Verführungstheorie), 469
Verinnerlichung, 245
Verkehrung (eines Triebes) ins Gegenteil, 253

ÍNDICE ALEMÃO DOS CONCEITOS ANALISADOS

Verlassenheitsneurose, 301
Verleugnung, 436
Verneinung, 293
Versagung, 203
Verschiebung, 116
Verurteilung, 261
Verwerfung, 194
Verwerfung (Urteils-), 261
Vorbewusste (das), vorbewusst, 349
Vorstellung, 448
Vorstellung (Sach- *ou* Ding-), (Wort-), 450
Vorstellungsrepräsentanz (*ou* Vorstellungsrepräsentant), 455
Vorstellung (Ziel-), 451

Wahl (Neurosen-), 153
Wahl (Objekt-), 154
Wahrnehmung-Bewusstsein (W-Bw), 339
Wahrnehmungsidentität – Denkidentität, 225
Weiblichkeit, 273
Wendung gegen die eigene Person, 464

Widerstand, 458
Wiederholung, 448
Wiederholungszwang, 83
Wiederkehr des Verdrängten, 462
wilde Psychoanalyse, 387
Wortvorstellung, 450
Wunsch, 113
Wunscherfüllung, 427
Wunscherfüllung (symbolische –), 429
Wunschphantasie, cf. 172

Zärtlichkeit, 504
Zensur, 64
zielgehemmt, 240
Ziel (Trieb-), 281
Zielvorstellung, 451
Zone (erogene –), 533
Zone (hysterogene –), 534
Zwang, Zwangs-, 86
Zwangsneurose, 313
Zwang (Wiederholungs-), 83

ÍNDICE INGLÊS
DOS CONCEITOS ANALISADOS

Abreaction, 1
Abstinence (rule of-), 3
Acting out, 6, 44
Active technique, 501
Activity-passivity, 42
Actual neurosis, 299
Adhesiveness of the libido, 529
Affect, 9
Agency, 240
Aggressive instinct, 397
Aggressivity, aggressiveness, 10
Aim (instinctual aim), 281
Aim-inhibited, 240
Allo-erotism, 15
Alteration of the ego, 15
Ambivalence, 17
Ambivalent, 19
Anaclisis, 30
Anaclitic, 21
Anaclitic depression, 20
Anaclitic type of object-choice, 155
Anagogic interpretation, 22
Analsadistic stage, 185
Anticathexis, 100
Anxiety hysteria, 212
Anxiety neurosis, 302
Aphanisis, 8
Association, 36
Attachment, 21
(The) Attribute (*ou* the fact) of being conscious, being conscious, 93
Auto-erotism, 47
Automatic anxiety, 26
Autoplastic-alloplastic, 50

Binding, 269
Bisexuality, 55
Borderline case, 60

Breakthough of the repressed, 462

Cannibalistic, 59
Castration complex, 72
Cathartic therapy *ou* cathartic method, 60
Cathectic energy, 146
Cathexis, 254
Censorship, 64
Character neurosis, 304
Choice of neurosis, 153
Cloacal (*ou* cloaca) theory, 68
Combined parents, combined parent-figure, 331
Complemental series, 475
Complex, 70
Complex of inferiority, 82
Component (*ou* partial) instinct, 402
Compromise-formation, 198
Compulsion, compulsive, 86
Compulsion to repeat *ou* repetition compulsion, 83
Condensation, 87
Consciousness, 93
Considerations of representability, 189
Construction, 97
Control analysis, 388
Conversion, 103
Conversion hysteria, 213
Counter-transference, 102

Damming up of libido, 162
Day-dream, 492
Day's residues, 461
Death instincts, 407
Defence, 107
Defence hysteria, 214
Defence neuro-psychosis, 389

549

ÍNDICE INGLÊS DOS CONCEITOS ANALISADOS

Deffered action, deffered (adj.), 33
Depressive position, 345-549
Derivative of the unconscious, 111
Destructive instinct, 98
Direct analysis, 25
Disavowal, 436
Discharge, 113
Displacement, 116
Distortion, 111
Dream screen, 504
(Latente) Dream-thoughts, 338
Dream-work, 511
Drive, 394
Dynamic, 119

Economic, 121
Ego, 124
Ego ideal, 222
Ego instincts, 416
Ego interest, 244
Egoism, 140
Ego-libido – object-libido, 267
Egosyntonic, 92
Electra complex, 81
Erogenicity, 149
Eros, 150
Erotogenic, 150
Erotogenic zone, 533
Experience of satisfaction, 530

Facilitation, 165
Failure-neurosis, 307
Family neurosis, 310
Family romance, 464
Fantasy *ou* phantasy, 169
Fate neurosis, 306
Father complex, 82
Feeling of inferiority, 474
Fixation, 190
Flight into illness, 205
Free association, 38
Free energy – bound energy, 146
Fright, 337
Frustration, 203
Functional phenomenon, 187
Fundamental rule, 438
Fusion – defusion of instincts, 205

Generating (*ou* generation) of anxiety, 115

Genital love, 209
Genital stage (*ou* organization), 180
"Good" object, "bad" object, 57
Guilt feeling, 472

Helplessness, 112
Hospitalism, 217
Hypercathexis, 490
Hypnoid hysteria, 216
Hypnoid state, 160
Hysteria, 211
Hysterogenic zone, 534

Id, 219
Idea, 448
Ideal ego, 139
Idealization, 224
Ideational representative, 455
Identification, 226
Identification with the aggressor, 230
Imaginary, 233
Imago, 234
Incorporation, 238
Infantile amnésia, 20
Innervation, 239
Instinct, 241
Instinct *ou* drive, 394
Instinct to master (*ou* for master), 398
Instincts of self-preservation, 404
Instinctual representative, 453
Instinctual component, 83
Instinctual impulse, 285
Intellectualization, 242
Internalization, 245
Interpretation, 245
Introjection, 248
Introversion, 250
Isolation, 258

Judgment of condemnation, 261

Latence period, 263
Latent content, 99
Libidinal stage (*ou* phase), 181
Libido, 265
Life instincts, 414

Manifest content, 100
Masculinity – feminity, 273
Masochism, 274

ÍNDICE INGLÊS DOS CONCEITOS ANALISADOS

Material, 275
Mechanisms of defence, 277
Metapsychology, 284
Mirror's stage, 176
Mixed neurosis, 311
Mnemic symbol, 486
Mnemic-trace *ou* memory trace, 512
Mothering, 276
Multiple determination, 487

Narcissism, 287
Narcissistic libido, 269
Narcissistic neurosis, 312
Narcissistic objet-choice, 156
Need for punishment, 291
Negation, 293
Negative therapeutic reaction, 424
Neurasthenia, 295
Neuro-psychosis, 389
Neurosis, 296
Neurosis of abandonment, 301
Neutrality, 318
Nirvana principle, 363

Object, 321
Object-choice, 154
Object-relationship *ou* object-relation, 443
Obsessional neurosis, 313
Œdipus complex, 77
Oralsadistic stage, 186
Oral stage, 184
Organization of the libido, 328
Organ-pleasure, 348
Over-determination, 487
Over-interpretation, 489

Pair of opposites, 336
Paranoia, 334
Paranoid, 336
Paranoid position, 346
Paraphrenia, 333
Parapraxis, 44
Part-object, 325
Penis envy, 250
Perception-consciousness, 339
Perceptual identity – thought identity, 225
Perversion, 341
Phallic (woman *ou* mother), 165

Phallic stage (*ou* phase), 178
Phallus, 166
Phantasy, 169
Phobic neurosis, 311
Plasticity of the libido, 344
Pleasure-ego – reality-ego, 140
Pleasure principle, 364
Preconscious, 349
Pregenital, 353
Preoedipal, 352
Presentation, 448
Pressure, 354
Primal phantasies, 174
Primal repression, 434
Primal scene, 62
Primary and secondary gaim from illness, 53
Primary identification, 231
Primary narcissism, secondary narcissism, 289
Primary process, secondary process, 371
Principle of constance, 355
Principle of neuronic inertia, 361
Principle of reality, 368
Projection, 373
Projective identification, 232
Protective shield, 332
Psychic *ou* mental apparatus, 29
Psychical conflict, 89
Psychical reality, 426
Psychical representative, 454
Psychical working over, *ou* out, 143
Psycho-analysis, 384
Psychoneurosis, 389
Psychosis, 390
Psychotherapy, 393
Purposive idea, 451

Quota of affect, 421

Rationalization, 423
Reaction-formation, 200
Reality-testing, 380
Realistic anxiety, 26
Regression, 440
Reparation, 447
Repetition, 448
Repression, 430
Repudiation *ou* foreclosure, 194

ÍNDICE INGLÊS DOS CONCEITOS ANALISADOS

Resistance, 458
Retention hysteria, 215
Reversal into the oposite, 253
Return of the repressed, 462

Sadism, 465
Sadism – masochism, sadomasochism, 466
Scene, theory of seduction, 469
Schizophrenia, 157
Screen-memory, 264
Secondary revision (*ou* elaboration, 145
Self-analysis, 45
Sense of inferiority, 474
Sense of guilt, 472
Sexual instinct, 403
Sexuality, 476
Signal of anxiety *ou* anxiety as signal, 486
Somatic compliance, 69
Source of the instinct, 193
Specific action, 4
Splitting of the ego, 65
Splitting of the object, 68
Subconscious, subconscioussness, 493
Sublimation, 494
Substitute, 497
Substitutive formation, 202
Sum of excitation, 491
Supervisory *ou* supervised analysis, 388
Super-ego, 497
Suppression, 457

(Evenly)Suspended (*ou* [evenly] poised) attention, 40
Symbolic, 480
Symbolic realization, 429
Symbolism, 481
Symptom-formation, 199
System, 487

Tenderness, 504
Thanatos, 501
Thing presentation, word presentation, 450
Topography, topographical, 505
Training analysis, 23
Transference, 514
Transference neurosis, 308
Transitional object, 327
Trauma, 522
Traumatic hysteria, 216
Traumatic neurosis, 315
Turning round upon the subject's own self, 464

Uncounscious, 235
Undoing (what has be done), 27
Urethral erotism, 152

Wild analysis, 387
Wish, 113
Wish-fulfilment, 427
Withdrawal of cathexis, 115
Working-off mechanisms, 280
Working-through, 339
Work of mourning, 509

5ª edição setembro de 2025 | **Fonte** Century Old Style
Papel Offset 75 g/m² | **Impressão e acabamento** Imprensa da Fé